编译文库

政治

柯平 邹金汇 刘旭青 等著

公共文化服务标准化与均等化的理论创新与案例研究

Theoretical Innovation and Case Study on Standardization and Equalization of Public Cultural Services

中央编译出版社

图书在版编目（CIP）数据

公共文化服务标准化与均等化的理论创新与案例研究／柯平等著. —北京：中央编译出版社，2023.9

ISBN 978-7-5117-4436-4

Ⅰ.①公… Ⅱ.①柯… Ⅲ.①公共管理－文化工作－研究－中国 Ⅳ.①G124

中国国家版本馆 CIP 数据核字（2023）第 100731 号

公共文化服务标准化与均等化的理论创新与案例研究

出版统筹	张远航
责任编辑	何　蕾
责任印制	李　颖
出版发行	中央编译出版社
地　　址	北京市海淀区北四环西路 69 号（100080）
电　　话	（010）55627391（总编室）　（010）55627116（编辑室）
	（010）55627320（发行部）　（010）55627377（新技术部）
经　　销	全国新华书店
印　　刷	北京文昌阁彩色印刷有限责任公司
开　　本	710 毫米×1000 毫米　1/16
字　　数	673 千字
印　　张	41.25
版　　次	2023 年 9 月第 1 版
印　　次	2023 年 9 月第 1 次印刷
定　　价	178.00 元

新浪微博：@中央编译出版社　　**微　信：**中央编译出版社（ID：cctphome）
淘宝店铺：中央编译出版社直销店（http://shop108367160.taobao.com）　（010）55627331

本社常年法律顾问：北京市吴栾赵阎律师事务所律师　闫军　梁勤
凡有印装质量问题，本社负责调换，电话：（010）55626985

目 录

第一章 绪论 ····· 1
 1.1 研究背景与问题 ····· 1
 1.2 研究目标与内容 ····· 5
 1.3 研究方法与意义 ····· 7

第二章 公共文化服务研究概述 ····· 9
 2.1 公共文化服务的相关概念讨论 ····· 9
  2.1.1 公共文化与大众文化 ····· 9
  2.1.2 公共文化服务 ····· 18
 2.2 公共文化服务研究进展 ····· 22
  2.2.1 国内公共文化服务研究的主题 ····· 22
  2.2.2 国外公共文化服务研究的主题 ····· 38

第三章 公共文化服务标准化与均等化研究现状与问题 ····· 42
 3.1 国内外公共文化服务标准化研究 ····· 42
  3.1.1 国内公共文化服务标准化研究 ····· 42
  3.1.2 国外公共文化服务标准化研究 ····· 56
 3.2 国内外公共文化服务均等化研究 ····· 60
  3.2.1 国内公共文化服务均等化相关研究 ····· 60
  3.2.2 国外公共文化服务均等化相关研究 ····· 70

3.3 研究的主要成就和问题 · 81
3.3.1 国内研究的主要成就与不足 · 81
3.3.2 国外研究的主要特点与不足 · 82

第四章 公共文化服务理论创新 · 87
4.1 公共文化服务的基本理论 · 87
4.1.1 正义、权利与平等 · 88
4.1.2 公共物品理论 · 93
4.1.3 新公共管理理论 · 94
4.1.4 社群信息学理论 · 97
4.1.5 城市空间理论 · 101
4.1.6 文化传播理论 · 103
4.1.7 公共文化理论 · 104
4.2 公共文化梯度论 · 108
4.2.1 实践启示 · 109
4.2.2 理论模型构建 · 114
4.2.3 梯度标准化 · 119
4.2.4 梯度均等化 · 122
4.2.5 理论应用 · 124
4.3 公共文化空间论 · 128
4.3.1 实践启示 · 128
4.3.2 理论模型构建 · 129
4.3.3 空间标准化 · 134
4.3.4 空间均等化 · 136
4.3.5 理论应用 · 138
4.4 公共文化数智论 · 142
4.4.1 实践启示 · 144
4.4.2 理论模型构建 · 145
4.4.3 数智标准化 · 150
4.4.4 数智均等化 · 151

4.4.5　理论应用 ··· 152

第五章　公共文化服务标准化案例研究：东部 ············· 156
5.1　浙江省嘉兴市案例研究 ······································ 156
　　5.1.1　案例选择 ··· 156
　　5.1.2　调研经过 ··· 157
　　5.1.3　嘉兴市公共文化服务情况 ······························· 158
　　5.1.4　嘉兴市公共文化服务标准化建设的思考 ············· 182
5.2　江苏省无锡市案例研究 ······································ 187
　　5.2.1　案例选择 ··· 187
　　5.2.2　调研经过 ··· 187
　　5.2.3　无锡市公共文化服务情况 ······························· 188
　　5.2.4　基层站所公共文化服务标准化全覆盖分析 ········· 193
　　5.2.5　无锡市公共文化服务标准化建设的思考 ············· 203
5.3　广东省广州市案例研究 ······································ 206
　　5.3.1　案例选择 ··· 206
　　5.3.2　调研经过 ··· 206
　　5.3.3　广州市公共文化服务情况 ······························· 207
　　5.3.4　黄埔区公共文化服务调研 ······························· 210
　　5.3.5　越秀区公共文化服务调研 ······························· 218
　　5.3.6　启示和借鉴 ·· 223
5.4　广东省东莞市案例研究 ······································ 230
　　5.4.1　案例选择 ··· 230
　　5.4.2　调研经过 ··· 232
　　5.4.3　东莞市公共文化服务情况 ······························· 233
　　5.4.4　以项目推进公共文化服务标准化体系建设 ········· 234
　　5.4.5　启示和借鉴 ·· 245

第六章　公共文化服务标准化案例研究：中西部 ············· 247
6.1　河南省信阳市平桥区案例研究 ···························· 247

- 6.1.1 案例选择 ·················· 247
- 6.1.2 调研经过 ·················· 248
- 6.1.3 平桥区公共文化服务情况 ·················· 249
- 6.1.4 "平桥模式"的演进及公共文化服务品牌的构建 ·················· 254
- 6.1.5 平桥公共文化服务标准化品牌对其他地区的启示 ·················· 266

6.2 贵州省贵阳市乌当区案例研究 ·················· 270
- 6.2.1 案例选择 ·················· 270
- 6.2.2 调研经过 ·················· 271
- 6.2.3 乌当区公共文化服务情况 ·················· 272
- 6.2.4 乌当区基本公共文化建设的经验 ·················· 291
- 6.2.5 公共文化服务标准化制约因素 ·················· 292
- 6.2.6 民族地区公共文化服务标准化发展启示 ·················· 293

6.3 新疆克拉玛依市案例研究 ·················· 296
- 6.3.1 案例选择 ·················· 296
- 6.3.2 调研经过 ·················· 297
- 6.3.3 克拉玛依市公共文化服务情况 ·················· 298
- 6.3.4 标准化支撑下的克拉玛依模式 ·················· 308
- 6.3.5 启示和借鉴 ·················· 314

第七章 公共文化服务均等化案例研究：东部 ·················· 318
7.1 上海市嘉定区案例研究 ·················· 318
- 7.1.1 案例选择 ·················· 318
- 7.1.2 调研经过 ·················· 319
- 7.1.3 嘉定区公共文化服务情况 ·················· 319
- 7.1.4 嘉定区公共文化服务均等化发展经验 ·················· 336
- 7.1.5 启示和借鉴 ·················· 340

7.2 江苏省苏州市案例研究 ·················· 344
- 7.2.1 案例选择 ·················· 344
- 7.2.2 调研经过 ·················· 345
- 7.2.3 苏州市公共文化服务情况 ·················· 346

7.2.4　苏州市公共文化设施与服务调研 ……………………………… 350
7.2.5　苏州市公共文化服务机构调研 …………………………………… 357
7.2.6　苏州市公共文化服务均等化发展经验 …………………………… 373
7.2.7　启示和借鉴 ………………………………………………………… 376
7.3　广东省深圳市案例研究 ……………………………………………………… 377
7.3.1　案例选择 …………………………………………………………… 377
7.3.2　调研经过 …………………………………………………………… 378
7.3.3　深圳市公共文化服务情况 ………………………………………… 379
7.3.4　深圳市公共文化服务均等化发展经验 …………………………… 381
7.3.5　问题与启示 ………………………………………………………… 390

第八章　公共文化服务均等化案例研究：中西部 …………………………… 393

8.1　河南省开封市案例研究 ……………………………………………………… 393
8.1.1　案例选择 …………………………………………………………… 393
8.1.2　调研经过 …………………………………………………………… 394
8.1.3　开封市公共文化服务情况 ………………………………………… 395
8.1.4　开封新区公共文化设施与服务调研 ……………………………… 398
8.1.5　老城区公共文化设施与服务调研 ………………………………… 402
8.1.6　开封市公共文化服务均等化进展 ………………………………… 405
8.1.7　开封市公共文化服务均等化问题和建议 ………………………… 409
8.1.8　"中部洼地"之于基本公共文化均等化的讨论 ………………… 410

8.2　内蒙古赤峰市案例研究 ……………………………………………………… 413
8.2.1　案例选择 …………………………………………………………… 413
8.2.2　调研经过 …………………………………………………………… 415
8.2.3　赤峰市城区公共文化服务调研 …………………………………… 416
8.2.4　翁牛特旗公共文化服务调研 ……………………………………… 425
8.2.5　赤峰市公共文化服务均等化进展 ………………………………… 429
8.2.6　赤峰市公共文化服务均等化问题 ………………………………… 432
8.2.7　城乡公共文化服务均等化障碍和建议 …………………………… 437

8.3　贵州省瓮安县案例研究 ……………………………………………………… 440

- 8.3.1 案例选择 440
- 8.3.2 调研经过 441
- 8.3.3 瓮安县公共文化服务情况 442
- 8.3.4 瓮安县公共文化服务均等化发展经验 448
- 8.3.5 存在不足与未来计划 452
- 8.3.6 启示与借鉴 454

8.4 新疆塔城地区案例研究 456
- 8.4.1 案例选择 456
- 8.4.2 调研经过 457
- 8.4.3 塔城地区公共文化服务情况 457
- 8.4.4 塔城地区公共文化服务均等化发展经验 463
- 8.4.5 制约公共文化服务均等化的因素 470
- 8.4.6 讨论与建议 471

第九章 国家公共文化服务体系示范区（项目）标准的发展脉络及演化分析 473

9.1 国家公共文化服务体系示范区（项目）创建及相关标准概况 473
- 9.1.1 国家公共文化服务体系示范区（项目）创建工作概况 474
- 9.1.2 第1—4批国家公共文化示范区的统计数据及文本分析 479
- 9.1.3 第1—4批国家公共文化示范项目的统计数据及文本分析 482
- 9.1.4 基于数据分析的第1—4批国家公共文化服务体系示范区（项目）总结 487

9.2 国家公共文化服务体系示范区创建标准指标发展脉络及演变过程 489
- 9.2.1 国家公共文化服务体系示范区的创建标准概况 489
- 9.2.2 东部示范区创建标准指标发展脉络及演变过程 490
- 9.2.3 中部示范区创建标准的发展脉络及演变过程 509
- 9.2.4 西部示范区创建标准的发展脉络及演变过程 526

9.3 国家公共文化服务体系示范项目创建标准指标发展脉络及演变过程 543

9.3.1 国家公共文化服务体系示范项目创建标准简介 …… 543
9.3.2 国家公共文化服务体系示范项目创建标准发展
脉络及演变过程 …… 544

9.4 国家公共文化服务体系示范区（项目）验收标准指标发展
脉络及演变过程 …… 546
9.4.1 国家公共文化服务体系示范区（项目）验收标准概况 …… 546
9.4.2 国家公共文化服务体系示范区（项目）验收标准指标
发展脉络及演变过程 …… 549

第十章 结论与展望 …… 564
10.1 研究的主要结论 …… 564
10.2 研究的局限性与未来研究展望 …… 569

主要参考文献 …… 573

附件：关于公共文化服务标准化和均等化的政策建议 …… 580
附件一：关于弘扬优秀传统文化的政策建议 …… 580
附件二：关于公众参与公共文化服务评价的政策建议 …… 606
附件三：关于鼓励其他文化机构向社会开放的政策建议 …… 626

索　引 …… 638

后　记 …… 646

第一章 绪论

无论是理论研究还是实践探索，都必须从研究背景与问题出发。本章概述公共文化服务标准化与均等化这一科学命题的产生与发展，说明南开课题组进行该主题研究的设计，包括阐述该项研究的目标与意义。

1.1 研究背景与问题

党的十九大报告在"坚定文化自信，推动社会主义文化繁荣兴盛"部分提出："要坚持中国特色社会主义文化发展道路，激发全民族文化创新创造活力，建设社会主义文化强国。"党的二十大报告在"推进文化自信自强，铸就社会主义文化新辉煌"部分提出："全面建设社会主义现代化国家，必须坚持中国特色社会主义文化发展道路，增强文化自信，围绕举旗帜、聚民心、育新人、兴文化、展形象建设社会主义文化强国，发展面向现代化、面向世界、面向未来的，民族的科学的大众的社会主义文化，激发全民族文化创新创造活力，增强实现中华民族伟大复兴的精神力量。"

公共文化服务标准化与均等化是我国公共服务标准化与均等化的重要组成部分。2012年7月，我国第一部国家基本公共服务总体性规划——《国家基本公共服务"十二五"规划》正式颁布实施，在社会转型和政府转型的关键期将促进基本公共服务标准化与均等化作为重要战略任务，确立了三类基本公共服务项目：保障基本民生需求的公共服务；与人民生活环境紧密关联的公共服务；保障安全需要的公共服务。基本公共文化服务属于第一类保障基本民生需求的基本公共服务。2015年《国家标准化体系建设发展规划（2016—2020

年)》提出"加强文化建设标准化,促进文化繁荣",要求"完善公共文化服务标准体系,建立和实施国家基本公共文化服务指导标准,制定文化安全管理和技术标准,促进基本公共文化服务标准化、均等化,保障文化环境健康有序发展,建设社会主义文化强国"。2017年新修订的《中华人民共和国标准化法》将标准范围扩大到农业、工业、服务业以及社会事业等领域,并提出统一的技术要求。2018年12月,中共中央办公厅、国务院办公厅印发了《关于建立健全基本公共服务标准体系的指导意见》,提出了包括公共文化体育在内的国家基本公共服务保障范围和质量要求,明确了国家和地方提供基本公共服务的质量水平和支出责任,以标准化促进基本公共服务均等化、普惠化、便捷化。

自党的十八大报告首次提到"基本公共服务均等化"以来,党中央、国务院高度重视公共文化服务体系建设。特别是"十三五"期间,我国公共文化服务体系建设取得了重要成就。在公共文化服务法治化、体制改革、城乡设施网络、产品与服务内容、事业经费保障、专业人才建设等方面均取得了突破性进展,公共文化服务标准化与均等化工作也得以全面推进[①]。从2015年中共中央办公厅、国务院办公厅印发《关于加快构建现代公共文化服务体系的意见》到2017年《中华人民共和国公共文化服务保障法》(以下简称《公共文化服务保障法》)、《中华人民共和国公共图书馆法》(以下简称《公共图书馆法》)两部公共文化法律正式颁布实施,我国公共文化服务标准化与均等化的"四梁八柱"制度框架基本建立。在政策驱动下,覆盖城乡的公共文化设施网络更加健全,优质公共文化产品和服务日趋丰富,公共文化服务能力和水平明显提升。

进入"十四五"时期,公共文化服务体系建设迎来了提质增效的新阶段,公共文化服务标准化与均等化工作进入高质量发展期。2021年,《中华人民共和国国民经济和社会发展第十四个五年规划和2035年远景目标纲要》指出,健全我国公共文化服务体系是经济社会发展主要目标的重要内容,并将"公共文化服务体系更加健全"作为"发展社会主义先进文化,提升国家文化软

---

① "十四五"公共文化服务体系建设规划[EB/OL].[2022-03-25].http://www.gov.cn/zhengce/zhengceku/2021-06/23/5620456/files/d8b05fe78e7442b8b5ee94133417b984.pdf.

实力"的重要举措①，凸显了公共文化服务体系建设在文化强国战略下的时代意义。《国家标准化发展纲要》提出要推进基本公共服务标准化建设，重点健全和推广全国统一的公共文化体育等领域技术标准，使发展成果更多、更公平惠及全体人民。文化和旅游部《"十四五"文化和旅游发展规划》在阐述文化和旅游事业的"十四五"发展目标时，顺应国家战略部署，进一步提出了"公共文化服务体系更加健全，基本公共文化服务标准化均等化水平显著提高"的发展目标②。无论是从"十四五"时期的阶段发展还是从面向2035年长远发展来看，健全现代公共文化服务体系都需要落实国家基本公共服务标准，进一步加强基本公共文化服务标准化与基本公共文化服务均等化工作③。其中，公共文化服务城乡与区域不平衡、供需不契合是需首要解决的问题。正如文化和旅游部《"十四五"公共文化服务体系建设规划》所指出的，"推进城乡公共文化服务体系一体建设"是"十四五"时期公共文化服务体系建设的主要任务之一，将致力于明显缩小城乡间、区域间公共文化发展差距④。

2021年3月，文化和旅游部、国家发展改革委、财政部联合印发《关于推动公共文化服务高质量发展的意见》指出："推动公共文化服务高质量发展，是进一步深化文化体制改革，发展社会主义先进文化的重要任务，也是让人民享有更加充实、更为丰富、更高质量的精神文化生活，保障人民群众基本文化权益，满足对美好生活新期待的必然要求"⑤，进一步明确了新阶段公共文化服务高质量发展的目标和主要任务，为当前和今后一个时期公共文化服务工作提供了政策依据。2022年5月，中共中央办公厅、国务院办公厅印发

---

① 中华人民共和国国民经济和社会发展第十四个五年规划和2035年远景目标纲要［EB/OL］．［2022-03-25］．https：//www.12371.cn/2021/03/13/ARTI1615598751923816.shtml#d10.

② 文化和旅游部关于印发《"十四五"文化和旅游发展规划》的通知［EB/OL］．［2022-03-25］．http：//www.gov.cn/zhengce/zhengceku/2021-06/03/content_5615106.htm.

③ 文化和旅游部、国家发展改革委、财政部《关于推动公共文化服务高质量发展的意见》［EB/OL］．［2022-03-25］．http：//zwgk.mct.gov.cn/zfxxgkml/ggfw/202103/t20210323_923230.html.

④ 文化和旅游部关于印发《"十四五"公共文化服务体系建设规划》的通知［EB/OL］．［2022-03-25］．https：//m.thepaper.cn/baijiahao_13350120.

⑤ 文化和旅游部、国家发展改革委、财政部《关于推动公共文化服务高质量发展的意见》［EB/OL］．［2022-04-10］．http：//www.gov.cn：8080/zhengce/zhengceku/2021-03/23/content_5595153.htm.

《关于推进实施国家文化数字化战略的意见》，首次提出建设"国家文化专网"，强调统筹推进国家文化大数据体系、全国智慧图书馆体系和公共文化云建设，增强公共文化数字内容的供给能力，提升公共文化服务数字化水平。2022年8月16日，中共中央办公厅、国务院办公厅印发《"十四五"文化发展规划》，强调提高公共文化服务覆盖面和实效性，推进城乡公共文化服务体系一体建设，推动公共文化数字化建设，创新实施文化惠民工程，提升基本公共文化服务标准化与均等化水平，更好保障人民基本文化权益。

在党的十九大提出实施乡村振兴战略后，2018年6月，党中央、国务院印发《乡村振兴战略规划（2018—2022年）》。2021年1月，中共中央、国务院《关于全面推进乡村振兴加快农业农村现代化的意见》强调提升农村基本公共服务水平、推进城乡公共文化服务体系一体建设，创新实施文化惠民工程[①]。2021年4月29日，第十三届全国人民代表大会常务委员会第二十八次会议通过《中华人民共和国乡村振兴促进法》，将文化振兴与产业振兴、人才振兴、生态振兴、组织振兴并列，要求"各级人民政府应当健全完善乡村公共文化体育设施网络和服务运行机制，鼓励开展形式多样的农民群众性文化体育、节日民俗等活动，充分利用广播电视、视听网络和书籍报刊，拓展乡村文化服务渠道，提供便利可及的公共文化服务"，确立了乡村公共文化服务的法律保障。2022年5月，中共中央办公厅、国务院办公厅印发《乡村建设行动实施方案》，提出实施数字乡村建设发展工程、实施农村基本公共服务提升行动、深入推进农村精神文明建设等。

显然，在文化强国与乡村振兴战略背景下，促进公共文化服务标准化与均等化仍是时代发展的关键议题。如何加快城乡公共文化服务体系一体化建设，实现东、中、西部公共文化服务协调发展，推动全国基本公共文化服务标准化与均等化高质量发展，是公共文化服务理论研究与实践发展需要着力解决的核心问题。然而，过去的研究已表明以国外的国情为基础提出的思想模式和方法，并不能适用于中国国情。在"着力构建中国特色哲学社会科学"的时代呼声下，探索构建中国特色、中国风格、中国气派的公共文化理论体系已十分

---

① 中共中央、国务院《关于全面推进乡村振兴加快农业农村现代化的意见》[EB/OL]. [2022-03-25]. http://www.gov.cn/zhengce/2021-02/21/content_5588098.htm.

迫切。同时，运用中国公共文化服务数据，讲述中国公共文化服务故事，提炼中国特色的公共文化服务模式，也是提升中国公共文化服务实践的国内外影响力、提高公共文化服务价值的必经之路。

基于此，国家社会科学重大项目"促进我国基本公共文化服务标准化与均等化研究"（项目批准号：14ZDA050）课题组以探索解决公共文化服务不平衡、不充分的实践问题为导向，从理论与实践两个维度出发，着力构建中国公共文化服务标准化与均等化理论体系，并以丰富翔实的数据坚固相关理论，以期从理论和实践两个层面促进我国公共文化服务科学、规范、有序、可持续发展，为文化强国和乡村振兴战略目标的实现提供支撑。

1.2　研究目标与内容

立足中国国情，以人类社会关于文化和社会发展的理论思想为引导，建构公共文化服务标准化与均等化理论分析框架；基于理论分析框架，以文化强国发展战略为指向，聚焦公共文化服务标准化与均等化的核心问题，以丰富翔实的中国公共文化服务数据刻画中国公共文化服务体系建设案例，总结归纳促进我国公共文化服务标准化与均等化的经验、基础、保障及对策，从而形成中国特色公共文化服务理论与实践模式。这些是本书的核心目标。

为达到上述核心目标，本书从四个方面展开研究：

（1）国内外公共文化服务标准化与均等化相关研究动态分析与对比

本书沿着理论与实践相结合、国内与国外相对比两条客观分析路线全面系统地分析公共文化服务学术研究前沿。通过全面梳理国内外公共文化服务标准化与均等化相关研究动态，分析国内外现有研究的成就与不足，整体把握国内外理论基础与现实经验，揭示未来公共文化服务标准化和均等化的研究方向。

（2）公共文化服务标准化与均等化理论体系框架构建

本书从一般文化理论与特色文化理论两个维度出发，一方面，通过回顾涉及经济学、财政学、政治学、公共管理学、社会学等公共性理论渊源，结合城市地理学、图书馆学等内容论述公共文化服务涉及的文化性、服务性及技术性层面的基础理论；另一方面，基于公共文化服务发展实际，从不同区域不同发展阶段的公共文化发展客观性和合理性、公共文化物理空间与虚拟空间融合的实施路径以及技术赋能公共文化服务智慧发展三个方向出发，构建面向梯度、面向空间以及面向数智的中国特色公共文化服务标准化与均等化理论，并具体阐述理论间如何相互联系与相互配合，从而形成一个整体的公共文化理论框架。

(3) 我国公共文化服务标准化与均等化案例系统梳理

通过分时段、多批次、跨区域的典型案例实地调研，以丰富、翔实的一手资料为数据基础，总结归纳我国多元化的公共文化标准化与均等化特色发展模式，包括区域模式与城乡模式。具体包括：分析特色发展模式的共性与特性的成功因素与制约因素，总结不同模式发展的阶段性特点；识别特色发展模式中的经典文化品牌，并探寻地区文化品牌不同阶段的内外部发展动因、表现形式和作用；解析不同模式在解决城乡知识获取不平衡、促进城乡经济发展、保障特殊群体基本文化权益等方面的功效；明确政府、社会力量等外部主体在地方公共文化服务标准化与均等化事业中的角色与作用，探寻多元建设主体下高效、灵活整合外部资源的有益方式；分析不同模式在发展中配套的管理制度和管理人员的匹配发展经验，厘清考核评估制度、服务反馈机制与监管机制等的构建与运作过程；提炼不同模式下跨机构联合解决公共文化服务重难点问题的经验，廓清公共文化跨机构联合机制的建构路径；关注新冠疫情下，不同公共文化服务供给的内容、方式的转变与适应情况等内容。在这些内容的基础上，针对不同模式，基于理论进一步思考在群众公共文化服务需求多样化发展的现实情况下，已有的模式将如何改革以进一步满足群众多元化需求，实现基本公共文化服务高质量的标准化与均等化建设，同时为社会、经济效益的提升助力。

(4) 国家公共文化服务体系示范区（项目）标准的发展脉络及演化分析

通过详细梳理国家公共文化服务体系示范区的政策依据、创建原则、创建类型、创建周期、主体责任，与国家公共文化服务体系后续验收与激励措施等内容，分类探寻东、中、西部示范区创建标准中业务建设指标、服务效能指标、保障条件指标及其他指标发展脉络及演变过程，整体识别国家公共文化服务体系示范项目创建标准及其验收标准的发展脉络及演变过程，明确我国在构建现代公共文化服务体系中形成的兼具科学性和示范价值的制度成果。

1.3 研究方法与意义

1. 研究方法

本书综合运用文献调研法、比较分析法、理论演绎法、案例研究法、实地调研法、系统分析法等多种研究方法开展研究。

第一，通过全面、细致的文献调研，掌握国内外公共文化服务建设相关的大量理论文献，利用比较分析法充分对比国内外公共文化服务标准化与均等化方面的研究基础与突出问题。

第二，运用理论演绎法，结合经济学、财政学、政治学、公共管理学等学科的理论方法，吸纳图书馆学、博物馆学、文化学、服务科学、管理科学等学科已有的理论研究成果，以跨学科融合建构公共文化服务一般理论；在此基础上，结合我国公共文化的发展情况，构建具有中国特色的公共文化标准化与均等化具体理论。由此，形成集成一般理论与具体理论，相互联系、相互配合的整体理论分析框架，以指导本书实践部分研究，为解决公共文化服务的地区差别和城乡差别提供理论依据。

第三，运用实地调研法和案例研究法，选择对我国具有代表性和典型性的公共文化服务点进行实地调研（标准化案例：浙江嘉兴、江苏无锡、广东广州、广东东莞、河南信阳平桥区、贵州贵阳乌当区、新疆克拉玛依；均等化案例：上海嘉定区、江苏苏州、河南开封、内蒙古赤峰、贵州瓮安县、新疆塔城地区），案例选取充分考虑到我国目前不同地区间经济文化发展水平存在的历史地理差异，既涉及人均公共文化服务经费最丰裕的江苏、上海，也涵盖基础条件较差的新疆、贵州、内蒙古等地区，吸纳先进经验的同时也兼顾欠发达地区的具体实践，体现区域差异性和地方特色，力求最大限度获取我国东、中、西部地区公共文化服务实践数据，特别是获取欠发达地区数据，以真实体现我国公共文化服务建设情况。

第四，运用系统分析法，分析第一至四批国家公共文化示范区（项目）的统计数据及文本，梳理出国家公共文化服务体系示范区（项目）创建标准、验收指标发展脉络，归纳其具体演化过程，分析创示范区（项目）标准化的各要素及其关联，厘清示范区（项目）建设的资源基础、动态能力与核心优势，解析公共文化服务项目兼顾创新性、带动性、导向性、科学性的具体要求，掌握我国在构建现代公共文化服务体系中形成的兼具科学性和示范价值制度成果。

2. 研究意义

理论层面，我国有关公共文化服务建设的理论研究和实践均处于成长阶段，面临公共文化服务高质量发展的现实需求，迫切需要进一步加强特别是凸显中国特色的公共文化服务标准化与均等化相关的理论研究。本书从宏观和微观两个视角切入，基于跨学科理论深入分析公共文化服务一般理论，结合中国实际创新建构以公共文化梯度论、公共文化空间论和公共文化数智论集成的公共文化服务标准化与均等化的理论体系框架，为国家制度设计提供科学的理论依据，为地方公共文化服务决策提供理论支撑，为学术界公共文化服务研究提供理论基础，从而以公共文化理论创新促进公共文化服务标准化与均等化的整体推进和公共文化服务高质量发展。

实践层面，本书从标准化与均等化两个维度出发，在东、中、西部地区选取具有典型代表意义和启发意义的公共文化服务建设案例，在兼顾先进经验与欠发达地区实践的基础上，识别公共文化服务标准化与均等化模式与实践特色。以涉及沿海发达城市、边疆民族地区、传统文化古城、棚户区改造城区等不同类型调研地的大量数据，刻画我国公共文化服务标准化与均等化建设面貌，有助于整体掌握我国公共文化服务体系建设实践情况。这既为坚固理论体系提供坚实的数据支撑，也是讲述中国公共文化服务建设故事的有益举措，为中国公共文化服务事业从业者比较全面地了解全国性公共文化事业发展、学习地方特色模式提供渠道，为我国未来公共文化服务标准化与均等化发展进程中创新服务类型、提升服务效能提供各具特色、可供复制与参考的有效借鉴，从而实现面向 2035 年长期发展的公共文化服务标准化与均等化可持续、高质量发展目标。

第二章 公共文化服务研究概述

在社会科学中，理论研究首先要解决研究领域的基本问题，特别是基本概念问题。虽然公共文化服务作为社会科学正式研究领域的时间并不长，但它已经成为文化学、公共管理学、政策科学、图书馆学、博物馆学等多学科所重视的一个新兴交叉研究领域。毫无疑问，公共文化服务涉及对于"文化"概念的理解，但由于文化概念讨论历来是国内外众说纷纭、无法给出答案的一个难题，而且与文化密切相关的"文明"一词也有众多用法[①]。因此，本章避开这一问题，直接切入公共文化与公共文化服务的概念讨论，以获得符合中国国情的答案。

2.1 公共文化服务的相关概念讨论

2.1.1 公共文化与大众文化

在国外，虽然有"公共文化"的说法以及有与公共文化相似的服务理念和内容，却与中国语境的"公共文化"在概念内涵和外延上有很大区别。

据朱本军通过谷歌图书 Ngram 查看器和百度学术检索发现，从 1800 年至 2008 年的 200 余年里，外文图书中"Public Culture"一词出现的频次呈逐步上升趋势；英文学术期刊中有关"Public Culture"的论文最早出现于 1969 年，

---

① 中共中央党校科学社会主义教研室. 文明和文化：国外百科辞书条目选译 [M]. 北京：求实出版社，1982：1.

2008年达到最热,截至2015年共有相关论文125篇①。

西方的"Public Culture"概念通常指的是作为公共现象出现的文化,或是某个民族共有的文化元素、文化信仰,而不是指为公众提供的文化设施、产品和服务。2017年,美国路易斯安那州立大学政治学教授凯文·马尔卡希(Kevin V. Mulcahy)在《公共文化、文化认同与文化政策:比较的观点》(*Public Culture, Cultural Identity, Cultural Policy: Comparative Perspectives*)②一书中从政策视角探讨了公共文化的相关问题。文化是公共政策的核心要素,而国家的公共政策反映其历史经验和价值系统。然而,要想了解一个国家的文化政策,首先要了解其政治文化。政府倚重政治文化(Political Culture)③。其文化政策构想和执行方式各有不同。文化政策不仅是行政事务,也是所谓世界观的反映④,体现了公共文化—公共政策—政治文化—文化政策—文化价值系统之间的关系。因此,文化政策不仅需要被理解为行政事务,还需要被理解为对所谓世界观的反映,即定义社会特征及其公民如何定义自己的世界观。文化政策代表了更广泛的社会和政治世界观的缩影,不同文化政策反映出不同文化价值体系以突出其中包含的政治价值,如文化国家(Culture States)、文化保护主义(Cultural Protectionism)、社会民主文化(Social-democratic Cultures)和自由放任文化(Aissez-faire Cultures)⑤。

虽然"Public Culture"这一概念与我国公共文化的相关度不高,但另两个词"Mass Culture"(译为"大众文化"或"群众文化")、"Popular Culture"(译为"通俗文化""流行文化"或"俗文化")与我国公共文化在意义上有一定关系。

"Mass Culture"一词最早出现于美国,出自一本再版多次的小册子 *Mass*

----

① 朱本军. 全球视野下的公共文化学术信息源及其利用研究 [J]. 图书馆建设, 2019 (5): 6-12.
② 凯文·马尔卡希. 公共文化、文化认同与文化政策:比较的观点 [M]. Kevin V. Mulcahy. Public Culture, Cultural Identity, Cultural Policy_Comparative Perspective [EB/OL]. [2022-12-29]. http://www.doc88.com/p-7062824640415.html.
③ Almondand, G. A. & Verba, S. The Civic Culture: Political Attitudes and Democracy in Five Nations [M]. Boston: Little, Brown, 1965: 13.
④ [美] 凯文·马尔卡希. 公共文化、公共认同与文化政策:比较的视角 [M]. 何道宽, 译. 北京: 商务印书馆, 2017: 1-2.
⑤ Mulcahy, K. V. Public Culture, Cultural Identity, Cultural Policy: Comparative Perspectives [M]. New York: Palgrave Macmillan, 2017: Foreword viii.

Culture（前标题是"美国的流行艺术"）①。据《不列颠百科全书》记载，大众休闲最初表现为读报和进电影院。早在20世纪20年代英国就出现了全国性的日报和周日报纸的大规模消费。1914年，英国有4000家电影院，每年约有400 000 000人次入场。到1934年，这一数字增加了一倍多，而且入场人数继续稳步上升，在1946年达到了16亿人次的高峰。20世纪50年代商业电视的发展标志着一种更加流动、开放和商业化的大众文化，随之而来的是英国广播公司（BBC）的公共广播和公共服务伦理的缓慢衰退。从20世纪60年代开始，所有的文化都变成了通俗文化（Popular Culture），性别、阶级和种族的差异即使没有被合并，也被重新整合为一种大众的、"共享的"文化。"在20世纪，跨越阶级界限的大众文化的发展越来越重要——文化和社会的同质性越来越紧密地联系在一起。"② 大众文化在英国的发展成为西方大众文化发展的一个缩影。

有关大众文化的争论可以追溯到华兹华斯（Wordsworth）时代（1770—1850年），20世纪50年代随着普遍的富裕与广告的兴起，研究者们开始担心广告在形成文化中的趣味，这场争论再度兴起。如社会学家爱德华·希尔斯（Edward Shils）认为，严肃的音乐唱片和艺术作品的传播使群众的趣味有所提高，并把更多的人民"带入"了社会；作家理查德·霍加特（Richard Hoggart）在《文化的用途》一书中宣称英国的工人阶级文化有其自身的活力；而左翼作家德怀特·麦克唐纳（Dwight MacDonald）则批评大众文化已经腐蚀了雅文化。到20世纪60年代，随着波普艺术的兴起，这场辩论有了新的变化。一群与美国的《党人评论》有联系的批评家苏珊·桑塔格（Susan Sontag）、理查德·波利耶（Richard Poirier）等成了"新的敏感"的鼓吹者，这种"敏感"否认"高级趣味"艺术与"低级趣味"艺术有所差别的这种论点的正确性，声称电影是20世纪唯一重要的艺术，并且认为披头士音乐和滚石音乐由于它们唤起了大众的反响而与勋伯格（Schönberg）同样重要。从这一观点来看，"高级艺术"被看成是上流人士的和矫揉造作的艺术，而大众艺术则成为一个赞辞③。西方社会

---

① 石磊，崔晓天，王忠. 哲学新概念辞典 [M]. 哈尔滨：黑龙江人民出版社. 1988：18-19.
② Encyclopedia Britannica, Inc. Encyclopedia Britannica Online [EB/OL]. [2022-12-30]. http：//academic. eb. cnpeak. com/levels/collegiate/article/United-Kingdom/110750.
③ [英] A. 布洛克，O. 斯塔列布拉斯. 枫丹娜现代思潮辞典 [M]. 中国社会科学院文献情报中心，译. 北京：社会科学文献出版社，1988：341-342.

学家多数在20世纪70年代起就放弃了"Mass Culture"（大众文化）的提法而改用"Popular Culture"（通俗文化）的提法。他们认为后一种提法着眼于文化本身的性质和面貌，较前一种提法更为客观。如美国社会学家赫伯特·甘斯（Herbert Gans）将通俗文化界定为大多数人在工作之余消磨时间的方法，包括通过视、听、读途径得到娱乐的一切形式。与之相对的交响乐、歌剧、芭蕾舞、严肃文学作品等都不算通俗文化，因为它们的欣赏者相对说来仍是少数人[①]。为避免大众文化同通俗文化在概念上的混淆，T. W. 阿多诺（T. W. Adorno）于1947年[②]首次提出"Culture Industry"（文化工业）这个概念来代替"Mass Culture"（大众文化）[③]。

大众文化的兴起，有三个重要原因。其一是现代社会特别是工业时代表现为复杂的社会特征：城市化、标准化和商业化催生了大众文化。城市化使大量劳工和服务行业人员聚集，需要各种形式的刺激品以满足工作之余的消遣，而教育的普及使各种水平的人们都具有接受这种文化的可能。从本质上说，大众文化是资本主义社会矛盾冲突的结果，平民阶层兴起，使起源于上流社会的精英文化逐渐失去垄断地位和社会影响力，整合各阶层文化生活的大众文化应运而生。其二是现代化技术对文化内容和形式产生了深刻影响，特别是现代传播技术及信息技术突破了时间和空间的限制，大大扩大了文化的影响范畴。其三是文化交流的影响，随着全球化发展，多民族、多文化的社会需要新的文化，一些共同的文化价值观念和文化态度需要借助某种特定的形式公开表达出来。

现将国内外有关大众文化的概念列表比较，如表2-1所示。

表2-1 部分工具书中的"大众文化"界定

人物	关于"大众文化"定义	出处
[英] A. 布洛克、O. 斯塔列布拉斯	一种文化，又称通俗文化，经常与雅文化相对而言。它被认为主要是为了消遣而不是为了其内在价值而生产的产品，包括一些由机械复制的项目如印刷品、唱片和艺术图片	[英] A. 布洛克，O. 斯塔列布拉斯. 枫丹娜现代思潮辞典 [M]. 中国社会科学院文献情报中心，译. 北京：社会科学文献出版社，1988：341-342.

---

① 汝信主编. 社会科学新辞典 [M]. 重庆：重庆出版社，1988：120-121.
② 高宣扬. 流行文化社会学 [M]. 第2版. 北京：中国人民大学出版社，2015：167.
③ 王治河. 后现代主义辞典 [M]. 北京：中央编译出版社，2005：114-116.

(续表)

人物	关于"大众文化"定义	出处
汝信、黄长著、沈世鸣等	又称通俗文化（Popular Culture），通常指反映大多数人的文化兴趣和爱好，易为大多数人所接受的文化表现形式。它是大众传播媒介的产物，并且是社会上大多数人所乐于采取的消遣娱乐形式	汝信主编．社会科学新辞典[M]．重庆：重庆出版社，1988：120－121.
石磊、崔晓天、王忠等	是资产阶级文化的组成部分，是相对于精致高雅的人民艺术、传统艺术、上流社会艺术而言的粗糙通俗的，借助于大众传播媒介传播的，拥有广大群众的消遣娱乐文化	石磊，崔晓天，王忠．哲学新概念辞典[M]．哈尔滨：黑龙江人民出版社，1988：18－19.
蒋宝德、李鑫生、杜建业、鲁士恭、路士勋等	又称通俗文化，经常与雅文化相对而言。指的是通过现代的传播工具（报纸杂志、广播、电视等）在广大人民中传播的文化价值的总和。它被认为主要是为了消遣而不是为了其内在价值而生产的产品，包括一些由机械复制的项目，如印刷品、唱片和艺术图片，这种文化根植于社会群体之内，为社会群体所普遍接受、消化和欣赏	蒋宝德，李鑫生．对外交流大百科[M]．北京：华艺出版社，1991：339.
马国泉、张品兴、高聚成、柳可白、赵良玉、刘长龙等	泛指群众及具有中等文化水平的人们的文化	马国泉，张品兴，高聚成．新时期新名词大辞典[M]．北京：中国广播电视出版社，1992：5.
刘建明、王泰玄、谷长岭、金羽等	又称通俗文化。为社会大多数人所接受的、反映大众的文化兴趣和爱好的文化表现形式。是大众传播媒介普及和发展的直接产物。包括通过视、听、读等途径传播的一切通俗的艺术、娱乐形式，如通俗歌曲、音乐、娱乐影片、滑稽小品、畅销小说等	刘建明．宣传舆论学大辞典[M]．北京：经济日报出版社，1993：292.
庞元正、丁冬红、杨信礼、冯鹏志等	利用现代大众传播媒介（如影视、书刊、时装表演等）传播有相当的经济效益、为大众提供娱乐、作为闲暇消遣的文化	庞元正，丁冬红．当代西方社会发展理论新词典[M]．长春：吉林人民出版社，2001：49.
陈刚	人类进入工业社会之后出现的文化现象。它是通过大众传媒传播、由文化产业按照资本主义现代化生产方式进行生产、满足大众私人文化空间需求的文化	王治河．后现代主义辞典[M]．北京：中央编译出版社，2004：72.

(续表)

人物	关于"大众文化"定义	出处
奚洁人等	广义指在一定时期多数人所拥有的共同的行为习惯和生活方式,其中包括大众的传统、习俗等,是源自人们生活世界的自在自发、原生形态的文化。在现代社会中,这种意义上的大众文化正在逐渐褪色,代之而起的是现代意义的随着文化进入工业生产和市场而产生的世俗性的大众文化,它依靠现代大众传媒技术,人为地、理性化地加以传播和操纵,能够为大众所接受的、可供消费的、即时性文化形态	奚洁人.科学发展观百科辞典[M].上海:上海辞书出版社,2007:175-176.
张惠娜	指兴起于当代都市的、与当代大工业密切相关的、以全球化的现代传媒——尤其是电子传媒——为介质,大批量生产的当代文化形态,是处于消费时代或准消费时代的、由消费意识形态来筹划、引导大众的、采取时尚化运作方式的当代文化消费形态,是现代工业和市场经济充分发展后的产物。在市场经济社会,是一种趣味的时尚化的消费文化	祝光耀,张塞.生态文明建设大辞典:第一册[M].南昌:江西科学技术出版社,2016:150.

由表2-1的这些定义,我们可以归纳出大众文化的基本要素:

一是通俗。在文化类型上,这种文化与雅文化相对应,其通俗易懂,易于流行与传播,接受面广,深受百姓特别是年轻人所喜爱。在一定程度上反映了社会各阶层的价值观,在一定意义上还具有文化民主的意义,使得青年与老年、大众与精英共同享有一套现代文化意义与符号象征。T.W.阿多诺(T. W. Adorno)把大众看作处于资本主义社会总体控制中的单质的无个性的人的平均状态;雷蒙德·威廉斯(Raymond Williams)则强调大众的下层性,他认为大众主要指以工人阶级为主的中下层普通劳动者;约翰·费斯克(John Fiske)则指出,大众是由生存于具体社会条件下的杂多的个体和群体组成的,他们是不断变化的,而且,大众并不只是被动地接受大众文化,他们在大众文化的形成中也具有一定的能动作用①。

---

① 王治河.后现代主义辞典[M].北京:中央编译出版社,2004:72.

二是消遣。以供大众消遣为主要目的。工业社会在使劳动生产率快速提高的同时,也为人们提供了较多的闲暇时间。大众文化提供的文化消费产品与服务量大且廉价,通常借助大众传播工具复制、散播,形式多样,题材广泛,灵活多变。在这种文化的享受过程中,个人情感得以宣泄,个体自我意志得以张扬。一些英国社会学家认为,流行歌曲、摇滚乐、电视连续剧等大众文化,是把严肃的、教条式的文艺轻松化了①。

三是商业化。这种文化被纳入工业程序化的生产与流通过程,标准化制作、规模化生产、批量化复制,被市场化和营利化所左右,逐步脱离以审美价值为中心的艺术导向,暴露出庸俗、消极、失去"人性"等难以根治的弊病。正因为如此,有人认为大众文化的商品性会导致文化的堕落,使色情、小市民哲学泛滥;将摇滚乐看作现代强烈竞争社会中失败者的狂躁悲歌,是青年压抑者的发泄,甚至是一些文化野心家、狂徒的号叫。法兰克福派的大众文化批判派批评大众文化是一种商品化的、消极的、庸俗的文化②;发达的工业社会,正是通过"技术理性"和消费至上原则结合起来的"大众文化"来控制个人的;同时由于它的商品化和标准化,排除或否定了文化艺术的独创性与个性③。尽管大众文化饱受批评,但其推动文化普及、促进城市化和现代文明进步以及其中美妙的创造与创新等都是值得充分肯定的。

从表2-1可知,学术界常常将大众文化与通俗文化交替使用,混为一谈,如将"Popular Culture"译为"大众文化"④。实际上两者是有区别的,后者按格雷姆·特纳(Graeme Turner)的定义,通俗文化是一个可用以考察日常生活结构的场所。这样做的意义不仅是学术上的——也就是说,作为理解日常生活的过程或实践的一种尝试——也是政治性的,考察构成这种日常生活形式的权利关系,从而揭示其构建所服务的利益格局⑤。而根据法兰克福学派的观

---

① 马国泉,张品兴,高聚成.新时期新名词大辞典[M].北京:中国广播电视出版社,1992:514.

② 马国泉,张品兴,高聚成.新时期新名词大辞典[M].北京:中国广播电视出版社,1992:514.

③ 庞元正,丁冬红.当代西方社会发展理论新词典[M].长春:吉林人民出版社,2001:49.

④ 高宣扬.流行文化社会学[M].第2版.北京:中国人民大学出版社,2015:22,42.

⑤ Turner, Graeme. British Cultural Studies[M]. 2nd edn, London:Routledge,1996:6.

点，文化是欧洲的、多维的、主动消费、个人创造、富有想象的、对立的，大众文化是美国的、一维的、被动消费、大众生产、娱乐消遣性、社会凝聚力的①。与大众文化相近的还有一个词——"流行文化"（Pop Culture）。这种文化是一种正在流行并得到人们相当认可和追随的文化现象和文化类型，与"时尚文化"义近，通常以一定节奏、一定周期、在一定地域或是全球范围内，在不同层次、阶层和阶级的人群中广泛传播。流行文化具有对文化阶层的消解，对相关思想资源的转换和整合，对知识合法化问题的回归，是体制化构成的新模式，抹平了地域与民族的差异性等特征。"现代流行文化始于文艺复兴时期，即资本主义文化产生和蓬勃发展之后，是同资本主义的发展紧密相关的社会文化现象。但作为一种现代社会的文化现象，又是在市场经济条件下人们交往方式社会化和生活方式世俗化的产物，因而超越了阶级、民族和地域的局限而具有了'大众性'。"②

准确地说，大众文化、通俗文化、流行文化这三个概念都是时代的产物，虽然学术界对它的理解有所不同，但都与工业化和城市化相关。因此，刘自雄和闫玉刚③将大众文化界定为"是指工业化、城市化、市场化社会中为普通民众生产，并为普通民众所参与和消费的一切物质、符号、观念和活动。或者简化为一句话，大众文化就是现代社会中普通民众的生活方式"。

在我国，大众文化崛起于20世纪末，伴随着改革开放春风的吹拂而觉醒，植根于市场经济的沃土而成长④。伴随着与具有明显阶层性的高级文化不同的乡土文化或草根文化，以具有明显的自发性的民间文化（Folk Culture）或群众文化等的兴起，大众文化吸收了它们的精华，充分利用了大众传媒（Mass Media）的优势，整合了时尚文化和传媒文化，成为与精英文化并行发展的、与市场经济发展相适应的一种市民文化。

在我国，有时将"公共文化"称之为"社会文化"，但西方的"Socioculture"与公共文化或大众文化有较大的差异，通常指由"社会"和"文化"共

---

① [英]斯托里. 文化原理与通俗文化导论影印本（第3版）[M]. 北京：北京大学出版社，2004：93.
② 奚洁人. 科学发展观百科辞典[M]. 上海：上海辞书出版社，2007：175.
③ 刘自雄，闫玉刚. 大众文化通论[M]. 北京：中国广播电视出版社，2007：14.
④ 奚洁人. 科学发展观百科辞典[M]. 上海：上海辞书出版社，2007：175-176.

同形成的超有机形态。美国人类学家阿尔弗雷德·路易斯·克罗伯（Alfred Louis Kroeber）1936年首先创用"Socioculture"这一概念，目的是将人类社会与动物界相区别。金斯利·戴维斯（Kingsley Davis）认为人类社会的特征是社会文化，而动物社会的特征是生物社会①。

我国的"公共文化"概念是在中国特色社会主义文化建设语境下发展起来的。学术界关于公共文化的认识，主要有以下观点：

强调目标的管理论。柯平等的《社会公共服务体系中图书馆的发展趋势、定位与服务研究》认为："广义的公共文化是指由国家公共部门提供的、以保障公众基本权利为前提的、以满足公共文化需求为主要目的的、以传播人类文化成果为基本职责的、能促进社会进步和实现个人精神文化追求的一切有益的社会信息总和。我们强调公共文化在现阶段的我国国情下，其主要的控制系统是国家和政府机构，不同于'私人'提供的任何文化产品和服务，它直接与公众沟通，处于一个致力于为公众提供文化信息的社会环境中。"② 这里，强调公共文化的国情以及由公共部门提供产品与服务。

强调要素的体系论。毛少莹等的《公共文化服务概论》一书认为："'公共文化'（Public Culture）即那些具有公共性的文化领域、设施、空间、行为、活动、产品与服务。其具体领域大致包括：公共文化设施、公共文化活动、公共文化空间的营造（如可供公民自由出入的文化广场、博物馆等）或涉及公共文化空间的限制（如剧本内容审查、禁止在街道无牌演唱等）等。"③ 这一概念的外延与当时的公共文化服务体系建设的政策范畴大体一致。

强调对象的需求论。李国新等④认为："公共文化是文化的组成部分，'公共'二字是它和其他文化类型最显著的区别。所谓公共，强调的是文化的基本性、包容性、普惠性和共享性，是所有人都有条件、有保障、能便捷享有的文化。公共文化不是对文化类型、文化样态、文化形式加以区分的结果，其考量的标准是人民群众在日常生活中对文化的需求以及文化的可及性和参与性。"也有

---

① 陈国强. 简明文化人类学词典[M]. 杭州：浙江人民出版社，1990：241-242，278.
② 柯平，等. 社会公共服务体系中图书馆的发展趋势、定位与服务研究[M]. 北京：国家图书馆出版社，2011：10.
③ 毛少莹，等. 公共文化服务概论[M]. 北京：北京师范大学出版社，2014：35.
④ 李国新，张皓珏，等. 国外公共文化服务概览[M]. 北京：北京师范大学出版社，2021：1.

人认为"公共文化是一种面向大众、满足社会共同文化需求的文化形态，它具有公益性和普及性的特点"[1]。这里，强调公共文化为大众提供普遍性的服务。

由上述分析，我们可以得出如下结论：

第一，我国的"公共文化"无论是在语境还是在内涵和外延上与国外的"Public Culture"均有较大的区别，将"公共文化"或"公共文化服务"直接翻译为"Public Culture"或"Public Culture Service"是不准确的，或者说存在理解上误导的风险。较合理的翻译应当是"Culture for Public"或"Culture Service for Public"。

第二，公共文化虽与大众文化、通俗文化在概念上有相关性，但两者有较大的差异。从服务对象来说，公共文化所面向的是公众（the Public），不限于"大众文化""通俗文化"概念范畴的大众（the Mass）即文化程度中等及中等以下的社会经济地位不高或不稳定的、鉴赏情趣不求高雅的那些普通大众，而是包括社会的全体。从服务形态上，公共文化包括了各种文化形式与内容，不限于以消遣为目的的大众文化，既包括了面向社会的通俗的文化，也包括了为社会大众提供的高雅的文化。大众文化的二重性使之向积极与消极两极分化，导致长期以来的争论。而公共文化很好地解决了这一问题，促进面向公众的文化向积极、健康、普及的方向发展，成为鼓舞社会的正能量和增强人民群众精神力量的新形态。

第三，我国的公共文化充分吸收了国外文化政策和大众文化、通俗文化、流行文化研究的合理性因素，也吸取了国外在文化交流与传播、文化机构与社会化发展等方面的经验教训，以建设与发展文化设施为基础，以丰富多样的文化产品和服务为载体，以广大人民群众享有文化权利和最大限度满足文化需求为目的，成为我国公共服务中的最为活跃的一个组成部分。因此，本书界定的公共文化，是指面向社会，保障人民群众基本文化权益并满足其公共文化需求为主要目的，具有社会性、公益性和普遍性特征的一种文化形态。

2.1.2 公共文化服务

公共文化服务是公共服务的一部分，与文化产品及文化服务相关。2012年7月，国务院印发《国家基本公共服务"十二五"规划》，首次将基本公共

---

[1] 苏峰. 文化大数据2015 [M]. 北京：知识产权出版社，2016：77.

文化体育服务纳入国家基本公共服务范畴，形成公共服务的八大领域，即基本公共教育、劳动就业服务、社会保险、基本社会服务、基本医疗卫生、人口和计划生育、基本住房保障、基本文化体育。

"公共文化服务是什么"是相关研究的基础，因此，在构建公共文化服务理论体系中，首要便是对"公共文化服务"概念的界定，其主要观点如表2-2所示。

表2-2 部分著作中关于公共文化服务的定义

人物	定义	出处
陈威	公共文化服务即指：由公共部门或准公共部门共同生产或提供的，以满足社会成员的基本文化需要为目的，着眼于提高全体公众的文化素质和文化生活水平，既给公众提供基本的精神文化享受，也维持社会生存与发展所必需的文化环境与条件的公共产品和服务行为的总称	陈威. 公共文化服务体系研究[M]. 深圳：深圳报业集团出版社，2006：16.
柯平等	公共文化服务是以保障公民的基本文化权益、满足公民的基本文化需求为目的的文化产品与服务的总称	柯平，等. 公共图书馆的文化功能——在社会公共文化服务体系中的作用[M]. 上海：上海交通大学出版社，2010：51.
戴珩	公共文化服务是指基于社会效益，不以营利为目的，为社会提供非竞争性、非排他性的公共文化产品的资源配置活动	戴珩. 公共文化服务体系120问[M]. 南京：南京师范大学出版社，2011：3.
毛少莹等	公共文化服务（Public Culture Service）指：由公共部门或准公共部门共同生产或提供的，以满足社会成员的基本文化需要为目的，着眼于提高全体公众的文化素质和文化生活水平，既给公众提供基本的精神文化享受，也维持社会生存与发展所必需的文化环境与条件的公共文化产品与服务的总称。具体包括公共图书馆服务、公共博物馆服务、文化馆服务、社区文化服务、各类公共文化信息平台建设、赞助扶持文化艺术的政策措施等	毛少莹，等. 公共文化服务概论[M]. 北京：北京师范大学出版社，2014：38.
李国新	公共文化服务是由人民群众的基本文化需求以及政府提供基本公共服务的功能衍生出来的一个概念	李国新，张皓珏，等. 国外公共文化服务概览[M]. 北京：北京师范大学出版社，2021：1.

学者们对公共文化服务的研究，一个是从公共服务的角度，主要从目的、责任主体、提供内容的角度分析公共文化服务与公共服务的关系。公共文化服

务不同于市场化的经营性文化产业，具有平等性、便利性、多样性、公益性、基本性、普及性等基本特性①。

另一个是从多学科视角予以阐述。有学者从经济学视角界定，认为在市场经济条件下，广义的公共文化服务是包含政府对文化领域提供的文化管理服务在内的文化政策服务和文化市场监管服务，而狭义的公共文化服务则是区别于以一般市场方式提供的文化商品（产品及服务）的公共文化产品②。有学者从管理学视角出发，提出公共文化服务是公共部门与准公共部门为满足社会成员基本文化需求所提供的文化环境与条件的公共产品与服务行为的总称。闫平③认为，公共文化服务是政府主导、社会参与形成的普及文化知识、传播先进文化、提供精神食粮、满足人民群众文化需求、保障人民群众文化权益的各种公益性文化机构和服务的总和。

从政策法律的角度，2016年12月颁布的《公共文化服务保障法》第二条规定，"本法所称公共文化服务，是指由政府主导、社会力量参与，以满足公民基本文化需求为主要目的而提供的公共文化设施、文化产品、文化活动以及其他相关服务"。这一界定确立了我国公共文化服务的基本目标与范畴。

"公共文化服务"这一概念的进一步界定和延展主要有以下概念形态：

公共文化服务体系——2005年党的十六届五中全会审议通过的国家"十一五"规划建议提出"逐步形成覆盖全社会的比较完备的公共文化服务体系"，"公共文化服务体系"作为重要政策主题概念得以确立。由于公共文化服务作为一个总称，概括了公共文化服务设施、公共文化资源、公共文化服务内容及相关活动，以及人才、技术、经费、政策等公共文化服务保障等许多方面的内容，形成了一个体系。这一体系既是以公共文化设施、公共文化产品与服务为核心的，满足人民群众文化需求的公共服务子系统，又是以政府为主导、以公共财政为支撑，保障人民群众文化权益的重要制度与机制。这一体系具体包括公共文化设施网络体系、公共文化产品生产传播体系、公共文化服务供给体

---

① 柯平，等. 公共图书馆的文化功能——在社会公共文化服务体系中的作用 [M]. 上海：上海交通大学出版社，2010：51-52.
② 张晓明，李河. 公共文化服务：理论和实践含义的探索 [J]. 出版发行研究，2008 (3)：5-8.
③ 闫平. 服务型政府的公共性特征与公共文化服务体系建设 [J]. 理论导刊，2008 (12)：90-93.

系、公共文化组织管理体系、公共文化政策体系、公共文化教育与人才支撑体系、公共文化评估体系等。

现代公共文化服务——2013年党的十八届三中全会通过的《中共中央关于全面深化改革若干重大问题的决定》提出"构建现代公共文化服务体系",赋予了我国"公共文化服务"概念新时期的"现代"特征,与现代公共服务的发展相适应,强调公共文化服务在建设与供给主体上的多元化(发挥社会力量参与的作用),在服务水平和质量上的高效化(突出服务效能),在管理体制上的法治化(依法开展公共文化服务),在服务目标上的均等化(公共文化服务向基层延伸)。

基本公共文化服务——总体上说这一概念属于"基本公共服务"的一种概念。阮可[1]认为"基本公共文化服务是基本公共服务的重要组成部分,强调的是'基本保障'。它所要满足的不是公民所有的文化需求,而是保障和满足公共生存和发展所需的基本文化服务"。具体来说,这一概念与"基本文化权益"和"基本文化需求"相关,从权益上看,基本文化权益是一种人权,但是日本人权学家大须贺明教授所说的"让人们失去了精神的舒适,阻碍了人们内部的精神活动,即夺走了国民充分地维持健康的精神文化生活的基本条件"[2],过于宏观和宽泛。无论学术界如何定义文化权益和文化权利,都不能将所有的文化权益都算作基本文化权益。基本文化权益应当是基于国情,所有公民享受和尊重人类创造的文化成果、利用与保护国家公共文化设施、接受基本公共文化服务并参与公共文化活动的权益,体现政府在文化上的基本责任和基本保障。从需求上看,理论上按照罗旺垂最低需求线(the Rowntree Line of Lowest Needs)和恩格斯的观点,只有在存在的临界位置才能找到最低文化需求线。实践上,公民的文化需求多样化且因时因地而异,而读书看报、听广播看电视、利用文化设施并参加公共文化活动,实际上是我国公民接受公共文化服务的现实,还不是科学意义的基本文化需求。只有充分考虑公民的现实需求和潜在需求,结合基本文化权益保障,才能确定"基本文化需求"概念内涵与外延。

总的来看,我们将公共文化服务理解为为满足社会的公共文化需求,向公

---

[1] 阮可. 现代公共文化服务体系——理论与浙江实践 [M] 杭州:浙江大学出版社,2014:28.
[2] 陈瑶. 公共文化服务:制度与模式 [M]. 杭州:杭州大学出版社,2012:15.

众提供公共文化产品和服务行为及其相关制度与系统的总称,其涵盖广播电视、电影、出版、报刊、互联网、演出、博物馆、图书馆、档案馆等诸多文化领域。

2.2 公共文化服务研究进展

从国内情况来看,有关公共服务和公共文化的理论研究和实践已经较为深入,形成了系统化的研究成果。

2.2.1 国内公共文化服务研究的主题

2.2.1.1 我国公共文化服务研究文献统计分析

2021年6月20日,南开课题组对CNKI上"公共文化服务"的相关文献进行检索,采用的检索式为:篇名=公共文化服务,将检索条件限制为核心期刊或者CSSCI,共检索出1104篇期刊论文。本书以此为数据基础,对其学科分布、关键词、发文量趋势等进行统计分析。

1. 研究学科分布

通过CNKI结果的自动统计功能,可以看出排名前7的学科分布(如表2-3所示),由此得出以下结论:公共文化服务研究是一个跨学科多元化的整体,涉及文化、图书情报与数字图书馆、公共管理、政治、法学、社会、财政等多个学科,各学科从各自的视角出发研究公共文化服务,使跨学科合作成为必要。

表2-3 公共文化服务相关研究的学科分类

学科	论文数量(篇)
文化	563
图书情报与数字图书馆	277
公共管理	66
政治	50
法学	32
社会	13
财政	27

资料来源:南开课题组整理。

2. 研究内容分布

用 Endnote 统计软件对关键词进行统计,并对词频≥12 的关键词进行合并、删减,然后进行归类统计,可将近年来公共文化服务相关研究划分为几大主题(如表 2-4 所示),通过对文献的主题分析,可见主要关于公共文化服务研究主体、基层公共文化服务、公共文化服务均等化、公共文化服务制度建设等。

表 2-4 公共文化服务相关研究的主题分析

研究重点	关键词	词频
公共文化服务标准化的内涵与意义研究	标准化	37
	均等化	69
公共文化服务研究主体	图书馆	84
	公共图书馆	74
	基层图书馆	8
	文化馆	16
公共文化服务体系研究	公共文化服务体系	259
	现代公共文化服务体系	41
	国家公共文化服务体系	20
基层公共文化服务	农村公共文化服务	70
	农村公共文化服务	59
	社区公共文化服务	14
	基层公共文化服务	51
公共文化服务均等化	公共文化服务均等化	45
	民族地区	16
	农民工	15
公共文化服务制度建设	文化治理	31
	社会力量参与	19
	绩效评估	13
	政府购买	12
	文化体制改革	16
	供给侧改革	13
	公共文化服务供给	106
	公共文化服务保障法	37

(续表)

研究重点	关键词	词频
其他	公共文化	92
	公共文化服务	559
	公共文化服务建设	47
	公共文化服务设施	21
	公共文化设施	19

资料来源：南开课题组整理。

3. 发文量总体趋势分析

由图2-1公共文化服务相关文献发文量总体趋势分析可知，2017年发文数量最多为116篇，在2017年之前除了2010年稍微下降外，2005—2012年文献量呈爆发趋势，2012—2017年年度发文量趋于平缓，并仍保持一定的年度发文量，2017年之后呈现稍微下降并逐步趋于平缓，说明对于公共文化服务的相关研究已经进入稳定期。

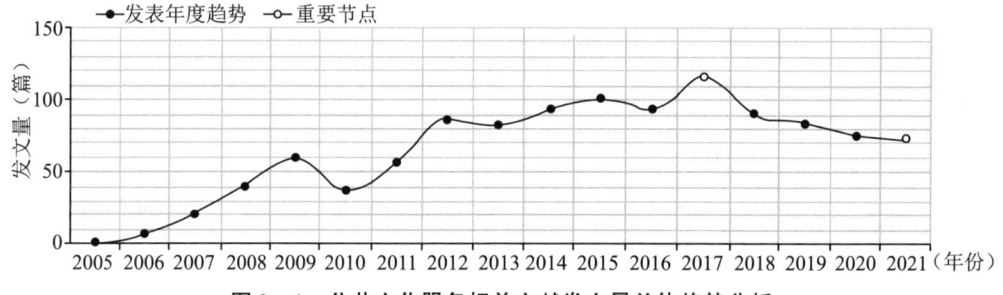

图2-1 公共文化服务相关文献发文量总体趋势分析

2.2.1.2 公共文化服务理论研究

1. 公共文化服务的本质与意义

学者们基于公共文化服务的本质和特性引入政治学、经济学理论共同架构起这个新领域的理论基础，其中主要包含经济学的公共产品理论、福利经济理论、公共选择理论和政治学的新公共服务理论、新公共管理理论、普遍服务理论等。胡税根等[①]对中国公共文化服务的发展逻辑进行了研究，认为基于理论

---

① 胡税根，陶铸钧.中国公共文化服务的发展逻辑研究［J］.华中师范大学学报（人文社会科学版），2018，57（5）：80-87.

与实践相结合的视角，中国公共文化服务的发展逻辑可以从公共性、文化性、服务性及技术性四个层面进行检视。

关于公共文化服务的功能及意义，学者们的观点可以概述为：（1）从公民文化权益角度保障公民基本文化权利、满足公民文化需求；（2）从国家文化建设角度，解放和发展文化生产力，促进社会均衡发展提升文化软实力和国际竞争力；（3）从政府建设角度，有利于推动服务型政府的建设，提高文化治理职能；（4）从民族文化传承与认同的角度，有利于传统民族文化的继承、大众文化的引导和公共文化的创新，为公众培育普遍的文化认同。

2. 公共文化服务的制度建设

公共文化服务法规政策。以法律的力量推动公共文化服务高质量发展。李国新[①②]提出推动公共文化服务保障法全面落地并逐步完善，是"十四五"时期公共文化服务体系建设的重要任务。林华等[③]以《公共文化服务保障法》《公共图书馆法》为中心，对我国公共文化法律有效实施进行了思考。地方性公共文化服务保障立法应加强地方性立法与国家重大方针政策的有效衔接[④]，还应健全公共图书馆应急公共文化服务相关立法，强化公共文化服务应急体系的建立[⑤]。在对我国公共文化服务政策进行比较分析方面，李少惠等[⑥]构建了公共文化服务政策价值分析框架；汪圣等[⑦]对当前我国公共文化服务领域的主要政策文本进行分析后，发现在政策工具维度上，政府部门对不同类型政策工具的依赖性呈现"差序格局"，提出了完善我国公共文化服务政策的路

---

① 李国新. 以法律的力量推动公共文化服务高质量发展 [J]. 图书馆建设, 2021 (2)：6-10.
② 李国新. 公共文化服务保障法律制度的完善与细化 [J]. 中国图书馆学报, 2021, 47 (2)：29-39.
③ 林华, 楚天舒. 我国公共文化法律有效实施的思考——以《公共文化服务保障法》《公共图书馆法》为中心 [J]. 中国图书馆学报, 2019, 45 (4)：12-28.
④ 张广钦, 宗何婵瑞. 地方性公共文化服务保障立法的进展与特色 [J]. 图书馆建设, 2021 (2)：11-18.
⑤ 欧阳爱辉, 刘旋. 重大突发公共事件背景下公共图书馆应急公共文化服务的立法保障 [J]. 图书馆理论与实践, 2020 (6)：39-43.
⑥ 李少惠, 王婷. 我国公共文化服务政策的价值识别及演进逻辑 [J]. 图书馆, 2019 (9)：18-26.
⑦ 汪圣, 刘旭青. 政策工具视角下我国公共文化服务政策研究 [J]. 图书馆工作与研究, 2018 (2)：16-22, 27.

径；曹树金等[①]对2009—2018年我国公共文化服务政策进行分析，对研究热点与重点进行了总结；赵一方等[②]观察了当前我国公共文化服务政策环境全貌，以优化公共文化服务政策设计，提供政策、研究、实践等板块之间进行比较的思路与资料库。许丹[③]回溯了中国农村公共文化服务制度变迁历程，总结制度变迁的规律特征并明确制度改革的未来趋势。

公共文化服务财政保障。财政资金投入要素是影响基本公共文化服务供给质量提升的核心条件[④]，对公共文化服务创新至关重要[⑤⑥]，通过文化帮扶、援疆资金支持、社会捐助等方式，推动新疆地区构建多层次多形式的资金投入机制。国务院办公厅印发的《公共文化领域中央与地方财政事权和支出责任划分改革方案》（以下简称《方案》），凸显了以财政制度改革创新促进公共文化服务高质量发展的特色。全面落实《方案》也面临着挑战[⑦]。王瑞涵[⑧]表示可以借鉴"文化例外"原则来建立农村公共文化投入机制；张启春等[⑨]提出制定基本公共文化服务的各项分类保障标准和倾斜保障标准的思路。

---

① 曹树金，刘慧云，王雨. 我国公共文化服务政策演进（2009—2018）[J]. 图书馆论坛，2019，39（9）：39-47.

② 赵一方，王铮，裴雷. 政策计量视角下公共文化服务政策内容主题分析[J]. 图书情报工作，2020，64（10）：66-74.

③ 许丹. 试论中国农村公共文化服务制度变迁[J]. 华中师范大学学报（人文社科版），2020，59（6）：22-30.

④ 杨林，杨广勇. 基本公共文化服务供给质量评价及其改进——来自山东省的实践[J]. 山东社会科学，2020（2）：105-111.

⑤ 李少惠，张玉强. 公共文化服务创新驱动机制研究——基于模糊集的定性比较分析[J]. 国家图书馆学刊，2021，30（2）：22-33.

⑥ 祁志伟. 社会资本何以驱动公共文化服务供给模式创新——对民族地区T牧区的考察[J]. 图书馆论坛，2021，41（3）：87-101.

⑦ 李国新. 制度改革创新促进公共文化服务高质量发展——析《公共文化领域中央与地方财政事权和支出责任划分改革方案》[J]. 图书馆建设，2020（4）：6-9.

⑧ 王瑞涵. 农村公共文化服务体系建设：财政责任与经费保障机制[J]. 地方财政研究，2010（8）：46-52.

⑨ 张启春，李淑芳. 公共文化服务的财政保障：范围、标准和方式[J]. 江汉论坛，2014（4）：123-130.

公共文化服务绩效评估。何昀等[1]分析了影响我国城乡居民公共文化服务满意度的因素。熊文靓等[2]引入期望确认理论对公共文化服务的公众获得感进行了测度与提升研究,研究发现公众期望与感知绩效之间存在差异。随着公共文化服务体系建设的逐步完善,为检验服务绩效,需要建立多元的公共文化服务绩效评估和监督机制[3]。也有诸多学者基于不同层级、不同行业领域进行了公共文化服务相关评价模型与相关指标体系的构建,如以用户为中心视角搭建的公共文化服务质量评价模型[4],公共文化服务承载力评价指标体系[5]以及测算公共文化服务发展的开放式指标体系等[6]。基层公共文化服务层面搭建起的村级综合文化服务中心服务满意度指标评价体系[7],以及文化行业某一具体领域如图书馆公共文化服务充分性评价指标体系[8]等。

2.2.1.3 公共文化服务建设主体

在构建主体的研究中,俞楠将其归纳为政策主体和执行主体,前者是中国共产党的党政文化主管机关,后者是各类文化事业单位、社区文化活动中心和民间组织。关于公共文化服务体系建设的主体,李少惠[9]认为,政府是公共文

---

[1] 何昀,刘希琼.城乡公共文化服务满意度影响因素差异——基于 CGSS 2015 数据的实证分析[J].消费经济,2018,34(4):26-33.

[2] 熊文靓,王素芳.公共文化服务的公众获得感测度与提升研究——以辽宁为例[J].图书馆论坛,2020,40(2):45-55.

[3] 方堃,姜庆志.基本公共文化服务均等化趋势下财政投入机制研究[J].武陵学刊,2012,37(1):22-27,32.

[4] 陈忆金,曹树金.用户中心视角下公共文化服务质量评价研究[J].图书情报工作,2019,63(17):60-68.

[5] 李少惠,韩慧.我国地方政府公共文化服务承载力的差异研究[J].图书馆杂志,2020,39(7):37-47.

[6] 赵益民,姜晨旻.基于熵值加权综合指数法的公共文化服务发展指数研究[J].国家图书馆学刊,2020,29(4):75-89.

[7] 文立杰,纪东东,张杰.沿边民族地区农村基层公共文化服务质量研究——以Z自治区4市8县(区)38村为样本[J].图书馆论坛,2018,38(12):70-78,95.

[8] 万易,赵媛,陈家清.基于耦合协调模型的图书馆公共文化服务充分性发展评价指标体系构建[J].国家图书馆学刊,2021,30(2):34-53.

[9] 李少惠.公共文化服务体系建设的主体构成及其功能分析[J].社科纵横,2007,22(2):37-39.

化服务体系建设的核心主体,企业是公共文化服务体系建设的竞争参与主体,非政府组织是公共文化服务体系建设的重要主体,社区是公共文化服务体系建设的基本主体。王大为[①]认为,公共文化服务应由政府来举办,政府要加强对公共文化服务事业的领导,切实做好公共文化事业的规划,加强管理,充分发挥公共文化设施的效用,政府要制定政策,促进公共文化事业发展。巩玉丽[②]认为,一个合理、科学的公共文化服务体系主体应该由政府、文化事业单位、非政府组织、企业四个方面组成,并有各自的职能定位。柯平、洪秋兰等[③]对公共机构在公共文化服务体系建设中的重要性进行问卷调查,结果由高到低分别为政府、文化部、图书馆、档案馆等。许建业[④]认为政府负责对公共文化服务进行组织管理和监督保障,提供适宜的法律、法规和政策保障,宏观调控公共文化资源的配置。

综上,国内学者在公共文化服务体系构建主体上的争论主要集中在政府是否应承担主导作用。支持政府为主导者主要有两种观点:其一,认识到"市场失灵"和社会公正是经济学有关公共责任的规范理由——它们说明了政府应当介入其中;其二,现阶段市场经济发展尚不完善,区域间还存在巨大差异,政府必须发挥主导作用。支持政府与社会力量共同承担的学者则认为,不能单纯依靠有限的政府力量,需要研究政府介入的多种方式,发动社会力量和公民个体积极参与。同时,引入社会力量可以产生竞争效应,提高公共文化服务的数量和质量。

关于图书馆在公共文化服务中自身建设的研究。学者认为,图书馆的基本职能决定图书馆作为公共设施,不仅是公共文化服务体系的中坚力量之一,更是公共文化服务体系建设过程中的重要基础设施。当前研究中以公共文化服

[①] 王大为.公共文化服务的基本特征与现代政府的文化责任 [J].齐齐哈尔师范高等专科学校学报,2007 (3):67-69.

[②] 巩玉丽.公共文化服务体系的改革取向及职能定位 [J].青岛行政学院学报,2008 (2):27-30.

[③] 柯平,洪秋兰,孙情情.公共文化服务体系中的图书馆与社会合作实证研究 [J].图书情报工作,2009,53 (17):8-12.

[④] 许建业.公共文化服务体系建构中的图书馆发展路向——兼论新公共服务理论对图书馆事业改革的启示 [J].国家图书馆学刊,2006 (3):44-48.

为基本背景,强调体系化服务、事业整体协调发展与服务创新等议题。徐益波[1]通过政策文本解读和分析的视角展望了未来一个时期我国公共图书馆在现代公共化服务体系建设中的定位与价值。傅才武等[2]以县级公共图书馆为中心考察了公共文化服务体系建设中财政增量投入的约束条件,提出"通过增加公共投入带动业务增长",即"增人加钱"式的传统管理模式正逐渐失去效率。而深化文化领域供给侧结构性改革已成为优化行业管理、提升单位绩效的根本性政策路径。

2.2.1.4 公共文化服务体系研究

关于公共文化服务体系的构成,王列生等[3]认为,公共文化服务体系作为一种文化制度具有保障基本文化权益、促进社会文化和谐、建设民族文化家园、致力于城乡文化服务覆盖四大功能。对这四大功能的有效支撑取决于四大运营系统的密切配合:投入与财政执行保障系统;规划与项目运行保障系统;人力资源动员保障系统;绩效评估与政策调节保障系统。彭泽明[4]认为公共文化服务体系主要包括公共文化设施网络、公共文化资金队伍技术保障、公共文化组织支撑、公共文化服务运行评估、公共文化产品的供给。

公共文化服务体系是一种综合性的公共文化运作机制和制度安排,涉及政府、社会与民众的多元主体,在建设内容、构建主体及供给模式方面具有一定复杂性。闫平[5]、韩军[6]各有侧重地系统阐述了公共文化服务体系的基本构架与建设内容。陈威具体提出了公共文化服务体系的建设指标。刘晓东[7]

---

[1] 徐益波. 新形势下的现代公共文化服务体系建设与公共图书馆——基于《意见》和《标准》的文本分析 [J]. 图书与情报, 2015 (1): 131-133.

[2] 傅才武, 岳楠. 公共文化服务体系建设中财政增量投入的约束条件——以县级公共图书馆为中心的考察 [J]. 中国图书馆学报, 2018, 44 (4): 19-39.

[3] 王列生, 郭全中, 肖庆. 国家公共文化服务体系论 [M]. 北京: 文化艺术出版社, 2009: 22-28.

[4] 彭泽明. 重庆公共文化服务体系发展与展望 [M]. 北京: 现代教育出版社, 2011: 3.

[5] 闫平. 试论公共文化服务体系建设 [J]. 理论导刊, 2007 (12): 112-116.

[6] 韩军. 论公共文化服务体系的构建 [J]. 党政干部论坛, 2008 (1): 16-17.

[7] 刘晓东. 打造公共文化服务创新实践的示范样板——国家公共文化服务体系示范区创建的成效、经验与创新意义 [J]. 图书馆论坛, 2021 (7): 18-24.

围绕国家公共文化服务体系示范区建设的成效、经验与意义进行了讨论。王列生①从公共文化政策研究知识域入手，探讨了构建公共文化服务体系的"意识形态前置"。彭雷霆等②对集中连片特困地区基本公共文化服务发展水平及制约因素进行了分析，李少惠等③探讨了公共文化服务体系建设的驱动机制。吴理财等④、周旖⑤分别对新时代公共文化服务体系的发展路径和"十四五"时期广东公共文化服务体系建设重点提出建议。

2.2.1.5 基层公共文化服务研究

1. 农村公共文化服务

对农村公共文化服务体系的内容，目前存在多种理解，或从管理机制上，或从管理内容上，或综合各项因素，缺乏统一标准。寇垠等⑥、王秋⑦对东部农村居民公共文化服务满意度及其影响因素进行了研究，提出地方政府需要进一步加大农村公共文化服务供给，体系建设要考虑居民个体差异，加强宣传推广，并采取有效的考核机制来推动农村公共文化服务事业发展。任鹏飞⑧从"第三方评估"的角度总结和反思了当前我国农村公共文化服务的评估实践。

---

① 王列生. 论构建公共文化服务体系的意识形态前置 [J]. 文艺理论与批评, 2007 (2)：125 - 129.

② 彭雷霆，刘娟. 集中连片特困地区基本公共文化服务发展水平及制约因素分析——以武陵山片区为例 [J]. 图书馆, 2021 (5)：34 - 43.

③ 李少惠，邢磊. 公共文化服务体系建设的驱动机制研究——基于15个案例的定性比较分析 [J]. 图书馆学研究, 2020 (21)：13 - 22, 82.

④ 吴理财，解胜利. 中国公共文化服务体系建设40年：理念演进、逻辑变迁、实践成效与发展方向 [J]. 上海行政学院学报, 2019, 20 (5)：100 - 111.

⑤ 周旖. "十四五"时期广东公共文化服务体系建设的重点问题探讨 [J]. 图书馆论坛, 2021, 41 (2)：23 - 31.

⑥ 寇垠，刘杰磊. 东部农村居民公共文化服务满意度及其影响因素 [J]. 图书馆论坛, 2019, 39 (11)：79 - 86.

⑦ 王秋. 农村公共文化服务满意度及其影响因素研究——基于昆明市32个乡镇69个村的实证分析 [J]. 图书馆理论与实践, 2018 (7)：96 - 99.

⑧ 任鹏飞. 农村公共文化服务第三方评估研究：理论溯源、功能审视与实践反思 [J]. 图书馆建设, 2018 (11)：17 - 22.

闫小斌等①、廖晓明等②、刘玉堂等③、傅才武等④提出农村公共文化服务体系建设当前正呈现出供需不平衡、不充分的显著特征。毛雁冰等⑤探讨了影响农村地区公共文化服务供给水平的主要因素。以上学者均提出了破解农村公共文化供需矛盾与持续推进农村公共文化服务体系建设的路径。针对当前农村公共文化因重供给轻需求而造成的"供需失衡"现状，研究发现，"技术接受"是数字赋能农村公共文化服务供需契合的前提和基础⑥。推动农村公共文化数字化建设还可以从补齐数字化基础设施、打造村民文化共享共治平台、提升村民数字化意识、提高农民收入等方面发力⑦。未来西部农村公共文化服务供给效率的提升需要根据地域特征合理调整资源要素的配置结构与规模、加强公共文化服务与数字文化的融合、因地制宜地制定公共文化服务发展战略⑧。

　　王雪丽等⑨基于"三圈理论"阐述了基层公共文化服务效能困境；黄雪丽⑩探讨了我国农村公共文化服务"悬浮化"困境的根源；陈建⑪提出了农村

---

①　闫小斌，段小虎，贾守军，荆皓. 超越结构性失衡：农村公共文化服务供给驱动与需求引导的结合 [J]. 图书馆论坛，2018，38（6）：31-36.

②　廖晓明，徐海晴. 新时代农村公共文化服务供需问题探析 [J]. 长白学刊，2019（1）：149-155.

③　刘玉堂，李少多. 论新乡贤在农村公共文化服务体系建设中的功能——基于农村公共文化服务供需现状 [J]. 理论月刊，2019（4）：125-131.

④　傅才武，刘倩. 农村公共文化服务供需失衡背后的体制溯源——以文化惠民工程为中心的调查 [J]. 山东大学学报（哲学社会科学版），2020（1）：47-59.

⑤　毛雁冰，龙新亚. 农村地区公共文化服务供给的影响因素——利用固定效应模型的实证检验 [J]. 图书馆论坛，2018，38（4）：77-83.

⑥　杨芳，王晓辉. 数字赋能农村公共文化服务供需契合作用机理研究——基于扎根理论的质性研究 [J]. 图书与情报，2021（1）：62-69.

⑦　冯献，李瑾. 数字化促进乡村公共文化服务可及性的影响与作用机制分析——以北京市650份村民样本为例 [J]. 图书馆学研究，2021（5）：19-27.

⑧　李少惠，韩慧. 西部农村公共文化服务供给效率及收敛性分析 [J]. 深圳大学学报（人文社会科学版），2020，37（6）：54-63.

⑨　王雪丽，王瑞文. 基层公共文化服务效能困境：成因与破局——基于"三圈理论"的阐释 [J]. 图书馆工作与研究，2020（2）：19-28.

⑩　黄雪丽. 我国农村公共文化服务"悬浮化"的阐释——基于历史制度主义的分析视角 [J]. 图书馆论坛，2018，38（2）：29-35.

⑪　陈建. 乡村振兴中的农村公共文化服务功能性失灵问题 [J]. 图书馆论坛，2019，39（7）：42-49.

公共文化服务面临着以政策体系及结果的低效、失效为特点的功能性失灵问题。加强农村公共文化服务建设路径方面,李金龙等①提出应尝试通过提高农村居民进行话语赋权来保障农村公共文化服务高质量供给;胡恒钊②提出了建立农村公共文化服务新体系的路径;罗哲等③探讨了农村公共文化服务从"城市文化下乡"到"乡村文化振兴"的结构转型;耿达④、张培奇等⑤提出从"空间重塑"角度建设农村公共文化服务体系,李国新⑥提出要全面落实《公共文化服务保障法》确立的基本公共文化服务标准制度、构建县域图书馆文化馆总分馆制、推动公共文化服务社会化发展等。

2. 城市社区文化中心公共文化服务

社区公共文化服务是社区文化建设事业的延伸与拓展,是公共文化服务体系建设的重要基础⑦。翁列恩等⑧确定了社区公共文化供需匹配水平的要素体系,并基于理性人假设和数学模型建立社区公共文化供需匹配模型,并对SC区进行实证供需匹配度测算。郭剑雄⑨基于上海与青岛、济南比较的视角,对城市社区文化中心公共文化服务供给情况进行了对比研究,揭示了不同发展阶段社区文化中心公共文化供给主体、内容、管理、效能的差异。陈世香等⑩以

---

① 李金龙,刘巧兰. 话语赋权:农村公共文化服务高质量供给的基本保障 [J]. 图书馆建设,2018 (10):23-31.

② 胡恒钊. 我国农村公共文化服务体系建设的困境与重构 [J]. 中共天津市委党校学报,2018,20 (2):77-81.

③ 罗哲,唐迩丹. 农村公共文化服务的结构转型:从"城市文化下乡"到"乡村文化振兴"[J]. 四川师范大学学报(社会科学版),2019,46 (5):129-135.

④ 耿达. 公共文化空间视角下农村公共文化服务体系建设研究 [J]. 思想战线,2019,45 (5):137-146.

⑤ 张培奇,胡惠林. 论乡村振兴战略背景下乡村公共文化服务建设的空间转向 [J]. 福建论坛(人文社会科学版),2018 (10):99-104.

⑥ 李国新. 关于加强农村公共文化服务建设的思考 [J]. 中国图书馆学报,2019,45 (4):4-11.

⑦ 巫志南. 社区公共文化服务 [M]. 北京:北京师范大学出版社,2012:28-29.

⑧ 翁列恩,王汇宇,鲁界兵. 社区公共文化服务供需匹配模型构建与实证研究 [J]. 理论探讨,2018 (2):150-156.

⑨ 郭剑雄. 城市社区文化中心公共文化服务供给研究——基于上海与青岛、济南比较的视角 [J]. 四川师范大学学报(社会科学版),2018,45 (3):16-23.

⑩ 陈世香,黄冬季. 协同治理:我国城市社区公共文化服务供给机制创新的个案研究 [J]. 南通大学学报(社会科学版),2018 (5):120-128.

城市社区公共文化服务供给为研究对象,分析社区在提供公共文化服务过程中如何与其他行动者建立起协同关系,解决集体行动困境,共同提升社区公共文化服务供给效能。

3. 边疆民族地区基层公共文化服务

柯平等[1]通过对欠发达地区民族乡镇公共文化服务探索,提出欠发达地区民族乡镇公共文化服务发展的路径。毕晓红等[2]提出了提升边疆民族地区基层公共文化产品和服务的供给水平,完善基层公共文化服务体系建设。周静等[3]提出了对大理白族自治州基层公共文化服务体系的系列针对性建议。

2.2.1.6 公共文化服务建设路径探索

1. 提升公共文化服务供需有效性

项琳[4]、李秀敏[5]分别对2007—2018年我国重大研究项目中的公共文化服务研究与学术期刊文献中的公共文化服务研究热点进行了研究,并提出公共文化设施服务供给等将是未来研究重点,供需对接等问题值得关注。

孙红蕾等[6]在阐述"健康中国"战略与公共文化服务发展关系的基础上,分析"健康中国"战略背景下公共文化服务发展衍生的新需求。庆海涛[7]在阐释公共文化服务供给侧改革基本内涵的基础上,提出公共文化领域供给侧结构

---

[1] 柯平,彭亮.欠发达地区民族乡镇公共文化服务探索——以贵阳市乌当区新堡布依族乡为例 [J].图书馆论坛,2018,38(5):12-18.

[2] 毕晓红,周静,唐懿滢,毕东.腾冲市基层公共文化服务体系建设调查研究 [J].图书馆理论与实践,2019(6):87-91.

[3] 周静,毕东,毕晓红,李春艳.大理白族自治州基层公共文化服务体系建设的现状与对策研究 [J].图书馆理论与实践,2019(3):8-12,24.

[4] 项琳.2007—2018年我国重大研究项目中的公共文化服务研究 [J].图书馆建设,2019(5):21-27.

[5] 李秀敏.学术期刊文献中的公共文化服务研究热点(2007—2018) [J].图书馆建设,2019(5):13-20.

[6] 孙红蕾,陈静,郑建明."健康中国"战略背景下的公共文化服务发展:新需求与新路径 [J].图书馆论坛,2020,40(1):13-18.

[7] 庆海涛.公共文化服务供给侧改革方向与路径研究 [J].图书馆,2018(8):22-26,79.

性改革的方向与路径。曹福然等①基于对以英国、法国及美国为代表的三类国外公共文化服务供给体系特征的梳理和分析,探讨其对我国公共文化服务供给体系建设的启示。赵益民等②介绍了美国公共文化服务的可及性提升策略,对我国有一定借鉴价值。

2. 数字与智慧公共文化服务建设

数字化服务已成为一种趋势,公共文化数字化、公共资源数字化的建设也已成为当下的一个热门研究方向。公共数字文化的概念,公共数字文化的实现形式与服务体系,公共数字文化服务的平台建设与经验总结,公共数字文化发展的法制保障、评估体制、精准服务模式等问题在当前研究较多。柯平等③提出应当发展文化事业,完善公共文化服务法治化与政策体系,推进公共文化服务数字化与社会化。陈世香等④通过深圳"南山文体通"的个案研究,探究了政务微信对公共文化服务效能的影响机制,以求借助数字文化资源提升服务效能。石庆功等⑤以现有公共数字文化资源整合相关标准为基础,从系统角度出发从理论上构建了公共数字文化资源整合标准体系框架。姜雯昱等⑥讨论了以数字化促进公共文化服务精准化供给的实践、困境与对策。针对疫情防控的经验教训,李国新⑦提出了文化馆数字文化服务的强化、公共文化机构危机应对的重点和机制、公共文化服务的专业化发展、图书馆服务流程和

---

① 曹福然,詹一虹. 国外公共文化服务供给体系建设及启示 [J]. 图书馆工作与研究,2019 (2):18 – 25,61.

② 赵益民,李雪莲,韩滢莹. 公共文化服务可及性研究:美国经验 [J]. 图书馆建设,2021 (1):140 – 146.

③ 柯平,胡娟,刘旭青. 发展文化事业,完善公共文化服务体系 [J]. 图书情报知识,2018 (5):10 – 19.

④ 陈世香,唐玉珍. 政务微信提升公共文化服务效能的模式分析——深圳"南山文体通"的个案研究 [J]. 图书情报工作,2020,64 (17):74 – 83.

⑤ 石庆功,郑燃,唐义. 公共数字文化资源整合的标准体系:内容框架及构建路径 [J]. 图书馆论坛,2021 (8):20 – 25.

⑥ 姜雯昱,曹俊文. 以数字化促进公共文化服务精准化供给:实践、困境与对策 [J]. 求实,2018 (6):48 – 61,108 – 109.

⑦ 李国新. 疫情对公共文化服务发展影响的思考 [J]. 图书与情报,2020 (2):43 – 49,119.

方式的健全的思考。李广建等[1]对公共文化服务大数据研究的体系与内容进行探讨，提出在研究体系指导下，应着重关注公共文化服务大数据的概念与边界研究、方法研究、数据集成整合研究、用户画像建模研究、精准服务研究以及发展战略研究。

进入新时代，公共文化服务的智慧化发展变得更加迫切，也具有重要意义[2]。韦景竹等[3]提炼出了智慧公共文化服务的概念内涵与五大特征。化柏林[4]着重从数据、技术、应用三个维度论述了公共文化服务智慧化的形成与发展。郑建明[5]分析了智慧公共文化服务发展的战略定位，提出了智慧公共文化服务发展战略框架。董晶与吴丹[6]构建了基于移动视觉搜索技术的智慧公共文化服务模型。王淼等[7]对建立智慧公共文化服务体系进行探索性研究，并从实践角度提出基于SaaS架构智慧公共文化服务云平台的构想。马岩等[8]与徐延章[9]对在融媒体与智媒体发展趋势下，智慧公共文化服务策略进行了研究。化柏林等[10]则从技术角度，具体讨论了公共文化服务大数据集成架构，并对其中的采集、存储等关键技术进行了研究。探索和建立数字技术范式下的公共文化服务体系是深化"十四五"文化体制改革的重点方向之一[11]。

---

[1] 李广建，化柏林. 公共文化服务大数据研究的体系与内容 [J]. 图书馆论坛，2018，38 (7)：62-71.

[2] 郑建明. 专题：智慧公共文化服务研究 [J]. 图书馆论坛，2020，40 (9)：13.

[3] 韦景竹，王政. 智慧公共文化服务的概念表达与特征分析 [J]. 情报资料工作，2020，41 (4)：12-21.

[4] 化柏林."数据、技术、应用"三位一体的公共文化服务智慧化 [J]. 中国图书馆学报，2021，47 (2)：40-52.

[5] 郑建明，孙红蕾. 智慧公共文化服务发展战略 [J]. 图书馆论坛，2020，40 (9)：13-19.

[6] 董晶，吴丹. 基于移动视觉搜索技术的智慧公共文化服务模型研究 [J]. 图书与情报，2018 (2)：16-23.

[7] 王淼，经渊. 智慧公共文化服务云平台构建研究 [J]. 数字图书馆论坛，2019 (2)：43-50.

[8] 马岩，郑建明，王翠姣. 媒体融合视角下的智慧公共文化服务策略 [J]. 图书馆论坛，2020，40 (9)：20-27.

[9] 徐延章. 智媒体时代公共文化服务蓝图设计 [J]. 图书馆，2021 (3)：37-44.

[10] 化柏林，赵东在，申泳国. 公共文化服务大数据集成架构设计研究 [J]. 图书情报工作，2020，64 (10)：3-11.

[11] 贺怡，傅才武. 数字文化空间下公共文化服务体系建设的创新方向与改革路径 [J]. 国家图书馆学刊，2021，30 (2)：105-113.

3. 公共文化服务的多元参与研究

当前的公共文化服务的多元参与研究主要集中在多元共治背景下社会力量参与公共文化服务运行模式、公共文化服务多元化投入模式、社会力量参与公共数字文化服务的机制，以及政府主导前提下的社会力量参与的投入方式、运行模式、参与机制研究等。如张良[①]认为，政府主导、社会参与、市场配置的"多元参与合作模式"是现阶段农村公共文化服务体系建设的理想模式。李国新[②]提出政府购买服务正在被较多地应用于农村公共文化设施管理运营，是农村公共文化服务补短板、强弱项、完善服务体系的重要方式。胡守勇[③]围绕政府购买公共文化服务的风险识别、致险成因进行了探讨。方永恒等[④]剖析了政府购买公共文化服务政策面临的困境，并提出了创新路径。基于创建国家公共文化服务体系示范区的政策执行，李少惠等[⑤]考察了多元主体参与公共文化服务的行动逻辑和行为策略，并指出了在参与中多元主体各自存在的问题。还有诸多学者对社会力量参与公共文化服务的相关政策法规体系建设[⑥]、落实中存在的问题[⑦]，以及相关路径进行了研究[⑧]。

4. 公共文化服务与旅游融合建设

在新时代文旅融合背景下公共文化服务需要把民众"需要的"和"想要

---

① 张良. 政府主导、社会参与、市场配置：农村公共文化服务体系建设的理想模式 [J]. 理论与现代化，2012（4）：25 – 30.

② 李国新. 完善农村公共文化服务政府购买政策与机制 [J]. 行政管理改革，2019（5）：24 – 26.

③ 胡守勇. 政府购买公共文化服务的风险识别、致险成因与防范路径 [J]. 图书馆，2019（5）：41 – 46.

④ 方永恒，李今今. 我国地方政府购买公共文化服务政策：历程、困境与创新 [J]. 华中科技大学学报（社会科学版），2020，34（1）：130 – 136.

⑤ 李少惠，王婷. 多元主体参与公共文化服务的行动逻辑和行为策略——基于创建国家公共文化服务体系示范区的政策执行考察 [J]. 上海行政学院学报，2018，19（5）：61 – 69.

⑥ 唐义，徐静. 推动社会力量参与公共文化服务的政策法规体系研究 [J]. 图书馆理论与实践，2020（2）：13 – 18.

⑦ 李龙渊.《公共文化服务保障法》有关社会化发展规定的落实与完善 [J]. 图书馆建设，2021（2）：35 – 41.

⑧ 彭秋平. 基于政策文本分析的我国社会力量参与公共文化服务路径研究 [J]. 图书馆学研究，2020（6）：25 – 32.

的"有效结合起来，通过构建具有地方感与体验性的文化场景，以促进文化消费来连接公共文化服务与文化旅游产业。具体重构路径在于打造文化综合体、深挖地方性知识、强化整体性治理，另外还要为未来大文化体系预留可操作的空间①。李超平等②讨论了公共文化服务与旅游的融合问题，认为如何在融合中保持公共文化服务的公平性是一个值得重视的问题。陈慰等③分析了文旅融合背景下公共文化服务融合创新的必要性、必然性、现实性、意义以及路径。

5. 治理体系和治理能力的现代化

为进一步提升公共文化服务的供需有效性，淳于淼泠等④运用新公共治理理论并结合我国公共文化服务建设实践，对公共文化服务供需关系即供需主体关系、价值关系与对接关系进行三重建构。当前我国政府公共文化服务存在供需分离、碎片化建设以及服务能力僵化等问题。因而，需要基于数据开放来再造政府公共文化服务流程，以调整公共文化服务的结构性内容、重构公共文化服务的风险监控过程以及转变公共文化服务的责任分担方式⑤。李桂霞等⑥、杨乘虎等⑦提出新时代公共文化服务高质量发展的路径。应重点关注推进公共文化治理体系和治理能力现代化、公共文化服务高质量均等化、城乡公共文化服务体系一体建设、公共文化数字化建设等重大问题。

20 世纪后半叶，特别是七八十年代至今，处在全球化时代和后工业化语

---

① 耿达，饶蕊. 文旅融合背景下公共文化服务的内涵拓展与模式创新 [J]. 图书馆，2021 (2)：1-7.

② 李超平，杨剑. 文旅融合之"融合点"及公共文化服务的原则 [J]. 图书与情报，2020 (4)：74-78.

③ 陈慰，巫志南. 文旅融合背景下深化公共文化服务的"融合改革"分析 [J]. 图书与情报，2019 (4)：36-43.

④ 淳于淼泠，李春燕，兰庆庆. 新公共治理视角下公共文化服务供需关系的三重建构 [J]. 图书情报工作，2019，63 (3)：38-44.

⑤ 王亚婷，张宇. 数据开放视域下政府公共文化服务的流程再造与治理创新 [J]. 图书馆学研究，2020 (22)：13-19.

⑥ 李桂霞，解海，祁爱武. 新时代公共文化服务高质量发展的路径 [J]. 图书馆建设，2019 (S1)：187-194.

⑦ 杨乘虎，李强. "十四五" 时期公共文化服务高质量发展的新观念与新路径 [J]. 图书馆论坛，2021，41 (2)：1-9.

境中的西方发达国家的政府经历了一次政府改革，其改革主要以新公共管理和服务型政府建设为主要价值诉求。转轨国家和新兴工业化国家也在这场改革中受到影响，世界公共行政的发展总体上所受影响深远。政府的组织安排、人员结构和行政执行等无疑是发达国家政府改革的基本措施。这场关系重构，使得建设一个服务型的政府成为政府改革的基本目标，推进公共服务的改革尤其是政府基本公共服务的改革是建设服务型政府的重要手段。在这一过程中，公共服务的标准化与均等化被视为政府工作的重点。发达国家在政府公共管理的改革中都认识到了公共服务标准化之于提高公共管理和公共服务水平以实现建设公众满意政府具有重大意义，毫无疑问，发达国家在这场改革中已充分认识到其价值。

自2013年11月党的十八届三中全会《中共中央关于全面深化改革若干重大问题的决定》正式提出"基本公共文化服务标准化"之后，在学术界，公共文化服务领域的标准化建设成为一个崭新课题。对我国基本公共文化服务标准化研究的现状进行学术梳理，提出存在的问题与思考，以促进基本公共文化服务标准化研究的深入。公共文化服务标准化研究涉及的领域非常广泛，目前大多数研究都试图紧密结合当前的文化发展形势和文化政策走向。

2.2.2 国外公共文化服务研究的主题

2.2.2.1 公共服务相关研究

在国外，詹姆斯·佩里等（James L. Perry et al.）评估了公共管理、社会科学和行为科学领域近20年来有关公共服务动机的研究，并为公众服务研究指出新方向，以明晰当前研究问题，推进比较研究，增强全面了解个人公共服务的动机。

格雷戈里·亚伦等（Gregory A. Aarons et al.）利用"执行科学"（Implementation Science）的原理和方法，提出一个基于实证的、多层次的、四阶段的执行概念模型（如探索、采纳/准备、实施、支持），并将其应用于公共服务部门。托马西诺（Tomasino A.）发现在公共服务领域，当任务是考虑成本的时候，立法控制政策管理信息和通信技术（ICT）投资可以满足效率和有效性目标，他建议公共部门共享服务的成本和性能以及公共部分在 ICT 投入中的角色①。博泽曼等（Bozeman B et al.）根据概念强度的标准（例如共鸣、简约、差异和深度）来检验公共服务激励（PSM），他们总结出了可以提高 PSM 理论解释力的研究计划建议②。

关于由政府提供公共服务的局限性，第一次明确地提出了解决公共服务的投资和经营方面思路的是美国经济学家罗纳德·哈里·科斯（Ronald H. Coase），其思路来源于以产权制度的角度对 17 世纪英国航道灯塔的投资及管理方面的调查研究。在我们今天的生活中公共服务像私人产品一样不可缺少，是科斯的灯塔理论的前提，尽管针对整个公共服务的供给才是研究的起始，但对于部分因客观原因造成供给不足的公共服务而言仍具借鉴作用。里奇·特里希（Rich W. Tresch）通过运用数理模型从理论上提出这样一个问题：经济人假设，政府类似于市场经济条件下的企业组织，政府与民众的关系是公共服务的生产者与消费者的关系。因此，努力将私营部门和工商企业的方法用于公共部门成为关键，尤其强调市场竞争、政府工作的绩效评估、行政过程的透明取向、成本效率和顾客导向等。新公共管理与公共选择的共同取向是尊崇市场作用，但两者亦有所区别：前者关注的焦点在于探究政府与市场和社会的关系，主张尽量地减少政府干预，讲求充分发挥市场的力量帮助解决政府的困局；而后者关注的重点则在于政府公共部门的内部，坚持通过引进市场机制来完善政府公共组织。

2.2.2.2 公共文化服务相关研究

国外理论关于公共文化服务的相关研究大部分聚焦在公共产品、提供公共服务、公共服务均等化、提供公共服务中政府的职责和效率等方面。国外关于公共文化建设的社会实践和理论研究主要从以下几个方面展开论述：

---

① Tomasino A P, Fedorowicz J, Williams C B. Public Sector Shared Services Move Out of the "Back-of-fice": The Role of Public Policy and Mission Criticality [J]. Acm Sigmis Database, 2017, 48 (3): 83–109.

② Bozeman B, Su X. Public Service Motivation Concepts and Theory: A Critique [J]. Public Administration Review, 2015, 75 (5): 700–710.

1. 公共服务供给

从公共文化产业与服务等基本概念入手，深入阐述供给机制，具体来说包括由于政策的制定、执行周期的滞后性，与不同地区、不同层级间居民具体公共服务供需的不均衡，都可能导致政府提供公共服务数量偏离最优。新公共管理的核心理念是政府有限理性和认为创造丰富的公共文化产品的举措对于维护和实现公民文化权利至关重要，政府显然承担着不可推卸的责任。

2. 强化公共文化服务的发展以及体系搭建

强化公共文化服务的发展以及体系搭建的相关研究。新公共管理关注于引入竞争和市场，由此来改善公共文化服务的绩效。新公共服务却认为政府并非企业家，政府之于公共事业有着十分明确的责任。这一责任既非"划桨"，也非"掌航"，而是需要实实在在地为公民提供真正的"服务"。

3. 社会主体共同参与公共文化事业

治理理论主张政府应联合其他社会主体共同参与公共文化建设，当然也不是要求政府包揽所有的公共文化事业，而是应该对公共文化事业进行分门别类，强调政府把社会能管理好的事项尽可能地归还给社会。

2.2.2.3 新公共管理理论相关研究

有关政府的公共文化服务，从 20 世纪八九十年代开始，随同西方国家追求政府重塑，开展"重塑政府运动"以来，新公共管理理论逐渐成为当代公共行政理论与实践的主导范式，登哈特的新公共服务理论则最具典型意义。登哈特夫妇在基于对传统公共行政尤其是对企业家理论缺陷进行批判的情况下，提出了"新公共服务理论"。该理论尝试在承认新公共管理理论对于改进当代公共管理具有极其重要的价值，并摒弃新公共管理理论特别是企业家理论的固有缺陷的前提下，提出和建立一种新的理论——更专注于民主价值和公共利益、更适合现代公民社会发展和公共管理实践需要。这一新的理论的基本内涵包括以下几点：(1) 服务对象为公民而非客户；(2) 追求公共利益；(3) 更加重视公民权，远胜过重视企业家精神；(4) 思考应当具备战略性；(5) 承认责任；(6) 服务而非掌舵；(7) 重视人而不单单重视效率。

克利斯托夫·波利特等（Christopher Pollit et al.）分析了近520份有关新公共管理（NPM）的研究，结果显示有相当大比例的研究认为政府效能因实行新公共管理而得到提升，但也有部分研究表明政府效能没有变化甚至效能下降，作者还分析导致这些研究形成不同结论的情境因素。何塞·阿隆索等（José M. Alonsoa et al.）认为以往对新公共管理的实证评估研究相对较少，主要是由于难以量化这些新公共管理改革的影响。因此作者尝试量化这方面的研究，尤其是外包与分权。研究结果表明，政府外包并没有减少公共部门的规模，但分权导致公共部门的缩小。肖恩·戈德芬奇等（Shaun Goldfinch et al.）认为"后新公共管理"（post-NPM）政策或范式正取代新公共管理，讨论了新公共管理在多大程度上被放弃，以及"后新公共管理"在创新性、一致性和柔韧性等方面的特点。

2.2.2.4 公共文化服务其他相关理论

发达国家城市化水平比较高，同时公共文化服务也更加趋于完善，相关理论研究因此相对比较发达。审视现有的资料，可以了解到国外的相关理论主要涉及图书馆和博物馆的建设与服务，社区文化服务等专业理论，且社区服务模式与相关理论都有一定发展。同时，国外的公共文化服务理论角度各不相同，包括志愿者服务角度、社会非营利组织角度等。鉴于各国的国情有所不同，社会制度存在一定的区别，因此管理的理念与模式存在较大的区别。理论成果比较丰富，包括财政资助政策，社会组织的功能与管理，政府与社会组织之间的关系，政府公共管理模式等。综观而言，国外的理论体系比较全面，主要从整个公共服务和整体的公共文化服务来讨论，政府善治是主要的研究视角，力求通过提高政府的运行效率，加强社会自我治理水平。

第三章 公共文化服务标准化与均等化研究现状与问题

公共文化服务标准化与均等化既是公共文化服务研究领域中的一个重要命题，也是我国现代公共文化服务体系建设中的重要任务和发展方向。虽然国外的研究大多并不与"公共文化服务"直接相关，但"他山之石，可以攻玉"，仍有一定的启发借鉴意义。本章正是梳理国内外在公共服务标准化和均等化方面的研究进展与相关成果。

3.1 国内外公共文化服务标准化研究

3.1.1 国内公共文化服务标准化研究

2017年3月1日正式实施的《公共文化服务保障法》第一章第五条规定："国务院根据公民基本文化需求和经济社会发展水平，制定并调整国家基本公共文化服务指导标准。省、自治区、直辖市人民政府根据国家基本公共文化服务指导标准，结合当地实际需求、财政能力和文化特色，制定并调整本行政区域的基本公共文化服务实施标准。"这意味着我国公共文化服务标准化建设得到了切实的法律保障。在国家的高度重视与积极推动下，我国公共文化服务标准化建设进入"黄金时期"，我国公共文化服务标准化建设在国家和地方两个层面都取得了突破性进展，但公共文化服务标准化建设与经济社会发展水平还不相适应，与人民群众日益增长的文化需求、公共文化服务体系的总体目标相比还存在差距。在此背景下，审视和梳理我国公共文化服务标准化发展及研究的现状具有重要的理论和现实意义。

3.1.1.1 公共文化服务标准化理论问题

1. 公共文化服务标准化的概念

基本公共文化服务标准化的概念一经正式提出就成为学界探讨和研究的热点，标准化与均等化是相辅相成的有机整体，标准化实现的目的是为了更好地推进基本公共文化服务均等化的进程。要准确把握基本公共文化服务标准化的内涵及范畴，首先应该厘清基本公共文化服务的边界，并明确标准化的内容①。

什么是标准化？国家标准 GB/T 20000.1—2002《标准化工作指南 第1部分：标准化和相关活动的通用词汇》将"标准化"定义为"为在一定范围内获得最佳秩序，对现实问题或潜在问题制定共同使用和重复使用的条款的活动。注1：上述活动主要包括编制、发布和实施标准的过程。注2：标准化的主要作用在于为了其预期目的改进产品、过程或服务的适合性，防止贸易壁垒，并促进技术合作"。进一步，标准化范畴的标准是什么？标准是标准化活动的产物。国家标准 GB/T 20000.1—2002《标准化工作指南 第1部分：标准化和相关活动的通用词汇》将"标准"定义为"为了在一定范围内获得最佳秩序，经协商一致制定并由公认机构批准，共同使用和重复使用的一种规范性文件"。按标准化对象的基本属性，标准分为技术标准和管理标准两大类。技术标准是指对标准化领域中需要协调统一的技术事项所制定的标准，包括基础标准，产品标准，设计标准，工艺标准，检验和试验标准，信息标识、包装、搬运、储存、安装、交付、维修、服务标准，设备和工艺装备标准，基础设施和能源标准，医药卫生和职业健康标准，安全标准，环境标准等。管理标准是指对标准化领域中需要协调统一的管理事项所制定的标准，一般分为管理基础标准、技术管理标准、经济管理标准、行政管理标准等②。

学界多有对公共文化服务及公共文化服务标准化概念范畴的研究和探索，但目前对此类概念尚没有明确的界定，还需进一步对其概念的内涵和外延进行

---

① 阮可. 现代公共文化服务体系——理论与浙江实践 [M]. 杭州：浙江大学出版社，2014：27-29.

② 李春田. 标准化概论 [M]. 第六版. 北京：中国人民大学出版社，2014：9-30.

更加准确和科学的理论探究。

《中国公共文化百科全书》将"基本公共文化服务标准化"界定为"是指在一定时期内为实现既定目标而对基本公共文化服务活动所制定的保障技术、管理等规范"①。李国新将公共文化服务标准化的内容概括为保障标准、业务和技术标准以及评价标准三个方面②。朱海闵③指出基本公共文化服务标准化的实现需要明确的责任标准、内容标准与机制标准,在综合多家学术观点后认同基本公共文化服务标准化应该由上述四部分组成。陈思嘉等④则将其概括为资源配置标准化、服务提供标准化、服务保障标准化、服务评价标准化四个方面。这四个方面的不同提法都涵盖了基本公共文化服务的提供主体、硬件资源、软件服务和成效评估等主要领域,具有较强的可操作性和科学性。阮可⑤指出,实现基本公共文化服务标准化、均等化的前提是加快制定国家层面的保障标准,保障标准的内容和范围应具有相对性,主要目标是实现区域均等,核心是起点均等,并探讨标准制定的原则、框架设计和实施途径。

2. 公共文化服务标准化的意义

公共文化服务标准化是国家标准化事业的重要组成部分。改革开放后,一是加强标准化管理。国务院于1978年5月成立了国家标准总局;1988年7月,国务院决定成立国家技术监督局统一管理全国的标准化工作;2001年4月,国务院批准成立国家质量监督检验检疫总局,同时批准成立国家标准化管理委员会统一管理全国标准化工作,成立国家认证认可监督管理委员会统一管理全国合格评定工作。二是加强标准化立法。1979年7月31日,国务院批准颁布了《中华人民共和国标准化管理条例》;1988年12月29日,通过了《中华人民共和国标准化法》,并于1989年4月1日起施行;2017年11月4日,第十二届全国人民代表大会常务委员会第三十次会议通过了新修订的《中华人民共和国标准化法》,自2018年1月1日起施行。三是加强标准化发展规划工作。

---

① 彭泽明. 中国公共文化百科全书 [M]. 重庆:重庆出版社,2015:16.
② 刘婵. 公共文化标准化:让文化服务有准可依 [N]. 中国文化报,2014-04-18 (007).
③ 朱海闵. 基本公共文化服务标准化均等化研究 [J]. 文化艺术研究,2014,7 (1):9-14.
④ 陈思嘉,何英蕾,罗熙鸣. 以标准化为推手,促进基本公共文化服务均等化 [J]. 标准科学,2016 (4):59-62.
⑤ 阮可. 我国基本公共文化服务保障标准研究 [J]. 中国出版,2015 (12):11-15.

2011年，制定并开始实施《标准化事业发展"十二五"规划》；2015年12月17日，国务院办公厅印发《国家标准化体系建设发展规划（2016—2020年）》；2021年10月，中共中央、国务院印发《国家标准化发展纲要》。四是加强各行业标准制定，不断扩大标准化范围。到2012年年底，现行国家标准总数达到29582项，累计备案行业标准51023项[1]。到2015年年初，国家标准、行业标准和地方标准总数达到10万项，覆盖第一、二、三产业和社会事业各领域的标准体系基本形成[2]。

随着改革开放的进一步深入，当代中国面临的艰巨历史使命是建设社会主义文化强国，提升中国文化软实力。邱均平等[3]指出，公共文化服务标准化是为公共文化的相关产品和服务制定（修订）、实施标准的过程，是完成这一历史使命的重要途径，是促进公共文化服务体系发展完善的重要保障。《文化标准中长期发展规划（2007—2020）》中明确指出要"加强公共文化体系服务标准的制定实施，努力改善公共文化服务体系的社会服务功能和社会效益"。标准化是实现基本公共文化服务均等化的重要抓手和有效手段，建立一个统一的服务标准体系是保证基本公共文化服务均等化的途径之一[4]。由此可见，标准化战略是国家发展战略的重要组成部分，公共文化服务标准化是中国文化事业发展的重要战略任务和发展趋势，是实现均等化目标的重要途径。

3.1.1.2 公共文化服务标准化建设主体

1. 公共文化服务标准化体系建构主体

近年来，关于公共文化服务标准化建设的构建主体研究区别于传统的单一标准，在全国范围内，按照顶层设计，从中央政府到各省（区市）等地方政

---

[1] 李春田. 标准化概论 [M]. 第六版. 北京：中国人民大学出版社，2014：17-18.

[2] 甘藏春，田世宏. 中华人民共和国标准化法释义 [M]. 北京：中国法制出版社，2017：172.

[3] 邱均平，李小涛. 公共文化服务标准体系的基本理论问题研究 [J]. 重庆大学学报（社会科学版），2015，21（5）：122-127.

[4] 彭程，胡玉华，骆杨柳，岑炜杰，刘梦婷，周晓东. 基于AHP分析法的浙江省基本公共文化服务标准体系构建实证研究 [J]. 标准科学，2016（6）：38-42.

府自上而下建立起三级公共文化服务标准结构。柯平等[1]指出,"标准化"的核心内容是基本公共文化服务标准化的体系构建与实施对策。公共文化服务标准化体系的构建可从国家、区域、基层三个主体层面分别构建,以公共文化服务标准化体系为基础,分别制定图书馆、文化馆、博物馆等重点领域的服务标准化体系以及相关的实施对策。吴晓等[2]对公共文化服务标准化体系进行详细研究和梳理发现,不少地区更加细致地从图书馆、文化馆、博物馆、美术馆、文化站、文化礼堂、文化活动室、乡镇街道综合文化站、村社区综合文化服务中心等多个主体出发分别讨论。李斯[3]提出,在新的历史时期,基本公共文化服务标准制度促进公共文化服务高质量发展,需要将标准指标向城乡一体发展倾斜,深化政府的主体责任,明确各级政府落实标准的支出责任。刘文俭[4]指出,公民参与公共文化服务体系建设能切实保障公民基本文化权利、满足公民公共文化需求、消除政府供给机制弊端。

2. 公共图书馆公共文化服务标准化

公共图书馆是公共文化服务体系的组成部分,已经成为公共文化服务体系建设主力。在标准化、数字化、社会化等方面,图书馆始终研究引领公共文化服务发展。李海[5]、王聪聪[6]从公共图书馆服务标准的角度分析其存在的问题,并提出了标准体系构建的对策。而刘锦山等[7]、王善平[8]、肖希明[9]从数字图书馆标准化、数字信息资源标准化以及书目信息标准化等技术领域分析了图书馆

---

[1] 柯平, 官平, 魏艳霞. 我国基本公共文化服务研究评述 [J]. 国家图书馆学刊, 2015, 24 (2): 10-17.

[2] 吴晓, 王芬林. 中国道路——论我国公共文化服务标准化建设 [J]. 图书馆论坛, 2018, 38 (2): 36-43.

[3] 李斯. 以标准化促进均等化的制度创新——基本公共文化服务标准制度的确立、贡献与经验 [J]. 图书馆论坛, 2021 (7): 10-17.

[4] 刘文俭. 公民参与公共文化服务体系建设对策研究 [J]. 行政论坛, 2010, 17 (3): 80-83.

[5] 李海. 谈图书馆读者服务的标准化 [J]. 中国图书馆学报, 2005 (3): 96-97.

[6] 王聪聪. 从标准化走向均等化——对推进我国公共图书馆服务均等化的若干思考 [J]. 图书馆建设, 2010 (1): 56-58, 70.

[7] 刘锦山. 中国数字图书馆标准化工程建设探析 [J]. 现代图书情报技术, 2001 (6): 7-9.

[8] 王善平. 论数字信息资源的整合与标准化 [J]. 情报资料工作, 2002 (6): 19-21.

[9] 肖希明. 我国书目信息标准化的现状与发展对策 [J]. 图书馆论坛, 2000 (6): 3-6.

标准化的现状与对策。胡银霞等[1]对比了最新一次的文化馆与公共图书馆的评估定级指标，为今后文化馆和公共图书馆的标准化发展提供了思路。

图书馆基本业务开展标准方面，地方文献数据的标准化是地方文献数据收集、整理、存储和利用的基础，完整的标准化工作包括编制标准、标准宣贯、执行与数据合规检查。文献信息处置的原则和标准是文献信息处置工作科学有序进行的前提，赵洋[2]认为文献信息处置的考虑因素主要包括内容、外观、时限、使用情况、复本量等，同时应依据分类原则考虑不同类型文献信息的处置标准。金武刚[3]提出，新时期的图书馆应当将促进农村公共阅读服务体系建设作为创新发展的重点任务。薛卫双[4]对现行国际与国内图书馆行业标准中关于阅读推广的内容进行了梳理，提出建立图书馆阅读推广专业标准及标准框架的构想与思路。

关于国外的图书馆标准化相关研究方面，詹田[5]从澳大利亚的多元文化主义背景出发，梳理了其公共图书馆界多元文化服务标准的制定情况，并从不同方面对国家层面和地方层面的标准进行了对比分析。王秀香[6]对《澳大利亚公共图书馆评估指南、标准与产出评估》新版评估标准的主要内容和特点进行了梳理和总结。赵媛等[7]对中英公共图书馆服务标准进行全面比较分析，总结两国标准的异同，探究差异的原因，并对其优劣势进行分析。刘海丽等[8]分析了加拿大儿童图书馆标准的特点并在此基础上提出了对我国少儿图书馆的启

---

[1] 胡银霞，胡娟，柯平. 文化馆与公共图书馆的评估定级标准比较研究 [J]. 情报资料工作，2018 (3)：25-29.

[2] 赵洋. 公共图书馆文献信息处置的原则与标准 [J]. 国家图书馆学刊，2018，27 (4)：42-47.

[3] 金武刚. 公共文化服务体系中的图书馆创新发展研究 [J]. 图书馆，2019 (5)：1-8.

[4] 薛卫双. 建立图书馆阅读推广专业标准及标准框架的构想与思路 [J]. 图书馆理论与实践，2021 (2)：96-101.

[5] 詹田. 澳大利亚公共图书馆多元文化服务标准研究 [J]. 图书馆研究，2020，50 (6)：75-80.

[6] 王秀香.《澳大利亚公共图书馆评估指南、标准与产出评估》标准解读 [J]. 河北科技图苑，2020，33 (2)：80-86.

[7] 赵媛，胡怡婷. 面向《公共图书馆服务规范》修订的中英公共图书馆服务标准比较研究 [J]. 国家图书馆学刊，2021，30 (1)：3-13.

[8] 刘海丽，杨梦柯. 加拿大儿童图书馆标准 [J]. 图书馆论坛，2021，41 (5)：142-151.

示。洪芳林等①分析了美国公共图书馆阅读空间光（照明）环境设计标准与指南，并对实践典型案例进行了梳理和介绍。卢小宾等②对比分析了国内外已有的图书馆建设相关标准，探索我国智慧图书馆建设标准的选采策略，提出我国智慧图书馆建设标准体系的构建对策。

3. 其他机构的公共文化服务标准化

鉴于公共文化服务标准化建设的多个主体，近年来，关于文化馆、博物馆、美术馆、文化站、文化礼堂、文化活动室、乡镇街道综合文化站、村社区综合文化服务中心等其他机构的研究也逐步展开，研究内容主要集中在文化馆等机构在公共文化服务标准化建设中的定位、意义、实践现状及未来路径探索等方面。关于文化馆的公共文化服务标准化建设，张颉③、何晓芳④分析了标准化与标准化体系构建对文化馆和博物馆公共文化服务的重要意义，指出了标准研制工作的重点和方向。博物馆的标准化建设的研究开始比较早，张微⑤提出博物馆公共文化服务标准化体系主要包括：名称规范、制度管理、讲解导览、活动策划、入门接待、安全保卫、经营促销、卫生环境等方面的服务质量规范。2017年出版了专门的《博物馆服务标准化》系列丛书。

3.1.1.3 公共文化服务标准化制度建设

1. 公共文化服务标准化体系机制

公共文化服务标准化体系机制相关研究方面，齐勇锋等⑥提出当前需要大

---

① 洪芳林，束漫. 美国公共图书馆阅读空间照明标准指南与实践研究 [J]. 图书馆建设，2021 (2)：151 – 159.

② 卢小宾，宋姬芳，蒋玲，洪先锋，刘静，张蕎. 智慧图书馆建设标准探析 [J]. 中国图书馆学报，2021，47 (1)：15 – 33.

③ 张颉. 文化馆公共文化服务标准化体系建设初探 [J]. 大众文艺，2015 (22)：14 – 15.

④ 何晓芳. 博物馆服务标准的研制方向和重点 [A] //国家标准化管理委员会. 市场践行标准化——第十一届中国标准化论坛论文集 [C] //国家标准化管理委员会：中国标准化协会，2014：5.

⑤ 张微. 试论博物馆公众服务创新——以伪满皇宫博物院为例 [C] //吉林省博物馆协会. 春草集（二）——吉林省博物馆协会第二届学术研讨会论文集，2013：4.

⑥ 齐勇锋，李平凡. 完善公共文化服务体系　提高国家文化软实力 [J]. 中国特色社会主义研究，2012 (1)：64 – 72.

力推进公共文化事业单位的运行机制改革，推进公益性文化单位人事制度、收入分配制度和社会保障制度的改革，大力推行全员聘用制和岗位责任制，进一步完善绩效考评机制。叶成伟等[①]、金慧等[②]提出建立健全推进公共文化服务标准化建设的工作机制、执行监督及评估反馈机制、完善财政保障与人才培养机制，构建需求导向型公共文化服务供给制度，推进标准化、均等化建设的绩效评估与奖励问责进程。柯平等[③]提出促进基本公共文化服务标准化工作，需要政府转变公共文化服务发展理念，在加强制度保障、深化体制机制改革等方面做出逐步努力。

2. 公共文化服务保障标准

开展公共文化服务标准化财政保障标准研究有重要的现实和理论意义，这本身也是标准化工作的核心内容之一。张启春等[④]探讨了我国基本公共文化服务财政保障的责任和标准，还指出保障标准的制定原则和基本框架。具体到保障标准的实施途径，傅才武等[⑤]给出了根据基本公共文化服务供给主体的不同、区域发展不均衡、事权与财力相统一、经费量化等因素，建议采取分类保障、倾斜保障、分级分担、量化标准的方案设计。张启春等[⑥]指出，以均等化为目标的基本公共服务标准化建设，必须同时从服务自身和财力保障两个维度展开，建立以效能为导向的政府管理制度和以均等化为导向的公共财政制度。

----

① 叶成伟，孙勤明. 浙江省公共文化服务体系建设的经验、问题、对策 [J]. 观察与思考，2012 (11)：63-68.

② 金慧，余启军. 湖北省公共文化服务标准化均等化问题研究 [J]. 湖北社会科学，2017 (2)：63-69.

③ 柯平，刘旭青，裘爽，奚悦. 基本公共文化服务标准化的研究现状与问题 [J]. 情报资料工作，2018 (3)：6-10.

④ 张启春，李淑芳. 基本公共文化服务财政保障模式——来自国际的经验 [J]. 湘潭大学学报 (哲学社会科学版)，2014，38 (4)：13-16，27.

⑤ 傅才武，陈庚，彭雷霆. 现代公共文化服务体系建设中的财政保障标准研究 [J]. 福建论坛 (人文社会科学版)，2015 (4)：44-51.

⑥ 张启春，山雪艳. 基本公共服务标准化、均等化的内在逻辑及其实现——以基本公共文化服务为例 [J]. 求索，2018 (1)：115-123.

3. 公共文化服务考核评价

学者们在进行公共文化服务标准化建设实践总结的过程中普遍发现公共文化服务评价和监督标准体系不够完善。对此，张仁汉[1]、吴理财等[2]指出应当建立标准实施意见反馈和评价机制，形成考核问责机制和公众监督机制。傅利平等[3]、金家厚[4]分别探讨构建了面向政府的公共文化服务绩效评价要素或指标体系，面向公共文化服务机构与博物馆免费开放的绩效评估体系。张楠[5]从纵向和横向角度构建了公共文化服务绩效评估体系的模型。李少惠[6]通过对公共文化服务研究的热点主题分析中得出，学者多建议从政府保障、服务设施网络建设、绩效考核评估等方面开展标准化建设。

3.1.1.4 公共文化服务标准化专题研究

公共文化服务标准化涉及较宽的研究范畴，专题性研究主要集中在以下四个主题领域。

1. 公共文化服务标准体系研究

在实证研究的基础上，很多区域性的研究成果构建了其标准体系。罗熙鸣等[7]结合标准化理论和相关政策文件，从系统和整体的角度展开对广东省基本公共文化服务标准体系的研究，以明确标准化工作的重点和方向。吴晓等[8]指

---

[1] 张仁汉. 以标准化手段推进浙江基本公共文化服务建设 [J]. 浙江社会科学, 2015, (5): 140-144, 160.

[2] 夏国锋, 吴理财. 公共文化服务体系研究述评 [J]. 理论与改革, 2011 (1): 156-160.

[3] 傅利平, 何勇军, 李小静. 城市公共文化服务的综合评价模型 [J]. 统计与决策, 2013 (16): 39-41.

[4] 金家厚. 公共文化机构绩效评估及其机制优化 [J]. 重庆社会科学, 2011 (11): 19-24.

[5] 张楠. 纵横结构的公共文化服务体系模型建构 [J]. 浙江社会科学, 2012 (3): 98-105, 158-159.

[6] 李少惠. 民族传统文化与公共文化建设的互动机理——基于甘南藏区的分析 [J]. 西南民族大学学报（人文社会科学版）, 2013, 34 (9): 29-36.

[7] 罗熙鸣, 陈思嘉, 何英蕾, 徐剑. 广东省基本公共文化服务标准体系研究 [J]. 标准科学, 2016 (6): 32-37.

[8] 吴晓, 王芬林. 中国道路——论我国公共文化服务标准化建设 [J]. 图书馆论坛, 2018, 38 (2): 36-43.

出,"十三五"时期,我国基本公共文化服务体系建设的首要任务就是推进标准化和均等化。其中,标准化建设的核心目标在于建设基本公共文化服务标准体系,这也是贯穿标准化建设工作的轴心要义。基于我国公共文化服务标准化的现状,姜立嫚等[1]提出了通用基础标准体系、服务保障标准体系、服务技术标准体系、服务评价标准体系的公共文化服务标准体系构建思路。着眼于整个文化行业标准化,柯平、申晓娟等[2]明确了文化行业标准体系框架及重点领域,比较全面的是,柯平、朱明等[3]还提出了我国基本公共文化服务标准化的体系构建与实施对策,着力构建适合我国国情的基本公共文化服务标准及标准化体系,从图书馆、博物馆、文化馆等公共文化服务机构中确立重点工作领域和优先事项。

2. 数字图书馆公共文化服务标准化研究

张文亮等[4]对数字图书馆现行标准规范内容进行分析,构建我国数字图书馆标准规范内容体系,并对未来数字图书馆标准规范的编制工作提出了建议。此外,张文亮等[5]还介绍了澳大利亚数字图书馆标准规范体系的建设情况,报告了其数字图书馆标准体系的相关建设现状,总结了其标准规范体系的建设特点,同时分析了其组织方式、建设模式对我国的启示。王之彤等[6]在把握我国公共数字文化标准建设现状基础上,分析了公共数字文化标准体系构建原则,构建起涵盖资源建设标准、管理标准、技术标准和服务标准四大子体系的公共数字文化标准体系框架,搭建了公共数字文化标准体系框架。

3. 基层公共文化服务标准化研究

近年来,面向农村的公共文化服务研究成为学者们关注的焦点,研究主要

---

[1] 姜立嫚,许静."标准化+公共文化服务"现状分析与发展研究[A].中国标准化协会.标准化助力供给侧结构性改革与创新——第十三届中国标准化论坛论文集[C].中国标准化协会:中国标准化协会,2016:5.

[2] 柯平,申晓娟,等.文化行业标准化研究[M].北京:国家图书馆出版社,2014:135-159.

[3] 柯平,朱明,何颖芳.构建我国基本公共文化服务体系研究[J].国家图书馆学刊,2015,24(2):24-29.

[4] 张文亮,敦楚男.我国数字图书馆标准规范内容体系构建[J].图书馆,2019(1):30-34.

[5] 张文亮,王方华.澳大利亚数字图书馆标准规范体系建设及启示[J].四川图书馆学报,2019(4):86-90.

[6] 王之彤,张文亮.我国公共数字文化标准体系的构建[J].图书馆论坛,2021(7):59-67.

集中在农村公共文化服务的意义、存在问题及其原因、改善对策等方面。关于农村公共文化服务发展存在的问题主要包括：发展理念错位、文化资源匮缺、基础设施落后、文化生活匮乏、缺乏农民及农民社团的积极参与、经费短缺、城乡二元结构、体制机制缺乏活力、缺乏评估反馈等，学者们就这些问题提出了针对性的建议①。此外，有学者针对农村特定地区、特定人群的公共文化服务现状展开调查。如孙健②分析了西北民族地区农村公共文化服务区别于其他地区的特征。刘文玉、刘先春③探讨了农民工公共文化需求的特点、缺失及其原因，包括投资体制不完善、现行制度制约（户籍制度、教育与就业制度）、农民工自身因素等。陈波④认为，乡间艺人在促进农村公共文化服务体系建设中具有巩固农村文化阵地、丰富农民文化生活、传承非物质文化遗产的作用，并针对乡间艺人不被重视的现状提出了诸多建议。

4. 地域公共文化服务标准化建设

浙江的经验值得研究。1999年浙江省省委提出建设文化大省的目标，从2000年至2008年，浙江省省委三次制定文化建设纲领性文件，即2000年《浙江省文化大省纲要（2001—2020年）》、2005年《关于加快建设文化大省的决定》、2008年《浙江省推动文化大发展大繁荣纲要（2008—2012年）》，文化素质工程、文化精品工程、文化研究工程、文化保护工程、文化产业促进工程、文化阵地工程、文化传播工程、文化人才工程等八项工程启动⑤。2012年8月，浙江第一部公共文化服务蓝皮书——《浙江省公共文化服务发展蓝皮书》（张卫中主编）由浙江大学出版社出版。2013年，浙江大学出版社三部著作聚焦浙江公共文化：一是戴言主编的《制度建设与浙江公共文化服务》

---

① 张云峰，郭翔宇. 建设农村公共文化服务体系的长效机制 [J]. 学术交流，2010（3）：185-188.

② 孙健. 西北民族地区农村公共文化服务体系的完善——以青海为例 [J]. 青海社会科学，2011（2）：59-63.

③ 刘文玉，刘先春. 农民工公共文化服务的缺失及其原因探析 [J]. 兰州学刊，2011（5）：201-203.

④ 陈波. 乡间艺人机会损失的形成与补偿研究——基于农村公共文化服务体系建设的视角 [J]. 武汉大学学报（人文科学版），2010，63（3）：347-355.

⑤ 陈立旭. 文化的力量——浙江社会发展的引擎 [M]. 杭州：浙江大学出版社，2008：9-10.

（2013年11月版），汇总了"浙江公共文化服务体系制度设计的实践经验和路径选择"总报告和16个课题的研究成果；二是唐濛和龙长征编著的《浙江城市社区文化建设研究》（2013年11月版），探讨了浙江城市社区文化建设的总体格局、典型案例和未来发展；三是王全吉、周航主编的《浙江公共文化服务创新研究》（2013年12月版），总结了浙江公共文化服务创新的动力、历程、特征与经验。2014年，胡税根等[1]通过对浙江省公共文化服务标准化发展进行研究发现，公共文化服务标准化建设实施缓慢，落实不到位，据此提出了推进浙江省基本公共文化服务标准化建设的对策建议。2015年，阮可[2]以浙江拱墅（2013年入围浙江省第二批公共文化服务示范区创建单位，2015年创建验收获得通过）为例，总结了"公共文化服务联盟、公共文化服务联姻、公共文化服务联群"的公共文化服务"三联"模式，研究了文化志愿活动标准化，包括招募制、培训制等。2015年7月，浙江省省委、省政府制定《浙江省基本公共文化服务标准（2015—2020）》。浙江省重视公共文化服务标准化，通过制定和实施标准，加强文化强省建设，先后颁布了《浙江省公共图书馆管理办法》《浙江省文化馆管理办法》，制定了《浙江省乡镇综合文化站评估定级标准》，在全国率先并连续5次开展乡镇综合文化站评估定级工作。在文化志愿标准化方面，2015年10月8日，浙江省杭州市拱墅区出台了第一个地方标准——《文化志愿服务管理规范》（DB330105/T 3—2015），针对文化志愿服务管理组织、文化志愿者要求、文化志愿服务活动、文化志愿者管理等进行了规范。该标准由杭州市拱墅区运河文化公益促进会提出，杭州市拱墅区市场监督管理局发布。2018年12月30日，浙江省杭州市质量技术监督局发布了杭州市地方标准《文化志愿服务管理规范》（DB3301/T 0269—2018）。2021年2月1日，浙江省市场监督管理局发布了浙江省地方标准——《文化志愿者管理与服务规范》（DB33/T 2398—2021）。

---

[1] 胡税根, 吴芸芸, 翁列恩. 浙江省公共文化服务标准化发展研究 [J]. 文化艺术研究, 2014, 7（1）：1-8.

[2] 阮可. 公共文化服务协调机制研究——以浙江拱墅"三联"模式为样本 [M]. 杭州：浙江大学出版社, 2015：23.

除浙江外，其他地区也有创新的探索。王学琴等[①]从标准化治理目标、标准化治理体系、标准化治理实施及标准化治理评估反馈4个维度探讨公共文化服务标准化治理路径，并以江苏省发展实践为基础，探讨江苏省公共文化服务标准化治理机制。佟昭、康尔平[②]指出了辽宁省基本公共文化服务建设的成效及问题，在此基础上提出建立标准化组织与协调机制、制定科学的标准体系、缩小村级基本公共文化服务设施差距等措施。许垂龙[③]对公共文化服务标准化的内涵要求、范围定位和实施路径展开分析，研究了东莞在创建国家公共文化服务体系示范区中推进公共文化服务标准化的时间。姚建军等[④]结合天津的经验，提出公共文化设施网络建设标准化、基层综合文化服务建设标准化、公共文化服务绩效标准化三个有效路径。

3.1.1.5 结语

1. 公共文化服务标准化研究存在的问题

总体而言，我国公共文化服务标准化的研究还落后于国内公共文化服务建设和发展的实践，对公共文化服务标准化的研究尚处于起步和探索阶段。针对现阶段我国公共文化服务标准化发展和研究的现状，此领域的研究还存在以下几个方面的突出问题。

多为定性归纳类研究，缺乏系统性、深层次的实证研究。我国现代公共文化服务体系建设也处在逐步探索和推进的阶段，理论研究滞后于基本公共文化标准化发展的迫切需求。我国公共文化服务标准化存在的问题与路径，由于缺乏系统性、深层次的应用研究，未能对我国公共文化服务标准化存在的问题进行实质性分析，难以有效地检验现行基本公共文化政策效应及政策制定的科学性。方法和措施也停留在宏观的理论层面，对于如何切实有效地提高我国公共

---

① 王学琴，李文文，陈雅. 公共文化服务标准化治理机制研究 [J]. 图书馆理论与实践，2019 (10): 29 - 33.

② 佟昭，康尔平. 辽宁省基本公共文化服务标准化均等化建设面临的机遇、问题与对策研究 [J]. 图书馆学刊，2014，36 (4): 1 - 4.

③ 许垂龙. 公共文化服务标准化的实践与探索 [J]. 上海文化，2014 (6): 23 - 26.

④ 姚建军，靳方华. 天津公共文化服务发展报告：2019 [M]. 天津：天津社会科学院出版社，2019: 31 - 32.

文化服务标准化缺乏更有说服力和直接用于实践的微观实践型指导成果。

2. 公共文化服务标准化研究呈现特点

通过对近些年公共文化服务标准化研究的文献分析发现，公共文化服务标准化研究从 2015 年开始增多，主要研究特点具体表现在以下几个方面：第一，公共文化服务标准化具有跨学科属性，其研究主体覆盖面广，但是学科间的合作研究相对缺乏；第二，公共文化服务标准化研究目前主要集中在地方公共文化服务标准化建设的具体实践研究，对于标准体系建立所依托的政治、经济、文化等领域的理论研究尚少；第三，研究者普遍发现标准化建设的问题所在，主张多元化参与，但实际上，研究者对政府和图书馆主体研究较多，而对文化事业单位其他机构、企业、公民参与等多种主体的专门性研究相对较少；第四，公共文化服务标准化建设的保障标准建设和绩效评估体系是十分重要的两个部分，目前相关研究相对匮乏。今后的标准化研究可以从增强学科合作，探索其他文化事业单位、企业、第三部门和公众的具体参与，构建绩效评估体系等方面进行，为推动我国公共文化服务体系的跨学科、多元主体共建和可持续发展提供更多的理论支持和实践参考。

3. 公共文化服务标准化未来发展方向

相关研究不能忽视我国建立公共文化服务标准化的目的，必须立足于当前政府保障水平和基层群众的切实需求，逐步推动我国公共文化服务标准化进程。在我国文化大发展、大繁荣的社会背景下，公共文化服务标准化更应该结合我国文化强国的战略目标，明确未来的发展方向，为促进我国公共文化服务标准化提出实践性和指导性的发展策略。促进我国公共文化服务标准化研究是公共文化服务标准化工作有效开展的保证，在今后的研究中研究者应该强化对公共文化服务标准化相关基础理论研究，同时注重跨学科的创新性整体研究，构建公共文化服务理论体系，为公共文化服务领域的实践工作提供理论指导；注重研究成果的均衡性，弥补相关领域的研究空白，增加公共文化服务其他参与主体及地域性比较研究；注重公共文化服务标准化实证类研究，为推进我国公共文化服务标准化提供实践类指导成果；未来还应加强公共文化服务标准化立法的研究，为标准化建设提供法律和政策依据。

3.1.2 国外公共文化服务标准化研究

3.1.2.1 国外公共文化服务相关标准现状

经过对国外文化标准的统计，自 2010 年以来，ISO 共发布标准约 2000 项，有关文化标准 282 项，其中关于文化保护与保存的标准最多，有 226 项，占新发布标准总量的 80%；其次是关于文化管理的标准，有 31 项，与公共文化相关的 11 项。相关的标准主要包括：①公共文化服务保障标准，这一类的标准整体在于确认公共文化服务的责任主体与服务对象，聚焦于相关的财政保障类别的标准的制定；②公共文化服务技术标准，这类标准则在于公共文化设施建设标准、公共文化服务机构技术标准；③公共文化服务评价标准，各国的评价标准由于国情不同而存在差异，但是可以发现，在各国的服务评价标准中，共性的标准包括公共文化设施的利用情况、用户的参与度以及满意度等方面。

3.1.2.2 国外对公共文化标准化的研究主题

国外公共文化行业标准化已经受到了学者和实践家们的关注，产生了一系列的研究成果，国外对公共文化标准化的研究主题总结为以下几个方面：

1. 文化标准化

国外以文化标准化为主题的专门研究文献并不多见，西奥多·阿多诺（Theodor Adorno）在文章中探讨了对文化行业的认识，布鲁斯·诺瓦克（Bruce Novak）在 2003 年的哲学教育年会上的一篇会议论文中探讨了"国际标准与文化标准的自由度"，杜新志（Ujjal Dosanjh）在 1998 年的国际权利和人权的会议上的论文探讨了"宗教、道德与文化的共同标准"。有学者探讨文化行业的归属，例如玛丽-劳雷·杰利克等（Marie-Laure Djelic et al.）探讨了电子行业是否归属为文化行业的问题。埃斯特拉达·R. D. 等（Estrada R. D. et al.）[①] 针对有关美国制定的文化和语言恰当服务国家标准（CLAS），回顾了与

---

① Estrada R. D., Messias D. K. A Scoping Review of the Literature: Content, Focus, Conceptualization and Application of the National Standards for Culturally and Linguistically Appropriate Services in Health Care [J]. Journal of Health Care for the Poor & Underserved, 2015, 26 (4): 1089.

CLAS 标准相关的科学和专业文献，为进一步研究和应用 CLAS 标准提供了见解和指导。此外，有关文化标准的专门研究很少。

2. 文艺服务

关于文艺服务标准化方面的研究，学者们的研究集中在相关文艺工作、文艺教育的标准化等问题上面。文艺工作方面，亚尔·A. 阿尔奎斯特（Jarl A. Ahlkvist）探讨了商业广播中音乐节目的标准化问题，保罗·D. 洛佩斯（Paul D. Lopes）认为高度的商业化机制导致了流行音乐产业的标准化。史蒂文·雷·皮尔曼（Steven Ray Pearlman）介绍了洛杉矶音乐表演的标准化及变革。文艺教育方面，杰雷·T. 汉弗莱斯（Jere T. Humphreys）分析了音乐教育标准化及其有效性。马克·A. 格雷厄姆（Mark A. Graham）指出美国的文艺教育偏重教育标准化的倾向。阿拉马德·S. 等（Alahmad S. et al.）[1] 探讨认证过程的影响以及实施 NCAAA 标准和质量保证机制对改进教育学院（EDUJ）关键绩效指标的影响，认为实施 NCAAA 标准和质量保证机制以及认证过程能成功提升 EDUJ 的教育质量。根据印度尼西亚政府推出国家标准即 2014 年教育和文化部关于幼儿教育标准的第 137 号条例，瓦卢约·E. 等（Waluyo E. et al.）[2] 探讨了早期儿童教育质量的性质，并认为这对早期国家儿童服务扩张计划至关重要。为了提出有效的文化教学方法，黄仁教（황인교）[3] 审查了"韩国语国际标准课程"和"文化艺术教学大纲"，确立韩国文化教育中形成学习者身份的经验和习得跨文化能力的重要性。

3. 娱乐休闲

托马斯·M. 坎多等（Thomas M. Kando et al.）在基于范式和研究战略对

---

[1] Alahmad S., Alshangite D. The Effect of Accreditation Processes and The Impact of Implementing Ncaaa Standards on Improving Programs Completion Rates in the College of Education-Jubail. A Case Study [C]. International Technology, Education and Development Conference, 2017: 8924–8932.

[2] Waluyo E., Diana. Early Childhood Education Standard: Towards Quality Early Childhood Education Services in Indonesia [C]. 9th International Conference for Science Educators and Teachers (ICSET). Advances in Social Science Education and Humanities Research, 2017 (118): 464–468.

[3] I Hwang. A Study on Korean Culture Education in KFL: examining "Standard Curriculum of Korean Language for International Use" and "Culture & Art Syllabus" [J]. Journal of the International Network for Korean Language and Culture, 2016, 13 (1): 163–188.

休闲工作的影响的研究中发现大众休闲活动的标准化对休闲工作会产生附加的影响作用。阿尔伯特·莫兰（Albert Moran）在文章中指出娱乐休闲的标准化是存在争议的。萨尼尔·普鲁蒂（Sanil Pruthi）对娱乐休闲产业中无线机器人进行了历史回顾，指出其标准化的重要性。J. R. 布雷豪特等（J. R. Brehaut et al.）在《休闲产业化》一文中，首先对休闲相关文献进行了简要的回顾，区分了定量和定性研究，讨论了产业化的影响，重点强调休闲产业的控制和标准化。

4. 文化保护与保存

世界各国越来越关注文化与自然遗产保护，这可以追溯到1972年联合国教科文组织第十七届会议通过的《世界文化与自然遗产保护公约》。各个国家均开始重视文化遗产的保护工作，并出台相应的政策。相关研究也逐步展开，大体上研究热点集中在文物和文化遗产的保护与保存两个方面。在文物的保护与保存方面，如邓荣等（Jung Deng et al.）提出了中国大运河的文化价值及其保护问题。在文化遗产的保护与保存方面，王赛兰等（Sailan Wang et al.）应用可视化技术分析了城市发展中文化遗产保护问题，卡尔海因茨·A. 盖斯勒（Karlheinz A. Geißler）论述了寺庙文化的保护与保存。然而关于文化保护与保存标准化的研究文献极其少见。

5. 社会文化

社会文化标准化研究主要围绕着图书馆、博物馆展开。关于图书馆标准化研究，弗兰克·L. 希克（Frank L. Schick）提出图书馆统计的国际标准化问题，P. P. 德什穆克（P. P. Deshmukh）提出图书馆和信息服务标准化。关于博物馆标准化研究，越塚·N.（Koshizuka N.）提出多伦多大学数字博物馆的标准化建设问题，指出数字博物馆标准化建设的必要性。艾琳·斯莫耶（Erin Smoyer）在一项博物馆案例研究的结论部分提出，在数字博物馆的数字图像保存实践中标准化建设是十分必要的。为了改善视障者图书馆的环境和基于用户设计的研究，孔顺九（공순구）[1] 根据管理标准和方向以及这些空间的有效安

---

[1] 공순구. A Study on the Management Standards and Space Arrangement of the Library For the Visually Impaired. Youth Facilities And Environment [J]. 2015, 13 (4): 47 – 56.

排，分析了需要安排哪种类型的空间。

6. 文化遗产

裴（Bae）从民俗学实践研究与政策活动角度探讨韩国非物质文化遗产制度，主要提出了关于非物质文化遗产的界定。菲特里·I 等（Fitri I. et al.）[①]对遗产保护国家标准进行审查，强调了让社区参与审查现行国家标准以改善文化遗产价值评估标准的需要。由于目前关于文化遗产建筑干预的法规不能适应于特殊建筑，所以奥尔内拉斯·C 等（Ornelas C. et al.）[②] 系统分析了三个南欧国家有关文化遗产保存、复原、介入控制等方面的守则和标准从而确定遗产类别和价值以及干预的标准。刘志宏、李宗淑等（Liu Zhi-Hong, Lee Jongkuk et al.）[③] 对联合国教科文组织世界文化遗产登记标准与中国传统村庄评估指标体系的比较分析研究，探索联合国教科文组织世界文化遗产定量评估。李汉生（이한승）重点关注非物质文化遗产的人力、物理和技术的变化，白承锡等探讨关于非物质文化遗产的"定型"标准。白承锡等（Beak Seung-Seok et al.）[④] 通过分析韩国农业文化遗产的价值，并建议评估农业文化遗产价值的标准，提出用于发现和制定农业文化遗产的韩国农业文化遗产评估标准，为考虑农业文化遗产特征进行估价奠定了基础。针对城市沿海地区和历史文化结构现有的压力，伊希克·B 等（Isik B. et al.）[⑤] 揭示了社会化、城市推广和服务质量是沿海使用方面最有效的标准。

---

① Fitri I, Ahmad Y, Ahmad F. Conservation of Tangible Cultural Heritage in Indonesia: A Review Current National Criteria for Assessing Heritage Value [J]. Procedia-Social and Behavioral Sciences, 2015 (184): 71–78.

② Ornelas C, Guedes J M, Breda-Vázquez I. Cultural Built Heritage and Intervention Criteria: A Systematic Analysis of Building Codes and Legislation of Southern European Countries [J]. Journal of Cultural Heritage, 2016 (20): 725–732.

③ Liu, Zhi-Hong, Lee, et al. Research on Comparison and Analysis of UNESCO World Cultural Heritage Registration Criterion and Traditional Village's Evaluation Index System Identified in China [J]. Journal of the Architectural Institute of Korea Planning & Design, 2017 (33): 197–204.

④ Beak S S, Moon Y S, Jung K H. A Study on the Valuation Standards for the Korea Agricultural Heritage [J]. Journal of Korean Institute of Traditional Landscape Architecture, 2016, 34 (4): 110–118.

⑤ Isik, Buket Ozdemir, Demir, Sara. Integrated Multi-Criteria Decision-Making Methods for the Sustainability of Historical-Cultural Structures on the Trabzon Coastline [J]. Sustainability, 2017, 9 (11): 2114.

3.2 国内外公共文化服务均等化研究

3.2.1 国内公共文化服务均等化相关研究

3.2.1.1 公共文化服务均等化基础理论

1. 公共文化服务均等化的概念

公共文化服务均等化是公共服务均等化的组成部分。《国家基本公共服务"十二五"规划》对于基本公共服务作了权威的解释："基本公共服务,指建立在一定社会共识基础上,由政府主导提供的,与经济社会发展水平和阶段相适应,旨在保障全体公民生存和发展基本需求的公共服务",而"均等化"则"指全体公民都能公平可及地获得大致均等的基本公共服务,其核心是机会均等,而不是简单的平均化和无差异化"。从法理辨析角度认为,一方面从事实层面看,公共文化服务均等化意味着应通过多方供给机制、按照一定的标准向公民提供满足其生存和发展基本需求的公共服务;另一方面从价值层面看,基本公共服务均等化旨在确保全体公民在享有满足其生存和发展基本需求的公共服务时的机会均等,旨在使全体公民能够公平分享基本公共服务带来的福祉。因此,"'基本公共文化服务均等化'是一项具有中国特色的时政话语和法律术语"[①]。

国内的研究者在界定公共文化服务均等化概念的过程中,主要从文化权益、机会均等、过程合理和结果公正等方面进行把握、归纳。《中国公共文化百科全书》将"基本公共文化服务均等化"界定为"全体公民都能公平可及地获得大致均等的基本公共文化服务,其核心是机会均等,而不是简单的平均化和无差异化"[②]。陈立旭[③]、胡税根等[④]认为公共文化服务的均等化建设,就

---

① 黄茂钦. 基本公共服务均等化法治保障研究:基于"事实"与"规范"的展开 [M]. 北京:法律出版社, 2014: 18-25.
② 彭泽明. 中国公共文化百科全书 [M]. 重庆:重庆出版社, 2015: 16.
③ 陈立旭. 推动基本公共文化服务均等化 [J]. 浙江社会科学, 2011 (12): 4-7.
④ 胡税根, 宋先龙. 我国西部地区基本公共文化服务均等化问题研究 [J]. 天津行政学院学报, 2011, 13 (1): 62-67.

应该是不存在性别、民族、地域、身份和收入的差异,只要是中国公民,就应该享受没有偏见和歧视的公共文化服务的权利,政府应该努力确保公民在享受公共文化服务过程中拥有大致均等的参与机会。陈昊琳①从公共文化产品、公民文化权益与政策管理角度剖析公共文化服务概念的演变,并从整合与合作的视角对基本公共文化服务的内涵进行界定。竺乾威等②、胡税根等③、刘志宽等④均提出了各自对于公共文化服务均等化内涵的理解,总体看来,尽管其定义各有特色,但所持的主要观点基本一致。各位研究者对公共文化服务均等化建设的运行状态和运行过程作出主观的价值判断,得出相对一致的观点,即基本公共文化服务均等化是指政府为民众提供结果最终大致相等的公共文化产品与服务,并不断调整、逐渐平衡的过程。

2. 公共文化服务均等化的意义

公共文化服务均等化建设的意义包括:第一,周晓丽等⑤从公民文化权利的角度论述公共文化服务均等化建设是社会大众,特别是农村居民和弱势群体基本文化权利保障和实现的重要途径;第二,齐勇锋、李平凡⑥指出公共文化服务在提升国家文化软实力上的作用及其关系不容小觑;第三,罗云川、张彦博等⑦强调从传播社会主义文化角度来论述公共文化服务均等化建设的政治意义,强化文化认同;第四,徐浪、张四连⑧从公共文化服务均等化建设对全民

---

① 陈昊琳. 基本公共文化服务:概念演变与协同 [J]. 国家图书馆学刊, 2015, 24 (2): 4-9.

② 竺乾威, 朱春奎. 中国政府建设与发展报告2012——包容性发展与政府建设 [M]. 北京: 人民出版社, 2012, 50-57.

③ 胡税根, 宋先龙. 我国西部地区基本公共文化服务均等化问题研究 [J]. 天津行政学院学报, 2011, 13 (1): 62-67.

④ 刘志宽, 连海燕. 基本公共文化服务均等化的理论溯源 [J]. 产业与科技论坛, 2013, 12 (3): 165-166.

⑤ 周晓丽, 毛寿龙. 论我国公共文化服务及其模式选择 [J]. 江苏社会科学, 2008 (1): 90-95.

⑥ 齐勇锋, 李平凡. 完善公共文化服务体系提高国家文化软实力 [J]. 中国特色社会主义研究, 2012 (1): 64-72.

⑦ 罗云川, 张彦博, 阮平南. "十二五"时期我国公共文化服务体系建设研究 [J]. 图书馆建设, 2011 (12): 6-11.

⑧ 徐浪, 张四连. 论阅读推广与图书馆公共文化服务均等化及其实现 [J]. 图书馆, 2015 (6): 28-31.

阅读的促进这一角度进行论述;第五,高福安、刘亮①从和谐社会和全面建设小康社会的角度论述公共文化服务均等化建设的重要性。

3. 公共文化服务均等化的理论基础

公共文化服务均等化需要依赖一定的理论基础,包括公共产品理论、公共服务供给理论、文化权利等。从公共产品理论出发,基于公共文化产品所具有的非竞争性和非排他性特征,可以促进公共文化服务均等化,提高公共社会福利;从文化权利的角度而言,要保障和实现公民基本文化权益就需要推进公共文化服务均等化。

4. 公共文化服务均等化的价值取向

公共文化服务均等化体现了具有中国特色的价值取向、价值立场、价值态度。柯平等②从文化自觉、兼顾效率、以人为本等视角对我国基本公共文化服务均等化的价值取向进行解读和分析,指出基本公共文化服务均等化是对我国民族文化自觉合理价值取向的传承和发扬,实现基本公共文化服务均等化能够落实"公共"权益,弘扬中华民族的传统美德,推进开放多元的文化建设。当前,针对基本公共文化服务均等化的理论基础和价值取向进行分析的文献还较少,更多侧重于总结和分析基本公共文化服务均等化的实践情况。

5. 公共文化服务均等化的特征

关于公共文化服务均等化,我国学者进行了理论探讨和实践总结。公共文化服务均等化是指对所有公民的文化需求提供均等的产品和服务。唐亚林等③指出,均等化包含两个方面:一是并非绝对的平均主义和单纯的等额分配,而是强调城乡、区域、居民之间的机会均等;二是并非抹杀公众需求偏好,而是尊重公众的自由选择和多元文化需求。他们通过实证研究,指出公共文化服务非均等性表现为区域鸿沟、城乡二元结构、本地人与外来人的差别对待、社会

---

① 高福安,刘亮. 国家公共文化服务体系建设现状与对策研究 [J]. 现代传播(中国传媒大学学报),2011 (6):1-5.

② 柯平,邹金汇,李梦玲,胡银霞. 基本公共文化服务均等化的合理价值取向研究 [J]. 国家图书馆学刊,2017,26 (5):3-9.

③ 唐亚林,朱春. 当代中国公共文化服务均等化的发展之道 [J]. 学术界,2012 (5):24-39,254-255,265-266.

阶层差别、供需的非对称性矛盾等。王洛忠等[1]提出从制定并实施基本公共文化服务均等化标准、强化政府的公共文化服务职能、健全公共财政制度、构建多元供给模式等措施来提高均等化水平。

3.2.1.2 公共文化服务均等化评估研究

安彦林[2]从经济学的角度把城乡公共文化服务的非均等化现象归因为供给和需求两个方面；陈媛媛等[3]论述了基本公共文化服务均等化的驱动因素以及这些因素间的交互作用对基本公共文化服务均等化实现的作用机理。

为衡量不同区域、城乡之间"均等化"或"非均等化"程度，学者们构建了指标体系用于对基本公共文化服务状况进行测量和评估。目前，综合各项影响因素而构建的均等化评估指标体系主要有以下三种：以投入和产出两个维度构建起的二维指标体系[4]；以基本公共文化资源投入、基本公共文化服务产出、基本公共文化公众受益三个方面构建的三维指标体系[5]；基于不同视角提出的内容维度各不相同的四维指标体系[6][7]。傅才武等[8]基于区域与结果均等的视角，根据地区间公共文化资源配置的均等化程度构建基本公共文化服务均等化评估指标体系，并提出了量化评估模型。

---

[1] 王洛忠，李帆. 我国基本公共文化服务：指标体系构建与地区差距测量 [J]. 经济社会体制比较，2013（1）：184 - 195.

[2] 安彦林. 城乡公共文化服务均等化研究——基于供求视角 [J]. 山东财政学院学报，2012（3）：67 - 73.

[3] 陈媛媛，柯平. 基本公共文化服务均等化驱动因素研究 [J]. 图书馆，2019（3）：20 - 25.

[4] 高伟华. 我国基本公共文化服务的地区差异分析 [J]. 福建行政学院学报，2010（2）：55 - 60.

[5] 曹佳蕾，刘珺. 基本公共文化服务均等化评价指标体系构建与实证研究——以皖江城市带为例 [J]. 池州学院学报，2015，29（4）：44 - 47.

[6] 陈旭佳. 效果均等标准下基本公共文化服务均等化研究 [J]. 当代经济管理，2016，38（11）：55 - 63.

[7] 时涛，胡弢，闫月霞，张彦凤. 我国基本公共文化服务省区差异及空间格局 [J]. 知识管理论坛，2014（6）：1 - 7.

[8] 傅才武，张伟锋. 基本公共文化服务均等化研究——模型构建与实证分析 [J]. 图书馆杂志，2018，37（8）：4 - 13.

3.2.1.3 农村公共文化服务均等化研究

目前,农村公共文化服务均等化研究主要集中在公共文化服务不均等的衡量与测度、不均等主要原因、均等化实现路径等方面[1]。关于公共文化服务不均等的衡量与测度,相关研究主要集中于对大范围的公共文化服务及公共服务均等化衡量。诸多学者分别从东、中、西部"三大区域"以及省域层面对公共文化服务的区域性差异进行了分析。其中,王洛忠等[2]利用发展指数和基尼系数衡量了不同省份和地区之间公共文化服务均等化的相对差距。李敏纳等[3]利用泰尔指数法和基尼系数法测度中国社会性公共服务的区域差异,并分析了1990年以来中国社会性公共服务区域差异的特征及其形成和变化机制。

关于不均等的主要原因分析,王谦[4]将其归因于城乡经济发展水平的差距和政府城市偏向型的发展战略。边继云[5]认为,是政府的"城市偏向型"的财政分配制度、"输入偏好型"的农村公共文化扶持制度以及城乡公共文化产业化运作不均衡等多方面因素使然。关于均等化实现路径的探索,国内学者一致认为,要着力改变农村公共文化服务的政府"单一供给模式",实行政府主导、社会参与、市场配置的"多元参与合作模式"。耿旭[6]认为,在继续完善政府主导的供给模式的同时,还应大力发展市场供给模式、志愿供给模式以及混合供给模式。付春[7]认为,可以大力发展新农村民办文化,让农民成为新农村文化建设的主体。促进农村地区公益性文化事业和经营性文化产业共同发展。

---

[1] 曹爱军,方晓彤. 新农村公共文化服务系统构建研究 [J]. 农村经济,2010 (2):36-38.
[2] 王洛忠,李帆. 我国基本公共文化服务:指标体系构建与地区差距测量 [J]. 经济社会体制比较,2013 (1):184-195.
[3] 李敏纳,覃成林,李润田. 中国社会性公共服务区域差异分析 [J]. 经济地理,2009,29 (6):887-893.
[4] 王谦. 城乡公共服务均等化的理论思考 [J]. 中央财经大学学报,2008 (8):12-17.
[5] 边继云. 河北省城乡公共文化均等化存在问题及产生原因 [J]. 河北科技师范学院学报(社会科学版),2009,8 (4):58-61.
[6] 耿旭. 农村文化类公共服务的供给困境与供给路径选择 [J]. 电子科技大学学报(社会科学版),2012,14 (4):12-17.
[7] 付春. 新农村公共文化服务体系建设及其基本思路 [J]. 农村经济,2010 (4):105-109.

王毅等①、陈前恒等②也分别从不同角度提出了推动均等化发展的建议和措施。

3.2.1.4 区域公共文化服务均等化研究

在公共文化服务均等化跨区域存在的问题研究方面，王晓洁③对1999年与2009年我国基本公共文化服务资源在东、中、西部不同地区之间的配置状况进行了分析。杜荷花④发现公共文化服务资源配置水平较高的省份与公共文化服务资源配置水平较低的省级行政区之间的差距正逐渐扩大，且全国和西部地区的两极分化趋势较为突出。贫困地区公共文化服务均等化是一个难点，张文礼等⑤、吴江等⑥分别以甘肃、青海、宁夏3个省区和重庆、宁夏、湖南、黑龙江4个省（区市）的8个贫困县（区）为对象，对其基本公共文化服务进行了对比，对其公共服务均等化效能进行评价，结果表明贫困地区公共文化服务均等化效能较低。在边疆地区均等化研究方面，范雪⑦结合这些实践，指出边疆地区的社会化合作模式中，最有研究价值和成效的是与公安部边防系统的合作。关于民族地区均等化⑧，李少惠等⑨、蒋星梅等⑩就甘南藏区、彝族等少

---

① 王毅，柯平，孙慧云，刘子慧. 国家级贫困县基本公共文化服务均等化发展策略研究——基于图书馆和文化馆评估结果的分析［J］. 国家图书馆学刊，2017，26（5）：19-31.

② 陈前恒，方航. 打破"文化贫困陷阱"的路径——基于贫困地区农村公共文化建设的调研［J］. 图书馆论坛，2017，37（6）：45-54.

③ 王晓洁. 中国基本公共文化服务地区间均等化水平实证分析——基于1999年、2009年数据比较的考察［J］. 财政研究，2012（3）：26-29.

④ 杜荷花. 我国公共文化服务资源配置的时空分异研究［J］. 图书情报工作，2020，64（7）：56-66.

⑤ 张文礼，侯蕊，赵昕. 西北民族地区基本公共服务均等化研究——基于甘肃、青海、宁夏的实证分析［J］. 兰州大学学报（社会科学版），2013，41（5）：75-82.

⑥ 吴江，申丽娟，魏勇. 贫困地区公共文化服务均等化：政策演进、效能评价与提升路径［J］. 西南大学学报（社会科学版），2019，45（5）：51-58，198.

⑦ 范雪. 边疆万里数字文化长廊的建设与发展研究［J］. 现代情报，2016，36（5）：128-132.

⑧ 梁立新. 民族地区基本公共文化服务均等化问题研究［J］. 哈尔滨师范大学社会科学学报，2014，5（5）：21-25.

⑨ 李少惠，余君萍. 公共治理视野下我国农村公共文化服务绩效评估研究［J］. 图书与情报，2009（6）：51-54，87.

⑩ 蒋星梅，张先清. 公共文化与族群边界：直苴彝族赛装节的族性表达［J］. 中央民族大学学报（哲学社会科学版），2016，43（2）：66-71.

数民族地区的公共文化服务建设进行了研究和探讨。

在区域公共文化服务均等化实现路径方面，发达地区率先探索解决均等化问题。孙伟平等[1]2010年对嘉兴市的考察报告中提出："公平均等"成为公共文化服务体系建设的核心理念，建立和完善政府主导的公共文化服务供给体系是缩小城乡公共文化服务差距、促进公共文化服务公平性和均等性的根本选择。李国新[2]认为，"十三五"时期推动公共文化服务均衡发展的首要任务是促进贫困地区公共文化服务体系建设实现跨越式发展，尽快接近或达到全国平均水平，实现的关键在于落实公共文化服务的精准扶贫。而刘素华[3]认为，相较于东、中、西部的区域刻板印象，公共文化服务的省际差异应得到更多重视。彭雷霆等[4]、杨斌[5]分别基于江苏省与西安市的实践调研提出了新时代实现我国基本公共文化服务均等化的建议。王惠君[6]总结"安康样板"的实践经验，从乡村"末端"入手，以均等化化解公共文化发展不平衡、不充分矛盾。李少惠等[7]提出地方政府应建立差异化的公共文化产品供给体系，对本地区的文化资源、人才、志愿者、社会组织等进行有效整合，并加大对公共文化服务的财政资金投入等。

3.2.1.5 群体公共文化服务均等化研究

目前，围绕公共文化服务的区域均等和城乡均等已有了较多的研究成果，而对群体均等的研究还相对较少，并且主要集中于公共图书馆提供的文化服务

---

[1] 刘悦笛，等. 公共文化服务的"嘉兴模式" [M]. 北京：社会科学文献出版社，2012：33.

[2] 李国新. 现代公共文化服务体系建设的主攻方向：标准化、均等化 [J]. 公共图书馆，2014 (4)：2.

[3] 刘素华. 系统视角下的公共文化服务均衡发展研究 [J]. 福建论坛（人文社会科学版），2016 (8)：147-153.

[4] 彭雷霆，皮彦芳. 江苏省基本公共文化服务均等化实证研究 [J]. 图书馆杂志，2018，37 (9)：27-36，110.

[5] 杨斌. 农村现代公共文化服务体系建设：成就、问题与路径——基于西安市的调查 [J]. 图书馆杂志，2019，38 (11)：30-36，20.

[6] 王惠君. 贫困地区公共文化服务创新发展："安康样板"研究 [M]. 广州：广东人民出版社，2020：220.

[7] 李少惠，张玉强. 文化多样性、经济增长对公共文化服务均等化的影响——基于空间计量模型的实证检验 [J]. 图书馆学研究，2020 (1)：33-41.

方面。关于不同群体间的均衡问题，周鸿雁[①]认为，解决的关键在于重视群体之间的异质性，应为特定群体量身定制特色公共文化服务。郑迦文[②]探讨了民族地区农民工的公共文化服务策略，提出要实现城镇化背景下的"文化下乡"与农民工"精神进城"的有效整合。

在农民工文化服务方面，杨玉珍[③]、林拓等[④]针对农民工在基本公共文化服务均等供给方面存在的问题以及完善基本公共文化服务保障机制从不同的角度提出了各自的看法；在残疾人的文化服务方面，刘燕等[⑤]认为公共图书馆要密切联系配合各残疾人机构组织和街道社区，制定残疾人服务制度和机制，加大公共图书馆残疾人服务经费投入，为图书馆精细服务提供保障；在留守儿童文化服务方面，傅尔玲[⑥]、周黎[⑦]提出应根据留守儿童需求提供有针对性的服务，加强城乡流动儿童阅读权利保障；等等。

3.2.1.6 公共文化服务均等化实现路径

在当前信息化、数字化、网络化深入社会公众生活的背景下，以信息化和数字化促进公共文化服务均等化是必然选择，也是有效途径之一。由于传统的自上而下公共文化服务供给模式已无法适应当前乡村的文化发展[⑧]。学者们提出了以数字化、信息化促进公共文化服务均等化的发展方向和工作路径，主要

---

① 周鸿雁.我国公共文化服务供给侧存在的问题及对策——从公众评价的视角［J］.华中科技大学学报（社会科学版），2016，30（6）：21-27.

② 郑迦文."文化下乡"与"精神进城"——民族地区农民工公共文化服务的面向及策略［J］.贵州社会科学，2016（5）：84-89.

③ 杨玉珍."第三空间"视域下农民工公共文化服务的完善——基于W市调研的调查［J］.华中农业大学学报（社会科学版），2013（2）：111-117.

④ 林拓，虞阳.重塑地方感：农民工流动的空间转变及公共文化服务［J］.社会科学，2016（5）：68-76.

⑤ 刘燕，刘懿.服务均等化视角下公共图书馆残疾人服务体系的构建［J］.江西图书馆学刊，2009，39（4）：72-73，78.

⑥ 傅尔玲.关爱留守儿童推动公共文化服务均等化［J］.四川图书馆学报，2015（1）：14-16.

⑦ 周黎.公共文化服务均等化背景下城乡流动儿童阅读权利保障研究［J］.图书馆学刊，2018，40（11）：103-106.

⑧ 马雪松，杨楠.我国农村基本公共文化服务供求失衡问题研究［J］.中共福建省委党校学报，2016（10）：59-66.

涉及数字资源、信息化技术、网络平台、数字文化工程项目建设等方面。如肖希明等[1]指出："立足特殊群体，按需求对资源整合；建立合作与帮扶机制，借助先进技术，实现农村基层服务网络的全覆盖。"此外，有学者提出，整合图书馆的数字化图书、期刊、报纸等文献以及档案馆的数字档案、博物馆的数字化文物、美术馆的数字化艺术作品等公共文化机构的数字资源并集成在同一平台上提供服务[2]。而且，应优化数字化服务的内容类型和结构，提高获取有效性，保证社会公众可以便利高效地享受网上阅览、网上培训、网上艺术鉴赏等多项文化服务[3]。实施和推广"电子农家书屋"建设，加快推进智能化流动图书馆的开发和应用，以数字化为引领推动服务结构升级[4]。

此外，公共文化服务均等化还涉及其他方面。例如，明确各级政府公共文化服务权责；提供人员保障，包括人才引进管理体系、人才培养方式、人才激励制度[5]等；建立反馈机制和监督机制，推进公共文化服务反馈机制建设，如设立理事会、咨询委员会、社会协商对话制度、听证会等[6]；学术研究机构、社会团体、公民个人等通过规范程序参与政府基本文化服务绩效评估工作，建立和完善评估结果反馈机制[7]；多元主体参与，如借鉴国外"公司合作伙伴制的文化治理模式"，鼓励多元主体社会性参与，完善以政府主导、多元主体参与的公共文化服务网络，构建公民个人、政府、社会组织、企业等多方参与的

---

[1] 肖希明，完颜邓邓. 以数字化促进基本公共文化服务均等化的实践研究 [J]. 图书馆工作与研究，2016 (8)：5-10.

[2] 肖希明，完颜邓邓. 以公共数字文化资源整合促进基本公共文化服务均等化 [J]. 图书馆，2015 (11)：22-25, 31.

[3] 张幸. 增强文化（群艺）馆服务效能 促进基本公共文化服务体系标准化、均等化 [J]. 大众文艺，2015 (19)：11-12.

[4] 任素芳. 推进基本公共文化服务均等化对策建议 [J]. 山西财税，2012 (6)：22-23.

[5] 杨运姣，郑金婉. 基本公共服务均等化视角下的县域文化资源配置问题研究——以浙江杭州淳安县为例 [J]. 管理观察，2015 (36)：36-38.

[6] 侯天佐. 现代化视角下基本公共文化服务均等化问题探析 [J]. 宁夏党校学报，2017，19 (4)：44-47.

[7] 顾金喜，宋先龙，于萍. 基本公共文化服务均等化问题研究——以区域间对比为视角 [J]. 中共杭州市委党校学报，2010 (5)：56-60.

公共文化服务均等化发展组织体系和社会网络[①]等。

公共图书馆服务均等化是公共文化服务均等化的重要内容之一，是人民群众基本文化权益得以实现的重要途径。当前我国学者已围绕公共图书馆服务均等化的政策目标、存在问题、实现模式和保障条件[②][③]以及非独立公共图书馆在推进基本公共文化服务均等化进程中的作用和影响[④]等多个方面进行了探讨。区域层面公共图书馆服务均等化研究方面，彭雷霆等[⑤]测算了2016年东、中、西部地区公共图书馆服务均等化水平，结果显示我国公共图书馆服务区域非均等化程度整体呈上升趋势，中西部公共图书馆发展相对滞后成为我国图书馆均等化的短板[⑥]。诸多学者基于不同省份的实际进行了关于公共图书馆均等化服务的案例研究，如公共图书馆流动服务的主要特点、运营形式和实践意义[⑦]，老年读者服务均等化的有效实践路径[⑧]，地铁图书馆服务的均等化评估[⑨]等。整体来看国外研究方面，对美国的公共图书馆均等化的相关研究居多，如以均等化视角对美国公共图书馆发展现状[⑩]、中美社区图书馆阅读推广

[①] 李敏. 江苏基本公共文化服务动态供给特征及均等化路径探析 [J]. 东南大学学报（哲学社会科学版），2017，19（5）：67-73，147.

[②] 洪凯. 公共图书馆基本服务均等化：目标、途径与保障条件——基于公共政策分析视角 [J]. 图书馆论坛，2010，30（1）：104-107.

[③] 张鹏. 我国公共图书馆服务均等化问题与对策研究 [J]. 图书馆工作与研究，2018（S1）：43-48.

[④] 张雅琪，李菲，张蕎允，苏福. 基本公共文化服务均等化视角下公共图书馆非独立现象研究 [J]. 国家图书馆学刊，2017，26（5）：10-18.

[⑤] 彭雷霆，刘子琰. 县域公共图书馆服务均等化实证研究——以湖南省115个县为对象 [J]. 图书馆，2019（9）：92-103，111.

[⑥] 彭雷霆，刘子琰. 我国公共图书馆服务区域均等化实证研究——基于泰尔指数的分析 [J]. 图书馆，2019（5）：47-56.

[⑦] 寇德芹. 图书馆流动服务：公共文化均等化服务的有效路径——以辽宁省图书馆流动服务为例 [J]. 图书馆学刊，2021，43（4）：90-92.

[⑧] 刘瑞华. 公共图书馆老年读者服务均等化路径探究 [J]. 图书馆工作与研究，2020（S1）：145-148，156.

[⑨] 施艳萍，袁曦临，孙健. 公共服务均等化视角下地铁图书馆服务评价研究——以江苏省为例 [J]. 图书馆工作与研究，2017（7）：88-93.

[⑩] 陈媛媛，王朔桓. 均等化视角下美国公共图书馆服务现状分析及启示 [J]. 图书情报工作，2019，63（6）：124-130.

实践差异①以及美国图书馆合作推进服务均等化的战略趋势等进行了分析②，以求获取对我国公共图书馆均等化发展的启示。

3.2.1.7 结语

促进公共文化服务均等化是建设我国现代公共文化服务体系的一项重要而紧迫的任务，目前国内专家和学者对公共文化服务均等化建设展开了广泛的研究，既包括公共文化服务均等化的理论基础研究，也包括对国内外推进公共文化服务均等化的探索与实践研究。从上文对研究成果的分析可见，学者们对公共文化服务内涵、问题与制约因素、对策建议等方面进行了很有价值的论述，对解决我国目前公共文化服务非均等化的问题有很大帮助，但也依然面临一些问题。主要表现在：一是研究问题的深度还有待进一步扩展，已有的研究成果多是从某一国家或地区的公共文化服务现状出发，分析其存在的问题并提出解决思路，而对于现状和问题的深层次原因及制度重构缺乏进一步探究；二是研究者多侧重于定性研究而缺乏实证类的研究分析。单方面的定性描述难以有效衡量公共文化服务的真实情况，应该同时侧重于有具体衡量标准和尺度的定量研究。伴随着公共文化服务体系建设的不断推进和完善，针对公共文化服务标准化的研究也在发生着变化，评价体系、新媒体、数字化、多场景融合、政府和社会资本合作模式（PPP模式）、社会力量购买等创新服务也将会成为该领域后续的重点研究领域。

3.2.2 国外公共文化服务均等化相关研究

3.2.2.1 公共服务均等化

关于公共服务均等化，詹姆斯·R. 托宾（James R. Tobin）提出的"特定的平均主义"理论指出，一些稀缺性的公共服务如健康医疗、教育法律运用能力等应当与支付它们的能力一道实现平均分配。对于很多的公共服务而言，

---

① 陆和建，王真真. 均等化视角下中美社区图书馆阅读推广实践与启示［J］. 图书情报工作，2018，62（17）：26-32.

② 黄燕娟. 美国图书馆合作推进服务均等化的战略与实践——《奥比斯级联联盟2019—2024年战略规划》解读［J］. 图书馆建设，2021（5）：107-116.

假使完全通过私人或竞争的方式提供，很大可能会导致出现市场分层分类，虽然这样可以提高生产效率，但却变成只去迎合一小部分接受者的需要而忽略整体的需求，自然也没法真正体现公平。这种思考往往导致许多公共服务的生产因充分考虑公平的因素而放弃高效率的生产组织形式转而选取低效率的生产组织方式。依据公共产品理论，人们的经济活动在市场经济中是为了最大化自身利益，但这种最大化的前提是必须有限度，绝不允许损人利己，也就是说必须依据等价交换准则进行。这一准则决定了政府为市场提供的服务必须"一视同仁"，也就是要实现公共服务的均等化供给。

关于政府公共财政、公共服务均等化的实现途径等方面，国外大多数国家顺应自身的国情需要，建立了模式各异的政府间补助制度，该制度旨在实现公共服务均等化。

金鹤辉等（Hehui Jin et al.）认为，由于涉及政府间的财政分配，因此制度设计的要点应当在于：一是要兼顾公平与效率。即中央政府可以通过均衡转移支付制度的方式来适当调节地方政府公共服务能力差异，由此可确保各地居民享受大体一致的公共服务，从而实现社会发展的公平目标；同时政府通过均等化的财政服务，保持各地居民得到均质化、标准化的公共服务，能帮助克服地方政府因自身利益局限而产生对社会资源优化配置的阻碍，从而加快全国统一市场的形成，促进资源的最优配置，最终能够实现经济稳定增长的目标。二是具有一定弹性。各国应该关注于根据本国政治、历史、经济、文化等情况，建设适合于自身发展、符合实情的财政均衡机制，以最大限度地达到实现公共服务均等化的目标。三是应当保证具有客观性。政府间的财政均衡机制应实事求是，遵照客观标准，尽可能公式般、规范化地进行，也就是要尽力排除人为因素的影响，经受实践检验；评估政府收入能力和支出还需要对大量相关的社会经济指标进行分析，均等化服务的质量和公正性是均等化服务的重要事项。乔纳森·D（Jonathan D）和安德鲁·伯格（Andrew Berg）通过实证研究表明，财富重新分配有利于实现均等化和可持续增长，并认为应从避免效率与公平间冲突的角度来改善劳动市场政策和重视人力资本投资。约翰·布雷思韦特（John Braithwaite）通过实证研究讨论了重新分配财富和权力的政策在资本主义社会内对犯罪的影响，并提供了一系列全面系统的经验证据支持或反驳经典理论。

3.2.2.2 不同视角的均等化研究

公共文化服务均等化是富有中国特色的提法，中国语境中的文化不平等、文化"数字鸿沟"在国外对应的相似的概念为"文化、信息不平等"和"数字鸿沟"，相关的内容还有针对公共文化政策的研究，也就是通过借助公共文化政策的调节，进而实现公共文化的分配和使用上的均等化。目前国外的研究情况是，公共文化服务被许多国外学者看作是当代公共行政管理组成部分，他们的研究主要集中在公共文化服务政策发展方面。

20世纪70年代以后，相关研究形成了三种不同的视角：政治经济学、社会学以及认知学，基于这三种视角的针对文化、信息不平等现象的解读逐渐形成。从20世纪90年代开始，许多的相关研究基本选用上述的三种视角。信息政治经济学（Political Economy of Information）视角，关注运用政治经济学概念和方法来分析信息生产、交换、使用过程中的社会关系，其旨在声明现有的信息世界等级化现象是由已存在的社会关系导致的。在这样的世界中，社会结构中的强势集团拥有获取信息资源的能力的同时，更控制着大部分信息生产和交换过程、国家乃至世界的信息政策的制定。他们对信息资源的分配方式主要出发点是自身的利益。在政治经济学视角中，阶级分化和南北分化是产生信息分化的源泉。美国学者赫伯特·席勒（Herbert Schiller）和丹·席勒（Dan Schiller），英国学者马丁·戈尔丁（Martin Golding）、乔治·默多克（George Murdock）和布鲁斯·韦伯斯特（Bruce Webster）认为这一视角可以解释为何在国家之间和社会阶层之间普遍存在信息不平等现象。

社会学视角则是关注族群文化对信息行为的影响，它所表现的是带着深刻的族群文化烙印的"小型信息世界"（Small Worlds）。在这里，文化习惯不同和价值观不同的人通过不同方式、不同渠道获取信息，又通过不同方式评价和利用信息。因此，从社会学视角来看，纵然阶级结构对信息资源分布的影响确之凿凿，但不可否认的是信息分化是导致族群文化差异的组成部分。20世纪90年代以来，埃尔弗雷达·A. 查特曼（Elfreda A. Chatman）对贫弱人群信息行为的研究、约翰·赫斯伯格（John Hersberger）对无家可归信息需求的研究、弗兰克·斯利戈（Frank Sligo）对新西兰移民卫生信息需求的研究、阿曼达·斯平克（Amanda Spink）及其同事对黑人社区信息行为的研究等，都来自这一角度。

认知学视角关注聚焦个体在信息处理的过程中所展现的认知特点，它展示的信息行为世界与个体的认知能力密切相关。在这里，人口中处于较高社会地位的人在信息传播增加的时候能够比较低地位的人更快速有效地吸收信息；在接受一模一样的信息的时候，受教育水平高的人比受教育水平低的人能记住并反馈出更多的信息。因此，在认知学视角中，信息分化主要表现为信息吸收能力的差距。20世纪90年代以来，具有代表性的就是约翰·阿加达（John Agada）、塞西莉·加齐亚诺（Cecilie Gaziano）、玛丽亚·伊亚莎白·格拉贝等（Maria Ellizabeth Grabe et al.）对知识差距和信息分化的考察。

3.2.2.3 群体划分角度

国外近些年从这三个角度研究公共文化服务均等化的文献以"数字鸿沟"、信息不平等主题的较多，主要从群体分类（老年人、青年人、农民、低收入者、残疾人和少数民族等）、数字扫盲、性别因素、电子政务、社会公平角度等展开。

1. 老年人

吴雅惠（Wu，Ya-Huei）和丹尼等（Damnee et al.）通过一个两年的项目鼓励老年人了解各种信息通信技术。确定了年轻一代和老一代之间"数字鸿沟"的基本因素、影响老年人采用技术的因素，以及明确了老年人对专门为老年人设计的辅助性ICT（"gerontechnologies"）的态度。关于信息通信技术，老年人认识到"数字鸿沟"。潜在的因素是世代/群体效应，与衰老有关的认知和身体衰退以及对技术的消极态度。然而，越来越多的老年人采用不同类型的信息通信技术以适应社会[1]。老年人在西方社会中的人口比例正在增长。对于第三年龄段的人来说，数字化包容可以成为保持他们的独立性、生活质量和与他人之间联系的机会。韦斯·J. W. 等（Weiss J. W. et al.）[2] 介绍了在雅西

---

[1] Ya-Huei W, Souad D, Hélène K, et al. Bridging the Digital Divide in Older Adults: a Study From an Initiative to Inform Older Adults About New Technologies [J]. Clinical Interventions in Aging, 2015（10）: 193–200.

[2] Weiss J W, Yates D J, Gulati G J J. Affordable Broadband: Bridging the Global Digital Divide, a Social Justice Approach [C]. Hawaii International Conference on System Sciences, 2016: 3848–3857.

市进行的调查结果,描述不同年龄段之间的"数字鸿沟",关于信息通信技术的接入、技能和行为,并提高对这一现象的认识。

2. 青年人/学生

参与在线社交、文化和政治活动需要数字技能和知识,青年群体的数字不平等现象也是国外研究的重点议题。雷诺兹·R 等(Reynolds R et al.)①调查了学生参与游戏设计和使用社交媒体如何减弱社会经济因素与青少年数字不平等之间的关系,表明参与全球号角(Globaloria)项目消除了性别和家庭父母教育的影响,基于学校的数字扫盲计划可以减少已知在美国总体人群中发生的跨部门"数字鸿沟"效应。尽管国外的政府努力确保年轻人能够拥有统一的计算机接入,但信息技术(IT)使用性质相关的社会经济地位(SES)的分化可能仍然存在。哈里斯·C 等(Harris C et al.)②发现,来自更高 SES 社区的参与者更容易接触学校计算机、阅读、演奏乐器和体育活动。来自较低 SES 社区的参与者更多地接触电视、电子游戏、手机以及家中的非学术计算机活动。这些模式可能会影响未来的经济、学术和健康结果。更好地了解邻里 SES 影响将有助于理解和管理计算机使用对年轻人健康和发展的影响。

3. 农民和低收入者

公共文化服务非均等化中非常重要的一部分就是城乡不均等,尤其体现在农民群体获取的公共文化服务水平不够,国外对于农民和低收入者的数字不平等现象研究较多。冈萨雷斯·A(Gonzales A)③的调查表明美国的低收入者虽然使用互联网,但是可持续性不能保证,强调美国"数字鸿沟"已经从拥有权问题转向可持续性问题;并提供了有关访问的相互关联性和对技术态度的见解,将数字差异的背景化理解置于广泛的社会差异的历史之中。尔迪亚夫-夸

---

① Reynolds R, Ming M C. Reducing Digital Divide Effects Through Student Engagement in Coordinated Game Design, Online Resource Use, and Social Computing Activities in School [J]. Journal of the Association for Information Science & Technology, 2016, 67 (8): 1822–1835.

② Harris C, Straker L, Pollock C. A socioeconomic related "digital divide" exists in how, not if, young people use computers [J]. Plos One, 2017, 12 (3): 1–13.

③ Gonzales A. The contemporary US digital divide: from initial access to technology maintenance [J]. Information Communication & Society, 2016, 19 (2): 234–248.

西·M 等（Erdiaw-Kwasie M O et al.）[①] 认为信息社会中，社会问题不能由政府或者商业单独解决，"数字鸿沟"对农村伙伴关系的绩效构成威胁，因此导致农村发展成果不可持续、不平衡和不参与，建议需要对农村发展伙伴关系采取更具响应性和本地化的方式，以使弱势群体能够参与当今数字化的经济和社会。菲利普·L 等（Philip L et al.）[②] 通过分析英国电信监管机构发布的数据，确定并反思英国城乡"数字鸿沟"根深蒂固的性质，展示了数字排斥对农村个人和商业生活，特别是偏远农村地区的影响。呼吁电信政策要帮助数字未来防护，否则已经较快发展城市地区将会以"更快，最快"的速度远离农村，差距日益增大。亨内西·T 等（Hennessy T et al.）[③] 通过调查了解了计算机所有权受农场业务和家庭特征组合的影响，但农场业务特征主导了计算机是否用于业务。更详细的调查结果表明，计算机最有可能用于大型农场，而独居的农民对计算机的使用有限，并讨论了公共政策需要支持信息技术的采用，而计算机在解决社会孤立和提供农场信息方面的作用。阿卜杜拉·A（Abdullah A）调查了在巴基斯坦农村种姓如何影响信息和通信技术的采用。社区无线网络在全球大都市和农村地区呈日益增长的趋势。然而，很少有研究试图了解是什么激励人们使用社区无线网络，特别是农村用户。罗·M 等（Luo M et al.）[④] 确定了激励用户使用该系统的五个原因：公开的身份，达到目的的手段，维持个人关系，权力和影响力以及心理承诺和所有权。

近年来，国外关于农民或者低收入者的"数字鸿沟"问题的相关文献发表较多，主要关注点在于这类群体的数字介入可持续性问题以及"数字鸿沟"对农村发展带来的负面影响，呼吁政府关注解决农村"数字鸿沟"，避免城乡"数字鸿沟"问题进一步加剧而不可弥合。

---

① Erdiaw-Kwasie M O, Alam K. Towards understanding digital divide in rural partnerships and development: A framework and evidence from rural Australia [J]. Journal of Rural Studies, 2016 (43): 214–224.

② Philip L, Cottrill C, Farrington J, et al. The digital divide: Patterns, policy and scenarios for connecting the "final few" in rural communities across Great Britain [J]. Journal of Rural Studies, 2017 (54): 386–398.

③ Hennessy T, Läpple D, Moran B. The Digital Divide in Farming: A Problem of Access or Engagement? [J]. Applied Economic Perspectives & Policy, 2016, 38 (3): 474–491.

④ Luo M M, Chea S. Internet Village Motoman Project in rural Cambodia: bridging the digital divide [J]. Information Technology & People, 2018, 31 (1): 2–20.

4. 残疾人

信息无障碍（Information Accessibility）的概念则是 2000 年在八国首脑会议的《东京宣言》中伴随着"数字鸿沟"等相关问题而提出的，其理念是信息无障碍。在网络信息时代里，我们不仅要关注残疾人的身心障碍，更要帮助他们解决信息障碍，这对残疾人的生存与发展具有同等重要的意义。残疾人作为社会的特殊群体，在信息获取上存在的困难较健康人更多，实现残疾人的信息无障碍是实现均等化服务的重要方面。

尽管许多有关数字不平等的文献考虑到人口群体在线体验的差异，关于残疾人（PWD）如何将数字媒体融入他们的生活的研究很少。多布兰斯基·K 等（Dobransky K et al.）[①] 通过调查发现残疾人存在互联网使用障碍，考虑到人口统计、网络使用技能和互联网体验等指标时，失聪或者听力受损的人在互联网使用上受影响不大，并且残疾人对于某些在线活动非常感兴趣，表明了互联网对于残疾人而言具有巨大的潜力，并且表明将更多人转移到网上可能会在这个群体中获得相当大的收益。南炯斗（Nam）[②] 认为提高残疾人信息无障碍是他们积极参与社会活动的必要条件，改善信息可访问性不仅是保障残疾人过上体面生活的先决条件，而且是考虑残疾人与非残疾人融合的全国性问题。帕克等（Park et al.）[③] 提到残疾人获取地理信息导航服务存在障碍，并就实现地理信息可视化提出了建议。

5. 少数民族

巴蒂科夫斯基·B 等（Bartikowski B et al.）[④] 调查发现移动互联网使用对

---

① Dobransky K, Hargittai E. Unrealized potential: Exploring the digital disability divide [J]. Poetics, 2016 (58): 18 – 28.

② Nam, Hyung Doo. Legislation Problems for Improvement of Information Accessibility for the Disabled-Prerequisite for the Active Social Participation of the Disabled [J]. Legislation and Policy Studies, 2015, 33 (2): 175 – 197.

③ Park, Hansaem, Kim, Kwangseob & Lee, Kiwon. Application Basics of Korean Web Content Accessibility Guidelines 2.1 to Web Visualization of Geo – based Information [J]. Journal of Cadastre & Land Informati X, 2016, 46 (2): 123 – 135.

④ Bartikowski B, Laroche M, Jamal A, et al. The type-of-internet-access digital divide and the well-being of ethnic minority and majority consumers: A multi-country investigation [J]. Journal of Business Research, 2018 (82): 373 – 380.

少数民族的积极影响比大多数消费者要弱,但在贫困地区的影响力则要高于富裕地区并且讨论了市场和公共政策的理论和实践意义。阮·A 等(Nguyen A et al.)① 发现少数族裔/少数民族,年长者以及生活在低收入家庭和农村地区的人不太可能获得和使用互联网来搜索健康信息。大多数加利福尼亚人可以访问和使用互联网来搜索健康信息,但仍然存在持续的"数字鸿沟"。需要采取干预措施缩小差异,否则这可能导致现有医疗差距持续扩大。

3.2.2.4 性别因素

格雷·T. J. 等(Gray T. J. et al.)② 发现拉丁美洲男性比女性更倾向于使用互联网。男性也使用更多的社交媒体,更频繁地收集政治信息。此外,在性别平等程度较高的国家,这些类别的互联网使用率更高。互联网作为拉丁美洲社会和政治均等化的潜在阻力,主要在于受到性别化"数字鸿沟"的阻碍。穆波瑞泽·N 等(Mumporeze N et al.)③ 从社会经济要素角度出发,发现卢旺达仍然存在性别"数字鸿沟",尽管政府为消除这一现象作出了很大努力。妇女获得信息通信技术障碍的原因见于社会、经济和文化因素,例如缺乏自我价值感、自信和适当的教育;沉重的家庭责任和电脑焦虑。调查结果还表明,平等获得信息通信技术将是卢旺达经济增长的捷径。该研究得出结论认为,卢旺达妇女需要在使用计算机技术方面受到更好的教育,同时需要建立指导 ICT 使用的性别敏感战略。

3.2.2.5 数字扫盲

西岛·M 等(Nishijima M et al.)④ 发现巴西人之间的个人"数字鸿沟"正在迅速减小。但是基于移动互联网宽带接入的 ICT 产品大众接入政策还有空

---

① Nguyen A, Mosadeghi S, Almario C V. Persistent digital divide in access to and use of the Internet as a resource for health information: Results from a California population-based study [J]. International Journal of Medical Informatics, 2017 (103): 49.

② Gray T J, Gainous J, Wagner K M. Gender and the Digital Divide in Latin America [J]. Social Science Quarterly, 2017, 98 (1): 326–340.

③ Mumporeze N, Prieler M. Gender digital divide in Rwanda: A qualitative analysis of socioeconomic factors [J]. Telematics & Informatics, 2017 (7): 1285–1293.

④ Nishijima M, Ivanauskas T M, Sarti F M. Evolution and determinants of digital divide in Brazil (2005–2013) [J]. Telecommunications Policy, 2017, 41 (1): 12–24.

间。缺乏教育评估的数字文盲（尤其是老年人）是该国"数字鸿沟"的主要决定因素之一。佩尔多莫·A等（Perdomo A et al.）[①]经过调查认为父母非常积极地寻找关于育儿问题的信息，但经验水平、教育、性别限制了他们的数字技能，应当提供差异化的互联网扫盲培训，以帮助低教育程度和互联网体验水平的父母获得更高质量、更可靠的教育内容。他们也可能为那些为父母开发网站的人提供指导。瓦穆尤·P K（Wamuyu P K）[②]研究发现，在马萨雷（Mathare）贫民窟居民中存在有限的数字扫盲技能和缺乏互联网接入，研究随后使用社区技术中心（CTC）干预方法，通过在 Mathare 贫民窟建立一个 CTC 来提供免费的社区互联网接入和数字扫盲技能培训，缩小"数字鸿沟"，表明了 CTC 作为一种干预方法的有效性，以及可用于弥合低收入城市社区之间城市"数字鸿沟"的可复制模式，以发展一个包容各方的信息社会，为政策、实践和研究提供了意义和建议。

3.2.2.6　电子政务角度

国外许多学者研究"数字鸿沟"，但是忽略了电子政务。电子政务可能帮助解决"数字鸿沟"也可能加剧"数字鸿沟"。政府经常将电子政务服务视为消除"数字鸿沟"的手段之一，但以往对电子政务背景下的"数字鸿沟"的研究却很有限。埃伯斯·W. E.等（Ebbers W. E. et al.）[③]发现，至少在发达国家，并非是接入或者社会经济地位而是数字技能影响着"数字鸿沟"。只是调查显示无论数字技能高低，公民都会选择电子政务，但是满意度不同，这将会影响到那些依赖于在线服务的政策的目标。

3.2.2.7　社会公平和信息伦理角度

接入宽带互联网正成为获取有关医疗、教育和就业的信息及资源的必要条

---

① Perdomo A S, López M J R, Ayala M A M. Parental activities seeking online parenting support: Is there a digital skill divide? [J]. Revista De Cercetare Si Interventie Sociala, 2017 (54): 36 - 54.

② Wamuyu P K. Bridging the digital divide among low income urban communities. Leveraging use of Community Technology Centers [J]. Telematics & Informatics, 2017, S0736585317303210.

③ Ebbers W E, Jansen M G M, Deursen A J A M V. Impact of the digital divide on e-government: Expanding from channel choice to channel usage [J]. Government Information Quarterly, 2016, S0740624X16301460.

件。然而，全球"数字鸿沟"继续抑制并限制个人在国家内部和国家之间的接入。魏斯·J等（Weiss J et al.）[1]使用社会公平理论应用于信息伦理学以实证方法研究146个国家的社会公平措施与个人宽带承受能力之间的关系，发现两者是正相关。魏斯·J等（Weiss J et al.）[2]基于信息伦理的视角，通过实证检验103个国家和地区移动宽带可承受性对社会公平的经济、社会和政治维度的影响，个人能力以及治理原则的影响。

3.2.2.8 其他

波克·J（Pick J）等[3]在考虑空间偏差的情况下确定世界和主要世界区域的技术利用率的因素。对于欧洲而言，重要的决定因素是司法独立性和创新能力，而对亚洲则是高等教育、外国直接投资和创新能力。对于联合非洲拉美，高等教育、新闻自由和外国直接投资最为重要。一个国家关于"数字鸿沟"的政府政策应该针对该国发达或发展中地区独特因素而进行调整。乌恩韦尔·H（Üenver H）[4]的调查分析支持联合国/二十国集团/经合组织一级的国家采取行动，在可持续发展的背景下为所有人提供信息通信技术，以建立一个更平衡的世界。

除了"数字鸿沟"方面的探讨，国外关于公共文化政策中社会参与公共文化、政府购买等主题也有涉及。曼迪奥拉·S P（Mandiola S P）[5]通过对NCCA（负责实施智利文化政策的公共机构）隐含开发的范式进行系统化，对

---

[1] Weiss J W, Yates D J, Gulati G J J. Affordable Broadband: Bridging the Global Digital Divide, a Social Justice Approach [C]. Hawaii International Conference on System Sciences, 2016: 3848 – 3857.

[2] Weiss J W, Gulati G J, Yates D J, et al. Mobile Broadband Affordability and the Global Digital Divide—An Information Ethics Perspective [C]. Hawaii International Conference on System Sciences, 2015: 2177 – 2186.

[3] Pick J B, Nishida T. Digital Divides in the World and Its Regions: a Spatial and Multivariate Analysis of Technological Utilization [J]. Technological Forecasting & Social Change, 2015, 91 (1): 1 – 17.

[4] Ünver, H. Measuring the Global Information Society-explaining Digital Inequality by Economic Level and Education Standard [C]. IOP Conference Series: Materials Science and Engineering, 2017, 173 (1): 012021.

[5] Mandiola S P. Paradigms of Participation in the National Council for Culture and Arts: Challenges on Representation, Recognition, Access to Creation and Reception in Post-dictatorship Chilean Public Cultural Policy [J]. International Journal of Cultural Policy, 2016 (2): 1 – 22.

公民参与智利文化领域的范围和限制提出质疑。菲尔霍·F. H. C.（Filho F. H. C.）①指出公共文化政策是重要且必须的，因为它们是实现文化权利和更新公民要求的基础。特鲁塞·S 等（Trousset S. et al.）②通过调查表明公众参与政策决策过程的可能性在个人之间差异很大，公共参与计划可能因群体和社区而异。孙东起（손동기）③观察了法国成功的老龄化公共文化政策的特点和优势，法国老年人的公共文化服务以志愿者休闲活动为特征，法国扩大各种艺术、文化、社交和娱乐活动来提高老年人的生活质量。卡茨-杰罗·T（Katz-Gerro T）④介绍了几篇基于国际视角的文化政策和文化资金方面的文章，并总结了六种紧张关系：①基于优势还是文化获取平等来分配资金；②政府是公共文化服务的促进者还是设计者；③分散公共开销、地方参与、重新评估还是普遍的、集中的、自上而下的政府模型；④偏向文化层次和遗产还是市场和创造力；⑤文化政策是提高好的产品还是为经济发展做贡献和使创意产业立法；⑥公共文化资金如何应对政策改变以及不同政府层级支持部门的含义。汤加·Y（Tonga Y.）⑤通过提供有关公众舆论数据及调查表明大多数人（包括剧院的用户和非用户）都重视国家剧院，并赞成维持剧院。人们还普遍认为，在国家剧院关闭的情况下，私人剧院不能承担其公共使命。马尔克斯·M. D.（Marques M. D.）⑥认为文化民主公共文化政策项目应该考虑文化互动的背景，所涉及的不同参与者，公共文化政策这一构想中存在的权力关系，并力求最大限度地提高公众参与政治决策的能力。

---

① Filho F H C. Políticas Públicas Como Instrumental De Efetivação De Direitos Culturais [J]. Seqüência Estudos Jurídicos E Políticos, 2017 (38): 177 – 196.

② Trousset S, Gupta K, Jenkins-Smith H, et al. Degrees of Engagement: Using Cultural Worldviews to Explain Variations in Public Preferences for Engagement in the Policy Process [J]. Policy Studies Journal, 2015, 43 (1): 44 – 69.

③ 손동기. Public Cultural Policy and Elderly Leisure Activities for the Successful Aging in France: a Case Study of the Public Cultural Services for the Senior Leisure Activities of Paris [J]. The Journal of Contemporary European Studies, 2015, 33 (4): 103 – 128.

④ Katz-Gerro T. Introduction—Cultural Policy and the Public Funding of Culture in an International Perspective [J]. Poetics, 2015, 49: 1 – 4.

⑤ Tonga Y. Developing Sustainable Cultural Policies in Turkey: an Investigation of Public Opinion on the Theatre Scene [J]. International Journal of Cultural Policy, 2016 (3): 1 – 27.

⑥ Marques, M D. Criticisms of the Hierarchical Model of Culture: For a Project of Cultural Democracy for Public Cultural Policies [J]. ReVista De Estudios Sociales, 2015 (53): 43 – 51.

3.3 研究的主要成就和问题

3.3.1 国内研究的主要成就与不足

3.3.1.1 研究的主要成就

第一，更加突出人的重要性。将公众由公共文化服务的对象扩展为公共文化服务标准化与均等化建设的主体和内生力量，倡议积极发挥公众的公共精神，强调建立面向公众需求的表达机制和反馈机制，建立以公众导向和公众满意度为核心的绩效评价机制。

第二，研究不断深化和具体。研究逐渐从"十二五"时期公共文化服务的概念介绍、内容和特征探讨、构建主体等综合和宏观问题深入到"十三五"时期的供给侧改革、社会化参与、均等化、科技融合、共建共享、绩效评估等具体问题。随着"十四五"期间文化的繁荣与发展，公共文化服务必然逐渐走上高质量均等化、社会化、数字化、专业化发展道路。

第三，公共文化服务助推文化扶贫，进而促进经济扶贫的意义不断深化。无论是理论建设还是图书馆、文化馆等公共文化机构的文化精准扶贫实践探索，都证明了公共文化服务已成为文化扶贫的重要推动力。

第四，公共图书馆在公共文化服务体系中的作用和贡献继续增大，成为落实和推进公共文化服务的重要机构和彰显公共文化服务建设状况的时代缩影。同时，高校图书馆等其他机构的社会化服务扩展到助推文化建设与发展上。

3.3.1.2 研究不足

学者们对公共文化服务标准化与均等化的内涵、问题与制约因素、对策建议等方面提出了很有价值的论述，对解决我国目前公共文化服务体系建设的问题有很大帮助，但也依然面临一些问题，主要体现在：

第一，对于公共文化服务的基础问题在学术界尚未达成共识。如基本公共文化服务及其体系的内涵，基本公共文化服务主体构成与定位。

第二，针对公共文化服务均等化与标准化主体的探究不够深入。除了政府部门、图书馆等公共文化服务供给主体的作用及定位研究较为常见，对其他公共文化机构（博物馆、档案馆、美术馆、文化馆等）、企业、民间团体和公民参与的专门性研究还很缺乏；缺乏对公共文化服务体系的绩效评估研究。

第三，研究问题的深度还有待进一步扩展。已有的研究成果多是从某一国家或地区的公共文化服务现状出发，分析其存在的问题并提出解决思路，而对于现状和问题的深层次原因及制度重构缺乏进一步探究。

第四，研究者多侧重于定性研究而缺乏实证类的研究分析。单方面的定性描述难以有效衡量基本公共文化服务的真实情况，应该同时侧重于有具体衡量标准和尺度的定量研究。

随着《公共文化服务保障法》《公共图书馆法》的出台，公共文化服务、公共文化设施都被赋予了明确且详细的法律界定，未来的研究要更加关注法律的有效落实。比如，在农村公共文化服务供给，社会参与模式，农民工、老年人、残疾人等特殊群体，文化馆、档案馆、博物馆的公共文化服务层面，通过对公共文化服务研究领域的各类知识图谱的综合分析，结合"十四五"发展规划等国家政策指引及专家视角，推断社会力量参与、弱势群体的基本公共文化服务、公共文化服务数字化建设、基本公共文化服务标准化、文化治理等主题是该领域未来可能潜在的研究热点。

3.3.2　国外研究的主要特点与不足

许多发达国家的公共文化服务发展较早，目前建设已经较为成熟，在理论和经验上都有了很好的积累，可以为我国的公共文化服务建设提供良好的借鉴作用。纵观国外的公共文化服务标准化和均等化建设，可以发现国外目前有关标准化和均等化的研究呈现出如下特点。

3.3.2.1　标准化研究特点

在一些公共文化服务市场化成熟的国家，并没有统一的公共文化服务提供机构，因此关于"公共文化服务的标准化"的提法并不多见，这是我国本土化的一种提法。涉及标准的文献并不多见，虽然有关准则的文献相对较多，但总体涉及标准化的文献比较分散且数量不多。

从公共文化的发展模式看，国外主要有三种模式：以韩国为代表的，以健全的文化行政体系、完善的法律保障体系、强有力的资金和政策支持为特征的政府主导型模式；以美国为代表的，以不设立文化行政主管部门，依靠中介机构提供资助，强调自主经营辅以法律手段规范文化市场、发挥民间文化机构作用为特征的市场调节型模式；以英国为代表的，以建立社会中介机构，既接受政府委托又负责向政府提供文化政策建议和咨询为特征的分权型模式[①]。这些发展模式都与国情有极大关系，都存在一定的局限性。

国外关于公共文化服务建设的标准及规章制度则较多，整体立法规范上已比较成熟。在法律与标准中，重点涉及的是确认服务主体与对象以及确保公共文化服务的财政来源。但与我国不同的是，国外的服务主体分为两种：政府和市场。因此公共文化服务标准化保障也分为两类：市场主导型和政府主导型。这与我国目前政府作为公共文化服务供给的主体，社会参与只做辅助的局面差异较大。总体而言，国外的公共文化服务的资金供给是充足的。

关于公共文化服务标准化中的设施标准，许多国家每年都要做设施建设情况统计，国外文化遗产的公众服务利用率较高，在文献研究中涉及文化遗产的相关研究较多，这也是国外公共文化服务标准化的重要研究主题，文化教育标准化也是国外研究较多的方面。

国外关于公共文化服务的技术标准集中在图书馆领域，而关于公共文化服务评价标准的特点较明显，如评估广泛吸纳社会参与，因此评估主体多元化；又如公共文化服务绩效纳入政府考核，因此相关的指标体系建设较为明显。

总体而言，国外的公共文化服务标准建设的有以下几个特点：第一，制定主体并非唯一；第二，在内容和形式上，国外的标准体系并不局限，许多国家仅建立具体机构设施的相关标准，并没有制定统一综合的标准；第三，在标准的落实上，国外并不单纯依靠政府的力量，而是广泛借力于社会，积极吸纳公众参与，借助市场的投入，实现市场与政府两方面入手，并且有严格的绩效评估加以监督；第四，虽然国外公共文化服务标准的相关立法和政策文件较多，

---

① 苏峰. 文化大数据2015 [M]. 北京：知识产权出版社，2016：77.

但是涉及公共文化服务标准化的研究相对较少，主题并不明确，且在文化遗产的标准化研究上较多，这方面韩国的相关文献数量居多。

3.3.2.2 均等化研究特点

相比较而言，国外公共文化服务均等化研究比标准化研究的文献在数量上要多。均等化是基于中国国情的提法，在国外相关的主题研究则围绕"数字鸿沟""信息不平等""文化政策"（Culture Policy）等内容展开。

国外公共文化服务均等化的研究主要分成对文化、信息不平等现象的解读，并且逐渐形成了政治经济学视角、社会学视角和认知学视角三种不同视角。在此基础上根据不同群体的特点进行了深入研究，包括对农民、低收入者、老年人、青年人、残障人士、少数民族等进行了差异化研究，试图找到针对不同个体目前存在的数字不平等问题的差异性且讨论如何弥合差异性"数字鸿沟"。除此之外，国外的文献从电子政务的角度探讨政府如何降低电子政府的两面性，从数字扫盲的角度提出具体措施，也有从信息伦理角度探讨信息不平等问题。总体而言，国外公共文化服务均等化的研究有以下几个特点：第一，从微观层次基于"数字鸿沟"、数字不平等现象就某一特定群体展开调查，研究针对性强；第二，重点关注社会中弱势群体的均等化水平，了解公共文化服务的需求与供给实况；第三，从宏观层面关注政府文化政策对于公共文化服务的影响，倡导社会参与。

国外针对性的标准化与均等化研究文献不多，这与不同国家的现实情况有关。国外公共文化服务标准相关立法、政策标准等较为成熟，且国外公共文化服务均等化研究从微观切入到宏观议题均有涉及，形成了从微观到宏观的系统的公共文化服务均等化研究体系，为社会公共文化服务体系建设构建了扎实的理论基础。从基础理论到立法规范，国外的公共文化服务标准化与均等化发展已经较为成熟，能够为我国的发展提供良好的借鉴，比如公共文化服务市场化供给与政府提供并重、明确政府公共文化政策、相关标准规范到位等，我们应当及时了解国外的相关进展，为我国公共文化服务标准化与均等化发展提供参考。

3.3.2.3 研究不足

通过对国外研究文献的分析，可以发现国外关于文化行业标准化的研究整体处于初步水平，很多研究也在初步探索阶段，研究文献总体呈增长的趋势，尤其是最近5年增长显著。与此同时，国外研究文献的国别分布、期刊分布、作者与机构分布、主题分布均呈现出离散分布的状态，并有向多学科领域延展的趋势。相比之下，改革开放以来国内文化标准化研究的相关论文基本上呈现出递增的趋势。另外，改革开放以来国内文化标准化研究已经形成了以标准化建设、标准化管理、标准化研究为中心群的重点研究，并逐渐向周边扩散。综上所述，国内外文化行业标准研究仍处于发展的初期，尚存在一些问题。

从国外来看，研究主题分散，尚未形成研究热点。相关研究缺乏战略视角，缺少对未来重点领域和优先事项的考量。尽管如此，由于我国文化行业标准化工作处于起步阶段，尚有许多亟待解决的问题，并且我国尚缺少体系化的文化行业标准化方面的研究成果，因此国外研究的大量成果是值得我们借鉴的。国外文化行业标准化研究与行业标准的实践工作密切相关，相关学者认识到了标准化的必要性。总体而言，国外文化行业标准研究的专门文献比较少，研究呈现既集中又分散的特点，主要集中于两个方面，一是标准的分类、管理和设计；二是标准体系的有效性和必要性。相关研究分散于多个学科领域，是多学科的综合研究。我国所处的国情不同，因此，既要借鉴国外的经验，同时又要注意国外文化行业标准化实施的历史背景、形成过程等多种因素，结合我国实际开展中国特色的文化行业标准化的工作和研究。

国外关于公共文化服务均等化的相关研究较之标准化的文献多，但相比国外成熟的公共文化服务建设，其相关研究的文献量是少的。同公共文化标准化研究类似，国外的公共文化服务均等化研究并未形成核心研究热点，在国别分布、期刊分布上也较为分散。与此同时，国外关于均等化的研究主题并不广泛，主要集中在"数字鸿沟"、"信息不平等"、"公共文化政策"、"公民权利"等内容上，也就是主要集中在信息科学领域和政策领域。总体上，国外的相关研究更加关注公共服务领域的整体性，对于公共服务中的公共文化领域的专门化研究相对较少。

目前国外公共文化服务标准化与均等化研究依然存在不足，我们不能过分夸大并依赖国外的理论研究成果，应当认识到我国关于公共文化服务标准化与均等化的研究已经形成核心研究热点，也产生了很多优秀的理论成果。国外的相关理论是基于其特定的国情与社会发展而建立的，在吸取经验的同时要深入剖析其相关做法与建议是否能够为我国所借鉴，我们应该合理辩证地看待国外的研究成果，取长补短。

第四章 公共文化服务理论创新

理论创新和实践指导是当代社会科学工作者的双重使命，没有理论创新，实践指导便缺乏充分的科学依据，而社会科学的许多理论不能脱离实践，从而体现出社会科学理论强调现实观照的重要特征。在社会科学中，"理论是一套有关系的命题集，它试图说明或有时是预测一系列的事件"，"理论一般有两种形成方式：归纳和演绎，归纳是指通过积累和总结各种研究以建立理论，演绎牵涉到运用一种理论的逻辑产生一些能被检验的命题"[①]。本章正是按照社会科学的理论构建模式，运用已有的相关理论，提出并阐释适用于公共文化领域的新理论。

4.1 公共文化服务的基本理论

早期学者们主要通过引入政治学、经济学理论来解释公共文化服务领域相关研究问题，如经济学的公共产品理论、福利经济理论、公共选择理论和政治学的新公共服务理论、新公共管理理论、普遍服务理论等。随着我国公共文化服务的高速推进，有学者将理论与我国公共文化服务的发展逻辑实践相结合[②]，反映出从公共性、文化性、服务性及技术性四个层面检视公共文化服

---

① ［美］赫文（Hoover, K.），多纳（Donovan, T）. 社会科学研究：从思维开始［M］. 李涤非，潘磊，译. 重庆：重庆大学出版社，2013：56-57.

② 胡税根，陶铸钧. 中国公共文化服务的发展逻辑研究［J］. 华中师范大学学报（人文社会科学版），2018，57（5）：80-87.

相关理论的可能。

现代政府的重要职能是提供公共服务,这也是政府财政资金的重要支配方向。随着"新公共管理"在理论与政府实践中兴起,以公共文化服务为代表的公共服务研究通过公共管理学、经济学、财政学等视角得到更为广泛的研讨。经济学、政治学、财政学之于公共文化服务可以从政治学科角度,对国家公共服务、文化治理进行分析,关注公平(标准化)、平等(均等化)等问题;也可以从经济学科角度分析政府财政资金使用(如帕累托最优实现问题)。

本节除回顾涉及经济学、财政学、政治学、公共管理学、社会学等公共性理论渊源外,还结合城市地理学、图书馆学等谈论公共文化服务涉及的文化性、服务性及技术性层面的基础理论。

4.1.1 正义、权利与平等

人类关于正义、权利和平等的认识,经历了漫长的复杂的认识过程。经济学、政治学、财政学为公共文化服务标准化和均等化提供的理论基础和科学依据主要反映在有关正义、权利和平等的论述中。

1. 正义

从柏拉图和亚里士多德起,在政治思想家的眼里,一个良好的社会就是"正义的社会"。后来,围绕正义的讨论,才有了"程序性的"(Procedural)正义和"实质性的"(Substantive)正义,以及"法律的正义"(Legal Justice)和"社会的正义"(Social Justice)等概念的区分。

"正义"(Justice)与"公平"(Fairness)以及"公道"(Impartiality)等概念内涵虽然不完全相同,但含义十分接近。美国哲学家约翰·鲍德利·罗尔斯(John Bordley Rawls)将正义观念表述为"作为公平的正义"(Justice as Fairness),其《正义论》一书指出[1]:如果正义政策被取消,那么社会的最不利阶层的生活就会更差。这些政策即使不是完全正义的,也是始终正义的,"一人享受过多,另一人享受过少是产生犯罪的根源"[2]。正义本身是善,而

---

[1] [美] 约翰·罗尔斯. 正义论 [M]. 何怀荣, 译. 北京: 中国社会科学出版社, 1988: 308.
[2] [英] 威廉·葛德文. 政治正义论 [M]. 何慕李, 译. 北京: 商务印书馆, 1980: 4.

"公平本身不仅包括平等,也包括不平等。比如,价格公平,指优质优价、劣质劣价;比赛公平意味着强者胜、弱者败"①。

政府公共文化政策以谋求大多数人的最大幸福为其基本价值取向,比较重视中短期执行效果,更多地呈现出重视结果、强调经济效率的属性。而且,政府决策与执行的基本依据都是政策的效果或效率,更为看重的是决策结果的损益值。这种功利主义价值取向不能保证每个人的权益,不能解决公平分配问题,无法解决"最大多数人""最少受惠者"在不同角度带来的概念模糊性②,其缺陷是显的。按照正义理论,公共文化政策价值取向要以公平正义为基本导向,不能单纯追求短期的功利增长,应适当向社会少数与弱势群体倾斜,要保障社会少数与弱势群体最基本的文化权益,以保障社会的良序发展。

公共性是政府提供公共文化产品最重要的本质属性,公共文化服务标准化与均等化关注的正是这一公共产品供给与使用过程的公平性与公正性。如公共产品供求均衡理论,结合公共文化服务实践具体可表现为:(1)公平供给公共文化服务。公共产品的供给目标是实现社会总福利和人均总福利的最大化,因此政府与文化主管部门提供的公共文化服务需要符合社会公众的集体意愿。(2)公平使用公共文化服务。每位公民都可以公平地获得公共文化服务,不涉及与其他公民的排他和竞争关系,全体公众都可以选择使用公共文化服务,并且不会影响到其他人使用。(3)公共服务机制的公平性。市场机制逐利而动,为了保证公共(文化)产品(服务)的供给公平、使用公平,政府需要为不同阶层/社区的公民提供尽可能公平且便捷获取的公共(文化)服务。这直接引发了从经济学、政治学、财政学到更为关注公众具体使用公共文化服务情境的关于公众文化权利、公共文化空间分布的相关理论,也引出了社会学、城市地理学、城乡规划学等学科对公共文化服务的关切。

2. 权利

在 17 世纪和 18 世纪,有了权利观念的起源,最早来自自然权利(Natural Rights)或天赋权利(God-given Rights)的思想。早期西方思想家洛克、霍布

---

① 王元亮. 平等的学理基础 [M]. 北京:北京大学出版社,2020:102-103.
② 郭夏娟. "最大多数人"与"最少受惠者"——两种正义观的伦理基础及其模糊性 [J]. 学术月刊,2011(10):51-58.

斯、卢梭等都阐发了自然权利思想，这种个人权利观念的表述成为最早的权利理论形态。权利观念发展经历了三个时期：第一个时期的"权利"指传统的自由权（Trditional Liberties）和公民权（Privileges of Citizens）；第二个时期的"权利"指社会经济权利，如受教育权利，居住、健康、选择职业和保持最低生活标准（Adequate Standard of Living）的权利；第三个时期的"权利"指向社团（Communities）和群体，包括少数民族语言权、民族自治权、维持整体环境和经济发展权等，将个人权利观念发展到团体权利（Group Rights）观念。早期的自然权利观念和后来的人权观念属于道德权利（Moral Rights）范畴，有的权利已成为法律，进入法律权利（Legal Rights）范畴。

在法律范畴，文化权利是国际法下面一个非常广泛和复杂的概念[1]。在人权范畴，文化权利是一种重要的人权。关于文化权利的理论是公共文化服务的基本理论。联合国大会于1948年12月10日通过并颁布的《世界人权宣言》（Universal Declaration of Human Rights）第27条关于文化的权利包括：（1）人人有权自由参加社会的文化生活，享受艺术，并分享科学进步及其产生的福利。（2）人人对由于他所创造的任何科学、文学或美术作品而产生的精神的和物质的利益，有享受保护的权利[2]。之后，联合国大会于1966年12月16日通过了《经济、社会和文化权利国际公约》（International Covenant on Economic, Social and Cultural Rights），进一步将文化权利解释为参加文化生活；享受科学进步及其应用所产生的利益；对其本人的任何科学、文学或艺术作品所产生的精神上和物质上的利益，享受被保护之利。要求缔约各国为充分实现这一权利而采取的步骤应包括为保存、发展和传播科学和文化所必需的步骤，承担尊重进行科学研究和创造性活动所不可缺少的自由，并认识到鼓励和发展科学与文化方面的国际接触和合作的好处。

3. 平等

随着历史从封建时代过渡到资本主义时代，新兴的产业阶级针对传统等级

---

[1] 联合国教科文组织. 世界文化报告：文化、创新与市场（1998）[M]. 关世杰等，译. 北京：北京大学出版社，2000：52.

[2] United Nations. Universal Declaration of Human Rights [EB/OL]. [2022-12-31]. https://www.un.org/en/about-us/universal-declaration-of-human-rights.

化社会的贵族特权提出了平等概念,其平等的理想主要是谋求政治平等。后来,马克思主义和社会主义运动采用这一概念,将它引申到经济平等的方面,使之成为无产阶级针对有产阶级提出的经济要求,即"剥夺剥夺者",实现产权的公有化[1]。恩格斯在《反杜林论》中说:"平等的观念,无论以资产阶级的形式出现,还是以无产阶级的形式出现,本身都是一种历史的产物,这一观念的形成,需要一定的历史关系,而这种历史关系本身又以长期的以往的历史为前提"。[2]

罗尔斯[3]将正义与权利、平等融为一体,"每个人都与其他人一样有权要求在最广泛的平等的基本权利和自由体系内获得相同的权利;社会和经济的不平等应这样安排"。

早期的平等理论主要关注抽象的和形式的平等,比如法律面前人人平等。近代以来的平等要求和平等主张逐步走向具体化和实质化。人们的法律平等地位,通过宪法中公民享有的具体权利保障而得到巩固和加强[4]。这也就说明,通过公共文化立法是实现公共文化服务均等化的必由之路。

从第三章综述可以看出,对于公共文化服务标准化与均等化及其解决方案的探讨,某种程度上可以理解为国外对"信息不平等""数字鸿沟"的实践探索与理论讨论。"文化公共物品""文化权利"也可以在一定程度上成为对应"基本公共文化服务"的相似概念。公共文化服务是建立在一定社会共识之上,公共文化服务是为更好地实现公共利益,维持经济社会稳定和基本的社会正义,保护个人最基本文化权利所必须提供的公共文化服务。在讨论社会共识、文化权利、文化政策、公平均等之前,首先要明确的是作为基础的社会不平等的理论解释。

对社会不平等的解释主要是来自两个传统。一个是马克思主义的不平等理论,认为不平等根植于市场机制,即资本的每一个毛孔都流淌着不平等的血

---

[1] 燕继荣. 政治学十五讲 [M]. 第二版. 北京:北京大学出版社,2013:62-67.
[2] 中共中央马克思恩格斯列宁斯大林著作编译局.《马克思恩格斯选集》第三卷 [M]. 北京:人民出版社,1972:147.
[3] Rawls, J. A Theory of Justice [M]. Oxford: Oxford University Press, 1972:60.
[4] 王元亮. 平等的学理基础 [M]. 北京:北京大学出版社,2020:140.

液。因此,马克思主义经济学派的建议是用国家的权力来进行再分配①,通过再分配来替代市场机制,因为市场机制本身就是不平等本身。另一个则是自由主义的不平等理论,与马克思主义截然相反,自由主义认为权力介入下的再分配才是造成社会不平等的根源②,认为只有在市场机制下才能实现公平合理且高效的分配,社会公众通过自由市场实现平等。

在马克思主义与自由主义两大传统理论阵营之外,新制度主义及其转型理论成为第三种解释社会不平等的理论希望。新制度主义强调制度环境对平等的影响,认为马克思主义和自由主义都囿于不平等的经济学特征,平等与否不只归因于某种经济整合机制,而是要结合不同社会背景,分析不同社会制度产生的影响。我国政府致力于供给侧结构性改革,传统文艺院团事业单位改制,也是引入市场机制以减弱因区域、城乡发展水平不同,群体供需不平衡带来的不充分、不均衡。

马克思主义公平理论认为任何社会公平都是历史的、具体而相对的③。基于马克思、恩格斯对文化意识形态、社会结构的阐述,"观念的上层建筑"的精神文化最终根源于社会的经济基础。我国公共文化服务是保障社会成员的基本文化权利、维护社会公平的重要途径,同时也反映了社会主义中国的本质优越性。在西方政治经济学视角中,国家之间、社会阶层之间普遍存在信息不平等现象,政治经济学者关注信息生产、交换、使用过程中的社会关系所反映的社会结构及其利益分配。

如果说经济学研究公共文化服务是围绕结构性选择而建立的,通过数量化特性来为决策者提供参考,那么社会学更关注的是社会经济地位差异带来的社会阶级结构差异。从社会学视角看,不同社会阶层对信息资源的掌控能力及资源分布也是不同的,信息资源的分野将成为新的群体文化差异的代表构成。信息政治经济学就是将政治经济学概念、理论与方法运用于分析信息社会环境及关系,从信息的产生与运用及其分化反映背后的政治、经济带来的群体阶层分

---

① 孙立平. 社会转型:发展社会学的新议题 [J]. 社会学研究, 2005 (1): 1-24, 246.
② 应星. 国外社会建设理论述评 [J]. 高校理论战线, 2005 (11): 29-34.
③ 苗婧. 马克思公平理论视角下的区域基本公共服务均等化 [J]. 经济研究参考, 2017 (62): 45-49.

化。考虑到技术扩散和媒体效应，社会学家在研究新技术影响时常常将不平等与"数字鸿沟"相联系①。

4.1.2 公共物品理论

1954年保罗·萨缪尔森定义的公共物品（Public Goods）是指那些个人消费等于集体消费的物品，也就是说"每个人对该物品的消费不会因其他人消费而减少"，即公共物品具有非排他性和非竞争性的特征。自萨缪尔森②首次提出公共物品概念以来，公共物品的概念不断完善，至《经济学》第19版"公共物品是指非竞争性和非排他性的物品"③。经济学理论在探讨公共文化服务时，最具代表性的是公共产品供求均衡理论，代表主要有林达尔均衡模型和萨缪尔森均衡模型。

著名的"萨缪尔森模型"推导出纯公共物品有效提供的条件（又称"萨缪尔森条件"）：在一般情况下，只要经济体系中存在私人物品和公共物品，则纯公共物品的最佳资源配置条件是其边际替代率之和等于边际转换率。即只有所有社会成员的从公共产品中得到的收益等于生产公共产品所花费的客观机会成本，纯公共物品的提供才是有效率的、最优的。企事业单位内部文化设施，特别是我国众多大型国企、事业单位拥有的众多文化设施，以及近年来逐步兴起的民办文化机构提供的有一定条件的公共服务，都可以放到萨缪尔森的公共物品框架内进行讨论。

作为"公共物品"的公共文化服务所需的资金主要来源于政府的投资，公共财政制度是公共文化服务均等化的基础。但在现行的财政体制之下，我国公共文化服务在不同区域之间、城乡之间、群体之间难以达到同一的均等水平，公共文化服务的供给在全国范围内均不能达到均等水平，对人民群众公共文化服务的真实需求也有待进一步了解。为此，本书在理论研究的基础上，补

---

① Dimaggio P, Hargittai E, Neuman W R, et al. Social Implications of the Internet [J]. Annual Review of Sociology, 2001, 27 (1): 307–336.
② P. A. Samuel Son. The Pure Theory of Public Expenditures [J]. The Review of Economics and Statistics, 1954: 387–389.
③ 萨缪尔森，诺德豪斯. 经济学 [M]. 萧琛主译. 北京：商务印书馆, 2014: 170–171.

充标准化与均等化案例研究，对我国具有代表性的公共文化服务点进行实地调研，为我国公共文化服务研究提供实践数据。

4.1.3 新公共管理理论

从公共管理学角度看，公共文化服务属于公共服务中的社会性公共服务，包含纯公共文化产品和准公共文化产品。自 20 世纪 70 年代末以来，"新公共管理"理论是公共服务市场化改革的主导理论，W. 罗德斯（W. Rhodes）提出的"新公共管理"，将公共官僚机构分解成各种建立在使用者付费基础上的处理事务的机构，也可以用来探讨企事业单位如何面向公众开放的问题。

新公共管理理论引导建立不同的公共文化服务制度与模式，归纳起来主要有以下三种：

政府主导模式：这种模式中从中央到地方政府均设有文化行政管理部门，有垂直领导关系和非垂直领导关系，各级政府文化部门对文艺团体进行有限的资助并提供比较完善的公共文化服务，此种模式以法国和日本为典型代表。

民间主导模式：政府没有正规的文化行政主管部门，主要以政策法规营造良好文化生态，鼓励各类文化团体或机构自我生存、自我发展。政府财政对文化的投入主要通过各类准行政机构进行分配，非政府组织或非营利机构是开展政府公共文化服务的中坚力量，此种模式以加拿大、美国、瑞士为典型代表。在美国，虽然没有官方直接的文化政策，却有一个庞大的文化政策机制，"制定文化政策的那只'看不见的手'不是市场而是政府拨款和法令，之所以是'看不见的'，是因为那么多的文化政策是不为人所注意"[①]。

政府与民众组织的分权（Decentra Lization）模式：政府以"一臂之距"（Arm's Length）与民间组织合作，将文化资源进行分配，并共同管理文化事项，提供文化服务，此种模式以英国、澳大利亚为典型代表。"一臂之距"这一概念，用到公共文化政策上，多是指政府对公共文化拨款的间接管理模式，它要求政府对公共文化采取一种分权化的管理体制，"一臂之距"原则的基本要义便是从集中管理到分权管理。

---

① ［美］托比. 文化研究指南［M］. 王晓路，等译. 南京：南京大学出版社，2009：270.

西方公共文化治理制度主要有四种：公共文化基金会制、公共文化托管制、公共文化招投标制、公共文化有限责任公司制。

上述理论虽有视角不同，但从理论上阐释了企事业单位内部文化设施作为一种公共物品的可能性，与民办文化机构一同向社会开放，承担公共文化服务职能的理论可行性。

公共文化服务供给过程中"人""财""物"是不可回避的，本书后续案例实地采访的基层文化馆、图书馆、文化主管部门领导最常谈的困难也是经费。可以说"财"在公共文化服务研究中，是最不可回避的重要问题，而"财"（经济学）与"政"（政治学）紧密相关。"四重境界"学说生动地阐述了"财""政"关系，第一重境界是财政作为出纳，只管分钱；第二重境界是当好会计，盯紧收支；第三重境界是出现财务的概念，以财生财；第四重境界作为执政手段，收支都是政治①。最早的"基本公共服务均等化"也是作为"完善公共财政制度"的一部分，出现在《中共中央关于构建社会主义和谐社会若干重大问题的决定》之中。

预算代表的公共财政制度再次将政治学、经济学、财政学相结合，预算是开展公共（文化）服务的需要，其本身也是（地区、层级、部门间）权力博弈的工具，更体现为国家政治体制的效力延伸。涉及的预算权力主体包括政府部门（如文化等公共服务主管部门，财政、审计等预算相关部门），更与人大相关。作为公共产品的公共文化服务等公共预算的分配，不仅体现了经济学——帕累托最优显然无法给出公平正义等价值层面的"最优解"，就需要引入政治学的主要内容。

在我国，人民政府代理人民代表大会行使管理职能，人民政府通过预算制度"委托"文化主管部门及具体的公共文化服务机构来提供公共文化服务。预算制度是政治制度的重要组成部分，政府部门的预算、决算是政治上的"委托交易"，是对财政收入使用权的委托，其本质是对纳税人所缴纳税款的再分配。公民个人/企业单位缴纳的税款汇集成财政收入，进而将财政收入转化为公共服务，是人民代表大会委托政府代表公众共同意愿的过程，是一个政

---

① 焦小平."万条线一根针"问题的根治核心在于减"线"和创新治理方式[J]. 财政科学，2018（1）：56-57.

治性过程。政府通过税收引导资源如何分配,用于实现公共目标,以维系社会公平。如果公众不能获得公平、有效的公共服务,那么社会契约将出现裂痕。政府的职责和作用主要是保持宏观经济稳定,加强和优化公共服务,保障公平竞争,促进共同富裕,弥补市场失灵①。

政府间财政关系是经济学和政治学共同的研究重心,财政最核心的基本功能是公平,其重要纽带是分税和转移支付。历史上多次变法都是围绕财政税收进行的,苏辙有言:"财者为国之命,而万事之本。国之所以存亡,事之所以成败,常必由之。"② 我国在改革开放之初,为了更长远地发展,也曾"容忍不平等的扩大"③。随着国家治理体系和治理能力的逐步现代化,我国现代财税体系逐步形成,同现代国家的建构相适应,同时能够促进国家体制的发展和成熟④。世界上绝大多数国家将转移支付分为均等化的一般性转移支付和专项转移支付两种形式。2002 年,中国共产党第十六次全国代表大会以促进地区间基本公共服务均等化为目标,加大对地方财政的转移支付力度,特别是对中西部地区、民族地区、革命老区、边疆地区、贫困地区的转移支付力度不断加大。我国目前存在转移支付形式过多、一般性转移支付规模过小、专项转移支付规模过大、税收返还制度设计不完善等问题⑤。

虽然我国政府通过明确市场在资源配置中的决定性作用,增强财政收支的"公共性",但在很长一段时间内,欠发达地区的文化建设保障经费还是依赖于财政转移支付。我国目前的转移支付制度会带来地方财政支出的"粘蝇纸效应"⑥,而"粘蝇纸效应"产生的重要源头是信息不对称,这种信息不对称

---

① 习近平. 关于《中共中央关于全面深化改革若干重大问题的决定》的说明 [J]. 学理论, 2014 (1): 11 – 15.

② 苏辙. 苏辙散文全集 [M]. 北京: 今日中国出版社, 1996: 120.

③ Gustafsson B A, Li Shi, Sicular T. Inequality and Public Policy in China [M]. New York: Cambridge University Press, 2008: 2.

④ 陈昌盛, 李承健, 江宇. 面向国家治理体系和治理能力现代化的财税改革框架研究 [J]. 管理世界, 2019, 35 (7): 8 – 14, 77.

⑤ 安体富, 任强. 政府间财政转移支付与基本公共服务均等化 [J]. 经济研究参考, 2010 (47): 3 – 12.

⑥ 付文林, 沈坤荣. 均等化转移支付与地方财政支出结构 [J]. 经济研究, 2012, 47 (5): 45 – 57.

会增强辖区居民"政府有钱"的财政幻觉,刺激居民对公共品的消费。这就改变了地方政府公共支出结构,但是这种改变往往不利于民生发展①。因为财政转移支付不可能替代地方居民收入,长远来看对地方政府提供公共文化产品与服务起到了负面作用。

4.1.4 社群信息学理论

1. 从"数字鸿沟"到数字不平等

早在1968年,在南斯拉夫卢布尔雅那召开的"大众传播媒介和国际了解"研讨会上,一些学者就提出了发达国家与发展中国家之间存在新闻和信息传播不均衡和不平等的问题。这一问题从1970年起引发联合国教科文组织(UNESCO)历届大会和一些国际组织召开的国际会议的争论。1978年,UNESCO第20届大会通过了《大众传播媒介致力于加强和平和国际了解,促进人权和反对种族主义、种族隔离和战争煽动的基本原则宣言》。

20世纪80年代,人们对于进入信息时代后产生的发达国家和发展中国家之间在工业能力、科技能力特别是社会信息基础结构方面的差异普遍关注。当时世界图书出版总量的83%是发达国家出版的,发达国家每3人就有一份报纸,每12人就有一台电视机,而发展中国家每30人才有一份报纸,每500人才有一台电视机。罗马俱乐部出版的《微电子学与社会》(1982年版)一书指出:数据、信息和新的生产基础结构不应当只使少数人受益,我们不能有一个在信息方面把人划分为"穷人"和"富人"的世界②。1985年,梅特兰委员会(Maitland Commission)在一份国际电信联盟报告中提出在拥有信息和缺少信息的人们之间存在一条"数字鸿沟"(Digital Divide),并指出"如果只有少数人从ICT中获益而绝大多数人却仍然生活在相对闭塞的环境中,是不公平的"。

20世纪90年代,"数字鸿沟"问题引起学术界、政府和信息领域的广泛讨论。被称为"数字经济之父"的唐·泰普斯科特(Don Tapscott)在《数字

---

① 尹恒,杨龙见. 地方财政对本地居民偏好的回应性研究 [J]. 中国社会科学,2014 (5):96-115,206.
② 京特·弗里德里奇,亚当·沙夫. 微电子学与社会 [M]. 李宝恒,等译. 北京:生活·读书·新知三联书店,1984:261.

经济》(The Digital Economy, 1994) 和《数字化成长》(Growing Up Digital, 1998) 等书中专门讨论了"数字鸿沟"问题。他认为若将一切交给市场力量决定，数字经济将促成两极分化的社会，并在"有信息阶级"及"无信息阶级"间产生一条鸿沟，前者可以与世界沟通，后者则不能。当信息科技在经济成功及社会福利上所占的分量越来越重时，信息隔离（Information Apartheid）就会逐渐成真。而对于孩子来说，"数字鸿沟"代表着某些孩子即使生活在数字时代，也属于非网络世代（Not-generation）。据估计，全球总数为12亿的6—11岁孩子当中有超过半数的孩子从未使用过电话[①]。"贫穷导致资讯匮乏，然后又导致贫穷。族群的分裂导致媒体接触上的族群分裂，结果是恶性循环。反对为普遍化而努力，也不理会犯罪者的意图或是其他高远的意识形态，就是在鼓励或加大社会的分化。"[②]

1995年，美国通信和信息管理局（National Telecommunications and Information Administration）也提出了"数字鸿沟"的问题。美国商务部在《数字经济2000》报告中将"数字鸿沟"定义为一种由于地域、种族、经济状况、性别和身体状况等因素，通过互联网或其他信息技术和服务获取信息的差异和利用信息、网络以及其他技术的能力差异。

对"数字鸿沟"的进一步研究发展了一个新概念——数字不平等（Digital Inequity）。1997年，美国弗吉尼亚理工大学政治学教授提摩西·卢克（Timothy W. Luke）[③] 较早地提出了"数字不平等"概念，认为数字化不平等有以下标志：历史上的阶级斗争在新时代转变成企业所有者和工人之间、生产者与消费者之间、知情者与不知情者之间、拥有技术接入机会的人和没有这些机会的人之间、网络素养具备者和不具备者之间的"信息战争"。之后，加拿大新

---

① [美] 唐·泰普斯科特. 数字化成长：网络世代的崛起 [M]. 陈晓开, 袁世佩, 译. 大连：东北财经大学出版社, 1999: 16 - 18.

② [美] 唐·泰普斯科特. 数字化成长：网络世代的崛起 [M]. 陈晓开, 袁世佩, 译. 大连：东北财经大学出版社, 1999: 357.

③ Luke T. The Politics of Digital Inequality: Access, Capabilities, and Distribution in Cyberspace [J]. New Political Science, 1997 (41/42): 121 - 144.

布伦瑞克大学社会学教授汪达·赖德奥特（Vanda Rideout）[①]认为数字不平等把社会发展不平衡和各类不平等都考虑进来，不仅可以描述个人和家庭之间的差异，还可以描述社群和地区之间的差异。美国普林斯顿大学社会学系教授保罗·狄马乔等（Paul Dimaggio et al.）[②]将数字不平等解释为信息通信技术接入和使用方面的不平等，也可以理解为在线不平等或技术不平等。荷兰的范迪克（Van Dijk）认为数字不平等最初指物质层面的技术机遇不平等，2002年以后则强调社会、文化和信息资本方面的不平等[③]。瑞典斯德哥尔摩经济学院教授小野寺南等（Hiroshi Ono et al.）[④]将数字不平等解释为接入和利用信息技术中存在的差异和不平等，能够反映经济和社会各个方面不平等的现象。中国人民大学副院长闫慧[⑤]认为，数字不平等研究是在对"数字鸿沟"研究的局限性进行扬弃的基础上发展起来的，具有明显的继承性和独特性。无论是阶层视角还是社会不平等视角，数字不平等的主流研究是在社会分层理论基础上的研究，是对数字技术社会化程度更加深刻的体认和判断。

2. 数字公平

数字时代，人们将信息公平问题发展为数字公平问题。2002年，格温·所罗门（Gwen Solomon）[⑥]提出了数字公平（Digital Equity）概念，指所有学生为了生活、学习、工作和未来都有适当的机会获得信息和通信技术，无论其社会经济地位、身体状况、语言、种族、性别及其他特征如何，都应当受到平等的对待。

---

① Rideout V. Digital Inequalities in Eastern Canada［J］. Canadian Journal of Information and Library Science, 2003, 27 (2): 3–31.

② Dimaggio P, Hargittai E, Celeste C, et al. Digital Inequality: From Unequal Access to Differentiated Use［C］//Neckerman K. M. Social Inequality. New York: Russell Sage, 2004: 355–400.

③ Van Dijk J A G M. Digital Divide Research, Achievements and Shortcomings［J］. Poetics, 2006 (34): 221–235.

④ Ono H, Zavodny M. Digital Inequality: A Five Country Comparison Using Microdata［J］. Social Science Research, 2007, 36 (3): 1135–1155.

⑤ 闫慧."数字鸿沟"研究的未来：境外数字不平等研究进展［J］. 中国图书馆学报, 2011 (4): 87–93.

⑥ Solomon, G. Digital Equity: It's not Just about Access Anymore［J］. Technology & Learning, 2002, 22 (9): 18–24.

为解决数字沟通、数字不平等问题,促进数字公平,除了理论研究,出现了一些数字公开网络和国际组织发布的相关指数。在美国,由一批技术项目负责人创立了数字公平网络(The Digital Equity Network),旨在确定数字公平战略和资源并加以传播和传递。UNESCO 于 2003 年发布了"数字鸿沟"指数(DDIX)。国际电信联盟于 2003 年发布数字接入指数(DAI),2005 年发布信息化机遇指数(ICT-OI)和数字机遇指数(DOI),2007 年发布信息化发展指数(IDIITU)。

数字公平的范畴有以下几个方面:(1)物质层面:技术机遇的公平,基础设施普及程度及使用的方便性;(2)教育层面:教育公平,知识资本方面的公平;(3)制度方面:信息公开制度,隐私保护程度,就业和职位升迁制度;(4)个人和家庭层面:社会成员之间、社群之间的公平,包括家庭、商业和社群等方面,不受"数字鸿沟"两分法的限制;(5)文化层面:考虑不同的文化、传统和机构情境[①]。

数字公平是信息社会或数字时代导致的社会严重分化过程中,人们对于数字接入平等和信息自由获取的一种新的追求。这对于数字公共文化的发展具有指导意义。

3. 社群信息学

为解决"数字鸿沟"和数字不平等问题,产生了基于公众计算的社群信息学(Community Informatics,又译为"社区信息学")。公众计算有四种方式:商用(比如星巴克无线网接入)、政府(比如公立学校和公共图书馆)、大学校园和非营利机构。社群信息学以解决"数字鸿沟"带来的普遍社会问题而进行政策制度和实践活动为焦点,成为新的信息研究领域。其理论内核是不同社群在 ICT 接入和使用、信息内容获取和利用活动中存在的共同特征和规律,以及公益组织在解决社群信息需求中的独特功能、优势和效果。其基本原理是如何实现有效匹配 ICT、信息资源、特殊社群、公益组织和公益信息政策等关键要素[②]。

社群信息学出现于 20 世纪 90 年代末社群应用信息通信技术(ICT)的相关实践中,在北美洲、欧洲、大洋洲等地迅速发展。1995 年,琼斯·史蒂文

---

① Williams K.,韩圣龙,等. 社群信息学:理论与研究 [M]. 北京:国家图书馆出版社,2012:90.

② 闫慧. 社群信息学:一个值得关注的新兴领域 [J]. 图书情报工作,2010 (4):53 - 55, 99.

(Jones Steven)主编的《赛博社会》(Cybersociety: Computer-mediated Communication and Community)论文集由 SAGE 出版。2000 年,古尔斯坦(M. Gurstein)出版了《社群信息学》(Community Informatics),认为社群信息学"研究 ICT 如何帮助社群实现社会、经济、政治和文化目标"[①],核心是 ICT 的获取,包括技术获取、经济获取、社会获取和物理获取。2007 年,他在《什么是社群信息学》一书中指出社群信息学是指"ICT 应用于社群各项流程中""使社群获得权利/权力"[②]。美国伊利诺伊大学香槟校区(UIUC)建立有社群信息学实验室,密歇根大学信息学院、多伦多大学信息学院等均开设了社群信息学课程并培养研究生。中国人民大学闫慧教授和北京大学韩圣龙教授等致力于社群信息学在中国的发展,2011 年创办了北京大学社群信息学暑期学校,出版了《社群信息学:理论与研究》(2012 年版)。闫慧教授发表了国内社群信息学领域的第一篇论文《社群信息学:一个值得关注的新兴领域》(《图书情报工作》2010 年第 4 期),出版专著《中国数字化社会阶层研究》(国家图书馆出版社 2010 年版),2011 年主持国家社会科学基金项目"中国农民数字化贫困实证研究:现象、根源与对策"。

社群信息学探索社群信息和知识形成与共享规律,关注 ICT 与社群的互动和平衡,利用 ICT 实现公民权利,这对于我国通过公共数字文化服务消除"数字鸿沟"、保障公民数字权利具有理论指导意义。

4.1.5 城市空间理论

城市地理学作为交叉学科正是在认识到政治、经济带来的群体阶层分化,特别是不同阶层所处空间地理位置的不同,而对城市不同社会群体活动及其特征的区位开展研究的学科[③]。具体到城市社会地理学更是将研究重点集中在物质现实和社会空间矛盾的城市社会结构关系上[④],研究城市空间与文化、公众

---

① Gurstein M. Community Informatics: Enabling Communities with Information and Communications Technologies [M]. Hershey: Idea Group Publishing, 2000: 3.

② Gurstein M. What is Community Informatics (Why Does it Matter) [M]. Milan: Polimetrica, 2007 (11): 36 – 37.

③ Richard J. Frontiers in Geographical Teaching [M]. Methuen, 1970: 378.

④ Johnston R J. 人文地理学词典 [M]. 柴彦威,等译. 北京:商务印书馆,1994: 653.

生活及社会政治之间，分析社会空间特征的学科①。

从传统城市向智慧城市建设转变，是从政府主导向多元主体协同发展转变②。城市建设从大尺度建设向小尺度开发转变，从追求基础设施到注重服务品质。城市公共文化服务需要解决的一个重点是城市更新问题，即城市变化过程中、新旧城、新旧公共文化服务设施供给过程中的标准化与均等化。吴良镛在1983年曾引介了"城市有机更新论"③，把旧城看作"有生命的整体"④，作为有生命的整体，既要传承旧城文化、保护文物建筑，也要有新陈代谢。我国大城市都将不可避免地踏上城市再生之路⑤。如我国东北老工业基地，老城区需要改造、新城区需要基础设施建设，公共文化服务需根据其区域建设情况转换服务定位。

公共文化服务体系建设应服务于我国新型城市化的理论与实践问题，需要全盘考虑城市公共服务布局的支撑点与整体全局，协调城乡历史与未来，使不同层次的建设规划相衔接；不同于单纯的公共设施建设规划，城市公共服务体系建设应对社区发展和传统文化传承与保护给予高度重视。城市中心区及其附近区域和环境俱佳的新建高档住宅区多是先富起来的人，而迁居城市远郊的则多为不情愿迁出的中低收入工薪阶层⑥。社区作为公共文化服务过程中的重要城市单元，可以充分调研其所属社区的居民需求，解决他们的实际公共文化服务问题，以保证社区公共文化权益。

从前述社会学理论视角出发，围绕信息构建起的信息资源、信息技术已经成为一种新的社会阶层属性，某种程度上信息正在重塑阶层化的社会机制⑦。

---

① Johnston R. The Future of Geography (RLE Social & Cultural Geography) [M]. London and New York: Metheun, 1985: 245.

② 范毅. 我国城市发展的拐点和转型：基于动力机制角度 [J]. 经济纵横, 2019 (8): 49-60, 2.

③ 吴良镛. 历史文化名城的规划结构, 旧城更新与城市设计 [J]. 城市规划, 1983 (6): 2-12, 35.

④ 吴良镛.《北京城市总体规划修编 (2004—2020年)》专题北京旧城保护研究 (下篇) [J]. 北京规划建设, 2005 (2): 65-72.

⑤ 陈则明. 城市更新理论的演变和我国城市更新的需求 [J]. 城市问题, 2000 (1): 11-13.

⑥ 顾朝林, C. 克斯特洛德. 北京社会极化与空间分异研究 [J]. 地理学报, 1997, 52 (5): 386-393.

⑦ 李升. "数字鸿沟"：当代社会阶层分析的新视角 [J]. 社会, 2006, 26 (6): 81-94.

技术的发展进步将从本质上促使生产力发生变革，进而改变生产关系，这一过程不受道德与思想哲学的影响，反而影响理论研究进展。公共文化服务是对社会、社区、所在区域文明传承创新发展目标的集成和实现，而这种目标最终呈现给公众的是文化产品与服务。结合公共文化服务的社会属性，城市地理学、城乡规划学的相关理论及分析与实践视野都为本书提供了创新分析的可能，进而引发了本章后续对梯度论、空间论的理论创新。

4.1.6 文化传播理论

文化传播理论研究文化传播的现象及其规律，是传播学原理应用于文化领域的理论。文化传播既是一种特殊的文化创造形式，给接受群体带来新的文化因素，赋予新的价值，同时也是一个从文化创造者到文化接收者的转移过程。早期的文化传播依赖于人口迁徙的物理过程，现代的文化传播更多地通过各种传播媒介、文化活动等方式实现，其传播既有自发的，也有有组织的；既有直接的，也有间接的；既有历时的，也有共时的；既有单向的，也有双向或多向的。

文化传播作为一门科学来研究，始于19世纪末，人类学视域的文化传播经历了从进化论到传播论的论争和演变。20世纪40年代以后，文化传播研究视角转向关注文化对社会影响的过程、机制、效果以及传播对文化发展的影响，到60—70年代欧洲开始出现源自法兰克福学派和西方马克思主义的，以社会文化的批判性而备受人们关注的批判学派[1]。继20世纪文化传播对人类社会和人类生活的全面渗透，21世纪全球化、信息化和生态化的强力驱动，使文化传播的媒介化趋势凸显，网络传播和数字传播成为文化传播的主要形态。

在文化传播过程中，文化产品生产最为重要。我国坚持以人民为中心的创作导向，把创作生产优秀文化作品作为重要任务，积极促进艺术创作、新闻出版和广播影视的繁荣发展。实施舞台艺术精品工程和重大革命历史题材美术创作工程，以及京剧、地方戏、民族音乐、美术等专项扶持发展规划。设立国家

---

[1] 庄晓东. 文化传播：历史、理论与现实 [M]. 北京：人民出版社，2003：4-11.

艺术基金，扶持引导优秀文化产品创作生产。电影年产量保持世界第三大国地位，电视剧年产量位列世界第一。深入推进全民阅读，持续开展优秀出版物推荐、全民阅读报刊行、全民数字阅读活动①。

传播学和图书馆学学者也认识到文化不平等的现实及"文化"作为"过程"的社会功能性。如拉斯韦尔②在其传播学名著中将社会传播功能归纳为：守望环境，揭示影响社会及其组成部分价值地位的威胁，显示其机会；协调社会各部的关系，以便对环境作出回应；传承社会遗产。而具有较高社会地位的人因其教育背景、社会认知经验、信息获取渠道等因素，能更快地获得并筛选、利用、反馈信息。如果将"数字鸿沟"的本质看作是快速发展的信息通信技术，那么"数字鸿沟"则是利用信息技术领域中存在的差距③，如互联网在我国不同地区应用中所产生的不均衡情况④。信息技术的差别利用以很多方式表现出来，社交网络的兴起更进一步地加剧了这一差异。社交网站对不同的服务对象存在服务差异⑤，传播学同样关注不同群体之间随着技术发展的进一步加深，进而加剧的数字不平等。

4.1.7 公共文化理论

有关文化的所有研究都可以归为文化学的范畴，但文化学者或文化研究者始终将研究视角或研究重心置于抽象的文化讨论中，如马修·阿诺德（Matthew Arnold）⑥所说："我一直力图说明，文化就是或应该是对完美的探究和追寻，而美与智，或曰美好与光明，就是文化所追寻的完美的主要品格"，而

---

① 人民网. 国务院关于公共文化服务体系建设工作情况的报告 [EB/OL]. [2022-10-23]. http://npc.people.com.cn/n/2015/0423/c14576-26894444.html.

② 哈罗德·拉斯韦尔. 社会传播的结构与功能 [M]. 何道宽, 译. 北京：中国传媒大学出版社, 2015：61.

③ 薛伟贤, 张飞燕. 我国数字鸿沟的区域分布分析 [J]. 情报学报, 2009, 28 (5)：753-763.

④ 胡鞍钢, 周绍杰. 新的全球贫富差距：日益扩大的"数字鸿沟" [J]. 中国社会科学, 2002 (3)：34-48.

⑤ Hargittai E. Whose Space? Differences among Users and Non-Users of Social Network Sites [J]. Journal of Computer-mediated Communication, 2010, 13 (1)：276-297.

⑥ 阿诺德. 文化与无政府状态：政治与社会批评 [M]. 韩敏中, 译. 北京：生活·读书·新知三联书店, 2002：41.

对于具体的文化却没有引起足够的重视，或者说没有将现实的、生动的文化现象纳入科学的范畴，公共文化理论研究正是属于这一类。

南开课题组综述已有相关研究发现，公共文化研究体现出明显的跨学科属性，但是学科间的合作并未跟上研究的步伐。现有研究对于公共文化服务的实践对象集中在社区文化、社会非营利组织、图书馆等，可以说是根据实践进展，学者从各自学科领域依据研究对象自觉开展的研究实践。公共文化服务涉及经济学、政治学、传播学、社会学等学科，且存在研究内容与研究方法的交叉领域，确实需要吸收更多学科的最新理论。公共文化服务研究不仅需要多学科交叉研究，更需要明确研究内容。从各学科依托自身研究路径围绕"公共文化服务"开展研究，逐步走向"公共文化学"的学科建构。

研究主体与时代都迫切呼唤"公共文化学"的出现。公共文化服务是富有中国特色的研究内容，中国语境中的文化不平等、文化"数字鸿沟"，在国外对应的相似概念为"文化、信息不平等"和"数字鸿沟"，相关的内容还有针对公共文化政策的研究，也就是通过借助公共文化政策的调节，进而实现公共文化的分配和使用上的均等化。国外目前的研究情况是，公共文化服务被许多国外学者看作是当代公共行政管理组成部分，他们的研究主要集中在公共文化服务政策发展上。

有学者以文化行政转型为线索，探讨了文化行政职能、体制、运行、效率和发展等一系列公共文化行政的基本问题，进而提出了"公共文化行政学"[1]，最终形成健全的国家公共文化行政体系[2]。不过"公共文化行政学"落点仍在行政，如对文化行政立法、文化行政体制与组织、文化行政运行和文化行政发展更为侧重。

近年来，我国现有的十三个学科门类中有十一个都开展了公共文化服务研究[3]。诸多学科的理论研究者在我国公共文化服务研究方面贡献了大量有价值

---

[1] 凌金铸. 公共文化行政学 [M]. 上海：上海交通大学出版社，2012.
[2] 耿达，傅才武. 公共文化行政：理论、模式与发展路径 [J]. 天津行政学院学报，2016，18 (5)：26-32.
[3] 张歌. 公共文化服务领域相关学位论文研究述评（2007—2018）[J]. 图书馆建设，2019 (5)：36-43，61.

的研究成果①。如公共文化服务研究成为图书馆学研究领域一个异军突起的增长点,构建了现代公共文化服务体系背景下的图书馆学研究②,进而服务于我国公共文化服务发展。除去图书馆本身与公共文化服务研究存在着天然内在联系,更多的是图书馆学关注人对公共文化服务信息的获取与使用。

从前述内容可以看出,公共文化服务研究已然是一个跨学科多元化的整体,涉及经济、政治、社会等诸多学科,各学科从各自的视角出发研究公共文化服务,使得跨学科整合成为必要。可即便是对文化理论开展研究也与公共文化服务作为主体的研究内容有所区别,而现实是公共文化研究散见于各学科领域,公共文化理论也未形成,这都使得公共文化学的提出成为必要。

从我国现有公共文化服务实践与政策执行来看,我国现行公共文化产品与服务是纯公共文化产品与准公共文化产品的集合。即我国基本公共文化服务属于公共文化产品,社会力量可以参与,但主要依赖政府保障建设,因为公共文化产品的市场化将无法兼顾全民利益,破坏社会公平。从公共文化产品视角讨论我国基本公共文化服务,即从文化产品供给主体视角开展权益讨论,必然需要认识到政府部门在公共文化产品供给中的主导与监管作用。

有些学者从公共文化产品的生产模式提出政府、非政府组织和个人共同参与的多元主体形式③,虽然社会参与公共文化服务的相关政策已经下发,但从现状看,无论是人们的观念,还是从事公共文化服务的社会组织的数量与规模,以及更为重要的文化社会组织整体功能和作用,在短时间内还是难以跟上我国公众对公共文化产品与服务不断增长的需求。后续案例研究中实际调研情况也充分说明了这一点。

延伸到"我国公共文化服务"的内涵与实践中,也同样离不开政府主导的公共文化产品制度体系、供给方式、基础设施建设及产品与服务类型。案例研究也发现,成功的公共文化服务案例离不开政府的主导与重视。可以看出,目前对公共文化服务的研究主要延用经济学公共产品理论,作为一种本质上支

---

① 金武刚. 偶然 vs 必然:公共文化服务研究的兴起与发展——兼论图书馆学人的贡献和崛起 [J]. 图书馆论坛,2018,38 (11):49-60.

② 李国新. 公共文化研究10年:回顾与前瞻 [J]. 图书馆建设,2019 (5):4-5.

③ 李军鹏. 公共服务学:政府公共服务的理论与实践 [M]. 北京:国家行政学院出版社,2007:172.

持国家干预经济的理论，以边际效用价值论为基础，集中探讨了公共文化产品的供给问题，认为政府应成为公共经济活动的中心，可以为社会提供具有受益非排他性、消费非竞争性的公共文化产品和服务，并提倡创新体制机制保证公共文化产品提供的效率。

公共文化服务体系是"确定文化发展战略，制定公共文化事业发展规划和文化政策，营造与时代要求和人民利益相一致的文化秩序"[①]，有研究认为这反映了意识形态主体对公共文化生活方式及其生存重心的选择权[②]。也有从公共文化服务体系基本框架角度入手，通过公共文化服务体系[③]，评价我国公共文化服务发展程度。

近十多年来，我国公共文化服务研究取得了长足进步，特别是在公共文化服务体系的构建这一研究主题，成为政府文化主管部门、一线服务机构与文化学者共同讨论的热点，时任浙江省文化厅厅长杨建新[④]，中共深圳市委常委、宣传部部长王京生[⑤]都在早期就撰写过相关文章。南开课题组调研发现，目前我国关于公共文化服务方面的研究主要集中在统筹城乡发展、完善公共文化服务体系建设、提高基本公共文化产品与服务供给效率等方面。随着公共文化供给主体及供给方式的多元化，公共文化服务体系突破原有的管理机制与内容，在公共性、系统性、公益性、统筹性、服务性之外[⑥]，更具创新性[⑦]、科学性、普适性。

公共文化服务是面向全体公民的文化服务，这也使得公共文化服务研究的对象涉及不同区域、不同特征公众群体。此前，公共文化服务理论研究与实践进展长期存在各自为政的局面，碎片化特征明显。公共文化研究被分散在不同

---

① 闫平. 服务型政府的公共性特征与公共文化服务体系建设 [J]. 理论学刊, 2008 (12)：90 – 93.
② 王列生, 郭全中, 肖庆. 国家公共文化服务体系论 [M]. 北京：文化艺术出版社, 2009：72.
③ 陈威. 公共文化服务体系研究 [M]. 深圳：深圳报业集团出版社, 2006：45.
④ 杨建新. 大力构建公共文化服务体系 [J]. 今日浙江, 2005 (10)：20 – 21.
⑤ 王京生. 构建公共文化服务体系 实现公民基本文化权利 [J]. 特区实践与理论, 2006 (3)：4 – 6, 1.
⑥ 郝新凤. 关于公共文化服务体系建设的思考 [J]. 学习论坛, 2006 (8)：59 – 61.
⑦ 陈坚良, 张喜萍. 论公共文化服务体系的创新要素——以湘西民族地区为例 [J]. 湖南师范大学社会科学学报, 2011 (4)：112 – 115.

学科领域，不利于专注、深入、持久地开展研究；公共文化服务供给因为具体的服务内容被分割在不同文化机构里，对主管部门之间的协同机制与效率提出了较高的挑战。已有的研究中，农村与贫困地区的公共文化服务被探讨较多，具体到城乡接合部、流动人口的公共文化服务问题则与这些群体本身一样存在被边缘化的情况。这些理论与现实问题，都需要进一步厘清研究主体，建立完整的学科体系。

建设"公共文化学"可以从学科主体的整体性视角，重新审视中央和地方政府在相关政策制定、实施和评估环节的发展责任，避免从"公共文化行政学""财政学"等立场分析公共文化服务。公共文化服务本身是一个动态的、阶段性的协同发展过程，公共文化学的建立与发展也是如此。如同我国公共文化服务主要依靠政府推动，但随着协同发展的深化，社会力量参与也同样重要。公共文化服务与文化产业耦合战略将带来更大的共振与谐振增益①，公共文化与文化产业的相互支撑、相互促进作用已经成为共识。

公共文化学作为以公共文化为研究对象的新兴学科，具有鲜明的中国特色，未来对国家相关重大战略的跟踪、调研与思考将更为深入，在公共文化领域核心知识、技能、研究方法与理论拓展上不断探索，创新学界与政策研究、政府部门的合作领域，走在国家文化强国战略需求的前沿，为政策与事业献计献策。

总之，时代需求并期待着"公共文化学"的出现，以公共文化服务为研究对象的学者应当重新审视公共文化研究内容与研究方法，整合各相关学科最新理论进展与实践贡献，进行多学科、跨学科研究，围绕公共文化构建由多学科分化、交叉融合而成的新兴学科——公共文化学。

4.2 公共文化梯度论

20世纪70年代，克鲁默（G. Krumme）、海耶尔等（R. Hayor et al.）区域经济学家在产品周期理论和区域周期理论的基础上创立了梯度理论，梯度理论

---

① 徐新桥. 基于价值链模型的文化创新双极效应与耦合效应——以鄂西生态文化旅游圈为例 [J]. 艺术百家, 2011, 27 (5): 77-82.

是产业梯度推移理论的简称。它最早来源于物理学,用以解释梯度、热度和弧度等物理学基本概念。弗农将其引入工业生产领域,提出工业生产产品的生命周期理论,此理论通过威尔斯和赫希哲二人得到了进一步验证和充实。之后这一理论被区域经济学家引入到区域经济学中,区域经济发展梯度转移理论随之产生。梯度理论认为,区域的发展取决于其产业结构和生产技术状况,而产业结构和生产技术状况又取决于地区部门,特别是其主导产业在工业生命周期中所处的阶段。如果其主导产业部门和生产技术由处于创新阶段的专业部门及技术所构成,则说明该区域具有发展潜力,因此将该区域列入高梯度区域。该理论认为,创新活动是决定区域发展梯度层次的决定性因素,而创新活动大多发生在高梯度地区。随着时间的推移及生命周期阶段的变化,生产活动逐渐从高梯度地区向低梯度地区转移,而这种梯度转移过程主要是通过多层次的城市系统扩展开来的。

4.2.1 实践启示

公共文化梯度问题,从本质上说是公共文化的科学发展观,即将公共文化服务看作一个由局部到整体、由简单到复杂、由低级到高级不断发展完善的过程,分阶段、分梯度实现公共文化服务的标准化和均等化。

从改革开放以来我国公共文化服务的发展过程看,有五个发展阶段:

第一阶段(1978年12月—2005年9月):文化事业迅速恢复发展。

2002年11月,党的十六大报告指出,保障人民文化权益的主要途径是发展文化公益事业。

这一阶段,文化部于1994年组织开展了第一次全国公共图书馆评估定级工作,之后在1998年、2004年依次进行了第二、三次评估定级工作。1991年5月,中国群众文化学会成立。1991年12月,中国文化管理学会成立。1994年3月,中国文化信息协会成立。文化部于2001年组织开展第一次全国文化馆(群艺馆)评估定级工作。截至2005年,我国公共图书馆达到2762个,共有文化馆(站)41 588个,博物馆增加至1548家[1]。

---

[1] 文化部计划财务司.2006年中国文化文物统计年鉴[M].北京:北京图书馆出版社,2006:100-135.

第二阶段（2005年10月—2013年10月）：启动公共文化服务体系建设，开始制定公共文化服务标准。

2005年10月，党的十六届五中全会提出建设公共文化服务体系的构想。2005年11月，中共中央办公厅、国务院办公厅发布《关于进一步加强农村文化建设的意见》。2006年3月14日，第十届全国人大四次会议表决通过了关于国民经济和社会发展第十一个五年规划纲要的决议，国家"十一五"规划提出"加强社会主义文化建设"，"逐步形成覆盖全社会的比较完备的公共文化服务体系"，开启了国家公共文化服务体系建设。"十一五"规划中提出了"全面实现20户以上已通电自然村通广播电视""基本实现全国农村一村一月放映一场电影""基本实现全国乡镇均建有综合文化站"的具体标准。2006年9月，中共中央办公厅、国务院办公厅颁布《国家"十一五"时期文化发展规划纲要》。这是我国第一个国家级文化发展五年规划，它将公共文化服务分为完善公共文化服务网络、加强农村文化建设、普及文化知识、建立健全文化援助机制、鼓励社会力量捐助和兴办公益性文化事业五个方面，进一步提出"在巩固县县有图书馆、文化馆的基础上，基本实现乡镇有综合文化站，行政村有文化活动室"的标准，而且要"编制图书馆、博物馆、文化馆（站）等公共文化设施建设的国家标准，修订电台、电视台和广播电视发射转播台建设标准。完成公共文化服务质量标准体系的制定，建立健全公共文化机构评估系统和绩效考评机制"。2006年10月，党的十六届六中全会通过的《中共中央关于构建社会主义和谐社会若干重大问题的决定》要求"加快建立覆盖全社会的公共文化服务体系"。2007年8月，中共中央办公厅、国务院办公厅发布《关于加强公共文化服务体系建设的若干意见》。

2007年10月，党的十七大报告提出到2020年实现"覆盖全社会的公共文化服务体系基本建立"的目标。2010年10月，党的十七届五中全会提出了"十二五"时期我国文化建设的战略任务。2011年3月，公共文化纳入国家"十二五"规划纲要中的基本公共服务范畴。2011年10月，党的十七届六中全会通过《中共中央关于深化文化体制改革推动社会主义文化大发展大繁荣若干重大问题的决定》，提出建设社会主义文化强国的宏伟目标，提出公共文化服务保障立法。2011年，文化部印发《文化行业标准化工作管理办法（暂行）》（科技函〔2011〕38号）。2012年，《国家"十二五"时期文化改革发展规划纲要》和《文化部"十二五"时期文化改革发展规划》先后出台，首次颁布了《国家基本公共服务体系"十二五"规划》。

2012年12月，党的十八大报告进一步提出了完善公共文化服务体系、提高服务效能的要求。

这一阶段启动的全国三馆免费开放工作与国家公共文化服务体系示范区（项目）创建工作发挥了重要作用。为落实2010年国务院政府工作报告提出的"推进全国美术馆、图书馆、文化馆、博物馆免费开放，丰富人民群众的精神文化生活"，文化部和财政部于2011年1月26日颁布《关于推进全国美术馆、公共图书馆、文化馆（站）免费开放工作的意见》，三馆免费开放激发了公共文化服务的活力。在政策推动下，国家公共文化服务体系示范区（项目）创建工作于2011年1月正式启动，第一批创建城市和创建示范项目于2011年5月公布，第二批创建城市和创建示范项目于2013年8月公布。文化部于2006年组织开展了第二次全国文化馆评估定级工作，于2009年组织开展了第四次全国公共图书馆评估定级工作，于2010年组织开展了第一次全国重点美术馆评估定级工作，于2011年组织开展了第三次全国文化馆评估定级工作，于2013年4月组织开展了第一次全国乡镇综合文化站评估定级工作，计划以后每四年开展一次。国家文物局于2008年起实施博物馆评估定级工作，每三年一次。2010年开始对国家一级博物馆进行运行评估工作，2012年开始第二批一、二、三级博物馆的评估定级工作。

为发挥专家与学者在公共文化服务中的作用，2006年7月，国家非物质文化遗产保护工作专家委员会成立（隶属于文化部非物质文化遗产保护工作部际联席会议办公室）。2007年8月，全国古籍保护工作专家委员会成立（隶属于文化部全国古籍保护工作部际联席会议办公室）。2011年3月，国家公共文化服务体系建设专家委员会成立，2012年12月组建国家公共文化服务体系建设专家库，专家库分公共政策、公共图书馆事业、文化馆站建设、群众文化活动、公共数字文化、少数民族文化6个工作组。

第三阶段（2013年10月—2016年11月）：构建现代公共文化服务体系，启动基本公共文化服务标准化和均等化。

2013年11月，党的十八届三中全会通过的《中共中央关于全面深化改革若干重大问题的决定》提出"构建现代公共文化服务体系"和"促进基本公共文化服务标准化、均等化"。文化部提出要以立法的方式促进公共文化服务标准化、均等化。"促进基本公共文化服务标准化、均等化"被列入国务院政府工作报告2014年重点工作。2015年1月14日,中共中央办公厅、国务院办公厅印发了《关于加快构建现代公共文化服务体系的意见》和《国家基本公共文化服务指导标准》。

2013年10月,中国非物质文化遗产保护协会成立。2013年11月6日,国家公共文化服务体系示范区(项目)创建工作会议召开,第三批创建城市和创建示范项目于2015年7月公布。2014年6月,文化部成立文化法制专家委员会。2014年9月,中国文化馆协会成立。文化部于2013年组织开展了第五次全国公共图书馆评估定级工作,于2015年组织开展了第四次全国文化馆评估定级工作。截至2016年末,全国文化系统共有艺术表演团体2046个,博物馆3060家。全国共有公共图书馆3172个,总流通64781万人次;文化馆3338个。有线电视实际用户2.23亿户,其中有线数字电视实际用户1.97亿户。2016年年末广播节目综合人口覆盖率为98.4%,电视节目综合人口覆盖率为98.9%。全年生产电视剧330部14768集,电视动画片119895分钟。全年生产故事影片772部,科教、纪录、动画和特种影片172部。出版各类报纸394亿份,各类期刊27亿册,图书86亿册(张),人均图书拥有量6.27册(张)[①]。

第四阶段(2016年12月—2020年9月):公共文化服务标准化与均等化进入法治化轨道。

2016年12月25日,第十二届全国人民代表大会常务委员会第二十五次会议通过《公共文化服务保障法》,自2017年3月1日起施行。2016年12月29日,文化部、新闻出版广电总局、体育总局、发展改革委、财政部印发《关于推进县级文化馆图书馆总分馆制建设的指导意见》。

2017年10月,党的十九大报告提出"完善公共文化服务体系,深入实施文化惠民工程,丰富群众性文化活动"。2017年11月4日第十二届全国人民代表大会常务委员会第三十次会议通过《公共图书馆法》,自2018年1月1日

---

① 国家统计局. 中华人民共和国2016年国民经济和社会发展统计公报 [EB/OL]. [2017-09-09]. http://www.stats.gov.cn/tjsj/zxfb/201702/t20170228_1467424.html.

起施行。

国家公共文化服务体系示范区（项目）第四批创建城市和创建示范项目于2018年5月公布。文化部于2017年组织开展了第六次全国公共图书馆评估定级工作，国家文物局于2020年批准组织开展第四批全国博物馆定级评估工作。

第五阶段（2020年10月至今）：公共文化服务进入高质量发展阶段。

2020年10月26—29日，党的十九届五中全会提出我国已转向高质量发展阶段，提出到2035年建成文化强国和国家文化软实力显著增强的远景目标。2021年3月，国家"十四五"规划和2035年远景目标纲要将"提升公共文化服务水平"作为"发展社会主义先进文化 提升国家文化软实力"的重要任务；《关于推动公共文化服务高质量发展的意见》围绕"深入推进公共文化服务标准化建设"提出了三个方面的具体要求：一是国家和地方标准建设。全面落实国家基本公共服务标准。在保障国家基本标准落实到位的基础上，推动各省（区、市）结合本地区实际制定地方标准，地（市）、县（区）制定目录。二是公共文化设施建设与服务标准建设。进一步完善公共图书馆、文化馆（站）和村（社区）综合性文化服务中心等建设和服务标准规范，健全公共数字文化标准规范体系，根据工作实际，适当提升有关指标，发挥引导作用。三是评估标准建设。依托行业组织，加强公共图书馆、文化馆评估定级工作。以省（区、市）为主体，开展乡镇（街道）综合文化站评估定级；建立健全科学规范的评估标准体系，进一步完善评估定级结果运用机制，鼓励地方通过经费分配、项目安排等方式，加大奖优力度。

2022年10月，党的二十大报告提出"繁荣发展文化事业和文化产业，坚持以人民为中心的创作导向，推出更多增强人民精神力量的优秀作品，健全现代公共文化服务体系，实施重大文化产业项目带动战略"。

文化和旅游部于2020年组织开展了第五次全国文化馆评估定级工作，于2022年组织开展了第七次全国公共图书馆评估定级工作。2023年2月21日，文化和旅游部印发《文化和旅游标准化工作管理办法》（文旅科教发〔2023〕28号）。

从上述五个发展阶段看，我国公共文化服务标准化与均等化发展有着明显的政策节点效应，这是公共文化服务在时间维度上梯度论的特殊性。政策的逐步完善、支持力度的逐渐加大是公共文化服务得以顺利发展的保障。

实践出真知。公共文化服务发展的阶段性给公共文化理论以启示，即可以应用梯度理论解释公共文化服务实践与公共文化现象，并产生新的理论以指导实践。

4.2.2 理论模型构建

梯度理论自产生以来经历了三个阶段，分别是传统梯度理论、反梯度理论和广义梯度理论[1]。梯度理论有广义和狭义之分，狭义梯度理论是经济技术层面的，生产技术呈现出由高梯度流向低梯度的趋势；广义梯度理论将梯度扩展至制度、社会、经济、人力资源、自然要素、生态环境等多维层面。广义的框架体系中，不同意义上的梯度是梯度推移方和接受推移方的整合体，梯度推移是多维双向的。它整合了众多区域发展理论，涵盖梯度推移的多元交叉互推机理、梯度之间的互动关联等多元层面的含义，并揭示了梯度多元交叉互推机理、梯度分布间的耦合关系[2]。

梯度理论提出优先发展发达地区，之后通过产业、技术等要素向欠发达地区转移，带动欠发达地区经济社会的发展。它忽视了一个事实，即高梯度地区同样存在落后区域和落后技术，低梯度地区也存在相对发达区域和相对先进的技术。后文实际调研与案例研究数据，也印证了这一结论。因此，有人认为限定梯度推进，很有可能将不同梯度的地区固化，进而逐步拉大这种差距。针对梯度理论的一些理论缺陷，学界提出了反梯度转移理论和超梯度转移理论[3]。反梯度转移理论是指从高梯度区向低梯度区扩展流动的常规方向发生改变，由低梯度区向高梯度区推移。若低梯度区域存在较好的外部条件，具备必备的基础条件，同时具有经济社会发展的现实需求，就可以通过引进外部的先进技术提升低梯度区自身的某些优势，在"实施超赶发展"具备一定的程度后，便

---

① 王艳飞. 基于梯度理论的农村社会发展的实证研究 [D]. 咸阳：西北农林科技大学，2010.
② 李具恒. 广义梯度理论：区域经济协调发展的新视角 [J]. 社会科学研究，2004（6）：21 - 25.
③ 赵前前. 梯度理论视角下西部政府大部制改革推进研究 [J]. 商业时代，2011（9）：104 - 105.

可实现从低梯度区向高梯度区的反向推移①。

公共文化服务与梯度理论的结合,不能完全照搬区域经济学理论,更多地应考虑公共文化服务自身的特点。梯度理论与公共文化服务理论间的逻辑关联,共同引致了创新公共文化梯度论的现实需求。梯度理论引入公共文化服务领域,是探索现代公共文化服务体系科学发展的重要理论创新,是化解和梳理公共文化服务体系建设当下存在的突出矛盾和问题的全新理论解答,更是指引公共文化服务未来科学发展的全新理论建树。

经济学领域,梯度理论是技术转移的梯度推移规律,强调的是生产技术由高梯度流向低梯度。公共文化服务领域梯度的存在有其客观性,利用梯度差异、通过非均衡增长促进公共文化服务标准化与均等化水平的提升,这为处于不同梯度位置地区的公共文化事业发展提供了理论指导。众多研究表明,自改革开放以来,我国区域经济发展基本遵循两种模式:一种是梯度推移理论及其衍生的各种区域发展模式;另一种是点轴开发模式,而起主导作用的是梯度推移理论②。

1. 公共文化梯度论有其合理性

科学发展的梯度理论认为,任何经济社会发展都有其内在客观的历史过程,这一过程在不同的历史时期、不同的社会形态和不同的经济发展背景下,有着不同的特征表现③。研究当前我国公共文化服务的梯度性特征,首先要研究我国当下的国情和社会发展规律,研究现代公共文化服务体系建设背景下发展战略的调整和发展模式的转型,同时还要研究公共文化服务不同发展阶段间的相互关系,对公共文化服务发展作全景式观照。目前,我国公共文化事业发展面临两大基本国情:一方面,经过一段时间的发展,我国现代公共文化服务体系建设取得了一定的成绩,并且公共文化事业在多个层面处于世界领先地位,要继续发展和完善现代公共文化服务体系,提升公共文化服务标准化与均

---

① 杨立峰,聂磊,邱新华,等. 梯度理论:环境、能源、信贷不能承受之重 [J]. 金融纵横, 2004 (S2):38-40.

② 李具恒,李国平. 区域经济广义梯度理论新解 [J]. 社会科学辑刊, 2004 (5):61-65.

③ 严黎昀,洪明. 科学发展的梯度理论与我国改革开放30年的发展战略 [J]. 湖北大学学报 (哲学社会科学版), 2008 (6):1-7.

等化,就必须充分发挥已经建设成熟的行业和领域;另一方面,我国是一个大国,不同地区之间发展不平衡,在标准化和均等化建设上尚存在较大的不平衡性。

在生产力布局中,"梯度"是用来表示经济发展水平的差距以及经济由低水平地区向高水平地区转移的空间变化历程①。坚持科学发展的梯度性,是改革开放以来我国经济社会发展的一项重要战略。为加快构建现代公共文化服务体系,关注公共文化服务不同发展阶段的个性化特征、揭示公共文化服务发展的规律性、关注科学发展的中间过程状态、论证合规性与必然逻辑等都显得相当重要,以便为公共文化服务科学发展的未来阶段提供理论支持。公共文化梯度论实际上是相对论,这也说明公共文化服务体系始终是一个灵活、开放的体系。而公共文化服务标准化与均等化也是相对的,需要通过梯度来实现。传统的公共文化服务多追求统一标准,更是讲求绝对的均等化。

2. 公共文化梯度模型的构建维度

①标准的分类:公共文化服务保障标准、公共文化设施建设和服务标准(也称公共文化技术标准)、公共文化服务评估标准;②均等化的划分:地区均等、城乡均等与群体均等;③梯度表现出一定的复杂性:始终处于发展变化之中,划分标准难以统一,同时有复杂的影响因素,如图4-1和图4-2所示。

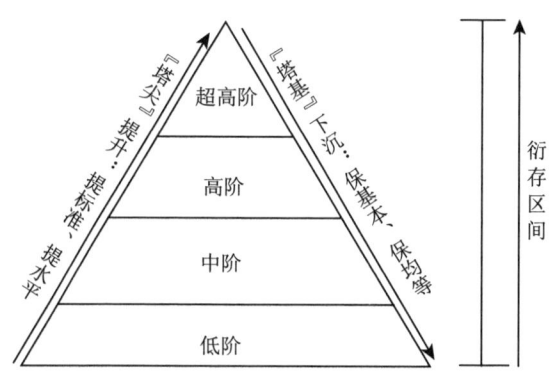

图4-1 公共文化梯度理论衍存区间

---

① 李蕾. 运用"梯度理论"促进我国区域经济发展的机理研究 [J]. 河南社会科学,2003 (4):85-86.

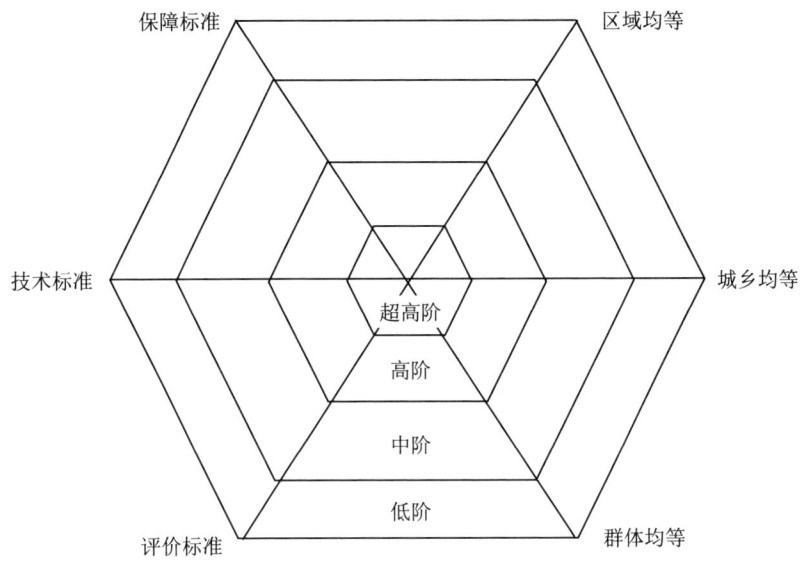

图 4-2　公共文化梯度理论六维模型

公共文化梯度论是一个相对性的理论，公共文化服务应用此理论的最终目的是更好地实现公共文化服务标准化与均等化，最终实现公共文化服务水平从低阶到中阶、从中阶到高阶、从高阶到超高阶的梯度跨越。明确理论模型的构建要素、科学划分公共文化梯度显得尤为关键，最终形成整体性制度框架。针对我国经济布局的不平衡性，探讨公共文化服务发展的空间推移、正确处理不同地区不同发展水平之间的关系。

第一，范围论。梯度论不是鼓励不同阶层之间拉开差距，而是在尊重现有发展实际的基础上，为有效解决公共文化服务发展中的重点和难点提供解决理论解释的合理路径。

第二，阶段论。标准化与均等化本身是一个动态过程，根据公共文化服务发展水平，可将其标准化与均等化水平划分为低阶、中阶和高阶。

第三，区位论。梯度理论的实践意义在于它是指导公共文化服务发展的科学方法论，指明了公共文化服务科学发展的实践新途径，提出发展是发展过程和发展结果、稳定性与变动性、连续性和阶段性、前进性与曲折性的多维统一，指导在方法层面的循序渐进，在时间层面相始终，将发展过程与解决矛盾两者之间的实践活动紧密结合①。

3. 明确公共文化梯度系数

从数学概念来讲，梯度是指一个函数随变量的微弱变化而产生变化的剧烈程度，也表征函数动态的发展状态。刘刚和张旺民②在《基于梯度理论的中部现代服务业的发展研究》一文中提出了现代服务业梯度系数：

$$现代服务业梯度系数 = 人均GDP中现代服务业贡献量 \times 现代服务业专业人员从业率$$

其中，

$$现代服务业专业人员从业率 = 现代服务业从业人口数 / 该地区人口总数$$

并指出，上述公式可以扩展到其他领域，具有一般性。结合公共文化服务，"人均GDP中现代服务业贡献量"是指现代服务业对人均GDP的贡献量的大小，由于公共文化事业是政府投入的公益事业，"人均GDP中现代服务业贡献量"可代以"公共文化事业经费人均投入"，"现代服务业专业人员从业率"则代以"公共文化服务专业人员从业率"，并因此得到公共文化梯度系数：

$$公共文化梯度系数 = 公共文化事业经费人均投入 \times 公共文化服务专业人员从业率$$

借鉴和结合经济发展梯度理论中的"梯度系数"，引入"公共文化发展梯度系数"，结合我国现代公共文化服务体系的建设现状及相关实际数据，分析全国范围内不同区域公共文化服务标准化与均等化所处的发展梯度。

4. 梯度理论的核心是非均衡发展

梯度理论是实现当下我国公共文化服务标准化与均等化发展目标的一种理论选择。区域均衡发展理论适用范围是有限的，它把问题过于简单化了。梯度理论允许部分区域、群体优先发展，主张通过发展一类或几类具有带动性的指标，带动其他部分区域、群体发展。梯度理论在发展中国家具有较强合理性和

---

① 严黎昀，洪明. 科学发展的梯度理论与我国改革开放30年的发展战略 [J]. 湖北大学学报（哲学社会科学版），2008（6）：1-7.

② 刘刚，张旺民. 基于梯度理论的中部现代服务业的发展研究 [C] //中部崛起与现代服务业——第二届中部商业经济论坛论文集，2008：115-120.

现实指导意义。公共文化梯度论，实质上是一种公共文化服务非均衡发展理论。"我国幅员辽阔，各地生产力发展水平、经济技术水平和社会发展基础差异较大，总体上可以划分为东、中、西三大经济地带。这些地区间客观上也存在着经济技术梯度，既然有梯度就有空间转移的顺序。"①

5. 非线性过程理论是划分阶段的方法论指导

公共文化梯度论借鉴和具象了公共政策非线性过程理论和经济发展短周期理论。在经济社会发展过程中，最主要也最简明的 GDP 经济指标的变化是反映整个经济社会发展的基本信号。经济发展短周期是划分阶段的量化参照，GDP 经济指标的变化是经济社会发展过程中最主要、最简明的代表。已有的全国层面的公共文化梯度划分多遵循我国三个经济地带的划分：第一梯度多指东部沿海发达地区，第二梯度即经济发展处于中间地带的中部地区，第三梯度即西部欠发达地区。后文案例研究中也据此划分。这种划分方式以经济水平作为衡量公共文化发展水平的首要标准，有一定的合理性，但却没有考虑到公共文化服务自身的特色，以及不同地区公共文化服务体系建设的实际成就和经验。

4.2.3 梯度标准化

公共文化服务标准化不是一蹴而就、一劳永逸的，需要通过梯度来实现。

梯度理论实际上是允许不同地区有不同的公共文化服务标准，允许某些地区建立适应自身发展水平的公共文化服务标准，形成高、中、低不同层次的标准化体系。公共文化梯度标准化应重点关注以下几个问题：

1. 应用多元指标确定三个层面的梯度

多元指标包含影响公共文化服务的政策法规、设施网络、组织支撑、公共文化产品，以及公共文化人才、资金、技术等保障体系。所谓三个层面，即宏观、中观和微观层面。宏观层面，即各省（区市）在我国整体现代公共文化

---

① 百度百科. 梯度转移理论 [EB/OL]. [2021-02-11]. https://baike.baidu.com/item/%E6%A2%AF%E5%BA%A6%E8%BD%AC%E7%A7%BB%E7%90%86%E8%AE%BA/10536203?fr=aladdin.

服务体系中的梯度定位；中观层面，即各省（区市）内部各市（州）的梯度定位；微观层面，即区县、乡镇及社区、街道、村等层级的公共文化服务的梯度定位。以上三个层面，均包含区域内各梯度单位之间的梯度定位。从宏观层面来看，各省可以对应划分出高、中、低三个梯度；中观和微观层面的梯度定位既要考虑综合指标又要兼顾地区优势①。为充分利用梯度理论中阐述的与客观运作相符的结果，有必要从宏观层面对各梯度单位进行科学合理的划分。

2. 利用优势培育增长极，发挥极化和扩展效应

所谓"极化效应"，是在某一特定区域内，由于主导专业化产业的迅速成长，引起资本、技术、生产力等生产要素向交通便利、经济基础好的城市或地区集中，形成经济增长极并带动该地区经济全面发展的过程。公共文化服务标准化的极化效应，是在特定区域内助推其某一领域迅速成长，引起政策、资金、人才等要素向已经具有良好发展基础的城市或区域集中，形成公共文化服务标准化的增长极，并带动整个地区公共文化事业全面发展的过程。中、低梯度公共文化事业发展过程中，不能只是被动地接受高梯度地区的扩展效应，更要积极、稳妥、有序地培育中、低阶梯度层面的增长极。

3. 制定适宜政策，加速标准化的梯度推移

基于公共文化服务的特点，政府依然是公共文化梯度论落实的核心主导因素。这就要求不同层级的政府部门通力合作，转变政府职能。标准化的梯度推移是缩小地区间公共文化发展水平差距的有效措施。若将生命周期循环阶段论应用到公共文化服务标准化，创新活动大多起源于高梯度地区。随着生命循环阶段的变化，逐步由高梯度地区向低梯度地区转移②。制定相关政策，营造公共文化服务标准化推移的良好环境，通过公共文化技术标准的推移，落后区域公共文化服务水平的提升，进而缩小地区间发展水平差距。

---

① 孙翠兰. 梯度理论及其在我国中部崛起战略实践中的综合应用 [J]. 晋阳学刊, 2006 (3): 54-57.

② 叶绿秋, 王培县. 梯度理论及其在中国西部开发实践中的应用 [J]. 市场论坛, 2004 (7): 9-10.

在基本公共文化服务标准化与均等化中,"基本"一词体现了公共文化服务发展的阶段性,这是公共文化服务的初阶、底线标准。为加快构建现代公共文化服务体系,中共中央办公厅、国务院办公厅于 2015 年印发了《关于加快构建现代公共文化服务体系的意见》,其中《国家基本公共文化服务指导标准(2015—2020 年)》作为附件联合印发。本标准是国家颁布的指导性标准,也是全国层面的底线标准。"标准实施"部分明确指出,"各省、自治区、直辖市和新疆生产建设兵团要根据国家指导标准,结合当地群众需求、政府财政能力和文化特色,制定适合本地区的实施标准,建立国家指导标准与地方实施标准相衔接的标准体系。[①]"此标准自 2015 年起实施,要求"各相关部门根据职能职责和任务分工,制定具体实施方案;各地根据国家指导标准以及本地制定的实施标准,明确具体的落实措施、工作步骤和时间安排,确保标准实施工作科学、规范、有序开展"。[②]

4. 梯度标准化具有动态性和灵活性

一方面,公共文化服务标准是可调整的、动态的,需要建立健全标准动态调整机制。由于我国各省(区市)的经济、社会发展水平和技术条件存在较大差异,制定公共文化服务标准时必须具体问题具体分析,正确处理好共性与个性、内部与外部、客观与主观、个体与团体、软性与硬性等多重指标层面的关系。政府部门会根据服务标准对各部门绩效进行评估,并根据评估结果,修正和更新服务标准[③]。另一方面,标准化不应只是一套标准体系。公共文化服务标准体系从大的方面可以分为:公共文化服务保障标准、公共文化设施建设和服务标准(也称公共文化技术标准)、公共文化服务评估标准[④]。公共文化服务标准化的实施首先要考虑标准化体系的整体性,同时兼顾地方特色和各项单项指标在实际应用中的合理性和适用性。

---

① 中国政府网. 中共中央办公厅、国务院办公厅印发《关于加快构建现代公共文化服务体系的意见》[EB/OL]. [2021-02-10]. http://www.gov.cn/xinwen/2015-01/14/content_2804240.htm.
② 中国政府网. 中共中央办公厅、国务院办公厅印发《关于加快构建现代公共文化服务体系的意见》[EB/OL]. [2021-02-10]. http://www.gov.cn/xinwen/2015-01/14/content_2804240.htm.
③ 阮可. 公共文化服务标准化建设 [M]. 北京:北京师范大学出版社,2019:3.
④ 阮可. 公共文化服务标准化研究 [M]. 北京:中国社会科学出版社,2018:28.

4.2.4 梯度均等化

公共文化服务均等化要以政治学中的平等理论为理论依据。政治学所讲的平等，是一种哲学信念，强调本质上的平等，即人是平等的动物；也被认为是一种分配原则，指人与人之间应在收入、社会机会和政治权利等分配上享有平等。从理论上，平等概念包括根本平等（Fundational Equality）、形式平等（Formal Equality）和机会平等（Eguality of Opportunity）。但在实践上，这种绝对平等原则是无法实现的，因而通常运用结果平等（Eguality of Outcome）理念，结果平等指收益的平等分配，通常被认为属于"社会平等"的范畴，即收入、财富和其他社会利益的平等分配①，这种相对平等原则成为分配的基本原则，也适用于公共文化服务均等化。

近年来，在党和国家高度重视的基础上，我国公共文化服务体系建设取得了显著成效，服务效能明显提升，覆盖城乡的公共文化服务设施网络基本建立，人民群众精神文化生活水平不断得到改善。以梯度理论审视我国当下的公共文化服务发展现状，均等化水平仍然严重不平衡。造成公共文化服务均等化水平梯度的影响因素有两大方面：一方面，不同区域经济社会发展水平不均衡；另一方面，公共财政的优先性，带来经费投入的不平衡。公共文化梯度均等化为公共文化服务均等化提供了可操作性的理论思路。

1. 明确梯度均等化的范围

从梯度非均衡发展理论来看，我国公共文化服务发展中客观存在三种梯度。均等化目标涵盖了地区均等、城乡均等与群体均等三个方面。城乡均等、区域均等和群体均等是推进公共文化服务均等化发展的三大核心领域。就目前我国发展现状来说，城乡二元结构壁垒仍然没有被打破，如在实地调研中，就发现城市和乡村的城乡发展差异较为明显，东部发达地区与中西部贫困地区的差距仍在加大，农民工、残疾人等特殊群体的精神文化生活需求仍然没有得到充分有效的保障，这也就成为限制现代公共文化服务体系建设的短板。梯度非均衡发展理论以"效率优先"为指导思想，将公共文化服务发展不平衡看作

---

① 燕继荣. 政治学十五讲 [M]. 第二版. 北京：北京大学出版社，2013：65–66.

其生命周期的空间表现形式，承认公共文化服务区域、城乡、群体等存在发展不均衡的客观现实。

2. 根据相对平等原则，均等化是相对均等，而非绝对均等

均等化的内容是底线保障，最缺乏文化享有能力、基本公共文化服务的人群是均等化的优先方向。均等化不意味着公共文化服务简单平均化和无差异化。均等化不是理想化的均等，更不是绝对化的均等。通过近年来我国现代公共文化服务体系建设时的经验可以发现，在国家保障基本公共文化服务基本底线的基础上，有些地区之间的均等化水平差距并没有缩小，反而呈现加大的趋势，这不得不让我们重新思考对公共文化服务均等化的理解，寻求更加理性、科学的理论解决路径。

3. 公共文化服务均等化实现是一个长期的过程

在经济水平、财政支持力度相对平稳的条件下，实现公共文化服务均等化应分层次、分阶段进行，不同阶段应有其特有的目标和标准。梯度均等化既要体现公平，又要避免欧洲福利国家因"福利依赖"等问题而对经济增长产生的负面效果[1]。新型城镇化与现代公共文化服务体系建设相伴而生，两者有着诸多契合之处，并且相互影响、相互促进[2]。均等化的目标是建立城乡一体化的公共文化服务体系，均衡配置城乡之间、区域之间的公共文化资源，缩小区域之间、群体之间的公共文化服务水平差距，确保所有社会参与人员平等享有大致相当的公共文化服务权利[3]。

4. 梯度转移是缩小地区间公共文化服务发展水平差距，实现公共文化服务结构优化的重要手段

梯度理论认为，区域公共文化服务的发展不仅要确定其区位优势，还要确定有效的梯度转移模式。同时，梯度转移过程中，应避免公共文化服务产品结构趋同所带来的负面效应。有效的梯度推移次序是公共文化梯度均等化发展理

---

[1] 刘德吉. 基本公共服务均等化：基础、制度安排及政策选择 [M]. 上海：上海交通大学出版社，2013：5.
[2] 戴珩. 现代公共文化服务体系200问 [M]. 南京：南京师范大学出版社，2015：178-184.
[3] 阮可. 现代公共文化服务体系：理论与浙江实践 [M]. 杭州：浙江大学出版社，2016：6-7.

论得以顺利实施的重要条件。在解决发展思路方面，主张以"非均衡布局"模式促进不同区域的共同发展。因此，在资源布局和规划中，允许资源和资金集中起来，进行重点区位的优先发展，并在不同区域建立起有效的梯度推进层次。以重点区位的优先发展，带动周边区域科学发展。

此外，梯度均等化还应注意以下问题：第一，均等化同时强调机会均等，也就是人人享有相同的服务机会，而梯度理论不用于这种机会均等，在发展机会方面不应有所区别。第二，底线保障的灵活性。要打破保障标准绝对化的起点均等、区域均等。应在国家"红线"的基础上，制定出符合地方发展实际的底线保障标准。第三，起点公平的相对性。若从起点、过程、结果三个阶段来划分公共文化服务均等化，起点均等是均等化的题中之义。政府的责任是通过均等化的制度设计，保障全体公民平等享有公共文化服务的机会和条件，并通过机会均等保障起点公平。从公共文化服务实际发展来看，不同区域、城乡、群体之间难以实现真正的起点公平。

4.2.5 理论应用

按照公共文化梯度论，公共文化服务标准化与均等化不是绝对的，而是相对的。一是保基本，公共文化服务范畴很广，政府提供的公共文化服务保障，不可能在短期内做到各个方面的完全保障，从我国经济和社会发展水平的实际出发，采取基本保障的路径是适宜且可行的。因此，我国的公共文化服务标准化与均等化，实际上首先是要实现基本公共文化服务标准化与均等化。二是保整体，我国各地区公共文化服务的基础和水平差异很大，短期内很难实现拉齐，从解决公共文化服务不均衡和不充分问题出发，发挥各地区积极性，允许差异化发展，正是从整体促进均衡发展的必由之路。因此，具有中国特色的公共文化服务标准化与均等化，就是通过公共文化服务的相对标准化和相对均等化，最终实现缩小差距，整体全面发展，彻底解决人民群众对公共文化需求的日益增长与公共文化服务不均衡和不充分之间的矛盾。

梯度理论的应用应建立合理的发展策略，立足于公共文化事业发展在全国的大梯度，省域联动，充分发挥区位优势，促进公共文化事业的整体均衡发展；立足于各省（区市）内部形成的小梯度，充分把握城市团的集群效应，实现省（区市）内城域间的良好互动。具体应用中应关注以下几点：

1. 明确公共文化梯度论的梯度推移顺序

公共文化服务体系分析是一个广博的巨型系统，它包括众多相关系统间的耦合关系。在我国现代公共文化服务体系发展中，运用梯度理论特有的运作机理，可以确定正确的梯度推移顺序，有效地缩小地区间公共文化服务发展水平差距，优化地区公共文化服务结构，促进全面、协调、持续发展①。

2. 梯度理论中"形势法则"的应用

公共文化梯度论实施中可运用"形势法则"来制定发展战略，分析环境与公共文化主体之间的关系，根据变化了的环境随时调整发展战略②。变化的环境不断影响着公共文化这一主体，使其在组成、结构、强度、空间分布、活力等方面都发生变化。由于两者之间的相互作用，使得公共文化不可能是封闭的公共文化服务体系，而是一种开放的、不断与外界进行物质、能量、信息交换的变化着的有机体。公共文化梯度论中应用"形势法则"，需要针对标准化与均等化发展的实际现状，做出比较切合实际的决策。

3. 落实公共文化梯度战略

公共文化梯度论的提出，更多的是一种地理区域状态的反映。公共文化服务客观存在三级势能梯度差。片面强调梯度开发战略，会迟滞公共文化事业落后地区的进步，同时反过来影响先进地区的发展，从而产生"双向抑制"作用③。根据现有的梯度格局，公共文化梯度理论的实施策略可分为两个方面：①分阶段实施；②有重点实施。依据现有梯度格局，分阶段、有重点地实施公共文化服务不同梯度区位上的发展战略。公共文化事业发展中不仅要确定区位优势，还要依据层级有效地确定梯度转移模式，通过调整不同梯度区域内部结构，确保梯度的有效推移。先要明确省域之间公共文化服务所形成的大梯度，进一步区分省域内部公共文化发展的小梯度。按照我国经济社会发展的实际，

---

① 李蕾. 运用"梯度理论"促进我国区域经济发展的机理研究 [J]. 河南社会科学, 2003 (4): 85 – 86.

② 徐纪敏. 梯度理论与形势法则 [J]. 科学管理研究, 1985 (4): 58 – 62.

③ 杨春季, 肖玉琴. 基于反梯度理论的赣州承接珠三角产业转移分析 [J]. 企业经济, 2009 (6): 118 – 121.

结合梯度理论，我国公共文化事业发展水平同经济社会发展水平保持一致，呈现出"东部—中部—西部"顺序的梯度分布，即发达的东部地带、次发达的中部地带和不发达的西部地带[①]。公共文化事业发展也应遵循"东部—中部—西部"的顺序实行梯度开发战略。

4. 避免梯度理论应用的误区

第一，梯度理论有其很强的合理因素，对于纠正以往公共文化事业发展的失误可做出有益贡献，但是在统计事实层面缺乏充分的根据。梯度理论难免忽略我国在现代公共文化服务体系建设布局研究上的丰硕成果，往往将复杂的公共文化事业以梯度的方式高度简化，容易忽略宏观的区域体系分析、必要的微观分析。这个梯度只是反映了种种历史因素造成的经济、社会发展现状，并不能完全推论出公共文化服务标准化与均等化实施技术引进与提升水平的顺序。第二，梯度理论中依据发展水平按照梯度顺序转移的结论并不具有普遍意义，不能将其作为公共文化服务欠发达地区制定发展战略的唯一指导思想。在国内，按照经济发展水平的公共文化服务标准化的梯度转移流向是存在的，但并不是绝对的。经济发展水平直接影响着财政收入，政府支持力度又是公共文化事业发展的直接和主要动力。即使是在经济发达地区，由于政府部门对公共文化事业的忽视，标准化与均等化水平依然处于低谷；而在广大中西部地区，部分地区由于政府投入力度、财政转移支付落实等因素，标准化与均等化建设方面依然出现了具有引领示范作用的代表。

5. 运用科学方法，发挥示范区引领作用

梯度理论的实践方法有以下表现：第一，重视对宏观发展政策的指导；第二，重视对发展的微观过程的指导；第三，重视对发展的具体方法的指导。梯度理论在公共文化领域应用的典型代表即是国家公共文化服务体系示范区（项目）的落实。在公共文化梯度理论的应用过程中，要对相应的标准和规范进行试点验证，使最佳操作规范能够接受实践检验并不断完善。国家公共文化服务体系示范区是"十二五"期间一项战略性文化惠民项目，2011年5月公

---

① 王至元，曾新群. 论中国工业布局的区位开发战略——兼评梯度理论[J]. 经济研究，1988(1)：66-74.

示了第一批创建示范区（项目）名单，截至 2020 年 12 月，第四批示范区（项目）已完成验收工作。示范区是公共文化领域按照梯度理论落实的典型代表。同时，全国不同地区示范区的创建也坚持梯度发展，省、市级公共文化服务体系示范区在高梯度的省域范围内也逐步落实。

6. 公共文化梯度论的应用应坚持以需求为导向

梯度论为解决文化服务产品和文化服务供需矛盾提供了理论支撑，为公共文化服务标准化和均等化的实现提供了新的理论视角。通过典型案例研究，总结政府部门在推进公共文化服务标准化与均等化工作中的实践经验，以公共文化梯度论的全新理论视角审视公共文化服务理论和实践体系，最终达到推进文化体制改革、保障公众文化权益的目标。公共文化服务领域的"精准扶贫"、打通公共文化服务"最后一公里"等均是梯度理论结合现实需求的解决思路。

此外，社会化在梯度理论中扮演着重要的角色，是实现公共文化服务阶段跨越的有效路径。因此，应在现有基础上拓宽社会力量参与公共文化服务的路径和渠道。调研数据显示，不少地区以志愿者补充公共文化服务力量的实践取得了优秀成果。公共文化梯度理论的战略决策应坚持"三步走"与"台阶式"发展。坚持整体推进、重点突破、全面提升；效率优先，兼顾公平；注重顶层设计，科学发展；建立长效协调机制，统筹公共文化服务均衡发展。同时，完善公共文化服务协调机制，鼓励公共文化协同创新、公共文化资源共建共享。

总之，区域公共文化服务发展要求处于不同梯度水平的地区充分利用自身的优势，合理配置公共文化资源，有序推进公共文化服务多极化非线性的非均衡增长，以新的增长极和增长点带动整个公共文化服务体系全面、协调、可持续发展。公共文化梯度理论允许先进地区优先、快速发展，然后通过其自身优势，带动整体合理发展。然而，也应该看到梯度理论存在自身局限性，如何科学地划分梯度，并如何避免在实践中无限扩大地区间的发展差异，这是不可忽视的。同时，即使是高梯度地区也有落后区域，落后地区也有相对发达区域，不可人为限定区域梯度，这样很有可能将不同梯度地区发展凝固化，进而导致发展差距进一步扩大。

4.3 公共文化空间论

传统的区域划分，包括东部、中部和西部区域，发达地区或欠发达地区，城乡等不同的划分标准，但与其称为空间的概念划分，不如说是地理概念。由于人口分布的不均衡性，按照传统的划分来均匀地进行公共文化服务活动，并不一定能真正地实现公平和效率的目标，就算是发达地区或者是城市，也有人口密度小甚至无人居住的情况，如果能按照原区域划分的标准来开展公共文化服务，会影响服务的效果。正因如此，应基于人口密度进行规划和建设公共文化服务，把公共文化空间分成若干空间，分别是高密度空间、中密度空间和低密度空间。短期内，可以先根据现有人口密度分布情况进行重点建设，以满足现有人口需要；从长期来看，则应根据居住空间结构规划来合理布局，因为住房一旦规划建设，短期内不可能有颠覆性的变革，这样才能保证可达性最佳，兼顾公平和效率[1]。空间的概念涉及地理学、社会学、哲学和城市规划科学等专业，如何建立一个公共文化的空间论，从空间的角度来解决公共文化服务标准化与均等化的问题值得探讨。

4.3.1 实践启示

空间与空间布局是城市规划和城市建筑的重要概念。在美国，纽约市《纽约2030》（PlaNYC2030）城市规划中提出了"开放空间步行十分钟可达性原则"，指出：在提供足够住房的同时，也需要平衡其他的社区需要，像开放空间、零售商店与社区健康发展相关的艺术元素。据纽约市城市规划局预计，2030年纽约市人口将会超过900万人。按照"十分钟步行圈"的时间与距离测算，99%的纽约人步行半英里（约为800米）、85%的纽约人步行四分之一英里（约为400米），就能到达一个公园或娱乐场地。"开放空间步行十分钟可达性原则"的提出能够有效提升人口聚集区域公众的生活质量[2]。

---

[1] 蔡玉军，邵斌，魏磊，等. 城市公共体育空间结构理想模式研究 [J]. 天津体育学院学报，2012, 27 (5): 432-436.

[2] 冯佳. 公共文化服务制度建设研究 [M]. 北京: 国家图书馆出版社, 2015: 246-247.

在我国，公共文化领域的区域差距、城乡差距长期存在。"十二五"期间，农村基层特别是城乡接合部、贫困地区、少数民族地区、边疆地区还有空白点。截至2013年年底，全国仍有619个县级公共图书馆和791个县级文化馆建筑面积小于800平方米，分别占县级公共图书馆和县级文化馆的22.8%和27%。全国有4876个乡镇综合文化站建筑面积小于300平方米，占文化站总数的14.2%。人均体育场地面积只有1.46平方米。2013年在我国2712个县级公共图书馆中，无购书经费支出的有580个，占县级公共图书馆的21.4%。东部地区文化体育与传媒支出约占全国总量的44.2%，中部约占22.6%，西部约占33.3%[1]。2015年4月23日，第十二届全国人大常委会第十四次会议审议文化部部长雒树刚受国务院委托作的《关于公共文化服务体系建设工作情况的报告》，针对我国公共文化服务体系建设存在底子薄、欠账多，城乡和区域发展不平衡，财政投入偏少，服务效能不高，基层工作队伍不稳定等问题，部分出席人员指出，应从中国实际出发，考虑统筹推进公共文化事业发展。公共文化服务体系建设要因地制宜，因需而建，城市与农村、发达地区与欠发达地区需求不同，建设重点和建设模式就要有所区别，不能一个模式、"一刀切"[2]。就目前公共文化服务发展现状来看，虽然有相应的国家标准，但仍然难以解决全国层面的均等化问题。而且，很多不发达地区的公共文化服务发展水平已经远远超出了所谓的国家标准。在我国国家公共文化服务体系示范区（项目）创建过程中，一些地区提出并实践"十分钟阅读圈"或"十分钟文化圈"（见本书案例部分），取得了公共文化服务在空间可达上的突破。

4.3.2 理论模型构建

1. 公共文化空间的概念及相关理论

文化空间有具象和抽象两种意义，从具象意义上说，"文化空间"指为公共文化生活提供场所的各类公共文化设施，如博物馆、美术馆、图书馆等；从

---

[1] 人民网．国务院关于公共文化服务体系建设工作情况的报告[EB/OL]．[2022-10-23]．http://npc.people.com.cn/n/2015/0423/c14576-26894444.html.

[2] 人民网．对公共文化服务体系建设工作情况报告的审议意见[EB/OL]．[2022-11-13]．http://npc.people.com.cn/n/2015/0514/c14576-27000513.html.

抽象意义看,"文化空间"是一种文化环境,包括文化政策法规、公共文化服务方式和公共组织运行机制等部分①。也有专家提出公共文化空间指公民身处其中,可自主地参与和开展公共文化活动,平等地交流意见或讨论公共事务,完成信息互动与资源共享。随着互联网和多媒体的迅猛发展,当前我国已然形成现实和虚拟两大公共空间,公共文化活动的开展多活跃于现实公共空间,而以文化观念、公共事务为主题的公共话语的交流和互动往往发生在虚拟公共空间②。

文化空间在概念上源自"公共空间",并借鉴了"公共空间"理论的某种要素。哈贝马斯（Habermas）③描述了"公共空间"（Public Sphere）的社会结构和政治功能,其公共空间主要指文艺复兴之后启蒙运动时期,资产阶级以独立的公民身份自由交往和辩论以形成公众舆论和价值共识的公共空间,但这种公共空间由于大众传媒的出现而逐渐衰微。新电影学派的亚历山大·克卢格（Alexander Kluge）和奥斯卡·尼格特（Oskar Negt）修改了哈贝马斯的公共空间理论,认为大众文化形成了一种新的生产性的公共空间,这一公共空间和人们日常生活的物质性以及物质生产相联系,包容了资产阶级之外的其他社会阶层,代表了一种组织人们经验的新方式,注重普通人的生存,为大众提供"经验的社会视野"（Social Horizon of Experience）④。

借鉴哈贝马斯的公共场所理论,阿伦特对公共领域设定了三个标准（公共领域应能够被所有人获取;能够被所有人使用;能够形成集体的历史记忆从而超越一代）⑤。此外,空间的相关理论包括空间生产理论、场景理论、流动空间、赛博空间、信息空间、第三空间、GIS空间及流空间理论等。

综上所述,本研究所指的公共文化空间是以法治、公平和正义为原则,由公共文化机构提供的,以满足公民基本文化需求为目的,能被大众免费共享和

---

① 刘京晶. 互联网时代公共文化服务的治理变革 [M]. 北京：知识产权出版社,2016：72.

② 黄放. 城市公共文化空间的融合发展路径 [J]. 图书馆研究与工作,2020,191 (5)：5-9.

③ Habermas J. The Structural Transformation of the Public Sphere: An Inquiry Into a Category of Bourgeois Society [M]. Cambridge, MA: MIT Press, 1989：27-67.

④ 王治河. 后现代主义辞典 [M]. 北京：中央编译出版社,2005：114-116.

⑤ 杨琳,郭加美,曲云鹏,等. 公共知识空间与公共文化空间的融合——中国科学院文献情报中心融入公共文化服务体系的探索 [J]. 图书情报工作,2020,64 (24)：39-47.

使用的物理空间和虚拟空间。

2. 公共文化空间的三元组模型

列斐伏尔提出了用于分析城市空间及其"总体性"（Totality）的概念三元组（Conceptual Triad）——空间实践（Spatial Practice）、空间的表征（Representations of Space）和表征的空间（Spaces of Representation）。其中，"空间实践"是指人们在日常生活中对世界的感知，包括那些可以观察和能够传递感觉的事物，以及那些"可以直接看到的、听到的、闻到的、摸到的和尝到的事物"。"空间的表征"是指概念化空间、定义的空间或者是建构的空间。"表征的空间"是指直接跟"生活"相关的空间①。

根据列斐伏尔空间生产理论的"概念三元组"构建公共文化空间的三元组模型——公共文化的物质空间、公共文化的社会空间和公共文化的精神空间。空间的三重逻辑结构能够解释公共文化空间，并在此基础上构建公共文化空间的三元组框架（见图4-3），即①空间的实践——公共文化的物质空间，人们可以直接观察、获取或使用的公共文化设施、产品和服务；②空间的表征——公共文化的社会空间，指由政府部门、文化事业和文化产业机构、社会公众建构的抽象空间，包括公共文化的政策法规制度、组织架构等体系；③表征的空间——公共文化的精神空间，公众的文化体验和素养形成了表征空间。

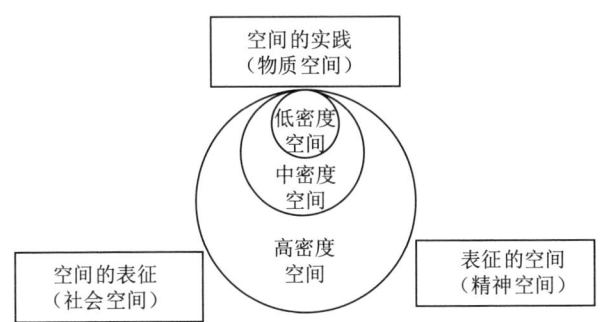

图4-3 公共文化空间的三元组模型

---

① 韩勇，余斌，朱媛媛，卢燕，王明杰. 英美国家关于列斐伏尔空间生产理论的新近研究进展及启示 [J]. 经济地理，2016，36 (7): 19-26, 37.

(1) 公共文化物质空间

公共文化物质空间分为公共文化的物理空间和公共文化的虚拟空间。如何平衡物理空间和虚拟空间之间的关系呢？虚拟空间在一定程度上能解决不同密度空间的限制问题，数字化、智能化时代，计算机、移动设备的快速发展，使得电子资源和数字服务能够随时随地满足公众需要；网络社群、增强现实、虚拟现实的进步，给予公众沉浸式的空间体验。赛博空间的相关理论揭示现实社会的一切信息都可以映射进赛博空间，人们在赛博空间中以虚拟的身份做真实的交流。赛博空间的"去中心化"和超时空性能提供无边界的空间，共享所有空间信息，将高密度空间与低密度空间的效果拉近①。

为了防止公共文化虚拟空间的过度扩大化和垄断化，增加公共文化物理空间的利用，可以对高、中、低密度的公共文化空间进行物理空间再造，在既有的特色和空间布局基础上，通过提升多方公共文化主体参与度，重构各主体角色关系，改善公共文化服务质量，增进区域、城乡、人群交往和认同等途径，对公共文化空间进行重塑，满足不同密度空间的特殊需求②。对于物理空间进行规划，可以运用 GIS 空间技术，用地适宜性评价、三维场景模拟、地形分析、景观视域分析、设施服务区分析、设施优化布局分析、交通可达性分析、空间句法、空间格局分析、空间回归分析、规划大数据分析、规划管理信息系统、规划信息资源管理等技术来对不同密度空间进行布局③，最大化地利用空间。

(2) 公共文化社会空间

公共文化的社会空间注重公共文化的政策法规制度、组织架构等体系，代表与文化相关的组织、实践和权利。仅按东、中、西部地区来制定不同的公共文化政策法规并不够，还需考虑到不同区域高、中、低密度空间的特殊性，所以，在国家级和省级政策的基础上，还要注重本土政策。特别是对于少数民族

---

① 陆阳, 等. 公共信息空间的历史变迁研究 [M]. 上海: 上海大学出版社, 2019: 43-48.

② 曾莉, 周慧慧, 龚政. 情感治理视角下的城市社区公共文化空间再造——基于上海市天平社区的实地调查 [J]. 中国行政管理, 2020, 415 (1): 47.

③ 牛强. 城乡规划 GIS 技术应用指南 GIS 方法与经典分析 [M]. 北京: 中国建筑工业出版社, 2017: 3-7.

地区，更要注重不同地区间的地域特殊性，将发展政策与当地环境相结合。"场景理论"（The Theory of Scenes）提出公共政策的制定应该对区域内在多样性进行回应，客观要求领导者对不同区域的邻里社区、基础设施、特殊场景以及文化背景等进行调查。不同的地区有不同的特点，即使是同一个地区的不同街区也会有自己的特点，即背景性知识（Context Knowledge）①。高、中、低密度空间按照自己的背景性知识来构建适合自己的公共文化体系。

"流动空间"理论的关键要素之一为技术、制度和文化，它们以信息为载体流动，一方面扩大了地方政府的控制范围，另一方面又缩小了地方政府的控制深度，所以，政府的功能不仅不能弱化，还应强化②。高、中、低密度空间更应根据地方特色来进行当地公共文化社会空间的构建。

(3) 公共文化精神空间

图书馆等公共文化空间作为公众的第三空间，其核心特征是"自由、宽松、便利"，提供公共社交体验、营造社区感③，形成个人和社会文化的产生和分享。参照信息空间分类，公共文化精神空间可以分为微观和宏观两个层面。一是个人信息生产、交换和消费的微观精神空间，目标是满足个人文化需求，手段是与个人特点相结合。二是社会信息生产、交换和消费为主体的宏观精神空间。其主体是社会，目标是满足人类精神文化需求、提高人类精神文化水平，其手段是各种技术、资源的综合④。即使在同一个区域，高、中、低密度空间的微观和宏观精神文化需求也是不一致的，但其目标都是形成信息乃至知识的生产、共享和利用。

3. 空间的标准化和均等化框架

国际上以人口为服务对象，按照服务人口把行政区划分成空间，制定空间标准，德国、新加坡等国在城市规划中，均采取了公共文化设施的星系状布局

---

① 张继焦，赵罗英. 转型社会国家体制和地方治理 [M]. 北京：中国市场出版社，2019：60 - 66.
② 陆阳，等. 公共信息空间的历史变迁研究 [M]. 上海：上海大学出版社，2019：40 - 43.
③ 刘蕾，陈威莉，刘志国. 图书馆空间服务的理论基础研究 [J]. 高校图书馆工作，2021，41 (2)：43 - 48，60.
④ 陆阳，等. 公共信息空间的历史变迁研究 [M]. 上海：上海大学出版社，2019：50 - 51.

理念（Constellation Concept），以此来实现文化设施和资源的共建共享①。本研究按照人口密度，遵循公平和效率兼顾的原则，鉴于不同空间的不同标准，分别为高、中、低密度空间的服务保障标准，高、中、低密度空间的服务技术标准和服务评价标准；不同空间有不同的均等化要求，通过正义性、可达性和人本性实现公共文化区域、城乡和人群的均等化，最终实现高、中、低密度空间的标准化和均等化，提高民众的满意度。构建的框架如图4-4所示。

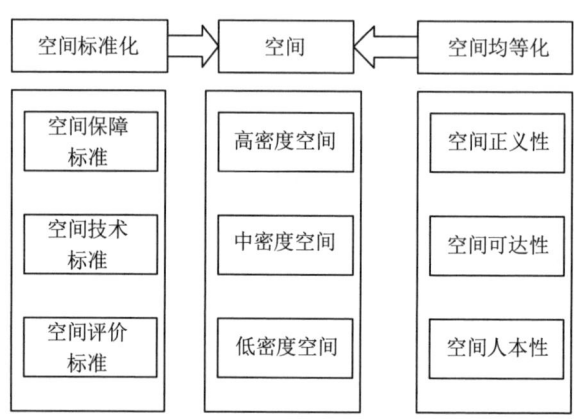

图4-4 公共文化空间论的标准化和均等化框架

4.3.3 空间标准化

公共文化空间的标准化需要考虑不同地区的背景性知识，在国家级和省级公共文化政策的基础上，结合本区域的内在多样性特点来开展公共文化服务，公共文化空间的相关政策除了自上而下制定，还要自下而上涌现。以个人空间距离规划为例，《公共图书馆空间规划：美国公共图书馆指南》提出了基于社会观察的四种空间间距：小于44厘米（18英寸）的亲密距离、44厘米（18英寸）到1.22米（4英尺）的个人距离、1.22米（4英尺）到2.44米（8英尺）的社交距离和2.44米（8英尺）到3.05米（10英尺）的公共距离。美国各州图书馆空间规划指南则更加侧重于给出不同类型用户座位所需空间大小指标②。在国家基

---

① 王雪梅. 城市规划中的文化发展策略研究 [D]. 北京：中央美术学院，2012.
② 许炜，李卓卓，丁家友. 基于GIS的公共图书馆总分馆城市空间分布和地理覆盖研究 [J]. 图书情报工作，2019，63（24）：17-24.

本公共文化服务指导标准的基础上，可以按照空间密度的不同来制定高、中、低密度空间的保障标准、技术标准和评价标准体系，来指导不同地区（空间）的公共文化服务建设实践（见图4-5）。

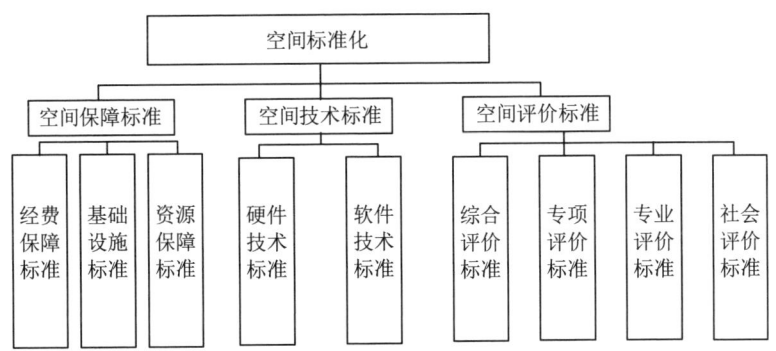

图4-5 高、中、低密度空间标准化体系

1. 高、中、低密度空间的保障标准

文化物质空间、社会空间或精神空间的建设，都需要建立公共文化保障体系，保障标准是高、中、低密度空间标准化发展的前提。柯平等[1]认为基本公共文化保障体系包括：法规保障子体系；经费投入保障子体系；基础设施保障子体系；公共文化资源保障子体系；技术条件保障子体系；人才保障子体系等。本研究的高、中、低密度空间保障标准包括：空间经费保障标准；空间基础设施保障标准；空间资源保障标准等。高、中、低密度空间的保障标准有助于公共文化物质空间和社会空间的构建。在此基础上，促进公共文化精神空间的发展。

2. 高、中、低密度空间的技术标准

技术标准是高、中、低密度空间标准化发展的关键。文化部《公共文化服务标准化试点工作方案》提出，"公共文化服务技术标准建设中，技术标准分为设施建设标准和管理服务标准两类。设施建设标准主要从公共文化硬件建设方面提出刚性要求；管理服务标准主要是软件建设，重在提高公共文化机构

---

[1] 柯平，朱明，何颖芳．构建我国基本公共文化服务体系研究[J]．国家图书馆学刊，2015(2)：25-26．

的服务效能和水平。公共文化服务评价标准建设要通过设立评价标准，衡量地方政府、公共文化机构和重点文化惠民工程开展公共文化服务的实际效果"①。本研究的高、中、低密度空间技术标准主要从硬件标准和软件标准两方面构建，来促进公共文化物质空间、社会空间和精神空间的协调发展。

3. 高、中、低密度空间的评价标准

评价标准是高、中、低密度空间标准化发展的动力。柯平等把文化行业标准评价的内容体系分为标准实施过程的评价、标准运行结果的评价、标准运行产生影响的评价②；公共文化评价体系包括公共文化综合评价子体系、公共文化专项评价子体系、公共文化服务专业评价子体系、公共文化服务社会评价子体系等③。本研究把高、中、低密度空间评价标准分为空间综合评价子标准、空间专项评价标准、空间专业评价标准、空间社会评价标准等。同时，需要考虑物理空间和虚拟空间的不同特点来进行评价，平衡物理空间和虚拟空间的关系。

4.3.4 空间均等化

随着经济和社会服务的发展，我国公共文化服务的均等化建设取得了一定的成效，但以空间理论审视我国当下的公共文化服务发展现状，均等化水平仍然存在一定问题。造成公共文化服务均等化水平的主要影响因素是，即使同一个地区，不同密度的空间发展和需求也不一致。公共文化空间均等化从空间的正义性、可达性和人本性方面为公共文化均等化提供了一定的借鉴。

1. 高、中、低密度空间的正义性

空间正义性指的是高、中、低密度空间的人群平等地拥有公共资源，获得社会资源，实现文化平等，能够从多个方面满足不同空间人群各种必要需求，将不同密度空间中不同文化特点以及人们生活习惯进行有效融合。公共文化服

---

① 公共文化服务标准化试点工作方案 [EB/OL]. [2020-11-01]. http://www.ndcnc.gov.cn/shifanqu/sheji/201803/t20180309_1378012.htm.
② 柯平，等. 文化行业标准化研究 [M]. 北京：国家图书馆出版社，2016：173.
③ 柯平，朱明，何颖芳. 构建我国基本公共文化服务体系研究 [J]. 国家图书馆学刊，2015（2）：26.

务物理空间和虚拟空间的均等化实践，不是单一的重点构建实体空间或者虚拟空间，而是根据不同密度空间需要，来建设实体空间和虚拟空间。让公共文化融入不同密度空间人群的生活、学习和工作中去，成为人们生活中必不可少的场所。空间正义性确保不同群体平等地拥有公共资源，并根据自身的意志来调动自己应得的社会资源，特别是特殊群体权益保障。空间正义性可以帮助实现文化平等，将不同空间中不同文化特点以及生活习惯进行有效融合，实现多元空间的均等。特别是加大对老少边山穷地区高、中、低密度空间的公共文化建设，推动革命老区、民族地区、边境地区、山区、贫困地区公共文化建设的跨越发展，与加快乡村振兴战略结合，发挥文旅融合优势，支持老少边山穷地区采集、开发、保存和利用民族和地方文化资源，充实公共文化服务内容，提高公共文化服务能力和水平。

2. 高、中、低密度空间的可达性

"可达性"是公共文化空间均等化的前提条件，通过高、中、低密度空间的可达性促进高、中、低密度空间的公共文化服务均等化发展。所谓"物理可达性"（Physical Accessibility），是参加活动自由的基本衡量标准，即衡量参与活动是否具有平等机会的基本指标。以图书馆为例，公共图书馆总分馆的可达性直接关乎公共图书馆是否有效覆盖全部区域，是否实现了服务对象便捷到达图书馆的均等化[1]。第一，把不同密度的空间均等化纳入国家和社会发展总体规划及城乡规划。根据不同密度空间的常住人口变化统筹公共文化资源；科学规划整合利用闲置的公共设施资源。在公共文化设施建设方面，重点加强低密度空间文化设施建设。第二，开展流动服务、数字服务和虚拟服务。加大图书馆、文化馆的总分馆建设，推进文化综合服务中心、基层文化礼堂、农家书屋等建设，运用数字化、智能化计划来开展数字服务和虚拟服务，减少高密度空间公共文化服务供不应求、低密度空间公共文化服务不足的情况，加大公共文化服务在不同密度空间的覆盖面和交流。

3. 高、中、低密度空间的人本性

人本主义是公共空间建设的出发点。按照空间密度的不同来进行公共文化

---

[1] 许炜，李卓卓，丁家友. 基于GIS的公共图书馆总分馆城市空间分布和地理覆盖研究 [J]. 图书情报工作，2019，63（24）：17-24.

服务均等化的制度设计，保障底线和效果均等，保障全体公民享有大体相等的基本公共服务。弘扬人本主义，保障特殊群体基本文化权益。其一，将老弱病残作为公共文化服务的重点对象。完善其需要的基础公共文化空间设施，发挥博物馆、美术馆、纪念馆、科技馆等作用，提供有针对性的服务，在建筑物的场地和设备等方面实现空间设施的均等化。其二，将农民工和留守儿童纳入送服务的范围。将公共文化送进工厂、企业和乡村，满足其基本公共文化服务需求，并为其进行技能培训。其三，创新服务方式。培养有爱心的文化志愿者，鼓励社会力量为特殊群体提供文化服务。实现文艺演出、文艺培训、陈列展览、免费上网等空间活动的均等化。实现图书和报刊、广播和电视、电影和地方戏、文体活动等空间产品的均等化。

4.3.5 理论应用

公共文化空间的理论应用能很好地指导不同密度空间的公共文化服务，适应用户需求而开展的各类服务，包括为用户的生活、学习和工作提供适宜的场所、资源与活动，最终提升用户思维、素养和技能。实现以上目标需要遵循相应的策略和原则。

1. 公共文化空间密度的划分界定

公共文化空间密度的划分可以依据中国人口空间分布千米网格数据集确定。中国人口空间分布千米网格数据集是在全国分县人口统计数据的基础上，综合考虑与人口密切相关的土地利用类型、夜间灯光亮度、居民点密度等多因素，利用多因子权重分配法将以行政区为基本统计单元的人口数据展布到空间网格上，从而实现人口的空间化。根据全国分县人口统计数据，得到1千米网格的人口空间分布数据[①]。据此，我国公共文化空间密度的划分界定标准为，高于800人/平方千米的地区为高密度空间，400—800人/平方千米的地区为中密度空间，低于400人/平方千米的地区为低密度空间。

2. 公共文化空间的多层级标准构建

根据公共文化空间论，应当因人因地而异进行公共文化服务的标准化和均

---

① 徐新良. 中国人口空间分布千米网格数据集. 中国科学院资源环境科学数据中心数据注册与出版系统［EB/OL］.［2021-02-16］. http://www.resdc.cn/DOI, 2017. DOI: 10.12078/2017121101.

等化建设，从宏观、中观、微观不同层面来制定公共文化空间的标准。从宏观层面来看，国家首先出台《公共文化服务中高（中、低）密度空间保障标准》《公共文化服务中高（中、低）密度空间技术标准》和《公共文化服务中高（中、低）密度空间评价标准》来促进公共文化体系的标准化；从中观层面来看，各省（自治区、直辖市）出台适合本区域的公共文化空间标准，对于各市（州）的空间定位进行指导；从微观层面来看，各市（州）出台适合本区域的公共文化空间标准，对各区县、乡镇及社区、街道、村等层级公共文化服务的空间定位。总之，以上三个层面，从宏观层面来看，各省可以对应划分出高、中、低三个密度空间的标准；从中观和微观层面的空间定位，既要考虑综合指标和基础指标，又要兼顾地区特点来制定特色标准。

3. 探索效果均等的公共文化空间实施路径

确立效果均等意识，进行公共文化服务中空间均等化的制度设计，根据服务人口的密度等制定公共文化设施建设规划，按照基本公共文化服务标准测算、落实当地常住人口享有基本公共文化服务所必需的资金，保障公共文化服务体系建设和运行，建立公共文化服务资金使用的监督和统计公告制度。建设图书馆、博物馆、文化馆（站）、影剧院等公共文化设施网络体系，并建设与当地人口分布和地域条件相适应的流动文化设施网。结合人口密度状况，合理确定公共文化设施的种类、数量、规模以及布局，形成场馆服务、流动服务和数字服务相结合的公共文化设施网络。

以东、中、西部为例，根据第七次全国人口普查数据，我国2020年东、中、西部各省（自治区、直辖市）常住人口分布如表4-1所示。

表4-1 2020年我国东、中、西部地区常住人口分布　　　单位：人

东部		中部		西部	
省份	人口	省份	人口	省份	人口
北京	21 893 095	河北	74 610 235	内蒙古	24 049 155
天津	13 866 009	山西	34 915 616	广西	50 126 804
辽宁	42 591 407	吉林	24 073 453	重庆	32 054 159
上海	24 870 895	黑龙江	31 850 088	四川	83 674 866
江苏	84 748 016	安徽	61 027 171	贵州	38 562 148
浙江	64 567 588	江西	45 188 635	云南	47 209 277

(续表)

东部		中部		西部	
省份	人口	省份	人口	省份	人口
福建	41 540 086	河南	99 365 519	西藏	3 648 100
山东	101 527 453	湖北	57 752 557	陕西	39 528 999
广东	126 012 510	湖南	66 444 864	甘肃	25 019 831
—	—	海南	10 081 232	青海	5 923 957
—	—	—	—	宁夏	7 202 654
—	—	—	—	新疆	25 852 345
合计	521 617 059	合计	505 309 370	合计	382 852 295

资料来源：国家统计局 [EB/OL]. [2022-12-10]. http://www.stats.gov.cn/tjsj/pcsj/rkpc/d7c/202111/P020211126523667366751.pdf.

基于各省（自治区、直辖市）的面积数据①，可计算出各省（自治区、直辖市）每平方千米人口数和每平方千米藏书数（见表4-2），从而反映出人口密度和藏书密度分布。

表4-2　我国东、中、西部地区人口密度和藏书密度分布　　单位：人，册

东部			中部			西部		
省份	每平方千米人口数	每平方千米藏书数	省份	每平方千米人口数	每平方千米藏书数	省份	每平方千米人口数	每平方千米藏书数
北京	1334.13	1835.66	河北	397.51	163.22	内蒙古	20.27	16.82
天津	1167.14	1754.31	山西	222.82	129.31	广西	210.97	122.12
辽宁	286.62	295.77	吉林	128.74	115.94	重庆	389.01	230.75
上海	3922.85	12717.37	黑龙江	70.38	51.26	四川	172.15	85.83
江苏	790.56	922.30	安徽	435.48	222.82	贵州	218.85	91.14
浙江	611.44	893.27	江西	270.75	159.32	云南	119.79	59.33
福建	335.00	343.03	河南	595.00	204.16	西藏	2.97	1.99

---

① 据中国各省概况_360百科（https://baike.so.com/doc/9079815-9411333.html）：各省面积引自各省统计局编写的2019年统计年鉴，其提供的是2018年的数据（山西、福建、河南、贵州、西藏、青海统计年鉴中不含完整的面积数据，故引用对应省人民政府网的数据）；2019年《内蒙古统计年鉴》直接提供的数据为118.3万平方千米；但对该年鉴提供的内蒙古各旗县区面积数据求和，得到的面积为118.665226万平方千米（包括由黑龙江管辖的加格达奇和松岭区），2019年《黑龙江统计年鉴》提供的面积数据未计入属地权归内蒙古的加格达奇和松岭区；其他采用2018年《河北经济年鉴》、2016年《北京统计年鉴》的数据。

(续表)

东部			中部			西部		
省份	每平方千米人口数	每平方千米藏书数	省份	每平方千米人口数	每平方千米藏书数	省份	每平方千米人口数	每平方千米藏书数
山东	642.72	418.80	湖北	310.66	225.97	陕西	192.26	101.98
广东	701.14	586.59	湖南	313.72	168.41	甘肃	58.76	39.93
—	—		海南	285.15	169.12	青海	8.20	6.84
—	—		—	—		宁夏	108.47	12.86
—	—		—	—		新疆	15.53	89.48
合计	608.08	679.65	合计	267.22	143.59	合计	55.68	31.54

资料来源：南开课题组整理。

按照前述人口密度高、中、低标准计算可知，高密度人口（800人以上每平方千米）省（自治区、直辖市）只有3个，由高到低依次为上海（3922.85）、北京（1334.13）、天津（1167.14）；中密度人口（400—800人每平方千米）省（自治区、直辖市）有6个，由高到低依次为江苏（790.56）、广东（701.14）、山东（642.72）、浙江（611.44）、河南（595.00）、安微（435.48）；低密度人口（400人以下每平方千米）省（自治区、直辖市）有22个，由高到低依次为河北（397.51）、重庆（389.01）、福建（335.00）、湖南（313.72）、湖北（310.66）、辽宁（286.62）、海南（285.15）、江西（270.75）、山西（222.82）、贵州（218.85）、广西（210.97）、陕西（192.26）、四川（172.15）、吉林（128.74）、云南（119.79）、宁夏（108.47）、黑龙江（70.38）、甘肃（58.76）、内蒙古（20.27）、新疆（15.53）、青海（8.20）、西藏（2.97）。就东、中、西部整体而言，东部地区为中密度人口区，中西部地区都是低密度人口区。根据大部分省（自治区、直辖市）为人口低密度的现状，应当充分发挥基层文化设施的作用，特别是发挥文化流动设施和数字平台的作用。在各地建设公共文化服务体系中，很多地方盲目建设大型文化中心。从人口密度分布看，人口高密度区均为直辖市，建设大型文化中心是适宜的，而人口低密度区多为中西部地区，应当减少大型文化中心的建设，加强公共文化延伸服务的合理布局，而人口中密度区可采取以中型文化中心带动基层文化设施为主的方式，只在人口高密度的省会城市建设大型文化中心。

参照人口密度分区，将表4-2各省（自治区、直辖市）藏书密度数据分区，可将800册件以上每平方千米归为高密度藏书区，有5个省（自治区、直辖市），包括上海（12717.37）、北京（1835.66）、天津（1754.31）、江苏（922.30）、浙江（893.27）；将400—800册件每平方千米归为中密度藏书区，有2个省（自治区、直辖市），包括广东（586.59）、山东（418.80）；将400册件以下每平方千米归为低密度藏书区，有24个省（自治区、直辖市），包括福建（343.03）、辽宁（295.77）、湖北（225.97）、重庆（230.75）、安徽（222.82）、河南（204.16）、海南（169.12）、湖南（168.41）、河北（163.22）、江西（159.32）、山西（129.31）、广西（122.12）、吉林（115.94）、陕西（101.98）、贵州（91.14）、新疆（89.48）、四川（85.83）、云南（59.33）、黑龙江（51.26）、甘肃（39.93）、内蒙古（16.82）、宁夏（12.86）、青海（6.84）、西藏（1.99）。就东、中、西部整体而言，东部地区为中密度藏书区，中西部地区都是低密度藏书区。针对大部分地区藏书密度偏低的现状，应当加强这些地区的资源建设。

从表4-2中可知，藏书密度与人口密度也有较大的相关性，人口密度高的地区藏书密度较高，人口密度低的地区藏书密度较低，反映出文献流的状态。

运用公共文化空间的密度原理，不仅藏书可以用密度计算，公共文化的各类资源均可以采用这一方法，作为公共文化资源布局的一个参考。此外，还可以参照密度原理探索实施路径，重视财力和组织保障，促进各级机构资源的有效整合。比如超大型社区中建立综合文化服务中心来解决超大型街道、社区文化空间辐射力和服务力有限的问题。

4.4 公共文化数智论

当前，社会正处于数智时代，即第三次技术革命向第四次技术革命转化的时代，目前以互联网为主导技术的第三次技术革命已趋向成熟并开启了一个更加崭新的数字化和智慧化的时代（以下简称数智时代）。由传统互联网时代向数智时代迈进需要创造性破坏,既是技术革命,也是产业革命、生活革命和人才革命,是一场涉及经济、社会、教育的深刻和系统的创造性破坏浪潮①。随着以人工智能、大数据为代表的数智技术在公共文化服务中得到越来越多的应用,公共文化服务的数智化发展是大势所趋。时任总理李克强在2018年政府工作报告中提出通过加强人工智能研发应用推进文化领域"互联网+"的新要求。2020年10月,中国共产党第十九届中央委员会第五次全体会议通过《中共中央关于制定国民经济和社会发展第十四个五年规划和二〇三五年远景目标的建议》,专门提出推动公共文化数字化建设。加强国家重大文化设施和文化项目建设,推进国家版本馆、国家文献储备库、智慧广电等工程,公共文化的数字化将是"十四五"期间乃至面向2035年的公共文化发展的重要任务,明确了"十四五"时期我国公共文化数智化发展的总目标。2021年,文化和旅游部印发的《"十四五"文化和旅游发展规划》提出要"提升文化和旅游发展的科技支撑水平",并指出要推进文化的数字化、网络化、智能化发展,推动5G、人工智能、物联网、大数据、云计算、北斗导航等在文化领域的应用,明确了文化系统"十四五"时期的数智化发展路径。

公共文化服务的数智化发展大大扩展了公共文化服务的延伸范围,从而满足人民群众日益多元化、个性化和层次化的精神文化需求,是促进公共文化服务提质升级的必然选择,也是更大范围让人民共享文化发展成果的有效途径②,这对于促进公共文化服务高质量发展和解决落后地区公共文化服务"最后一公里"均具有重要意义。当今时代,现代科学与技术时刻准备新的突破,随时可能引发人类生产方式、生活方式和社会结构变革,在这样新的场景下,技术与文化深度融合已成为未来发展的前提与趋势③。数智技术在公共文化领域的应用越来越普遍,有必要从理论层面深入探讨公共文化服务的数智发展问题。

----

① 刘志阳,邱振宇. 数智创业:从"半数智"时代迈向"全数智"时代 [J]. 探索与争鸣, 2020 (11):141-149,179.

② 王晓晖. 提升公共文化服务水平(深入学习贯彻党的十九届五中全会精神)[EB/OL]. [2021-06-12]. http://www.wenming.cn/specials/195/fd/202012/t20201230_5900454.shtml.

③ 李淮芝. 新媒体概论 [M]. 西安:西安交通大学出版社,2017:17-18.

4.4.1 实践启示

2002年，文化部和财政部以基层农村为重点，以文化信息资源共享为基本方式，以打破"数字鸿沟"、丰富基层群众文化生活为目的，联合实施了"文化共享工程"试点。迄今为止，已在公共文化服务的实际建设工作中发挥了重要作用。"十一五"时期，我国首次对全国公共文化数字化建设做出全面规划，正式部署实施了一批国家公共文化数字化惠民工程，包括"文化信息资源共享""农村电影数字化放映"等工程。"十二五"期间，我国基本建立了公共数字文化建设工作框架，初步搭建了覆盖全国的服务网络，形成了初具规模的资源库群，并不断创新模式，逐步完善政策标准，大力提高保障水平，充分发挥了公共数字文化建设对构建现代公共文化服务体系的重要支撑作用。截至2014年年底，全国文化信息资源共享工程已建成3.55万个乡镇（街道）基层服务点、70万个村（社区）基层服务点，基本实现覆盖所有乡镇、行政村。农村电影放映工程建设数字院线252条，放映队约5万支，年放映800万场次，年观众约15亿人次。全国县级城市拥有数字银幕超过7200块，已有10个省（区、市）实现了县城数字影院全覆盖。农家书屋工程为边远地区建成1.6万家卫星数字农家书屋[①]。

"十三五"时期，公共文化数字化在"云"平台建设方面形成新的热点。"十三五"时期，我国以"基本建成与现代公共文化服务体系相适应的开放兼容、内容丰富、传输快捷、运行高效的公共数字文化服务体系"为目标[②]，初步建成了公共数字文化服务网络、分级分布式资源体系，显著提升了公共数字文化服务效能，完善了公共数字文化保障机制。经过三个五年的建设，我国公共数字文化建设已取得显著成果，基本形成了覆盖全国的以现代信息技术为支撑的公共数字文化体系服务网络，积累的海量数字文化资源成为公共文化主体

[①] 人民网. 国务院关于公共文化服务体系建设工作情况的报告［EB/OL］.［2022-10-23］. http://npc.people.com.cn/n/2015/0423/c14576-26894444.html.

[②] 文化部"十三五"时期公共数字文化建设规划［EB/OL］.［2021-06-12］. http://www.zimaoqu.org.cn/law/649.html.

资源。但也依然存在公共数字文化服务无法满足群众日益增长的数字文化需求，公共数字文化服务供给精准性与差异性不够，公共数字文化资源利用率低，整体服务效能有待持续提高等问题。

2020年11月，党的十九届五中全会《关于制定国民经济和社会发展第十四个五年规划和二〇三五年远景目标的建议》明确提出，"推进城乡公共文化服务体系一体建设，创新实施文化惠民工程，广泛开展群众性文化活动，推动公共文化数字化建设"。公共文化数字化建设与城乡公共文化服务体系一并提出，凸显了公共文化数字化发展对解决城乡不平衡的重要性。根据文化和旅游部《"十四五"文化和旅游发展规划》，"健全现代公共文化服务体系"需要"加快公共数字文化建设"，具体包括推广"互联网+公共文化"，推动数字文化工程转型升级、资源整合，统筹推进智慧图书馆、公共文化云服务体系建设。丰富公共数字文化资源，优化国家公共文化云服务平台，广泛开展数字化、网络化服务，大力发展云展览、云阅读、云视听等内容，这为文化系统"十四五"时期建设公共数字文化指明了基本方向。

4.4.2 理论模型构建

1. 公共文化数智化

公共文化数智化包括公共文化数字化和公共文化智慧化两个方面。公共文化数字化是实现公共文化智慧化的基础。

公共数字文化建设是公共文化服务体系建设的重要组成部分，是数字化、信息化、网络化环境下文化建设的新平台、新阵地，是利用信息技术拓展公共文化服务能力和传播范围的重要途径[1]，也是进一步实现公共文化智慧化的基础。

公共文化智慧化是公共文化数字化的高级形态，也是智慧社会、智慧城市建设的必经之路，主要是通过RFID、全面感知等无人或自助设施实现公共文

---

[1] 文化部、财政部.关于进一步加强公共数字文化建设的指导意见[EB/OL].[2021-06-12]. http://www.ce.cn/culture/whcyk/gundong/201112/21/t20111221_22939398.shtml.

化机构服务的自助化和智能化，为公众提供智能、高效、便捷和人性化的服务，并运用大数据技术与人工智能技术对用户信息和需求进行跟踪、搜集和分析，巧妙地把资源与用户联结起来，为不同的用户提供差异化、个性化、精准化、高质量的服务。5G是智慧时代的一项最重要的支撑技术，其最常用应用场包括超高速多媒体应用、智能楼宇空间服务、低延时高可靠应用等。[①] 公共文化智慧化的实现需要多种技术的支撑，包括泛在网络技术、大数据采集技术、分析与挖掘技术、深度学习算法、多维可视化展示技术等[②]，智慧技术与公共文化的融合程度在相当程度上决定了公共文化的智慧性。目前，我国正处于公共文化智慧化的探索阶段，较为突出的是智慧图书馆的建设，如上海图书馆、深圳图书馆等均走在了我国智慧图书馆建设的前列，初步形成了我国智慧图书馆建设经验。智慧图书馆的服务模式、用户行为方式、资源建设方向和馆员角色定位与传统图书馆和数字图书馆有较大不同[③]，更加强调以用户为中心，有效、精准、快捷地为用户提供所需的文献、信息、数据等资源，提供经过深加工的知识服务，提供用户需要的智能共享空间和特色文化空间[④]。

综上所述，在数字化、信息化、全球化的时代背景下，深刻认识并准确把握国内外形势新变化、新特点，结合人民群众不断增长的精神文化需求，将信息技术、数字技术、网络技术等现代科学技术和传播手段应用于公共文化服务体系建设，进一步推动公共文化数字化与智慧化发展，是适应时代发展的必然要求和战略选择。

2. 拟解决的关键问题

近年来，我国全面推进基本公共文化服务标准化与均等化建设工作，不断

[①] 刘炜，陈晨，张磊.5G与智慧图书馆建设[J].中国图书馆学报，2019，45（5）：42-50.
[②] 化柏林."数据、技术、应用"三位一体的公共文化服务智慧化[J].中国图书馆学报，2021，47（2）：40-52.
[③] 邵波，单轸，王怡.新一代服务平台环境下的智慧图书馆建设：业务重组与数据管理[J].中国图书馆学报，2020，46（2）：27-37.
[④] 李玉海，金喆，李佳会，李珏.我国智慧图书馆建设面临的五大问题[J].中国图书馆学报，2020，46（2）：17-26.

健全公共文化设施运行管理和服务标准体系，规范各级各类公共文化机构服务项目和流程。坚持以标准化促进均等化，填平补齐公共文化资源短板，推动区域间、城乡间公共文化服务均衡协调发展。创新公共文化管理体制和运行机制，完善公共文化服务体系建设协调机制，提升提高公共文化服务效能，已有省份全面实现基本公共文化服务标准化[①]。从地区来看，我国公共文化阵地建设和服务供给的标准化已初步实现，然而由于我国东、中、西部地区的经济能力、服务理念、服务水平等并不完全一致，不同地区依旧存在公共文化服务不均衡的问题，需要采取措施尽可能平衡不同地区地方政府提供公共文化服务的能力；从城乡发展来看，公共文化服务城乡发展不均衡的问题依然是当前的突出矛盾和发展短板，服务内容品质不均衡、经费投入不均衡和专业人才配置不均衡现象仍然存在。与城市丰富多彩的优质公共文化服务供给相比，农村公共文化服务内容和形式陈旧单一、供给粗放，农村地区的公共文化发展经费投入还存在较大缺口[②]。从群体来看，特殊群体相比普通群体的公共文化服务满足程度更低，特殊群体享受公共文化服务的权利未得到有效保障，需要进一步细化公共文化服务群体类型，考虑特殊群体的特点与需求，补上公共文化服务在特殊群体方面的缺口。要通过案例分析，具体了解实践工作中存在的问题，抓住数智技术与公共文化深度结合为解决地区不平衡、城乡不平衡和群体不平衡带来的新机会。公共文化数智化发展的关键问题之一是解决不平衡问题，即利用数智技术拓展公共文化服务供给，弥补当前城乡之间、地区之间、群体之间公共文化服务的"不均等"，解决公共文化服务"最后一公里"问题和基本公共文化服务"不到位"问题。党的十九大报告强调，中国特色社会主义进入新时代，我国社会主要矛盾已经转化为人民日益增长的美好生活需要和不平衡不充分的发展之间的矛盾。党的二十大报告进一步强调，紧紧围绕这个社会主要矛盾推进各项工作，不断丰富和发展人类文明新形态。随着现代公共文化服务体系的逐步完善，人民对公共文化服务的要求不断提高，公众文化需求呈现

---

① 中国新闻网记者沈听雨. 浙江省全面实现基本公共文化服务标准化 [EB/OL]. [2021-06-12]. https://baijiahao.baidu.com/s? id = 1679310527018827849&wfr = spider&for = pc.
② 李斯. 以标准化促进均等化的制度创新——基本公共文化服务标准制度的确立、贡献与经验 [J]. 图书馆论坛, 2021 (7): 10-17.

出差异化、多样化趋势。文化和旅游部印发的《"十四五"文化和旅游发展规划》指出，到2025年，我国公共文化服务体系将更加健全，基本公共文化服务标准化和均等化水平显著提高，服务效能进一步提升，促进公共文化服务提质增效，推动优质公共文化服务向基层延伸。公共文化服务建设要深刻把握我国社会主要矛盾变化，找准服务对象的特点与差异化需求，提升公共文化服务产品供需的精准度，不断推出符合需求的优质公共文化服务产品，提升公共文化服务效能，丰富人民精神文化生活，满足人民日益丰富的文化期待。因此，公共文化数智化发展的另一个关键问题是处理公共文化服务中的"供需矛盾"，即通过提升公共文化服务与数智的深入融合，优化完善公共文化数智设施布局，创新建设优质的数智化文化服务资源，提供具有差异性的精准公共文化服务，推动公共文化服务高质量发展。

3. 概念框架构建

从公共文化服务的标准化与均等化出发，基于拟解决的两大关键问题，提出构建公共文化数智论，分为数智标准化与数智均等化两大维度。

第一，需明确数智均等化与数智标准化的关系。新时期，数智技术的快速发展，赋予了公共文化服务进一步拓展服务方式与服务范围的能力，是进一步实现标准化与均等化的有效路径。数智标准化与数字均等化的关系，核心是标准化与均等化的关系，即以"标准化推动均等化"，数智标准化将促进数智均等化。具体来讲，通过建设全国性和地方性的公共文化数智发展相关标准，如数智服务、数智技术、数智管理等方面的标准规范，明确数智发展的基本底线与实施程序，解决公共文化数智发展中的疑难问题，为公共文化服务的数智发展提供顶层设计保障，为公共文化服务数智发展提供支持机制，从而发挥数智标准化的统一与协调功能[1]。国家标准和地方标准作为宏观性的工具，明确了公共文化数智发展的框架，也对地方公共文化服务数智化建设提出了客观要求，保障地方数智型的公共文化服务供给，是实现公共文化服务数智均等化的基本前提。值得注意的是，相较过去基本公共文化服务均等化与标准化的关

---

[1] 刘银喜，赵子昕，赵淼. 标准化、均等化、精细化：公共服务整体性模式及运行机理[J]. 中国行政管理，2019（8）：134-138.

系，数智均等化与数智标准化的关系更加紧密，这是因为数智技术的更迭快且技术专业性强，公共文化服务的数智发展具备更高的难度，如果缺乏数智标准的指导，地方的公共文化服务数智化在专业人才、设施设备、数据管理等各方面将面临更大的挑战，这将严重影响数智均等化。

第二，需明确数智标准化的内容。时任文化部部长蔡武曾指出，基本公共文化服务标准化的内容包括政府保障的标准化、设施建设的标准化、管理和服务的标准化、考核评价的标准化四个方面[①]。李国新[②]教授将公共文化服务标准化的内容概括为保障标准、业务和技术标准以及评价标准。公共文化服务的数智标准化是基本公共文化服务标准化的组成部分。因此，公共文化服务的数智化发展离不开数智服务标准化、数智管理标准化、数智评价标准化和数智保障标准化。同时，由于公共文化数智化发展高度依赖数智技术，数智技术的开发、设计、使用以及实际使用效果深刻影响着公共文化服务的数智化发展。数智标准化的核心推动力是数智技术标准化，是数智标准化的基础模块。在公共文化服务的建设实际中，只有解决了数智技术的标准化问题，形成基本的公共文化数智化技术体系，才能进一步实现数智服务、管理、评价和保障的标准化。

第三，需明确数智均等化的内容。数智均等化主要解决的是地区不平衡、城乡不平衡与群体不平衡的问题。因此，数智均等将重点考量地区数智均等化、城乡数智均等化与群体数智均等化，以减轻地区间、城乡间与群体间的数智鸿沟。特别是数智技术的发展对人员的专业程度、资金的投入数额以及服务对象的基本数字水平都提出了更高要求，由于地区间经济水平差异、发展理念悬殊，公共文化数智发展的不同步可能会带来进一步的全国性的公共文化服务数智"不均等"问题，这对公共文化服务的数智均等化提出了更高的要求。因此，数智均等化的核心目标是实现差异性服务与精准性服务供给。

综上，本书构建了公共文化数智论概念框架，如图 4-6 所示，后文将进一步从数智标准化和数智均等化两个维度进行分析。

---

① 薛白. 文化部部长：文化投入在政府财政支出中的比例很低 [EB/OL]. [2021-06-12]. http：//finance.people.com.cn/n/2013/1122/c1004-23619416.html.
② 刘婵. 公共文化标准化：让文化服务有准可依 [N]. 中国文化报，2014-04-18 (007).

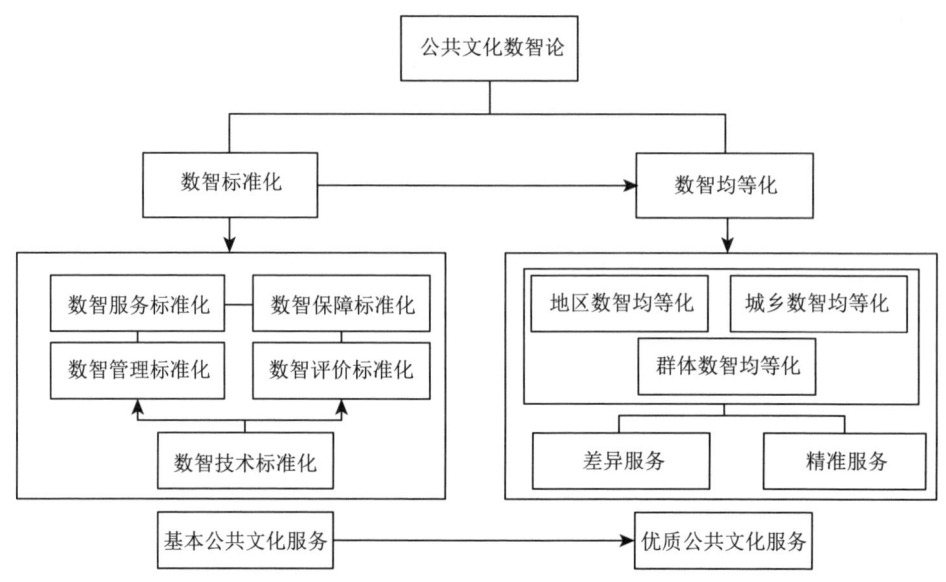

图 4-6　公共文化数智论概念框架

4.4.3　数智标准化

从宏观层面来看,"标准化"是建立机制、完善体系的过程,是围绕服务对象需求而持续改进供给的过程。因此,宏观层面的公共文化服务数智标准化以数智标准建设为中心,涉及制定修订、落实、评估标准等工作中涉及的政府部门、社会公众、标准制定部门、标准实施单位等利益相关者。从微观层面来看,"标准化"主要是指标准化工作机制,对重复性事物和概念,通过制定标准、修订标准、实施标准、监督评估,以获得最佳秩序和最佳效益的过程。因此,微观层面的公共文化服务数智标准化是指通过制定、修订和实施数智标准以及开展监督评估工作,从而促进公共文化服务整体效益提高的过程。

《公共文化服务保障法》提出,要依托标准化管理与制度构建标准统一的公共数字文化网络、建立完善的线上线下公共文化服务网络,这是公共文化数智发展的初级水平。现代公共文化服务体系标准化不应仅局限于当前的基本公共文化服务,还应从动态发展的视角进行审视,在基本公共文化服务标准化基础上进行动态调整，追求个性化与品质化等更高价值诉求的优质标准化[1]，因此，公共文化服务数智标准化要涵盖更为广泛和更高水平的发展型、享受型的数智服务内容和数智服务标准。

总体来说，公共文化数智标准化，一方面，是要建设公共文化数智发展体系的"基础标准"，即初步形成全面的数智体系；另一方面，考虑数字技术的进一步发展以及实际工作中公共文化需求的多样性、区域特色以及群体差异，需要基于优质公共文化服务发展要求，在"基础标准"之上探索更高层次的、具备区域特色的、能够满足地方群众特色需求以及群体差异需求的数智标准化路径与可行的建设方案。

4.4.4 数智均等化

数智均等化是指在充分挖掘公众用户共性需求与个性需求的基础上，利用数字化与智能化的技术与设备，开展公共文化数智化服务，最终实现公共文化服务均等化目标。公共文化服务数智发展，能够促进我国公共文化服务进一步向基层延伸，县级图书馆、社区图书馆、农家书屋等基层公共文化单位能够享受到多样化的数字文化资源，从而极大丰富基层群众的文化生活，实现公共文化资源的全覆盖[2]。近年来，国家图书馆加强普适性数字资源向基层的延伸服务，通过数字图书馆网络，向全国各级公共图书馆提供的资源内容包括：40万种中文图书、7700余种中文期刊、47万张图片、20万首音频音乐、5000个英语微视频、1650集科普学习视频、100种工具书、1470种连环画、4000集少儿动画、2000集少儿动漫、1600册少儿绘本、650集少儿手工视频、2800余集有声书、1000集英语口语学习资源等；强化资源整合揭示，有序推进网络书香资源检索平台建设，元数据总量达277万条；新建1个中国艺术主题专题，部署160家图书馆[3]。数字资源均等化服务既可以解决各地区传统文献资

---

[1] 陈庚，邱润森. 新时代完善现代公共文化服务体系建设的路径研究[J]. 江汉论坛，2020(7)：137-144.

[2] 周萍，陈雅. 现代公共文化服务体系下我国县级公共图书馆功能定位研究[J]. 图书馆，2020(5)：13-18，33.

[3] 国家图书馆. 国家图书馆年鉴2021[M]. 北京：国家图书馆出版社，2022：125.

源的不均等问题,也促进了各地区公共数字文化的均等化。

依据公共文化服务的均等化目标,建设区域均等、城乡均等、人群均等的公共数字文化服务设施设备,是实现公共文化服务数字化建设的前提条件;针对农村、中西部地区、基层县、乡、村(社区)、沿边口岸与边防哨所等数字文化服务基础设施相对薄弱的状况,要加快宽带网络覆盖与设备终端硬件设施的建设与更新速度,进一步拓展公共文化数智服务范围,加强各类数字化服务设备的开发和应用,实现数字文化资源的无障碍流通及全媒体、多终端覆盖[1]。

同样,随着公共文化服务体系的不断推进,现代公共文化服务体系所探求的均等化之路是公民文化福利水平逐步提升基础上的均等化而非止于低水平均等化停滞不前的状态,也就是说均等化不能仅满足于底线均等或低水平均等,而是要促进其动态发展。因此,我国现代公共文化服务体系的均等化必然会经历"低水平均等"到"非均等化",再到"高水平均等化"的发展过程[2]。

4.4.5 理论应用

通过公共文化服务的数智化建设,传统的公共文化资源以数字化的形式渗透到人民生活中;同时,将网络技术、数字技术、信息技术等现代科学技术和传播手段应用于公共文化服务体系,有助于创新数字文化产品和服务[3],满足群众日益增长的公共文化需求。公共文化服务数智化发展的主要困难在于目前还存在制度设计、平台功能、资源整合、服务机制建设等方面特色优势不足,竞争力、吸引力不强,特别是科技对文化建设支撑作用的潜力尚未充分释放,公共文化与科技深度融合面临许多新的挑战[4]。因此,有必要从数智标准化与数智均等化两个方面考虑应对公共文化服务数智发展所面临的挑战。

---

[1] 李桂霞,解海,祁爱武. 新时代公共文化服务高质量发展的路径 [J]. 图书馆建设, 2019 (S1): 187 – 194.
[2] 陈庚,邱润森. 新时代完善现代公共文化服务体系建设的路径研究 [J]. 江汉论坛, 2020 (7): 137 – 144.
[3] 王森,经渊. 智慧公共文化服务云平台构建研究 [J]. 数字图书馆论坛, 2019 (2): 43 – 50.
[4] 杨乘虎,李强. "十四五"时期公共文化服务高质量发展的新观念与新路径 [J]. 图书馆论坛, 2021 (2): 1 – 9.

从数智标准化来看，本研究认为，公共文化服务数智标准化的首要任务是搭建数智标准体系，以指导实际公共文化服务的数智标准建设与其他建设工作。公共文化数智化发展需要有完整的数智标准体系，涵盖数智管理标准、数智人才标准、数智供给标准、数智设施标准和数智资源标准等内容，如通过制定数智人才标准，明确公共文化服务数智人才基本专业能力与素质标准，以指导地方层面建设公共文化服务数智化发展的人才储备库。其次要完善区域性合作机制。长期以来，我国各区域内的公共文化服务一直存在分级供给的现象[1]。公共文化数字资源的共享性决定了公共文化数智化发展比传统公共文化服务具备更强的合作性。公共文化的数智化发展，尝试突破行政区划限制，以行业联盟等形式，开展区域合作、行业合作、部门合作，推进公共文化机构互联互通[2]。另外，要重点明确数智标准化实施方案。在我国实现基本公共文化服务标准化的过程中，存在明显的制定与实施失衡的情况，相较于我国出台的诸多公共文化服务标准，标准的实施则相当欠缺。因此，在公共文化服务数智标准化的实施过程中，要特别注意实施方案的设计与安排。

首先，从数智均等化来看，本研究认为，公共文化服务数智均等化首先要建设综合性数智服务平台，不少均等化案例数据也说明了综合性服务平台的重要性。2019年，文化和旅游部统筹原有三大公共数字文化工程，力求构建标准统一、互联互通的公共数字文化服务网络。然而，相较于市场环境中的数字服务业态，公共文化的数字化建设在制度设计、资源整合、服务机制建设等方面仍有待加强，有必要进一步促进文化与科技深度融合，推动公共文化数字化创新发展，加快促进公共文化服务向数字化、智能化、现代化方向迈进，尤其是要强化线上线下互动结合的数字智能化设备、云文化场馆与服务平台的建设，以及文化基因智慧揭示等领域和环节的研发应用。[3] 综合性数智服务平台

---

[1] 王谓秋，任贵州. 公共文化服务体系共建共享的社会动因与路径选择——基于文化治理的视角[J]. 图书馆理论与实践，2016 (9)：61-65.

[2] 武晓丽，韩素卿. 基本公共文化服务的地方标准：示范区经验、问题与思考[J]. 高校图书馆工作，2020，40 (1)：48-52.

[3] 杨乘虎，李强. "十四五"时期公共文化服务高质量发展的新观念与新路径[J]. 图书馆论坛，2021 (2)：1-9.

是公共文化服务数智均等化的必要基础设施,综合性数智服务平台综合运用云计算、大数据等技术,整合已有数字文化资源和面向人民群众的各种文化服务,提供综合性、一站式、互动化服务①。

其次,应当深入探索如何更好实施精准服务。借助大数据采集和分析处理技术,精准对接群众文化需求;通过互联网平台预约和"订单式"活动参与,实现服务与需求无缝衔接,推动公共文化服务与多样化、个性化、优质化公共文化服务的有机统一,提升公共文化产品精准供给水平;针对人民群众所需要的信息公告、活动展示、艺培课堂、场馆预约、订票订座、远程借阅、配送菜单、评价反馈等基本服务,直接送达计算机、手机等各种终端,提高公共文化精准供给的覆盖面和便利度。综合而言,精准的公共文化产品和服务供给需要实施"菜单式""订单式"供给,优化公共文化服务综合性、数字化平台,提升数字化管理和服务能力。设立公共文化产品和服务精准供给的需求菜单、提供菜单,建立群众实时、远程、互动参与供给提供、反馈、遴选、评价的机制②。其中,建立完善客观、真实、全面的需求表达反馈机制,通过搭建线上线下公共文化服务互动平台更好地汇集民意,围绕群众需求实现服务方向和内容的调整与优化,是实现"靶向性、精准化、个性化、智慧化"供给的重要举措③。

最后,要特别重视群体差异均等化问题。文化和旅游部印发的《"十四五"文化和旅游发展规划》提出,要面向不同群体开展差异化的公共文化服务,充分保障未成年人、老年人、残疾人和流动人口等特殊群体的文化权益。由于社会成员之间的年龄、职业、身体状况等因素,存在对同一内容、形式的公共文化服务接受能力的个体差异。因而,尤其要重视向此前文化服务不足的某类社会成员倾斜,包括老年人、未成年人、农民工、残疾人等特殊群体、贫困地区的社会成员、边疆地区的社会成员等。通过数智技术,挖掘不同群体的公共文化需求,实施针对不同群体的分类服务,建设满足不同群体需求的公共文化

---

① 巫志南.公共文化产品和服务精准供给研究[J].图书与情报,2019(1):31-40.
② 姜雯昱,曹俊文.以数字化促进公共文化服务精准化供给:实践、困境与对策[J].求实,2018(6):48-61,108-109.
③ 陈庚,邱润森.新时代完善现代公共文化服务体系建设的路径研究[J].江汉论坛,2020(7):137-144.

内容，开发适合不同群体的文化内容形态。

总体来说，公共文化服务数智标准化推动公共文化服务数智均等化，两者共同推动我国公共文化服务向高质量发展。公共文化服务数智化发展是一项循序渐进的整体性工作，既能补充当前公共文化服务标准化与均等化建设，也是现代公共文化服务体系发展的重要方向，是公共文化服务走向高质量发展的关键。公共文化服务数智化作为现代公共文服务系统中的重要组成部分，与其他类型的公共文化服务相互补充，协同发展。因此，公共文化服务的数智化发展要适配我国既有公共文化服务发展的大方向。要特别注意文化与数智的主次关系，需要明确文化是主体、数智是支撑。技术的发展为智慧公共文化服务可持续发展提供了强有力的支撑，但技术并非万能，要避免公共文化服务发展实践中过分重视技术与设备的建设而忽略公共文化服务以"用户"为中心的核心本质。

第五章 公共文化服务标准化案例研究：东部

考虑到各地公共文化服务标准化具有地方经济发展、文化发展、社会发展等方面特征，为了更好了解我国公共文化服务标准化发展实践，南开课题组选择有代表性地区开展案例研究。标准化案例研究选浙江省嘉兴市、江苏省无锡市、广东省广州市和东莞市作为东部代表性地区，以河南省信阳市作为中部代表性地区，以贵州省贵阳市乌当区新堡布依族乡和新疆维吾尔自治区克拉玛依市作为西部代表性地区，探究东、中、西部地区公共文化服务标准化实践，为其他地区公共文化服务标准化提供借鉴和参考。

5.1 浙江省嘉兴市案例研究

5.1.1 案例选择

浙江省地处中国东南沿海，长江三角洲南翼，经济发达，在公共文化服务体制、机制创新方面"异军突起"，成为我国公共文化服务领域的早期示范之一。2010年5月，中国社会科学院哲学研究所组织14位青年科研人员赴嘉兴市就"公共文化服务体系的全面建设与制度创新"进行了国情考察，总结出公共文化服务体系建设由服务方式互动化、提供均等化、资源网络化、创新集成化、内涵深耕化、投入多样化六个方面构成的"嘉兴模式"。早期的嘉兴模式已有了均等化的实践，如平湖市建成的"15分钟文化圈"、嘉善县建成的

"20 分钟文化服务圈"①，但尚未深入开展标准化的探索。2013 年年底，嘉兴市取得国家第二批公共文化服务体系示范区创建资格。2016 年，嘉兴市文化广电新闻出版局总结创建经验，以案例方式进一步总结了"嘉兴模式"，其中介绍了图书馆总分馆服务体系标准化建设、"小广场大舞台"标准化建设两个创新案例②。南开课题组正是基于对嘉兴模式的持续跟踪以及标准化探索，选择嘉兴市作为重要案例开展调查研究。

本次调研选择嘉兴市作为公共文化服务标准化案例样本，实地调研考察嘉兴市公共文化服务标准化工作的发展路径与成功经验。

5.1.2 调研经过

在充分研究嘉兴市公共文化政策、相关论著的基础上，结合对项目前期问卷调查的分析与各项数据积累，2021 年 5 月 18 日至 6 月 19 日，南开课题组成员彭亮与王洁赴浙江省嘉兴市进行公共文化服务调研。调研地点包括嘉兴市图书馆、文化馆、博物馆等，力求全面、真实地了解嘉兴市公共文化服务情况，总结成功经验与不足之处，为嘉兴市、浙江省乃至全国的公共文化服务提供借鉴。

具体调研经过为 5 月 18 日上午对嘉兴市图书馆进行了实地调研，并对嘉兴市图书馆馆长许大文进行了访谈，了解了嘉兴市图书馆总分馆体系发展现状与成功经验；5 月 18 日下午对嘉兴市高照街道分馆、嘉兴市高照街道综合文化站、嘉兴市图书馆运河公园智慧书房、嘉兴市嘉北街道分馆进行了实地走访调研，并对街道分馆与智慧书房负责人进行了访谈，对嘉兴市图书馆街道分馆与智慧书房的建设与发展现状进行了系统了解；5 月 19 日上午对嘉兴市文化馆、非遗保护中心、博物馆进行了实地调研，并对嘉兴市文化馆办公室主任罗时群、嘉兴市非遗保护中心相关工作人员进行了访谈；5 月 19 日下午对嘉兴市公共服务处处长刘靖、嘉兴市图书馆馆长沈红梅进行了访谈，了解了嘉兴市公共文化服务相关工作内容与进展情况。

---

① 刘悦笛，等．公共文化服务的"嘉兴模式"[M]．北京：社会科学文献出版社，2012：17.
② 嘉兴市文化广电新闻出版局．嘉兴市公共文化服务创新案例[M]．北京：中国社会科学出版社，2016：25-30，72-80.

在实地调研后，南开课题组也与调研中访谈对象保持了有效沟通，并一直追踪嘉兴市公共文化服务进展，不断完善本案例，为后续公共文化服务标准化研究提供一手信息。

5.1.3 嘉兴市公共文化服务情况

1. 嘉兴市公共文化服务概况

截至2020年年末，全市户籍人口367.38万人，全市县级以上公共图书馆8家，文化馆8个，文化站72个，博物馆36个，农村文化礼堂791家。县级文化馆和图书馆覆盖率均达100%，乡镇文化站和行政村文化活动室覆盖率均达100%，公共图书馆虚拟网络基本全覆盖。拥有文化艺术表演团体19个，艺术表演场所26个。截至2020年年末，全市共有公共体育场地设施16 696个，基本实现城乡一体化"15分钟健身圈"。建成"运动家"智慧体育社区85个，研发上线"社区运动家"数字平台，平台注册使用人数30 125人[1]。

标准化机构的建设助推创新发展。2019年9月，国家公共文化服务体系示范区创新研究中心（浙江嘉兴）成立，开展国家公共文化服务体系示范区（项目）创建与后续建设制度设计，以及重大理论与实践问题研究。2020年9月11日，嘉兴市文化和旅游标准化技术委员会成立，为全省首个地级市文旅标准化技术委员会、全市首个专业标准化技术委员会。嘉兴市文化和旅游标准化技术委员会由35名专家委员组成，钱永忠任主任委员，汪明华、李允（南湖革命纪念馆副馆长）、沈红梅任副主任委员，李玉明任秘书长[2]，专家分别来自嘉兴市教育、科研、文化事业、旅游业等各行业单位。

出台相关标准制度提高公共文化服务效能。2015年6月8日，中共嘉兴市委、嘉兴市人民政府出台《关于全面构建现代公共文化服务体系加快推进国家示范区创建的实施意见》（嘉委发〔2015〕15号），成为全国首个公共文化服务体系示范区创建城市出台的落实中央办公厅、国务院办公厅《关于加

---

[1] 嘉兴市统计局.2020年嘉兴市国民经济和社会发展统计公报［EB/OL］.［2020-05-08］.http://tjj.jiaxing.gov.cn/art/2021/3/9/art_1512321_59003973.html.

[2] 嘉兴市人民政府网.嘉兴市文化和旅游标准化技术委员会成立大会在嘉职院召开［EB/OL］.［2020-05-18］.http://www.jiaxing.gov.cn/art/2020/9/14/art_1592917_57478966.html.

快构建现代公共文化服务体系的意见》的地方性文件①。随后颁布了《关于进一步加强基层公共文化队伍"两员"建设的意见》(嘉政办发〔2017〕8号)、《中共嘉兴市委 嘉兴市人民政府关于文化嘉兴建设的实施意见》(嘉委发〔2018〕21号)、《关于进一步保障基层公共文化服务效能提升的通知》(嘉文广旅〔2020〕77号),并制定了系列标准(见表5-1),起草单位包括嘉兴市文化广电旅游局、嘉兴职业技术学院、国家公共文化服务体系示范区(项目)创新研究中心(浙江嘉兴)、嘉兴市文化馆等,极大地提高了嘉兴市公共文化服务的标准化。此外,全面推广基层公共文化队伍"两员"制度,"两员"制度已写入浙江省《关于加快构建现代公共文化服务体系的实施意见》,在全省推广实施。建立有公众参与的公共文化效能考核评价制度。近三年来,以群众需求为导向,以群众满意为根本,完善公共文化服务质量监测体系,研究制定公众满意度指标,建立群众评价和反馈机制,每年委托第三方机构开展由公众参与的公共文化设施使用效能考核评价调查,并将调查结果运用到对各县(市、区)目标责任考核中,不断提升广大人民群众对公共文化建设的获得感、幸福感②。

表5-1 嘉兴市公共文化服务标准一览表

序号	发布单位	标准名称	发布日期	文件号或标准号
1	中共嘉兴市委办公室	《嘉兴市基本公共文化服务实施标准(2015—2020年)》	2015-06-08	(嘉委发〔2015〕15号)
2	嘉兴市质量技术监督局	《城乡基本公共文化服务规范》	2017-04-17	DB3304/T 031—2017
3	嘉兴市质量技术监督局	《公共图书馆中心馆—总分馆服务体系建设管理规范》	2017-05-15	DB3304/T 032—2017
4	浙江省市场监督管理局	《公共图书馆中心馆—总分馆建设服务规范》	2019-01-15	DB33/T 2180—2019

---

① 嘉兴在线.嘉兴市成为第二批国家公共文化服务体系示范区[EB/OL].[2021-06-15].http://jx.zjol.com.cn/system/2016/09/04/021288489_01.shtml.

② 嘉兴市文化广电旅游局.公共文化服务过去五年工作总结[EB/OL].[2022-02-03].http://whgdlyj.jiaxing.gov.cn/art/2020/12/24/art_1229154319_4348944.html.

(续表)

序号	发布单位	标准名称	发布日期	文件号或标准号
5	嘉兴市质量技术监督局	《嘉兴市县（市、区）级文化馆年度业务绩效评估标准》	2019-11-25	嘉群文〔2019〕35号
6	浙江省市场监督管理局	《县级文化馆总分馆制管理服务规范》	2020-06-17	DB33/T 22637 管理服务
7	嘉兴市文化广电旅游局、嘉兴市总工会	《关于推进文化馆企业分馆建设的指导意见》	2020-06-04	嘉文广旅〔2020〕53号
8	嘉兴市质量技术监督局	《智慧书房建设与运营规范》	2023-03-17	DB3304/T 093—2023

资料来源：根据南开课题组课题相关资料整理。

嘉兴市目前有两大体系走在全国前列，被称为"嘉兴模式"，第一个是图书馆总分馆体系，第二个是文化馆总分馆体系。嘉兴市正在做一项探索性的工作——文化馆的企业分馆，文化馆的企业分馆旨在进一步解决公共文化的标准化和精准化。

2. 嘉兴市图书馆

嘉兴市图书馆积极推进城乡一体化公共图书馆服务体系建设，形成了"政府主导、统筹规划、多级投入、集中管理、资源共享、服务创新"的乡镇分馆建设模式，目前已建成包括1家总馆、2家区分馆和18家乡镇（街道）分馆、32家村（社区）分馆、20家智慧书房、42家礼堂书屋、1辆汽车图书馆及数百个流通站的城乡一体化公共图书馆服务体系。嘉兴市图书馆总分馆体系的做法为三级投入，集中管理。经费上，由市、区、镇三级出钱建一座图书馆；管理上，由市图书馆统一管理，有统一的经费保障，保证所有的资源全部是由市图书馆提供。嘉兴市图书馆逐步在场馆建设、资源配备、业务提供、服务流程、效能评估等方面统一标准，健全分馆管理制度和保障机制，不断提高各分馆服务和管理的均等化水平。2015年制定出台了《嘉兴市公共图书馆中心馆—总分馆服务体系标准》[1]。

---

[1] 俞亚军，许大文.基层图书馆公共服务标准化均等化建设探索[J].图书馆研究与工作，2017（7）：28-33.

(1) 乡镇（街道）分馆建设标准化

在每一个乡镇分馆建设的过程中，场馆有统一的乡镇分馆设施、资源建设标准，实现总分馆资源共享。从2009年开始就是这样探索，整个业务其实从城市到乡镇几乎是一模一样。市民享受的公共图书馆的服务和乡镇享受的公共图书馆的服务，可以说也是一样的。从以"空间改造、信息设备升级、服务活动化"为重点的乡镇分馆2.0向"服务智能化、信息数字化、活动常态化"的乡镇分馆3.0发展。2020年年底，嘉兴市图书馆已经建立18家乡镇（街道）分馆（见表5-2），嘉兴市乡村文化振兴示范点建设也取得一定成果，如以东荷村文化礼堂为代表的农村文化建设项目的落实。2021年，进一步落实"健心客厅"的全覆盖，截至2023年年初，已建成"健心客厅"88个，并不断嵌入街道、文化礼堂等公共空间，为越来越多的市民提供"心灵加油站"。分馆以这种方式加强心理健康方面的资源供给，开展阅读疗法、婴幼儿养育指导、个体心理服务、读书会、沙龙讲座等活动，更加贴近百姓、贴近生活。此外，分馆还提供知识服务和增值服务，让群众感受到图书馆的温度，这些服务大多是与民生相关的参考信息咨询与乡镇农业科技咨询。

表5-2 嘉兴市图书馆乡镇（街道）分馆一览表

序号	分馆名称	建馆时间	建筑面积（m²）	阅览座位（个）
1	余新镇分馆	2007.05	500	72
2	大桥镇分馆	2007.12	800	156
3	七星街道分馆	2008.12	800	100
4	凤桥镇分馆	2009.01	800	60
5	新丰镇分馆	2009.12	800	110
6	解放街道分馆	2013.04	500	84
7	东栅街道分馆	2016.03	500	140
8	王江泾镇分馆	2007.06	500	84
9	洪合镇分馆	2008.01	800	122
10	新塍镇分馆	2008.04	1000	185
11	油车港镇分馆	2008.12	1342	225
12	王店镇分馆	2008.12	500	100
13	高照街道分馆	2018.04	900	200
14	新城街道分馆	2019.12	500	100

(续表)

序号	分馆名称	建馆时间	建筑面积（m²）	阅览座位（个）
15	塘汇街道分馆	2015.05	520	120
16	长水街道分馆	2015.12	500	70
17	城南街道分馆	2017.02	400	75
18	嘉北街道分馆	2019.04	400	130

（2）村（社区）分馆建设标准化

在乡镇分馆建设的基础上，出台了村分馆建设试点方案，制定了村（社区）分馆建设标准。村和社区分馆的服务，采用与乡镇分馆建设模式类同的标准化建设和服务标准。把服务延展到最后一米，只不过空间会更小一些。比如乡镇分馆最小的可能 700—800 平方米，村和社区分馆可能 100—200 平方米，麻雀虽小，但五脏俱全，让当地的村民，不管是老人、青年还是小孩，都能够按照功能区的划分找到相应资源。资源整体由市图书馆提供，由此建设了一个庞大的公共图书馆服务体系或者公共图书馆服务群，涵盖市、区、镇、村四级。在功能资源整合和空间利用上，从乡镇到村凭借最小的空间，最少的可利用资源，最少的人员，发挥最大的作用。村（社区）分馆依托总馆的标准化建设，得以迅速推广。截至 2020 年年底，社区建设 32 家村（社区）分馆（见表 5-3），并将农家书屋融合进市公共图书馆信息管理平台，实现图书的统一采购、统一编目、统一配置，共享最优质的公共图书资源，实现图书馆的通借通还，使得农家书屋借阅的图书可以在本市级总分馆任何一个馆通还。

表 5-3 嘉兴市图书馆村（社区）分馆一览表

序号	所属区域	分馆名称	地址	开放时间	建馆时间	建筑面积（m²）	阅览座位（个）
1	余新镇	金星村分馆	嘉兴市南湖区余新镇金星村村民委员会	8：00—11：00，13：00—16：00（周日馆休）（5月—10月 13：30—16：30）	2010.05	90	24
2		普光村分馆	嘉兴市南湖区余新镇普光尧村党群服务中心	8：00—11：00，13：00—16：00（周日馆休）（5月—9月 13：30—16：30）	2007.07	80	24

(续表)

序号	所属区域	分馆名称	地址	开放时间	建馆时间	建筑面积（m²）	阅览座位（个）
3	余新镇	长秦村分馆	嘉兴市南湖区余新镇长秦村村委会二楼	8:00—11:00,13:00—16:00（周日馆休）（5月—9月13:30—16:30）	2010.11	85	26
4	大桥镇	花园村分馆	嘉兴市南湖区大桥镇花园村曹家房1号（一楼）	8:30—11:00,13:00—16:00（周一馆休）	2010.11	95	24
5	大桥镇	中华村分馆	嘉兴市南湖区大桥镇中华村委	闭馆中	2010.01	75	18
6	七星街道	江南新家园分馆	嘉兴市南湖区七星街道江南新家园社区广场（公建三90号）	13:00—20:00（周一馆休）	2010.12	130	38
7	七星街道	湘城社区分馆	嘉兴市南湖区七星街道湘城社区党群服务中心	8:30—11:30,13:30—17:00（周一馆休）	2013.05	300	20
8	凤桥镇	庄史村分馆	嘉兴市南湖区凤桥镇庄史村中法南大门口西边	13:00—20:00（周一馆休）	2009.06	90	20
9	凤桥镇	新篁社区分馆	嘉兴市南湖区新篁青龙路社区	12:00—20:00（周一馆休）	2010.12	120	40
10	新丰镇	竹林村分馆	嘉兴市南湖区新丰镇竹林村文化礼堂内	8:30—11:00,14:00—16:30（周一馆休）	2010.11	95	30
11	新丰镇	乌桥村分馆	嘉兴市南湖区新丰镇乌桥村村委	8:30—11:00,13:00—16:30（周一馆休）	2010.11	80	26
12	解放街道	解放路社区分馆	嘉兴市南湖区长水东岸23号地建宿舍内解放路社区二楼	9:00—11:30,13:30—16:30（周一馆休）	2010.12	95	30
13	东栅街道	云阳社区分馆	嘉兴市南湖区紫竹明苑23栋二楼	8:30—11:30,13:30—16:30	2010.12	120	36

(续表)

序号	所属区域	分馆名称	地址	开放时间	建馆时间	建筑面积（m²）	阅览座位（个）
14	王江泾镇	田乐村分馆	嘉兴市秀洲区王江泾镇田乐村文化礼堂	周六、周日9：00—11：00，13：00—17：00	2011.11	75	28
15		双桥村分馆	嘉兴市秀洲区王江泾镇双桥村文化活动中心	周二、周三、周四、周五、周日17：00—21：00，周六9：00—21：00（周一馆休）	2011.11	95	38
16	洪合镇	良三村分馆	嘉兴市秀洲区洪合镇良三村幸福小区109号	周一到周六8：30—16：30，周二、周五、周日18：00—20：30	2008.09	88	22
17		凤桥村分馆	嘉兴市秀洲区洪合镇凤桥村新建的村委会办公室内	周一到周五12：00—20：00，周六、周日9：00—20：00	2011.11	88	25
18	新塍镇	潘家浜村分馆	嘉兴市秀洲区新塍镇潘家浜村文化礼堂二楼	8：30—16：30（闭馆改造）	2011.12	90	38
19		洛西村分馆	嘉兴市秀洲区新塍镇洛西村文化礼堂	8：30—16：30（闭馆改造）	2010.11	70	22
20		西吴村分馆	嘉兴市秀洲区新塍镇西吴村文化礼堂一楼	8：30—16：30	2011.11	80	147
21		思古桥分馆	嘉兴市秀洲区新塍镇思古桥村文化礼堂	8：00—16：30	2011.11	85	26
22	油车港镇	池湾村分馆	嘉兴市秀洲区油车港镇池湾村村部文化活动中心	周一到周六8：00—11：00，13：00—16：00（周日馆休）	2011.11	90	30

(续表)

序号	所属区域	分馆名称	地址	开放时间	建馆时间	建筑面积（m²）	阅览座位（个）
23	油车港镇	澄溪村分馆	嘉兴市秀洲区油车港镇澄溪村文化活动中心（油车港镇中心小学对面）	9：00—11：00，13：30—16：30（周日馆休）	2011.11	90	25
24	王店镇	建设村分馆	嘉兴市秀洲区王店镇建设村村委会（福东路414号）	8：30—11：30，13：30—16：30（周一馆休）	2011.11	75	22
25		马桥村分馆	嘉兴市秀洲区王店镇丰乐路马桥村村民委员会	周二、周四 8：00—11：00，12：00—16：00，周六、周日 8：00—16：00	2011.11	85	36
26	塘汇街道	新禾家苑分馆	嘉兴市秀洲区和风路1150路新禾家苑社区中心二楼	周三到周五 9：00—16：00 周六、周日 9：00—11：00，13：30—16：00（周一、周二馆休）	2014.10	140	36
27		长纤塘社区分馆	嘉兴市长纤塘社区居务社二楼	周三到周五 9：00—16：00 周六、周日 9：00—11：00，13：30—16：00（周二馆休）	2019.04	500	54
28	长水街道	石堰社区分馆	嘉兴市南湖区商务大道1279号附近石堰北社区居家养老中心	9：00—11：00，13：30—16：00（周一、周五馆休）	2014.10	120	20
29	城南街道	金穗社区分馆	嘉兴市城南路金穗月亮湾小区内	9：00—11：00，13：00—16：00（周一、周二馆休）	2015.01	100	20
30	嘉北街道	阳光社区分馆	嘉兴市禾兴北路阳光小区社区服务站二楼	9：00—11：30，13：30—17：00（周一、周二馆休）	2013.11	200	36

(续表)

序号	所属区域	分馆名称	地址	开放时间	建馆时间	建筑面积（m²）	阅览座位（个）
31	新兴街道	运南社区分馆	嘉兴市吉水路526号运南社区居家养老服务中心内	8：30—11：00，13：30—16：00（周日馆休）	2011.04	80	26
32	新嘉街道	新嘉街道社区分馆	嘉兴市南湖区城北路326号（新嘉市场监督管理所边上）	9：00—17：00	2010.12	180	70

资料来源：嘉兴市图书馆提供。

在基层服务点及流动服务点上，2019年推进"礼堂书屋"建设工作，截至2020年年底，建设了42家礼堂书屋（见表5-4）。礼堂书屋是农家书屋和图书馆村级分馆的升级版，是农家书屋、共享工程、村级分馆等功能的综合体。依托农村文化礼堂、利用信息化技术，实现无人值守和读者自我管理服务。礼堂书屋与公共图书馆服务体系实行书刊资源通借通还、共享共用。

表5-4 嘉兴市图书馆礼堂书屋（部分）

序号	所属区域	名称	地址	面积（m²）	建成年份
1	新丰镇	新丰镇竹林村礼堂书屋	新丰镇竹林村文化礼堂内	150	2019
2	新丰镇	新丰镇镇北村礼堂书屋	新丰镇镇北村文化礼堂内	430	2019
3	凤桥镇	凤桥镇陈良村礼堂书屋	凤桥镇陈良村文化礼堂（二楼）	150	2019
4	凤桥镇	凤桥镇联丰村礼堂书屋	凤桥镇联丰村冷水湾21号（一楼）	100	2019
5	余新镇	余新镇金星村礼堂书屋	余新镇金星村村委会	150	2019
6	余新镇	余新镇普光村礼堂书屋	余新镇普光村党群服务中心（一楼）	200	2019
7	大桥镇	大桥镇花园村礼堂书屋	大桥镇花园村曹家房1号（一楼）	100	2019

(续表)

序号	属域所区	名称	地址	面积（m²）	建成年份
8	大桥镇	大桥镇天香社区礼堂书屋	大桥镇和祥路475号	100	2019
9	七星街道	七星街道湘南社区礼堂书屋	七星街道湘南公寓和顺路387号	150	2019
10		七星街道江南新家园社区礼堂书屋	七星街道江南新家园社区广场（公建三90号）	150	2019
11	余新镇	余新镇余南社区礼堂书屋	余新镇茜柳路558号	174	2020
12		余新镇曹王村礼堂书屋	余新镇曹王村文化礼堂（曹王小区）	150	2020
13	大桥镇	大桥镇由桥村礼堂书屋	大桥镇由桥村文化礼堂	120	2020
14		大桥镇胥山村礼堂书屋	大桥镇胥山村遗址公园党群驿站	500	2020
15	新丰镇	新丰镇净相村礼堂书屋	新丰镇净相村村委	180	2020
16		新丰镇栖凤埭村礼堂书屋	新丰镇栖凤埭文化礼堂	150	2020
17	七星街道	七星街道湘都社区礼堂书屋	七星街道湘都社区新党群服务中心	400	2020
18		七星街道湘城社区礼堂书屋	七星街道湘城社区党群服务中心	300	2020
19	凤桥镇	凤桥镇大星村礼堂书屋	凤桥镇大星村文化礼堂	150	2020
20		凤桥镇永红村礼堂书屋	凤桥镇永红村文化礼堂	150	2020

资料来源：嘉兴市图书馆提供。

(3) 智慧化管理标准化

作为一种全新的公共服务形态，智慧书房以精确定位、精准供给、精细服务，成为文化新驿站、信息新高地和精神新坐标，满足城乡居民高质量生活的新需求。在深度上，完善嘉兴市图书馆智慧书房服务网络并进行智能物联信息化探索；在广度上，摸索以资源为核心、以智慧书房为依托的图书馆智慧阅读服务，构建图书馆智慧化阅读推广平台，重点提高智慧空间、智慧管理、智慧阅读、智慧服务4个"智慧"能力。截至2020年年底，嘉兴市已建设20个智慧书房（见表5-5）。智慧书房采用与社区、企事业单位等多方合作的方式，利用信息化和RFID技术，实现空间的无人值守和读者自我管理。

总分馆图书馆业务管理系统升级更新，2020年针对五县（市）通借通还的业务要求，联合嘉兴市图书馆和五县（市）公共图书馆，实现了嘉兴地区公共图书馆通借通还，下一步将与浙江省图书馆用户数据平台进行对接，实现全省文献的通借通还。

表5-5 嘉兴市图书馆智慧书房一览表

序号	所属区域	名称	地址	开馆时间	开放时间	建筑面积（m²）	阅览座位（个）
1	南湖区	市图书馆智慧书房	嘉兴市南湖区海盐塘路339号	2013.03 2020.07	8：30—20：30（6月—9月8：30—21：00）	300	80
2		南湖分馆智慧书房	嘉兴市南湖区少年路240号	2016.04	8：30—21：00（周一馆休）	100	25
3		市政府智慧书房	嘉兴市南湖区广场路1号（市政府大厅内）	2014.04	8：30—17：30	50	8
4		云东社区智慧书房	嘉兴市南湖区罗马都市东大门	2016.09	开放时间未定	70	20
5		清华长三角研究院（科技分馆）智慧书房	嘉兴市南湖区亚太路705号（浙江清华长三角研究院）一层东面	2017.06	周一至周五8：00—18：00，周六、周日9：00—17：00	280	90
6		新嘉街道智慧书房	嘉兴市南湖区城北路326号（新嘉市场监督管理所边上）	2019.12	9：00—17：00（试运行）	180	70
7		南湖街道智慧书房	嘉兴市南湖区创业路1921南湖创业园内	2019.12	10：00—16：00（周一馆休）	200	70
8		余新分馆智慧书房	嘉兴市余新镇余贤塝街建设银行斜对面	2019.12	10：00—17：00（周一馆休）	260	100

(续表)

序号	所属区域	名称	地址	开馆时间	开放时间	建筑面积（m²）	阅览座位（个）
9	南湖区	七星街道智慧书房	嘉兴市南湖区七星街道汇众广场7幢101	2019.09	9:00—17:00（周一闭馆）	200	50
10	秀洲区	秀洲分馆智慧书房	嘉兴市中山西路887号（秀洲公园西侧）	2018.10	8:00—21:00（周一馆休）	250	100
11	秀洲区	米萌公寓智慧书房	嘉兴市秀洲区秀清路626号智富城6号楼一楼二楼	2018.07	9:00—17:00	150	70
12	秀洲区	洪合凤桥村智慧书房	嘉兴市秀洲区洪合镇凤桥村新村委会内	2019.01	9:00—17:00（周一闭馆）	150	110
13	秀洲区	油车港分馆智慧书房	嘉兴市秀洲区油车港奥星路镇文化中心一楼	2019.11	9:00—16:30（周一闭馆）	150	25
14	秀洲区	高照街道智慧书房	嘉兴市秀洲区运河路与秀清路交叉口南侧（运河文化公园内）	2018.04	8:00—21:00	200	100
15	秀洲区	新城街道智慧书房	嘉兴市秀洲区九里路502号	2019.12	9:00—21:00	200	70
16	经开区	嘉北街道智慧书房	嘉兴市经开区友谊街526号	2019.04	9:00—20:00（周一馆休）	377	130
17	南湖区	长水街道智慧书房	嘉兴市花园路1696号	2019.08	9:00—21:00（周一馆休）	250	46
18	经开区	城南街道智慧书房	嘉兴市文昌路1172号泰富世界城7幢一楼	2019.11	暂未开放	100	32
19	南湖区	运河智慧书房	嘉兴市香槟路与龙腾路交叉口东150米运河公园内（户外儿童区北面）	2020.09	8:30—20:30（周一馆休）	260	43
20	秀洲区	塘汇街道智慧书房	嘉兴市秀洲区塘汇路1053号绿城柳岸禾风2期社区用房	2020.11	8:30—20:30（周一馆休）	120	18

3. 嘉兴市图书馆分馆的典型案例

按照建设的标准化，推荐服务智能化、信息数字化、活动常态化，做好分馆品牌文化活动，加强线上线下宣传，让更多片区居民走进图书馆。按照活动的标准化，继续把总馆下基层"阅动全家 书香嘉兴""图书馆第一课""夕阳红电脑班"活动做精、做好。下面以嘉兴市高照街道分馆、嘉兴市嘉北街道分馆、嘉兴市馆运河公园智慧书房为例进行介绍。

（1）嘉兴市高照街道分馆

嘉兴市图书馆高照街道分馆坐落于嘉兴市秀洲区高照街道秀清路与运河路交叉口（运河文化公园内），2018年4月开馆，是秀洲主城区首家集智慧书房与传统借阅一体化的图书馆。现有电子阅览区、报刊阅览区（包括盲文阅览）、少儿阅览区、亲子绘本阅览区、智慧书房、创客空间、沙龙驿站等多个服务区域，共有成人和少儿藏书3万余册，23种报纸，32种杂志。高照街道分馆的品牌活动有"禾苗"手工坊、"禾苗"绘本故事会、"萤火虫"科学绘本、乐高等。2021年4月举办活动共计49场，线上活动24场，线下活动25场，其中："禾苗"绘本故事会3场、"禾苗"手工坊3场、乐高2场、"萤火虫"科学绘本2场、红色故事进社区2场、Scratch编程2场、馆校合作7场、其他活动4场。

2018年高照街道分馆被嘉兴市图书馆授予"最佳创新服务奖"；2019年被嘉兴市图书馆授予"最佳信息服务与推广奖"和被评为"2019年度先进分馆"，在年终考核中被评为"一级馆"。2020年在年终考核中，被评为"一级馆"和"2020年度先进分馆"。表5-6为高照街道分馆的系列数据。

表5-6 2018—2020年嘉兴市高照街道分馆的系列数据

年度	到馆人次（人次）	外借册次（册次）	活动场次（场次）	参观团（个）	累计办证（张）
2018	202164	134434	135	36	1997
2019	194354	88048	301	26	841
2020	97031	72533	324	23	511

资料来源：南开课题组整理。

(2) 嘉兴市嘉北街道分馆

嘉北街道分馆于 2019 年 4 月 23 日第 24 届"世界读书日"正式揭牌开放。开馆后的街道图书分馆("智慧书房")拥有统一的嘉兴市图书馆和嘉兴市智慧书房 Logo。室内电子阅览室、少儿阅览室、亲子活动室、成人阅读区、少儿阅览室、亲子活动室、成人阅读区、无障碍阅读区等功能区域分布合理，双通道门禁系统、馆员工作站、自助借还机、电子阅读机、无限 WiFi、智能监控等设施齐全。与新时代文明践行中心一起建设，填补了街道中心城市区域阅读场馆建设的空白，成为居民的知识宝库和心灵港湾。新冠疫情期间街道分馆自主创办的品牌活动"嘉贝悦读学堂"也将活动转移到了线上，共开展活动 19 场，推荐书目 100 种，其中有传统节气介绍、主题书目推荐、绘本领读、防疫作品征集、馆长荐书、线上课堂、云阅读、云跑步等多种不同形式和内容的活动。"4·23 世界读书日"，经开区四个街道分馆整合各自力量，联合开展了"读万卷书 赏百里景"主题读书活动，其中"带着好书游嘉北"活动更是收到了一百多份投稿作品。街道分馆内设置的"红色阅读角""时代智学（电子阅览室）""时代新萌（亲子阅读天地）"还作为经开区新时代文明实践中心的组成部分向社会公众传递更多的精神文明和价值引导。

集结社会力量，推动志愿服务。街道分馆还联合了嘉禾志愿服务中心，在智慧书房建立了志愿服务点，并建立规范的志愿服务制度，让志愿服务走进图书馆，帮助日常业务管理服务，让更多的读者通过不同形式参与到图书馆的服务与建设中来。

2020 年嘉北街道分馆还成功举办了首期"阅动全家·书香嘉兴"阅读推广活动。"阅动全家·书香嘉兴"推广项目以"三·三·三"课程暨好家长课堂、好宝贝课堂和领读者课堂为主要实施途径，围绕如何做一个让孩子爱上阅读的好父母，如何给学龄前儿童进行阅读指导，如何开展阅读推广三个主题进行课堂架构，依托嘉兴市城乡一体化公共图书馆服务体系，联合阅读社工组织开展公益阅读指导活动为主要手段，在各村（社区）、文化礼堂、智慧书房等有计划、持续性地进行点对点推广服务，打造城乡亲子阅读指导知识的第一课堂。

(3) 嘉兴市馆运河公园智慧书房

运河公园智慧书房在 2020 年 9 月 27 日正式开馆，是全市第一家 2.0 版本的智慧书房。运河公园智慧书房在运河公园里面，旁边是万达商业区及居民区，总投资约345.75万元（含两座公共卫生间），建筑面积约260平方米，分为成人阅读区和亲子阅读区两大部分，藏书约5000册。目前工作人员2名，均为政府购买服务（禾城驿站），开馆时间是早8：30至晚8：30（12小时），周一馆休，节假日无休。运河公园智慧书房是全市图书馆智慧化建设的重要组成部分，是城南街道片区对改善阅读环境、拓展阅读空间的有力探索，更是深化完善公共图书馆服务体系，打造"15分钟阅读圈"的重要举措。截至2020年年底：到馆约1.8万人次、文献外借约4千册次、累计办证104张、读者活动17场次、参与人数215人次。

①"阅动全家·书香嘉兴"打造亲子阅读课堂

活动依托嘉兴市城乡一体化公共图书馆服务体系，联合机关幼儿园专业师资力量和阅读社工组织开展公益阅读指导活动，在金秋之际举办了3次点对点推广服务，打造城南街道亲子阅读指导知识的第一课堂，参与的学龄前儿童及家长达到了150人次。

②"调研"交流忙，网红新地标

运河公园智慧书房是以"互联网＋公共文化服务"为支撑建立的社区全面阅读服务新模式2.0书房，以至引来图书馆各界大咖及众多服务示范区代表团参观。据不完全统计，2020年接待参观人次为6千人次左右。

③打造线上服务窗口，组建专业"志愿者"团队

打造线上"智慧"服务窗口，以微信群、公众号为平台，开展随时随地、形式多样的线上咨询活动。推荐新书、绘本领读、作品征集、云阅读等主题活动。为了弥补人员上的不足，打造以嘉院"青协"为团队的绘本讲师团，2020年已经在书房举办了6场主题绘本活动，取得了非常好的社会反响。

在建党100周年之际，依托总分馆体系，特别设立了红色绘本专架。每个周六的主题绘本活动、每个周日的优秀国内外少儿电影播放，为书房打造了很高的人气，让附近更多的居民走进书房，在家门口就能享受到"面朝花海"的公共文化服务。

4. 嘉兴市文化馆

嘉兴市文化馆体系由76个总分馆组成。具体包括市文化馆总馆以及嘉善县、秀洲区、南湖区、平湖市、桐乡市、海盐县、海宁市7个县级文化馆总馆，魏塘街道文化站、罗星街道文化站、惠民街道文化站、大云镇文化中心、干窑镇文化站、姚庄镇综合文化站、西塘镇文体中心、天凝镇文化中心、陶庄镇文化站、东栅街道支馆、建设街道支馆、解放街道支馆、南湖街道支馆、七星街道支馆、新嘉街道支馆、新兴街道支馆、余新镇支馆、新丰镇支馆、大桥镇支馆、凤桥镇支馆、洪合镇文化站、新塍镇综合文化站、王江泾镇文化站、油车港镇综合文化站、王店镇文化站、高照街道文化站、新城街道综合文化站、秦山街道文化站、澉浦镇文化站、百步镇文化站、通元镇文化站、望海街道文化站、武原街道文化站、于城镇文化站、沈荡镇文化站、西塘桥街道文化站、凤鸣街道综合文化站、崇福镇文体站、大麻镇文体站、高桥街道文化站、河山镇文体站、濮院镇文化馆分馆、石门镇文化站、屠甸镇文化站、乌镇镇文化站、梧桐街道文化站、洲泉镇文体站、硖石街道分馆、海昌街道分馆、海洲街道分馆、马桥街道分馆、许村镇分馆、长安镇分馆、周王庙镇分馆、盐官镇分馆、丁桥镇分馆、斜桥镇分馆、袁花镇分馆、黄湾镇分馆、广陈镇文化站、新仓镇文化站、独山港镇文化站、林埭镇文化站、乍浦镇文化站、曹桥街道文化站、钟埭街道文化站、新埭镇文化站、当湖街道文化站、恒丰村文化馆支馆等69个乡镇街道分馆。

嘉兴市文化馆坐落于中国共产党的诞生地嘉兴南湖之畔，是政府设立的纯公益性文化事业机构，是面向全社会策划、组织、指导和开展群众文化活动，培训与辅导群众文化在职干部和业余文艺骨干，以及研究群众文化艺术的文化事业单位。嘉兴市文化馆面向嘉兴市开展广泛的社区文化、广场文化、企业文化、校园文化和军营文化等所有群众文化活动，承办国家级、省级、市级等大型群众文化活动，承担着组织、协调、策划、实施等职能；致力于群众音乐、舞蹈、戏曲、曲艺、美术、摄影、书画和民间艺术等艺术门类的创作、演出、辅导、培训和实施；开展群众文化学术理论研究；面向社会开展艺术培训和展览教育；收集、研究和展示非物质文化遗产。

嘉兴市文化馆新馆开放于2003年10月，与嘉兴大剧院为一个建筑单位，位于南湖新区中环南路,东邻南湖大道,北靠中环南路,与嘉兴博物馆、嘉兴图书馆形成嘉兴市"三馆一院"文化中心,硬件建设已达到地市一级馆水平。

馆内建筑面积8000平方米,内有培训教室、排练厅、服装库、琴房、书法美术创作室、音乐制作室、展览厅等全省一流的现代化硬件设施,拥有先进的数码音响、灯光等功能设施和各类歌舞、戏曲服装。为艺术培训、文艺创作、展演活动、艺术研究、艺术辅导和展演设施的利用等各类活动服务。嘉兴市文化馆目前包括在编人员31人、财政合同工2人、其他合同工3人,共36人。内设办公室、表演艺术部、社会活动部、艺术培训部、基层调研部、视觉艺术部等工作机构[①]。

(1) 嘉兴市文化馆服务品牌

①嘉兴市文化馆总分馆八馆联动文化走亲活动

为进一步加强文化馆服务体系资源共享、服务联动的特性,丰富群众文化生活,在市文化广电新闻出版局指导下,市文化馆总分馆服务体系于2017年推出"嘉兴市文化馆总分馆八馆联动文化走亲活动",让公共文化服务资源为全民共享[②]。八馆是指嘉兴市文化馆总分馆体系下的嘉兴市文化馆和七个县(市、区)文化馆,每年的"八馆联动"演出都会走进各个县(市、区),每场演出都由各个文化馆提供节目。活动加强了文化馆各总分馆之间的联系和交流,丰富了人民群众的文化生活,获得了广泛好评[③]。"嘉兴市文化馆总分馆八馆联动文化走亲活动"已成为展现嘉兴市各地区文化特色的品牌活动,受到了市民群众的广泛好评,对进一步加强嘉兴市文化馆中心馆—总分馆服务体系资源共享、服务联动的特性,加强各总分馆之间的联系和交流,丰富群众文化生活具有重要意义[④]。

----

① 嘉兴文化馆. 嘉兴市文化馆 [EB/OL]. [2021 - 06 - 15]. https://baike.so.com/doc/8884543 - 9210304.html.

② 浙江新闻网. 嘉兴市文化馆总分馆"八馆联动",南湖专场精彩纷呈 [EB/OL]. [2021 - 06 - 15]. https://zjnews.zjol.com.cn/zjnews/jxnews/201812/t20181210_8950419.shtml.

③ 嘉兴日报. 让公共文化服务"流动"起来!2021年嘉兴市文化馆总分馆"八馆联动"启动 [EB/OL]. [2021 - 06 - 15]. https://www.cnjxol.com/51/202104/t20210420_787337.shtml.

④ 嘉兴在线. 2019嘉兴市文化馆总分馆"八馆联动"海盐专场圆满落幕 [EB/OL]. [2021 - 06 - 15]. http://www.haiyan.gov.cn/art/2019/5/10/art_1562225_34036054.html.

②小石榴艺苑

嘉兴市文化馆的另一个品牌服务为"小石榴艺苑"。"小石榴艺苑"是嘉兴市文化馆推出的一系列少儿公益培训班。该活动面向全市6—13周岁儿童开课，每年举办三期，培训内容为舞蹈、戏曲、音乐等艺术活动。"小石榴艺苑"至今已推出子项目活动数百期，学员数千人。

③嘉兴市群众艺术网络大学

新冠疫情期间，为了便于开展群众文化活动，嘉兴市文化馆开设了"嘉兴市群众艺术网络大学"服务，邀请嘉兴市优秀的文化大咖拍摄简单的网络课程，通过微信以及网站平台将课程推出，为群众提供网络文化艺术活动。

"嘉兴市群众艺术网络大学"是嘉兴市文化馆2020年的重点建设项目之一，致力于为嘉兴市民打造一个自由学习、终身学习的艺术公益教育平台，以满足广大市民日益增长的精神文化需求，优化嘉兴市公共文化服务资源的配置，贯彻落实群众艺术普及教育工作。

"嘉兴市群众艺术网络大学"采用线上慕课与线下面授相结合的授课方式，以"3+1"即每3次网课后开设1次面对面教学互动课的模式，线上与线下相结合。"嘉兴市群众艺术网络大学"根据艺术门类分类设置视觉类和表演类科目，暂设书法、摄影、越剧表演三个初级班供市民报名学习，今后或将根据市民实际需要陆续开设其他艺术门类科目①。

④原创歌曲系列活动

嘉兴市首届市民原创歌曲大赛系列活动，鼓励嘉兴市民进行歌曲创作，评比后，参加汇总演唱。2017年8月28日，由嘉兴市文化广电新闻出版局、嘉兴市文学艺术届联合会主办，嘉兴市文化馆、秀洲区教文体局、嘉兴市音乐家协会、秀洲区文联承办，秀洲区文化馆、秀洲区音乐家协会承办的嘉兴市首届市民原创歌曲大赛系列活动——嘉兴市首届市民歌曲原创展演在秀洲—农民画

---

① 嘉兴日报. 嘉兴市群众艺术网络大学开学，"四大云"项目让文化更亲民 [EB/OL]. [2021-06-15]. https://www.cnjxol.com/yanlun/202005/t20200514_617731.shtml.

艺术中心文体广场举行①。到目前为止,该活动已经成功举办了四届。通过这几年原创音乐活动的开展,嘉兴市音乐创作者在词、曲创作上得到了很大的提升,涌现了一批各具特色、展现美好生活的优秀作品。例如,一碗《家乡菜》表达游子对家乡的思念和热爱,《美丽天使》唱出了新冠疫情时期医护人员奋不顾身的奉献精神,《那一天》表达了全国人民对贫困地区的关爱②。

⑤广场舞大赛

为丰富嘉兴市广大市民群众文化生活,抒发嘉兴市人民热爱生活的美好情怀,促进广场舞(排舞)的推广和普及,嘉兴市文化馆推出了广场舞(排舞)大赛,到2020年为止,已经成功举办了8届。大赛先由嘉兴市乡镇街道分馆到村里选拔参赛人员,之后推到县级文化馆进行选拔,最后由嘉兴市文化馆进行选拔,并对比赛活动进行直播,评选优秀广场舞大赛队伍。

2020年9月18日晚,由嘉兴市文化广电旅游局主办,嘉兴市文化馆、海宁市文化和广电旅游体育局承办,海宁市文化馆执行承办的嘉兴市第八届广场舞(排舞)大赛在海宁市文化馆剧场举行。优秀的教练从各个不同的层次、着力点去挖掘题材和故事,加以编排和创新,最后呈现了吸人眼球的精彩节目。

经过多年比赛,嘉兴市广场舞(排舞)的质量越来越高,可看性也更加精彩,展示了嘉兴市多年来广场舞(排舞)推广工作的丰硕成果③。

⑥"石榴奖"校园文化节活动

"石榴奖"校园文化艺术节是嘉兴市推动学校艺术教育发展,展示中小学生艺术教育成果,营造健康高雅、生动活泼、各具特色的校园文化氛围的大型群众文化活动,深受广大市民的欢迎和喜爱。活动包括书法、音乐、美术比赛,并将评选出的优秀作品进行展览。通过初期的广泛动员和组织选拔,在确

---

① 中音在线. 嘉兴市首届市民原创歌曲大赛展演活动举行[EB/OL]. [2021-06-15]. http://www.musiceol.com/news/html/2017-8/20178311024890995003.html.
② 浙江文艺网. 嘉兴市第四届市民原创歌曲展演顺利举行[EB/OL]. [2021-06-15]. https://www.zjwenyi.cn/xh_19567/ms_237/xhzx/mswydt/202010/t20201026_17327.html.
③ 嘉兴市文化广电旅游局. 嘉兴市第八届广场舞(排舞)大赛在海宁文化馆圆满落幕[EB/OL]. [2021-06-15]. http://whgdlyj.jiaxing.gov.cn/art/2020/9/25/art_1229036150_58598791.html.

保每个学生都有机会参与活动,使艺术教育成果惠及全市中小学生的前提下,各地区选拔、推荐优秀节目和选手参与角逐,保证"石榴奖"校园文化艺术节的艺术水准与可看性。自2007年首届"石榴奖"校园文化艺术节成功举办以来,活动组织方每年都力求在保证表演艺术、造型艺术、文学艺术及综合艺术类比赛的办节规模原则基础上求新求变,在贴近时代主题的同时,鼓励参赛者积极创作自己的作品。

"石榴奖"校园文化艺术节作为嘉兴市艺术教育发展和成果展示的重要途径,通过提高学生艺术活动的普及性及覆盖面,不断丰富课堂教学、课外活动和校园文化,引导学生在参与活动中提升审美、人文和艺术素养,成为嘉兴市支援学校美育教学的一大文化品牌①。

(2) 嘉兴市文化馆总分馆体系标准化建设经验

嘉兴市文化馆作为中心馆,县级文化馆作为文化馆总馆,乡镇街道文化站作为分馆,村一级文化馆作为文化馆支馆,共同构成嘉兴市中心馆—总馆—分馆—支馆四级文化馆总分馆体系,将嘉兴市文化馆服务连成一片。国家公共文化示范区验收时,嘉兴市公共文化总分馆体系建成,公共文化服务成效明显提升。为了推进公共文化服务规范化,嘉兴市公共服务处依据国家公共文化中心馆—总分馆服务标准,建立形成了嘉兴市文化馆总分馆服务标准,该标准将嘉兴市、县(区)文化馆建设与服务工作进行了统一,如对每个场馆的设施条件、人员配备、服务时间、服务场次进行了一定的标准化要求。

嘉兴市公共文化服务的标准化建设经验能够为其他地区的标准化建设工作提供指导,对嘉兴市文化馆总分馆标准化建设工作进行经验总结,具有一定的理论与实践意义。经过实地调研与考察,嘉兴市文化馆总分馆建设的有关情况如下:

嘉兴市独特的地理优势。嘉兴市位于浙江省东北部、长江三角洲杭嘉湖平原腹地中心,是长江三角洲重要城市之一。嘉兴市地处平原,地域面积相对较小,各文化馆之间距离相对较短,为各文化馆之间交流沟通、活动协调提供了便利。

---

① 新浪网. 嘉兴市第九届"石榴奖"校园文化艺术节火热全市 [EB/OL]. [2021-06-15]. http://blog.sina.com.cn/s/blog_c03fa2000102wkw8.html.

嘉兴市党委、政府的高度重视。嘉兴市公共文化服务标准化建设工作取得的巨大成就离不开嘉兴市党委、政府的高度重视。近年来，嘉兴市政府出台了公共文化服务相关政策，通过法规文件来推动嘉兴市公共文化服务的标准化与均等化工作。如《关于开展2021年度嘉兴市公共文化服务创新奖申报评选工作的通知》《关于进一步保障基层公共文化服务效能提升的通知》《关于全面构建现代公共文化服务体系加快推进国家示范区创建的实施意见》《关于构建城乡一体化文化馆总分馆服务体系的实施意见》等文件，为公共文化服务创新发展作出了顶层设计。《嘉兴市基本公共文化服务实施标准》《嘉兴市公共图书馆中心馆—总分馆服务体系标准》《嘉兴市文化馆总分馆服务体系标准》等文件则促进了嘉兴市公共文化服务标准化、均等化建设。

文化馆"两员"制度的巨大作用。嘉兴市文化馆总分馆体系通过"两员"进行链接，即"文化专职管理员"与"文化下派员"。嘉兴市文化馆县级总馆通过招聘具有艺术特长的"文化下派员"，进驻乡镇街道分馆，与县级总馆进行活动的沟通与联动，将乡镇文化活动真正搞起来。同样，乡镇街道文化馆分馆通过招聘具有艺术特长的"文化专职管理员"，下派到村文化馆支馆，并通过"文化专职管理员"与县文化馆总馆、乡镇街道文化馆分馆建立连接。

缩小城乡文化差异的标准化实践。在推动城乡一体化发展的背景下，同样需要推动文化一体化发展进程。嘉兴市在推进城乡文化一体化与标准化、缩小城乡文化差距方面做了有益探索。在嘉兴市党委、政府的强烈推动下，嘉兴市农村地区开展了村文化设施建设工作，"十二五"期末，嘉兴市基本完成了农村文化活动建设工作，嘉兴市农村地区全部建设了面积为500平方米以上的村文化活动中心和面积300平方米以上的村文化活动室。推进嘉兴市农村文化设施建设工作，需要制定相关标准，如规定场馆面积、场馆功能等。

在党委、政府的推动下，先形成了对于文化馆建设较为明确的规范。之后在制定关于推进农村文化政治建设全覆盖的意见时，出台了相关政策文件来明确文化设施的相关建设标准，为开展活动、提升公共文化服务效率提供保障。如海宁特大火灾之后，嘉兴市出台了相关政策，村文化活动中心面积不能小于500平方米，村文化活动室面积不能小于300平方米，通过这两个标准推动嘉兴公共文化设施的精准化布局。

嘉兴市文化和旅游标准化技术委员会的成立。浙江省作为全国标准化工作试点省份，率先成立了浙江省文化和旅游标准化技术委员会，以此来推进标准强省、质量强省，通过标准化来推动文化旅游的精准化发展。2021年1月，嘉兴市参照浙江省文化和旅游标准化技术委员会，并充分结合嘉兴自身特色，成立了嘉兴市文化和旅游标准化技术委员会，将涉及文化和旅游的标准化工作剥离出来，专门负责文化和旅游相关标准的制定修订、宣传贯彻、培训研究等工作。组建了35人组成的专家委员会，并设立秘书处。嘉兴市已有两个标准上升为浙江省地方标准。一个是图书馆总分馆标准，另一个是文化馆总分馆标准。这两个标准由嘉兴市文化和旅游局起草，之后通过浙江省市场监管局发挥作用。

嘉兴市文化馆企业分馆的实践探索。嘉兴市文化馆总分馆制度通过"文化两员"发挥作用，开展全民艺术普及活动。这一举措可以充分将嘉兴市中心馆、县总馆的资源与服务带到基层，推动文化艺术普及。2015年，嘉兴市实现了文化馆总分馆全覆盖，解决了城乡全民艺术普及均等化问题。

为了进一步提升嘉兴市公共文化服务的标准化和精准化，嘉兴市探索建立文化馆企业分馆，目标是在建党100周年前率先建成100家企业分馆。

嘉兴有很多劳动密集型的企业，企业工作人员平时工作时间很长，没有时间与精力走进文化馆。因此，嘉兴市探索建设文化馆企业分馆，将图文博美文化资源，包括图书、展览、培训等引入企业，让企业享受到嘉兴市人民政府公共文化发展所带来的成果，实现嘉兴市公共文化成果共享。

嘉兴市文化馆企业分馆标准，一是硬件标准：企业分馆要有至少300平方米的面积；要有至少2000册能够流动的图书；要有至少50平方米的能够开展培训的教室；能够开展特色服务，如文学社、摄影社、电影放映、音乐厅等；要有展览空间，能够进行书法、美术作品的展览。二是软件标准：每个企业需要安排一位企业文化员，并纳入嘉兴市文化馆统一管理，彻底打通原有总分馆体系与企业分馆体系，并与原有总分馆体系进行联动，将公共文化服务送进企业，实现全市图书的一卡通流动与企业文化点单式服务。

企业分馆推进了嘉兴市公共文化服务的精准化进程，推动嘉兴市公共文化服务从城乡均等向人群均等发展,并不断推进嘉兴市公共文化服务高质量发展。

科学规范的第三方评估。嘉兴市公共文化服务的第三方评估,由嘉兴市统计局调查大队承担评估工作,每年通过电话调查与实地调查两种方式进行。在电话调查方面,根据每个区县的人口进行电话区段随机抽样,至少接通150个电话,了解群众对一年来嘉兴市公共文化服务的满意情况,以及询问群众对嘉兴市公共文化服务的意见与建议,并将调查结果进行汇总,作为对嘉兴市各区县馆的考核依据。在实地调查方面,在各个区县馆选择6—8个文化馆/站进行实地调研,以村/社区馆为主,让调查员进行暗访、拍照,并最终提供调研报告。每个区县的实地暗访得分与电话调研群众满足度得分进行平均,作为第三方评估结果。

5. 其他公共文化服务机构

(1) 嘉兴博物馆

嘉兴博物馆始建于1958年,原馆位于市区勤俭路禾兴路口,后迁建南湖区海盐塘路,并于2003年10月对外开放。2004年10月1日起,常年免费开放。现馆建筑面积22 000平方米,是一座集收藏、研究、展示和教育于一体的综合性博物馆。2014年博物馆理事会成立,标志着文化事业单位法人治理结构工作迈出了坚实的一步,并获浙江省"博物馆免费开放最佳做法——最佳管理创新"奖。

馆内藏品丰富,结构较为完整,从不同侧面反映了嘉兴各个时期的文化风貌。馆内"禾兴之源——史前时期的嘉兴"和"沃土嘉禾——历史时期的嘉兴"两个基本陈列,梳理了整个嘉兴的发展过程,以丰富多彩的馆藏文物和独具匠心的展览手法,多层次、多角度地展示嘉兴悠久的历史和灿烂的文化,分获第十二届全国博物馆十大陈列展览精品推介优胜奖和浙江省陈列展览精品奖。

近年来,嘉兴博物馆不断深化免费开放工作,相继推出了《运河,我们的母亲河》《天地精华——嘉兴地区馆藏玉器展》《明色传馨——嘉兴地区馆藏明代书画特展》等一系列文物联展和主题展,并在全省陈列展览评选中获得嘉奖；深入"文化有约"活动，推出"零距离赏宝""精彩我体验""最炫民族风""考古零距离""流动博物馆"五大品牌项目，深受群众的欢迎；积极做好野外文物抢救性保护和文物征集工作；编辑出版《嘉兴文博》刊物，出版馆藏系列丛书《舒卷清风》《函绵尺素》《蒲竹英华》《海日流光》《明器载道》以及参与具体编撰《马家浜文化》《嘉兴博物馆馆藏文物精品集》等书籍和图录，成为为社区和社会发展服务、传播民族优秀文化、进行爱国主义教育的重要窗口，并先后获得嘉兴市爱国主义教育基地先进单位、省级治安安全示范单位、省文物系统先进集体、浙江省爱国主义教育基地等荣誉。2009年被国家文物局评定为国家二级博物馆[①]。

（2）马家浜文化博物馆

马家浜文化博物馆位于嘉兴市经济开发区马家浜遗址东北侧，占地面积23亩，建筑面积约8000平方米，是一座与考古遗址公园建设相结合的专题博物馆。该博物馆设有展厅、公共服务区、库房、报告厅等功能区域，其中"江南文化之源"基本陈列面积1800平方米，主要展示两次马家浜遗址考古发掘出土文物，共有110余件（组）[②]。展览共分为花开嘉禾、纯真年代、活力四射、薪火相传四部分，全面反映太湖地区新石器时代马家浜文化的分布范围、文化特征、地理环境及主要影响等内容。同时强调展览的科普性、知识性和教育性，也突出休闲性、娱乐性和参与性，使之成为嘉兴地区独特的以马家浜文化为主题的教育科普、休闲娱乐中心。

（3）嘉兴美术馆

嘉兴美术馆（嘉兴市蒲华美术馆、嘉兴画院）位于嘉兴市中和街28号，占地3.72亩，建筑面积1956平方米，庭院布局为民国建筑风格。2000年12月28日建成开馆，建馆初期为蒲华美术馆（嘉兴画院）。2008年增挂嘉兴美术馆，全称嘉兴美术馆（嘉兴市蒲华美术馆、嘉兴画院）。内设有"蒲作英纪

---

① 嘉兴博物馆. 嘉兴博物馆概况［EB/OL］.［2021-06-15］. http：//www.jiaxingmuseum.com/#/about#survey.

② 嘉兴博物馆. 嘉兴博物馆概况［EB/OL］.［2021-06-15］. http：//www.jiaxingmuseum.com/#/about#survey.

念室""岳石尘书画陈列室"。全馆设有常设展厅 2 个，临时展厅 1 个，多功能厅 1 个，综合会议厅 1 个。

嘉兴美术馆（嘉兴市蒲华美术馆、嘉兴画院）隶属嘉兴市文化广电旅游局的公益一类事业单位，是集展览、研究、创作、收藏、交流、培训和漫画教育于一体的文化场馆。目前，"三块牌子，一套班子"，机构编制 8 名。

嘉兴美术馆（嘉兴市蒲华美术馆、嘉兴画院）常年举办各类美术展览 30 多场。自 2001 年以来，先后承办了由中国美术家协会和嘉兴市人民政府联合举办的一至四届"红船颂"全国美术名家作品邀请展、一至八届中国·嘉兴国际漫画双年展。2012 年，中国美术家协会授予嘉兴市"中国漫画创作基地"。2013 年，嘉兴美术馆与保加利亚加布罗沃市漫画馆结为"国际文化交流友好馆"。2014 年，嘉兴美术馆全力承办第 12 届全国美术作品展览综合画种、动漫展区展览[①]。

5.1.4 嘉兴市公共文化服务标准化建设的思考

嘉兴市利用自身独特的地理优势结合标准化发展经验，共同构成嘉兴市中心馆—总馆—分馆—支馆四级文化馆总分馆体系。嘉兴市充分发挥中心馆的扩展效应，利用标准化的成功经验，分阶段、有重点地实施不同梯度区位的公共文化服务标准化工作，助推低梯度地区的标准化进程，构建了嘉兴市文化馆的城乡一体标准化建设模式。然而，公共文化服务标准化是灵活、动态的标准化，嘉兴市顺应"形势法则"，根据环境变化，不断创新体制机制，不断提高公共文化服务标准，使公共文化服务成为富有生机活力的有机体。

1. 公共文化标准化建设的逐步推进

在国家层面颁布实施的指导性标准省级指南的基础上，结合本地区实际，制定适合本地区的地方实施标准，图书馆、文化馆等公共文化地方标准不断推进，为基层公共文化服务的标准化建设提供了指导。从图书馆标准化方面来

---

① 嘉兴美术馆. 嘉兴美术馆概况 [EB/OL]. [2021 - 06 - 15]. http：//www.jxmsg.com/about/show.php? lang = cn&id = 19.

看，从2015年5月开始，嘉兴市制定出台了国内首个市级地方标准——《嘉兴市公共图书馆中心馆—总分馆服务体系标准》[1]。嘉兴市文化馆创新研究中心，按照《嘉兴市文化馆总分馆服务体系管理规范》、嘉兴市财政局和嘉兴市文化广电旅游局联合印发的《关于进一步保障基层公共文化服务效能提升的通知》（嘉文广旅〔2020〕77号）和《关于推进文化馆企业分馆建设的指导意见》（嘉文广旅〔2020〕53号）相关文件精神，重新修订嘉兴市文化馆"两员"队伍工作手册，调整全市文化馆总分馆业务工作绩效评估标准。这些标准规范的出台，为当地公共文化服务的标准化建设提供了样板。嘉兴的地方标准还为省级标准提供了借鉴，浙江省市场监管局发布《县级文化馆总分馆制管理服务规范》，也是以嘉兴市文化馆总分馆制的相关建设标准为基础，进一步推广了"嘉兴模式"。

"嘉兴模式"有一个重要条件，就是外部标准化环境有利于区域标准化。浙江省在持续推进国家标准化综合改革试点建设工作中取得了巨大成就。2019年浙江省大力推进国家标准化综合改革试点，共建成由12项省地方标准构成的"最多跑一次"标准体系，新增"浙江制造"标准565项，发布基本公共服务标准49项、农业农村领域标准33项，牵头制定就地城镇化、投资项目审批代办服务等国家标准121项。在国际标准化、数字经济标准化、社会治理标准化、乡村振兴标准化等四个方面均取得突破。自国家标准委和浙江省政府签署合作备忘录4年多来，标准化综合改革持续向纵深推进。在2020年新冠疫情防控和复工复产中，浙江省出台疫情防控12项省地方标准[2]。浙江省的标准化建设工作持续推进，《浙江省质量强省标准强省品牌强省建设"十四五"规划（征求意见稿）》于2021年1月29日—2月28日向社会公开征求意见[3]。

---

[1] 俞亚军，许大文. 基层图书馆公共服务标准化均等化建设探索 [J]. 图书馆研究与工作，2017 (7)：28–33.

[2] 浙江日报. 浙江：持续推进国家标准化综合改革试点建设 [EB/OL]. [2022–05–09] http://www.ce.cn/cysc/newmain/yc/jsxw/202005/08/t20200508_34862165.shtml.

[3] 浙江省人民政府网.《浙江省质量强省标准强省品牌强省建设"十四五"规划（征求意见稿）》意见征集情况反馈 [EB/OL]. [2021–06–15]. http://www.zj.gov.cn/art/2021/3/4/art_1229497730_59085395.html.

嘉兴充分利用这一有利条件，积极探索创新，以标准化推进高质量发展，成果显著。嘉兴"1+X"模式推进新型城镇化标准化工作在全国、全省标准化工作会议上作典型交流，主导制定国家标准——《就地城镇化评价指标体系》获批发布①。嘉兴市文化广电和旅游局把标准化工作摆在重要位置，贯穿文化和旅游发展的全过程，有力地推动了嘉兴文旅行业的高质量发展和竞争力的全面提升。

2. 城乡一体化的公共文化服务协同机制

嘉兴市的独特地理位置使得城乡之间距离不远，方便城乡的一体化协同发展。嘉兴市较早探索基层文化标准化工作，以南湖区为例，2012年开始试点建设50个文化小广场，出台《南湖区文化小广场建设实施方案》，以"六个一"（一块牌子、一名管理者、一台音箱、一个分贝仪、一本记录本、一套制度）为建设标准。从2013年1月至2014年12月，全区11个镇（街道）共搭建"欢乐大舞台"18个，累计演出752场，受益观众达60余万人次②。2020年基层公共文化建设取得了新成就。一是开展基层公共文化建设管理财政补助。对南湖区、秀洲区和经开区14个镇、村两级公共文化设施（其中镇级3个，村级11个），合计建筑面积20 726平方米，进行了验收补助，合计259.63万元。同时对2020年度村（社区）文化专职管理员薪酬费用补助189万元。二是一批镇、村获省级文化荣誉。嘉兴市嘉善县西塘镇、秀洲区油车港镇、平湖市独山港镇、南湖区余新镇、桐乡市洲泉镇5个镇正式被命名为"浙江省文化强镇"，南湖区大桥镇天香社区、秀洲区洪合镇凤桥村、嘉善县罗星街道鑫锋村、平湖市钟埭街道钟埭社区、海盐县西塘街道西塘社区、海宁市长安镇陆泽村及马桥街道利众村、桐乡市崇福镇店街塘村9个村（社区）被命名为"浙江省文化示范村（社区）"。至此，嘉兴市省级文化强镇数累计达22

---

① 嘉兴在线. 用标准助推创新发展，我市发布《嘉兴市标准化工作白皮书》[EB/OL]. [2021-06-15]. https://www.cnjxol.com/23790/202101/t20210122_724952.shtml.

② 嘉兴市文化广电新闻出版局. 嘉兴市公共文化服务创新案例[M]. 北京：中国社会科学出版社, 2016: 73-76.

个,省级文化示范村(社区)数累计达86个①。无论是嘉兴市图书馆的分馆、智慧书房,还是嘉兴市文化馆的企业分馆,均是先选取几个区域作为试点,然后编写建设和服务标准,由总馆统一牵头,地方按照统一的标准建设,开展城乡全范围的建设,实现服务的效能,保证城乡一体化的公共文化服务体系的构建,保证服务的标准化供给。

嘉兴在全市建成899个"10分钟品质文化生活圈",逐步构架出嘉兴公共文化服务的整体性"骨架"。嘉兴市文化和旅游工作一直走在全省前列,基层公共文化评估已经连续七年全省第一,图书馆、文化馆总分馆服务体系和红色旅游、古镇旅游享誉全国②。

2021年,浙江省基层公共文化服务评估指标正式更名为浙江省公共文化服务现代化发展指数(CMDI),并设定了优先发展、均衡发展、品质发展、以人为本和创新发展五大考核板块,考核更注重全民文化的参与度与可见度。2022年8月,浙江省文化和旅游厅公布浙江省2021年度公共文化服务现代化发展指数(CMDI)评估结果,嘉兴以75.0251的综合得分位居全省11个设区市第一。这是嘉兴连续第九年在全省地市基层公共文化服务评估指标排名中位居第一。嘉兴在五大考核板块中,均衡发展板块得分位列全省第一;创新发展板块得分在全省排名第二,其中,"县域文化惠民品牌创建"指标位居全省第一。这意味着嘉兴基层公共文化服务标准化、均等化程度不断加深,"文化品牌"成为推进精神共富的"助推器"③。

3. 公共文化体制机制创新模式

嘉兴市的公共文化服务标准化建设最重要的一点是不断创新体制机制。一是公共文化标准化机构的创新。除国家公共文化服务体系示范区创新研究中心

---

① 嘉兴市文化广电旅游局.2020年公共文化服务基本情况[EB/OL].[2021-06-15]. http://www.jiaxing.gov.cn/art/2020/12/18/art_1228922739_59049836.html.

② 嘉兴发布.全省首个!嘉兴市文化和旅游标准化技术委员会成立[EB/OL].[2023-02-20]. https://baijiahao.baidu.com/s?id=1677566392403572387.

③ 嘉兴发布.让基层公共文化"均衡富庶",嘉兴底气何在?[EB/OL].[2023-02-20]. https://mp.weixin.qq.com/s/9ftmrDWvrx6CJGfkuhbyAA.

公共文化服务标准化与均等化的理论创新与案例研究

为本地乃至全国的发展建言献策外，2020年9月11日成立的嘉兴市文化和旅游标准化技术委员会是全省首家在地市成立的文旅标准化技术委员会，委员会在嘉兴职业技术学院成立同时召开了文化和旅游标准化工作推进会议。二是公共文化高层次人才招聘和培养的创新。在嘉兴职业技术学院设立标技委秘书处，文化机构和高校的合作有助于人才的培养。国家公共文化服务体系示范区创新研究中心已调入专职工作人员2名（其中博士1名）；高层次人才的引进和培养为嘉兴文化高质量发展出谋献策。三是公共文化服务创新项目的开展。2020年度嘉兴市公共文化服务创新项目评审及历年创新项目"回头看"工作，对前三年的35项创新项目开展回顾总结、提炼经验做法，各地新确定创新项目83项，参加年度创新项目筛选。四是推进文旅深度融合发展机制。2020年5月中下旬，文旅部公布了全国172个国家级文旅公共服务机构功能融合试点名单，全省共有6家入选，嘉兴市南湖旅游服务中心名列其中。目前已制定了南湖旅游服务中心文化和旅游公共服务机构功能融合试点工作方案①。

2022年，全国"第一、二批国家公共文化服务体系示范区"创新发展复核结果出炉，在东部一、二批18个国家公共文化服务体系示范区城市总排名中，嘉兴仍以优异成绩位居东部地区榜首。

近几年公共文化服务保障法的推广，促进了群众对于公共文化服务的了解，提升了群众对于公共文化服务设施的利用率。标准化是推进均等化的重要手段。但是，标准化只是保障最低标准，只能满足群众最基本的公共文化需求。因此，我们既要执行标准，又要满足百姓对美好生活的需求，将标准不断提高。但是，标准的实施并不能一成不变，而需要根据各个地方的实际情况来进行调整，以期不断推进从标准化到个性化、优质化的品质活动，从而推进各地公共文化服务的高质量发展。

---

① 嘉兴市文化广电旅游局.2020年公共文化服务基本情况［EB/OL］.［2021-06-15］.http://www.jiaxing.gov.cn/art/2020/12/18/art_1228922739_59049836.html.

5.2 江苏省无锡市案例研究

5.2.1 案例选择

无锡市是位于江苏省南部的地级市，下辖6区2市、30个镇、53条街道。截至2019年年末，全市常住人口659.15万人，户籍人口502.83万人[①]。2017年，无锡市经济总量突破万亿元，全市地区生产总值跻身"万亿俱乐部"。2020年全年实现地区生产总值12 370.48亿元，按可比价格计算，比上年增长3.7%。

作为国家公共文化服务体系示范区的无锡市，在公共文化服务建设领域一直处在全国领先位置。2015年2月，无锡市荣获"全国文明城市"称号，2016年4月，无锡市成功创建国家公共文化服务体系示范区，顺利通过第二批国家公共文化服务体系示范区（项目）验收。本研究将无锡市作为重要案例开展调查研究。

5.2.2 调研经过

南开课题组经过多次讨论之后，拟定本次调研的行程和访谈提纲，并在行程出发前做了前期资料的收集和文献调研，在对无锡市公共文化服务标准化建设情况有了初步了解之后，由课题组成员邹金汇、刘旭青具体实施调研计划。南开课题组于2018年6月4日下午，分别对无锡市高新区图书馆、文化馆进行了调研，重点对图书馆、文化馆运营服务外包作了较为深入的了解。2018年6月5日上午，南开课题组对无锡市图书馆、档案馆、城市建设档案馆和无锡博物院进行了考察，并针对无锡市图书馆和文化馆总分馆建设的具体情况，结合本次调研的主体，到无锡市图书馆标准分馆进行调研。2018年6月5日下午，针对无锡市基层综合文化服务中心的建设情况，选择梁溪区基层综合性

[①] 无锡市统计局.2020年无锡市统计年鉴[EB/OL].[2021-06-03]. http：//tj.wuxi.gov.cn/doc/2020/08/31/3019256.shtml.

文化服务中心作为案例研究的重点,并对金匮街道文体服务中心一分站和梁溪区迎龙桥街道文体服务中心进行了考察。最后,结合梁溪区公共文化服务建设情况,选择且调研了梁溪区图书馆标准化建设情况。

5.2.3 无锡市公共文化服务情况

"十三五"期间,无锡市统筹城乡区域发展,推动公共文化服务一体化进展。无锡博物院升级为国家一级博物馆,成为国家公共文化服务体系示范区。无锡市举办江南文脉论坛、国际友人文化周,开展无锡国专创立百年纪念活动,成为江苏省书香城市建设示范市[①]。

无锡市在公共文化服务领域取得丰硕成果,公共文化服务更优质、公共文化产品供给更丰富、公共文化设施网络更健全(见表5-7)。2017年无锡联袂江阴、宜兴实现市域全国文明城市"满堂红",成为全国首个文明城市群。2018年无锡入选商务部、中宣部、文化和旅游部、国家广播电视总局共同认定的全国首批13个国家文化出口基地。

表5-7　无锡市公共文化服务情况(2008—2020)

年份	举办活动	获奖情况	文艺表演团体和公共文化设施建设	广播电视
2008	成功举办了"2008中国(无锡)吴文化节",精心组织惠山文化庙会等文化活动,年内举办"激情周末"等广场文艺演出76场	无锡道教音乐、锡剧、吴歌等5个项目被国务院列入第二批国家级非物质文化遗产名录。无锡市成为全省首个历史文化名城群。鸿山遗址被国家批准列为大遗址保护工程	年末共有艺术表演团体10个,文化馆9个,公共图书馆9个,文化站80个,博物(纪念)馆15个。市博物院建成对外开放	全市人民广播电台节目9套,平均每天播出180.45个小时;电视台节目9套,平均每周播出1166.26个小时;无锡有线电视总用户已达238.7万户。电视人口总覆盖率和广播人口覆盖率均达100%

---

① 无锡市人民政府.2021年政府工作报告[EB/OL].[2021-06-03].http://www.wuxi.gov.cn/doc/2021/01/25/3170408.shtml.

(续表)

年份	举办活动	获奖情况	文艺表演团体和公共文化设施建设	广播电视
2009	成功举办"2009中国（无锡）吴文化节"，精心组织新春书市花市、激情广场文艺演出活动，全市各级积极开展文化下乡"三送"活动，为基层送电影9000余场、送戏900余场、送书15.9万余册	电视连续剧《望族》《江阴要塞》在央视热播，电视专题片《说吴》入选第六届中国纪录片国际选片会"十大纪录片"，动画电影《快乐奔跑》荣获中国电影华表奖优秀动画片奖。2009年原创动画片总时长19214分钟，名列全省第一，全国第二	年末共有艺术表演团体10个，文化馆9个，公共图书馆9个，文化站81个，博物（纪念）馆18个	全市人民广播电台节目8套，平均每天播出180个小时；电视台节目8套，平均每周播出1166个小时；无锡有线电视总用户已达149.96万户。全市基本完成有线电视数字化整体转换工作。电视人口总覆盖率和广播人口覆盖率均达100%
2010	举办"激情周末"广场文艺演出73场，惠山泥人、精微绣、留青竹刻和紫砂等非遗展示项目、《荡湖船》和《男欢女嬉》两个节目，以及《阿炳》精彩亮相世博会，锡剧《玉飞凤》在北京梅兰芳大剧院献演首届全国民营艺术院团优秀剧目展演	儿童音乐剧《带锁的日记》、女声独唱《梦中的大西北》成功摘得全国第十五届"群星奖"作品奖。第九届江苏省"五星工程奖"勇夺12金、16银、20铜，遥居全省榜首。全年送电影下乡10 337场、送戏下乡2860场、送书下乡15.9万册	公共文化服务"全年无休"逐步推开，中国乡镇博物馆、无锡博物院虚拟西方艺术馆等建成启用，基层公共文化设施实现100%达标。年末共有艺术表演团体22个，文化馆10个，公共图书馆10个，文化站82个，博物（纪念）馆64个	全市人民广播电台节目8套，平均每天播出196个小时；电视台节目8套，平均每周播出1178个小时；无锡有线电视总用户已达153.76万户，其中市区80.54万户。全市有线电视数字化整体转换工作完成99%。电视人口总覆盖率和广播人口覆盖率均达100%
2011	加大文化惠民力度，举办"第六届吴文化节"等重大节庆文化活动，送电影13 005余场次、送戏3692余场次、送书15万余册、送展览228场次到基层。首次开展政府购买公共文化服务，创建品牌项目——无锡市农民工摄影节	立项资助14部（件）重点文艺作品，动画电影《藏獒多吉》参展中日合办影视周，电视剧《老马家的幸福往事》获得中国电视"飞天奖"。举办金钟奖二胡比赛，荣获全国唯一的"二胡之乡"称号。中国泥人博物馆对外开放，惠山老街被评为第三批全国历史文化名街	全市公共图书馆、文化馆（站）"全年无休"，开放服务比例达到58%。年末共有艺术表演团体41个，文化馆9个，公共图书馆10个，文化站82个，博物（纪念）馆50个	全市人民广播电台节目8套，平均每天播出196个小时；电视台节目8套，平均每周播出1178个小时；无锡有线电视总用户已达159.59万户，其中市区100.74万户。电视人口总覆盖率和广播人口覆盖率均达100%

(续表)

年份	举办活动	获奖情况	文艺表演团体和公共文化设施建设	广播电视
2012	举办"第七届吴文化节""第十四届中国上海国际艺术节"无锡分会场等重大节庆文化活动。设立引导文化消费专项资金以来,每年投入850万元	舞剧《绣娘》、电视连续剧《誓言今生》荣获中宣部"五个一工程奖"。无锡大剧院正式落成启用,惠山祠堂群文化景观成功列入《中国世界文化遗产预备名单》	年末共有艺术表演团体43个,文化馆10个,公共图书馆10个,文化站82个,博物(纪念)馆56个	全市人民广播电台节目10套,电视台节目8套,无锡有线电视总用户已达160万户。电视人口总覆盖率和广播人口覆盖率均达100%
2013	组织第十三届上海国际艺术节无锡分会场。举办2013"光影之夏,追梦之旅"主题活动等	成功跻身2013—2015年国家公共文化服务体系示范区创建城市行列;小品《一个馄饨引发的故事》获第十届中国艺术节"群星奖",锡剧《二泉映月·随心曲》获第十三届中国戏曲节优秀剧目奖	年末共有艺术表演团体49个,文化馆10个,公共图书馆10个,文化站80个,博物(纪念)馆69个	全市人民广播电台节目9套,电视台节目9套,无锡有线电视总用户已达173万户。电视人口总覆盖率和广播人口覆盖率均达100%
2014	"书香无锡"全民阅读活动全面开展	大运河无锡段参与申遗成功,惠山祠堂群列入省2016年推荐申遗项目,"泰伯庙会""宜兴均陶制作技艺"被评为第四批国家级非遗代表性项目,紫砂文化海峡两岸交流基地创建成功	年末共有艺术表演团体51个,文化馆10个,公共图书馆10个,文化站80个,博物(纪念)馆64个	全市人民广播电台节目8套,电视台节目10套,无锡有线电视总用户已达170万户。电视人口总覆盖率和广播人口覆盖率均达100%
2015	创办无锡市文化创意设计大赛	成功跻身全国文明城市行列	年末共有艺术表演团体53个,文化馆10个,公共图书馆10个,文化站80个,博物(纪念)馆60个。全市档案馆10个,已向社会开放档案15.77万卷(件、册)	全市人民广播电台节目8套,电视台节目10套,有线电视总用户达165万户。电视人口总覆盖率和广播人口覆盖率均达100%

(续表)

年份	举办活动	获奖情况	文艺表演团体和公共文化设施建设	广播电视
2016	成功创建国家公共文化服务体系示范区	被中国社科院评为内地宜居城市第一名	年末共有艺术表演团体57个，文化馆8个，公共图书馆8个，文化站80个，博物（纪念）馆61个。全市档案馆10个，已向社会开放档案15.77万卷（件、册）	全市人民广播电台节目8套，电视台节目10套，无锡有线电视总用户已达152.49万户。电视人口总覆盖率和广播人口覆盖率均达100%
2017	持续推进政府购买文化服务，继续购买原品牌项目，如第三届无锡老年春晚、第三届中国（无锡）国际笛箫节、无锡市第六届农民工摄影节；新购项目增加首届无锡市"文华奖"精品剧目展演、群文艺术精品演出、评弹展演、话剧创排等	被国家旅游局评为首批十大"中国旅游休闲示范城市"。蝉联全国文明城市，江阴市、宜兴市入选全国文明城市，率先创成首个全国文明城市群	年末共有艺术表演团体64个，文化馆8个，公共图书馆8个，文化站82个，博物（纪念）馆58个。全市档案馆8个，已向社会开放档案58.14万卷（件、册）	全市人民广播电台节目8套，电视台节目10套，无锡有线电视总用户已达152.14万户。电视人口总覆盖率和广播人口覆盖率均达100%
2018	成功举办首届江南文脉论坛，在江南文化研究上达成无锡共识，扩大了无锡对外影响。"书香无锡"建设深入推进，全市居民综合阅读率达95.78%，超出全省平均水平5.55%	成为江苏省唯一入选国家文化出口基地的城市。入选首批国家文化出口基地	艺术表演团体89个，文化馆8个，公共图书馆8个，文化站82个，博物（纪念）馆62个。全市档案馆8个，已向社会开放档案14.88万卷（件、册）	全市人民广播电台节目8套，电视台节目9套，无锡有线电视总用户已达150.53万户。电视人口总覆盖率和广播人口覆盖率均达100%
2019	推出的太湖文化艺术季加大文化惠民力度，进一步提高了市民的参与度和获得感	培育红豆集团作为唯一民企入选中组部"不忘初心、牢记使命"主题教育学习丛书案例	艺术表演团体72个，文化馆8个，公共图书馆8个，文化站82个，博物（纪念）馆58个。全市档案馆8个，已向社会开放档案26.65万卷（件、册）	全市人民广播电台节目8套，电视台节目9套，无锡有线电视总用户已达152.6万户。电视人口总覆盖率和广播人口覆盖率均达100%

(续表)

年份	举办活动	获奖情况	文艺表演团体和公共文化设施建设	广播电视
2020	全面启动文艺工作发展总体规划和三年行动计划，对全市文化设施"一揽子"建设做了全方位、高水平规划和布局，如无锡市公共文化艺术发展中心、无锡国专纪念馆、无锡科技馆、无锡美术馆、锡剧艺术中心等一批标志性文化设施	无锡市歌舞剧院的舞剧《千年运河》获紫金文化艺术节"优秀剧目奖"，无锡市锡剧院蔡瑜获紫金文化艺术节"优秀表演奖"	艺术表演团体89个，文化馆8个，公共图书馆8个，文化站82个，博物（纪念）馆62个。全市档案馆8个，已向社会开放档案14.88万卷（件、册）	全市人民广播电台节目8套，电视台节目9套，无锡有线电视总用户已达150.53万户。电视人口总覆盖率和广播人口覆盖率均达100%

资料来源：根据南开课题组课题有关资料整理。

此外，无锡市公共文化服务发展特色突出，"服务外包"敢为人先，"图书馆总分馆"建设示范全国，"小额扶持"率先推行，城市公共阅读的"江阴模式"都引发了全国文化领域关注。2017年无锡市人民政府投入1500万元资助市民文化消费，为提升公共文化服务的质量与效率，设置了"引导文化消费专项资金"，经审批后给予资金上的扶持，并鼓励市民自行申报文化活动项目①。除了扶持类似锡剧戏迷协会等民间文化社团活动之外，政府扶持的文化项目还包括非遗传播、读书活动、公益展览、艺术培训、讲座等。为满足人民群众日益多元化的文化需求，政府通过小额扶持的途径，广泛吸收社会力量参与，在很大限度上促进了本地区公共文化事业的繁荣。

截至2021年年末，全市共有艺术表演团体91个，文化馆8个，公共图书馆8个，文化站75个，博物（纪念）馆62个。全市人民广播电台节目13套，电视台节目24套，无锡有线电视总用户148.94万户。电视人口总覆盖率和广播人口覆盖率均达100%。全市共有档案馆8个，已向社会开放档案32.63万

---

① 新浪网. 无锡推进公共服务标准化建设让更多普惠服务融入百姓生活［EB/OL］.［2018-05-31］. http：//wx.sina.com.cn/news/wxnews/2017-07-05/detail-ifyhrxsk1795861.shtml.

卷（件、册）①。

5.2.4 基层站所公共文化服务标准化全覆盖分析

1. 无锡市构建公共文化服务地方性标准体系

构建公共文化服务地方标准体系，成为无锡市创建公共文化服务示范区过程中的一大创新举措。通过创新机制体制，以制度设计为有效抓手，无锡市成为全国范围内构建公共文化服务标准体系的优秀案例，构建形成的公共文化服务地方标准体系科学、规范、易行、适用。

2016年2月，无锡市质量技术监督局发布了包括《无锡市基本公共文化服务保障标准》《无锡市公共文化服务评价》两个综合标准和《无锡市综合文化站服务规范》《无锡市综合文化站建设标准》等10个分项标准在内的地方性系列标准，并于2016年1月1日起实施（见表5-8）。自此，无锡市率先在全国建立起较为完善的公共文化服务标准体系，涉及市、县两级公共图书馆、文化馆、博物馆、美术馆、乡镇（街道）综合文化站等基层公共文化服务场馆建设标准和服务规范。

此套标准编制历时一年多，由无锡市文广新局牵头，市文化、体育、质监、财政、监察、发改等部门分工合作完成。经历了部署动员、调研走访、资料收集、起草拟稿、反复讨论、修改完善、最终论证、形成标准的一套完整的标准产生流程。标准对公共文化服务中政府的责任、群众的基本文化权益保障、服务效能评价等方面都给出了明确的规定，与公共文化服务相关的服务规范、产品供给、人才队伍、设施建设等也提出了一系列具体的指标要求。

这是无锡市对公共文化服务首次全面系统的规范要求，也在全国起到了引领示范作用。此套公共文化服务地方标准科学、规范、适用、易行，有利于更好地保障广大群众基本文化权益，切实提高公共文化服务效能，提升各级政府和公共文化机构公共文化建设水平，必将有力推动地方公共文化服务标准化、

---

① 无锡市统计局.2021年无锡市国民经济和社会发展统计公报［EB/OL］.［2022-06-03］. http://tj.wuxi.gov.cn/doc/2022/02/18/3602091.shtml.

均等化的实现，逐渐构建起科学完善的现代公共文化服务体系①。

表5-8 无锡市发布系列公共文化服务地方性标准

序号	发布机构	标准名称	标准类型	实施日期
1	无锡市质量技术监督局	《无锡市基本公共文化服务保障标准》	地方标准	2016年1月1日
2	无锡市质量技术监督局	《无锡市公共文化服务评价》	地方标准	2016年1月1日
3	无锡市质量技术监督局	《无锡市综合文化站建设标准》	地方标准	2016年1月1日
4	无锡市质量技术监督局	《无锡市综合文化站公共服务规范》	地方标准	2016年1月1日
5	无锡市质量技术监督局	《无锡市公共图书馆建设标准》	地方标准	2016年1月1日
6	无锡市质量技术监督局	《无锡市公共图书馆服务规范》	地方标准	2016年1月1日
7	无锡市质量技术监督局	《无锡市文化馆建设标准》	地方标准	2016年1月1日
8	无锡市质量技术监督局	《无锡市文化馆服务规范》	地方标准	2016年1月1日
9	无锡市质量技术监督局	《无锡市公共博物馆建设标准》	地方标准	2016年1月1日
10	无锡市质量技术监督局	《无锡市公共博物馆服务规范》	地方标准	2016年1月1日
11	无锡市质量技术监督局	《无锡市公共美术馆建设标准》	地方标准	2016年1月1日
12	无锡市质量技术监督局	《无锡市公共美术馆服务规范》	地方标准	2016年1月1日

资料来源：根据南开课题组课题有关资料整理。

---

① 无锡市人民政府. 无锡市发布系列公共文化服务地方性标准［EB/OL］.［2018-05-31］. http://wgxj.wuxi.gov.cn/doc/2016/02/01/883292.shtml.

2. 积极推进基层综合性文化服务中心标准化建设

(1) 无锡市推进基层综合性文化服务中心标准化全覆盖

为进一步推进江苏省基础综合文化服务中心建设，2016年10月25日，江苏省基层综合性文化服务中心建设推进会在镇江召开，对全省工作做出详细部署。目前，江苏省已经出台《行政村（社区）综合文化服务中心建设标准》，具体包括面积标准、功能标准和服务标准，并且各区市政府与省政府签订了基层综合性文化服务中心建设责任书。江苏省《行政村（社区）综合文化服务中心建设标准》可细化为面积标准、功能标准和服务标准。

为推进基层综合文化服务中心建设，按照江苏省建设标准，无锡市文广新局积极组织各市（县）、区及时推进、迅速申报。在基层综合性文化服务中心建设中，无锡市人民政府十分重视服务与设施相配套、软件与硬件相适应，开展特色文化服务，因地制宜，创新服务手段，力争实施功能更加完善、内容更加丰富。如滨湖区胡埭地区吴歌的传承和发展，作为国家级非物质文化遗产代表性项目，先后在立人社区、胡埭镇等综合性文化服务中心开展了非遗传承系列活动，开办吴歌学堂，创作新吴歌"珍爱生命之水"，组织少年儿童进行"品年味，唱童谣"活动，送吴歌进校园。梁溪区为了延伸全民阅读服务网络，组织了"文化下基层·幸福万家乐""仁德送学进社区"等系列活动，并将综合性文化服务中心建成区文化馆、图书馆的流动服务点，拓展服务空间。表5-9所示为江苏省与无锡市综合服务中心建设标准比较。

表5-9　江苏省与无锡市综合文化服务中心建设标准比较

建设标准	项目	江苏省标准	无锡市标准
面积标准	建筑面积	原则上不得小于人均0.16平方米，最小建筑面积不得小于300平方米	总建设面积应不小于40平方米每千人和2000平方米中的较大值
	室外活动场地面积	不得小于300平方米	≥900平方米（服务人口≥10万人）；≥600平方米（服务人口<10万人）

(续表)

建设标准	项目	江苏省标准	无锡市标准
功能标准	一个标志牌	统一配挂"××村(社区)综合文化服务中心"标识	标识标记,细化部分见《无锡市综合文化站建设标准》
	一个宣传栏	实际使用面积不小于2×4=8平方米	应设置宣传橱窗或专栏,宣传橱窗或专栏长度应不小于15m
	一个图书馆分馆	拥有1200种1500册以上的图书,报刊不少于10种,年新增图书不少于80册	≥10万人,图书≥3万册,报刊≥30种;5万—10万人,图书≥2万册,报刊≥25种;<5万人,图书≥1万册,报刊≥20种
	一个多功能室	主要用于宣传文化、党员教育等	多功能厅(小型排演、报告)
	一个中老年文体活动室	主要用于乡土草根文化的创作、研讨与传承	老年活动室,应有良好的建筑朝向和日照
	一个妇女儿童文体活动室	主要用于妇女儿童娱乐活动、文娱活动排练等	无明确体现妇女儿童内容
	一套文体设施设备	主要包括篮球场、室内体育健身室、乒乓球台、体育健身器材、广播音响器材等	体育健身器材应配备乒乓球桌、室内外健身器材、球类等
	一个公益性文化岗位	有至少1名专(兼)职人员负责中心的日常管理	应配备3名以上专职工作人员,可根据服务人口增设兼职工作人员
服务标准	开放时间	室内文体活动场所要有明确的开放时间表,便于群众参加活动	应全年无休开放,每周累计时间应不少于56小时,节假日应延长开放时间
	活动次数和时间	室外广场要定期组织开展文体活动,每季度不少于1次,全年不少于6次	没有明确规定室外广场活动次数,细化内容见《无锡市综合文化站服务规范》
		全年组织妇女儿童参加的文化娱乐活动不少于4次	没有明确规定妇女儿童活动次数,细化内容见《无锡市综合文化站服务规范》
		每个月为村民、居民放映一场国产新片(院线上映不超过2年)	没有明确规定此部分内容
		村(社区)文化管理人员每年参加培训时间不少于5天	每年组织、协调、指导所辖文化室(文化大院、俱乐部)开展文体活动应不少于25次,下基层辅导应不少于36天/人

资料来源:根据南开课题组课题有关资料整理。

无锡市图书馆、文化馆总分馆建设有较大发展,截至2021年年初,无锡市城区公共图书馆总分馆体系已拥有成员馆29个,其中市级总馆1个,区级图书馆4个,直属分馆、特色分馆20个,24小时自助图书馆4个。街道文化站覆盖面大幅提升,截至2021年2月,无锡市下辖的江阴市(17)、宜兴市(18)、锡山区(9)、惠山区(7)、滨湖区(7)、梁溪区(16)、新吴区(6)、经开区(2)等共计82个街道文化站①。公共文化服务机构形成一定的数量和规模,为提供优质的服务内容提供了保证。同时,无锡市图书馆有一个下属标准分馆,是无锡市图书馆与无锡市质量监督局合办的标准主题图书馆。此主题图书馆定位明确,专门服务于无锡市标准化领域建设工作,并提供标准检索、查新及动态跟踪、产业标准体系服务、标准水平评估、标准翻译、标准制修订咨询、标准体系建立、标准化项目研究、信息化等领域的专门服务,为无锡市公共文化服务标准化建设提供了可靠保证。

(2)无锡市基层站所公共服务标准化全覆盖检查评估

2016年7月,为推动基层站所公共文化服务标准化工作,在已出台的基层站所公共服务标准化全覆盖运行情况检查评估方案的要求下,无锡市成立了市文广新局基层站所公共服务标准化全覆盖运行检查评估工作领导小组,由市文广新局局长和分管副局长分别担任组长和副组长。2016年7月到2017年2月,对全市基层站所公共服务标准化全覆盖运行情况检查评估,制定检查评估方案,明确检查评估的目标任务和主要内容,全面检查全市各县(市)区公共服务标准化规范落实情况,认真总结经验和不足,推进标准的全面实施和完善。具体检查评估工作分为动员部署、自查评估、考核评估迎检和总结四个阶段。首先召开了市文广新局基层站所公共服务标准化全覆盖运行检查评估工作部署会,成立考评组,各(县)市区相应成立检查评估小组。其次各推进部门(单位)在自查自纠的基础上,切实找出存在的问题和差距。同时,在考核工作中引入第三方工作机制,对基层站所实行公共服务标准化情况进行明查暗访评议②。

---

① 无锡市人民政府. 无锡市乡镇(街道)文化站名录[EB/OL]. [2021-05-31]. http://www.wuxi.gov.cn/doc/2021/02/02/3183707.shtml.
② 无锡市人民政府. 关于印发市文广新局基层站所公共服务标准化全覆盖运行情况检查评估方案的通知[EB/OL]. [2018-05-31]. http://wgxj.wuxi.gov.cn/doc/2016/08/03/1113669.shtml?v=68743.

本次评估更好地提升了人民群众的获得感，不断促进了基层政风、行风和作风建设，从源头上预防和解决了腐败问题以及侵害群众利益的不正之风。评估按照"条块结合、上下联动"和"谁主管、谁负责"的原则，将职能明晰公示，以利于社会监督。这些文化服务中心表面看似"千篇一律"，但各个社区因地制宜，努力丰富文化内容。通过全面检查基层站所标准化全覆盖运行情况，打通基础公共文化服务"最后一公里"，推荐优秀基层站所参与国家标准制定或试点示范，从而为加快建设"强富美高"新无锡作出更大贡献。

《江苏省行政村（社区）综合文化服务中心建设标准》指出基层"文化空间"要明确模板，无锡市在历经两年的示范区创建中荣获第二批全国公共文化服务示范区称号，并伴随发布有12项涉及市、区县、乡镇文化馆（站）、图书馆（室）、博物馆（院）、美术馆（书画室）的建设、服务、评价标准。在相关标准发布之后，无锡市重点开展了对标准培训和标准落实情况评估两项工作，从而保证标准高质量的落实。标准发布伊始，无锡市文广新局对市、县区、乡镇街道三级馆站标准化工作展开专题培训和有计划的部署，通过组织专门力量保证公共服务标准化工作的顺利落实。同时，为了全面监督全市公共文化服务标准化工作运行情况，标准发布后，无锡市文广新局成立专门检查组，重点针对三级图书馆（室）、文化馆（站）、博物馆、美术馆标准化落实情况展开检查，争取做到全覆盖拉网式检查评估。

公共文化服务12项标准发布后，无锡市针对公共文化服务的薄弱环节加大投入，完善基础设施建设，建成了一批高水准的县、市级乡镇街道文体服务中心。如惠山区按国家一级文化馆标准建成区文化馆，改造闲置的规划展示馆。惠山开发区实现公共文化服务走进千家万户，7个万人以上的社区建成乡镇级文体服务中心，达到一社区一中心的建设标准。在各级文化主管部门重视和努力之下，无锡市标准化全覆盖运行取得阶段性成果。硬件设施普遍得到改善，群众的文化需求得到不断满足，各级文化站所公共文化服务标准化工作能立足当地、体现服务特色①。

---

① 无锡市人民政府. 市文广新局对全市公共文化服务标准化全覆盖运行情况进行检查评估［EB/OL］.［2018-05-31］. http：//wgxj. wuxi. gov. cn/doc/2016/10/09/1152637. shtml.

(3) 梁溪区积极推进基层综合性文化服务中心标准化落实

根据江苏省政府办公厅《关于推进基层综合性文化服务中心建设的实施意见》要求，2017年10月，为全面推进基层综合性文化服务中心建设工作，梁溪区文体局对本区16个社区综合文化服务中心建设点的基础设施配备使用情况、面积达标、文化宣传氛围和各活动室的功能作用实地督查。如今，在无锡市已形成区级督查与市级督查联动机制，分级推动基础公共文化服务标准化建设。2017年年底，梁溪区文体局对全区各社区综合文化服务中心标准化落实情况进行验收，对图书室、电子阅览室、文化活动室、室外活动广场、健身室等的基础设施建设、布局定位及特色亮点打造进行考察。针对公共文化服务标准化的落实情况，考察了社区综合文化服务中心的服务标准、功能标准、面积标准、创新服务等，并重点关注了创新文化服务、服务内容及特色做法，争取在全区打通公共文化服务的"最后一公里"。

南开课题组为了更好地了解无锡市基层综合性文化服务中心标准化落实的情况，分别选择了梁溪区迎龙桥街道文体服务中心和金匮街道文体服务中心一分站作为本次调研的两个实例。实地走访和对服务中心群众、负责人的访谈所获信息，普遍反映近几年政府对公共文化服务的支持力度明显加大，比较突出的是公益文化活动的数量和质量明显提升。举办活动的同时，政府对公共文化活动的宣传力度和途径也比以前有所提升和增加，纸质媒介的公示、政府网站平台的宣传、微信公众号自媒体的应用，都在一定程度上扩大了梁溪区公共文化活动的影响力度。各区文化站、服务中心紧紧按照无锡市公共文化服务标准化全覆盖的相关标准，积极落实相关建设和服务标准，切实推进基层公共文化服务标准化。

通过对梁溪区公益文化活动情况的实地访谈与记录考察，活动举办时间较为平均地分布，每日活动从一种到五六种不等，可以基本满足本区域居民不同时期的文化生活需求。活动的主要内容包括戏曲、展览、公益活动、党课、文艺培训等，活动内容结合区域特色、国家方针政策等要求，从本区域居民生活需求出发，创新活动形式和内容，受到区域群众的普遍认可和好评。同时，梁溪对各项公益文化活动的效果展开评价，从数量、质量等方面全面提升本区域公共文化服务效能。

3. 新兴城区现代公共文化服务社会化的标准化建设

《新兴城区（开发区）现代公共文化服务社会化的标准化建设》是2014年无锡市立项的国家文化创新工程重点项目，2015年11月通过文化部文化科技司组织专家的验收评审，无锡新区成为全国高新开发区中唯一一个获得创新工程重点项目和文化部创新奖的地区。该项目在保证公共文化机构运行质量的前提下，创新公共文化产品和服务的供给模式，扩大供给的途径，大大提升了群众满意度。以高新区图书馆运营服务外包模式为例，无锡市率先打造出有社会化特色的现代公共文化服务体系，通过政府向社会力量购买公共文化服务项目来推进公共文化服务的社会化进程，这对于全国公共文化服务社会化发展具有典型示范作用和重要的先期探索价值。

（1）"服务外包"敢为人先

2010年，无锡新区通过招标形式先对区图书馆进行社会化运作，选择专业公司负责图书馆的建设、管理、运行和服务。自2011年起，无锡市新吴区图书馆通过招标的方式引入社会化运作，将图书馆的管理、运行和服务外包给专业公司，实现图书馆业务全外包，在全国率先推出"服务外包"的管理创新模式。通过招标，无锡新区引入服务外包开创管理新模式，将图书馆业务外包给台湾艾迪逊公司，依托图书馆运行管理经验丰富的专业公司探索图书馆服务的新模式。具体负责无锡新吴区图书馆的是艾迪逊电子科技（无锡）有限公司芜湖分公司，公司成立专门的服务运营部门，利用专业公司先进的技术服务和人力资源上的优势进行管理。因为创新管理，无锡市新吴区图书馆运营模式获文化部创新奖，在全国范围内树立起图书馆社会化运作方式的成功典范。作为无锡市创新公共文化服务管理的缩影，社会化运作成功实现"服务外包"、撬动社会多元力量、大幅整合社会资源，从而提升公共文化服务质量，保障群众的基本文化权益。

新吴区图书馆是国内首家公共服务外包的图书馆，是公共文化服务领域体制创新的优秀案例，其利用专业公司先进的管理理念和技术，大大提高了图书馆的工作效率和质量。在人员管理上，新区管委会只派出馆长负责行政事务，图书馆的实际管理人员为艾迪逊公司聘用的拥有良好知识背景的本科以上学历图书情报专业人才。高效的工作能力和先进的服务理念，保证了新吴区图书馆的高效率运行。新吴区图书馆的社会化运营，大大减少了政府的财力、物力、人力支出，同时也为其他地区基层图书馆的可持续发展提供了借鉴，走出了一条小政府、大服务、社会力量参与公共服务的新路子。

在多方考察的基础上，无锡新区结合自身具体实际，科学设计和规划图书馆的未来发展。经过一定时期的实践探索，新区图书馆晋升为 2011 年度、2012 年度市级考核优秀单位，2012 年新区图书馆"公共图书馆数字化建设与创新管理"项目荣获第四届文化部创新奖。2013 年在第五次县级以上公共图书馆评估定级中获评一级馆。2013 年，为进一步拓展服务功能，探索图书馆社会化运作的新成绩，新区将下辖的 2 个园区和 6 家街道图书馆统一交给专业公司管理，建成"1+8"区域联盟管理模式，实现图书通借通还、数字资源全共享。为提升区域内图书馆业务管理的标准化，新区图书馆按照 ISO 9001《质量管理体系要求》制定了"新区图书馆服务管理规范"，实现了新区图书馆"1+8"联盟的标准化管理。

2018 年度无锡市政府向社会力量购买公共文化服务项目在 2 月份正式启动，在深入建设服务型政府、转变政府职能、推进依法行政的进程中，推动公共文化服务社会化发展，合理引导和规范社会组织参与公共文化服务。无锡市自 2012 年设立引导文化消费专项资金，到 2018 年已持续 6 年的时间，每年投入 850 万元的资金，累计购买公益性文化服务项目 396 项，并在此基础上带动社会资金近 2 亿元参与公共文化服务。

在图书馆社会化运作成功经验的基础上，无锡新区在 2013 年将文化馆也投入社会化运营，经过公开招标，新区文化馆承包给一家文化领域专业公司。按照文化馆招标要求，举办各类展览、文化活动及对外交流，实行免费开放，开展各类文艺培训辅导，并承担相应的文艺研究工作。为了更好地开展特色服务，充分开发新区优秀的历史文化资源，文化馆十分重视富有新区地域特色的文化传承，并将其与各类公益性社会文化组织的建设和培育相结合，让新区优秀的历史文化资源"活起来"。新区文化馆立足于为街道、社区等提供高质量的公共文化服务，同时将各类文化活动引入企业、中小学等单位，注重服务点的延伸，搭建起与基层良好的互动交流模式。

针对无锡新区图书馆、文化馆社会化运营的评估，保证多种形式对业务外包公司业务的科学考核，新区组织多部门成立专门的考核小组。若考核没有达到预期的标准，将提出整改要求，若整改不力或没有达到相关要求则会终止合同。另外，为保证评估考核的客观性，新区聘请了第三方考核机构对图书馆、文化馆的服务单位、人群进行暗访和抽样调查。纵观无锡新区近几年在社会化领域的实践，在符合国家政策要求的前提下，基本达成了以最低成本购买最优服务的预期目标。

（2）"小额扶持"率先推行

为切实加快构建现代公共文化服务体系，满足人民群众多样化的精神文化生活需求，丰富公共文化服务供给，无锡市先后出台了《无锡市推动公共文化服务社会化发展的指导意见》《无锡市鼓励和引导社会力量参与公共文化服务实施办法》等文件。无锡市从2015年开始向社会力量购买服务，并取得了良好的效果。它打破了"政府出钱办、群众围着看"传统公共文化服务模式，开始由"办文化"向"管文化"转变。

城市文化的多元化发展离不开丰富的群众文化，对群众文化团队的小额扶持，在很大程度上推动着群众文化的繁荣，"小额扶持"也成为无锡推动群众文化建设的一个品牌。无锡市现有各类群众文化团队3300余个，被资助的团队目前集中活跃在歌舞、书画、戏曲、文艺创作与研究等领域，是无锡群众文化活动的骨干力量。通过扶持群众文化团队，多元化地丰富了无锡市公共文化的有效供给，使得优秀文化在民间延续和传承。

从2011年开始，无锡市每年资助数百支非营利性业余文化团队，这些文化团队多是常年开展活动的活跃群体，资助名单也由全市统一评选。自2012年起，政府制定并实施《无锡市群众文艺团队小额资助专项资金管理办法》，为群众文艺团队设立专项资助资金。2015年，为了增强文艺团队的可持续发展力、社会影响力、自身建设能力，无锡市结合4年来小额资助的实施情况，对专项资金管理办法进行了修订。2017年首次采用"无锡市群众特色文化团队'星级'评定标准"，"星级"评定标准包含建队时间、人数规模、文化专长、活动频率、社会知名度等方面，资助将按"星级"评定标准发放，将分别给予3000元、4000元、5000元的资助，当年确定资助三星团队331个、四星团队133个、五星团队41个[①]。2020年无锡市群众特色文化团队小额资助

---

① 江苏省人民政府. 无锡市505支群众特色文化团队首次按星级标准获政府小额资助 [EB/OL]. [2021 – 06 – 02]. http://www.jiangsu.gov.cn/art/2017/7/27/art_59956_7450820.html.

由团队自愿申报，相关部门组织评审，最终确定列入本年度小额资助范围的459个团队，其中三星团队187个、四星团队226个、五星团队56个[①]。

为了充分满足群众多元化需求，无锡市针对不同人群创新推出"小额资助、政府购买和合同订购"三种方式，每年投入近1500万元，逐步形成梯形级、多层次文化产品供给体系。如群众特色文化团队小额资助的发放并非一次性，"只要做实事、真做事、有成绩，年年都有份"。此外，市财政每年以850万元专项资金购买公益性文化服务，文化项目达249项，为广大市民能享受到更好的文化服务提供了可靠保证。保障最基层——"小额资助"服务、满足大多数——政府购买公共文化服务、高端来引领——中国上海国际艺术节无锡分会场活动等有力推动了无锡群众文化团队的健康发展，让普通市民能享受到更好的文化服务，合同购买服务为市民提供了高端文化产品的服务[②]。

无锡市近年来购买文化服务力度逐渐加大，取得了较大的社会效益。自2016年年初政府购买公共文化服务项目开始，引导文化消费专项资金发挥出很好的社会作用，购买服务内容涵盖民间文化艺术普及推广、非遗传播、公益性出版物编撰、重点题材艺术创作、读书活动、公益展览、艺术普及培训、文化下基层、电影放映、讲座、公益性文艺演出、特殊群体公益文化活动组织等方面[③]。

5.2.5 无锡市公共文化服务标准化建设的思考

无锡市公共文化服务标准化建设亮点旨在通过完善的地方标准带动基层站所标准化建设，提升基层公共文化服务质量和水平。在标准化建设中尊重不同层级公共文化服务的梯度发展现状，突破公共文化服务的"机构"限制，以人口的空间密度为变量，依照公共文化空间的密度划分，在面积、功能、服务等标准维度上进行多层级的标准建构，保障公共文化服务供给的空间标准化。

---

① 无锡市人民政府.2020年度无锡市群众特色文化团队小额资助拟入选团队名单公示[EB/OL].[2021-06-02].http：//crtt.wuxi.gov.cn/doc/2020/08/20/3008387.shtml.

② 新浪网.无锡创建国家公共文化服务体系示范区江苏唯一入选的城市[EB/OL].[2018-06-02].http：//wx.sina.com.cn/news/wxnews/2016-12-02/detail-ifxyiayq2039973.shtml.

③ 无锡日报数字报.公共文化服务扶持如何"以小获大"[EB/OL].[2018-06-02].http：//epaper.wxrb.com/paper/wxrb/html/2016-10/14/content_595451.htm.

此外，无锡市重视地方特色文化发展，在空间标准制定时，兼顾空间的文化资源特色，实现公共文化服务"有特色"的标准化。

1. 进一步完善公共文化服务相关标准

无锡市正在逐步推进基层站所公共文化服务标准化全覆盖，公共文化服务建设的理想目标是实现所有范围内的全覆盖，进而通过全覆盖的标准化推进全覆盖的公共文化服务均等化。从目前无锡市出台的相关公共文化服务地方标准来看，主要集中在综合文化站、公共图书馆、文化馆、博物馆、美术馆等领域的建设标准和服务标准上。然而公共文化服务的参与主体多种多样，诸如档案馆、群艺馆、科技馆、青少年宫，以及其他社会力量、个人等都是公共文化服务参与的有机主体，要想实现公共文化服务标准化全覆盖，必须将此部分参与主体涵盖在内，出台相应的建设标准和服务标准，逐渐构建完整、科学的地方公共文化服务标准体系。同时，公共文化服务期待供给侧结构性改革，公民的主体地位在公共文化服务中的作用日益凸显，因此，在公共文化服务标准制定过程中，应充分尊重和体现公民参与的主体地位，鼓励公民积极参与到公共文化服务系列标准的制定过程之中，实现公共文化服务提供方式和标准制定方式的多元化。

2. 切实抓好公共文化服务标准的落实与评估

基层综合性文化服务中心建设是我国构建现代公共文化服务体系的必然要求，是提升基层公共文化建设水平的有力举措，是一项保障群众基本文化权益、惠及百姓、利在长远的民心工程。无锡市积极推进基层综合性文化服务中心的标准化建设，在完善标准、推进标准落实的进程中，逐步推动基层公共文化服务发展水平的提升。无锡市公共文化服务标准化建设走在全国前列，多项成绩处在全国领先的地位。随着无锡市地方公共文化服务标准体系的逐渐完善，地方公共文化服务设施建设和服务内容质量大幅提升。但是，也仍然存在很多问题，最突出的就是标准的出台领先于实际工作的开展，上层建筑先于实际操作水平。因此，在下一步工作中要狠抓标准的推行和落实情况，建立标准落实情况的考核和评估机制。

3. 标准化的推行要力求突出地方特色

根据无锡市《2021年政府工作报告》，无锡市将擦亮城市文化标识，讲好

"人杰地灵"无锡故事,加强文化和自然遗产、非物质文化遗产系统性保护,实施无锡文化研究工程,启动编纂《无锡史》①。未来,无锡市将充分挖掘城市文化底蕴,着力绘就江南文化名城新画卷。地方公共文化服务体系建设要充分尊重地方历史、文化背景,标准的出台和标准体系的构建也要争取突出地方特色。例如,无锡市积极响应江苏省三星级、四星级示范农家书屋和"五特"评选活动。2015年,无锡市在全市范围内开展三星级、四星级示范农家书屋评选,市文化广电新闻出版局成立农家书屋工程建设领导小组。在已达标的三星、四星农家书屋中,分别遴选出三星级和四星级示范农家书屋20家和10家。评选方法经过调查摸底、评选、严格复审、市文广新局组织人员实地验收、授牌等阶段,这是实施农家书屋提升工程的一项有力举措。此外,无锡市自2011年特色文化之乡、特色文化广场、特色文化标兵、特色文化家庭、特色文化团队(简称"五特")评选活动开始以来,到2016年已是第三次评估。经过历次评选活动,各类特色团队、组织、家庭及个人创新发展文化特色项目,充分发挥自身优势,在丰富群众文化生活方面发挥了重要作用。

4. 深化理论和制度创新,建立公共文化服务标准化长效机制

目前,无锡市在公共文化服务标准化领域已有良好的实践基础,下一步要注重理论和制度创新,形成更为系统、完整和成熟的理论成果和制度体系。无锡市文广新局为保证基层站所公共服务标准化全覆盖工作的长效实行,将其纳入到本市基层文化馆(站)考评体系,同时要求各市(县)区文化行政主管部门将其纳入年度绩效考核。树立行业典范,推行星级公共文化服务评价,通过公共文化服务标准化建设经验推动全市公共服务领域水平的提升。进一步完善公共文化服务相关标准,努力将行业标准、地方标准提升为国家标准。

公共文化服务标准化不是某个地区一时的短期战略,而是整个国家建设现代公共文化服务体系的必然要求。这就要求将公共文化服务标准化工作上升到战略规划的高度,从地方公共文化服务的实际出发,逐步推行标准化工作,以标准化促进均等化的实现,建立和完善地方公共文化服务标准化的长效机制,逐步深化理论和制度创新。

---

① 无锡市人民政府.2020年无锡市国民经济和社会发展统计公报[EB/OL].[2021-06-03]. http://www.wuxi.gov.cn/doc/2021/02/24/3208739.shtml.

5.3 广东省广州市案例研究

5.3.1 案例选择

广州,别称羊城、花城,是广东省省会、副省级城市,我国首批沿海开放城市。广州地处广东省中南部,珠江三角洲北缘,濒临南海,邻近香港、澳门,是粤港澳大湾区、泛珠江三角洲经济区的核心城市以及"一带一路"的枢纽城市。广州市总面积7434平方千米,2015年广州市行政区域调整,撤销广州市黄埔区、萝岗区,设立新的广州市黄埔区;撤销县级从化市,设立广州市从化区;撤销县级增城市,设立广州市增城区。广州市现辖荔湾区、越秀区、海珠区、天河区、白云区、黄埔区、番禺区、花都区、南沙区、从化区和增城区等11个市辖区。

广州市是东部地区的代表性城市之一,为我国改革开放前沿城市之一。广州市住户存款总额居全国前三位,早在2010年2月,住房和城乡建设部发布的《全国城镇体系规划纲要(2010—2020年)》就将广州定位为国家中心城市。这不仅要求广州引领广东省公共文化发展建设方向,还要求广州在全国范围内承担起文化方面引领、辐射、集散的功能。2019年,中共中央、国务院发布《粤港澳大湾区发展规划纲要》,至2021年4月,中央和地方各级政府已陆续出台231部涉粤港澳大湾区相关政策文件[①],构建起推动粤港澳大湾区高效、快速发展的完备政策体系,并通过粤港澳大湾区文化协同发展,实现"以文化促进交流,以交流凝聚共识"。将广州市作为东部基本公共文化发展的切入点,在分析广州公共文化建设现状的基础上,以期为其他地区公共文化服务标准化提供经验借鉴。

5.3.2 调研经过

实地调研前夕,南开课题组对与广州相关的文献、过往报道进行了相关调研,并对广州市统计局、广州市文化广电新闻出版局、黄埔区图书馆、越秀区图书馆等网站信息进行了调研了解。2018年6月10日至13日南开课题组成员

---

① 广州人民政府门户网站. 两年超230部大湾区政策文件出台 [EB/OL]. [2021-06-02]. http://www.gz.gov.cn/zt/qltjygadwqjsxsdzgzlfzdf/zxxx/content/post_7237135.html.

苏福、张雅琪、袁珍珍调研了广州市的公共文化服务情况，主要以黄埔区和越秀区的公共文化机构为对象。调研考察了黄埔区图书馆、黄埔区文化馆、黄埔区联和街文化站、越秀区图书馆、越秀区图书馆四阅分馆、越秀区黄花岗街文化站。并且，南开课题组与广东省文化馆馆长、黄埔区图书馆馆长、黄埔区文化馆馆长、越秀区图书馆馆长、联和街文化站主任及工作人员等进行了访谈，并于当场及后续联系取得了相关资料。2021年3月11日至16日，南开课题组成员刘旭青、邹金汇、彭亮、袁珍珍、包鑫、王洁、付垚赴广州追踪调研案例，进一步丰富案例。2022年8月15日至17日，南开课题组柯平、胡娟赴广州参加以"公共文化高质量发展的社会参与"为主题的国家文化遗产与文化发展学术研讨会，并重点考察了黄埔区"图书馆之城"、广东凉茶博物馆、广州海事博物馆等。

5.3.3 广州市公共文化服务情况

广州是中国历史文化名城，从秦朝开始，广州一直是郡治、州治、府治的行政中心，是岭南文化的发源地和兴盛地，"海上丝绸之路"的发祥地、近现代革命的策源地、改革开放的前沿地，具有2000多年的悠久历史，公共文化资源禀赋得天独厚，文化遗存丰富、文化机构众多、文化人才集聚。

"十二五""十三五"时期，广州市加快完善公共文化设施网络体系，大力推进公共文化服务建设。2015年12月，广州市提出要建设"图书馆之城"，计划到2020年实现每8万人拥有一座图书馆，人均藏书3册。2017年6月出台《广州市文化广电新闻出版事业发展第十三个五年规划（2016—2020年）》提出基本建成"图书馆之城"，大力推进博物馆建设，到2020年，全市文化站100%达到省一级站标准，80%达到省特级站标准，每万人拥有室内公共文化设施面积达1500平方米，公共文化服务各项指标位居全国先进水平，基本建成现代公共文化服务体系，文化遗产保护体系基本完善等目标[①]。

近年来，广州在公共文化建设方面取得了不斐成就，如表5-10所示。2019年，全市公共图书馆读者到馆人次合计为2940.84万人次，人均读者到

---

① 广州市人民政府. 广州市人民政府办公厅关于印发广州市文化广电新闻出版事业发展第十三个五年规划（2016—2020年）的通知 [EB/OL]. [2018-06-23]. http://www.gz.gov.cn/zwgk/ghjh/zxgh/content/mpost_3089471.html.

馆人次合计为1.92次，提前一年实现了《关于全面推进我市公共图书馆总分馆制建设的实施意见》要求到2020年"人均访问图书馆次数达到1.8次"的目标。建成市、区、街道（镇）、社区（村）四级公共文化服务网络，基本实现城市"10分钟文化圈"、农村"10里文化圈"的目标。各区基本形成文化馆、图书馆、博物馆三馆齐全的格局①。

广州153个镇街范围内有实现通借通还且向所有公众免费开放的公共图书馆（分馆）、服务点、自助图书馆，图书馆覆盖率为87.93%。2019年，全市公共图书馆总经费合计为49 669.76万元，文献购置费合计为12 497.26万元，同比分别增长10.12%、33.53%。馆藏总量合计为2742.20万册（件），年新增藏量合计为312.44万册（件），同比分别增长12.10%、5.96%。全市公共图书馆人均入藏文献信息资源量为0.204册（件），首次达到《广州市公共图书馆条例》规定标准。

广州市是较早开展公共文化服务相关法规建设和标准化的地区之一。2013年出台《广州市人民政府关于加强广州市"十二五"时期文化基础设施建设的意见》，2015年5月下发了《广州市公共图书馆条例》，为全国第六个拥有地方性图书馆法规的城市。制定《广州市公共图书馆服务规范》《广州市公共图书馆文献信息资源剔除规定》《广州市公共图书馆统一借阅规则》和《广州市公共图书馆第三方评估管理办法》等配套制度，正在推行广州市公共图书馆统一标识工作，实现全市公共图书馆服务标准化。2017年9月广州市人大常委会正式颁布了《广州市博物馆规定》并于2017年12月起施行，这是自国务院《博物馆条例》（2015年版）颁布后，全国第一部地方性博物馆专项法规。

在规范不断完善下，公共力量与社会资源共享融合，共同服务于公共文化建设。至2019年年底，广州市共有实现通借通还的公共图书馆（分馆）、服务点、自助图书馆433个，其中各级公共图书馆与社会力量合建的分馆达75个，年接待读者近300万人次，外借文献超过78万册次。社会力量在资金、人员、场地等方面加强要素投入，全年累计投入资金超过8000万元，投入空

---

① 广州市人民政府.广州市人民政府办公厅关于印发广州市文化广电新闻出版事业发展第十三个五年规划（2016—2020年）的通知[EB/OL].[2018-06-23]. http://www.gz.gov.cn/gzgov/s2812/201706/6b29e4f76061469b899f57028a697fdd.shtml.

间超过5万平方米，配备专职人员119人①。

2013年11月，广州市越秀区"中心城区公共文化服务体系创新工程"以东部地区第一名的成绩入选国家第二批公共文化服务体系示范项目。2016年，广东省文化厅启动图书馆、文化馆总分馆试点工作，在全省范围内选定22个县（市、区）分批推进总分馆建设，黄埔区是第一批被列为广东省、广州市图书馆、文化馆总分馆服务机制建设改革创新试点单位。南开课题组为了解广州市公共文化服务情况，分别以黄埔区和越秀区的公共文化服务为代表进行了相关调研。

表5-10 广州市公共文化服务情况统计表（2009—2020）

	年份	2009	2010	2011	2012	2013	2014	2015	2016	2017	2018	2019	2020
一、艺术表演单位	艺术表演场馆（个）	23	23	19	13	17	18	17	16	22	30	30	8
	艺术表演场馆座席数（个）	25 537	38 674	35 138	28 779	33 048	31 967	31 330	29 189	30 337	44 749	44 749	5986
	专业艺术表演团体（个）	17	17	63	50	58	58	53	52	54	47	69	16
	艺术表演团体演出场次（万场次）	0.33	0.32	0.95	0.39	0.41	0.56	0.55	0.42	0.46	0.41	0.56	0.14
	艺术表演团体演出观众人次（万人次）	377	466	501	386	432	429	419	406	402	354	383	93
二、广播电视事业	广播电台（座）	2	2	2	2	2	2	2	2	2	2	2	2
	节目套数（套）	16	16	17	18	17	17	17	18	16	17	17	17
	平均日播音（分）	350	336	352	363	366	363	363	362	346	348	361	371
	广播综合人口覆盖率（%）	100.00	100.00	100.00	100.00	100.00	100.00	100.00	100.00	100.00	100.00	100.00	100.00
	电视台（座）	3	3	3	3	3	3	3	3	3	2	3	2
	节目套数（套）	28	33	33	29	28	29	53	23	27	25	21	25
	平均周播放时间（分）	3467	3147	3960	3249	3485	4096	3081	3344	3747	3933	3909	3575
	电视综合人口覆盖率（%）	100.00	100.00	100.00	100.00	100.00	100.00	100.00	100.00	100.00	100.00	100.00	100.00

---

① 广州图书馆.广州市"图书馆之城"建设2019年度报告［M］.广州：广州出版社，2020：5.

(续表)

	年份	2009	2010	2011	2012	2013	2014	2015	2016	2017	2018	2019	2020
三、图书、档案事业	公共图书馆（间）	15	15	15	15	15	15	14	14	14	14	14	14
	总藏量（万册）	1692	1795	2093	2333	2153	2309	2487	2737	2986	3307	3307	3873
	#图书	1479	1573	1575	1647	1854	1998	2160	2401	2614	2922	2922	3445.9
	阅览室座席（个）	14 490	15 294	15 615	17 167	19 404	21 500	25 059	26 328	25 861	26 827	26 827	27 792
	#少儿阅览室座席	2094	2198	2160	2429	3353	3556	4799	5589	5516	5605	5605	6212
	总流通人次（万人次）	1076	1068	2074	2349	2537	2709	2714	3074	3117	3704	3704	1634.7
	书册外借册次（万册次）	696	592	715	804	1229	1443	1676	2130	2853	3025	3025	2809.88
	档案馆（个）	28	31	31	30	31	31	31	31	13	13	13	13
	馆藏案卷总数（万卷）	935	1027	1203	1335	1514	1565	1675	2220	496	521	521	542
四、群众文化事业	群众艺术馆、文化馆（间）	14	14	14	14	14	13	13	13	13	13	13	13
	文化站（个）	164	165	165	165	161	161	161	167	169	169	169	176
	举办展览（个）	997	1017	992	1061	1094	1058	1056	997	1261	967	967	682
	组织文艺活动（次）	3536	4565	4436	5963	7505	8063	8051	9015	9568	9098	9098	5203
	举办训练班（次）	5766	6307	6284	6793	6690	8708	8988	9346	13395	13012	13012	8483
五、文物事业	博物馆、纪念馆及美术馆（个）	31	31	31	32	33	33	33	32	32	32	32	62
	文物藏品（件）	338 471	336 763	306 616	326 205	343 039	369 489	359 030	359 030	542 814	543 623	543 623	1 622 287
	举办展览（个）	356	267	371	332	296	304	307	325	286	115	115	454
	参观人次（千人次）	6675	8260	8359	10510	9147	10616	10373	11709	13073	12831	12831	6212.4

注：从2011年起，专业艺术表演团体统计口径有调整；从2013年起，文物事业参观人次不再统计"外宾"指标。

资料来源：南开课题组根据广州市统计局统计年鉴整理而成。

5.3.4 黄埔区公共文化服务调研

2014年广州市行政区划进行调整，将原黄埔区和原萝岗区合并为新黄埔区。现黄埔区下辖16街1镇，行政区域面积484.17平方千米。截至2020年

11月1日，黄埔区常住人口达119.71万人，其中，人户分离人口为63.66万人。全区流动人口69.46万人，占全区常住人口比重54.94%，流动人口比重超过五成①。庞大的流动人口为黄埔区经济社会发展作出巨大贡献的同时，也对黄埔区公共文化服务提出了更高的要求。

黄埔区于广州市各区而言经济发展速度较快，2019年全年完成地区生产总值3210亿元，增长6.6%；固定资产投资1101亿元，增长28.6%，居全市第一②。高新技术企业产值占比提升12个百分点，高新技术企业数量居全国经开区第一。新增规模以上服务业企业275家，增长26%；软件业营业收入增长22%，总量占全市四成。新一代信息技术、人工智能、新材料等五大战略性新兴产业产值3833亿元，增长8.6%，高于规模以上工业总产值增速2.9个百分点③。同时，公共文化机构建设正在加快推行中，亟待全面铺开。如推进新时代红色文化中心、黄埔文化活动中心建设，创建大湾区多元文化交流创新示范区，建设南海神庙文化景观带、长洲岛珠江国际慢岛，建成广州海事博物馆，筹建外贸博物馆，打造文化地标和"网红打卡地"。

1. 黄埔区图书馆

随着行政区划的调整，黄埔区图书馆也形成了新的格局。现黄埔区图书馆拥有香雪馆、大沙馆（原黄埔区图书馆）和西区馆（原萝岗区图书馆），总面积达3.2万平方米。其中，香雪馆为黄埔区区域总馆，为国家"一级图书馆"，大沙馆为少儿专题分馆，西区馆为科技专题分馆。

香雪馆于2013年建造，2015年落成并对外开放，总建筑面积1.57万平方米，设计总藏书量为100万册，阅读座位1200个，馆藏文献资源27万册（件），报刊970种，数据库6个，计算机106台，自助服务设备10台，无线网络覆盖范围达100%，全面应用RFID技术建设智能图书馆。包括地下层、一层至四层建筑楼层，建筑造型犹如层层书本叠加，既体现馆藏的丰富和特色，又体现建筑形体现代感。地下一层建设有24小时自助图书馆、小汽车快

---

① 广州日报. 广州市黄埔区人口普查数据公布［EB/OL］.［2021-06-23］. https://news.ycwb.com/2021-06/13/content_40072107.htm.
② 广州市黄埔区人民政府. 2020年广州市黄埔区人民政府工作报告［EB/OL］.［2021-06-23］. http://www.gz.gov.cn/qx/hpqrmzf/zjgb/content/post_6444775.html.
③ 广州市黄埔区人民政府. 2020年广州市黄埔区人民政府工作报告［EB/OL］.［2021-06-23］. http://www.gz.gov.cn/qx/hpqrmzf/zjgb/content/post_6444775.html.

速还书系统，一层主要为服务台、展览厅、报告厅、培训室、少儿阅览区、亲子体验区、视障人士阅览室、母婴室等，二层为电子阅览区、报刊阅览区、馆际互借区，三层为图书阅览区等，四层为特色主题馆、珍善本室等。

香雪馆拥有创客书坊、商略书苑、琢玉书斋三个特色主题馆，创客书坊主要收集创意设计、工业制造、数字技术等领域书籍。这类书籍一般定价较贵，吸引了一批读者来此学习，据图书馆方面了解，有读者反映其创业成功正是由于创客书坊的帮助。商略书苑配合黄埔区经济社会发展特点，主要收集中图分类法 F 经济类书籍，涉及商科、财政、金融等领域。琢玉书斋其名取自《礼记·学记》中"玉不琢，不成器"之意，主要收集教育类、国学类等书籍。阅览区采用木质桌椅以及轻便沙发等，读者可在此举行沙龙、座谈会等活动，方便读者根据需要调整座椅布局。

书架采用感应式支架灯，读者从书架旁走过，该列书架上的灯光便会亮起，给用户以贴心的服务。在三层至四层的楼梯间，其天花板采用了多个造型特别的灯具，灯具设计取自摊平的书籍式样，自下仰望犹如正在翻阅一本本书籍，因而也被称为黄埔区图书馆的"无字天书"。由于黄埔区外来务工人员较多，在一楼入口处的自助报刊阅读机上，图书馆不仅收集了各类热门期刊，还收集了各地方报纸期刊，为外来务工人员了解家乡时事提供窗口。通借通还区为纳入通借通还服务体系的各图书馆往来书籍，包括已开通通借通还服务的分馆、服务点、流动图书车、自助借还机。黄埔区图书馆线上采用官方网站、App 和微信公众号三重服务形式，以构建黄埔区图书馆"云服务"模式，其中黄埔区图书馆 App 为"一站式"的文化生活服务和移动社交平台，提供以阅读为载体的社交和互动，融合传统民俗文化，兼容各类社会文化资源，聚合各种服务信息。

黄埔区图书馆推进区域内公共图书资源共建共享和一体化服务，建立以市级图书馆为中心馆、县（市、区）级图书馆为总馆、乡镇（街道）综合站的图书馆为分馆、村（社区）综合文化服务中心为服务点的图书馆服务体系。2020 年，黄埔区图书馆共接待读者 140.71 万人次（含分馆接待量），图书借阅总量达 140.88 万册次，新增注册读者 2.35 万人。全年举办公众活动 1142 场，参与活动 47.84 万人次①。

---

① 黄埔区图书馆. 黄埔区图书馆2020年业务发展统计表 [EB/OL]. [2021-05-23]. https://www.gzhplib.cn/surveydetail.html?Id=164.

从 2016 年建设黄埔区总分馆开始,区图书馆便成立了总分馆小组,设立专门经费项目,对各分馆进行改造,全面提升。2017 年,黄埔区公共图书馆在馆藏总量、人均藏量、外借文献量、人均外借文献量、接待访问量、人均到馆次数、人员配备数量、建筑面积、每千人建筑面积等方面均占广州市各区公共图书馆首位,黄埔区分馆的建筑面积均在 600 平方米以上,其中有三分之二的分馆建筑面积在 1000 平方米以上[①],此后也一直保持较高水平(见表 5–11)。

表 5–11 黄埔区公共图书馆基本情况(2017—2021)

	指标名称	2017 年指标值	2018 年指标值	2019 年指标值	2020 年指标值	2021 年指标值
服务效益	接待访问量(万人次)	227.65	265.58	321.99	140.71	240.98
	人均到馆次数(次)	2.09	2.38	2.80	1.11	2.01
	外借文献量(万册次)	181.28	204.36	224.31	140.88	206.77
	人均外借文献量(册)	1.66	1.83	1.95	1.11	1.73
	注册读者量(万人)	14.98	18.57	23.26	25.48	28.70
	注册读者率(%)	13.73	16.67	20.21	20.15	23.96
	举办读者活动场次(场)	465	1382	1453	1142	1962
	参加读者活动人次(万人次)	31.70	66.73	76.27	47.84	99.08
	每万人参加读者活动人次(次)	2906	5990	6625	2949	4878
	图书馆网站访问量(万次)	17.84	23.48	36.19	56.34	171.32
政府保障	图书馆覆盖率(%)	73.33%	93.33	82.35	100.00	100.00
	建筑面积(万平方米)	6.07	6.67	7.12	5.90	8.46
	每千人建筑面积(万平方米)	55.59	59.89	61.88	62.45	70.62
	读者使用计算机数量(台)	310	310	399	399	297
	馆藏总量/万册(件)	138.61	159.96	171.61	190.47	209.90
	人均藏量/册(件)	1.27	1.44	1.49	1.51	1.75
	年新增藏量/万册(件)	16.35	21.64	25.08	18.85	19.43
	年人均入藏文献信息资源量/册(件)	0.150	0.194	0.218	0.149	0.162

---

① 广州图书馆. 广州市"图书馆之城"建设 2017 年度报告 [M]. 广州:广州出版社,2018:19.

(续表)

指标名称		2017年指标值	2018年指标值	2019年指标值	2020年指标值	2021年指标值
政府保障	工作人员总数（人）	103	106	117	122	177
	每万名常住人员配备工作人员数量（人）	0.94	0.95	1.02	1.29	1.47
	总经费（万元）	2888.37	2451.10	2594.38	2684.39	3579.85
	人均经费（元）	26.47	22.00	22.54	21.23	29.88
	购书经费（万元）	350.00	635.00	730.00	730.00	800.00
	人均购书经费（元）	3.21	5.70	6.34	5.77	6.68

资料来源：广州图书馆. 广州市"图书馆之城"建设2021年度报告 [R]. 广州：广州图书馆, 2022：86.

2018年，黄埔区被列为广东省首批总分馆建设试点示范地区，街道覆盖率达到100%，在全省范围内进行推广。黄埔区图书馆结合黄埔区、广州开发区区域特点优势，以"政府主导、社会参与"方式，与社会力量合作建设，探索"一馆一策"的建设思路，截至2020年年末，建成各种类型的特色分馆42个、服务点16个[①]。

广州市通过第三方对公共图书馆服务绩效开展评估考核，该套评估标准包括《广州图书馆第三方评估指标体系》《广州少年儿童图书馆第三方评估指标体系》《广州市区级图书馆第三方评估指标体系》和《广州市街镇图书馆第三方评估指标体系》，考核层面包括少儿图书馆、区图书馆、街道图书馆，覆盖广州市所有相关图书馆，从2018年开始每两年进行一次考核。黄埔区在除积极配合广州市图书馆进行相关图书馆评估的同时，根据黄埔区的实际情况制定相应标准用于辖区内分馆评估。因企业共建分馆，有一些标准可以参照街道来建，如开放时间、服务效能等可以参照，但也并非完全能够按照街道标准来执行。

2. 黄埔区文化馆（科城馆）

自2015年黄埔区合并之后，黄埔区现有文化馆2个，即黄埔区文化馆

---

① 黄埔区图书馆. 黄埔区图书馆总分馆概况 [EB/OL]. [2021-05-23]. https://www.gzhplib.cn/survey.html?type=five.

(科城馆) 与港湾馆（原黄埔区文化馆），科城馆为区域总馆，港湾馆为旗舰分馆，目前两馆均被评为国家一级文化馆。

科城馆建筑面积3千平方米，成立于2006年，设有多功能厅、排练厅、美术工作室、录音室等20个多功能室，为黄埔区总分馆服务体系区域总馆。文化馆开展各项活动和培训的标准在于公益性和免费性，租借场馆与其他机构、社会团体开展活动，均需与文化馆自身业务相关，即围绕文化活动展开，而不能用于工作业务培训、会议等事项。

黄埔区文化馆活动的开展主要根据当下社会热门课程以及群众反馈进行考量，开设瑜伽、书画、粤剧等各种类型的培训和欣赏活动等。拥有十几个基层文化队伍，如老人合唱团、教师合唱团、老人艺术团等，并定期组织培训及组织参与省市级比赛。

黄埔区文化馆作为黄埔区非遗活动的保护单位之一，采取多种方式保护发扬非物质文化遗产。如通过打造各类文艺精品，以现代舞蹈音乐形式赋予传统非遗活动新的活力，进一步在群众中进行推广宣传；同中小学校合作，组织非物质文化遗产进校园活动，组织客家山歌、龙狮、貔貅舞等非遗文化培训等，提高学生的传统文化意识和修养。

2017年黄埔区文化馆全年共获市级以上奖项122个，其中国家级奖项10项，省级奖项13项，市级奖项89项，金奖、一等奖、单项奖、组织奖69项，全年共组织艺术欣赏122场次，电影放映1106场次，惠及群众480 000多人次，组织艺术交流20项，惠及群众35 000多人次，组织艺术培训2339次，惠及群众2600多人，组织艺术展示23场次，惠及群众49 000多人次。

从2017年开始总分馆建设，目前已完成7个分馆、4个街道分馆、2个企业共建分馆、1个与高新企业共建的数字体验文化馆建设。但分馆目前主要还是由文化馆与分馆开展联合活动，辅助分馆日常运行，分馆暂且还未实现自主内生造血功能。目标是在未来2至3年完成15个街道分馆建设。文化馆在建设总分馆过程中，文化馆配备专项资金和人员，由馆长牵头建设起总分馆小组，负责各分馆建设事宜。在建设分馆过程中，总分馆小组下到各街道对文化服务场地和硬件设施进行考察，通过拨款和购进设施设备等方式改善原有文化活动场所条件，如曾对200平方米的平房进行改造以达到分馆场所建设要求。同时，还根据街道群众需求完善活动内容，如九龙镇拥有貔貅舞、客家山歌、粤剧、醒狮等众多非物质文化遗产，因而该分馆建设更侧重非遗活动的开展。在考察过后，会形成多个预案进行讨论，以确定最终分馆建设方案。

3. 黄埔区联和街文化站

联和街辖区内多为各类企业单位，外来人员较多，联和街道下辖6个社区。2008年联和街文化站根据《广东省综合文化站评估定级量化标准》进行评估，广东省第一次评级文化站时被评为特级文化站，2011年和2015年复评时均被评为特级文化站。文化站获"广东省百佳文化站""广东省特级文化站""广州市群众文化（外来工）示范基地""黄埔区外来工戏剧社"等称号。

街道文化站建筑面积为1550平方米，其中图书室为300平方米。厅内悬挂有文化站免费开放时间公示，公告牌贴有当月活动预告，包括活动时间、地点、人数、工作人员联系方式等。站内设有宣传橱窗、文化走廊等，展示了2018年主要活动情况、党的十九大宣传、文化体育团队情况介绍、文化体育团队活动情况、街道文化站及分站情况统计表、体质测定与运动健身指导点管理制度等。

文化站内建设有多功能室、图书阅览室、文体活动室、社工服务中心、党团活动室、老人活动室、青少年培训室、乒乓球室、培训室、会议室、健身室等场所，并配备音响器材、乐器、乒乓球案等器材设备。2017年文化站主办的活动包括亲子阅读、文艺活动下基层之音乐欣赏、书画进社区作品艺术展、广场舞比赛、中国象棋比赛、手机摄影知识讲座。下属十二支文化体育团队，涉及客家山歌、曲艺、腰鼓、乒乓球、健身、舞蹈、足球、篮球等，培养了一批文艺骨干，创作了各类文艺节目，并参与各类型比赛，获得了多项奖项，如获得2015年萝岗区全民健身日广场舞比赛三等奖、2015年广州市外来工子女才艺大赛三等奖等。文化站下辖6个社区文化活动中心，街道文化站起指导作用，以及馆藏方面的业务指导，街道文化站会与社区文化活动中心联合举办活动，并且年末社区文化活动中心向街道文化站汇报年度活动开展情况等，街道文化站进行统筹。此外，黄埔区联和街文化站有自己的非遗项目，如客家山歌、醒狮，醒狮曾参与黄埔区非遗展演。

文化站图书室为黄埔区联和街分馆，2008年图书室已适应不了当时民工的需求，图书室内书籍较旧，只有1万册图书。在2012年，图书室进行改造，街道投入家具和设施设备，图书室得到扩展。2014年萝岗区与黄埔区合并，此后街道文化站图书室划归为黄埔区图书馆分馆。2016年，联和街文化站完成图书室升级改造，6月建成图书通借通还系统，实现广州市内图书馆室图书异地网上免费办理借还书服务。区图书馆对于分馆主要是业务指导、系统建设、图书资源建设，图书更新一年至少一次。图书主要由原萝岗区图书馆、黄埔区图书馆配置，现分馆藏书为3000册至4000册书籍，尚未有自购图书。借书规则等按照黄埔区图书馆总分馆要求执行。另外，区图书馆还帮助建设光纤网络、借阅终端，以及书籍标签，书籍上架、排架等工作。图书室中配有书架、沙发、桌椅、计算机、期刊架、空调、智能借还综合服务台等，分为图书区、计算机区、阅读区、借还区等，当前正在开展黄埔区图书馆读者满意率问卷调查。

当前文化站存在的问题主要是缺少人力资源的支持，文化站的人手主要从街道临时借用或从其他部门借用，专门人员较少，目前文化站没有编制，正式人员只有3人。

据了解，文化站目前正申请建设新的文体活动中心，根据《广州公共文化服务体系建设试点方案通知》（2016年402号文件）、《黄埔区图书馆分馆建设标准》《广州市体育局关于做好2014年开展"一站两点"试点工作有关事项的通知》（2014年9号文件）的要求，活动中心设立多种公共文化服务活动场所，包括国民体育监测室、健身活动室、舞蹈排练厅、曲艺、民乐排练活动室、辅导培训讲座室、少儿培训室、书法美术创作室、老年活动室、陈列展览室、钢琴室、服装道具室、多功能厅、会议室、戏剧排练室、音乐声乐创作室、棋艺室、图书室、电子阅读室、演艺影剧院、非物质文化遗产传习室、社会体育指导服务点、室内及室外篮球馆。

黄埔区公共文化服务标准化的主要经验是在全国首创"政府资源补给+企业自主运营+社会力量参与"总分馆制建设的"黄埔模式"。黄埔区"图书馆之城"建设达到了每7000人拥有1个图书馆的全国领先标准，包括1个总馆，2个直属分馆，20个街镇、社区分馆，24个与社会力量合建分馆，144个社区（村）综合服务中心，105个校园服务点，28个与社会力量合建服务点，115个智慧公交站亭以及100余个职工书屋，千人均图书馆建筑面积达到81.27平方米，同时建成各类型阅读新空间500多处，实现全区104所学校与全市公共图书馆图书通借通还。黄埔区图书馆阅读推广活动达到 3406 场，活动参与近 230 万人次，开展少儿阅读推广活动多达 1344 场。

黄埔区图书馆创新构筑"1+3+N"服务网络体系，即以总分馆建设服务体系为核心，打造"总馆+分馆+服务点"三级服务网络，强化文化协同跨界融合，实现 N 个服务主体，培育新型公共文化空间。运用大数据、移动互联网、物联网等技术，线上、线下全方位为群众提供阅读服务，努力构建服务均等化、标准化、便利化、合意化的高效能的现代公共图书馆服务体系，全域一张设施网，打造黄埔"十分钟阅读圈"，推动了公共文化服务创新发展，实现公共文化资源共建共管共享新格局。

2022 年黄埔区推出"图书馆之城"品牌——"埔书房"，标志着该区通过引入社会力量参与公共文化建设迈入新阶段。黄埔区委托中山大学张靖教授研究团队起草完成《公共图书馆与社会力量合建分馆建设与服务指南（草案）》，2022 年 8 月 16 日通过了以柯平为专家组组长，李国新、程焕文、王惠君、陈卫东、方家忠为成员的专家评审会论证，以标准化助力公共文化服务社会化。

5.3.5 越秀区公共文化服务调研

广州市越秀区为广州市的老城区，行政区域面积为 33.8 平方千米，2016 年年末常住人口 116.11 万人，户籍人口 117.44 万人，常住人口密度 34 352 人每平方千米，户籍人口密度 34 746 人每平方千米[①]。越秀区人员构成以户籍人口为主，且人口密度高居广州市 11 个区首位。

越秀区作为广州市的中心城区，文化遗存丰富、文化机构众多。同时，又面临着土地资源紧缺与公共文化设施增长的矛盾、人口总量大文化需求大、人口结构复杂文化多元化、文化资源权属多头整合难度大等问题[②]。近年来，越秀区委、区政府创新思路，突破瓶颈，积极实施文化引领战略，全面推进公共

---

① 广州市统计局. 广州统计信息手册 (2017 年) [EB/OL]. [2018-06-23]. http://210.72. 4.52/gzStat1/chaxun/ndsj.jsp.

② 谭志红. 越秀："七种模式"推动公共文化服务体系创新 [N]. 中国文化报, 2014-10-29 (007).

文化服务体系创新工程，全力打造北京路文化核心区，推动公共文化设施、产品、模式的全面创新和提升，初步形成广府文化博览区、中央文化商务区"大文化"发展格局①。以区图书馆、文化馆、博物馆为龙头，以街道文化站为支撑，以社区文化室、社区文体广场为依托，以省、市公共文化资源为扩展，基本形成了省、市、区、街、社区五级服务网络。辖区内建有五仙观博物馆等 32 个区属博物馆、纪念馆，建设博物馆群的"微博"模式。

1. 越秀区图书馆

广州市越秀区图书馆坐落于广州中心城区，为国家"一级图书馆"，为越秀区域总馆。馆舍面积 1 万多平方米，一楼主要为总服务台、展览区、越图阅吧、艺术阅读空间、创客空间等；二楼主要为报刊借阅区、电子阅览室、视障人士阅览室、广州市通借通还图书借阅区；三楼主要为少年儿童借阅区、绘本馆等；四楼主要为教育图书馆、多媒体视听服务区、报告厅等；五楼主要为文学艺术文献借阅区；六楼主要为地方文献阅览室、广府文化专库阅览室。其上七楼至九楼分别为越秀区档案局、越秀区图书馆、越秀区文化广电新闻出版局的办公区域。

馆内公示了《越秀区图书馆遗失损毁馆藏物资处理办法》《越图"阅读增值"活动规则》等各项规定。其中，《越图"阅读增值"活动规则》对借阅图书和参与活动的读者奖励积分，能促进读者更好地利用图书馆资源，积分可用于交付滞还费、污损赔偿费等，也可用于兑换活动名额、文化礼包等，适合成人读者卡 C1、少儿读者卡 S1、精品文献外借证 J1 三类读者，包括增加积分、扣减积分、兑换积分的各个项目。同时，馆内也对广州"图书馆之城"进行了宣传，包括发放"图书馆之城"2017 年度报告宣传册。

越秀区图书馆通过多种渠道宣传和推广传统文化。在一楼大堂设有为越秀区图书馆与广东岭南工艺美术馆合作共建的"岭南九遗艺术中心、艺术阅读空间、越秀区非遗传承教育基地"。该空间展出了"岭南九遗"各名家大师的作品，为广州市首个集"作品鉴赏、艺术阅读、非遗教育"于一体的创新型阅读空间。"岭南九遗"泛指岭南工艺美术领域中各大类国家级非物质文化遗

---

① 谭志红. 越秀："七种模式"推动公共文化服务体系创新 [N]. 中国文化报，2014 - 10 - 29 (007).

产传统技艺，包括广州牙雕、玉雕、粤绣（广绣、潮绣）、端砚、石湾陶塑、潮州木雕、广州彩瓷、潮州彩瓷、潮州枫溪瓷塑、陶瓷微书等。该空间免费对外开放，并会举行专家讲座、大师讲堂，市民在阅读的同时还可以参加非遗教育活动，近距离地感受国家级非遗文化的魅力。广府文化专库阅览室主要搜集、整理、保存与广府文化有关的文献资料，以广州地区广府文化文献为主，而且正在筹建广州大典阅览室。同时，越秀区图书馆还开通了"数字广府数据库"，设立"广府学堂"系列讲座，涵盖广府历史、广府民俗、广府民间工艺、广府饮食等。

2017年越秀区图书馆馆藏90.8万多册（件），图书87.4万多册（件），电子图书176.4万多册，2017年新增藏量19.2万余册（件），新增电子图书9.2万余册，总流通人数97.1人次，书刊文献外借54.1册次，电子图书、电子期刊阅读及下载量220万多次。组织68场讲座，38次展览，32个培训班，向读者提供129台电脑免费上网。

当前越秀区建有17个分馆，其中13个街道分馆，4个与机关团体、企事业单位合建分馆，35个图书流通点，35个社区书屋，241个文化共享工程基层服务点。越秀区具有较好的公共图书馆保障条件，2017年，越秀区共有10个街镇分馆的建筑面积不少于500平方米，越秀区公共图书馆年人均入藏文献信息资源量等指标已达到并超过《广州市公共图书馆条例》规定标准（见表5-12）。

在各分馆中还在继续开展"一街一特色"活动，如对宗教、民族、民间工艺集中的地区深度挖掘街道特色，分别建设特色馆藏，开展特色服务。越秀区图书馆馆长认为影响基层公共文化机构服务效能的最重要因素在于管理，因此，通过政府采购引进了分馆业务馆长，目前正在进行培训和实习，以提升业务馆长的管理能力，待培训结束将会优先指派给13个街道分馆，由业务馆长具体负责分馆管理和服务工作，全面提升分馆服务效能。除街道分馆外，越秀区图书馆还积极探索跨行业多元化的总分馆建设新模式，与企业、书店、学校等力量通力合作，共建四阅分馆、越读吧·科创分馆、越秀区矿泉街少年儿童图书馆（越秀区图书馆矿泉分馆）等。据了解，区图书馆计划还将在客运总站等人流密集场所建立分馆或服务点。

表 5-12 越秀区公共图书馆基本情况（2017—2021）

	指标名称	2017年指标值	2018年指标值	2019年指标值	2020年指标值	2021年指标值
服务效益	接待访问量（万人次）	97.10	142.51	177.66	57.06	123.56
	人均到馆次数（次）	0.83	1.21	1.47	0.55	1.18
	外借文献量（万册次）	54.11	45.67	60.65	51.33	122.10
	人均外借文献量（册）	0.46	0.39	0.50	0.49	1.16
	注册读者量（万人）	9.91	14.13	16.35	17.42	18.85
	注册读者率（%）	8.52	11.98	13.52	16.77	17.97
	举办读者活动场次（场）	311	2169	2226	1266	1747
	参加读者活动人次（万人次）	9.05	22.83	49.30	312.85	89.69
	每万人参加读者活动人次（次）	777	1936	4075	1323	2382
	图书馆网站访问量（万次）	8.97	13.49	15.75	38.54	46.26
政府保障	图书馆覆盖率（%）	77.78	100.00	100.00	100.00	100.00
	建筑面积（万平方米）	2.06	2.68	3.31	3.58	3.62
	每千人建筑面积（万平方米）	17.74	22.76	27.37	34.50	34.51
	读者使用计算机数量（台）	129	129	186	179	172
	馆藏总量［万册（件）］	78.37	122.49	138.28	158.64	160.78
	人均藏量［册（件）］	0.67	1.04	1.14	1.53	1.53
	年新增藏量［万册（件）］	19.32	31.64	15.78	20.45	2.15
	年人均入藏文献信息资源量［册（件）］	0.166	0.268	0.130	0.197	0.020
	工作人员总数（人）	77	125	109	81	82
	每万名常住人员配备工作人员数量（人）	0.66	1.06	0.90	0.78	0.78
	总经费（万元）	3063.05	2264.47	1861.15	2039.13	2864.67
	人均经费（元）	26.32	19.21	15.39	19.63	27.31
	购书经费（万元）	509.00	60.30	45.59	10.50	18.50
	人均购书经费（元）	4.37	0.51	0.38	0.10	0.18

资料来源：广州图书馆. 广州市"图书馆之城"建设2021年度报告［R］. 广州：广州图书馆，2022：81.

2. 越秀区黄花岗街文化站

越秀区黄花岗街文化站目前有4名工作人员，设有图书室、讲习所、军事科普微型博物馆、多功能室、舞蹈厅、电子阅览室、动漫文化微型博物馆、绘本阅览室等场所，讲习所主要用于党员群众活动，进行党员宣讲等活动。电子阅览室为全国文化信息资源共享工程基层服务点，其内布置有十多个电子阅览位。馆外公布有各活动场所的活动项目和日程，走廊还悬挂有新老广州的照片。黄花岗街文化站为全国文化信息资源共享工程基层服务点，另参与了2015年基层文化站评估定级活动，现为省级特级文化站。

越秀区图书馆黄花岗分馆在2011年11月24日建成并对外开放。黄花岗分馆与越秀区图书馆联网，馆藏图书2万多册，各类报纸杂志30余种，内容涵盖了文学、居家生活、健康养生、儿童刊物等各类书籍。分馆遵从《越秀区图书馆"阅读增值"活动规则》《越秀区图书馆遗失损毁馆藏物资处理办法》《全国文化信息资源共享工程广州市越秀区基层服务点图书借阅管理制度》等规定，分馆采用积分管理，读者入室阅览、借阅图书、使用电子阅览室、参加阅读活动均可奖励相应积分，积分可用于交付滞还费、污损赔偿费等违约金。同时加入广州市公共图书馆"通借通还"体系。分馆内设有咨询区、借阅区、图书区、广州市"通借通还"图书专架、党的十九大专题图书区等。

2016年越秀区图书馆通过对黄花岗分馆设施设备进行升级改造，实现了自助办证、借书、还书、续借、查询、积分、注册等，读者可进行"办证—借书—还书"全程自助服务、享受二维码读者卡"扫码借还书"的便捷服务，现为越秀区街道智慧图书馆示范点。

在越秀区图书馆开展的"一街一特色"活动中，黄花岗分馆以军事特色著称。黄花岗街文化站所在街道附近有部队家属，周边居民向文化站捐赠了各种军事用具、模型等，文化站与周边居民合作建立起军事科普微型博物馆，越秀区图书馆了解到这一情况，配合该微型博物馆的建立，配送了一批有关军事的书籍，建立起了军事图书和展览相搭配的特色文化服务。该博物馆免费对外开放，与学校进行过合作，组织学生过来参观学习并为其讲解，也有其他机构到此组织参观活动。此外，暑期时，会有学校学生主动与黄花岗街文化站联系，到文化站开展志愿服务。

3. 越秀区图书馆四阅分馆

越秀区图书馆四阅分馆位于四阅书店内，为越秀区图书馆与广东新华发行集团合作探索公共图书馆与实体书店网络化融合的新模式，在2018年"书香岭南"全民阅读活动中，广东省文化厅授予其为"最美粤读空间"。

分馆建筑面积1000平方米，由书店免费提供，设有休闲阅览区、文献借阅区、期刊阅览区、检索区等服务功能区，并配有借还机、移动还书箱等设施设备，全年不闭馆，为社区居民提供图书借阅、期刊阅览、检索与咨询、公益讲座和展览等基本服务。区图书馆指派馆员于分馆进行书籍整理、更新等工作。分馆书籍全部由区图书馆提供。此外，据工作人员介绍，在分馆开设之初，区图书馆对书店工作人员进行书籍借还等工作培训，因而书店工作人员也可辅助开展分馆书籍的借还服务。同时，四阅分馆长期开展"你选书，我买单"服务，设有"你选书，我买单"图书专区，凡书籍扉页上贴有"参与'你选书，我买单'"标签的图书均可参与活动。读者可选取需要的书籍，越秀图书馆就会将其购买，使其成为馆藏图书，即时出借给读者。

作为越秀区图书馆分馆，四阅分馆遵从《越秀区图书馆读者卡管理办法》《越秀区图书馆"阅读增值"活动规则》《越秀区图书馆遗失损毁馆藏物资处理办法》等规定。同时，分馆加入全市通借通还服务网络，统一借阅规则。依据《广州市公共图书馆统一标识》等规定，同时采用广州市公共图书馆标识和越秀区图书馆标识两套标识系统，提高辨识度，增强读者对于广州市公共图书馆和越秀区图书馆的统一认知。但有读者反映由于空间所限，分馆内书籍数量较少且缺乏分类。四阅分馆还配搭有图书展销区、咖啡区、文创展销区，建立起了集阅读、文创、藏品、美食于一体的新型公共阅读空间。

5.3.6 启示和借鉴

广州市作为东部的代表性城市之一，其基本公共文化建设基础较好，历史文化资源丰富。广州市公共文化服务重视地域特色文化，以特色公共文化发展为主线，以创新培育文化服务增长点。标准化建设充分体现动态性和灵活性，使处于不同梯度的公共文化服务机构能够利用当地厚重的历史资源与文化优势，依托硬件的标准化与软件的特色化，走出一条特色化与标准化的协调共生之路。并借助数智技术的进一步发展，更好地满足公共文化需求的多样性以及群体的差异。在不断推行公共文化服务标准化的进程中有以下经验和做法可值得借鉴。

1. 公共文化服务技术和硬件标准化

在对广州市公共文化机构调研中，公共文化服务标准化主要体现在公共文化服务中的技术类、硬件类、服务方式等方面，但服务内容难以实现标准化。硬件类主要在于场馆面积、设施设备数量、设施设备规格、工作人员数量等硬件指标（见表5-13）。例如，广州图书馆划定的分馆建设标准，明确了统一平台、统一规范、统一标识、统一服务、统一物流配送的标准（见表5-14）。

表5-13 广州图书馆示范分馆建设标准

馆舍面积	不低于1000平方米
阅览面积	不少于600平方米
藏书量	4万册（件）以上
期刊种类	200种
未成年人图书	占全部馆藏的20%以上
工作人员	3名
开放时间	每周不少于46小时，周末开放

资料来源：广州图书馆. 广州市公共图书馆与社会力量合作建设图书馆［EB/OL］.［2018-06-31］. http://www.gzlib.gov.cn/ysSvcNotice/157432.jhtml.

表5-14 广州图书馆普通分馆建设标准

馆舍面积	不低于500平方米
阅览面积	不少于300平方米
藏书量	2万册（件）以上
期刊种类	100种
未成年人图书	占全部馆藏的20%以上
工作人员	2名
开放时间	每周不少于40小时，周末开放

资料来源：广州图书馆. 广州市公共图书馆与社会力量合作建设图书馆［EB/OL］.［2018-06-31］. http://www.gzlib.gov.cn/ysSvcNotice/157432.jhtml.

《广州市公共图书馆统一借阅规则》对广州图书馆及通借通还体系中各成员馆开展的借阅服务进行了规定,要求各图书馆对参与通借通还服务的书籍、读者进行规范性和一致性操作,如要求"外借文献共15册/件;通借通还图书借期31天,可续借1次"。而且,《广东省综合文化站评估定级量化标准》(2015年版)规定了各类文化服务场所面积、设施设备数量、环境氛围等方面。

在对广州市公共文化服务的调研中,发现广州市有关公共图书馆的规定及标准性文件相对较多,然而包括针对文化馆(站)、博物馆等在内的其他公共文化机构的相关制度则相对较少。对于各类公共文化机构标准"不均衡"的情况,在与广东省文化馆馆长、黄埔区文化馆馆长及工作人员等访谈中,了解到图书馆不同于文化馆等其他公共文化机构,其自产生之初便伴随着标准化现象,如图书分类法和主题法等,可以说,图书馆的标准化实践由来已久,已成为图书馆建设发展的一项内在特性。然而,各公共文化机构间各自具有不同特性,图书馆除传统服务项目外,已日益发展出文化休闲等功能。以"到馆人数"指标而言,用户前往图书馆除借阅书籍、参与活动外,也有可能只是休憩、参观、旅游等,但前往文化馆的用户主要还是以参与活动、培训为主。因而,是否以各参与活动的人数指标为准就已足够,也还需继续探讨。

另外,文化馆标准化工作最重要的考量还是活动项目、内容等方面。图书馆相对文化馆而言,其服务和活动还是较为单一的,文化馆的既有活动类型已十分丰富。一方面,基层文化站因其资金、人员限制难以全部开展。因此,面对不同服务地区、服务人群,文化站会对其中一些活动更为偏重。如黄埔区文化馆在建设街道分馆过程中,针对街道特征开展特色服务,了解到某一街道老年人较多,则会放映更多的粤剧。因此,现下也只具备分馆建设方案,且建设方案也要根据各街道情况进行调整。因而,对分馆实行统一标准是否会削弱分馆原有专门性服务,增加分馆更多负担也未有定论。另一方面,文化馆的活动拥有不同受众群体,如传统乐器、非遗项目培训,本身受众便不如较为流行培训的群体广泛,然而这部分却又是文化馆应积极倡导和开展的文化传承项目。因而,以单一的人员数量标准作为服务项目效能依据,未充分考虑活动项目的自身特性,难以反映活动项目的真实情况。而且,若推行标准化则需确定指标评分高下,可是艺术却难分高低。文化馆开展的活动分小众型和大众型,却无高雅和低俗之分,然而以量化指标对活动类型和内容进行评估,是否会使工作人员和用户对这些活动区别看待,这也是文化馆馆长及工作人员深感忧虑且对文化馆服务项目标准化无从着手之处①。

据悉,广东省文化馆将要制定的相关标准也主要侧重数字文化馆等硬件设施方面,2019年8月发布的《广东省公共文化设施公共信息导向系统设置规范》《广东省公共文化设施公共信息导向系统标准化管理办法》等文件,便由省文化馆参与,广东省标准化研究院承担制定。

2. 重视传统文化保护传承

广州市作为拥有悠久历史的文化名城,是岭南文化的重要发祥地。广州市不仅拥有大量的物质文化,还创造了丰富的非物质文化,市政府十分重视非物质文化遗产的保护传承工作。2006年,广州市正式启动了非遗保护工作。其后,2007年广州市成立了广州市非物质文化遗产保护中心,为市级非物质文化遗产保护机构,负责执行全市非物质文化遗产保护的规划、计划和工作规范;组织实施和指导开展全市非物质文化遗产的普查、认定、申报、保护和展览、宣传、推介及交流传播工作②。广州市发布了《广州市保护非物质文化遗产弘扬岭南文化工作方案》《广州市非物质文化遗产名录项目管理办法》等法规文件、指导文件,建立起了非物质文化遗产保护传承制度。

调研中的各公共文化机构利用自身优势,采用各种方式积极参与非遗活动的保护和传承工作,因而广州市营造出了公共文化机构同心同德、群策群力,共同推进非遗文化传承与发展的氛围。黄埔区文化馆将非遗舞蹈音乐重新编排,使其再次焕发出生机与活力。同时,除组织非遗乐舞参与各项比赛外,还大力推进非遗活动进校园活动。越秀区图书馆与广东岭南工艺美术馆合作共建"岭南九遗艺术中心、艺术阅读空间、越秀区非遗传承教育基地",在图书馆内市民便可以近距离地欣赏到广州牙雕、玉雕、粤绣、潮州木雕、广州彩瓷、潮州彩瓷等非遗文化,以传承、保护、活化、推广具有岭南特色的非遗文化。

对于非物质文化保护、传承、发扬的思想和工作要求,还深入基层公共文化机构建设中。《广东省非物质文化遗产条例》第八条规定:"文化馆(站)、

---

① 整理自广东省文化馆馆长、黄埔区文化馆馆长、工作人员访谈记录。
② 广州市非物质文化遗产保护中心. 非遗中心 [EB/OL]. [2018-06-23]. http://www.ichgz.com/web/index?id=1.

村民委员会、居民委员会开展相应的非物质文化遗产保护、保存工作，文化主管部门应当给予指导和支持。"同时，《广东省综合文化站评估定级量化标准》（2015年版）强调非遗服务，要求各街道文化站都需建立相关非遗活动场所，突出广州岭南文化内涵、体现惠民服务为导向，树立起广州不同于其他省市地区的公共文化特色服务。

所调研的联和街文化站将广州非物质文化遗产客家山歌作为常规活动，通过组建文化团队的形式发扬客家山歌，并使其深入到更广大群众生活中，达到焕发其生机的目的。下属的联合客家山歌队，不仅创作了多首客家山歌，且在多场比赛中获得奖项，如在2009年参加珠三角客家山歌大赛中获得优胜奖，在2014年"两岸四地"客家山歌东莞凤岗邀请赛中获优秀组织奖等。未来要建设的文化活动中心，根据标准要求，除各类音乐、舞蹈、书法绘画等活动室外，还将专门设立非物质文化遗产传习室。街道所在区还在2012年专门编制了《客家山歌集锦》，收集了该区有代表性的客家山歌50余首。

3. 标准化与特色化共生

调研中发现广州市公共文化机构在统一硬件、服务规则等基础上，还在不断拓展特色化服务，并基于地域特性和服务群体开展了更具针对性的服务。这表明标准化并非千篇一律，"去差异化"是"去除"服务硬件上的差异，扫除公共文化机构开展服务过程中的障碍，使其能有余力开展更好的服务。

正如越秀区图书馆开展的"一街一特色""一街一品牌"活动，整合各街道特色，发展分馆特色馆藏和服务，即在总分馆体系下在对其外观标识、服务规则、书籍管理等统一服务实现后，发展出各街道分馆特色。在15个街道分馆中，流花分馆主推书法、国画等；洪桥分馆主推客家文化；六榕分馆主推花艺、宗教文化；人民分馆主推广府传统文化、民间工艺；北京分馆主推广府文化；梅花村分馆主推铁路文化；农林分馆主推青少年；黄花岗分馆主推军事；建设分馆主推建筑历史、建筑风格、建筑哲学等；大东分馆主推国学；白云分馆主推本草文化、养生知识等；登峰分馆主推涉外文化；矿泉分馆主推祠堂文化；四阅分馆主推美学生活、艺文旅行；越读吧·科创主推科技、时尚。其中，黄花岗分馆在其拥有一间图书室，遵从越秀区图书馆总分馆各项规定，用于提供综合性的图书借阅。在此基础上，配合该文化站内军事科普微型博物馆，推出军事特色图书和服务。

4. 制定实施区级公共文化服务标准

越秀区和黄埔区在行政区划上同为广州市直辖区，但两者在公共文化服务方面尚存在差异。越秀区为广州市老城区，对比其他新城区而言，历史较为悠久，街道较为繁密，区内公共文化服务机构数量较多且较为密集，整合机构时日较长且较为完善，就所整合的图书馆、文化馆、博物馆等机构而言，已基本实现"10分钟文化圈"。黄埔区为广州市新城区，2015年由萝岗区与原黄埔区合并而成，黄埔区整合公共文化机构的时间较短，如图书馆分馆尚在建设当中，且出台了一系列文件用于推进和保障总分馆建设，文化馆于2017年开始进行总分馆建设。但黄埔区外来务工人员较多，而且多高新企业。公共文化机构与企业参与共建较有优势。

各区图书馆建设遵从《广州市公共图书馆条例》《广州市"图书馆之城"建设规划（2015—2020）》《广州市公共图书馆服务规范》等规章制度要求，但各区都有关于图书馆的具体标准要求。

2016年6月，黄埔区图书馆总分馆服务体系建设领导小组成立，建立协调会议制度，由政府分管副区长牵头召集，不定期召开。区文化广电新闻出版局先后制定《黄埔区总分馆创新设计逻辑图》《黄埔区图书馆总分馆服务体系建设行动方案》《黄埔区建设现代公共图书馆服务体系工作方案》等指导性意见，积极探索可复制的总分馆管理模式和经验。区图书馆在此基础上制定《黄埔区图书馆总分馆建设实施方案》《黄埔区图书馆总分馆建设标准》《黄埔区图书馆总分馆服务规范标准》《黄埔区图书馆总分馆文献编目加工标准》及首批5个试点分馆的建设实施方案，统一全区的文献编目加工规则及流通规则，为分馆的可持续发展提供制度保障。

越秀区图书馆总分馆体系已基本建成，与各分馆统一遵从《越秀区图书馆遗失损毁馆藏物资处理办法》《越图"阅读增值"活动规则》《越秀区图书馆读者卡管理办法》等规定。当前总分馆已拥有越秀区图书馆统一标识，区图书馆以提升各分馆服务效能为主要工作，探讨采用分馆业务馆长的方式改善分馆服务。

两个城区情况不同，无论是人口组成、街道规划，还是公共文化服务机构的建设进度都有所差异。因而，以图书馆为例，尽管越秀区和黄埔区都遵从广州市公共图书馆相关标准，但依据各区不同情况，各自拥有相应的标准，用于管理辖区内图书馆分馆建设。当前经济发展迅速，城区不断扩张，新老城区间差异明显。尤其是类比广州市的国际化大都市，针对城市区级情况的不同，在省市级的标准要求下，将省市级的标准作为底线，制定区级相应标准，以适应各区公共文化服务。

5. 标准化提升基层公共文化服务机构服务效能

在调研中了解到街道文化站主要遵从《广东省综合文化站评估定级量化标准》（2015年）建设并开展活动。省文化厅公布的2015年度全省综合文化站评估定级名单，评审审核了全省1590个乡镇、街综合文化站，其中有374个文化站达到特级标准，337个文化站达到一级标准，230个文化站达到二级标准，649个文化站达到三级标准。全省综合文化站达标率为99.1%。珠三角地区基本已实现一级站以上达标，粤东西北地区已实现全部三级站以上达标[①]。

在调研的联和街文化站，参评2008年特级文化站评估定级工作后取得"特级文化站"称号，但随着地方经济社会发展水平和群众文化需求的不断提高，文化站标准包括场所面积等要求也有所提升，而且作为下辖6个社区文化活动中心的街道文化站，其场馆建设也需进一步扩展，因而当前正在积极筹备建设新的活动中心，其内部各活动场所面积及设施设备配置也依照相关标准进行规划，充分体现"标准促建"的目的。在对黄花岗街文化站调研中，该文化站也为"特级文化站"，同时了解到在参评2016年特级文化站工作中，文化局工作人员曾给出文化站整改意见，包括活动空间建设和书籍摆放等。

正如越秀区图书馆馆长所言，虽然各分馆在场所面积、设施设备等方面已大多达到标准要求，但服务效能提升更集中体现于管理方面，因而为确保分馆活动开展情况，招募了业务馆长，培训结束后将指派到各文化站统筹和管理文化服务。在这个层面上，其实也是对业务馆长的管理能力进行标准化建设，期望能通过人才的标配，全面提升文化站的服务能力，虽然并无明确文件规定，但事实上是相当于建立起部分层面的文化站人才准入制度。

------

① 广东省文化馆. 2015年度我省综合文化站评估定级工作顺利完成［EB/OL］.［2018－06－23］. http://old.gdsqyg.com:81/homezt/2016/0322/article_2722.html.

5.4 广东省东莞市案例研究

5.4.1 案例选择

当前,国家对公共文化服务建设中的标准化问题日趋重视,相关的理论研究与实践操作均已进入实质性阶段。国家将公共文化服务的标准化与均等化问题上升到战略层面。早在 2014 年,文化部在全国精选了 10 个地区作为国家公共文化服务标准化试点。2017 年,对这 10 个地区进行了验收。经济发达的广东省在公共文化服务体系建设中始终是排头兵,珠三角地区的公共文化服务体系建设在全国更是一直走在前列。东莞市作为广东省唯一入选城市,在全国 10 个国家公共文化服务标准化试点地区中,表现亮眼。

东莞市的公共文化服务不仅颇具东部沿海地区特性,更一直着力打造全国领先的现代公共文化服务体系"高地"。2018 年,由东莞市文广新局发布的《2017 东莞市镇(街)公共文化服务绩效评估年度报告》对东莞市的公共文化服务的成效作了详细分析说明。2017 年,东莞市 32 个镇(街)公共文化服务绩效评估的主要指标得分、公共文化投入、设施建设、服务供给水平、群众满意度等各项排名及分析,各镇(街)、村居的公共文化服务水平如下:各镇(街)主要评分指标平均得分为 84.41 分,其中 16 个镇(街)的得分高于平均分,6 个镇(街)的得分低于 80 分。此外,2017 年,东莞已建立起完善的公共文化设施网络体系,但镇(街)财政公共文化事业投入和公共文化设施建设不均衡的矛盾依然突出。在投入方面,2017 年度,东莞 32 个镇(街)平均人均公共文化事业费为 183.69 元。常住人口人均公共文化事业费最多的镇(街)是麻涌镇,超过 400 元/人;最少的是大岭山、横沥,甚至低于全国平均水平的 54.64 元/人。设施建设方面,全市人均公共文化设施建筑面积为 0.27 平方米,有 20 个镇(街)的人均面积为 0.1~0.2 平方米,还有很大的提升空间。设施利用率方面,东莞市公共图书馆(室)进馆人次占总人口的比重平均值为 1.17%;各镇(街)人均公共图书馆(室)图书外借册次为 0.89 册次。2017 年,东莞市民最喜爱的 5 项公共文化项目分别是莞城文化周末、万江龙舟文化节、道滘美食文化节、桥头荷花节、南城欢乐消费（美食）节；最受东莞人喜爱的文体活动主要包括图书馆借书和读书、参加健身类运动、各类现场文艺演出以及观看赛龙舟、猜灯谜等民俗活动。这充分说明，随着东莞公共文化活动数量的增加和品质的提升，市民的文体活动日趋多元，特色鲜明、影响广泛的文化活动品牌受到追捧[1]。

借助作为全国公共文化服务标准化试点的契机，东莞市通过一系列的改革和探索，按照国家的相关要求，结合自身的经济社会发展水平，积极为市民提供更好的公共文化服务，并以保障市民的基本文化权利"底线"为目标，打破藩篱，不分人群、突破区域，使得东莞市境内公共文化服务的不平衡、不充分得到了有效的消除，使得每一位身处该城市的人都可享受均等的公共文化保障。

2017年，文化部组织有关专家对国家级试点工作任务完成情况进行了评审验收。东莞推进公共文化服务标准化试点工作的经验、做法、创新及成效，得到了文化部有关专家的充分肯定，获得了高度评价，并顺利通过验收。专家认为，东莞公共文化服务标准化试点工作扎实，形成了集保障标准、技术和业务标准、评估标准于一体的标准化体系，并针对东莞实际，制定了一系列行之有效的实施机制，形成的经验有较强的推广示范价值，尤其是引入第三方评估方式，强化绩效和效能导向，具有较强的可操作性。

2018年，南开课题组基于东莞市在国家公共文化服务标准化试点工作中的优异表现，认为东莞市公共文化服务标准化的相关经验、做法十分值得研究，对这些经验、做法进行归纳和总结，是我国公共文化服务标准化理论建构的重要素材和资料的来源。特别是东莞市针对公共文化服务标准化的经验和做法，对促进我国公共文化服务标准化具有极强的实践意义和一定的理论意义。

南开课题组选择东莞市作为我国公共文化服务标准化的案例对象，一方面有利于构建具有我国特色的公共文化服务标准化基础理论；另一方面有利于其他地区借鉴，促进我国其他地区公共文化服务标准化水平的提升。

---

[1] 中国财经报. 东莞亮出公共文化服务"成绩单"[EB/OL]. [2018-09-13]. http://www.cfen.com.cn/dzb/dzb/page_3/201809/t20180913_3018842.html？bsh_bid=2520251743&from=time-line.

5.4.2 调研经过

1. 调研目的

南开课题组对东莞市进行的调研，主要是围绕东莞市近年来公共文化服务（特别是保民生、保底线的公共文化服务）标准化的经验和做法，分析、提炼、归纳出可供其他地区借鉴的做法，并依据东莞市的这些做法进行理论抽象和探索，尝试建构我国公共文化服务标准化的相关理论，为其他研究者和后续研究提供有力的洞见和理论基础。

2. 调研过程

2018年6月6日至9日及12日，南开课题组成员苏福、张雅琪、袁珍珍在东莞市开展了为期4天、在广州市开展了为期1天的调研。其间，南开课题组实地调研了东莞市7家公共文化服务机构，包括东莞市文广新局、东莞市图书馆、东莞市文化馆、东莞市博物馆、东莞市松山湖区图书馆、东莞市莞城区图书馆、东莞市东城区图书馆（综合文化服务中心）。此外，南开课题组还调研了广东省标准化研究院，该院中标东莞市公共文化服务标准化课题，是东莞市公共文化服务标准化工作的直接参与者和设计者。南开课题组对8位从事公共文化服务的专业人员进行了8次深度访谈或座谈，南开课题组自行拍摄照片若干张，收集各文化机构官方网站相关文件多份。在完成对上述一手、二手资料的收集后，南开课题组组织相关成员对资料进行了分类、整理，经认真讨论，形成本案例研究的大纲，并依据上述资料对本案例研究进行了详细的分析，撰写本案例研究报告。2018年10月27日至29日，南开课题组成员柯平、刘旭青、贾东琴赴东莞进行基层公共文化调研，并组织天津漫画家在东莞开展志愿者行动。2019年12月22日至23日，南开课题组成员柯平、胡娟、张翠娟赴东莞图书馆调研"十四五"规划编制。2020年8月24日至25日，南开课题组成员柯平、宫平、张雅琪、刘旭青、彭亮、袁珍珍、胡娟赴东莞进行数据更新，力求案例扎实完整。在撰写报告的过程中，多次与相关单位进行二次、三次核对，对相关数据的真实性、可靠性、时效性进行了确认。

3. 数据收集

本研究的数据收集方法主要采用半结构化访谈并配合多种其他方法，通过多样化的数据来源保证数据的相互补充和交叉验证，提高案例的信度和效度①。资料来源主要包括：（1）东莞市图书馆、文化馆、博物馆以及文化广播电视旅游局的相关文件、资料，如公共文化服务相关制度、各项业务统计数据、相关的会议纪要、相关视频、音频资料等；（2）深度访谈及非正式访谈；（3）参与式观察及参加基层公共文化服务各项活动；（4）上述单位提供或认可的媒体访谈记录和研究文献；（5）一些非正式的信息获取渠道，如电子邮件及观察等。本案例的资料来源与类型详见表5-15。

表5-15 东莞市调研数据来源与类型

资料来源	一手资料	二手资料
资料类型	通过深度访谈获得的资料 通过非正式访谈获得的资料 通过实地观察记录、拍摄的资料	东莞市文化广播电视旅游局发布的文件以及内部资料 东莞市图书馆发布的文件以及内部资料 东莞市文化馆发布的文件以及内部资料 东莞市博物馆发布的文件以及内部资料 东莞市各镇街文化机构内部资料 上述单位提供或认可的媒体访谈音视频 上述单位官方网站公布的信息

资料来源：根据南开课题组课题有关资料整理。

5.4.3　东莞市公共文化服务情况

从现有的公开资料来看，东莞市公共文化服务机构诸如文化馆、文化站、图书馆、博物馆、广播电视机构、艺术业机构、艺术表演剧团、群众文化业机构、娱乐业机构、文化市场经营机构、文物业机构等，从数量上呈现逐年上升的态势。机构数的增加，说明政府逐年加大对公共文化的投入。公共文化服务机构提供的服务种类的不断丰富以及接受服务的群众数量的上升，说明公共服务的效能在不断地提升。从业人员数量的不断增加，说明公共文化服务行业的吸引力在不断提升增强，更多的人才愿意加入公共文化服务行业的队伍中。从另一个侧面反映出公共文服务行业的逐步繁荣。

---

① R. K Yin. Case Study Research：Design and Methods [M]. 5nd ed. London：Sage Publications，Beverly Hills，CA，2013：21-23.

从 2010 年到 2019 年，东莞市艺术业机构经历了"精简—提升—壮大"的过程。至 2020 年年末全市有文化馆 1 个，文化站 33 个，公共图书馆 657 个，公共电子阅览室 582 个，公办博物馆 17 个，民办博物馆 36 家，文化广场 756 个，电影放映单位 140 个。全市公共广播节目 43 套，公共电视节目 31 套。全年共发行报纸 4143 万份，其中《东莞日报》3733.98 万份。电影放映 75.4 万场次，观众 687.62 万人次。

总体来看，东莞市的公共文化机构和公共文化活动近 10 年间呈现两个特点：第一，公共文化机构在不断地精简、融合、壮大，各类公共文化机构的数量有升有降，但从机构的变化情况来看，合并与融合是为了拓展服务效能，增加数量是为了拓展服务的区域。第二，开展的公共文化服务活动，整体呈现数量增加、种类增加、受众增加的趋势。随着经济社会的不断发展，东莞市的公共文化服务正从原来的以提升数量为主发展到更加注重质量和品质。

东莞市文广新局局长陆世强认为，开展公共文化服务绩效评估，是贯彻落实公共文化服务保障法的重要抓手。东莞从 2016 年开始在全市进行公共文化服务评估数据采集填报工作，这份报告也将成为东莞文化部门创新公共文化服务的重要依据。基于相关研究报告反映的问题，东莞市文广新局将于 2018 年 9 月中旬举办首届公共文化产品采购大会，为东莞乃至珠三角地区公共文化产品的供需双方搭建平台，破解公共文化产品和服务的供需矛盾[①]。

5.4.4 以项目推进公共文化服务标准化体系建设

1. 全国首批公共文化服务标准化试点地区简介

在国家文化部公布的第一批国家公共文化服务标准化试点地区名单上，共有内蒙古自治区鄂尔多斯市、江苏省苏州市、浙江省、安徽省马鞍山市、福建省厦门市、湖北省襄阳市、湖南省长沙市、重庆市沙坪坝区、四川省成都市、广东省东莞市等 10 个地区成功入选。其中，东莞作为广东唯一入选城市位列其中。根据中央和广东省新型城镇化发展部署，东莞市委、市政府把建设国际

---

① 中国财经报．东莞亮出公共文化服务"成绩单"［EB/OL］．［2018-09-13］．http://www.cfen.com.cn/dzb/dzb/page_3/201809/t20180913_3018842.html? bsh_bid=2520251743&from=timeline.

制造名城、现代生态都市作为未来一段时期东莞城市发展的战略。这是东莞近10年来重要的一次城市发展目标调整，要把文化名城的目标定位提升到城市发展战略的高度来把握。

东莞将通过抓紧制订五年行动计划和联动工作方案，全力做好改革试点，提供可复制、可推广的经验；建立健全工作机制，建立认真有效的公共文化协调机制；建立健全财政保障机制、文化管理员和文化志愿者队伍管理机制、文化惠民活动的组织实施和绩效评估机制以及企业文化的建设机制等，提升公共文化服务水平。

根据国家公共文化服务体系示范区（项目）创建工作领导小组办公室制订的检查工作方案，检查组从六个方面共30项76个指标进行评定，东莞市基本得分为90.3分（满分为90.5分）。根据实地考察中所掌握的情况，专家组建议，在指标评定基本得分90.3的基础上，按每项示范经验0.2分的分值，再加4分[①]。

2. 东莞市公共文化服务相关概况

据南开课题组实地了解，广东省标准化研究院2014年中标[②]，负责研究东莞市公共文化服务标准化体系、制定相关公共文化服务标准，当时依据和参照的数据多来自《东莞市统计年鉴（2014）》，随着时间的推移，截至2018年6月，本研究可获得的最新数据为《2017东莞市统计年鉴》的数据。

（1）东莞市人口概况

根据《2017年东莞市统计年鉴》的术语解释，常住人口指实际居住在某地区半年以上的人口，应包括：①居住在本乡、镇、街道，并已在本乡、镇街道办理常住户口登记的人；②已在本乡、镇、街道居住半年以上，常住户口在本乡、镇、街道以外的人；③在本乡、镇、街道居住不满半年，但已离开常住户口登记地半年以上的人；④居住在本乡、镇、街道，常住户口待定的人；⑤原住本乡、镇、街道，人口统计（或登记）时在国外工作或学习的人。户籍人口指公民依照《中华人民共和国户口登记条例》在公安户籍管理机关

---

① 东莞日报. 东莞示范区创建凸显"二十大亮点" [EB/OL] [2018-06-13]. http://epaper.timedg.com/html/2013-07/03/content_1197181.htm.

② 资料来源：南开课题组调研所得。

登记了常住户口的人。这类人口不管其是否外出，也不管外出时间长短，只要在某地注册有常住户口，则为该地区的户籍人口。外来暂住人口指户口登记地在外县、市，目前在本市暂住的人口[①]。

本研究于 2018 年 6 月获取的最新公开人口分布数据为 2016 年的数据，其分布情况是：2016 年年末全市户籍人口 200.94 万人。全市常住人口 826.14 万人，其中城镇常住人口 736.42 万人。人口城镇化率为 89.14%[②]。本研究于 2018 年 6 月获取的最新公开人口密度数据为 2016 年的数据[③]，其人口密度排名如表 5-16 所示。

表 5-16 东莞市镇街土地面积和人口密度（2016 年）

镇街	土地面积（平方千米）	户籍人口密度（人/平方千米）	常住人口密度（人/平方千米）	常住人口密度排名
莞城街道	11.2	16 265	14 857	1
石龙镇	13.8	5274	10 290	2
长安镇	89.5	588	7376	3
石碣镇	36.2	1318	6633	4
高埗镇	34.6	1164	6199	5
东坑镇	23.7	1313	5646	6
寮步镇	72.5	1105	5639	7
南城街道	56.6	1676	5461	8
万江街道	48.5	1803	5062	9
东城街道	105.1	996	4578	10
横沥镇	44.7	894	4562	11
凤岗镇	82.4	350	3854	12
虎门镇	166.5	815	3819	13

---

① 东莞市统计调查信息网. 主要统计指标解释 [EB/OL]. [2018-06-13]. http://tjj.dg.gov.cn/website/flaArticle/tjnj/2017/directory/02/explain.htm.

② 东莞市统计信息网. 2017 年东莞统计年鉴 [EB/OL]. [2018-06-03]. http://tjj.dg.gov.cn/website/flaArticle/tjnj/2017/directory/one/01-01.html.

③ 东莞市统计信息网. 2017 年东莞统计年鉴 [EB/OL]. [2018-06-03]. http://tjj.dg.gov.cn/website/flaArticle/tjnj/2017/directory/14.html? 14.

(续表)

镇街	土地面积 (平方千米)	户籍人口密度 (人/平方千米)	常住人口密度 (人/平方千米)	常住人口 密度排名
塘厦镇	128.2	432	3808	14
常平镇	103.3	792	3734	15
茶山镇	45.4	1032	3485	16
厚街镇	125.7	828	3462	17
石排镇	48.7	928	3222	18
大朗镇	97.5	791	3207	19
桥头镇	56.0	682	2943	20
大岭山镇	95.5	521	2907	21
望牛墩镇	31.6	1530	2703	22
道滘镇	54.3	1083	2604	23
黄江镇	92.9	318	2448	24
中堂镇	59.9	1325	2327	25
清溪镇	140.1	278	2206	26
企石镇	58.2	770	2088	27
洪梅镇	33.2	718	1750	28
沙田镇（虎门港）	117.7	379	1518	29
麻涌镇	87.2	884	1367	30
松山湖	89.6	158	1278	31
樟木头镇	118.8	265	1109	32
谢岗镇	91.0	239	1073	33

资料来源：南开课题组整理。

(2) 东莞市公共文化服务设施概况

截至2016年年末，全市有市民艺术中心1个，文化站33个，公共图书馆641个，公共电子阅览室589个，公办博物馆18家，民办博物馆31家，文化广场769个，电影放映单位96个。全市有公共广播节目10套，公共电视节目65套。全年共发行报纸7953.44万份，其中《东莞日报》5690.82万份；电影放映104万场次，观众1802万人次①。

3. 东莞市公共文化服务标准化体系的构建

经调研，东莞市公共文化服务标准化体系的构建，其动力来源于文化部关于国家第一批公共文化服务标准化试点地区的要求，东莞市文化广播电视与新闻局以项目招标的形式进行招标，其项目要求有二，第一，制定东莞市公共文化服务技术标准，该项要求形成五个具体成果：①东莞市公共文化服务体系表；②技术标准重点制修订目录；③东莞市公共文化服务技术标准（文化馆服务标准、图书馆服务标准、图书馆总分馆运行管理规范）。第二，制定东莞市公共文化服务保障标准，该项要求包括两个具体成果：①东莞市公共文化服务实施标准（包括东莞市公共文化服务实施标准编制说明）；②东莞市外来务工人员公共文化服务指导标准（包括东莞市外来务工人员公共文化服务指导标准编制说明）。

（1）构建思路

依据南开课题组对广东省标准化研究院的调研得知，东莞市公共文化服务标准化体系构建的思路，主要是依照"资料收集—数据分析—实地调研—专家论证、广泛征集意见—推广实施"的逻辑开展。

在资料收集阶段，主要以收集相关政策文件和学术文献为主。在数据分析阶段，主要是依托标准全文数据库、组织机构代码数据库、文献数据、官网数据以及实地调研的数据为数据分析对象。在实地调研阶段，分为六个步骤进行：第一，梳理资料及调研结果。第二，初步构建起东莞市公共文化标准体系框架。第三，对缺失的标准或不完善的标准提出制修订建议。第四，制定技术标准重点制修订目录。第五，选取三项技术标准进行重点研制（图书馆服务标准、文化馆服务标准、总分馆运行标准）。第六，进行问卷发放，开展实地调研，形成技术标准初稿。在专家论证、广泛征集意见阶段，邀请国内公共文化服务领域的专家进行评估。同时，多方面征求其他利益相关方的意见。在此

---

① 东莞市统计信息网.2017年东莞统计年鉴［EB/OL］［2018-06-03］.http://tjj.dg.gov.cn/website/flaArticle/tjnj/2017/directory/one/01-01.html.

基础上，根据专家意见以及其他征集到的意见，对标准体系及技术标准进行修订与完善。最后，依托构建的标准体系，对形成的相关标准实施推广。

（2）项目过程介绍

①2014年10月

建立工作机制。为切实推进项目开展，保障项目按时保质完成，编制完成《项目细化分工方案以及进度安排表》，以周为单位细化分解项目每项具体任务，并合理分工。

②2014年11月

开展资料搜集、数据收集工作。搜集公共文化标准相关的文献、政策文件以及标准文本。通过互联网以及内部渠道收集东莞市各乡镇公共文化服务发展情况以及国内外、省内外先进地区公共文化服务基层数据。

③2014年12月

开展资料分析和数据对比工作。对所搜集到的海量资料以及数据进行整理和分析。设计东莞市文化馆以及东莞图书馆调研问卷。

④2015年1月

发放、回收并整理分析"东莞市文化馆调研问卷"以及"东莞图书馆调研问卷"，起草《东莞市文化馆服务规范》以及《东莞图书馆服务规范》两项技术标准。

⑤2015年2月

召开东莞市公共文化服务标准研制专家咨询会，会议内容包括东莞市公共文化服务标准研制项目研究工作的进展汇报、国家基本公共文化服务保障标准的研制经验和做法交流、东莞市公共文化服务保障标准制定机制的研讨。与会专家对广东省标准化研究院在该试点项目上的工作思路和阶段性成果给予高度肯定，针对东莞市公共文化服务标准化的突出问题如外来人口数量大、人群不均衡等问题，结合当前公共文化服务的发展趋势等，对项目实施提出了不少宝贵的意见和建议，进一步厘清了东莞市公共文化服务实施标准的研制思路。

⑥2015 年 3 月

初步搭建《东莞市基本公共文化服务实施标准》框架以及拟定部分指标；设计公众公共文化服务调研问卷。

⑦2015 年 4 月至 5 月

依托广东省文化厅项目研究的便利，向东莞市有代表性镇街发放"公众基本公共文化服务调研问卷"。初步搭建《东莞市外来务工人员基本公共文化服务指导标准》框架以及拟定部分指标。

⑧2015 年 6 月

召开内部研讨会；论证两份保障标准框架以及指标确定的合理性；会后形成两份实施标准的初稿；起草《东莞图书馆总分馆运行管理规范》。

⑨2015 年 7 月

向东莞市相关部门处室、公共文化服务机构广泛征集意见，收回意见 21 条，根据收集意见和建议修改实施标准以及技术标准。

⑩2015 年 8 月

选取东莞市具有代表性的企业进行实地考察以及问卷调研，深入了解外来务工人员公共文化服务需求。50 多名企业代表参与了座谈，表达了对公共文化服务的诉求以及意见和建议。发放的"东莞市外来务工人员公共文化服务调研问卷"共回收 375 份，统计分析问卷后，进一步完善了东莞市外来务工人员基本公共文化服务指导标准。

（3）成果介绍

①东莞市公共文化服务标准体系表

在经过上述研制过程后，形成了东莞市公共文化服务标准体系，见图 5-1。该标准体系的参照依据主要是 2014 年 7 月，文化部办公厅《关于开展公共文化服务标准化等试点工作的通知》（办公函〔2014〕318 号）、2015 年 1 月，中共中央办公厅、国务院办公厅《关于加快构建现代公共文化服务体系的意见》（中办发〔2015〕2 号）、GB/T 13016—2009《标准体系表的编制原则和要求》、GB/T 24421.2—2009《服务业组织标准化工作指南 第 2 部分：标准体系》）。

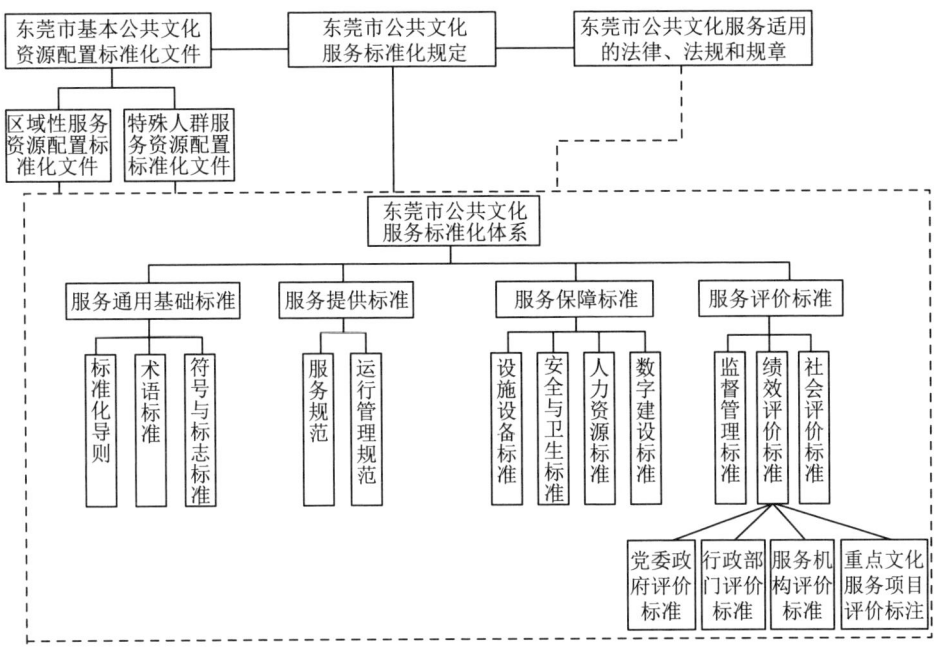

图 5-1 东莞市公共文化服务标准化体系

资料来源：广东省标准化研究院提供素材，南开课题组整理。

②技术标准重点修订目录（见表 5-17）

表 5-17 技术标准重点修订目录

子体系	标准类别	标准名称
服务提供标准	服务规范	博物馆服务标准
		科技馆服务标准
		美术馆服务标准
		体育馆服务标准
		乡镇综合性文化站服务标准
		基层综合性文化服务中心服务规范
		公益性服务规范
		流动文化车服务规范
	运行管理规范	基层综合性文化服务中心运行管理规范
		文化馆总分馆运行管理规范

(续表)

子体系	标准类别	标准名称
服务保障标准	设备设施标准	基层综合性文化服务中心建设规范
	安全与卫生标准	公共文化活动安全管理规范
		公益性演出安全管理规范
	人力资源标准	公共文化从业人员培训管理规范
		文化协管员管理规范
		公共文化志愿者服务规范
	数字化建设标准	图书馆数字化建设指南
		文化馆数字化建设指南

资料来源：广东省标准化研究院提供素材，南开课题组整理。

③东莞市公共文化服务技术标准

《东莞文化馆服务规范》规定了文化馆服务的总则、服务条件、基本要求、服务安全、服务质量评价与持续改进等。适用于东莞市文化馆，各乡镇（街道）文化站可参照执行。

《东莞图书馆服务规范》规定了图书馆服务的术语和定义，服务资源、服务效能、服务宣传、服务监督和反馈等内容。适用于东莞市公共图书馆，企业、学校或其他社会力量兴办的图书馆，可参照执行。

《东莞图书馆总分馆运行管理规范》规范了总分馆的运行管理，保证分馆业务工作统一、顺畅和高效运行。

《东莞市基本公共文化服务实施标准》是在《国家基本公共文化服务指导标准》（2015—2020年）、《广东省基本公共文化服务实施标准》（2015—2020年）的基础上，结合东莞实际，依据东莞市有关政策文件以及调研结果指导编写完成。该标准的章节说明如下：

总体要求（5个项目，8项要求），是从东莞市整体层面，根据东莞市公共文化服务发展的实际需要而提出的相关要求。主要包括需求调研、人均公共文化设施面积、人均藏书量、服务半径等指标内容以及其他有助于加快构建现代公共文化服务体系的相关要求。

服务提供（10个项目，31项要求），主要规范东莞市公共文化服务的种类和频次，包括场馆开放、读书看报、文体活动、文艺培训、陈列展览、文艺演出、文艺扶持、数字化服务、广播电视、观赏电影等10项服务提供的内容。

服务设施（9个项目，18项要求），主要规范公共文化服务设施建设布局、建筑面积、达标率、服务半径以及服务功能。包括图书馆（室）、文化馆（站）、博物馆、美术馆、村（社区）综合文化服务中心、体育设施、广电设施、流动设施、辅助设施等部分的内容。

服务机构、人员与经费（4个项目，14项要求），主要规范服务机构责任主体、设置内容、人员队伍组成以及公共文化服务投入。主要包括管理主体、机构、人员、经费四部分要求。

相较于国家及省级标准，东莞市的实施标准共计71项要求，比省级多39项，比国家级多49项。各项指标深化了国家级、省级标准，主要表现为各项条款责任主体更为明确、各项条款内容更为细化、突出群众需求调研、对公共文化经费作出相关要求。同时，也拓展了国家级、省级标准，主要表现为注重提高群众的知晓率、注重加强文化扶持、注重公共文化服务的数字化、注重文化队伍的建设、注重公共文化服务社会化等。

《东莞市外来务工人员基本公共文化服务指导标准》（以下简称《标准》）提出了框架标准与实施标准基本一致，在考虑与实施标准中指标的协调与对接基础上，针对外来务工人员公共文化服务的特点，对具体项目进行了增加和删减。该标准包括三大部分：总体要求（3个项目，5个要求），服务提供（7个项目，10个要求），服务设施（4个项目，5个要求）。

(4) 东莞市公共文化服务标准化的实施标准与绩效评估系统

从东莞市文广新局印发的《东莞市镇（街）公共文化服务绩效评估方案》（以下简称《评估方案》）中可以看到，各镇（街）公共文化服务绩效评估指标设置8大类29项。其中公共文化服务供给水平指标占比最高，为20%；公共文化社会参与指标水平占比最低，为5%。指标权重方面，排在前两位的为公共文化群众满意度和公共文化投入占比，其中，公共文化服务群众满意度权重最高，指数为9；其次是本级财政对公共文化事业投入占财政支出比重，指数为8。同时，人均公共文化事业费的指标权重为7，并且以常住人口数量为基数计算。

时间安排上，2016年11月，形成最终评估报告；12月，将评估结果在全市进行通报，并进行相应的评估结果应用。绩效评估的结果以排名的方式，评估排名分为优（90分及以上）、良（80—89分）、中（70—79分）、差（69分及以下）四个等次。在此基础上，得出全市32个镇（街）单项绩效指标得分排名，全市32个镇（街）绩效总得分排名。

评估结果将作为东莞全市镇（街）领导班子年度考核的内容和依据之一。评估排名情况将在东莞全市宣传文化系统进行通报。根据评估结果，总结推广先进经验，整改存在的问题，调整评估指标体系，完善和规范日常管理，提高公共文化服务效能。

从以上指标设定和评估模式可以看出，该《评估方案》重事实、重数据、重群众满意度，评估行为和结果向社会公开，接受社会监督。体现了东莞以"创新性、务实性、操作性、绩效性"为指引，建立健全各镇（街）文化建设、管理服务和活动开展等绩效评估，促进基层公共文化服务向更高标准、更高层次发展，提高基层公共文化服务绩效，全面保障人民群众均等享有公共文化服务的决心和努力。

《标准》的核心功能在于通过制定基本服务项目、硬件设施和人员配备等一系列标准，使各级政府明确自身在公共文化服务领域的保障责任，形成一种制度化的约束，使区域内大致按统一标准提供服务和保障，逐步缩小公共文化服务的城乡差距、区域差距和群体差距，促进公共文化服务的均等化。以此来看，《评估方案》与《标准》的目的和功能的要求相一致。

(5) 东莞市开展公共文化服务标准化的保障——6份政府文件

自开展标准化试点工作后，东莞在全国率先出台了构建现代公共文化服务体系的"1+4"系列政策文件，市委常委会议、市政府常务会议审议并通过了《东莞市基本公共文化服务实施标准》等5份标准化系列文件。此外，东莞将基层综合性文化服务中心建设标准纳入公共文化服务标准化建设体系，市政府出台了《东莞市基层综合性文化服务中心建设实施方案》，整合村（社区）各种服务资源建成集多功能培训室、图书电子阅览室、展览展示厅、文体广场、文化宣传栏于一体的公共文化设施。在完成东莞市公共文化服务标准化体系表的构建以及多个标准的研制之后，东莞市以市政府发文的形式，将标准化工作以行政命令的方式推进，相继发布了《关于印发东莞市基本公共文化服务实施标准的通知》《关于印发东莞市公共图书馆服务规范的通知》《关于印发东莞市文化馆服务规范的通知》《关于印发东莞市公共图书馆总分馆运行管理规范的通知》《关于印发东莞市镇街公共文化服务绩效评估方案的通知》《综合文化站建设标准》6个文件。

5.4.5 启示和借鉴

1. 东莞经验第一招：政府文件保实施

东莞市之所以能获得国家部委的肯定，研制出适合自身条件的公共文化服务标准，并能彻底贯彻实施这些标准，其中最有力的保障是东莞市政府对公共文化服务标准化的重视和支持。东莞市政府以政府发文的形式，强制性地将公共文化服务体系的构建、标准的实施与各镇街的领导班子的绩效考核挂钩，有力地保障了各镇街对标准的执行。这是自上而下的保障，属于行政保障，从某种意义上来说，东莞市政府的这一举措在当地弥补了强制性标准法规的空白，使得标准有依据，这是非常值得其他地区借鉴的。

2. 东莞经验第二招：专业机构制标准

东莞市在制定相关标准时，并未采取传统的政府主导，而是政府招标，由专业的标准化研究所、文化研究机构等专门研制、研究标准的专业性机构来承担标准的制定工作。由专业的标准研制、研究机构来制定标准，可最大限度地实现专业化，这是政府职能转变的最佳实践之一。东莞市政府有能力、有魄力将公共文化服务的相关标准交给第三方研制、研发，并在项目研制全程，邀请我国公共文化服务领域的顶级专家、团队对研制的标准进行方向性的把关、细节的质询等，可以说，这是我国基本公共文化标准研制、研发的范本。东莞市的这一做法，有力地保障了标准的专业性、科学性，避免了想当然，提升了标准的权威性，值得其他地区借鉴。

3. 东莞经验第三招：因地制宜见成效

东莞市在委托专业机构制定相关标准时，主要依托国家基本标准，以东莞市实际情况为依据，对国家标准进行调整，整体来说，主要进行了3种调整：第一种是沿用，即将原国家标准中适用于东莞市具体情况的标准直接沿袭，并冠以东莞市的名称。例如，在收听广播一项内容中，东莞市沿用了"为全民提供突发事件应急广播服务"的内容。此外还有多项，不一一列举。第二种是将相关的国家标准数值进行拔高。例如，观看电视一项内容中，东莞市将原国家标准数值进行拔高，变为"通过直播卫星提供25套电视节目，通过地面数字电视提供不低于15套电视节目"等，不一一列举。第三种是对国家标准的指标进行拓展。例如，在读书看报一项中，将国家标准的指标拓展为"在城镇主要街道、公共场所、居民小区等人流密集地点设置阅报栏或电子阅报屏，提供时政、'三农'、科普、文化、生活等方面的信息服务"等，不一一列举。总之，东莞市因地制宜地对标准进行研制，是其成功的重要途径之一，值得其他地区借鉴。

广东省东莞市是我国东部沿海地区颇具代表性的、典型的公共文化服务标准化示范区之一。这种代表性在于，在具体的标准制定过程中，东莞市既将国家要求与东莞实际相结合，发挥东莞市公共文化服务高梯度标准化等级的优势作用，兼顾基层公共文化服务标准化水平，又通过空间标准化理念来解决现实问题，将贴近不同群体需求的公共文化服务送到人口密集的不同空间，充分考虑农民工等弱势群体的动态性及特殊需求，有效覆盖该地区不同人群的需求，以标准化保障公共文化服务的有效对接。同时，依托公共文化服务数字化标准，切实促进了东莞市公共文化数智标准化的发展，能够更有效满足不同群体的差异性需求。因此，东莞在标准制定上结合经济社会发展需要，重点加强软件建设等方面的探索，鼓励和推动各业务单位研究、制定合乎东莞群众实际文化需求的行业管理服务标准，各项标准要既具有前瞻性，又不盲目提高指标要求。根据中央和广东省新型城镇化发展部署，东莞市委、市政府把建设国际制造名城、现代生态都市作为东莞城市发展的重要战略之一。

东莞市基本公共文化标准化工作是东莞近十年来重要的一次城市发展目标调整，东莞市已经把文化名城的目标定位提升到城市发展战略的高度，通过制订五年行动计划和联动工作方案，全力做好改革试点，提供可复制、可推广的经验；建立健全工作机制，建立认真有效的公共文化协调机制。此外，建立健全财政保障机制、文化管理员和文化志愿者队伍管理机制、文化惠民活动的组织实施和绩效评估机制以及企业文化的建设机制等，提升公共文化服务水平，东莞的公共文化服务标准化实践在广东省乃至全国，都是走在前列的范例和样板，值得其他地区学习。

第六章 公共文化服务标准化案例研究：中西部

考虑到各地公共文化服务标准化具有地方经济发展、文化发展、社会发展等方面特征，为更好地了解我国公共文化服务标准化发展实践，南开课题组选择代表性地区开展案例研究。第五章选择浙江省嘉兴市、江苏省无锡市、广东省广州市和广东省东莞市作为东部代表性地区。第六章以河南省信阳市作为中部代表性地区，以贵州省贵阳市乌当区新堡布依族乡和新疆维吾尔自治区克拉玛依市作为西部代表性地区，来探究东、中、西部公共文化服务标准化实践，为其他地区公共文化服务标准化提供借鉴和参考。

6.1 河南省信阳市平桥区案例研究

6.1.1 案例选择

河南省作为中部的一个人口大省，在公共文化服务标准化上迈出了重要一步。以《国家基本公共文化服务指标标准》为指导出台《河南省基本公共文化服务实施标准（2015—2020年）》，从公共文化设施网络、公共文化服务活动、公共文化保障和公共文化反馈评价四个方面提出了70条实施标准，还出台了河南省基层综合文化服务中心建设标准，从建筑面积、功能设置、经费保障、活动要求、队伍建设、活动安全六个方面对乡镇（街道）、行政村、社区做出相应的规定，其中乡镇街道、社区各有9条建设标准，行政村有10条建设标准①。

河南省信阳市平桥区历史悠久，文化灿烂，新石器时期境内已有人类居住。城阳城址考古遗址公园顺利入围国家第二批立项名单，"郝堂民俗文化周"打造了豫南民俗文化的新亮点，被省文化厅命名为全省首批特色文化基地。平桥区创造了公共文化服务领域中的"平桥模式"，极大地丰富了当地人民群众的文化精神生活，起到示范性作用。2016年，作为全国57个国家公共文化服务体系示范项目之一，信阳市平桥区"关爱留守儿童：农村公共图书馆一体化建设"项目参加了评审并顺利验收。2018年，平桥区公共图书馆被文化部评定为国家一级图书馆。2019年12月，信阳市平桥区入选"国家级农村职业教育和成人教育示范县（第五批）"。

公共文化服务领域的"平桥模式"被广泛称赞。"平桥模式"主要是指"平桥区按照公共图书馆理念建设了18所标准化的乡镇公共图书馆，并试图以此整合分散于农村公共文化服务项目中的公共图书馆功能，初步形成了农村图书馆服务的整体化平台"的模式②。平桥公共图书馆打开了中国乡镇图书馆建设的新篇章，是一种大胆的、有益的探索和尝试，强化了图书馆在社会发展中的话语权。但随着我国进入新时期，社会经济不断发展，公共图书馆领域的"平桥模式"能否满足人民日益增长的公共文化生活方面的美好生活需要，值得深入研究。"平桥模式"的内涵和外延是否发生了变化，如何变化？南开课题组进行了深入的调查研究，结果显示，原有的公共图书馆的"平桥模式"，经过近年来的发展，已经演化为颇具特色的公共文化服务"平桥品牌"，在此演化过程中，公共文化服务标准化起到了尤为关键的作用。

6.1.2 调研经过

南开课题组第一次赴河南省信阳市平桥区调研是2017年10月30日，课题组成员苏福对该区的公共文化服务进行了全面系统的调研，考察了平桥区文

---

① 河南省公共文化研究中心. 河南省现代公共文化服务体系建设发展报告2016 [M]. 北京：国家图书馆出版社, 2017：16-17.
② 王宏鑫, 仝亚伟, 周云颜, 等. 走向农村公共图书馆服务的整体化平台——河南信阳"平桥模式"研究 [J]. 中国图书馆学报, 2013 (2)：4-13.

化局、平桥区文化馆、平桥区图书馆、平桥区明港镇综合文化服务中心等单位和机构，对平桥区文化局主管公共文化服务的副局长郭楠、平桥区文化馆馆长、图书馆相关领导、明港镇综合文化服务中心的张静主任进行了访谈，现场调研了上述机构的现场运营情况，与上述机构的服务人员以及接受上述机构服务的群众进行了交谈，现场拍摄了视频、照片，并获取了上述机构的相关统计数据。

南开课题组第二次赴河南省信阳市平桥区是2021年5月15日至16日，由课题组成员刘旭青、张森学对四年后平桥区公共文化服务的发展进行补充调研。在此期间再次考察了平桥区图书馆、平桥区文化馆，并对主管领导进行了访谈，同时补充考察了信阳市图书馆、信阳市博物馆、洋河镇综合文化站、陆庙综合文化站、淮滨县图书馆、淮滨县文化馆及淮河博物馆。此次调研，获取了四年来平桥区公共文化服务的新数据、新材料，并基于此次补充调研，对平桥区案例研究进行了修改和完善。

6.1.3 平桥区公共文化服务情况

1. 信阳市公共文化服务的现状

近年来，信阳市认真贯彻落实《公共文化服务保障法》《公共图书馆法》和两办《关于加快构建现代公共文化服务体系的意见》等法规和政策，以省现代公共文化服务体系建设绩效考核为抓手，以文化扶贫、文化惠民为主线，以完善基础设施、提升服务效能为重点，上下协力、齐抓共管，强基础、补短板，保基本、促均等，不断加大文化设施建设投入，大力推进全市公共文化服务体系建设，着力提升公共文化服务水平，助力脱贫攻坚，取得良好成效，全市公共文化服务体系建设呈现出"百花齐放春满园"的勃勃生机。信阳市商城县被评为中国文化艺术之乡，新县、淮滨县成功创建省级文化先进县，淮滨县、浉河区创建省级公共文化服务示范区，示范项目通过验收[①]。

信阳市坚持把公共文化服务体系建设纳入政府重要议事日程，纳入文明城

---

① 河南省公共文化研究中心. 案例推介：信阳市大力推进公共文化服务体系建设 [EB/OL]. [2021-06-04]. https://sites.lynu.edu.cn/ggwhyjzx/info/1024/2539.htm.

市创建工作，统筹谋划，协调推进。市本级和各县区均成立了公共文化服务体系建设协调领导小组，研究出台《信阳市公共文化服务体系建设协调领导小组议事规则》和《信阳市基本公共文化服务实施标准》。各级公共文化机构严格遵守免费开放时间，不断创新免费开放形式，市、县（区）、乡镇（街道）、村（社区）四级公共文化机构全部实现免费开放，为广大群众提供图书报刊阅读、电影欣赏、讲座培训、文物展览、电子阅览、锻炼健身等服务，年服务群众380万人次以上。

同时，信阳市严格落实各级场馆人员编制配备标准，对面向社会提供公益服务的文化类场馆优先实施政府购买服务。突出志愿者引领作用，不断扩大文化志愿者服务队伍，截至2019年7月，全市组建文化志愿团队544个，在文化部门注册的志愿者有3208人。抓实文化惠民，着眼增强公共文化服务标准化、均等化，提升人民群众文化获得感，坚持群众性文化活动进广场、入社区、下基层，坚持创品牌、增影响、促参与。各县区广泛开展全民阅读活动，建设书香信阳，推动24小时免费开放的"智慧阅读空间"建设。此外，信阳市深挖信阳茶文化底蕴，展现茶乡人文风情。为助力脱贫攻坚，信阳市着力推动各类文化惠民活动向贫困地区倾斜，实现优质文化资源向贫困乡村延伸。不断加大政府购买公共文化服务力度，实施文艺院团"千戏送千村"和文化艺术人才"千人进千村"扶贫行动。

从现有的公开资料来看，信阳市整体的数据可大致从侧面反映平桥区公共文化服务的概况。由表6-1可知，信阳市在2011—2020年，公共文化机构诸如艺术表演团体数量呈现由多到少、再由少增加并稳定的趋势，文化馆、公共图书馆、综合档案馆数量与艺术表演团体趋势大致相同，博物馆数量逐年增加，综合档案馆减少了一个，广播电台、电视台、教育台等数量保持不变，广播人口覆盖率逐年上升，电视人口覆盖率、有线电视用户逐年上升，国家级、省级、市级文物保护单位数量有较大的浮动，非物质文化遗产项目入选国家级保护名录、省级保护名录、市级保护名录数量逐年上升。综合以下数据统计，可见2020年是信阳市公共文化服务发展的重要节点，文化馆、博物馆、有线电视用户等数量均达到历史最高点，广播人口覆盖率、电视人口覆盖率均达到100%，这与2020年全国层面全面建成小康社会决胜期有重要联系。

表6-1 信阳市公共文化服务情况（2011—2020）

项目＼年份	2011	2012	2013	2014	2015	2016	2017	2018	2019	2020
艺术表演团体（个）	12	8	8	7	7	8	8	8	8	9
文化馆（个）	18	18	17	17	16	17	17	17	17	19
公共图书馆（个）	11	11	11	10	10	10	10	10	10	12
博物馆（个）	23	28	29	30	32	32	32	32	33	40
综合档案馆（个）	11	11	10	10	10	10	10	10	10	11
广播电台（座）	1	1	1	1	1	1	1	1	1	1
广播人口覆盖率（%）	87.4	90	91.8	92.5	92.7	93.7	95.4	97.7	99.7	100
电视台（座）	1	1	1	1	1	1	1	1	1	1
教育台（座）	1	1	1	1	1	1	1	1	1	1
电视人口覆盖率（%）	91.02	92.85	93.9	94.6	94.9	95.9	97.6	99.1	99.8	100
有线电视用户（万户）	25.54	25.93	26.23	26.41	26.72	30	42	47	48	51.36
国家级重点文物保护单位（处）	8	8	9	9	9	9	9	9	12	4
省级重点文物保护单位（处）	80	80	77	72	81	87	87	87	86	46
市级重点文物保护单位（处）	122	201	119	113	119	119	119			
非遗项目入选国家级保护名录（个）	2	2	2	4	6	4	4	4	4	4
非遗项目入选省级保护名录（个）	18	18	18	18	34	25	25			
非遗项目入选市级保护名录（个）	98	183	183	183	321	183	240			

资料来源：南开课题组根据信阳市各年度国民经济和社会发展统计公报整理而成。

2. 平桥区公共文化服务建设与"平桥模式"的提出

信阳市平桥区积极开展不同特色的文化活动，极大地丰富、满足了群众多样化的文化需求，较好地实现了公共文化服务的均等化建设，也激发和提升了群众参与文化建设、享受文化建设成果的积极性、自觉性，平桥形成良好的文化氛围，社会影响力逐步提升，共同构成了平桥品牌。平桥区图书馆每年开展的读者活动80余项，读者活动已具品牌化、特色化。在规范化的读者活动基础上，逐渐形成服务品牌，努力形成独具特色的读者活动项目体系。比如"平图讲坛""乡村大讲堂"已成为常态化的免费公益讲座，种田能手、养殖专业户、民间艺人、国内名家等在这里登台开讲，"世界读书日"系列读书活动、知识讲座、暑期"读书夏令营"系列活动、广场文化等形成常态化，在全区产生了广泛且深远的影响,已成为平桥品牌。自2015年平桥区委、区政府将每年4月设立为"信阳市平桥区读书月"以来,区公共图书馆联合18个乡镇分馆在"世界读书日"开展一系列全民阅读活动,如经典名篇朗诵会、好书分享、亲子共读、"我为祖国点赞"演讲比赛、征文比赛等主题活动,让全区广大干群近距离感受到朗诵所带来的文化魅力。截至2021年5月,平桥区已连续12年举办经典名篇朗诵会,激发了全民阅读热情①。

平桥区在公共文化服务方面构建了"我们的节日"专题篇章。平桥区图书馆在元宵节、端午节、中秋节等传统节日期间,开展形式多样、内容丰富的活动,组织留守儿童积极参与,丰富他们的课外生活,如"闹元宵 猜灯谜""书香伴粽香""粽叶飘香迎端午""绘本阅读《嫦娥奔月》"、绘画分享等活动,让孩子们在学、做、画、听中认知传统文化、传统节日,增强对传统节日的认同和喜爱,弘扬民族文化。平桥区文化馆充分利用春节、元宵节、"五一"劳动节、端午、中秋、国庆等重大传统节日,举办大型文艺汇演,美术、书法、摄影作品展在内的各种公益性文化活动,朗诵会、戏曲进校园等丰富多彩的文化活动。以文化广场为平台,民间花会、地方戏剧、歌舞表演等系列群众性的文化活动相继开展,两年一次的国际汉字输入大赛也在平桥举行。

2020年面对新冠肺炎疫情的突发蔓延,为了确保疫情防控和群众阅读活动两不误,在特殊时期倡导全民阅读,共建书香社会,传播弘扬中国特色社会主义文化,落实党中央、国务院关于"倡导全民阅读,推进学习型社会建设"的重要部署,平桥区图书馆积极探索创新,坚持书香战"疫",着力推广云阅读,实现线下到线上的转变。根据《中国图书馆学会关于开展2020年全民阅读工作通知》(中图学〔2020〕14号)的精神要求,以及《平桥区文化广电和旅游局"2020全民阅读"系列活动实施方案》的通知要求,结合工作实际,平桥区图书馆整合线上资源,开展以"书香助力战'疫',阅读通达未来"为主题的2020年全民阅读活动,推动全社会形成全民读书、崇尚文明、走近科学的新风尚,着力打造"书香平桥",积极推进文化建设。

2021年,为庆祝中国共产党成立一百周年,深入贯彻落实习近平总书记

---

① 信阳市人民政府. 平桥区2021年经典名篇朗诵会震撼上演[EB/OL]. [2021-06-04]. http://www.xinyang.gov.cn/2021/04-25/2132771.html.

"让红色基因代代相传"的重要精神,在第26个"世界读书日"来临之际,由平桥区文化广电和旅游局及城阳城管委会联合主办,平桥区图书馆和城阳城中心校协办开展的4·23"传承红色基因,吟读红色经典"读书活动在城阳城中心举行。吟读红色经典活动分别以集体诵读、个人诵读等形式展现,诵读者们以饱满的热情,深情地将一首首坚定豪迈、感人肺腑的红色经典作品演绎得淋漓尽致,一篇篇声情并茂的诵读,表达了对祖国母亲、对中国共产党的感激和热爱之情,对革命先烈的缅怀和敬仰之情。此外,在迎接建党一百周年之际,平桥区图书馆举行了"观闪闪的红星,共赴红色之约"(3月3日)活动;联合城阳城中心校开展"学党史跟党走传承红色经典"红色文化进校园活动(4月20日);举行"庆祝建党一百周年——美不过中华大地 赞不尽万千才情"主题活动等。

平桥区文化馆开展的文化活动呈现的特点有三个:第一,受众多。由于平桥区文化馆历年开展的文化活动场地多数在广大农村、基层社区,因此参与的群众范围广、数量大。第二,平桥区文化馆历年开展的文化活动颇具当地特色。平桥区文化馆开展的多数文化活动,结合了当地的民风、民俗、旅游等特色资源,将文化活动与上述资源融合发展,形成较好的文化氛围,老百姓喜闻乐见,参与积极性高。第三,平桥区文化馆开展的文化活动品质呈现逐渐提升的趋势。平桥区文化馆从刚开始的文化普及活动、广场文化活动等群众喜闻乐见、参与度高的活动做起,在办好这些活动的基础上,逐渐提升文化活动的品质,开展诸如艺术辅导、戏曲进校园等文化活动。综上所述,平桥区文化馆的公共文化服务呈现出内容多样、品质逐步提升、惠及面广、参与人数众多等特征,是中部地区的典型代表。

平桥区以关爱留守儿童为切入点,以农村公共图书馆一体化建设为重点的新型农村公共文化服务体系建设工作,成功申报国家第二批公共文化服务体系示范项目。除加强基础设施建设外,借助公共图书馆平台,开展了以关爱留守儿童为特色的各类活动。同时,开展留守儿童调研,建立留守儿童档案、留守儿童联系制度,对问题留守儿童开展成长跟踪辅导,实行村干部包片管理等。18个乡镇分馆在关爱农村留守儿童方面起到了重要作用,读者活动特色明显,创建亮点多,在读者服务中着力打造特色品牌,向制度化、常态化、规范化、可持续化方向发展,使全区的农村公共图书馆一体化建设成为具有平桥特色、中西部地区示范的国家示范项目。

由于农村图书馆被长期置于公共图书馆范畴之外，其功能与设施被分散于各种不同的文化项目中，呈现分头建设、多头管理、效益低下、专业薄弱、难以持续的局面。而农村图书馆作为公共图书馆向农村等基层延伸的重要组成部分，对我国构建覆盖全社会的公共文化服务体系具有非常重要的意义。农村图书馆服务的整体化平台建设问题在这种情况下被提出，如何实现农村公共图书馆服务的专业化与可持续发展，成了当时农村图书馆建设的突出问题。这一问题激发了把农村图书馆定位为公共图书馆的话语诉求，要求以公共图书馆服务体系建设规范建设农村公共图书馆服务的专业化平台[1]。

在国家有政策、群众有需求、平桥有基础的背景下，2010年年初，平桥区委、区政府制定印发了《信阳市平桥公共图书馆建设实施方案》（信平办〔2010〕6号）。理论指导实践，在"统一规划、统一图纸、统一标准、统一验收"的指导原则下，以政府为主导，统筹城乡，2010年信阳市平桥区完成了乡镇公共图书馆基础设施建设，2011年信阳平桥区19个公共图书馆已全部建成并实现免费开放，平桥区以乡镇公共图书馆为依托，新建农民书屋90个，文化大院23个，村级文化室226个，有力地促进了文化资源向村组转移和辐射，形成了"三级联动、网络互动"的新局面；2012年平桥区农村公共图书馆的一体化服务体系基本建成，全区初步建成了以区图书馆为总馆，以18个乡镇（办事处、管理区）图书馆为分馆，以社区街道图书室、农家书屋为支馆，以数字图书馆、图书流通车为补充，互联一体、辐射全区的公共图书馆服务网络体系。在此"框架"下，公共图书馆体系充分发挥了文化服务平台功能，成为平桥区文化建设的亮点工程，在全国图书馆学界崭露头角，被专家称为"平桥模式"。

6.1.4 "平桥模式"的演进及公共文化服务品牌的构建

平桥区的"农村公共图书馆一体化建设"已成为国家公共文化服务体系

---

[1] 于良芝，于斌斌.关于我国基层图书馆的竞争性话语比较[J].图书馆论坛，2011，31（6）：80-87.

创建示范项目。2010年至2012年，平桥区实现了从区级到村级文化设施建设的三级联动，为城乡一体化建设、农村公共图书馆一体化服务体系建设奠定了坚实的基础。"平桥模式"为河南省乃至我国中部省份劳动力输出地区的农村公共图书馆服务体系建设提供了实践示范，为中国构建基本完善的公共文化服务体系贡献了建设经验。"平桥模式"的形成与发展过程大概可以概括为"观念引领，统一思想；体制设计，建设实施；机制保障，科学管理；开展活动，持续协调"，管理机制大概可归结为"统一建设，总馆管理"。

然而"平桥模式"不能只存在于公共图书馆领域，当前随着群众公共文化服务需求的多样化发展，现有的平桥模式已无法满足群众多元化的公共文化需求，公共文化服务的发展需从公众的需求出发进行变革，只有这样才能更好地实现自身的存在价值，从而更好地满足群众需求，实现平桥区公共文化服务建设的科学、规范、可持续发展，为中西部地区公共图书馆发展提供理论支撑和经验借鉴。

要实现可持续发展，平桥区就要在提高图书馆的社会效益上下工夫，提高专业化水平和能力，在乡镇图书馆可持续保障机制等方面进行探索，充分发挥图书馆的社会效益，进而在全国起到引领作用。随着各种文化资源的聚集，形式多样的公共文化服务出现，平桥区的文化建设不再局限于"平桥模式"的公共图书馆领域之内，不再仅在社会中起到引领示范作用，而是随着自身文化建设水平、能力的不断提升，已渐渐转变为由最初的以政府为主导到现在的积极参与建设，积极招商引资、宣传演出，充分发挥主观能动性，如民间演艺公司的成立等，补充了文化的发展。随着"平桥模式"的发展及演进，其在社会上影响力的日益增强，给当地带来了很好的名声，平桥品牌日渐深入人心，创造了较好的文化氛围，越来越多的文旅活动创办起来，人民群众日益增长的精神文化需求逐步得到满足。

1. 从模式到品牌的演进路径

公共品牌为品牌产权归属主体不清晰，而使用权具有公共性质的品牌，主要包括国家品牌、城市品牌、地域品牌、社区品牌、原产地品牌、集群品牌和行业（部门）品牌等，以及公共机构、公共产品、公共服务与公共项目等品牌。平桥品牌在"平桥模式"的基础上逐渐被大家所认知。

平桥文化产业从改造建设乡村公共图书馆开始，逐步向文化产业集群发展，并延伸到整个相关的文化产业链，正是由于平桥文化产业这种呈阶段式发展的特点，使基于文化产业的平桥区域品牌发展也呈现阶段性的发展特点。从调研农民文化信息获取情况的阶段开始，到创建多个乡村公共图书馆，形成多位一体的满足农民文化需求服务的局面，再逐步发展为乡村公共文化建设特色模式，形成综合服务网的文化综合体，最后向区域文化品牌发展。从简单的为提高农民文化水平开始，到目前通过提供文化知识、文化活动和教育培训来实实在在地为农村的经济、科教文化事业做出贡献。平桥文化事业的发展遵循了理论与实践相结合的区域品牌发展路径，同时在基于不同发展阶段、呈现不同发展特点的文化产业基础上，平桥区域文化品牌形态在每个阶段的内外部发展动因、表现形式和作用也因此有所不同，从而呈现相应阶段式区域品牌演进模式。

（1）从简单的硬件资源整合到硬软件资源协作

平桥区基础文化设施硬件建设方面，在政府的主导统筹、社会各界的广泛参与、基层图书馆人的努力下，现有公共图书馆19个（区公共图书馆1个、乡镇公共图书馆18个），村级图书馆50个，文化馆2个（平桥区文化馆和明港文化馆），乡镇综合文化站（街道文化中心）23个，农家书屋268个，城区文化广场4个，建成1个区级文化信息资源共享工程支中心，基层服务点全覆盖。区、乡、村三级公共文化服务体系网络基本建成并逐步完善。

平桥区在硬件设施建设的基础上，逐步加强软件资源的建设，加强硬软件资源协作，使硬件、软件资源建设双管齐下，优化软硬件资源的配置。在硬件设施等活动场所实体不断建设、提供的基础上，在各项政策、法律法规的有效保障之下，"平图讲坛""乡村大讲堂"等品牌化、特色化系列读者活动、读者服务的不断创新出现，是平桥品牌下公共文化服务建设硬软件资源协作的有力体现。软件建设方面，Interlib集群系统是实现平桥区域图书馆集群管理最好的软件系统平台，它作为资源共建共享的新的实现形式，通过互联网或城域网将区域内各图书馆联合起来，组成一个区域性的虚拟图书馆群，从而建立了一个区域图书馆群的电子化、数字化、网络化的立体信息空间，实现了平桥区域内图书馆群的资源管理和业务协作。

政府部门进行统筹规划并对管理理念进行革新，对整体文化事业做好长期计划，基层管理人员方面则经过前期挑选大学生村官，中期进行高校理论培训和实地实践，后期进行本地化特色化服务活动，从上到下进行思想领域的观念创新，与新建设的图书馆文化站实现有机结合。

公共图书馆文化建设也不仅是图书馆、文化站的场地建设，更是与之配套的管理制度和管理人员的建设。从开始的简单的硬件资源整合到现在的软件、硬件资源建设双管齐下，全力保证硬件、软件资源建设都跟得上，在管理上下工夫，在创新上做文章，提高与普及相结合，以创新文化引领经济。在数字环境下，更应充分发挥"互联网+"的辐射带动作用，着力加强公共数字文化建设，进一步完善充实"互联网+"的作用。加强与百姓文化云对接，提前宣传各种演出及赛事等文化活动，让观众可以在线上参与，扩大活动辐射面，惠及更多群体。加强微信公众号、微博、新浪网等各媒体的宣传，扩大图书馆、文化馆的社会影响力。加强数字文化馆、图书馆建设，充分储备数字资源，积极对接省级、市级数字文化系统，扩大线上更好地服务广大群众，推广全民艺术普及。

规章建设方面，建立起适合平桥的图书馆的各项制度，出台了《平桥区公共图书馆一体化建设管理办法》《平桥区公共图书馆一体化建设考评机制》《人才激励机制及人才引进培养办法》等，规章制度如"综合文化站财产保管制度""安全保卫制度""安全应急方案"等，形成完善的逐级统一管理服务体系，为图书馆的有序、可持续发展提供了有力的政策保障。

（2）从抽象的名称识别到具体的综合文化服务实体

平桥区的公共图书馆文化事业自创立之初就受到了政治、经济、文化等社会各界人士的关注。其他区域在关注平桥区的文化事业建设，如何解决农民文化知识获取不平衡的局面上，如何发挥促进区域经济发展作用。事实证明，平桥区的公共图书馆文化事业在备受瞩目中茁壮成长，政府提供充足的专项资金，着力重点建设文化基础设施。从区域内的文化事业一度衰落，农民想看书没有渠道、想获取知识没有质量好的图书的状况，发展到现在不仅满足农民的基本文化需求，各类公共文化服务工作者更是以自身极大的热情积极组织开展各种文化活动，丰富农民的文化生活的局面。平桥区的公共文化事业完成了从理念到实践的转变，综合文化服务实体的不断建设为"平桥模式"到"平桥品牌"的过渡提供了有效保障。

"平桥模式"向来注重基础业务的开展。平桥区图书馆认真做好图书、报刊、各种文献资源的分类编目、流通、管理等工作，确保馆内各项业务的顺利开展。2018年，平桥区图书馆新增馆藏图书15 000册，新增读者2027人，文献流通42 230册次；累计馆藏48万册，流通231万册。2019年，新增图书2万册，并对新书、报刊、各种文献资源进行了编目、上架、流通，确保馆内各项业务顺利开展。据统计，2019年接待读者44万人次，文献流通60万册次，办理借阅证2840个。2020年，新增图书8500册，并对新书、报刊、各种文献资源进行了编目、上架、流通，确保馆内各项业务顺利开展。据统计，2020年接待读者18万人，文献流通29万册次，办理借阅证1040个。

"平桥模式"建设之下，为进一步拓宽群众性文化活动参与度，平桥区文化馆自2013年9月12日起免费开放，居民可以"零门槛"进入文化馆享受一系列文化服务。平桥区文化馆公共空间免费开放范围包括：综合活动大厅、展览厅、书画摄影活动室、形体训练活动室等多个公共空间设施场地，2019年全年共接待群众15 000余人次。在公益辅导和培训上，平桥区文化馆组织开展舞蹈、书画、摄影、戏曲等公益培训共30余个班次，受众群体达1200余人次。

(3) 从被动的政府规划兴办到主动的多方共建

平桥区的公共文化事业是在区政府的积极倡导和上级领导的大力支持下兴建起来的。在公共图书馆服务体系建设前期，区政府结合平桥当地公共文化服务发展现状，使资源、政策、资金等要素形成合力，充分发挥了主导作用。公共文化事业的发展离不开政府的支持与保障，但平桥区的文化事业发展不仅只依靠政府的努力。公共文化服务发展到今天，仅靠传统的发展思维，无法满足人民群众多样化、个性化的文化生活需求。为进一步满足平桥区群众日益增长的文化需求，政府还需转变观念，不可既当运动员又当裁判员，要转变职能，减少干预，增加保障服务，促进公共图书馆体系的自主经营、科学管理等，让更多的社会力量参与进来，从而激活社会文化市场，更好地引导、整合、配置资源，更好地满足群众需求。

随着公共图书馆的作用进一步发挥，平桥区的公共文化事业经受住了考验，对社会各界的持续关注交出了良好的答卷，不仅得到了本区域的居民对平桥区的公共文化事业发展的关心，同时也吸引来一大批共建者、多家高校、多家企业前来观察研究、洽谈合作，落实了"人民的事业为人民，人民的事业靠人民"的发展理念，得到了公众的接受、认可与参与。

联合社会力量一起提供服务，将社会上专业的、有实力的社会资源有效整合利用起来，使服务更好，更具针对性、创新型、灵活性、专业性。2012年12月，信阳平桥区协同信阳师范学院共建公共图书馆，政校合作标志着平桥区文化事业创新发展更进一步，有效促进了平桥区公共图书馆管理专业化、科学化、规范化。借助这些平台，平桥区文化馆为平桥区居民提供了更多更好的"适销对路"的服务，实现了专业社会力量与群众对美好生活需求的对接。华谊兄弟公益基金向信阳市平桥区图书馆总馆和18个乡镇分馆捐赠了19套设备，建设"零钱电影院"，并配备笔记本电脑、刻录机等新的装备，对零钱电影院进行了全面整修。慈善捐赠、公益基金等不仅在一定程度上增加了文化建设的资金来源，实现建设资金来源的多渠道，而且让更多的社会力量参与公共文化建设中，进一步激活了文化市场。整个建设过程既发挥了政府主导作用，又引导了社会力量广泛参与，提供主体多元化、提供方式多样化，不仅最大限度地满足了群众基本文化需求，更以自身建设的影响力吸引了更多社会力量积极参与建设，多主体参与文化市场建设是平桥品牌得以进一步发展的有力支撑。

积极做好文化馆联盟活动和文化志愿者的合作，以多种形式开始比赛、演出、展览、培训等活动。2016年全年举办文化专干培训班四期，参加人员达600次。为了更好地提高图书馆现代化管理和服务的水平，提高工作人员的服务素质，彰显窗口行业形象，平桥区图书馆派出业务骨干，积极参与市级、省级及国家级的图书馆业务培训工作。先后参加了《公共图书馆法》公共文化数字化建设培训班、信阳市公共文化培训班（浙江大学）、河南省2018年公共数字文化工程培训班、2018全民阅读——童悦·童书领读人等相关培训活动。在宣传了自身一些好的做法的同时也与全国图书馆及相关行业的专家学者进行学习与交流。以图书馆发展为契机加强图书馆现代化管理和服务的水平，积极思考图书馆现代化管理建设，开展课题研究。通过工作研究来促进馆员学习业务、提高业务，从而改进图书馆工作。2019年，图书馆先后派出业务骨干10余名，积极参加对外交流、业务培训，旨在提高图书馆现代化管理和服务水平以及提高工作人员的服务素质。2020年，平桥区图书馆参加中国图书馆学会相关活动10人次，河南省图书馆、河南省少年儿童图书馆、安徽省图书馆、洛阳市少年儿童图书馆相关活动5人次，旨在提高图书馆现代化管理和服务水平以及工作人员的服务素质（见表6-2和表6-3）。

表6-2 2019年平桥区图书馆业务培训活动统计

序号	培训时间	培训内容	培训地点
1	3月11日—13日	河南省公共数字文化工程培训暨数字资源宣传推广系列活动（许昌站）	安阳市万汇大酒店
2	4月14日—20日	2019年全国基层文化队伍示范性培训	江苏省淮安市图书馆
3	4月28日—30日	河南省公共数字文化工程培训暨数字资源宣传推广系列活动（省少儿站）	郑州市广州大酒店
4	6月18日—19日	信阳市公共图书馆服务体系建设及阅读推广	信阳市图书馆
5	7月8日—14日	全国基层文化和旅游公共服务队伍示范性培训第十一期全国县级图书馆馆长研习班	林芝明珠大酒店 林芝图书馆
6	8月12日—14日	河南省公共数字文化工程培训班暨公共数字文化助力脱贫攻坚现场会	河南理工大学云台山文化旅游学院
7	9月20日—22日	2019年河南省公共图书馆少儿阅读服务培训	河南省少年儿童图书馆

资料来源：《平桥区图书馆2019年工作总结及下一年度工作计划》。

表 6-3 2019 年平桥区文化馆跨地区文化交流统计

序号	活动名称	时间	地点	简介
1	信阳市春节晚会		信阳百花之声	—
2	百花会展民俗文化节	2月14日	信阳市百花会展	参加首届豫南民俗文化集市演出
3	百花会展民俗文化节	2月16日	信阳市百花会展	组织人员在信阳市百花会展演出
4	信茶文化节		信阳百花之声	—
5	河南省群众合唱展演活动信阳市选拔赛	8月29日	信阳市百花音乐厅	选送的群众合唱团获得一等奖
6	第三届艺术广场舞展演活动信阳市选拔赛	9月10日	信阳市体彩广场	选送的舞蹈分别获得二等奖和三等奖
7	"筑梦海丝路" 2019 年首届钦州·中国渔歌邀请赛	11月2日	广西钦州	选送节目《拉网歌》代表河南省参赛，获得银奖
8	信阳市村宝大赛	12月6日	信阳市百花音乐厅	朱凯以郝堂村版《成都》获得一等奖，被评为"最出彩村宝"

资料来源：《2019 年信阳市平桥区文化馆公共文化服务年报》。

（4）从单向的资源消耗型到多元的内生"造血"型

信阳市平桥区政府在建设初期就投资近 4000 万元建设公共图书馆，对文化事业的投入力度相当之大，不禁让人产生怀疑，耗资如此之大的图书馆真的能够发挥作用吗？后续的投资谁来负责？然而几年下来，平桥区的公共文化事业并没有成为单一依靠政府投资不断内耗的"无底洞"，区政府以此为基础，通过积极组织开展各种文化产业研讨会、文化事业论坛等活动，吸引了大批学者和企业关注，从而为本区的公共文化事业创造机会，间接促进本地的经济发展，向社会证明了不仅可以"经济搭台、文化唱戏"，也可以"文化搭台、经济唱戏"。

坚持实践探索，扎实推进基层文化建设，努力搭建文化产业发展平台，在政府主导、群众等社会力量参与建设的大背景下，平桥区着力完成政府实事项目，坚持实践探索，精心组织艺术创作演出，扎实推进基层文化建设，持续规范文化市场秩序，努力搭建文化产业发展平台，认真开展文化遗产保护工作，积极稳妥推进文化体制改革和队伍建设，工作开展扎实，成绩显著，多次受到表彰和群众赞扬。

平桥区基本公共文化建设在社会上的影响力也日益提升，更多的社会力量参与到建设中，形成形式多样的文化服务，将政府从"既当运动员又当裁判员"中解脱出来，活跃了文化市场，以最初的"平桥模式"为依托，衍生出更加多元化的内生"造血"型的文化机构和文化产品，群众的文化需求得到更好的满足和保障。如信阳市平桥区明河之声演绎有限公司，即为在原明港镇老年协会基础上于2016年注册成立的公司。自2016年挂名至2021年五年间，明河之声演绎有限公司每年在镇区各重大节日隆重地举办文化庆典活动，到多地的敬老院进行慰问演出、参加民俗活动展演等。从单向的资源消耗型到多元的内生造血型的转型是"平桥品牌"形成、平桥基础文化建设可持续发展的重要影响因素。

2. 标准化支撑下的公共文化服务品牌构建

党的十八届三中全会明确提出要构建现代公共文化服务体系，并将其作为全面深化改革的一项重要任务。2020年，党的十九届五中全会审议通过了《中共中央关于制定国民经济和社会发展第十四个五年规划和二〇三五年远景目标的建议》（以下简称《建议》）。《建议》强调"提升公共文化服务水平"，并作出一系列新的任务部署，具有十分重要的意义。这是党中央着眼于促进公共文化服务均等化、满足人民群众基本文化需求、维护人民群众基本文化权益，而作出的一项重大决策部署。2015年，中共中央办公厅、国务院办公厅和河南省省委、省政府办公厅相继下发的《关于加快构建现代公共文化服务体系的实施意见》中指出，各地要根据国家指导标准，制定与当地经济社会发展水平相适应、具有地域特色的地方实施标准，逐步形成既有基本共性又有特色个性、上下衔接的标准指标体系。基于此，河南省出台了《河南省基本公共文化服务实施标准（2015—2020年）》，标准以县为基本单位推进落实，明确建立公共文化服务标准动态调整机制，根据经济社会的发展变化，适时调整提高具体指标。按照标准化指导公共文化服务品牌构建，确定公共文化的服务对象和服务标准，进行公共文化服务品牌建设，做到建设过程有据可依，严格按照要求开展工作。同时，河南省于2016年6月27日出台了《河南省推进基层综合性文化服务中心建设实施方案》，为全省基层综合性文化服务中心建设提供了保障。

(1) 标准化强化了公共文化服务品牌的管理体制基础

《平桥区公共图书馆管理办法》规范了公共图书馆的建设与保障、功能与职责、业务和财务管理、服务规范与标准等，确立了总分馆制的管理模式，即以区图书馆为总馆，18个乡镇、办事处图书馆为分馆，由总馆负责全区公共图书馆发展规划、网络建设及业务指导工作，建立图书馆服务网络；以区图书馆为龙头，将乡镇馆纳入区馆业务范围，全面实现人、财、物的统一管理；全区公共图书馆文献资源配置由区政府统一拨款分配到各个乡镇分馆，文化局监管总馆具体实施统采统编、统一配置，全区实行"一卡通"借阅，各乡镇之间、区乡馆之间通借通还、资源共享。

在建设实施过程中平桥区十分重视公共图书馆服务体系建设的标准化，采取统一规划、统一图纸、统一标准、统一验收。根据文化部《公共图书馆建设标准》规定，服务人口在3万到10万人的乡镇，如果建设一座小型图书馆，建筑面积应在800平方米到2300平方米为宜。基于平桥区乡镇人口大部分在3万人左右，将乡镇图书馆建筑面积确定为821.22平方米/馆。按照标准化、专业化建设乡镇公共图书馆，并以其为核心整合综合文化站体系中公共图书馆服务、功能、资源、项目、人员等要素的农村公共图书馆整体化服务体系建设体制，初步形成了"总—分—支馆"体系的组织设计与建设。标准化是乡镇、社区公共图书馆的组织设计与机构设置打破原有组织体制、进行创新设计的基础，是公共文化服务品牌的关键成功因素。

(2) 标准化推动了公共文化服务品牌的运行与完善

平桥区不断推进公共文化服务标准化，扩大公共文化设施免费开放范围，并与不断推进基层就业和社会保障公共服务平台建设紧密结合，形成了公共文化服务品牌的运行与动力机制。

2020年，平桥区图书馆积极配合信阳市图书馆做好中心城区总分馆一体化建设。根据豫文旅公共〔2019〕6号文件《河南省县级文化馆图书馆总分馆制建设基本标准》，结合平桥区图书馆工作实际，为配合信阳中心城区管理运行一体化，有效实现平桥区图书馆和信阳市图书馆业务对接，为后续对接做好有力保障。具体到文化馆建设，出台了《信阳市平桥区文化馆总分馆服务体系实施方案》，以文化强区建设为目标，坚持"城乡一体、普惠均等"的原则，初步构建了覆盖城乡、较为完善的公共文化服务体系。提出到 2020 年年底实现以下目标：构建以县（区）文化馆为总馆，乡镇（街道）综合文化站为分馆，村（社区）综合性文化服务中心为支馆的"设施成网、资源共享、人员互通、服务联动"的文化馆总分馆服务体系，不断提升文化馆服务的标准化、均等化水平，满足群众的基本文化需求。以《平桥区文化馆分馆建设标准》这一具体标准来看，对公共文化服务的软件、硬件等多方面均做出了明确的规定（见表 6-4）。

表 6-4　平桥区文化馆分馆建设标准

服务内容	序号	服务标准
馆舍面积	1	依托乡镇（街道）综合文化站（文化中心）现有馆舍面积，面积均不少于 40 平方米（用于文化馆分馆活动面积）
免费开放	2	在醒目位置公示公共文化服务基本项目及开放时间，公共空间设施场地实行免费开放，所提供的基本服务项目全部免费（挂文化馆分馆牌匾，挂排练厅、展览厅、多功能厅、培训室牌子，在醒目位置公示免费开放项目、时间）
	3	每周开放时间不少于 42 小时；能提供公共数字文化服务
群众文化活动	4	在总馆指导下，组织、策划实施本地区的演出、展览、放映等群众文化活动，每年不少于 10 次，其中大型活动 3 次以上
	5	参与承办总馆发布的活动项目，承办当地党委政府指定的文化活动，开展经常性文化惠民服务，每年不少于 6 次
	6	整合社会资源，每年举办公益性培训、讲座不少于 6 期
	7	成立分馆艺术团队，建立 10 人以上乡镇（街道）群众文艺团队不少于 6 支，并指导帮助每个所辖行政村（社区）建立至少 3 支以上业余文艺团队
	8	挖掘地方特色，开展"一乡镇一品"文化活动建设
流动文化服务	9	每年组织送戏、送演出下村活动达到每个行政村（社区）2 场，每年开展送戏进城、文化交流活动不少于 1 场
数字文化服务	10	依托文化信息资源共享工程、公共电子阅览室等，开展数字文化服务
培训辅导	11	对所属村级文化专职管理员、文艺爱好者、文化志愿者、文艺骨干、业余文艺团队进行培训辅导，每年不少于 2 期
	12	为村（社区）文艺节目的创作编排提供指导、辅导
创作研究	13	加强地方特色文化的保护与传承，创作反映当地风土人情的文艺作品，至少有 1 个代表当地特色的精品文艺节目

(续表)

服务内容	序号	服务标准
文化专管员	14	每个行政村（社区）配备至少1名财政补贴的专职文化管理员，实行"乡镇招乡镇聘""乡镇村共管"的双重管理模式
支持保障	15	落实分馆运行经费，纳入当地财政经常性支出预算
	16	配齐配强分馆工作人员，所辖常住人口3万人及以下的乡镇（街道）综合文化站配备工作人员不少于3名，3万—5万人不少于4名，5万人以上不少于5名
	17	建立一定数量的文化志愿者队伍
	18	指导、支持村级文化活动中心（文化礼堂）建设和活动，开展延伸服务

资料来源：平桥区文化馆提供

例如，甘岸公共图书馆为提升管理科学化水平，打造制度为基的推动力，根据"人尽其才，才尽其用"的原则和专兼结合的特点制定了《甘岸办事处规范管理制度》《甘岸办事处服务公开栏》《甘岸办事处服务文明语》等一系列规章，并做到制度上墙、责任记心。对专兼职人员各有一套考评标准，采用定期检查和突击纠错的方法，重点检查专职人员的业务水平、服务态度，检查志愿者是否做到在规定的服务时间内到其岗、守其时、尽其责，并定期将考评结果进行通报。这些措施均有效地推动了平桥区公共文化服务品牌化运行。

（3）标准化整合了公共文化服务品牌的多元建设主体

《公共图书馆法》规定"公共图书馆服务网络建设坚持政府主导，鼓励社会参与""国家鼓励公民、法人和其他组织依法向公共图书馆捐赠，并依法给予税收优惠"。在《关于深入推进公共文化机构法人治理结构改革的实施方案》配套措施中关于加强民主管理和社会参与部分，提到完善吸引社会力量参与公共文化机构法人治理结构建设的相关政策，鼓励有关方面代表、专业人士、各界群众按章程规定进入理事会，参与决策、管理、运营和监督。以捐资、捐赠等形式支持公共文化机构建设的企业、社会组织和其他社会力量，符合条件的可以选派代表参加理事会。通过荣誉激励、评价考核等办法，充分调动理事履职的积极性。《公共文化服务保障法》规定"国家鼓励和支持公民、法人和其他组织参与公共文化服务"。国家鼓励公民主动参与公共文化服务，自主开展健康文明的群众性文化体育活动；倡导和鼓励公民参与文化志愿服务。

2019年，平桥区图书馆严格按照创文要求，扎实开展了丰富又有成效的志愿者服务活动：到老党员家中进行走访慰问、到福乐园养老院为孤寡老人送爱心、举办"关爱特殊群体儿童阅读"活动、开展"爱心粥屋""文明交通"志愿服务，进一步弘扬了"学习雷锋、奉献他人、提升自我"的志愿者精神，充分发挥了图书馆公共文化服务效能。同时，2020年"学雷锋日"活动期间，平桥区文化馆组织馆内人员及文化志愿者对福乐园养老院开展了慰问帮扶演出活动，并为老人送去了腰鼓及舞扇等文化用品。组织馆内人员对原剧团及文化馆家属院进行了志愿打扫卫生活动，组织馆内志愿者到爱心粥屋奉粥、到路口值勤等，通过志愿服务，树立了团结文明和谐的单位形象。

6.1.5 平桥公共文化服务标准化品牌对其他地区的启示

信阳市平桥区是我国中部地区公共文化服务标准化的典型代表，在中部经济社会发展水平尚未达到较高水平的情况下，利用有限的人力、财力、物力，走出了一条适合当地发展的标准化的道路，取得了良好的效果，受到上级主管部门和人民群众的好评与肯定。平桥区依托适宜的政策环境以及公共文化服务平台优势，积极发展文化产业进而形成文化产业集群并延伸到相关文化产业链，充分发挥文化极化与扩展效应实现标准化的梯度推移，促进处于相对低梯度地区的公共文化标准化水平不断向高梯度地区推进，带动当地经济发展，推动平桥区文化与经济发展的双向促进。平桥区"农村公共图书馆一体化建设"，从区级到村级按照不同空间密度实现空间、设施、资源的保障条件，技术条件的标准化建设。在平桥公共文化服务建设软硬件的标准化保障下，确保公共文化服务能够因地制宜，与社会发展互动联动，形成优质品牌。

"平桥模式"给当地公共文化服务带来的是改变，公共文化服务各方面由不完善到逐步标准化，形成示范效应。平桥基本公共服务标准化品牌是在模式基础上的创新，品牌是特色标签，创新意味着具有较大的生命力和价值，主要体现在社会效益方面。例如发展文化旅游，带动产业融合，进一步推动公共文化服务全方位标准化等。其中积累大量经验，可从政府、公共图书馆、基层综合文化站、非公有的社会相关组织来分析。

1. 政府主管部门要加强"软环境"建设

政府部门要明确自身在农村公共文化服务建设过程中的职能与责任，要在政策上支持，发展方向上引导，营造公共文化服务体系的"软环境"。"软环境"是指形成公共文化服务标准化创新理念，构建完整的人才梯队，协调带动与公共文化服务相关的多产业融合等。政府要完善各项法律、法规、政策的制定，实施政府指导下的图书馆、文化馆等公共文化行业管理和理事会制度，以法律法规的形式规范所有者、建设主体、管理主体的角色和地位，建立责、权、利紧密结合的管理体系。明确各类活动的工作标准、实施办法和长效管理监督措施，完善符合平桥公共文化服务品牌标准，提升规范化水平。用法治化、标准化建设促进基层公共文化服务建设，保障其健康、有序、可持续性发展。

公共文化管理人员队伍建设，是发挥其在公共文化服务软环境建设的重要一环。加强对各级图书馆和文化馆、站管理人员的培训，切实提高他们的服务意识和服务技能，以更好地为人民大众服务。在人力资源建设与培训方面，平桥区配备专业队伍，优选入编、专业培训、顶岗实习、专家指导，致力于打造多功能的、具有专业品质的公共文化平台，加强文化队伍的建设，培育专业化的队伍，建立健全公共文化投入保障工作。这些经过培训的乡镇图书管理员在乡镇公共图书馆工作中发挥了巨大作用，有力地保障了图书馆的科学管理、高效运营和专业服务。同时积极与市图书馆、当地高校图书馆加强业务联系，以获得业务指导和帮助。根据平桥区图书馆工作实际以及图书馆管理人员的培训需求，开展基层业务辅导，利用专业优势选派专业人员到教体局、农业局、蓝天幼儿园纪检会等单位和社区进行文艺指导和培训，这些也是"软环境"建设的具体体现。

结合挖掘特有的文化资源和当地实际，打造平桥特色文化品牌，提升在全国的影响力。引进人才并加强宣传，树立品牌意识。近年来，平桥区明港镇以乡音艺术团为依托，加大文化队伍的组建力度。明港镇镇级文化队伍共有12支，积极开展各类培训交流，为进一步提高文艺骨干的业务水平，安排组织文艺骨干的佼佼者，到省会城市进行学习。

随着新冠疫情防控进入常态化阶段，为进一步加大社区文化培育力度、提高社区创建标准、增强社区文明素养、丰富社区居民精神文化生活,平桥区图书馆陆续开展"送文化进社区"活动,现场气氛热烈,得到了社区群众的一致好评。随着图书馆恢复开放过渡期结束,平桥区图书馆还将继续组织开展线下线上活动,把全民阅读贯穿图书馆日常工作之中,充分发挥社会教育职能和全民阅读推广主力军作用,紧扣时代脉搏,创新服务理念,为广大读者搭建更多线上线下阅读平台,提供更多优质阅读资源,为倡导全民阅读,构建书香平桥发挥积极的作用。

2. 公共图书馆和文化馆要发挥合力作用

公共图书馆是一个地区的精神粮库,其主要功能在于存储大量信息资源、促使资源共享、保存文化成果等,但公共图书馆有一些局限性,一些乡镇居民的文化需要并不能得到满足。当前社会倡导精神文明建设,人们对精神文化生活需要日益增多,并呈多元化趋势。因此,也要进一步发挥文化馆在文化建设中的重要作用,公共图书馆和文化馆要相互协作,相互补充,发挥带头作用,利用其资源和规模优势,向地方发挥辐射作用,丰富群众文化生活。

公共图书馆服务网络需不断向下延伸,对辖区内的街道、社区图书馆(室)、农家书屋进行管理和业务指导,并对分散于文化站、农村书屋等的资源进行整合;充分利用图书馆的场地,发挥图书馆保存、传承、发掘本土的、民族的、特色的文化成果和非物质文化遗产的文化功能等。每个乡镇图书馆融入公共图书馆服务体系,协调农村文化站、文化大院、乡村文化室、农家书屋发展,保存、传承、发掘本土的、民族的、特色的、品牌的文化成果精神和潜力,服务"三农"的农村文化建设模式,促进公共图书馆服务体系持续协调发展,把乡镇公共图书馆打造成新型农村社区的文化平台。

平桥区图书馆始终秉承"读者第一,服务至上"理念,充分发挥"河南省优秀图书馆""河南省示范标准图书馆"引领作用。平桥区公共图书馆服务体系是一个开放的系统,注重馆际合作共建,探索资源共享途径。以公共图书馆为平台的农村公民道德教育、远程农业科技服务、现代职业技术教育渐次展开,进一步发挥公共图书馆传播知识信息、提升公民文化品位、丰富城乡居民生活的作用,让社会各界不断认识图书馆、走进图书馆、利用图书馆,使图书馆真正成为人民群众享受公共文化服务的核心平台。不只是图书资源、设备等的更新换代，更要从自身管理模式、人才队伍方面改进。发挥带头作用，积极进行创新，提升图书馆的服务功能，扩大宣传力度，充分发挥图书馆的基层文化建设阵地作用，真正让图书馆成为平桥发展不可或缺的机构。

平桥区文化馆也积极加大文企、城乡合作力度，提升文化活动质量。提前做好活动策划，引进社会各界的群众和团体资金注入，将单一的政府组织模式优化转型为"政府主导、企业冠名、文企联姻"的市场化运作模式。以企业冠名权等形式运作大型品牌活动，为社会团体、普通群众提供交流、展示文艺的平台，既提高了企业的知名度，又节省了政府资金，让社会各界群众由原来的被动受体转型为主动参加主体。与各乡镇、区直单位联手，共同举办文化活动，既繁荣了地方文化，又减轻了政府在人力、物力上的负担，最终形成"人员共用、资源共享"的节约、提效的新型模式。

此外，充分发挥基层综合文化站在基层文化建设中承上启下的纽带作用。调整图书馆与文化站关系，以乡镇公共图书馆整合农村综合文化站和文化信息资源共享工程，这样使得原本被"泛化"与"虚化"了的文化站工作有了实体空间的依托和专业化提升，发挥衔接、中转站、纽带作用，带动乡镇公共文化服务的发展。

3. 社会相关组织要积极参与

通过新媒体的舆论宣传作用，扩大平桥品牌的影响力和知名度，赢得企业、民间文化组织和公民个人等社会各界的支持，获得坚实的社会基础。企业增强社会责任意识，对公共文化服务体系的建设提供资金帮扶；民间文化组织对公共文化服务体系标准化建设进言献策；公民个人要培养文化意识，促使社会各界力量并驾齐驱，共同参与公共文化服务标准化体系建设。

吸引社会力量广泛参与，特别是加大文化志愿者、文化家庭参与到读者活动中来，提供更为丰富的读者活动，在享受图书馆公共文化服务的基础上，使其自身也成为公共文化资源供给体系中的一个组成部分。建立完善的志愿服务体制，如对志愿者进行业务培训，科学管理，为每一位志愿者建立档案，详细记录每次的服务时间和内容并适当奖励，激发志愿者的服务热情，不少热心村民表示愿意参与到图书馆的志愿服务中来。平桥区图书馆馆内设有志愿服务站点，入口处有显著的志愿服务项目公示牌，站点内设有雨伞、老花镜、急救箱等便民工具,志愿者全天候免费为读者提供参考咨询服务。在馆内营造出温馨、文明的阅读环境,创造良好的传承氛围。

平桥区"区—乡—村"三级公共图书馆是孩子们放学后和假日里的好去处,图书馆管理员和教师、高年级的志愿者等为孩子们义务做课外辅导。据统计,每年有 200 至 300 名志愿者参与到平桥区图书馆的服务工作中。志愿者活动把更多的读者吸引到图书馆来,也能够及时反映读者对图书馆的需求,使图书馆的服务工作更有针对性和目的性,同时也宣传了图书馆。

公益基金为平桥文化建设注入新活力。随着农村公共图书馆建设在社会上影响力的逐渐提升,吸引了各界热心人士、知名人士、企业家、社会团体、社会机构的爱心捐赠,也进一步激发了公共图书馆发展的活力,增加了馆藏,也在一定程度上缓解了购书经费的压力。平桥区各级机构如平桥区人大、平桥区史志办、平桥区文联、平桥区气象局,社会机构诸如大象出版社、海燕出版社、中州古籍出版社、新华书店、郑州大学等,也有个人如教授、学者、明港镇信用联社内部人员等向区、乡镇图书馆捐赠图书、史志资料、画册、知识手册等,为全区各级机关和群众查阅资料、为本镇农业生产提供了方便与帮助,也为广大农民群众提供了欣赏书画艺术的平台。

6.2 贵州省贵阳市乌当区案例研究

6.2.1 案例选择

贵州省少数民族集中且民族成分较多,同时又属于革命老区,但相较于贵州省丰富的文化资源和出色的文化服务来说,社会各界对其关注度较低,因此选择贵州省作为西部研究对象,可为我国民族地区的公共文化的标准化提供新的发展视角。基于此认识选取贵州省最具有代表性的乌当区作为案例来探索少数民族地区乡镇公共文化服务的发展。

贵州省贵阳市乌当区是贵阳市城区组团之一,也是贵州省首批经济强区(县)。截至 2022 年年末,乌当区下辖 5 个街道、6 个镇和偏坡布依族乡、新堡布依族乡 2 个民族乡。

偏坡布依族乡是贵阳有名的"袖珍乡"，总人口 2058 人，其中布依族就占到了 97%，是原汁原味的布依族乡。该乡布依农房青瓦白墙依山而建，布依文化底蕴深厚，资源禀赋得天独厚，自然景观极其丰富。2010 年贵阳市第四届旅游发展大会在乌当区召开，一时间农家乐如雨后春笋般兴起，"醉美偏坡"声名鹊起。2019 年偏坡布依族乡成为全省乡村振兴示范乡，并先后获得"国家级生态乡""国家级卫生乡""全国文明村镇""全国乡村旅游重点村""中国美丽休闲乡村""全省乡村振兴示范乡"等荣誉称号，2020 年成功申报省级旅游度假区，2021 年，贵阳市第十二届旅游发展大会的主会场设在偏坡布依族乡。

新堡布依族乡因其簸箕画、竹编画、布贴画等技艺被贵州省文化厅命名为"农民画之乡"。该乡的王岗村有保存完整的布依族民居建筑群，2009 年被贵州省人民政府评为首批民族文化村；陇脚村香纸沟的手工土纸制作技艺，已列入贵州非物质文化遗产名录；2014 年马头村被打造为特色民族文化村寨，2015 年新堡布依族乡被评为市级示范乡镇。新堡布依族乡依靠其自然资源和人文资源，开展民族文化保护，科学规划，合理引用外来资本，使本土文化和外来文化得到良好的融合，在发展乡镇经济的同时也使全乡文化基础设施建设得到大幅度提升。

南开课题组进行了深入的调查研究，结果显示，经过近年来的发展，乌当区的公共文化服务得到了一定程度的发展，但是公共文化服务标准化建设不足制约了本地公共文化的进一步发展。

6.2.2 调研经过

南开课题组在出发调研前进行了大量前期资料的收集和文献调研，在对乌当区建设情况有了初步了解之后，有目的、有针对性地展开实地调研，先后共五次对乌当区进行调研，分别是 2017 年 4 月 10 日（调研者：彭亮）、6 月 2 日（调研者：彭亮）、8 月 10 日（调研者：彭亮）、12 月 6 日（调研者：柯平）和 2021 年 6 月 22 日至 6 月 25 日（苏福、胡娟、张瑜祯、张颖、朱旭凯），共计考察了乌当区图书馆、乌当区观溪路街道办事处、偏坡布依族乡文化站、新堡布依族乡综合文化站、水东香纸艺术博物馆、骆越魂非遗体验馆等。调研对象有政府与事业单位工作人员、村民和手艺传承人等。调研采用实地观察、访谈调查和典型调查等方法，现场调研了上述机构的运营情况，与上述机构的服务人员以及接受上述机构服务的群众进行了交谈，收集相关文件多份。在完成对上述一手、二手资料的收集后，南开课题组依据上述资料对本案例研究进行了详细的分析，撰写本案例研究报告，在撰写报告的过程中，通过电话、微信和邮件多次与相关单位进行二次、三次核对，对相关数据进行了确认。

6.2.3 乌当区公共文化服务情况

据乌当区人民政府网站2022年统计，乌当区总面积686平方千米，辖6镇2乡、5个街道，76个村、33个居委会，总人口34万人。居住有汉、布依、苗等33个民族。乌当区历史文化底蕴浓厚，布依族"三月三""六月六"、苗族"跳场"等民俗活动风情浓郁。在第五次全国文化馆评估定级工作和第六次全国县级以上公共图书馆评估定级中，乌当区文化馆和乌当区图书馆都被评估为一级馆。

为深入贯彻落实原文化部等五部委《关于推进区级文化馆图书馆总分馆制建设的指导意见》（文公共发〔2016〕38号），贯彻《公共文化服务保障法》《中共中央办公厅、国务院办公厅〈关于加强公共文化服务体系建设的意见〉》（中办发〔2015〕2号）精神，根据《文化部"十三五"规划》《贵州省公共文化服务体系建设实施标准》（黔党办发〔2015〕45号）、《贵阳市公共文化馆图书馆总分馆制试点建设实施方案》的有关要求，乌当区在2017年6月被贵阳市文广局列为贵阳市的试点单位，2018年被列为贵州省试点单位，通过资源有效整合和统筹利用，全面创新乌当区公共文化服务体系效能建设。

2020年，乌当区常住人口总数为33.6万人，达到中密度人口值（489.79）。乌当区文化旅游体育与传媒支出5869万元，相较于2019年增长86%。文体事业繁荣兴盛，区图书馆第六次获得全国县级"一级馆"称号，实现所有乡（镇）综合文化服务站达3级以上标准，同时新增省级非物质文化遗产项目4个、市级非物质文化遗产项目21个、市级文物保护单位5处。

1. 乌当区图书馆

(1) 基本情况

贵阳市乌当区图书馆是政府举办的公益性图书馆，位于贵阳市乌当区北衙路3号，于2018年4月被中华人民共和国文化部评估定级为国家一级公共图书馆。乌当区图书馆创建于1978年，新馆于2012年3月开馆，现有建筑面积4000平方米，总馆内藏书16万余册，建有地方文献室和地方文化展览长廊。全区把乡镇、街道办事处文化服务中心图书室全部纳入分馆建设和服务，现在建有分馆13个，实现通借通还业务；在机关、学校、企业、部队、景点建有图书流动点128个。订购报刊杂志250余种，可满足不同读者的文化需求，重视贵州省本土文化的传承与保护，在订阅报纸杂志时有侧重点。全馆设有书库、报刊室、黔学文献库、少儿阅览室、盲人阅览室、多媒体教室、电子阅览室、自修室、休闲阅览室等对外服务窗口，开展书刊外借流通、馆内阅览、电子阅览、参考咨询、培训辅导、声像视听、文献复制、读者自修等服务。各馆室硬件设施如下所示：

少儿阅览室：现有少儿图书7000多册，色彩鲜艳的少儿阅览桌9张，阅览椅60把，可供家长和少儿共同阅读，环境优美、整洁。

盲人阅览室：有盲文图书1000册，有声读物2000册，助视器2台、阳光听书郎5台，读屏软件一套、盲文点显器一套、中国触觉语音地图一套，阅览桌8张，阅览椅40把。

成人阅览室：有报刊架7个、期刊架21个，阅览桌6张，阅览椅35把，可摆放期刊杂志400余种。

文献工具书室：有工具书、文献资料300余册。

电子阅览室：可提供免费上网电脑56台，一台触摸查询机。

多媒体教室：可供60人参加培训教学，提供外网教学和多媒体投影教学。

书库：内设书架116组，可提供22大类9.1万册图书，内设临时阅览桌4张，阅览椅18把，一台触摸查询机，安装了图书防盗仪一套。

黔学文献库：内设书架12个，阅览桌4张，阅览椅20把。收藏贵州省各地地方志、名人著作等地方文献资料。

自2012年起，乌当区图书馆新馆免费向公众开放。在现有行政隶属关系、人事关系和经费来源不变的情况下,实行零门槛进入制度,所有阅览室均实行免费开放,不收取借阅费用,免办证费、存包费等一切费用,实现公共文化资源公众共享,真正实施公共、均等、公益、免费。图书馆每年举办丰富多彩的讲座、读者活动和特色展览,创建了"阅悦乌当"全民阅读系列文化服务品牌。

(2) 公共文化服务情况

乌当区图书馆的文化服务大致分为以下三种:

①针对未成年人和老年人开展的文化服务。包括爱心小课堂、小小主持人、计算机培训、巧巧手手工、花儿姐姐故事会、简笔画培训、书法培训和智能手机培训等,目标是减轻家长的负担,作为一股社会力量帮助教育与看护孩子,契合乌当区图书馆以公共文化"为未成年人服务,体现人文关怀"的服务承诺。这种主要针对未成年人与老人的活动,可以激发少年儿童的想象力和创造力,培养他们早期的阅读习惯,发挥图书馆"课外课堂"的作用,也能够体现出人文关怀,针对老年人等弱势群体的文化需求进行服务,更为人性化。

②馆内基本服务项目。包括电影沙龙、科普讲座、新书推荐和各种展览。这体现了乌当区图书馆"加强社会教育,促进全民阅读"的服务承诺。乌当区图书馆发挥社会教育职能,做市民终身学习的社会课堂,面向社会大众开展公益、开放的信息素养培训与教育;同时大力倡导全民阅读,推动学习型城市的建设,积极举办内容充实、形式出新、贴近时代发展的阅读活动,营造轻松舒适的阅读环境。

③面向社会开展的不定期活动。包括各种节日活动(如端午节、建党节、"六一"儿童节等)与送文化服务。这主要体现出乌当区图书馆"提供平等服务,促进文化交流"的服务承诺。从 2019 年数据来看,乌当区图书馆提供的送文化活动达 42 次,其中包括图书馆自办的活动与承办的活动,后者联合了更多的社会力量,充分发挥出乌当区图书馆作为基层图书馆的阵地服务作用。如 2019 年 8 月 23 日,在贵州省文化旅游厅主导下,由区文化馆、区图书馆共同承办了帮助乌当区下坝九年制学校的"送文化进校园活动"。在 2019 年,乌当区图书馆共举办各式活动 528 次,服务达 103 114 人次(见表 6 - 5 和表 6 - 6)。

表6-5 乌当区图书馆2019年培训、讲座、活动、展览人次统计表

月份\名称		爱心小课堂	小小主持人	计算机培训	从业人员业务培训	巧巧手手工	电影沙龙	科普讲座	六一活动	端午节	各种展览	花儿姐姐故事会	简笔画培训	书法培训	智能手机培训	新书推荐	送文化服务	合计
1月	次数	14		12	9	2	4	1			1	2	2			1	13	61
	人次	119		154	117	34	199	52			3956	37	39			3948	2261	10 916
2月	次数	9				1	2	1			1	1	1			1		17
	人次	81				19	168	14			3867	23	9			3817		7998
3月	次数	5	10		5	3	5	2			1	3	2	9	17	1		63
	人次	30	215		48	39	227	26			3329	27	23	122	255	3226		7567
4月	次数	4	6		1	2	3	2			1	2		6		1	2	32
	人次	26	115		14	16	112	29			3326	15	23	73		3358	536	7643
5月	次数	4	6			2	4	2			1	2	2	7		1	2	33
	人次	36	108		23	26	234	35			3451	29	33	74		3326		7375
6月	次数	5	8	20	3	2	4	2	1		1	2	2	5		1	3	62
	人次	52	140	254	45	45	158	42	224	245	3759	28	55	57		3725	857	9695
7月	次数	17		12		2	4	2			1	2				1	1	44
	人次	137		142		20	192	41			4325	25	23			4261	236	9402
8月	次数	7				3	4	2			1	3	2			1	8	31
	人次	55				58	201	41			4320	32	30			4425	1468	10 630
9月	次数	5	2		2	2	4	2			1	2		7	14	1	2	46
	人次	34	82		16	38	194	31			3546	19	12	76	193	3768	495	8504
10月	次数	4	2		1	1	3	2			1	2		8		1		26
	人次	27	53		13	21	165	44			3749	17	31	87		3619		7826
11月	次数	5	5	10	5	2	4	3			1	1	3	8		1		48
	人次	30	128	115	65	39	301	34			3368	15	54	86		3405		7640
12月	次数	4	4	20	2	2	4	2			1	2	2	8		1	13	65
	人次	27	96	232	16	36	291	29			3361	35	27	92		3596	80	7918
合计	次数	83	44	74	31	24	45	24	1	1	12	23	24	57	31	12	42	528
	人次	654	937	897	357	400	2442	418	224	245	44 357	302	359	667	448	44 474	5933	103 114

表6-6 2021年乌当区图书馆文化活动一览表

序号	活动名称	内容简介	活动形式	举办时间	活动时长	备注
1	趣说汉字	每一个汉字都是一个动人的故事，每一个故事都是一幅美丽的图画，每一幅图画都描绘着时代的发展。开展"趣说汉字"活动宣讲汉字文化，打造更具特色的图书馆，满足读者的文化需求，提高读者的阅读兴趣和文化素养，对弘扬中华优秀传统文化，提高中华民族传统文化的认同感，增强民族凝聚力具有深刻的意义	讲授和表演	2021年1月23日起每周六14：00—15：30	共69小时	全年共46场活动
2	我是巧巧手	教儿童制做手工作品，激发儿童的动手兴趣，提高儿童的动手能力。搭建交流的平台，扩大儿童的交友圈，懂得分享与相互学习	讲授和演示	双周周六16：00—17：30	共18小时	全年共12场活动
3	周末电影沙龙	充分利用图书馆资源，丰富青少年的文化生活。通过各种传递正能量达到为青少年指引正确方向的作用，以及提高青少年的各种综合能力，使家长通过图书馆也可以接触优秀电影。提供一个休闲、安静、舒适的文化接收平台	播放	每周日14：00开始	共104小时	全年共52期
4	科普世界	随着科技的不断发展，科普知识也不断渗透到少儿的日常生活中，如果少儿阶段不具备一定的科普知识，那么在以后的成长中，将会遇到常识性的错误，从而影响他们的发展。乌当区图书馆推出"科普知识"少儿学习活动，从各个科普领域提高少儿的科普知识，拓宽他们的知识范围，为以后的学习与生活打下较好的基础	讲授和做实验	单周周六16：00—17：30	共16.5小时	全年共11场活动
5	简笔画培训	教儿童用简单的线条绘出有趣的作品，教儿童画画的技巧，例如：用铅笔画小动物，制作吹画、用彩铅给作品上色等，让儿童用画笔和颜料画出精彩世界	讲述、辅助和演示	单周周六16：00—17：30（与科普世界交替）	共16.5小时	全年共11场活动

(续表)

序号	活动名称	内容简介	活动形式	举办时间	活动时长	备注
6	花儿姐姐故事会	通过复述故事内容、提问、故事接龙、表演等方式来增加青少年的词汇量，锻炼青少年的注意力、语言表达能力、记忆力、逻辑思维能力、形象思维能力，并以此为基础培养青少年自己阅读、爱好阅读的好习惯	讲述、互动和表演	双周周六16：00—17：30（与我是巧巧手交替）	共18小时	全年共12场活动
7	小小主持人	提高语言表达能力、表现能力，提高语文成绩和写作能力，为学员提供展示舞台，优先担任图书馆组织活动的主持人，推荐参加各种比赛。让小读者敢于在公众场合自信地说话，让小读者面对镜头大方展示自己的风采	教学、练习、比赛	3月份开始的9：00—11：30	共102.5小时	全年共41场活动
8	少儿计算机培训	主要是为少儿读者提供一个学习平台，让他们能够掌握简单的上网操作、办公软件使用、视频美化等多种技能	培训、实操、辅导	2月21日—25日和8月9日—14日14：00—17：00	共30小时	全年2期共10场活动
9	少儿书法培训	"中国书法"是中国汉字特有的一种传统艺术。从广义讲，书法是指文字符号的书写法则。换言之，书法是指按照文字特点及其含义，以其书体笔法、结构和章法书写，使之成为富有美感的艺术作品。汉字书法为汉族独创的表现艺术，被誉为：无言的诗，无行的舞，无图的画，无声的乐。乌当区图书馆特推出"书法培训"少儿班，邀请小读者感受千年文化的传承	教学、练习、比赛	3月开始每周六9：30—11：30	共82小时	全年共41场活动
10	小志愿者实践活动	为进一步弘扬"奉献、友爱、互助、进步"的志愿者精神，倡导时代新风正气，乌当区图书馆特开展寒暑假"小志愿者实践活动"，在寒暑假期间，小读者可在图书馆六楼志愿者办公室登记报名参与此次活动，参与图书馆业务管理，做图书馆的"守护者"	培训、实操、评比	2月和7月	共480小时	全年共60场活动

(续表)

序号	活动名称	内容简介	活动形式	举办时间	活动时长	备注
11	21天阅读计划	读书，从养成习惯开始。为帮助小读者培养阅读兴趣，养成良好的阅读习惯，乌当区图书馆特开展"阅悦乌当21天"阅读习惯养成活动。此活动旨在通过21天的阅读逐步养成会读书、爱读书、读懂书的终生习惯，在阅读中发现知识之美	阅读打卡、比赛评选	8月1日—21日	共168小时	全年共21场活动

资料来源：南开课题组整理。

（3）志愿者队伍建设情况

乌当区图书馆目前共有人员10人，其中在编馆员7人，编外人员3人（2名保安，1名三区人才）。作为全国文化信息资源共享工程的组成部分（乌当区支中心），乌当区图书馆承担着全区各乡、镇、社区的文化信息资源共享工程网点建设、资源建设、日常管理、资源保障以及技术支撑等工作，也担负着全区文献信息资源和数字资源的收藏与生产、交流与服务、协作协调与业务研究的重任。

为了更好地完成馆内工作和做好基层公共文化服务，2012年开始，乌当区图书馆招募了第一支志愿者队伍。至今已顺利开展八届，共招募了1200多名文化志愿者。其中长期参与服务的有200多名志愿者，固定参与服务的30余名。每年的3月中旬为文化志愿者招募时间，筛选程序包括初试、复试和实操三项，招募条件为年满18周岁、身体健康并且具有良好的志愿服务意识的个人，其中绝大部分志愿者是来自贵州师范学院的在校大学生。如果有未满18周岁但具有良好服务意识的未成年人，可以在家长或监护人的陪同下进行注册、登记，图书馆经过综合评估后考虑是否留用。

2020年志愿者招募的情况体现了志愿者队伍建设的高标准严要求。2020年9月27日乌当区图书馆在贵州师范学院进行第九届文化志愿者招募，200余名学生报名，有15人进入实习阶段，共分为两个批次完成为期8天的实习，经过层层筛选，最终留下9人。最终录用率为4.5%。

在招募志愿者后，乌当区图书馆会对入选志愿者进行一系列培训。根据"2019年乌当区图书馆培训、讲座、活动、展览人次统计表"，在一年内对志愿者进行了总计31次培训，培训人次357人，除了2月、7月与8月外，每月均会有技能培训活动。根据图书馆馆长介绍，志愿者队伍主要靠老带新、传帮带的形式进行培养，层层压实培训责任，激发新老两代志愿者荣誉感、使命感，同时为志愿者提供良好工作条件和荣誉表彰来保障志愿者队伍的士气与专业性。

自2012年第一代志愿者队伍建设以来，乌当区图书馆逐步摸索出一套志愿者管理规章制度：志愿者队伍的建设以《贵州省文化志愿服务管理办法》为基础，以上级部门制定的《乌当区文体广电旅游局新时代文明实践志愿者登记注册制度》与《乌当区文体广电旅游局新时代文明实践分中心志愿服务支队制度》为抓手，先后制定出《乌当区文化志愿者精神与志愿服务承诺》《乌当区志愿者服务内容》方便群众了解志愿者服务内容，保障志愿者活动开展和管理的有序化以及人民群众的基本文化权益；确立《乌当区文化志愿权利与义务》《乌当区文化志愿者激励与保障》制度保护文化志愿者的权利，解决志愿者的后顾之忧，激发起志愿者的自豪感与荣誉感；最重要的是建立了《乌当区志愿者招募与培训》制度，将志愿者事业作为一项长期稳定可持续的事业来耕耘，确保了志愿者队伍不断代，志愿者能力不失水准。

针对志愿者的技能专项培训内容有微信公众号运营、图书数据录入、网站后台更新、消防安全知识培训、数字图书馆使用、办公软件操作、局域网共享、远程软件使用介绍等。具体内容如下：

微信公众号运营培训：讲解微信公众号分类、注册申请、微信公众号后台搭建、微信推送更新等功能；图书数据录入培训：以ILAS系统为基础，介绍ILAS系统，讲解图书数据录入的步骤以及其他相关注意的注意事项；网站后台更新培训：主要以图书馆及文化馆门户网站为例，介绍网站更新步骤、操作方法、后台管理操作等；消防安全知识培训：为志愿者讲解火灾预防知识，发生火灾的自救及开展救援工作的方法；局域网共享及远程软件技能培训：设置局域网共享功能及远程操作软件Team Viewer使用方法。

（4）荣誉表彰情况

近年来，乌当区图书馆公共文化服务深度推进，取得了社会的好评，也取得了许多荣誉。如2015年获得中国图书馆学会授予的2014年度"全民阅读先进单位"称号;2016年获得中国图书馆学会授予2015年度"全民阅读先进单位奖",开展的"老年人计算机"免费培训项目入选文化部基层文化志愿服务活动典型案例;2017年被中国图书馆协会评为"全民阅读示范基地";2018年获评"一级图书馆";2020年获得"2019年度全民阅读推广星级单位"称号。

2. 乌当区文化馆

贵阳市乌当区文化馆建于1958年,现位于乌当区振华广场,馆内面积2064平方米,室外活动场地2万平方米,设有办公室、多功能厅、音乐室、舞蹈排练厅、服装道具室、电子阅览室、户外宣传栏、广场LED宣传大屏等,并免费向群众开放。各类群众文艺活动、普及性艺术培训、公益讲座、展览、基层文艺辅导等公共文化服务项目健全并免费提供,每周向公众开放服务时长56小时,丰富全区群众文化生活。

文化馆属公益性全额拨款事业单位,现人员编制17人,馆长1名,副馆长1名,专业技术人员6名,其中副高职称1人、中级职称1人、初级职称3人,本科学历14名、大专学历3名,各主要门类专业人员配备齐全,其中舞蹈3人、音乐5人、美术1人、摄影1人、文学创作1人。全馆各专业门类岗位齐全,干部队伍素质好、工作能力强,具有较高的开展群众文化活动和组织辅导培训的业务能力,2020年获得文化和旅游部全国文化馆等级评估二级馆称号。

文化馆始终坚持先进文化的前进方向和"百花齐放、百家争鸣"的方针,秉承"面向公众,服务基层,服务社会"的宗旨,向着"创品牌、显特色、上水平"的奋斗目标,强化内部管理,完善制度建设,积极打造文化活动品牌,争先创作文艺精品,切实发挥乌当区群众文化"龙头"带动作用,努力为群众提供更多更好的公共文化服务项目,为推进乌当区公共文化事业蓬勃发展做出积极贡献(见表6-7)。

表6-7 乌当区文化馆群众文化活动情况(2017—2019年)

年份	广场演出	四进社区	文化下乡	其他活动	小计
2017	26场	28场	48场	215场	317场
2018	30场	25场	16场	60余场	131场
2019	20场	22场	32场		74场

(1) 免费开放工作成效显著

文化馆注重发挥公共文化场馆作用，提高公共文化服务水平，满足人民群众日益增长的精神文化需求，为广大市民提供便利、丰富、优质的公共文化服务项目。以"突出重点，特殊需求，灵活处理，热情服务"为宗旨，先后将现有场馆免费提供给群众及业余文艺团队使用。举办公益性艺术培训，课程涵盖了音乐、美术、舞蹈、书法等艺术门类，培训时间每周达到24课时，每年受益学员上万人次；设置棋牌活动室、图书电子阅览室，馆内网络全覆盖，方便群众进馆使用；举办公益讲座、展览，提供便民服务，每年受益群众1.5万人次，提高了文艺爱好者的艺术素养，丰富了广大群众的业余文化生活。建立馆办文艺团队8支，包括舞蹈、声乐、器乐、书法、美术等门类，每年组织馆办团队参加公益性文艺演出、基层辅导及交流活动上百场次，馆外活动服务人次6万余人。

(2) 文化惠民工作扎实推进

乌当区文化馆将文化惠民工作作为整体工作的重中之重。每年春节、元旦、中秋、国庆等重大节日都开展文化活动，按照工作需要各负其责，相互协作，圆满完成各项群众文化活动任务。"十三五"以来，围绕纪念改革开放40周年、庆祝中华人民共和国成立70周年主题开展文化志愿者送文化进乡镇、进社区、进学校、进部队活动200余场；在农历"二月十五""三月三""四月八""六月六"等民族传统节日举办文艺演出40余场；打造了"生态乌当"文化艺术节活动品牌，组织了广场舞展演、合唱比赛、主题书画展、"我们的节日"主题活动、乌当区第一届大健康运动会开幕式、农业嘉年华、温泉嘉年华系列活动、戏曲进乡村、群众艺术讲座等文化活动200余场次，并积极参与"多彩贵州"文化艺术节、筑城广场系列赛事。

同时，利用总分馆制建设的契机，采取"派下去，请上来"的办法对基层文化工作进行指导，积极开展文化辅导员进基层工作，每年组织业务人员下基层辅导业务工作60余次，不定期组织举办文化专干和基层文艺骨干培训班，通过培训使基层文化专干的工作能力迅速提高。

(3) 文艺精品创作不断涌现

馆内专业人员坚持不断学习和创作，在省、市、区各级文艺表演和比赛中都取得了优异的成绩。戏剧小品《射背牌》获国家艺术基金资助项目；美术作品《好日子》《山里红》获得"多彩贵州文化艺术节"贵州省第三届、第四届农民画大赛贵阳赛区一等奖;"全国第十四届少儿美术杯年度艺术展评"优秀指导教师一等奖;2017年贵州省原创歌曲演唱大赛三等奖;筑城广场器乐比赛一等奖、声乐比赛一等奖等好成绩。"十三五"期间,馆内业务干部完成美术创作作品15幅、文学作品20篇、舞蹈作品6个、原创音乐作品8首、戏剧作品1个。

3. 镇街文化/服务点

(1) 偏坡布依族乡文化站

①偏坡布依族乡基本情况

乌当区偏坡布依族乡位于贵阳市东北部,距市中心30千米,总面积21.93平方千米,辖2个行政村,12个自然村寨,20个村民组,601户,总人口2058人,布依族占97%,是贵阳市有名的"袖珍乡",是原汁原味的布依族乡。

偏坡乡大力挖掘传承布依传统文化,在保护传承的基础上,创造性转化、创新性发展,不断赋予其新的时代内涵、丰富表现形式。该乡全面收集整理全乡布依山歌、婚俗、祭布洛陀等民族民间文化,组建姊妹情歌舞队1支、百人长号队1支、姊妹箫队1支。偏九学校乡村少年宫通过定期开展布依山歌培训、布依刺绣、布依绘画、民族舞蹈、民族体育等课程,将民族特色文化渗透课堂。通过鼓励支持民间艺人传承工匠文化,并兴办工匠坊、工作室等文化产业,将文化优势转变为产业优势,目前,已建成各类坊、室17家,其中,布依刺绣展室1家,民族服饰文创室1家,蜡染坊1家,米酒作坊10家,根艺作坊2家,木艺坊1家,民乐坊1家,成为民族乡经济发展新业态、新方向。

偏坡乡还加大非物质文化遗产保护和传承,致力将其变成旅游商品,转化为经济效益和经济资源。目前偏坡乡具有省级非遗项目1个:布依服饰制作技艺;市级非遗项目2个:布依古法酿酒、布依婚宴盘古歌;区级非遗项目1个:六月六风情节。2021年4月8日,乌当区首个乡镇非物质文化遗产工作站(贵阳市乌当区非物质文化遗产工作站偏坡站)正式"落户"偏坡乡。

②偏坡布依族乡文化站基本情况

偏坡乡文化站位于乌当区偏坡街九年制民族学校西北侧,文化站设有图书阅览室、民族文化史馆、研学室、电子阅览室、办公室等,共计2层,建筑整体为木质结构，风格上具有鲜明的民族特色。

文化站大门处立有放置党政及防疫科普类小册的展架。图书室位于一层，同时也是未成年人活动室，履行乌当区图书馆分馆职能，墙上悬挂有乌当区文化馆图书馆分馆馆长岗位职责、副馆长工作职责、工作人员岗位职责、工作职责以及偏坡布依族乡综合文化站图书阅览室借阅制度、规章制度、管理人员工作职责的公告牌。图书室的图书分为政经、科技、生活、文化四大类，摆放有序，可与乌当区图书馆实现通借通还。此外，在文化站门口处设有一台贵阳市图书馆赞助的流动书车——"阅享易栈"，读者可借助手机App、微信、支付宝平台小程序实现"证""借""享""换"四大功能，"证"即在线办证、"借"即自助借书、"享"即分享图书、"换"即换取图书。会议室在一层右手处，干净整洁、灯光设施优良，可同时容纳五六十人开展活动。

二层设有研学室、民族文化史馆和电子阅览室。研学室宽敞明亮，为外来游客提供休息和看书的场所，配有木质桌椅和书吧，墙上展有各少数民族简介和传统节日介绍。研学室的书吧配有多种类型的图书，包括文史、政治、地理、旅游、文化、思想道德等门类，还专门设有未成年专区。此外，研学室配有音响、投影等电子设备。民族文化史馆于2019年1月建成，总投资15万元，是对原有综合文化站多功能室进行的改造提升，面积60平方米，该史馆为砖木结构，布依干栏式外观格调，与村镇环境协调一致。史馆内容分为乡情、酿酒、民俗、服饰、建筑、家风、农耕具等，以图文并茂的形式进行展现。民族文化史馆的建成使用，使布依族文化传承和保护再次得到发掘，进一步弘扬了布依族传统民族文化特色品牌。电子阅览室配备电脑6台，可供到站读者进行使用。表6-8为乌当区文化馆图书馆分馆免费开放公示。

表6-8 乌当区文化馆图书馆分馆免费开放公示

开放时间	周一至周五 9：00—17：00	周末 10：00—16：00	遇国家法定节假日 按馆内通知为准
开放项目	多功能厅（剧院）	图书阅览室	电子阅览室
服务内容	免费提供给群众开展讲座、各种培训、文艺节目排练、数字化电影放映等	免费提供图书阅读、借阅、通借通还、看展图书活动等	免费提供上网、网络培训、文化共享等服务

(续表)

开放时间	周一至周五 9:00—17:00	周末 10:00—16:00	遇国家法定节假日 按馆内通知为准
开放项目	活动展览室	健身室	活动广场
服务内容	免费开展各种文艺演出、非遗展览等	免费提供各种健身器材给群众使用	免费提供给群众开展文化活动和健身运动

资料来源：南开课题组整理

志愿服务体现着公民的社会责任意识，是人们自觉为他人和社会服务、共同建设美好生活的生动实践，是现代社会文明程度的重要标志，是新形势下推进精神文明建设的有效途径。在工作中，文化站紧紧抓住社会主义核心价值体系建设这个根本，贴近实际、贴近生活、贴近群众，广泛普及志愿理念，完善志愿服务体系，使更多的志愿者成为良好社会风尚的倡导者，成为社会主义精神文明的传播者、实践者。目前，登记在册的志愿者84人，开展的志愿服务项目6个，志愿服务队6支，涉及法律宣讲、铲冰除雪、布依长号等活动，在走廊上也展有乌当区偏坡布依族乡新时代文明实践志愿者登记注册制度、志愿服务活动流程以及实践志愿服务队制度。

近年来，偏坡乡综合文化站有两个抓手：第一抓活动推动，在群众参与上突出实在。一是结合布依族"六月六"传统节庆，举办了以"弘扬传承民族文化，促进民族团结进步，携手迈步乡村振兴"为主题的民族团结系列活动；二是偏坡乡九年制民族学校将民族团结进步教育作为常态化教学课程；三是以濮越故居家庭教育实践基地为阵地，弘扬传承家规好、家风正的优良传统，促进家庭和谐、民族团结。第二抓基地建设，铸牢中华民族共同体意识。偏坡乡综合各方资源以"八个一"，即一心、一校、一堂、一廊、一场、一墙、一系列传习坊、一批示范户为目标进行教育基地建设和培育。一心：民族团结教育研学基地即社会教育中心；一校：偏坡乡九年制民族学校即少年儿童教育学校；一堂：家庭教育实践基地；一廊：民族团结教育连心广场；一场：民族联谊活动广场；一墙：布依蓝花语原创墙绘；一系列传习坊：设有布依蜡染传习坊、布依民乐传习坊、布依古法酿酒传习坊、布依根艺传习坊等；一批示范户：结合乡村振兴战略评选出了民族团结示范户10户，面向各族群众不分省内外、不分民族开展教育培训。表6-9为偏坡布依族乡综合文化站免费服务项目公示。

表6-9 偏坡布依族乡综合文化站免费服务项目公示

序号	服务项目	服务方式	服务时间
1	电子阅览室	网上资源浏览、下载、计算机培训	周一至周五9：00—17：00 周末10：00—16：00
2	图书室	图书借阅、查询、报刊杂志阅览	周一至周五9：00—17：00 周末10：00—16：00
3	培训室	举办培训、讲座、展览等	周一至周五9：00—17：00 周末10：00—16：00
4	多功能活动室	娱乐、休闲、健身等	周一至周五9：00—17：00 周末10：00—16：00
5	公共场地	开展演出、宣传、公益活动等	全天开放

资料来源：南开课题组整理。

③农家书屋

偏坡布依族乡的农家书屋设在濮越故居内，是故居主人陈老先生自己创办的。濮越故居是偏坡布依族乡的第一家商业民宿，房屋为古老的干栏式纯木结构，始建于清朝，保存至今旧貌依然。院内一屋设为农家书屋，屋内配备木质书架和桌椅，图书大多为政治类和小说类，并备有报纸。屋内环境舒适、静谧悠然，可供旅客在此休闲并陶冶情操。濮越故居也是偏坡布依族乡新时代文明实践活动的家庭教育实践基地以及偏坡乡铸牢中华民族共同体意识教育基地之家风家训讲学堂，陈老先生会以每月两场、现场授课的方式在古屋里将传统的优秀民风民俗加以传播。

④偏坡布依服饰展示中心

偏坡乡铸牢中华民族共同体意识教育基地之偏坡布依服饰展示中心位于偏坡村下街组16号。展厅内展有布依族各类服饰、银饰以及创办者搜集的各类具有历史意义的钱币、奖状，设有可供游客体验的刺绣操作台。布依服饰多姿多彩，其文化渊远流长。偏坡"布依刺绣"列入贵州省物质文化遗产名录。偏坡布依服饰有男便服、女便服、女童装和老人逝后的"菠萝依"，布料以棉为主，多为青蓝黑白色，款式男简女繁。男装是布扣对襟衣，下穿马裤，头戴头帕；童装衣裤简单，童帽独具特色，有虎头帽、兔儿帽、猫头帽等，其做工精美、神形兼备；女盛装由服饰和银饰组成，包括头帕、绣花衣服（裤子、围腰）、银项圈、银手镯、银围腰链等。布依服饰制作的针法多种，有"平绣""抽纱""架纱""窜花""辫子"等。布依服饰展室旨在保护传承布依民族优秀的服饰文化，与历史同在，于发展中生辉。

（2）新堡布依族乡文化站

①新堡布依族乡基本情况

新堡布依族乡位于贵阳市东北部，距贵阳市中心34千米。据国家统计局农村社会经济调查司发布的2021年中国县域统计年鉴统计，新堡布依族乡总面积为53.94平方千米。截至2021年，户籍人口5922人，其中布依族占全乡人口的58.5%。截至2022年4月，新堡布依族乡辖7个行政村。

②新堡布依族乡文化站基本情况

新堡布依族乡于1980年建立文化站，彼时乡政府还没有成立。文化站建立之初便设立有图书室、电子阅览室、健身房及多功能厅。表6-10为2013—2017年新堡布依族乡公共文化服务情况。

表6-10 新堡布依族乡公共文化服务情况（2013—2017年）

2013年	2014年	2015年	2016年	2017年
拥有1个综合文化站，1个图书室，7个农家书屋。7个行政村和31个自然村全年放映电影62场	拥有1个综合文化站，1个图书室，7个农家书屋。7个行政村和28个自然村每年放映电影56场	拥有1个综合文化站，1个图书室，7个农家书屋。7个行政村和28个自然村每年放映电影56场	拥有1个综合文化站，1个图书室，7个农家书屋。7个行政村和28个自然村每年放映电影56场	拥有1个综合文化站，1个图书室，7个农家书屋。7个行政村和28个自然村每年放映电影56场。多彩贵州云户户通电视工程560户
图书达17 500册，借阅人次为800余人	图书达17 500册，借阅人次为800余人	图书达19 600册，借阅人次为900余人	图书达21 000册，借阅人次为800余人	图书达21 300册，借阅人次为700余人

(续表)

2013 年	2014 年	2015 年	2016 年	2017 年
拥有乡灯光球场1个，健身活动室1个，大寨村和新堡村共2个村级篮球场	拥有乡灯光球场1个，健身活动室1个，大寨村、新堡村和马头村共3个村级篮球场	拥有乡灯光球场1个，健身活动室1个，大寨村、新堡村和马头村共3个村级篮球场	拥有乡灯光球场1个，健身活动室1个，大寨村、新堡村和马头村共3个村级篮球场	拥有乡灯光球场1个，健身活动室1个，大寨村、新堡村、马头村和长坡村共4个村级篮球场
举办大型文体活动6场，向群众免费发放种养殖科普宣传资料500余份，赠送春联400余幅、迎春禧福300余份	举办大型文体活动7场，向群众免费发放防震、火灾应急、食品安全等科普宣传资料600余份，赠送春联300余幅、日历360本、迎春禧福200余份	举办大型文体活动8场，向群众赠送春联200余幅、日历200本、迎春禧福200余份、图书300余册，发放禁毒宣传资料500余份。为新堡布依族乡20名中小学留守儿童赠送书包和体育用品	举办大型文体活动7场，市纪委、市委宣传部、市文明办、市科技局委等近30家单位和部门开展了农村实用技术、政策法规、医疗卫生等咨询服务，向广大群众赠送科教文卫图书、法治宣传图书以及棉衣、电热毯、取暖器等物资。向群众免费赠送春联700余副	举办大型文体活动13场，区乡工作人员、乡绿丝带服务队员向群众免费赠送春联300余副、台历200本、迎春禧福200余份、图书300余册

资料来源：南开课题组整理

新堡布依族乡的免费公共文化服务项目在电子阅览室、图书室、培训室、多功能活动室和公共场地等地开展，为了群众更好地了解免费服务内容，有专门的免费服务项目公示，电子阅览室、图书室、培训室、多功能活动室和公共场地等每天都能保证一定的时间段对外开放，让群众的活动场地得到保障，具体公示如表6-11所示。

表6-11 新堡布依族乡综合文化站的免费服务项目公示

序号	服务项目	服务方式	服务时间
1	电子阅览室（共享工程活动室）	网上资源浏览、下载、计算机培训	周一至周五9：00—17：00 周末10：00—16：00
2	图书室	图书借阅、查询、报刊杂志阅览	周一至周五9：00—17：00 周末10：00—16：00

(续表)

序号	服务项目	服务方式	服务时间
3	培训室	举办培训、讲座、展览等	周一至周五9：00—17：00 周末10：00—16：00
4	多功能活动室	演出、娱乐、健身、开展活动	周一至周五9：00—17：00 周末10：00—16：00
5	公共场地	开展公益性活动	全天开放

资料来源：南开课题组整理

为实现公共文化服务设施建设、活动开展和管理的有序化，保障人民群众的基本文化权益，新堡布依族乡依循国家相关标准和意见并结合地方特征制定一系列有关公共文化服务的制度，包括《文化信息资源共享服务室工作制度》《文化站工作人员行为规范》《文化站站长岗位职责》和《文化站工作人员岗位职责》等；电子阅览室方面，包括《电子阅览室开放管理制度》；图书室方面，包括《图书借阅管理制度》和《图书室管理人员工作职责》。此外，还有《文体娱乐室管理制度》《文化信息资源共享服务室工作制度》。

③加大宣传力度，带动当地发展

新堡布依族乡加大布依文化生态旅游之乡的宣传力度，以带动当地社会的发展。一是积极配合媒体采访，以2016年为例，中央电视台"新闻24小时"的报道有1条、贵州电视台的报道3条、《贵州日报》7条、《贵阳日报》12条。二是积极向媒体报送新闻，2016年1—11月向贵阳电视台上报新闻7条、乌当电视台8条；2017年1—11月向省市区媒体上报89条，采用89条，其中，央视网1条、各新媒体20条、贵州台4条、贵阳台15条、乌当台88条，《贵州日报》刊登2条、《当代贵州》1条、《贵阳日报》刊登9条。三是在各村张贴精心制作的宣传画，以"提高新堡知名度，树立新堡新形象"。四是录制视频和直播加强当地民族文化宣传。为打造正能量，"网红"队伍展现多角度的"最美"多彩贵州，2017年积极配合乌当区委宣传部、贵州电视台到白水河、王岗、渡寨拍摄《这里是贵州》文化旅游宣传片。2017年6月20日，由中共贵州省委宣传部、省委网信办、网易主办，中共乌当区委宣传部、区网信办、网易贵州、新堡布依族乡党委、政府承办的"我是家乡代言人——贵州百场网络直播"走进新堡布依族乡陇脚村白水河，以国家级非物质文化遗产保护名录——香纸沟土法造纸为主线,通过网络主播与当地传承人互动,逐一对香纸沟土法造纸技艺的伐竹、破竹、沤竹、煮竹、碾压、提浆、抄纸、压榨、烘晾等72道工序进行网络在线视频直播,当天直播活动在线网民参与达37.55万人。

1980年建站至2005年,是文化站真正发挥阵地作用的25年,几乎每天都有很多村民在文化站举办活动和看书借书。但在2005年后,来文化站的村民越来越少,韦登亮站长便根据本地特色开展文化活动,超越了原先的阵地服务,将其改为送文化服务到村,服务覆盖全乡7个村,和农耕文化紧密结合,比如举办农耕小轮车比赛、搞展览、唱山歌等,现在全乡共有两支布依山歌队和一支舞蹈队,远近闻名。

④文旅融合引领经济繁荣

每年"三月三"的时候新堡布依族乡都有五六万名游客,2019年的"三月三"带来的直接经济收益更是将近500万元,这都归功于文化站发掘本地特色,从而实现了"文化带动经济发展",充分体现了"文化搭台经济建设"。

(3) 观溪路街道办事处

观溪路街道办事处文化服务中心建于2012年,建筑面积300余平方米,并投入使用至今。街道文化站配备3名工作人员,其中主任1名,工作人员2名。具体协助街道文化服务中心指导各居委会文化服务站开展各项文化体育活动。

观溪路街道办事处文化服务中心图书室、电子阅览室约20平方米,配备图书7000余册、阅览桌椅一套,电脑及电脑桌椅7套。图书室是乌当区图书馆下设的一个社区分馆,可与乌当区图书馆总馆实现通借通还,与偏坡乡分馆一样,墙上贴有乌当区文化馆图书馆分馆馆长岗位职责、副馆长工作职责、工作人员岗位职责、图书管理员岗位职责以及阅览须知。图书以《中图法》分类并贴标签,设有廉政书报取阅点。健身室一配备乒乓球桌3张和健身设备1套,健身室二配有墙面镜以及音响2个,两室均有80平方米。此两室使用率较高,社区附近的老年居民会在此进行舞蹈排练以及乒乓球比赛。走廊为二十四孝养正文化长廊,悬挂二十四孝的介绍展板。此外,例如健身室管理制度、舞蹈排练厅管理制度以及观溪路街道老年学校校长职责和老年学校学员守则等也展示在走廊两侧的墙上。该文化服务中心始终坚持图书阅览室、电子阅览室及多功能厅健身室对外免费开放，来馆人员规范造册登记。而且，街道文化服务中心建有100平方米的休闲健身禁毒广场，为群众休闲娱乐提供好去处，常年有群众在此参与广场舞、太极拳及健身气功等文体活动。

观溪路街道办事处文化服务中心服务台设有便民服务箱，旁侧立有报刊架可供居民免费阅读，其文档资料整理完备，定期完成简报（大事记）。该服务中心最大的一个特点是禁毒宣传。无论是走廊上还是各活动室内，禁毒标语随处可见，而且在进门处设立毒品展示柜，将禁毒宣传融入各处，形成鲜明特色，社区还在国际禁毒日组织进校宣讲，进一步提升禁毒教育的辐射面。2015年5月乌当区观溪路街道先后投入资金近100万元，建设了1000余平方米的"阳光驿站"。"阳光驿站"内设一办（戒毒康复办）、两会（家委会、志愿者协会），三中心（就业中心、帮扶中心、康复中心）和一堡（公益堡），按照"就业有渠道、技能有提升、生病有钱治、困难有人帮、心事有处说、康复有场所"六有目标向社区戒毒康复人员提供一站式服务。

观溪路街道办事处文化服务中心在街道党委的高度重视下，一是坚持办好图书借阅、网络信息共享、宣传栏、广播阵地等宣传活动，及时向广大群众宣传新思想、新观念、新文化，用社会主义文化占领文化阵地，为群众提供丰富的精神食粮，更好地发挥了社会主义核心价值观。二是通过开展不同层次，不同形式的培训活动，更新了群众的观念，增强群众的政策法规及安全等意识。树立新风尚，为加强全街道经济发展发挥积极作用。观溪路街道还积极地对文化业余队伍进行上门指导或培训，如太极拳队、健身气功队、广场舞队等，同时，对开展文艺表演活动的居委会进行策划，指导其节目的排练表演等，极大地丰富群众的精神文化生活。

在开展文体活动、丰富百姓文化生活方面，一是广泛动员、精心策划，采取政府引导、群众主体、全民参与的方式，通过传统节日——春节、元宵、端午、重阳、农历二月十五等开展内容丰富、形式多样的文化民俗庆典活动。二是挖掘本地文化特色和历史传承，从创建"三感"社区为契机，着力为辖区居民打造"幸福感""获得感""安全感"的生活文化氛围，大大满足辖区居民对美好生活的新要求。表6-12为观溪路街道办事处免费服务项目公示。

表6-12 观溪路街道办事处免费服务项目公示

服务项目	服务内容
健身室	开展免费群众健身活动
舞蹈室	提供免费舞蹈场地
乒乓球室	提供免费乒乓球场地
文化学习室	举办各类培训班和科普知识讲座、电影放映、文化讲习、文艺培训
图书阅览室	提供免费图书阅览、图书借阅、图书流转,开展读书活动
未成年人活动室	开展免费未成年人文体活动
电子阅览室、远程教育室、扶老上网室	提供上网、网络培训,共享文化信息资源及享受数字文化馆的资源服务,远程教育文化学习,光盘可播放
开放时间:周一至周五:上午9:00—12:00;下午14:00—17:00 周六、周日全天开放	

资料来源:南开课题组整理。

6.2.4 乌当区基本公共文化建设的经验

1. 形成运行良好的"志愿者模式"

乌当区图书馆的志愿者服务属贵阳市乃至整个贵州省的首创,结合8年内连续不间断的志愿者服务,乌当区图书馆总结出了一套属于自己的"志愿者模式":首先,固定志愿者人员及岗位。志愿者的最低服务期限为1年,既减少了人员流动带给图书馆工作的不便利,也能让志愿者在图书馆中学习到更多知识和技能。其次,乌当区图书馆的志愿者服务主要依靠"老带新""传帮带"形式进行培养,落实培训责任,在增强上一届志愿者自身技能和责任感的同时,也可将这份责任感延续下去。最后,自2012年第一代志愿者队伍建设以来,乌当区图书馆逐步摸索出一套志愿者管理规章制度,真正将志愿者服务当成了图书馆的一项事业,志愿者和图书馆相辅相成,共同构成了"志愿者模式",值得在省内甚至全国推广。

2. 基层文化服务助推文旅融合

20世纪80年代,我国提出了文旅融合促进旅游事业发展的思路。文化和旅游融合,既需要重视文化思考,也需要提升旅游体验。文化和旅游是一种双向互动,文化的思考绝不是融合之后的淡化,文旅融合发展的重要前提,是文化和旅游两端的充分发展。2018年是文旅融合元年，2018年3月13日国务院机构改革方案提出，"将文化部、国家旅游局的职责整合，组建文化和旅游部，作为国务院组成部门。不再保留文化部、国家旅游局"。2019年，首次全国文化和旅游厅局长会议在京召开。2021年发布的《中共中央关于制定国民经济和社会发展第十四个五年规划和二〇三五年远景目标的建议》中，有关文旅融合的关键点主要有：实施文化产业数字化战略，推动文化和旅游融合发展，发展红色旅游和乡村旅游。偏坡布依族乡的"醉美偏坡"、新堡布依族乡的文旅融合项目近些年带来的直接经济效益都体现了基层文化对于文旅融合的重要性和必要性。

3. 公共文化服务精神突出

乌当区图书馆的彭炜馆长在接手图书馆前从未接触过公共文化服务，新堡布依族乡的韦登亮站长学历不高，但正是出自使命感、责任感和公共文化服务精神，彭馆长对全区每一个分馆的情况都熟记于心，尽职尽责；韦站长自学拍摄、视频剪辑技术等，只为将新堡布依族乡的美好宣传出去。另外，也正是由于这种精神，韦站长在岗位上坚守数十年，从未离开过乡文化站，这种公共文化服务精神值得每一个基层文化工作者学习。

6.2.5 公共文化服务标准化制约因素

目前，制约乌当区公共文化服务标准化的原因主要有以下几点：

1. 管理服务不完善

无论是在偏坡布依族乡还是在新堡布依族乡，都存在一个普遍的问题：图书室的图书数量在增加，阅览环境在改善，但借阅人次却逐年减少；远程教育设备以及部分体育设施利用率不高。究其原因，一是缺乏鼓励与引导，群众参加公共文化活动的积极性不高；二是监督评估不够完善，对设施建设、人员配备和经费投入等标准制定缺少监督评估；三是受智能手机影响，群众兴趣发生转移，而文化服务的升级改造和创新却未能跟随数字文化浪潮而同步发展，数字化建设程度低。

2. 政府投入有限，对口帮扶较少

相较发达地区，民族地区经济发展滞后、财政收入较低、地广人稀、交通

不便、地方政府的公共文化服务投入总量有限。比如，乌当区图书馆由于图书馆评估经费财政一直没有拨付，导致许多已经完成公开招标投标、公开竞谈的项目无法支付，引起后续服务无法跟上；由于没有购书经费，馆藏图书年代久远，资源建设无法跟上，吸引读者阅读能力下降。偏坡布依族乡由于乡镇财力薄弱，古营盘、读书坡、故居、解放军烈士墓、古树群等人文古迹缺乏维护、修缮、开发经费，导致其损害严重，资源闲置。此外发达地区的对口帮扶方式和力度有限，文化事业单位、社会组织和个人对公共文化服务的参与缺乏有效的政策激励，而院校和科研机构未能有效参与到欠发达地区民族乡镇公共文化服务研究和人才培养中。

3. 缺乏民族文化普及和宣传标准

偏坡布依族乡和新堡布依族乡的文化目前辐射范围还主要集中在当地居民和参观游客，这些人群相较于全国范围来讲还远远不够，虽然近些年在"文旅融合"的大背景下有所改善，但力度仍旧很弱。例如，两乡虽积极配合媒体进行宣传报道，但没有专门的网站和主页来系统介绍当地的活动和文化特色；各种非遗技艺只吸引民众上门参观和学习，未形成数字资源库，未制作成网络教学课程；少数民族语言文字及双语出版物比较少，无法满足欠发达地区民族乡镇群众的精神文化生活；传统少数民族体育项目的普及也不够。

6.2.6 民族地区公共文化服务标准化发展启示

《"十三五"促进民族地区和人口较少民族发展规划》（国发〔2016〕79号）要求"十三五"时期加快民族地区公共文化服务发展[①]。《公共文化服务保障法》要求加强优秀公共文化产品的民族语言文字译制及其在民族地区的传播，鼓励和扶助民族文化产品的创作生产，支持开展具有民族特色的群众性文化体育活动[②]，可见国家高度重视民族地区的公共文化服务。民族地区乡镇因其经济不发达、地理复杂和文化独特性的限制，如何具体实现各项公共文化

----

① 中国政府网. 国务院关于印发"十三五"促进民族地区和人口较少民族发展规划的通知 [EB/OL]. [2017-07-02]. http://www.gov.cn/zhengce/content/2017-01/24/content_5162950.htm.

② 中国人大网. 中华人民共和国公共文化服务保障法 [EB/OL]. [2017-07-02]. http://www.npc.gov.cn/npc/xinwen/2016-12/25/content_2004880.htm.

服务的标准化成为公共文化服务发展的难点。乌当区处于宏观层面的低梯度地区，文化基础设施相较高梯度地区较为薄弱，但民族文化资源极为丰富，为乌当区利用软资源优势优化公共文化服务结构，有效缩小地区间公共文化服务水平提供支撑。乌当区的地理位置又决定了其肩负着"精准扶贫"、打通公共文化服务"最后一公里"的重任。乌当区应在国家与地区文化政策的基础上结合本区域的特点，推进文化的数字化、网络化，扩大公共文化服务的辐射范围，借由公共文化数智化发展路径，确保少数民族、特殊困难群体所处的低密度空间的公共文化服务标准化指标的达成。然而，乌当区的地理、语言、人口等环境的复杂性，决定了少数民族地区因兼顾地方特色与标准指标以实现合理性与适用性，所产生的标准的灵活性与动态性。

新堡布依族乡公共文化服务开展的过程中积累了一些经验，包括政府的科学规划、明确公共文化建设主体，建立公共文化服务圈及依靠专项资金和人才队伍等，但也存在不少问题，究其原因主要是管理服务不完善；政府投入有限，对口帮扶较少；缺乏民族文化普及和宣传标准；对特殊困难人群关注不够。要想该乡公共文化服务进一步发展，需加强保障标准、设施建设与管理服务等技术标准、工作评价标准三方面内容的建设。此外，在学习先进经验，增强管理规范性，加强财政、项目和人才对口支援，丰富服务配置，重点帮扶特殊困难人群的同时，还应注意保留民族地区自身特色，传承和弘扬民族文化。基于新堡布依族乡公共文化服务的调研，本书对民族地区乡镇公共文化服务标准化发展提出四项建议：

规范管理体系，推进民族资源数字化。①健全管理体系，促进公共文化服务的标准化。民族乡镇可根据民族特色制定设施建设、人员配置、经费投入、服务规范及流程等具体标准，尤其加强保障标准、设施建设与管理服务等技术标准、工作评价标准三个方面内容的建设。例如，内蒙古自治区人民政府制定《关于支持文化事业和文化产业发展若干政策的通知》，设立文化事业发展专项资金①。民族乡镇还需完善监督评估体系，明确机关单位的职责分工，优化服务流程，提高工作效率，对当地的公共文化服务工作加强绩效评价和监督问

---

① 鄂义太，吕中军. 民族自治地方政府公共服务能力研究［M］. 北京：中央民族大学出版社，2015：27.

责。②对公共数字文化设施进行提挡升级,加快民族乡镇数字文化资源建设。《文化部"十三五"时期公共数字文化建设规划》明确表示,应加强少数民族数字文化资源的建设,利用互联网推动公共文化资源的开放和共享,推动数字民族图书馆、博物馆、音乐馆等公共数字文化工程的建设,设立交互式文化体验专区。另外,还应以具有代表性的传统民族手工技艺、民族文化传承人为内容,拍摄微纪录片,建设民族文化数字资源库,打造民族文化品牌。

加强支持,抓准民族文化定位。①加强财政支持。加强对民族乡镇的财政倾斜和优惠政策,加大以公共文化服务为主线的财政转移支付力度,清理、整合和规范专项转移支付,完善资金管理办法,规范管理各类公共文化服务投入资金,构建少数民族地方税制度①。拓宽公共文化服务资金来源渠道,鼓励社会资本依法投入公共文化服务。社会组织和个人捐赠财产用于公共文化服务的,可依法享受税收优惠政策。②加强项目支持。2017 年 4 月中宣部、文化部、财政部联合印发《关于戏曲进乡村的实施方案》②。在该政策的鼓励下,根据群众的实际需要,可采取政府采购等方式,为民族乡镇送上民族戏曲等文艺演出;实施民族地区文化遗产保护项目,对做出过突出贡献的民族文化传承人给予项目申请支持。③加强人才支持。鼓励形成以政府为主导,各种社会主体共同参与的公共文化服务多元化供给格局③。发达地区专家可作为文化志愿者深入民族乡镇,指导公共文化服务,培养本土人才,推进服务队伍的轮训。关心当地少数民族的优秀民间艺人和文化传承人,帮助他们提高手艺技能,并向他们传授文化产品的生产、销售方法及途径,建立民族特色文化产业基地。

丰富服务配置,传承弘扬民族文化。①丰富民族文化资源的配置。文化站、村(社区)文化信息服务中心和农家书屋等需配备少数民族语言文字的优秀作品;宣传部门应开发和建设专门的网站或主页,介绍当地民族活动和文化特色。此外,在民族乡镇的主要街道、热门景点等人流密集地点还应设置公共阅报栏(屏),提供有关少数民族的热点新闻、政策、科普等信息。②完善

---

① 李丽. 少数民族地区基本公共服务均等化问题研究 [M]. 北京:中国经济出版社,2015:200-202.

② 参考消息报社. 关于戏曲进乡村的实施方案 [EB/OL]. [2017-07-02]. http://www.cankaoxiaoxi.com/china/20170607/2093143.shtml.

③ 陶田田. 民族地区基本公共服务均等化实证研究 [D]. 北京:中央民族大学,2012:58.

地方民族博物馆、美术馆和音乐馆等公共文化服务馆场的设施配置。突出民族特色，适当设立少数民族文物展览室、陈列室，改善文物保存条件，提升管理、研究和展示服务水平①。有条件的民族乡镇还可开发网上博物馆、美术馆和音乐馆等。③营造少数民族优秀作品创作和出版环境。鼓励民族文化题材广播影视节目的创作，积极落实少数民族新闻出版东风工程项目，鼓励少数民族语言文字作品的创作，推动优秀少数民族语言文字作品及双语出版物的出版发行。④挖掘少数民族传统体育项目的价值，积极开展推广。例如，将打猎、抛糠包、"耍吉篮"（麒麟舞）、"得浆"（类似陀螺）、下布依棋等少数民族传统体育项目，通过走进校园、讲座培训、举办民族传统体育运动会等形式进行推广，拓展传统民族体育项目的影响力。有条件的乡镇可以免费或低收费开放公共体育设施，充分利用公园绿地、校舍操场和社区场所等，拓展公共体育运动场所，并提供健身指导等服务。

重点帮扶特殊困难人群，实现服务标准化。①逐步完善特殊困难人群的文化活动场所的设施标准。根据标准推进民族乡镇的无障碍改造，为特殊困难人群配置适宜的器材器械。文化站、行政村（社区）文化信息服务中心和农家书屋等应按标准为特殊困难人群提供盲文和有声读物等资源，工会、妇联、共青团等有关部门需定期开展盲文培训。②拓展针对特殊困难人群的公共文化服务途径。对民族乡镇的特殊困难人群进行全面摸底排查，根据标准建立信息台账，将其作为重点对象，由文化事业单位、公益机构或志愿者定期上门送服务。逐步开展互联网无障碍信息服务，定制适合老弱残障等群体的数字文化专题资源，按服务途径标准并实现多渠道传输、多平台展示、多终端推送。

6.3 新疆克拉玛依市案例研究

6.3.1 案例选择

南开课题组长期关注边疆少数民族地区的公共文化服务，特别是新疆的公

---

① 中国政府网．国务院关于进一步繁荣发展少数民族文化事业的若干意见［EB/OL］．［2017 - 07 - 02］．http：//www.gov.cn/test/2009 - 08/13/content_1390565.htm

共文化服务标准化问题。作为边疆多民族地区，新疆拥有丰富的生态资源、多元的民族文化，新疆维吾尔自治区文化厅曾给新疆文化梳理出战场属性、民族属性、边疆属性和政治属性四个属性[1]。发展公共文化服务标准化，对于提高新疆文化软实力和综合竞争力，实现边疆社会稳定和长治久安具有十分重要的意义。

克拉玛依市位于新疆准噶尔盆地西北缘，是新疆维吾尔自治区下辖的地级市，为我国重要的石油石化基地、新疆重点建设的新型工业化城市，地处欧亚大陆的中心区域——泛中亚地区的中心区。"克拉玛依"在维吾尔语里意为"黑色的油"，克拉玛依是中华人民共和国成立后勘探开发的第一个大油田，以石油而兴起和以石油而命名的城市。克拉玛依市2020全年实现地区生产总值（GDP）886.9亿元，第七次全国人口普查克拉玛依市常住人口49.03万人，人均生产总值（GDP）达到18.09万元人民币，成为中国大陆人均生产总值最高的地级市之一。克拉玛依市先后于2011年、2015年、2017年和2021年连续4次获评全国文明城市。

克拉玛依市积极促进现代公共文化服务体系的建设，全面整合全市公共文化服务资源，建立"政企共建共享"的长效协调机制，实现体系内互联互通、共建共享，打造总分馆体系建设的"克拉玛依模式"，大力提升公共文化服务效能，并得到了广泛认可，克拉玛依市图书馆联建、共享一体化服务体系为第一批创建国家公共文化服务体系示范项目，克拉玛依市为我国第二批国家公共文化服务体系示范区。

克拉玛依市作为西部地区经济、文化等方面发展较快的地区之一，探究其公共文化的发展情况，可为西部民族地区公共文化的建设提供可资借鉴的经验。

6.3.2 调研经过

南开课题组成员柯平、张雅琪、胡银霞于2017年9月2日赴新疆维吾尔自治区克拉玛依市，对该市的公共文化服务进行全面调研，包括克拉玛依市天

---

[1] 牛汝极，等. 新疆文化的现代化转向[M]. 兰州：兰州大学出版社，2012：154.

山路街道西月潭社区图书室、克拉玛依市图书馆、克拉玛依市文化馆（美术馆）。对克拉玛依市图书馆馆长侯艺、克拉玛依市文化馆工作人员、西月潭社区图书室工作人员等进行了访谈，现场走访和了解各文化场所的实际情况，后续又与工作人员取得联系获得了相关资料和统计数据。2018年8月6日至7日，南开课题组成员柯平再次赴克拉玛依市考察市图书馆。此外，南开课题组于2021年6月对克拉玛依市基本公共文化事业建设进行网络调研，并与克拉玛依市图书馆、文化馆等工作人员取得联系，获取相关公共文化发展报告和数据，以了解近年来克拉玛依市基本公共文化新的实践进展和经验，并对相关数据进行了更新。

6.3.3 克拉玛依市公共文化服务情况

近年来，克拉玛依市在公共文化服务基础设施、服务供给等方面的建设不断加强。市图书馆全年接待读者、借阅书刊数量等指标逐年上升，体育基础设施和活动也发展良好，如室内体育场所由2012年的220个增加到2020年的930个。目前，克拉玛依市拥有市级文化馆、展览馆、图书馆各1座，市歌舞团1家，广播电台、电视台各1座。共有50类体育场地1615个，具体情况见表6-13。

表6-13 克拉玛依市公共文化服务情况（2013—2020）

2013年	2014年	2015年	2016年	2017年	2018年	2019年	2020年
拥有市文化馆、展览馆、市图书馆各1座，市歌舞团1个，广播电台、电视台各1座，中短波广播发射和转播台1座、调频发射台和转播台1座	拥有市文化馆、展览馆、市图书馆各1座，市歌舞团1个，广播电台、电视台各1座，中短波广播发射和转播台1座、调频发射台和转播台1座	拥有市级文化馆2座，展览馆、图书馆各1座，市歌舞团1个，广播电台、电视台各1座，中短波广播发射和转播台1座、调频发射台和转播台1座	拥有市级文化馆、展览馆、图书馆各1座，市歌舞团1个，广播电台、电视台各1座，中短波广播发射和转播台1座、调频发射台和转播台1座	拥有市级文化馆、展览馆、图书馆各1座，市歌舞团1家，广播电台、电视台各1座，中短波广播发射和转播台1座、调频发射台和转播台1座	拥有市级文化馆、展览馆、图书馆各1座，市歌舞团1家，广播电台、电视台各1座，中短波广播发射和转播台1座、调频发射台和转播台1座	拥有市级文化馆、展览馆、图书馆各1座，市歌舞团1家，广播电台、电视台各1座，中短波广播发射和转播台1座、调频发射台和转播台1座	拥有市级文化馆、展览馆、图书馆各1座，市歌舞团1家。广播电视台1座，所辖中波广播发射、调频广播发射台各1座

(续表)

2013 年	2014 年	2015 年	2016 年	2017 年	2018 年	2019 年	2020 年
市图书馆全年接待读者16.1万人次,借阅书刊26.7万册次,办理借阅证3310个,累计达33 779个	市图书馆全年接待读者24万人次,借阅书刊23.8万册次,办理借阅证15 199个,累计48 978个	市图书馆全年接待读者24.6万人次,借阅书刊23.3万册次,办理借阅证5308个,累计54 249个	市图书馆全年接待读者24.2万人次,借阅书刊24.2万册次,办理借阅证4269个,累计58 518个	市图书馆全年接待读者19.5万人次,借阅书刊20.6万册次,办理借阅证2493个,累计办理借阅证61 011个	市图书馆全年接待读者19.8万人次,借阅书刊20.4万册次,办理借阅证2219个,累计办理借阅证66 356个	市图书馆全年接待读者22.05万人次,借阅书刊23.16万册次,办理借阅证2662个,累计办理借阅证66 799个	市图书馆全年接待读者13.65万人次,借阅书刊8.86万册次,办理借阅证1854个,累计办理借阅证71 023个
全市室内体育场馆147个,人均体育场地面积6.77平方米。全年共举办全国级体育大赛3项、自治区级体育竞赛14项,举办各级各类群众体育活动2000多项,参与人数达50万余人次。全年参加区内外竞技体育比赛共获得116枚金牌,27枚银牌,109枚铜牌。全市社会体育指导员1072人、健身气功活动站点45个	全市各类体育场地1046个,人均体育场地面积6.7平方米。举办各级各类群众体育活动1000多项,参与人数达20万余人次。全市社会体育指导员1297人。健身气功活动站点42个	全市共有79类体育场地1077个,其中334个室内,395个室外场地,342个全民健身路径,5个城市健身步道,1个户外活动营地;场地面积192.4万平方米,建筑面积43.9万平方米,用地面积246.4万平方米。万人拥有36个体育场地。场馆从业人员1248人。观众席位51 334个。人均场地面积6.63平方米	全市共有79类体育场地1077个,其中334个室内,395个室外场地,342个全民健身路径,5个城市健身步道,1个户外活动营地;场地面积192.4万平方米,建筑面积43.9万平方米,用地面积246.4万平方米。万人拥有36个体育场地。场馆从业人员1248人。观众席位51 334个。人均场地面积6.63平方米	全市共有79类体育场地1077个,其中334个室内,395个室外场地,342个全民健身路径,5个城市健身步道,1个户外活动营地;场地面积192.4万平方米,建筑面积43.9万平方米,用地面积246.4万平方米。万人拥有36个体育场地。场馆从业人员1248人。观众席位51 334个。人均场地面积6.63平方米	全市共有79类体育场地1077个,其中334个室内,395个室外场地,342个全民健身路径,5个城市健身步道,1个户外活动营地;场地面积192.4万平方米,建筑面积43.9万平方米,用地面积246.4万平方米。万人拥有36个体育场地。场馆从业人员1050人。观众席位51 334个。人均场地面积6.63平方米	全市共有79类体育场地1077个,其中334个室内,395个室外场地,342个全民健身路径,5个城市健身步道,1个户外活动营地;场地面积192.4万平方米,建筑面积43.9万平方米,用地面积246.4万平方米。万人拥有36个体育场地。场馆从业人员1248人。观众席位51 334个。人均场地面积6.63平方米	全市共有50类体育场地1615个,其中,室内场地930个,室外场地685个。基础大项场地83个,球类运动场地654个,冰雪运动场地4个,体育健身场地729个。4个大型体育场馆,场地面积173.54万平方米,人均场地面积5.64平方米,场馆从业人员1223人,观众席位51 334个

(续表)

2013年	2014年	2015年	2016年	2017年	2018年	2019年	2020年
	成功举办自治区第十三届运动会，有来自全疆15个地州市、8个专业组代表队的近万名运动员、教练员、领队、裁判员、工作人员参加。共设比赛项目31个大项、801个小项。比赛项目数和参与人数均为历届之最	承办全国东西南北中羽毛球大赛"通德杯"克拉玛依分站赛，全市共有219名运动员参加，有19名运动员进入决赛，获得一等奖8个，二等奖7个，三等奖15个。承办全国大众跆拳道（新疆赛区）比赛，克拉玛依市代表队获得团体总分第一名。承办了全疆第四届"华澳杯"围棋棋王挑战赛、第三届全疆自行车越野赛、KBA篮球赛、全疆羽毛球俱乐部联赛、北疆武术邀请赛、全疆联通系统气排球比赛等活动	成功举办2016年克拉玛依国际马拉松赛，吸引来自肯尼亚、埃塞俄比亚、印度、巴基斯坦、孟加拉国、哈萨克斯坦、吉尔吉斯斯坦等7个国家的27名外籍选手参赛，参赛人数达到6000人；承办了全地形车锦标赛、量产车锦标赛、全国轮滑公开赛、全疆第五届"华澳杯"围棋棋王挑战赛、第四届全疆自行车越野赛、KBA篮球赛、全疆羽毛球俱乐部联赛、北疆武术邀请赛等活动	成功组织开展"四地五师"文化体育交流、黑油丝路艺术展、"五月中国"艺术展、"亲情中华"赴蒙古、俄罗斯文化艺术交流、赴北京人民大会堂参演庆祝建军90周年文艺晚会及"春雨工程"西部文化志愿服务等文化体育活动；承办全疆第六届"华澳杯"围棋棋王赛、第九届KBA篮球赛	结合国家改革开放40周年、克拉玛依建市60周年及民族团结进步示范市创建等主题，成功组织开展"元旦春节系列""全民阅读系列""克拉玛依第十九届水节系列""欢度国庆·情暖重阳，喜迎城市60岁生日系列"《油城往事》公演"颂金秋银龄·展桑榆风采·新疆银龄节系列""温暖冬至·畅想新年系列"等各类群众性文体赛事活动	结合庆祝中华人民共和国成立70周年及2019年全国文明城市创建等主题，成功组织开展元旦春节系列、全民阅读系列、"四个月月"活动、克拉玛依第二十届水节系列、"和群众在一起"文化系列、城市广场艺术节、"华美杯"2019年中国·新疆体育舞蹈全国公开赛、"美丽中国行"2019克拉玛依越野挑战赛、第十一个"全民健身日"系列、《油城往事》公演、"上海戏剧学院大讲堂"系列讲座、"情暖重阳银铃风采"系列、迎新年城市精品文化系列等各类群众性文体赛事活动	结合2020年疫情防控要求与2020年全国文明城市创建等主题，成功组织开展首届"中国风跨年夜"活动、第三届书法、剪纸百"福"展活动、全民阅读系列活动、第二十一届"云端水节"系列活动、第十二个"全民健身日"系列活动、克拉玛依之春系列活动、"荒野之旅独库有路"2020年独库公路通车仪式系列活动、"民族团结结亲"金秋主题打卡游、"油城5个100自驾游"寻味记、"北疆千里房车露营游"等系列主题活动、"喜迎双节运动油城""我们的中国梦"——文化进万家活动系列活动、"克拉玛依市2020首届钢琴艺术节"等各类群众性文体赛事活动

资料来源：南开课题组根据克拉玛依市各年度国民经济和社会发展统计公报整理而成。

1. 克拉玛依市图书馆

克拉玛依市图书馆新馆于2014年4月对外开放，总建筑面积2.6万平方米，位于克拉玛依市新文体中心广场，与文化馆、大剧院、青少年宫、科学技术馆等文化设施毗邻相望，共同组成克拉玛依市重要的公共文化区域。图书馆建筑为地下一层，地上五层，设计藏书容量120万册，阅览座位2600个。2020年，克拉玛依市图书馆开展线上线下活动共计102项。其中，线下活动70项（展览7场次），参与人次约0.6万人次（展览约9.5万人次）；线上活动26项（展览3场次），参与人次813人次（不包括线上展览阅读人次）；全市联建共享网络内图书馆共享图书累计281.9万余册（其中市图书馆馆藏104.8万余册）[①]。

该图书馆在设计上体现自然和生态的交互融合，休闲区配备藤椅、沙发、桌子、绿色植物等，并且采用落地玻璃窗户结构，自然光和人在图书馆建筑内部空间发生联系，馆内环境与馆外生态协调共存，为读者提供自然宁静的阅读氛围。而且，在功能规划同时具有现代感和视觉效果，如在楼层之间设计"图书墙"，不同色彩的搭配营造出书籍的视觉冲击。

该市图书馆为不同区域配备相应的设施设备，在完善各区域功能性的同时，还注重通过设备布置和环境装饰来体现不同区域的特征。少儿文献借阅中心，以年龄段进行两侧区域划分，右侧为儿童区域，四周以环形书架围绕，配备色彩鲜艳的座椅和书柜，左侧为少年区域。幼儿娱教中心，天花板、地板、墙壁的设计以多圆为主，搭配色彩鲜艳的椅子、沙发和书柜，另外，还配有多种类玩具、儿童车和玩偶。文献借阅中心，木质地板、木质书桌、软面座椅、台灯，各书柜上除该列书柜的排序，还包括各个楼层的指示，配备自助借阅机、老花镜。期刊报纸阅览中心，配置期刊架、木质报纸平放架，出于对期刊报纸各类阅读人群的考量，配备不同式样的座椅、沙发，并为老年人设立专区。特藏地方文献检索阅览中心，各类设备均以木质为主，采用木质地板、木质书桌、木质花几、木质书架、木质多宝格书架，并陈列盆景、水墨画，整体装饰古朴雅致，突出古籍的环境气氛。

---

① 资料来源：克拉玛依市图书馆2020年工作总结。

在无障碍建设方面，市图书馆将少儿文献借阅中心、幼儿娱教中心、盲文文献借阅中心设置在一楼，以便于儿童、视力障碍人群使用，并且提供盲文阅览室读者服务。另外，市图书馆内外的主要标识和指示牌皆为汉文、维文、英文三种语言书写，以满足不同语种读者的需求。

市图书馆还引入各类新技术设备，如在市图书馆馆舍入口处提供服务数据实时显示，包括馆藏资源使用量、借还量、微信粉丝量等数据。引进歌德电子图书借还机，提供集"触屏、借阅、移动阅读"于一体的触摸屏电子图书借阅服务。

市图书馆为市民提供了种类多样的服务和活动，如图书馆杯少儿英语大赛、端午诗会、儿童绘画比赛、读书心得交流比赛、诗歌朗诵比赛、名家大讲堂、亲子阅读、亲子活动等，涵盖比赛、讲座、展览、授课、音乐会等多种服务形式。作为"一带一路"的咽喉要道，为增强克拉玛依市对外交流能力，作为克拉玛依市公共文化服务的重要一员，市图书馆经过调研为其专门打造了"俄语沙龙"特色读者活动。同时，在坚持对外开放的前进步伐中，还不断传承国学文化，坚定我国文化自信，开设"童蒙经典诵读"活动、古筝培训等活动，形成了以"俄语沙龙""童蒙经典诵读"等有社会广泛效应的品牌活动。此外，全民阅读活动作为推广阅读的重要活动，自2013年起，市图书馆每年皆会承办全民阅读启动仪式。在提高阅读推广方面，图书馆探索了多种方式，其中一项是采用了"读者积分制"并建立积分平台，将积分制引入图书馆的读者服务体系，对阅读行为给予不同的奖励与支持，以促进阅读学习目标的实现。而且，还以年度为限阶段性面向读者评选"阅读之星"。

在馆外服务方面，市图书馆坚持图书下乡、图书进工地、图书进社区、图书进校园服务，持续推行志愿者活动，开展市图书馆文化志愿者评选、小小图书管理员志愿者活动。面向读者开展读者交流会等，通过与读者面对面互动推动阅读推广、改善图书馆服务。

为向读者提供更友好和更方便的文献服务，市图书馆与新华书店合作开展"你选书，我买单"服务，不仅将该项活动在馆外实行流动式地服务推广，而且还在馆内设置专区，为新华书店提供的最新图书设立新书展示区，读者可根据自己的阅读需求在市图书馆现场挑选,并经由市图书馆对挑选图书进行查重、编目、加工后,读者可免费借阅。"你选书,我买单"区域和读者休闲区设置在中央大厅左侧,书店还负责该休闲区域饮料零食的提供。

市图书馆还对一些图书馆运行方面的内容进行了公示,包括《市图书馆免费开放服务公示》《克拉玛依图书馆联建共享总分馆体系运行管理办法》。市图书馆当前实行理事会和监事会制度,形成了决策权、执行权、监督权既相对分离、相互制衡,又相互协调的权力运行体系。

2. 克拉玛依市文化馆（美术馆）

克拉玛依市文化馆于2014年开馆,位于克拉玛依市新文体中心广场北部区域,内部建筑包括地上四层和地下一层,建筑面积为2.7万平方米,外部有近4000平方米的绿化和活动区域。内设老年大学、美术馆、非物质文化遗产保护中心、舞蹈排练厅、书画创作室、音乐研究室、摄影研究室、文学研究室等。市文化馆拥有自建报纸刊物。当前,文化馆下设4个处室,分别为综合办公室、综合业务中心、美术馆、非遗办公室,单位编制数42人,实有人数25人。市文化馆享受50万元的免费开放经费,中央40万元及地方配套10万元,克拉玛依市文化馆是新疆维吾尔自治区非物质文化遗产传承基地,被评为2015年度至2018年度、2019年度至2022年度国家一级文化馆。市文化馆建有四级总分馆服务体系,以市文化馆为中心馆,以区馆为总馆,以街道馆为分馆,建设了100多个分馆。

市文化馆注重文化方面的信息公开,将与市民相关的信息在入口处进行公示,以便市民及时便捷地了解相关情况,展现市文化馆以人文本、服务于民、取信于民的发展理念。市文化馆入口处分别公示了"市文化馆免费开放内容""克拉玛依文化馆联建共享总分馆服务体系""市文化馆专业人员简介""文化馆服务公约""市文化馆常设免费服务项目""市文化馆消防疏散图"等。其中,"文化馆服务公约"明确了克拉玛依市文化馆服务范围、职能服务理念与服务对象;市文化馆服务承诺;市文化馆到馆群众文明公约;市文化馆馆长接待日。"市文化馆常设免费服务项目"规定服务项目内容、负责人、服务地点,项目如阅览、艺术展览、舞蹈排练、非遗展览等。"市文化馆免费开放内容"包括各免费开放项目、开放厅室、开放时间、负责人或授课教师,以便市民及时了解市文化馆开展的公共文化服务,促进文化活动参与,实现社会公众文化权益。

市文化馆二层设有非物质遗产保护中心及非遗工作室、陈列厅等各类工作站和综合会议室,三层主要为各类艺术培训和活动区域,包括各类培训教室、排练厅、琴房。每间工作室或培训教室,都在室外标有门牌,教室门牌为克拉玛依市文化馆统一制作,教室名称以汉文、维文和英文书写,在旁边的指示牌上指明该教室的开放时间、开放项目、容纳人数和责任人及联系方式,并且若有多个一致类型的培训室,则各自另外编有号码。

在无障碍设施建设方面,市文化馆各楼层配备电梯,并在电梯口安装显示屏,以便市民在等待电梯时也能了解市文化馆相关信息。为便于老年人使用,将老年大学设在一楼,并且主入口处为无障碍坡道,地面采用防滑地面,走廊两侧设置了扶手,卫生间内专门设计了供老年人使用的厕位。

市文化馆提供的免费文化服务主要分为培训类和活动类两种,并且还依据不同年龄段、不同兴趣爱好开展不同层次和内容的服务。培训类项目以服务对象为主划分为少儿培训类和成人培训类,少儿培训的项目包括各类乐器、舞蹈、绘画、语言、手工等,如少儿钢琴启蒙、电子琴启蒙、萨克斯启蒙、奥尔夫音乐、葫芦丝启蒙、儿童美术、幼儿启蒙绘画、儿童绘画综合、英语绘本口语、沙画启蒙、儿童国画、DIY创意设计、剪纸亲子班等。成人培训的项目包括成人声乐培训、民族民间舞、中老年模特培训、国际标准舞培训、临帖书法、摄影等。服务项目覆盖从幼儿到老年各年龄段,能针对各年龄段特征开展针对性培训,而且服务项目种类多样,涵盖古今,中外兼修,突显了民族特色。文化馆提供的活动类项目包括艺术展览、下基层演出、非遗展览、文艺演出、流动服务和油城百姓艺术讲坛。

市文化馆以其举办的活动级别而言,一年会举办几场国家级活动,自治区级别的活动则无定量,并且自治区活动另外有项目经费。此外,市文化馆配有流动演出车,主要用于存放演出服装,公共文化流动服务范围主要为周边和市区,目前流动演出车最远已行至300多千米。图6-1为克拉玛依文化馆联建共享总分馆服务体系架构。

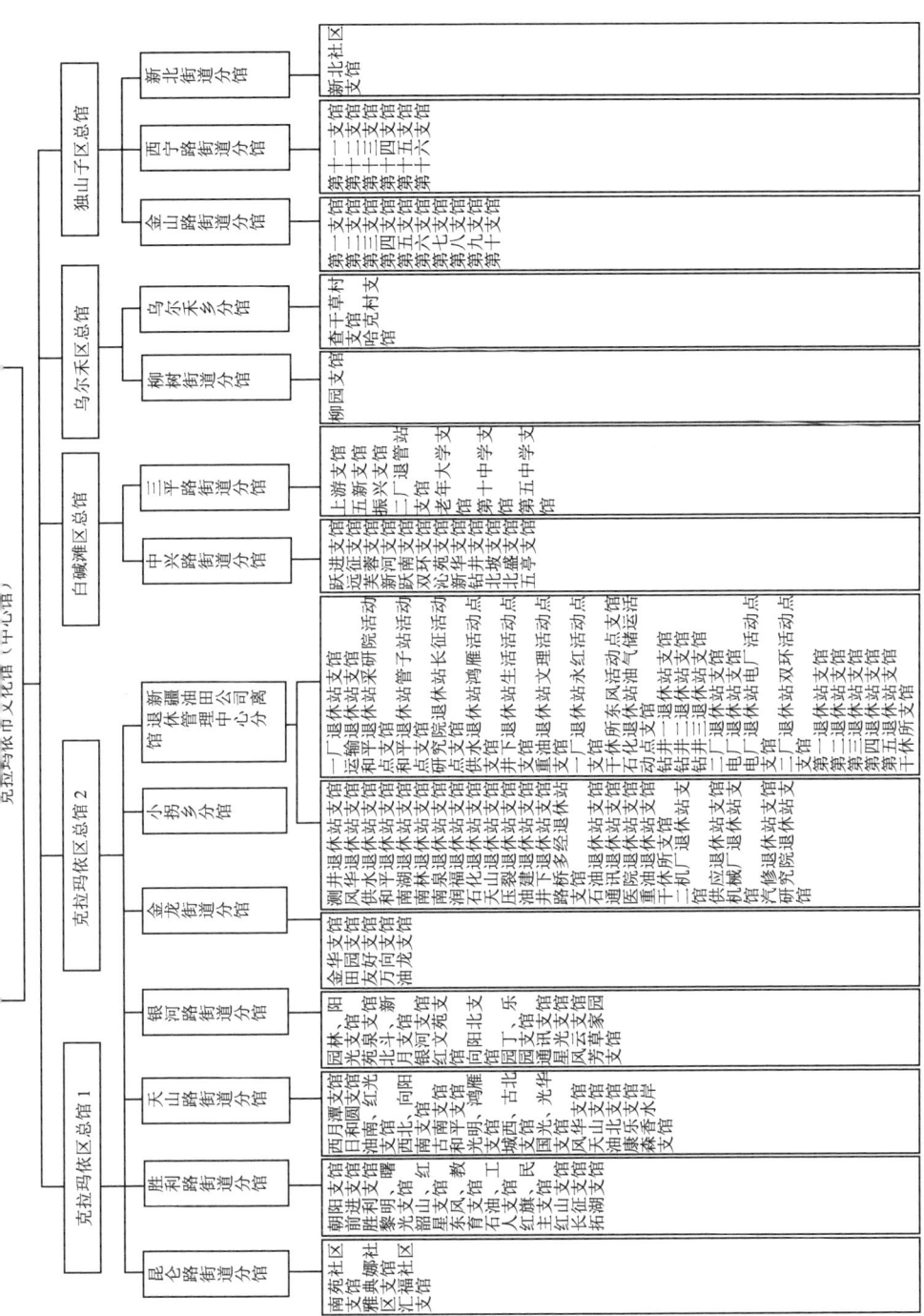

图6-1 克拉玛依文化馆联建共享总分馆服务体系架构

资料来源：南开课题组整理。

3. 西月潭社区文化站

西月潭社区位于克拉玛依市克拉玛依区天山路街道，该中心包括图书室、文体室、"DIY"五彩乐园、科普教育活动室、会议室、电教室、"书香满屋"温馨书吧等文化服务场所。西月潭社区总人口7000多人，社区志愿者1400多人。

图书室入门处悬挂免费开放时间表，不仅明确了夏季、冬季和节假日的开放时间，而且配以负责人，并公开了负责人姓名及其联系方式。另一侧指示牌表明该室为"书香满园"图书馆、克拉玛依区党代表工作室、人大代表工作室共用。

社区图书馆室虽然仅100多平方米，但借阅和休闲功能俱全，图书室内大致可区分为借阅区和休闲区。室内不仅配有3排书架，还包括2个书桌、1张长椅、3台电脑、椅子若干，并在电脑旁贴有借阅图书使用说明，桌上还摆有盆栽。休闲区墙上装饰有亲子阅读等形象，并配以"让知识流动起来，让图书流动起来"的文字说明。此外，书架和书桌还设有未成年人专区，并选在离入口处最为靠近的书架，可见十分重视未成年人教育。整体布置选用柔和色调，体现社区图书馆以"社区"为基调的温馨和舒适感。

西月潭社区图书室和文体室为克拉玛依区天山路街道分馆的支馆（图6-2），当前已分别纳入克拉玛依市图书馆联建共享总分馆服务体系、市文化馆联建共享总分馆服务体系。图书室采用InterLib集群系统，实行一卡通服务，支持克拉玛依市图书馆之间的通借通还。社区图书馆还将"克拉玛依区文化馆、区图书馆联建共享总分馆体系示意图"张贴在显眼的地方。社区图书室的图书有多种来源，除图书室自购图书外，还包括外馆图书、各种途径的捐赠图书等，社区居民也可将自己闲置的图书捐赠给图书室，作为"书香满园"流动书在居民间互借。为便于各种来源的图书财产划分，克拉玛依市图书馆和图书室之间采用制作不同颜色书标的方式对不同来源的图书进行区分，红色书标为市图书馆图书，绿色书标为社区图书室自建图书，没有书标的图书则为新疆新闻出版东风工程送书。各社区图书室的书标拥有统一规范，但每个社区图书室的图书条码号有所区别。新疆新闻出版"东风工程"是由国家和自治区统一规划、自治区新闻出版局具体组织实施的一项公益性的惠农出版工程，主要用于缓解新疆农牧区缺书少刊的现状，搭建公共文化服务和广大农牧民学习平台，自2007年7月1日正式实施，涉及新疆新闻出版业的各方面，包括出版物免费赠阅、党报党刊及音像电子出版物印刷制作设备配置等，据了解，"东风工程"每年免费为西月潭社区图书室赠阅一次新书。

西月潭社区为四个园组成，在2017年调研中了解到社区正式工作人员17人，一个工作人员管168户，据了解当前工作人员文化程度最低为大专，人员队伍越发年轻化，在寒暑假放假阶段还有学生志愿者参与图书室管理和活动。

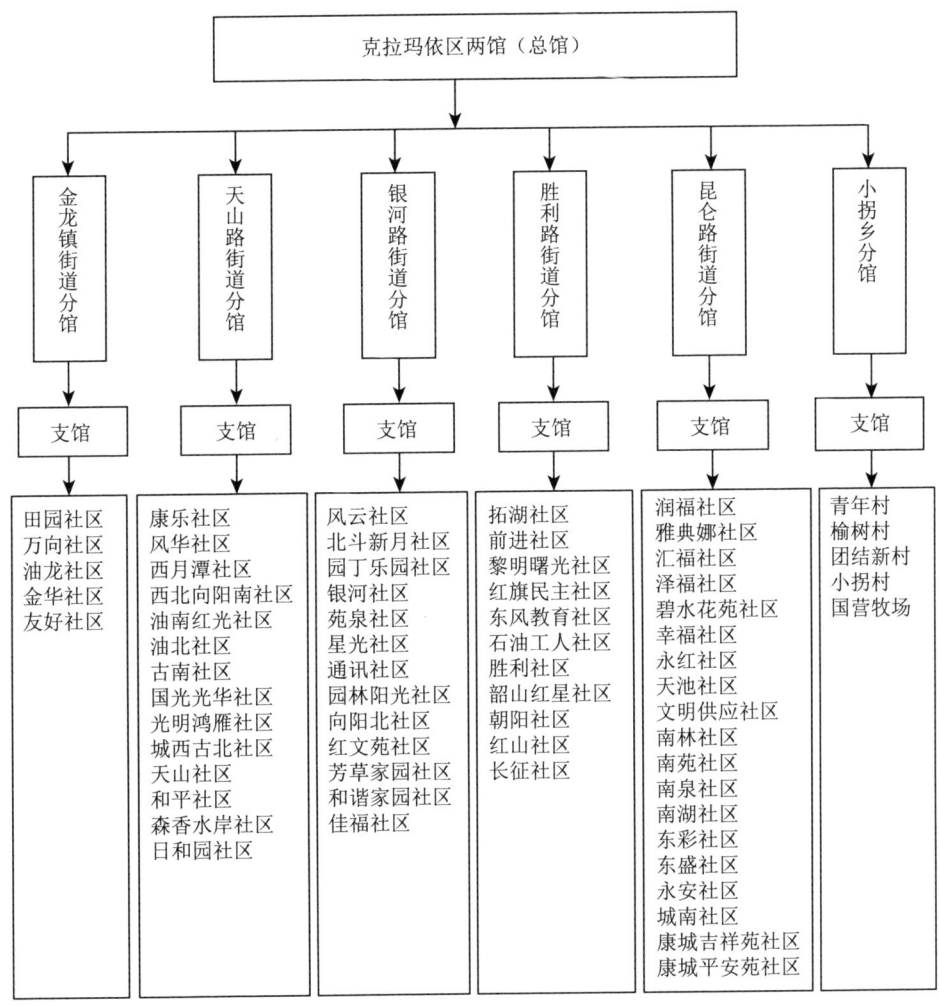

图6-2 克拉玛依区文化馆、图书馆联建共享总分馆体系

资料来源：南开课题组整理。

在服务活动方面，图书室定制了四辆小型的社区流动图书车，并配以编号，为老年人和行动不便的人群提供上门服务，而且居民也可以提前进行挑选，流动服务大致频率每月一次。西月潭社区图书室还组织为少数民族送书活动，组织党员为社区居民提供送书上门服务，通过送书服务让社区图书室图书流动起来。为了发挥党员的模范作用、发挥党员的服务精神和促进图书室活动的开展，图书室采取面向活动的党员积分制，积分标准按小时计算，两小时为一分，虽无上限，但最低标准要求达到八分。

西月潭社区文体室为"邻里乐"文化活动室、"邻里乐"党员（居民）活动室、未成年人活动室共用。文体室布置为舞蹈室，配备木质地板、木质把杆、专业镜面和收纳柜、冷暖空调。文体室外悬挂有与图书室同样规格的免费开放时间表，以及一周的活动室使用排班表，明确了各活动项目、活动时间及其负责人，不仅能促进活动有序开展和提高活动室使用率，而且能加强监督和管理、提高安全性能。可看到当前的社区活动项目包括合唱、舞蹈、模特、豫剧、交谊舞、拳键扇、说学逗唱等，展示了丰富多彩的活动。

6.3.4 标准化支撑下的克拉玛依模式

为实现公共文化服务设施建设、活动开展、管理、资金投入的有章可循，在达到"底线"标准基础上提高各项公共文化服务效能和服务水平，更好地保障人民群众的文化权益，克拉玛依市依循国家相关标准和意见并结合地方特征制定和发布了一系列有关公共文化服务的文件。

在公共文化服务方面，包括《克拉玛依市基本公共文化服务实施标准（试行）（2015—2020）》（以下简称《实施标准》）、《关于加快构建克拉玛依市现代公共文化服务体系的意见》《关于进一步推进克拉玛依市"政企共建共享"现代公共文化服务体系建设的意见》《克拉玛依文化志愿服务管理办法》等；在文化馆方面，包括《关于构建克拉玛依文化馆联建共享服务体系的实施意见》《克拉玛依文化馆总分馆体系建设方案》《克拉玛依文化馆总分馆体系运行管理办法》等；在图书馆方面，包括《克拉玛依图书馆总分馆体系运行管理办法》《克拉玛依市公共图书馆联建共享一体化服务体系建设提升计划》等。其中，《克拉玛依市基本公共文化服务实施标准（试行）（2015—

2020)》确立了 2015 年至 2020 年克拉玛依市公共文化服务内容和政府保障范围，具体由公共文化服务基本服务项目、设施配置、人员保障、经费保障以及标准实施要求 5 个部分组成。《实施标准》提出将全市公共图书馆、文化馆（站）、体育馆、博物馆、美术馆、非遗展示馆、科技馆、青年宫、青少年科技活动中心、老年和少儿活动中心、社区（村）综合文化服务中心、学校和石油石化企业图书馆（室）、企业职工文体中心等场馆纳入克拉玛依公共文化服务保障体系。

这些文件内容是基于国家相关标准同时又高于国家相关标准的，既遵循和体现国家相关标准的要求和目标，而且结合地方经济文化发展情况和民族人口情况，又具有克拉玛依地方特色。文件明确了克拉玛依基本公共文化发展方向、发展重点、发展步骤，对克拉玛依市基本公共文化的发展起到重要的推动作用。

1. 标准化推动形成克拉玛依式公共文化服务

克拉玛依市地处我国西北地区，拥有众多少数民族聚居，经济发展迅速。作为在油田上建立起来的城市，石油石化企业是克拉玛依经济社会发展的重要支撑，而在人口结构上，企业职工又与市民身份高度重合，在几十年的油田开发和城市建设历程中，自然地形成了驻市企业参与城市建设与管理的传统和模式。在这样的先决条件和优势基础上，克拉玛依市的国家公共文化服务体系示范区创建确定了"政企共建共享"的建设思路，探索政府协同企业和社会力量，合力提供公共文化服务的工作机制、实现路径及构建模式。

在《关于加快构建克拉玛依市现代公共文化服务体系的意见》中提到要"积极探索政府为主导、企业参与的'政企共建共享'公共文化服务体系建设模式，加大公共文化建设投入力度"。《克拉玛依市"企业、学校文化体育设施纳入公共文化服务体系"工作实施方案》（以下简称《实施方案》）明确了"企业、学校文化体育设施纳入公共文化服务体系"的工作措施和实施步骤，包括设施评估、体系化建设、标准化建设、配置效能检测设备、统一绩效考核、人员培训等，并且确定克拉玛依市公共文化服务体系建设协调组及专门工作组，负责工作推进、实施、绩效考核和补助。依据该《实施方案》对学校和企业图书馆（室）、企业职工文体活动中心等设施的评估，根据评估结果将具备对外开放条件的设施纳入全市公共文化服务体系，并按照其规模等级和服务能力并入市、区、街道（乡镇）和基层综合性文化服务中心四级公共文体服务网络，划分服务覆盖范围。

根据《实施标准》，克拉玛依市将石油石化企业设施纳入公共文化服务体系，实行统一管理和统一标准；整合企业退休站资源，健全基层文化设施联建共享体制。同时，对企业的文化设施、企业开展的文化项目和企业增设的专职文化服务人员进行补贴，保障公共文化服务的开展。《实施标准》明确了政府的主导责任，理顺了"政企共建共享"从属关系，使政府与企业各自分工、权责分明，充分发挥各自优势及职能。

依据一系列文件，克拉玛依市形成了政府主导、企业参与的长效合作机制，包括公共文化资源整合共享、产品服务协调提供、服务设施联建共享、服务保障标准统一等，通过"政企共建共享"力图建成覆盖全市、惠及市民的公共文化服务体系，在全市范围内构建"15分钟公共文化服务圈"，保障全市人民步行15分钟即可到达公共文化服务场所享受服务。目前，克拉玛依驻市企业所属的28个体育馆、文化宫和53个企业离退休职工活动站、近20个图书设施均纳入"政企共建共享"现代公共文化服务体系，实现了一体化服务与管理，以"一卡通"服务模式，实现对社会全面开放。在"政企共建共享"之下，克拉玛依市文体设施总和达到1337个，文体设施总面积164.4万余平方米，人均拥有公共文体设施5.56平方米。政企共建使得文化服务供给多元化，而且市民得以就近、方便地享受公共文化服务和产品，市民的公共文化服务基本权益得到了更好的保障。

2. 标准化为公共文化服务提供底线保障

克拉玛依市关于公共文化的相关文件划定了克拉玛依市公共文化服务的最低界限，为克拉玛依市基本公共文化提供了经费保障、人员保障、场馆保障、设备保障等。就图书馆建设而言，由具有全局规划能力的政府层级——克拉玛依市政府（油田总公司）来主导整个地区的"联建共享体系"。基层图书馆（室）的建设主体上移至所在区政府，即由区政府承担辖区内所有基层图书馆的建设与维护责任。经费保障方面，在市政府的主导下，街道（乡镇）、社区（村）图书馆（室）的建设与运行经费被列入各区的财政预算，并且为了保证街道（乡镇）、社区（村）图书馆（室）达到一定的建设水平，统一对街道（乡镇）、社区（村）图书馆（室）的经费数量作了规定。

《实施标准》要求全市公共图书馆、文化馆、博物馆、美术馆、基层综合性文化服务中心的公共文化服务全免费，而且要求那些经评估合适对外开放的学校和企业文体馆等公共设施低价优惠开放，并有3个以上免费的公共文化服务项目。另外，对开放时间、百姓读书看报、收听广播、观看电视、观赏电影、观看演出、参加文体活动、参与文化教育等，《实施标准》都制定了明确的保障底线，针对不同级别的公共文化设施还依据各自服务范围和服务能力划定具体标准，例如在"文化鉴赏"方面，要求"公共文化服务机构为群众免费提供公益性文艺演出，文化馆30场/年；文化站20场/年；社区文化室3场/年；市歌舞团80场/年"。在"设施配置"方面，规定"社区（村）综合性服务中心用于文化和体育的室内设施面积不低于1200平方米，其中排练厅面积和阅读面积（含电子阅读）都不小于200平方米"，"街道（乡镇）图书室和社区（村）图书室（农家书屋），图书分别不少于2000种、4000册和1300种、1800册"。而西月潭社区图书室原有3900册书籍，加上社区居民从市、区图书馆借还的外馆书籍大概达到4000多册。在提供的底线服务的基础上，各类公共文化服务设施不断提高服务范围和服务能力。

另外，正在制定的《克拉玛依市图书馆联建共享总分馆服务体系考评指标》《克拉玛依市文化馆总分馆制服务体系考核方案（总馆）及评分标准》对联建共享总分馆体系内的图书馆（室）进行督导考核，并且构建了考评指标体系，确定了具体的考核内容、考核标准和分值，为开展由上至下的图书馆和文化馆逐级考核提供了依据。

3. 标准化推动公共文化服务规范化

克拉玛依市制定发布的《实施标准》《克拉玛依市文化志愿者协会章程》等相关标准在公共文化服务内容、质量、人员、财政等方面都进行了规范。除此之外，克拉玛依市当前构建了一个以跨地区、跨行业、跨系统为基本特点的图书馆联建共享总分馆服务体系和文化馆联建共享总分馆服务体系。文化馆联建共享总分馆服务体系，分为中心馆、总馆、分馆、支馆四级体系，以克拉玛依市文化馆为中心馆，下设克拉玛依区总馆、白碱滩区总馆、乌尔禾区总馆、独山子区总馆，总馆下设分馆，分馆以街道图书室为主，分馆再下设若干支馆。图书馆联建共享总分馆服务体系，顶层为中心馆（市图书馆），第二层为各区总馆（各区图书馆），第三层为各区分馆（街道、乡镇图书室及中等以上规模的企业、学校图书室），第四层为各区支馆（社区、村图书室及中等以下规模的企业、学校图书室）。

同时，依据《克拉玛依市"公共图书馆联建共享一体化"建设提升计划》《克拉玛依市文化馆总分馆制体系建设实施方案》和《克拉玛依市公共图书馆联建共享总分馆体系服务标准》等文件，企业和学校的图书室和文体室还在不断纳入图书馆联建共享总分馆服务体系和文化馆联建共享总分馆服务体系，而纳入体系的新文化设施则被采用与公共文化服务机构统一的服务标准，不断规范文化服务和活动供应。对图书馆而言，截至2016年，全市已有1个市馆、3个区馆、12个街道、2个乡、84个社区、6个村、1个牧场、23个企事业单位、36个企业退休站、50个中小学图书馆（室），共计218个图书馆（室）纳入图书馆联建共享总分馆服务体系内。

根据相关文件，克拉玛依市建立了统一的公共文化体育服务行业标准体系，包括网点统一布局、统一服务规范、统一效能评估等。根据调查，发现克拉玛依的公共文化服务在一些方面已实现或正在推行统一规范建设。

在统一建设方面，社区图书室和文体室得以统一配置，社区文体室和市文化馆配置舞蹈房，拥有木质地板、镜面等专业器材，能为舞蹈、声乐等文化活动开展提供良好的环境，图书室配置书架、计算机等，并由市图书馆负责安装通借通还系统。

在统一管理方面，全市公共图书馆、文化馆、博物馆、美术馆、文化站、基层综合性文化服务中心全部免费开放；纳入联建体系之后图书统一编目、统一使用InterLib图书馆网络集群管理系统，读者可在任何一处公共图书馆或面向读者开放的街道、企业、学校图书馆通借通还，加快图书流通和提高使用效率；统一社区图书室的图书章颜色和规格；为公共文化服务机构从业人员，以及提供给纳入全市公共文化服务体系的学校和企业的专兼职人员开展统一的业务培训，提高整体工作人员素质和服务能力；图书馆（室）、文化馆（室）在醒目位置设有公告牌公示免费开放基本项目、服务内容、时间、方式等与市民公共文化服务相关的信息；普遍重视对党员的重要作用、党的思想的宣传；统一语言，新疆维吾尔自治区以汉族和维吾尔族人数最多，主要语言为汉语和维文，因而重要的标识多是以汉语和维文两种语言书写；以及规范文化志愿者管理工作等。西月潭社区图书室和文体室分属于克拉玛依区图书馆支馆和克拉玛依区文化馆支馆，不仅图书室统一编目，具备与其他图书馆（室）图书互借互还的能力，而且其文体室具备专业活动的能力，内部装修和布置颇具市文化馆的风格。无论是社区图书室、市图书馆抑或是市文化馆皆十分重视信息公开，随处可见关于各个课室的使用时间、负责人员等相关事项的公示，以及联建共享体系的信息公示，为市民充分使用体系内图书馆（室）、文化馆（室）提供了便利，达到了统一建设、统一宣传，最终便于市民使用的目的。

4. 标准化促使公共文化服务转型升级

在国家和克拉玛依市有关公共文化服务的相关文件指导下，一方面文化服务机构转型升级，推动法人治理结构改革，运行机制创新，形成了决策权、执行权、监督权既相对分离、相互制衡，又相互协调的权力运行体系。《中共中央关于全面深化改革若干重大问题的决定》明确提出，文化事业单位建立法人治理结构，推动公共图书馆、博物馆、文化馆、科技馆等组建理事会，吸纳有关方面代表、专业人士、各界群众参与管理。当前，克拉玛依市图书馆、文化馆、展览（博物）馆、科技馆已分别产生了理事会、监事会领导机构，选举出了理事会、监事会成员，为实现法人治理下公共图书馆制衡的权力以及公益目标的实现奠定了基础。

另一方面，在《实施标准》等相关标准的底线划定基础上，公共文化机构进一步采取多种方式不断创新公共文化服务方式，提升公共文化服务效能，改善公共文化服务效率，如西月潭社区图书室制定了党员积分制，以党员的模范带头作用推动图书室的活动发展和促进社区居民阅读。

在全市图书馆联建共享体系建设的前提和环境下，创新性地采用了以书标颜色划分不同来源书籍的做法，克拉玛依市图书馆的馆藏书籍统一采用红色书标，而社区图书室自建图书则采用绿色书标，并且还使用不同的图书条码号以对各个社区图书馆自建图书进行进一步的区分，以区别不同归属地图书，能够为图书流通和财产划分提供保障。市图书馆在标识上除了使用汉文和维文外，为了提高国际化程度和促进对外交流，在这两种主要语言的基础上，还增添了部分英文标识。

在免费开放基础上,市图书馆继续完善各项措施,如延长开馆时间、中午不闭馆,以方便读者借阅;各借阅室提供免费借阅服务以及免费举办公益性讲座和展览、基层辅导、图书流动服务等。在数字图书馆建设和新技术的使用方面,市图书馆建设手机移动图书馆,开通市图书馆微信公众号,读者可享受图书续借、图书转借、信用积分、数据揭示、活动报名、阅读电子图书、视听有声图书等多项移动服务;市图书馆馆舍入口处提供服务数据实时显示,而且图书馆网站也实时发布服务数据,微信公众号还提供馆藏、借还、流通、检索数据发布服务,通过多种渠道提高图书馆服务数据的显示度。

6.3.5 启示和借鉴

克拉玛依市作为西部基本公共文化建设的代表性地区之一,处于宏观层面的低梯度地区,但在国家与地区标准化政策的指导下,加速了本地区标准化的梯度推移,并带动基层馆实现标准化建设。在标准化环境下,克拉玛依地区的公共文化服务取得了良好的成就,克拉玛依市图书馆、市文化馆分别被评为国家一级图书馆、文化馆,克拉玛依市图书馆联建、共享一体化服务体系成为第一批创建国家公共文化服务体系示范项目,克拉玛依市入选第二批国家公共文化服务体系示范区。标准化建设与公共文化服务建设相互促进,标准化建设不断提高公共文化服务能力,而公共文化服务水平的提升又推动新的标准化建设。在空间标准化的理论指导下,克拉玛依市将公共文化设施和服务范围不断扩大,并通过多层级标准的构建,营造适宜良好的政策环境,确保空间内经费、资源、技术、人才等的标准化投入,在全市范围内构建了基于政府部门、公共文化设施、市民以及学校和企业文化设施的公共文化服务体系,为开展基本公共文化标准化建设提供了更多可资借鉴的经验。

1. 发挥政府部门主导作用

政府部门要明确其在公共文化服务工作中的职责和作用,充分发挥其主导作用,既要推进公共文化服务的标准、规范等文件的研讨、制定和实施。同时,由于公共文化服务牵涉到多个部门,投入较为分散,因而还需推进地方相关法律法规建设。此外,政府部门作为公共文化服务的主要供给者,还担负财政供给、公共文化服务考核、公共文化服务机构整体规划、从业人员考核、推进文化事业单位法人治理结构改革以及健全决策、执行和监督机制等各项事务。

在克拉玛依市的公共文化服务过程中，政府的首要责任是制定和实施政策标准，以及进行相关的监督和评估，并向企业、社会购买公共文化服务等。如《实施标准》便是由中共克拉玛依市委办公室和克拉玛依市人民政府办公室于2015年联合下发的，在全市范围内统一规范公共文化服务发展。为构建能覆盖全市的公共文化服务设施体系，克拉玛依市探索出了政府主导、企业参与的"政企共建共享"模式，非公共文化设施对外开放的措施、步骤和工作方案都需要政府部门加以制定和实施。

在对非公共文化服务机构的评估过程中，由市文广局、体育局牵头，分别组建设施评估工作组，按照国家公共文化体育设施评估定级标准，对学校和企业图书馆（室）、体育馆（室）等设施进行评估，将符合条件的学校和企业文化设施纳入全市的公共文化服务体系中来。在面对纳入克拉玛依市公共文化服务保障体系的政府和企业文化服务机构经费又分别采取不同的办法，规定"纳入克拉玛依市公共文化服务保障体系的各级政府文化服务机构（包括科技馆、青年宫、老年和少儿活动中心、学校设施等），其基本运行经费和人员经费纳入部门预算予以保障"，而在企业文化设施方面，规定"市、区两级政府设立'企业文体设施公共文化服务补助资金'（市资金可纳入市'文化发展专项资金'补助范围），对公共文化服务全免费的企业文化设施（离退休职工活动站、企业文化宫等）进行补助"。这些措施和办法都需要政府部门作统一协调和规划，以政府行政力推动公共文化服务的发展。

2. 发挥市级公共文化设施统筹规划作用

一般而言，在全市范围内，市级公共文化服务机构相较其他级别的公共文化服务机构，在场馆、人员、资源、设备、技术的建设和管理等方面拥有更为丰富的经验和专业背景，市图书馆、文化馆等市级公共文化服务设施在其各自构建总分馆体系中处于最高一级的地位，应发挥其在全市同类型公共文化服务机构的统筹规划作用，采取多种方式推动全市范围内公共文化建设。市级公共文化设施应不断完善该公共文化设施体系内服务标准、服务规范，统一服务标准，提高服务效能，规范各公共文化设施的服务行为，包括推行逐级考核评估制度，明确市、区、街道、社区等级别公共文化设施的责任，市级公共文化设施负责直接考核各区级公共文化设施业务，区级公共文化设施负责街道公共文化设施的考核，社区公共文化设施业务由街道公共文化设施考核负责；加强对各级公共文化设施业务人员和志愿者队伍的管理考核和业务培训，提高基层队伍的业务水平和服务能力；加强各级公共文化设施的技术指导，提高公共文化设施整体智能化水平和服务范围等。

以克拉玛依市图书馆为例，市图书馆在推动全市图书馆发展工作中承担更多职责，包括根据《实施标准》和国家相关专业服务标准，细化各项服务指标，建立统一的行业标准体系，包括统一场馆标识、统一开放时长、统一服务规范、统一服务菜单及服务内容公式等；负责对学校和企业文化专兼职人员进行业务培训；市中心馆组织，市图书馆理事会成员参与，按照相关考评指标对区总馆即克拉玛依区、独山子区、白碱滩区总馆一年的工作实行考核；各级图书馆（室）以市图书馆对文献资源的加工标准进行馆藏资源加工等。

3. 鼓励非公共文化服务机构广泛参与

克拉玛依市公共文化服务最为显著的特点便是政府、企业和学校的文化设施的对外开放。通过对企业和学校的文化设施进行评估考核，再经过统一建设和管理，将符合标准的文化设施纳入全市公共文化服务体系，与公共文化设施共同面向市民提供公共文化服务，而此举也切实提升了全市公共文化服务能力。因此，鼓励非公共文化服务机构加入公共文化服务供给也是改善公共文化服务水平的一项可行路径。对那些可实行对外开放的学校和企业的文化设施，需按照政府的统一规划将学校和企业已建的文化设施和相关产品、服务以不同方式纳入公共文化服务体系，达到优化资源配置、避免重复建设，实现联建、共享、双赢，最大限度地保障公共文化服务均等化目标的实现。

在鼓励非公共文化服务机构纳入公共文化服务体系并提供公共文化服务的过程中，还需要政府部门、公共文化服务机构等利益相关者提供支持和辅助。政府部门制定和实施相关政策标准，以及进行相关的监督和评估，立足全市公共文化发展进行总体规划和安排，规范非公共文化服务机构实行对外开放的步骤、程序、具体操作等，以及划定各非公共文化服务机构的服务范围和服务级别，制定各非公共文化服务机构的补贴制度等。公共文化服务机构尤其是市图书馆、文化馆、体育馆等市级公共文化设施在制定统一的公共文化体育服务行业标准体系中，将符合评估要求的学校、企业文化设施纳入进来，统一服务规范、统一场馆标识等，并且对学校、企业的文化设施组织资源、人员、设施设备的定期考核，组织人员专业培训，提高职业服务水平等。

第七章 公共文化服务均等化案例研究：东部

根据梯度理论，我国可以按照经济发展水平，从总体上划分为东、中、西部三大经济地带。不同经济带客观上存在经济技术梯度，公共文化服务均等化也存在一定的历史地理差异，因此案例研究中以东、中、西部地区为划分依据。本章以上海市嘉定区、江苏省苏州市和广东省深圳市作为东部代表性地区，调查分析东部地区基本公共文化服务均等化建设实践，为全国其他地区公共文化服务均等化发展提供借鉴与参考。

7.1 上海市嘉定区案例研究

7.1.1 案例选择

在我国公共文化服务发展进程中，东部地区起步较早，服务较为成熟，无论是在发展规模与服务成效上都取得了较好的成绩。上海市作为我国东部沿海地区的典型发达城市，早在2007年就提出建设"文化大都市"的目标。"十二五"期末，上海市共有215个社区文化活动中心，初步建成了公共文化"15分钟服务圈"[1]。在2016年12月发布的《上海市"十三五"时期文化改革发展规划》中提出，到2020年基本建成国际文化大都市，并建设社会主义核心价值

---

① 李本乾，王大可. 推进上海国际文化大都市建设研究 [M]. 上海：上海交通大学出版社，2018：79.

体系、现代传播体系、文化产品创作生产体系、公共文化设施体系、现代公共文化服务体系、现代文化产业体系、现代文化市场体系、中华优秀传统文化传承体系八大支撑体系。上海市公共文化服务发展一直紧跟时代步伐，经历了不断改革与创新，目前形成了较为稳定与全面的公共文化服务供给体系和保障制度。对上海地区的公共文化服务的调研考察，有助于更深一步了解我国公共文化服务发展路径，同时上海地区各区县形成的各具特色的公共文化服务模式对全国公共文化服务的进一步推广与应用有着重要的借鉴和参考意义。

鉴于整个上海市范围较广，考虑到嘉定区2016年起开展公共文化服务体系建设且在国内有较大影响，南开课题组最终选择了上海市市级公共文化服务体系示范区——上海市嘉定区作为研究案例，实地走访调查和体验探索该地区的公共文化服务建设现状与成功经验。

7.1.2 调研经过

南开课题组在前期文献调研和网络调查的基础上，对上海市嘉定区的公共文化服务有了初步的了解。2018年6月9日至10日，课题组成员邹金汇、刘旭青有针对性地实地考察了上海市嘉定区图书馆、嘉定区文化馆、南翔镇村民百姓书社、嘉定工业区百姓书社、马陆镇文体中心和街道社区文化中心等公共文化服务场所，与一些文化场所的负责人和用户进行了交流。2021年5月16日至17日，南开课题组成员彭亮、王洁对上海市嘉定区的公共文化服务进行了补充调研，重新考察了上海市嘉定区图书馆、嘉定区文化馆，新调研了嘉定图书馆工业区分馆、我嘉书房（工业区·海裕广场）和韩天衡美术馆，获得了最新的调研数据。

7.1.3 嘉定区公共文化服务情况

上海市嘉定区有区级文化馆、图书馆、博物馆、陆俨少艺术院、青少年活动中心、广播电视台各1座，有市级文物保护单位5个，区级文物保护单位45个。全区性不定期的文化节、菊花节、美术节、疁城之春音乐会、菊灯联展和节庆活动充分展示了文化之邦的风采[1]。自"十二五"以来，嘉定区公共文化

---

[1] 嘉定区人民政府网. 文化资源 [EB/OL]. [2021-06-15]. http://www.jiading.gov.cn/qqpd/zjjd/whzy.

建设投入稳步增长，公共文化服务设施网络基本建立，公共文化服务效能明显提高，人民群众精神文化生活不断改善，呈现整体推进、重点突破、全面提升的良好发展态势。2014年7月，嘉定区成功创建成为上海市唯一一个市级公共文化服务体系示范区，为建设"覆盖城乡、便捷高效、保基本、促公平"的现代公共文化服务体系打下了坚实的基础。"十三五"期间，嘉定区公共文化服务走向标准化、社会化和数字化，此"三化"也是实现均等化的途径。

上海市嘉定区拥有鲜明的文化特色。嘉定区各类文化单位近五年服务数据详见表7-1（2015年和2016年数据来自于《2017年嘉定统计年鉴》[1]、2017年数据来自于《2018年统计年鉴》[2]、2018年和2019年数据来自于《2020年统计年鉴》[3]、2020年数据来自于《2021年统计年鉴》[4]），开展的各种丰富多样的文化活动情况详见表7-2。由表7-1、表7-2可见，嘉定区重大文化活动整体逐年递增，参与人次也能看到明显的增长，说明文化活动的开展能更好地满足越来越多群众的文化需求，深受群众喜爱；区镇图书馆、博物馆以及各类文化馆、美术馆等文化机构也呈现良好发展态势，区镇图书馆藏书量与流通人次、外借册次呈正相关，且一直呈较快的发展速度，各种文献资源不断得到丰富，各种资源的统筹协调发展，能够更好、更充分地被群众利用，并更加便捷、高效地享受文化发展的成果。

虽然2020年数据受到新冠疫情的一定影响，但群众文艺创作等非人群聚集文化项目得到了提升，公共场馆文化数据在2021年回升至正常水平。2021年，全区共有影院27家，影厅185个，座位数26 197个，放映电影31.4余万场，观影316万余人次，实现票房收入13 876万元。区文化馆完成线下配送活动920场，683家主体、3472个项目纳入2022年嘉定区公共文化内容供给资

---

[1] 嘉定区统计局.2017年嘉定统计年鉴——文化［EB/OL］.［2021-05-12］. http：//tjyb.jiading.gov.cn/website/pages/intro_mo_content.htm？moCode=1379.

[2] 嘉定区统计局.2018年嘉定统计年鉴——文化［EB/OL］.［2021-05-12］. http：//tjyb.jiading.gov.cn/website/pages/intro_mo_22.htm？year=2018&moCode=24&yearbook=2018.

[3] 嘉定区统计局.2020年嘉定统计年鉴——文化［EB/OL］.［2021-05-12］. http：//tjyb.jiading.gov.cn/website/pages/intro_mo_22.htm？year=2020&moCode=26&yearbook=2020.

[4] 嘉定区统计局.2021年嘉定统计年鉴——文化［EB/OL］.［2022-05-12］. http：//tjyb.jiading.gov.cn/website/pages/intro_mo_22.htm？year=2021&moCode=27&yearbook=2021.

源库。文化嘉定云网站用户近 22 万，发布活动累计 1.7 万余场次，累计发布票数 60 余万张①。嘉定区公共文化服务群体越来越广泛，越来越受到社会关注，社会影响力也在不断提升。

表 7－1　嘉定区各类文化单位 2015—2020 年服务数据统计

序号	文化单位/活动 年份	2015	2016	2017	2018	2019	2020
1	区、镇文化馆站（个）	13	13	13	13	13	13
	区级重大文化活动（次）	31	33	44	35	32	17
	参与人次（万人次）	23	25.7	54	41	37	21
	群文创作作品（个）	304	305	312	369	366	426
	群文作品获市级及以上奖（个）	22	31	70	76	75	79
2	区、镇图书馆（个）	14	14	14	14	14	14
	图书馆藏书量（万册）	247.9	257.3	278.1	301.6	318.5	336.7
	流通人次（万人次）	336	376	414	430	512	134
	外借册次（万册次）	464	509	511	511	534	151
3	区博物馆（个）	1	1	1	1	1	1
	全年接待游客（万人次）	87.6	88.5	88	79	100	21.6
	国家级文物保护单位	1	1	1	1	1	1
	市级文物保护单位（个）	10	10	10	10	10	10
	区级文物保护单位（个）	43	43	43	43	43	43
4	陆俨少艺术院（个）	1	1	1	1	1	1
	展览活动（次）	15	24	23	23	32	18
	参观人次（万人次）	3.5	5.9	6.3	7.2	9.6	4.3
5	韩天衡美术馆（个）	1	1	1	1	1	1
	临时展会（展览活动）（个）	13	18	16	12	20	11
	参观人次（万人次）	6	8.3	8.7	9.6	12.2	5.2

---

① 嘉定区人民政府网. 2021 年上海市嘉定区国民经济和社会发展统计公报 [EB/OL]. [2022－06－15]. http：//www.jiading.gov.cn/publicity/zfxxgk/fdzdgknr/jcxxgk/tjxx＿＿publicity/fdzdgknr/tjsj97/tjgb97/152542.

(续表)

序号	文化单位/活动　　　　年份	2015	2016	2017	2018	2019	2020
6	影剧院（个）	14	20	20	23	26	25
	影厅数（个）	88	130	130	156	174	163
	座位数（个）	13 123	20 173	20 173	22 198	24 841	23 880
	全年放映场次（场次）	138 519	150 043	280 048	306 000	338 113	165 255
	观众人次（万人次）	413	342	523	528	488	150
	专业团体演出（场次）	76	267	292	388	475	143
7	全区文化经营单位（个）	1079	915	804	793	781	712
	出版物经营单位（个）	172	165	138	150	163	129
	印刷企业（个）	478	459	381	334	338	318
	网吧（个）	112	116	116	131	124	110
	歌舞厅（个）	147	125	120	128	122	120
	棋牌室（个）	45	50	49	50	34	35

资料来源：南开课题组根据嘉定区统计年鉴整理而成。

表7-2　嘉定区文化活动开展情况统计表（2010—2021）

2010年①	2011年②	2012年③	2013年④
开展迎办世博的重大文化活动，举办"欢乐世博年"嘉定区社区文化展演月活动、嘉定·宝山全民读书月活动等，圆满完成世博园区内30场社区市民活动嘉定专场演出。全年共组织各类文艺活动2314场，参与群众达62.3万人次	举办"庆祝建党90周年""社区文化展演月""全民读书月"等活动。全区共组织各类文艺活动2293场，参与群众71.3万人次	以"百姓大舞台""百姓大展台"等为主题，开展群众性文化活动，提高受众率和参与率。2012年全区共组织各类文化活动2240场，参与群众79.2万人次	对接首届上海市民文化节，全区共组织开展了万余场群众性文化活动，参与群众达160万人次；完成11.5万户的NGB数字电视网络改造和13.2万户的数字化整转工作

---

① 嘉定区人民政府网.2010年上海市嘉定区国民经济和社会发展统计公报［EB/OL］.［2021-06-15］.http：//www.jiading.gov.cn/tongji/publicity/fdzdgknr/tjsj/tjgb/64072.

② 嘉定区人民政府网.2011年上海市嘉定区国民经济和社会发展统计公报［EB/OL］.［2021-06-15］.http：//www.jiading.gov.cn/tongji/publicity/fdzdgknr/tjsj/tjgb/64074.

③ 嘉定区人民政府网.2012年上海市嘉定区国民经济和社会发展统计公报［EB/OL］.［2021-06-15］.http：//www.jiading.gov.cn/tongji/publicity/fdzdgknr/tjsj/tjgb/64075.

④ 嘉定区人民政府网.2013年上海市嘉定区国民经济和社会发展统计公报［EB/OL］.［2021-06-15］.http：//www.jiading.gov.cn/tongji/publicity/fdzdgknr/tjsj/tjgb/64079.

(续表)

2014 年①	2015 年②	2016 年③	2017 年④
推进广播电视数字化高清改造项目，完成5.1万用户的NGB网络改造和3.9万用户的数字资源整体转换工作	推动特展等艺术活动150多场次，吸引参观群众3万多人次。为嘉定区群众举办1100多场文化活动，受惠群众16万余人次。农村数字电影放映6232场次，观众约83.6万人次	组织各类群众性文化活动2.5万场次，参与群众近224.6万人次。组织文化下乡1927场次，参与群众17.4万人次，资源配送演出176场次，观众5.7万余人次。"文教结合"系列活动560余场次，参与师生7.2万余人次	组织各类群众性文化活动2.6万场次，214.9万人次参与。配送"百姓系列"文化资源1008场次，服务近26万人次。全年共放映农村公益数字电影6232场次，观影群众超过90万人次

2018 年⑤	2019 年⑥	2020 年⑦	2021 年⑧
挂牌成为全国第4家"中国曲艺名城"；完成全区252个居村综合文化活动室达标验收。开展嘉图讲座65场；举办各类文化活动3.4万场次，参与市民超528万人次。制作嘉定800周年宣传片，6集系列专题片《嘉定八百年》在上海卫视播出；全区现有影院23家，影厅156个，座位数22198个，放映电影30.6余万场次，观众人数528万人次，实现票房收入1.9亿元，上海保利大剧院共完成演出388场，实际上座率为67%	全区共开展各类文化活动2.6万场次，近213万人次参与。开展"图书馆之旅"艺术课堂、"走进孔庙""走进美术馆"等"文教结合"系列活动404场次。"文化嘉定云"用户突破19.3万名。开展"庆祝改革开放40周年""庆祝中华人民共和国成立70周年"等主题放映。开展嘉图讲座125场次，参与7500余人次。开展阅读推广活动近170场次，吸引7万余人次参与。在"上海群文新人新作展评展演"中13个群文作品获奖，获奖总数全市第一。上海保利大剧院全年共完成自营演出174场，上座率达80%，接待观众20万人次	全区开展线上线下公共文化活动945场次，参与市民近84.7万人次。全区现有影院25家，影厅163个，座位数23880个，放映电影16.5余万场次，观影150万余人次，实现票房收入5747万元，年内办结新闻出版和电影行业行政许可471件。全年放映农村数字电影6232场，参与22万人次。上海保利大剧院开展"云系列"艺术教育147场次，组织原创话剧《上甘岭》等演出235场次，接待观众10万人次。上海汽车博物馆接待游客17.3万人次，其中公益参观占比19.4%	全区藏书356.9万册，其中区图书馆藏书189.2万册，新购图书9.0万册，新办读者证1.3万张，读者到馆数90.5万人次。全区现有影院27家，影厅185个，座位数26197个，放映电影31.4余万场，观影316万余人次，实现票房收入13876万元。区文化馆完成线下配送活动920场，683家主体、3472个项目纳入2022年嘉定区公共文化内容供给资源库。文化嘉定云网站用户近2万人次，发布活动累计1.7万余人次，累计发布票数60余万张

资料来源：南开课题组根据上海市嘉定区国民经济和社会发展统计公报整理而成。

----

① 嘉定区人民政府网.2014年上海市嘉定区国民经济和社会发展统计公报［EB/OL］.［2021-06-15］.http://www.jiading.gov.cn/tongji/publicity/fdzdgknr/tjsj/tjgb/64080.

② 嘉定区人民政府网.2015年上海市嘉定区国民经济和社会发展统计公报［EB/OL］.［2021-06-15］.http://www.jiading.gov.cn/tongji/publicity/fdzdgknr/tjsj/tjgb/64085.

③ 嘉定区人民政府网.2016年上海市嘉定区国民经济和社会发展统计公报［EB/OL］.［2021-06-15］.http://www.jiading.gov.cn/tongji/publicity/fdzdgknr/tjsj/tjgb/82927.

④ 嘉定区人民政府网.2017年上海市嘉定区国民经济和社会发展统计公报［EB/OL］.［2021-06-15］.http://www.jiading.gov.cn/tongji/publicity/fdzdgknr/tjsj/tjgb/93880.

⑤ 嘉定区人民政府网.2018年上海市嘉定区国民经济和社会发展统计公报［EB/OL］.［2021-06-15］.http://www.jiading.gov.cn/tongji/publicity/fdzdgknr/tjsj/tjgb/106105.

⑥ 嘉定区人民政府网.2019年上海市嘉定区国民经济和社会发展统计公报［EB/OL］.［2021-06-15］.http://www.jiading.gov.cn/tongji/publicity/fdzdgknr/tjsj/tjgb/124065.

⑦ 嘉定区人民政府网.2020年上海市嘉定区国民经济和社会发展统计公报［EB/OL］.［2021-06-15］.http://www.jiading.gov.cn/tongji/publicity/fdzdgknr/tjsj/tjgb/138174.

⑧ 嘉定区人民政府网.2021年上海市嘉定区国民经济和社会发展统计公报［EB/OL］.［2022-06-15］.http://www.jiading.gov.cn/publicity/zfxxgk/fdzdgknr/jcxxgk/tjxx_publicity/fdzdgknr/tjsj97/tjgb97/152542.

1. 嘉定区图书馆

2013年6月,区图书馆新馆(裕民南路馆)在嘉定新城远香湖畔建成开放,原区图书馆命名为嘉定区图书馆清河路分馆。新馆占地面积3.33万平方米,建筑面积1.85万平方米,开架图书30万册,阅览座席1500个[①]。至2021年年末,全区共有区级图书馆2个,镇(街道)级图书馆12个,村(居委)图书室303个,24小时街区智慧图书馆5个,"百姓书社"97家,"农家书屋"96家、外来务工人员公共电子阅览室4家,"周末书房"1家,"我嘉书房"30家。2010—2020年嘉定区图书馆基本数据统计详见表7-3。

表7-3 嘉定区图书馆基本数据统计(2010—2021)

2010年	2011年	2012年	2013年
区图书馆藏书58.6万册,年内新购图书7.2万册,新办读者证3485张,续证12 386张,读者到馆数44.7万人次	区图书馆藏书64万册,年内新购图书13万册,新办读者证4947张,续证8251张;读者到馆数48.8万人次	区图书馆藏书78万册,年内新购图书14万册,新办读者证3952张,续证5793张;读者到馆数52万人次	区图书馆藏书111.7万册,年内新购图书21.9万册,新办读者证33 444张,续证6385张;读者到馆数91.0万人次

2014年	2015年	2016年	2017年
区图书馆藏书127万册,新购图书14.3万册,读者到馆数143万人次	区图书馆藏书136.4万册,新购图书15.2万册,新办读者证14 402张,读者到馆数157.4万人次	区图书馆藏书144.3万册,新购图书11.2万册,新办读者证1.4万张,读者到馆数189.1万人次	区图书馆藏书154.5万册,新购图书10.3万册,新办读者证1.1万张,读者到馆数204.8万人次

2018年	2019年	2020年	2021年
区图书馆藏书168.9万册,新购图书14.4万册,新办读者证0.9万张,读者到馆数198.7万人次	区图书馆藏书175.6万册,新购图书6.7万册,新办读者证0.8万张,读者到馆数202.6万人次	全区藏书336.7万册,其中区图书馆藏书181.2万册,新购图书5.6万册,新办读者证0.6万张,读者到馆数36.2万人次	全区藏书356.9万册,其中区图书馆藏书189.2万册,新购图书9.0万册,新办读者证1.3万张,读者到馆数90.5万人次

资料来源:南开课题组根据上海市嘉定区国民经济和社会发展统计公报整理而成。

---

① 嘉定图书馆. 嘉图简介[EB/OL]. [2021-06-15]. http://www.jdlib.cn/node/345.jspx.

疫情防控期间，嘉定区图书馆利用馆内设施设备以及微信公众号、微博、嘉定区图书馆、文化嘉定云等数字化平台，宣传推广数字阅读，向读者推介内容丰富的期刊、文献、杂志、文摘等线上资源；创新推出"馆员荐书"，通过微信有声推送形式推出"嘉乡嘐音"有声栏目，以方言为切入点，用"乡音"讲述嘉定往事、传递乡情；围绕"4·23世界读书日"等主题开展线上阅读推广活动；发布长三角四地公共图书馆"红色文化"游记征集、《上海有声色》有声书线上展览、"爱读·I DO"全城朗读大赛暨"童心战役"2020亲子朗读声音档案大征集等。2021年开展"从上海到嘉兴：红色文化双城阅读"展，通过嘉定区图书馆微信公众号推送两地读者获奖征文，用文字展现两地一脉相承的红色文化。常态化疫情防控期间，利用馆内设施设备，以及微信公众号、微博、嘉定区图书馆、文化嘉定云等数字化平台，宣传推广数字阅读，向读者推介内容丰富的期刊、文献、杂志、文摘等线上资源。

嘉定区图书馆提出公共图书馆服务的"全域"模式，完成第六次全国县级以上公共图书馆评估定级，并以高于国家标准的要求开展公共图书馆服务。嘉定区图书馆荣获2018—2019年上海市民文化协会贡献奖、2019上海市民文化节"老建筑的故事"创意创作大赛故事征集最佳合作伙伴奖、2020年荣获第三届嘉定区质量创新奖、2020年长三角阅读马拉松大赛优秀组织奖、2020年上海市民文化节·魔都老建筑视频大赛优秀组织奖、2021年度上海市质量金奖（先进质量模式）。

2. 嘉定区图书馆分馆

（1）完善图书馆阅读服务体系建设

2020年，按照《关于推进上海市区级图书馆总分馆制建设的实施意见》精神，建立健全以嘉定区图书馆为总馆，以街镇图书馆、"我嘉书房"为分馆，以居村综合文化活动室（中心）、农家书屋、百姓书社、职工书屋为延伸服务点的公共图书馆总分馆服务体系。拓展"直管模式"总分馆建设，形成覆盖区—镇—村三级的公共图书馆总分馆体系；实施自助服务推广工程。嘉定区从北到南的经济实力有差距，为了实现均等化，通过总分馆直管模式，完成ISO 9001质量管理体系认证，与所有总分馆、分馆、街镇馆签订协议，包括必要的购书经费以及服务岗位、信息岗位、采编岗位和阅读推广岗位四种岗位。

(2) 街镇总分馆的内容输出

2018年开始做四级配送，图书馆将服务资源外送，2020年，嘉定区公共图书资源居村配送共计近307场次，服务读者7万余人次。为退管所职工书屋、信羽电子集体借阅证换书各300册；为96家农家书屋采选图书6336册66种；两次"助残直通车"活动累计为辖区内3家阳光家园配送图书180册。通过资源体系的完善和建设，以及实施服务输出，让基层点位有亮点和关注点，从而实现总、分馆的均等化。

南开课题组着重调研了嘉定图书馆工业区分馆，该分馆坚持开展"国学体验""亲子绘本""阅读万花筒""鑫动农商阅享生活"等系列活动，2020年2月中旬后受新冠疫情影响，线下活动逐步转为线上活动，开展了"图书馆抗疫基础知识"培训、"爱阅读爱分享"优秀图书推荐、书画赏析等线上活动，力求为读者带来足不出户的阅读分析体验。承办嘉定区读书月"爱读行走"摄影大赛线上专场活动、组织参与"海上美谈市民演讲大赛"，获得"百名市民演讲达人称号"。为丰富企事业单位职工精神文化活动，针对工业区职工群体多的特点，组织参与各类市民文化节及读书月系列活动如"爱读·I DO"全城朗读大赛、"老建筑的故事"短视频大赛、"市民诗会""市民游记""嘉乡曋音"声音档案等大赛，充分发动企事业单位员工参与各类大赛，丰富其精神文化需求。积极参与以"小康生活"为主题的各类赛事，如"侬好！小康"创意设计大赛、"长三角美好空间"创意大赛、"圆梦小康幸福生活"摄影大赛，感受全面小康带来的幸福生活。此外，为弘扬爱国主义教育积极参与抗疫主题的各项赛事，如"童心战疫"亲子朗读大赛、"嘉温度 艺前行"抗疫艺术作品展及由中国图书馆协会和武汉市少年儿童图书馆举办的全国少年儿童阅读年活动之"战疫情 拥春天"绘画作品征集汇展活动。

嘉定工业区南区是大型居民集聚区，为满足这一区域居民的阅读、文化活动需求，打造一处适合儿童成长阅读需求的独特空间，在嘉定区图书馆的大力支持下，设计打造嘉定区首个"智能+森林"双主题的公共图书馆分馆、嘉定工业区首个沉浸式儿童阅读空间，通过"触、动、视、听"的模式，帮助小读者们探索神奇的知识海洋。区图书馆还引进专业第三方运营团队，开展日常读者活动，为丰富空间活动注入新鲜活力，此外还成立了"爱心妈妈志愿服务队"。

3. 百姓书社

在嘉定区的公共文化服务体系中，除了图书馆、街道（镇）文化中心等文化设施，百姓书社作为基层延伸服务点发挥了零距离阅读推广的效用。"百姓书社"延伸服务项目是嘉定区图书馆自2006年起实施的文化惠民工程[①]，启动"百姓书社"延伸服务点升级工作，促进"百姓书社"服务能级有效提升，阅读推广活动定时举办，服务阵地 Wi-Fi 全覆盖，基本形成区域特色的基层图书服务网点（内容见表7-4）。

表7-4　百姓书社服务内容

百姓书社服务内容		
1. 报纸阅览	2. 期刊阅览	3. 图书阅览
4. 图书外借	5. 文化活动	
百姓书社服务要求		
1. 应公开开放时间，每周开放时间不少于20小时 2. 百姓书社内图书、报纸、期刊等出版物应全部实行免费开架借阅 3. 借阅图书时应办理借阅手续，如需借阅，应重新办理借阅登记手续		
百姓书社读者须知		
1. 期刊和报纸只提供阅览服务，如有特殊需要，应办理借阅登记手续，外借时间不超过3天 2. 图书借出时如有污渍、缺页等情况，应告知工作人员做好记录 3. 未办理借阅手续的图书不应私自带出百姓书社 4. 应爱护图书资源，不可在图书上折页、勾画、圈点、撕割 5. 图书资源割破或者丢失时，应酌情按原价的1至5倍赔偿 6. 在百姓书社内应保持安静，自觉做到文明礼貌		

资源来源：南开课题组整理自百姓书社公示内容。

嘉定区南翔镇新丰村朱振芳百姓书社建于2007年，是南翔镇首家百姓书社，该书社就设在朱女士家的客厅里。2016年，南翔镇文化体育服务中心对朱振芳百姓书社改扩建，服务面积增加到60平方米，还提供免费 Wi-Fi、阅览计算机等新服务项目，配送法律、健康讲座等丰富多彩的讲座进书社，为周边村民提供了一个方便、舒适的阅读环境。朱振芳百姓书社曾多次被评为嘉定区优秀百姓书社及区示范点，2016年又被评为嘉定区公共文化服务标准化建设试点。

---

① 嘉定区图书馆. 百姓书社[EB/OL]. [2021-06-15]. http://www.jdlib.cn/node/393.jspx.

朱振芳曾经是出了名的养鸡能手、全国劳动模范、三八红旗手，如今她将主要精力用在了这间"百姓书社"上。百姓书社的运行模式，处于整个公共文化服务网络体系的最基层，最接近百姓，是直接建在村民家里的基础公共文化场所。政府支持和志愿者投入在百姓书社创建中作用明显，双管齐下让百姓书社的发展有了根本性的保障。其场地通常由热爱公益事业和图书事业的志愿者提供。作为区图书馆的延伸服务，区图书馆每年会给予其一定的补贴，如朱女士的百姓书社是60平方米的面积，政府一个月给予350元补贴，这与市场的租赁价格1000元相差比较大，但他们表示即便政府没有补贴也会办书社，方便更多村里的人来阅读图书。在图书的供给上，嘉定区图书馆每三个月为书社统一供给300册图书。

在实地调研中，南开课题组看到，书社的书架上摆满了图书，为充分利用空间，又在书架最顶部添加了一副书立来放置书籍，架上方的墙上写着"书山有路勤为径，学海无涯苦作舟"一行红色醒目的大字。在与朱女士的交流中，南开课题组了解到除了日常的图书报刊借阅服务外，百姓书社每年还会为村民提供各类学习活动，包括学习文化、科普讲座、休闲娱乐、健身等活动，打造学习型社区，丰富广大村民的文化生活。该类学习团队活动采取志愿者自发组织、自愿参加的模式举行。学习团队基本保持每月有一次较大的活动（科普讲座、传统文化节日、走出去参观学习等），每周有一次小型活动（读书、读报），每次活动时间一般为一小时；休闲娱乐类活动主要包括组织村民学跳交谊舞、广场舞、外出旅游等。百姓书社举办的讲座类活动每次到座率都十分高，新丰村百姓书社负责人朱振芳女士表示："他们都很愿意来听的，因为讲座都是按照村民要求来做的。"朱女士说她会提前收集群众意见，以大家切实关心的医疗保健、蔬菜种植以及法律纠纷的处理等话题来组织讲座。

朱振芳百姓书社根据上海市老年学习团队标准和南翔镇学习团队评定标准（见表7-5）建立了自己的学习团队，将书社活动与学习团队活动结合起来，进一步丰富了广大老年群体的业余生活，并对每次学习活动详细记录，包括参与名单、活动概况、活动照片等。

表7-5 南翔镇学习团队评定标准

一级指标	二级指标	评定标准	得分
一、基本保障（20分）	1. 场地设施（5分）	有固定的活动场地，配备专业活动必要的设施，场地定期维护，状态良好	
	2. 经费来源（5分）	有合理的学习团队活动预算，并能多渠道筹措活动经费，活动经费有保障	
	3. 指导力量（10分）	有专长技能的团队辅导教师，能根据学习团队的需求进行有计划的辅导活动，每年不少于2次	
二、团队建设（20分）	4. 发展目标（5分）	团队有共同发展愿景，有科学性的发展规划，能结合实际情况制定年度目标和活动计划并做好总结	
	5. 团队规模（5分）	团队固定成员不少于10人	
	6. 管理人员（5分）	团队负责人经内部选举产生，有较丰富的相关管理经验、热心团队工作，服务团队效果良好	
	7. 管理制度（5分）	有团队章程和活动管理制度；制度执行到位，团队成员分工明确，团结合作	
三、团队活动（30分）	8. 活动频率（5分）	有相应的活动周期，每年不少于10次团队活动	
	9. 出勤情况（5分）	每次活动固定队员出勤率不低于80%	
	10. 学习内容（10分）	具备质量较高的学习资料，能够充分调动团队成员学习积极性，学习方式有创新	
	11. 活动记录（10分）	学习活动过程记录完备有序，注重分享活动资源与成果	
四、学习成效（30分）	12. 表彰奖励（10分）	团队获镇级表彰，加2分；获区级及以上表彰加4分，加满为止（个人获奖减半计算）	
	13. 持续力（10分）	团队成立2年以上，每年调整或离开团队的成员比例不超过20%	
	14. 影响力（10分）	每年组织团队成果展示，积极参与社区活动；具有示范、引领、辐射作用，在社区有较高知名度	

(续表)

一级指标	二级指标	评定标准	得分
五、特色加分（20分）	15. 成果辐射（20分）	团队核心成员参与扶持基础团队，开展相应活动，成效明显，每个加5分；团队成果、经验等被社会认可，且有镇级及以上媒体报道加4分；在镇级及以上刊物发表文章加4分，加满为止	
总分			

资料来源：朱振芳百姓书社提供。

4. 我嘉书房

面对百姓越来越个性化的文化需求，嘉定区提出了"精而美"的发展路径，在普惠的基础上强调精准服务，"我嘉书房"即是嘉定区吸引优质社会资源提升公共文化服务品位的全新探索。第一家"我嘉书房"于2017年1月8日在菊园新区诞生，项目自2016年5月启动策划，由嘉定区文广局和菊园新区管委会牵头实施，并得到了上海绿地嘉唐置业有限公司免费提供的商业用房支持。项目采用"政企合作、文化增值、百姓受益"的共赢模式，以嘉定区图书馆、菊园新区文体服务中心、上海绿地嘉唐置业有限公司为运行主体，由菊园新区社区党建服务中心、菊园新区成人（社区）学校、菊园新区社区志愿服务中心等共同参与管理运行。书房24小时开放，借的书可以在全市所有区级、市级图书馆通借通还，空间里还能举办很多主题阅读活动。

各家"我嘉书房"都有独特风格，选址均由市图书馆专人把关，有准入机制，主要建在商圈、园区和社区圈内。运营过程由嘉定图书馆统一监管，书房管理有标准化的指标体系，以此保证"我嘉书房"品牌的一致性。2020年接待读者48万余人次，借还图书16.8万册次，开展各类阅读推广活动213场次，参与读者2.2万人次。嘉定区图书馆获评"全国城市书房合作共享机制发起单位"等荣誉称号。

对"我嘉书房"（工业区·海裕广场）调研中，南开课题组发现其打造了"银行+阅读——24小时的智阅空间"。由上海市农商银行提供场地，纳入上海市中心图书馆一卡通服务系统，实现与全市公共图书馆图书文献的通借通还，并提供金融主题阅读推广服务。同时作为嘉定区首个银行和公共图书馆结合的公共图书馆延伸服务点以及首个探索"文、商、旅"合作模式的阅读空间,是智能升级后的金融、阅读融合空间,它在地理位置上紧靠大型居民聚集区,其主题为"金融'嘉'生活",是结合"文、商、旅"的嘉定区首个一体化多元文化空间。嘉定工业区携手农商行嘉定支行·同为读者打造三大品牌化项目,一是以"专家学者讲学""行业大咖讲坛""百科达人分享"为主要内容的"百科大咖秀"活动;二是由"亲子阅读故事会""梦想书单品读会""银发触网讲习会"组成的"阅读万花筒"活动;三是由农商行嘉定支行打造的"小小金融家""盘算生活"和"鑫学堂"三大子项目组成的"鑫动农商悦享生活"项目。

5. 嘉定区文化馆

嘉定区文化馆始建于 1952 年 11 月。1987 年之前,并无固定场所,屡经搬迁。1987 年迁至嘉定镇梅园路 210 号,占地 4119 平方米,建筑面积 2060 平方米,设有办公楼、舞厅、小剧场、游艺宫等。1993 年 4 月,嘉定撤县建区,改称嘉定区文化馆。2005 年,嘉定区政府斥资 200 多万元,对文化馆进行原址改建,功能设施得到扩展和完善。2013 年,作为嘉定"十二五"期间的重点项目之一,文化馆新馆在嘉定新城塔秀路 33 号新址竣工落成,馆舍总建筑面积达到 10 018 平方米并于 6 月 26 日正式对外开放。新馆毗邻嘉定新城远香湖、上海保利大剧院,与紫气东来景观绿化带相衔接,是一栋传统江南院落式建筑组合。传统的民居灰瓦与时尚的玻璃幕墙相融合,透露出淡雅的人文气质。匠心独具的设计使各个功能区既各自独立又彼此相连。嘉定区文化馆系区级文明单位,在 2008 年、2012 年和 2016 年均被国家文化部授予了"一级文化馆"的称号。馆舍总建筑面积 10 000 平方米,拥有剧场、展示厅、排练厅、艺术教室、多功能厅、录音棚、琴房以及书法、美术、摄影工作室等。截至 2020 年 12 月,嘉定区文化馆现有在编人员 26 人,均为专业技术人员。其中本科及以上学历 25 人(硕士研究生 2 人),占职工总数的 96.2%。文化馆的运营架构见图 7-1。

2020 年,嘉定区文化馆在新冠肺炎疫情防控常态化前提下,持续有序地开展了多项大型群文赛事和系列文艺演出活动。全年累计举办大型文化活动近 20 场次,服务人次近 2.2 万人次。

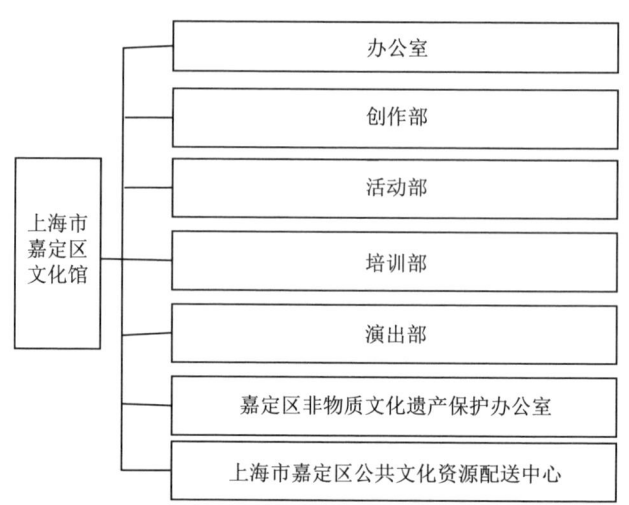

图 7-1 嘉定区文化馆"总分馆制"服务体系运营的架构模式

资料来源：嘉定区文化馆提供。

嘉定区较有特色的是在全市率先实施文化馆"总分馆制",完成与各街镇文体中心的签约授牌,构建了以文化馆为总馆、街镇社区文化活动中心为分馆、村居综合文化活动室为基层服务点的"一个总馆+多个分馆+基层服务点"的文化馆"总分馆"服务体系。逐步实现区域内公共文化服务标准化、均等化、零距离化。全力做好公共文化四级配送供给服务,2020 年全年开展线下配送活动 841 场,其中承接市级配送 265 场,开展区级配送 576 场。此外,2021 年上海市公共文化内容供给统一采购——嘉定区公共文化内容供给项目采购工作于 8 月开始启动。创新开展"百姓系列"品牌活动,截至 12 月底,共计开展公益培训 159 个科目,计 1181 课时,覆盖人群 1.9 万余人次。

数字文化馆建设换新"云"服务。2 月 5 日起全面推出线上文化数字资源"大礼包"。由"文化 E 家""文化乐听""文化讲堂""文化育童"四个板块组成线上文化馆艺术普及资源库。作为数字文化资源的扩容和升级,又于 3 月推出了"嘉文慕课"系列课程。由馆内的业务骨干、公益培训课程老师、非遗传承人等作为讲师,慕课内容涵盖中国舞、现代舞、钢琴、亲子舞蹈、瑜伽、国画、少儿写生、摄影、非遗等项目,每个视频时长 3 到 15 分钟不等,适合百姓在线点击观看,能快速学习,更大增强"云"端各艺术门类普及的良好效果。截至 12 月底,"嘉文慕课"推出课程近百节。其中的"亲子舞蹈课程"入选国家文化云 U 课系列,供全国百姓观看学习。

在非遗传承保护方面,完成 2020 年区级非遗项目评审和公示,新增了 8 个区级非遗项目、16 个区级传承人。在非遗宣传方面,9 月起,全面铺开"非遗进校园""戏曲进校园"两大文教结合工作共计 24 场,"非遗亲子课堂"开展 10 场,"非遗在社区"工作也同步深入社区,全年共举办 10 场活动。

总之,嘉定区文化馆在新冠肺炎疫情防控常态化前提下,各项工作持续有序开展。馆内制度得到重新梳理和完善,公共文化服务体系群文创新项目有序推进,"曲艺名城"、百姓系列、数字文化馆、文艺作品创作、非遗保护传承等特色工作有声有色,进一步推动了文旅融合、提高了人文嘉定魅力值和影响力。

6. 嘉定区马陆镇文化体育服务中心

嘉定新城(马陆镇)文化体育服务中心建于 1998 年,改扩建于 2008 年。多年来,在镇党委、政府的大力支持下,中心不断满足广大农民群众多层次、多方面且日益增长的精神文化需求,加强公共服务设施建设,以主题活动为引领,以团队建设为基础,以举办各类培训、文体活动为手段,努力实现送文化到种文化的转变,努力培养百姓从旁观者向参与者转变,精心育花到满地开花即普及与精品双轮驱动,把社区文化活动中心办成百姓想来、愿来的美好乐园。

目前,该中心位于沪宜公路和宝安公路的交界——马陆世纪文化广场上,分为东楼和西楼。内设图书馆、东方信息苑(马陆苑)、绘画室、音乐室、健身房、乒乓球室、多功能展览厅、多媒体教室、文体排练房、蒋玉铭竹刻工作室、民俗文化展厅、徐振保收藏室等,全面向全镇百姓开放,为老百姓的业余生活提供了广阔的娱乐空间。

同时,全镇 16 个村均建有综合性的村级文化活动中心(拥有 68 个健身苑点、16 个农民健身工程、4 个公共运动场),成为镇级文化活动中心功能的延伸。村级公益性室内文化阵地包括基层文化指导站、图书阅览室、文体健身苑、数字电影放映室等"小而精"的文化设施,同时全面形成了统一标识、统一配送、统一服务、统一管理、统一考核的运作模式,有效保证了让文化走进农村，贴近百姓，融入生活。

在村文化分中心的基础上，2010年在大裕村半巷宅建立了以葡萄文化室、民俗文化室及农耕图书室为主的民间文化展示点，至此公共文化服务阵地已延伸至村宅。

嘉定新城（马陆镇）图书馆历经四次移址，面积日益扩大、功能日益完善，相继获得了上海市一级图书馆、上海市特级图书馆的荣誉称号。目前，馆址位于宝安公路3322号西大楼的一楼，总面积830平方米，内有藏书32 662册，设有服务区、外借区（其中包括成人阅览区和少儿阅览区）、阅读区、少儿阅览区、休息区、盲人阅读点、读书之友俱乐部会议室，另有培训教室1间（在三楼）、电子阅览室（设在东方社区信息苑中），功能分布齐全。图书馆电子服务与电子查询、阅览的功能也日趋完善。

7. 韩天衡美术馆

韩天衡美术馆于2013年10月24日开馆，美术馆常设四个陈列主题：韩天衡艺术足迹、韩天衡作品、历代书画、文房雅玩。常年展出的作品有：韩天衡历年创作的书画、篆刻代表作；韩天衡捐赠的历代名家（如文徵明、祝枝山、黄道周、张瑞图、倪元璐等）的书画珍品，其中董其昌临摹在极为稀有的明代宣德内府乌丝栏上的《兰亭序》堪称国宝级文物；还有文房雅玩，其中纯金制的三国曹魏的"关中侯印"、元代的剔花漆杆毛笔等皆属国宝级文物[1]。现共有工作人员24人，其中在编13人，非编11人。美术馆现有博士后1名，博士1名，在读博士1名，研究生1名，其余职工都是本科。

2020年举办了多次展览活动，例如年初的"回眸两宋——士人一日之迹特展"、年末的"心心相印——中国印文化大展"都是兼具学术性、观赏性的精品文物大展，展览策划和展品质量都很出色，在业内产生很大影响，上海博物馆、西泠印社的专家组团前来参观；"嘉温度　艺前行——百乐雅集·韩天衡师生抗疫主题书画印作品展"，自春节期间开始在线展览，到5月份举办线下展览，以文艺作品鼓舞人心，激励斗志，成为嘉定区抗疫主题系列展览中的重头戏，后来又到静安区北站街道、崇明区绿华镇进行巡展，进一步扩大了影

---

[1] 嘉定区人民政府网.千余件大师珍品一一登场[EB/OL].[2021-05-12]. http://www.jiading.gov.cn/xinwen/mtkjd/content_56011.

响。10月，嘉定区委宣传部举办的"2020我们的小康生活"主题展览，运用多种多样的展品，讲述嘉定人民由贫困到小康的奋斗历程，在一个月展期内吸引了包括260个团队在内的万人参观。其他还有"美美与共——全国美术馆界书法展（上海站）""寻常杯酒——祝竹篆刻书画展""传承与新变——长三角青年书法精英对话展"等展览，各具特色，汇集了许多知名艺术家参展，为嘉定爱好艺术的市民拓宽了眼界。其中"百乐雅集·韩天衡师生抗疫主题书画印作品展""心心相印——中国印文化大展"获得2020年度上海文化发展基金会的资金支持。

在调研过程中，南开课题组发现在公共教育方面，受疫情影响，上半年开展较少，下半年逐渐恢复，采用线上网络直播、线下活动相结合的方式，利用抖音、哔哩哔哩等广受年轻群体欢迎的自媒体平台，将沉浸式公共教育活动与时下火热的直播相结合。配合"回眸两宋"展览，举办了韩天衡先生《文盛艺隆 千载造极——展览精品赏析》、徐建融教授《粉饰大化 文明天下——谈宋代绘画》等多场讲座和直播课程，还举办了"珠玑琳琅"夜市活动，身着宋服的人们在展厅穿行不息，道旁店铺鳞次栉比。另外，著名篆刻家祝竹的《我的老师，我的篆刻》、中国美术学院教授戴家妙的《赵之谦的生平与学术》、上海师范大学副教授王客的《帖派视野下的篆隶传统——以明代隶书为例》、江苏省书法院著名书法家李双阳的《对经典作品取法的思考》等讲座也受到观众欢迎。还有面向小朋友的《味闲讲堂·亲艺术》系列亲子活动。每次活动都精彩纷呈，一票难求。疫情稳定之后，美术馆继续推进文教结合工作，下半年接待文教结合团队3500余人次。以中小学美育为追求，利用藏品资源，开展"走进美术馆"的现场教学实践活动。美术馆对接嘉定区15所中学，统筹安排时间，接待全区八年级学生来馆参观，实现馆校联动，让美术馆成为学生的"第二课堂"。

为了更好地服务观众，美术馆开发了"韩天衡美术馆在线"微信小程序，更新优化了美术馆导览手机App界面和内容，并增加了美术馆微信公众号的推送频次。2020年微信公众号现有订阅人数12 000余人，1—11月推送信息总计90条，疫情期间推送了"讴歌英雄 战胜疫魔——百乐雅集师生书画印展"18期。

在日常使用、管理及维护方面，美术馆充分运用各信息化系统，如藏品移动管理系统、观众互动系统、展厅导览系统。同时，通过馆内环境监控系统对馆内各展厅及库房环境数据进行监控，向研保部门提供监测数据。

美术馆致力于建设长效工作机制，完善各项规章制度。在原有工作制度和流程的基础上，制定和修订了《上海韩天衡美术馆库房管理制度》《上海韩天衡美术馆藏品管理制度》《上海韩天衡美术馆社会捐赠管理办法》《上海韩天衡美术馆藏品图片管理办法》等规章制度，对藏品的清点、交接、出入库、装裱修复都做了更加具体的规定。

7.1.4 嘉定区公共文化服务均等化发展经验

1. 形成"三网一平台"的公共文化设施网络布局

嘉定区构建了"三网一平台"公共文化设施网络，即物理空间的图书馆设施网络、文化馆设施网络、博物馆美术馆设施网络、全区其他各类设施网络，以及基于互联网的公共文化数字化服务平台——"文化嘉定云"，将固定设施、流动设施、数字传播设施有机融合，从而打通公共文化服务"最后一公里"，解决现有公共文化设施的不均衡状态，实现公共文化设施从"全设置"到"全覆盖"的全新升级。

图书馆服务网络。全面推进图书馆"总分馆"模式，形成区、街道（乡镇）、村、百姓书社四级公共图书馆服务网络，覆盖全区常住人口，让居住在农村和城镇的居民都可以在家门口享受公共图书馆服务。将阅读服务送到每一个村委会、居委会、农村志愿者家庭、老年服务中心、企业工厂等读者手中。另外，在人流集中的轨交站点、购物中心提供"无休"服务的24小时街区智慧图书馆，在大型居住区、人流量密集的交通、商业中心合理布点，打造散落在城市街区里的"文化驿站"，形成特色鲜明的层级公共文化服务网络。

文化馆服务网络。在全市率先推行"一个总馆+多个分馆+基层服务点"的文化馆"总分馆"服务体系，形成四个统一机制。服务统一标准：总馆发布服务目录、统一服务标准，使总馆、分馆、基层服务点在设备资源配备、基本服务项目、服务开展方式、活动数量质量上保持大体一致，实现文化馆服务标准化。人员统一调配：建立总馆、分馆文化指导员下派制度，通过总馆向分馆下派文化指导员，分馆向基层服务点下派文化指导员，解决镇、村级文化工作从业人员专业性缺乏等问题。资源统一配送：整合全区公共文化资源，通过"阵地服务""巡回服务""流动服务"等方式协调总馆、分馆和基层服务点之间的资源配送，实现文化资源互联互通，有效解决文化馆运行中的"孤岛"问题。平台统一搭建：总馆统一规划年度活动方案，统一搭建活动展示平台，分馆与基层服务点在整体方案的基础上，开展形式多样的特色活动。

博物馆、美术馆公共服务网络建设。通过新建、扶持、引进等措施，逐步提升区内博物馆的规模和品质，打造层次分明、互为补充的博物馆服务网络。形成的"博物馆群"包括2013年建成的博物馆新馆、竹刻博物馆、孔庙、科举博物馆等。始建于1219年的嘉定孔庙是吴中第一庙；科举博物馆展现的是科举制度的沿袭，科举与教育的关系等；嘉定竹刻是"诗书画印"的集合，是非物质文化遗产，竹刻博物馆是传承和发扬这项非遗的载体。嘉定"十三五"期间的重头文化项目——海上文博苑，成为上海首个将不同博物馆集中在一起的博物馆综合体，包括品茶休闲等相关配套设施的多维度综合体。丰富现有博物馆的服务内容，在服务功能上进行适度延展，提升整个地区博物馆、美术馆的服务水平的综合效能，如陆俨少艺术院着力在收藏、研究、展示和艺术教育普及等方面进行功能拓展；韩天衡美术馆除展示篆刻大家韩天衡个人收藏及创作外，通过韩天衡艺术工作室形成辐射效应。通过政策扶持、引导、推进民间博物馆（艺术馆、美术馆）进一步发展和完善，有效利用民间资本和力量提升整个地区的博物馆美术馆服务能力。

统筹利用各类公共文化设施。在现有图书馆、文化馆和博物馆的基础上，通过"文教结合""文体结合""文旅结合"等项目，逐步将工人文化宫，体育场（馆），科技馆，中小学校、区域内高校的运动场、体育馆、礼堂、图书馆，青少年活动中心等活动场纳入公共文化服务设施网络，实现公共文化设施的全覆盖。

"文化嘉定云"平台建设。2012年启动的"文化嘉定云"于2014年1月起试运行，这个平台整合了中国知网、万方数据、维普期刊等20多种数据库的资源，用户只需注册验证在嘉定区内公共图书馆办理的"一卡通"读者证，便能随时随地通过互联网检索或阅读3000万篇文献资料、200万册电子图书和1万余种电子期刊，并能在网上选择、观看2万场教学讲座。平台还独创了文化场馆的"虚拟漫游"功能，将嘉定博物馆、嘉定竹刻博物馆、嘉定孔庙、嘉定区图书馆、韩天衡美术馆、法华塔、陆俨少博物馆等真实呈现于网络之中。目前，该平台提供文化活动、场馆预定、文化社团、文化众筹、文化E家、网上书房、数字展馆等几个栏目，公众可通过"网上抢票"功能自由、平等地参加观演出、听讲座、看展览等文化活动，各类文体团队可通过"场馆预订"按需选择合适演出、排练、培训的公共场馆。为了满足用户的移动化需求，还建立了"文化嘉定云"微信公众号，整合网上图书馆、网上博物馆、网上文化馆App功能。

2. 探索公共文化服务"1+N"多元主体参与模式

在市场经济作用下，嘉定区积极探索市场机制在公共文化资源配置、服务提供等方面的作用，引导社会力量参与公共文化事业建设，形成政府与社会多元主体共同参与公共文化服务的格局。在具体做法上，制定落实吸引企事业单位、学校、社会组织等社会力量参与公共文化建设有关政策；加强民间文艺团队建设，支持社会组织与群众文化团队合作，试点推进群众文化活动自治管理，建立群众性自治组织，实现群众自主管理、自主发展；建立嘉定区文化志愿者资源库，研究制定针对文化志愿者的专业培训、社会补偿与奖励机制，出台《嘉定区公共图书馆志愿者管理办法》，明确了志愿者权利与义务、服务内容、管理与激励等细则，完善志愿者工作模式和方法。嘉定新城（马陆镇）成立镇级文化志愿者协会。安亭镇完善"文化义工"管理模式，增设"亲子义工""家庭义工"等新的服务模式，逐步形成志愿者队伍长效管理机制。

以上海市委"创新社会治理加强基层建设"课题成果"1+6"文件为指导，出台财税扶持政策，吸引文化类社会组织落户本区，参与公共文化建设。梳理并公布具备承担公共文化服务资质的民非、社团等组织机构清单及可参与公共文化活动、项目、服务的目录，探索并完善服务外包、公开竞标、项目授权、财政补贴等机制，理顺文化社团建立机制，简化注册流程，鼓励群众自主建立、管理文化社团，加大政府购买力度。建立区公益性文化项目招投标平台，出台政府购买清单，在确保公益性的基础上，激发社会力量的主动性和创造力，实现供给主体的多元化和供给方式的多样化。拓展购买内容，探索由购买资源、购买活动向购买管理、购买岗位发展，加强政府购买绩效评价。

3. 制定完善公共文化服务标准体系

根据党的十八届三中全会提出的"构建现代公共文化服务体系，促进公共文化服务标准化、均等化"指示精神,按照《关于加快构建现代公共文化服务体系的意见》,嘉定区大力推进现代公共文化服务体系标准化建设,建立起较为完善的公共文化服务标准体系框架,推动公共文化服务均衡发展。

"嘉定区公共文化服务标准化试点"项目在2017年完成验收,在两年的时间内编制形成由208项标准组成的《嘉定区公共文化服务标准体系》,并在各公共文化设施推行。其中通用基础标准28项、服务保障标准68项、服务提供标准112项,包含国家标准45项、行业标准3项、地方标准3项,自行制定的服务标准共157项,占标准总数的75.5%。其中99项服务标准,规范了公共文化场馆在与市民接触服务中的工作要求与行为态度,全面提升了公共文化机构的服务水平与质量。嘉定区有社区文化活动中心12个,分中心2个。在标准化建设初期,嘉定区成立了标准化工作委员会及标准化管理办公室,并在每个社区文化活动中心成立标准化管理分室,各分室由中心主任担任标准化工作负责人,同时指定一名标准化专员负责具体工作,形成了由领导挂帅、分管领导主抓、标准化办公室指挥协调,社区文化活动中心全员参与的标准化建设组织体系,有效实现标准化管理常态化。自2016年到2018年,嘉定区公共文化服务满意率连续三年达到95%以上的优秀水平[1]。2019年1月11日,第三批创建国家公共文化服务体系示范区(项目)验收结果发布,上海市嘉定区获得"优秀"等级[2],创建成绩在东部地区排名第一。

针对各类公共文化服务机构特点,制定相应的绩效评估标准,对设施建设、服务供给、资金投入进行绩效评估。结合地区经济社会发展水平、群众基本文化需求和地方特色文化,在深入调查研究基础上,制定嘉定区公共文化服务保障标准。按照统筹规划、需求导向、因地制宜的原则制定"政府服务清单",明确政府在公共文化服务领域,必须保障的服务内容与服务标准,并制定相关配套政策确保保障标准得以实施。

---

[1] 李宏,魏大威. 文化馆蓝皮书:新时代文化馆创新发展2017—2018 [M]. 北京:国家图书馆出版社,2019:207 - 209.
[2] 中国政府网. 文化和旅游部办公厅关于公示第三批创建国家公共文化服务体系示范区(项目)验收结果的公告 [EB/OL]. [2021 - 06 - 11]. http://www.gov.cn/xinwen/2019 - 01/14/content_5357891.htm.

7.1.5 启示和借鉴

1. 地方政府的大力支持

(1) 政策引导

一个地区公共文化服务发展的好坏，很大程度上取决于政府的支持力度和重视程度。上海市一直以来对于公共文化服务的开展都给予了高度的重视。"十三五"以来，市政府办公厅发布《关于本市贯彻推进基层综合性文化服务中心建设指导意见的实施意见》(2016年)，明确了基层综合性文化服务中心建设的主要任务和保障措施，强调"促进基本公共文化服务标准化、均等化发展，推进基层公共文化资源有效整合和统筹利用，提升基层公共文化设施建设、管理和服务水平，打通公共文化服务的'最后一公里'"。为加快本市社区文化活动中心建设，市委宣传部、市文明办、市文广影视局联合印发《上海市"十三五"时期社区文化活动中心建设实施方案》。2016年12月，上海市委办公厅、市政府办公厅印发《上海市"十三五"时期文化改革发展规划》和《上海市基本公共文化服务体系"十三五"规划》，2020年8月24日上海市文化和旅游局制定了《上海在线新文旅发展行动方案(2020—2022年)》，2021年5月21日上海市人民政府印发了《上海市基本公共服务"十四五"规划》，围绕"补短板、促均衡、提质量"三大核心，提出六大领域25项任务举措，明确到2025年，上海市基本公共服务体系全面建立、均等化水平持续提升、品质和效率不断提高，打造基本公共服务高质量发展的"上海样板"[①]。正是在这些政策的指导下，上海市公共文化服务发展才有了长足的动力，获得了长远的发展和保障。

(2) 制度保障

目前，我国公共文化服务总分馆制已在多地得以实施，建立了自上而下的公共文化服务供给体系，但在具体执行过程中，一些基层公共文化服务开展不

---

① 上海市人民政府网. 上海市人民政府关于印发《上海市基本公共服务"十四五"规划》的通知[EB/OL]. [2021-06-15]. https://www.shanghai.gov.cn/nw12344/20210531/b1955844fbec439d9168f90d6fb54b60.html.

顺利、发展不平衡。上海市以制度先行，以标准化规范配送流程，建立新的统一工作流程、工作标准及工作规范，有效保障了基层公共文化供给，先后出台《2016年上海公共文化配送工作要点》《上海市公共文化配送工作管理办法》，修订《上海市公共文化配送专项资金使用管理办法》《上海市公共文化配送产品采购申报指南》《上海市公共文化配送产品征集公告》，编制《上海公共文化配送工作简明流程及说明》《上海公共文化配送项目巡查标准》《上海市公共文化配送产品评审标准》《上海市公共文化配送产品采购标准》《上海市各区公共文化配送工作管理规范指标（征求意见稿）》等，尤其是2020年10月27日上海市第十五届人民代表大会常务委员会第二十六次会议通过《上海市公共文化服务保障与促进条例》，通过制度优化、体系完善，路径调整，切实保障广大基层群众的精神文化需求得到及时的满足。

（3）资金支持

公共文化服务的公益性决定了财政拨款是其发展的主要拉手，上海市除了常规的公共文化拨款外，对于群众文化项目和非遗项目还有专门的资金支持，体现了政府的重要与主管作用，如2016年初修订《上海市群众文化项目资助专项资金管理办法》和《上海市群众文化项目资助申报指南》，同时制定了《上海市群众文化项目资助评审规则》《上海市群众文化项目资助评审标准》和《2021年度上海市市级非物质文化遗产保护专项资金申报指南》。资金的倾斜进一步激发了当地文化的创作热情和文化遗产的保护热情，为广大群众创造了良好的文化氛围。

2. 与科技相融合，弥补资源不均衡

在公共文化服务资源提供中，存在着文化设施和文化资源的有限性和不均衡性困境，为了能够有效解决这一问题，上海市积极探索公共文化服务的数智化发展道路，利用数字化、信息化、网络化环文化建设平台，建立公共文化服务与科技相融合的新模式，搭建文化嘉定云平台，包括网站、手机App、新浪微博公众号、微信公众号，精心构建八大文化板块，打造真正的零障碍文化，首创公共文化设施场馆在线预订综合服务平台，整合区级各文化设施和12个街镇文化活动中心资源，建立文化社团集群，打造活跃而开放的线上文化社区。

3. 增加传播渠道，拓宽受众面

公共文化服务的最终受众是用户，为了提高用户参与度和提升用户服务效能，需要在公共文化服务的推广上下工夫，通过数智化多渠道的宣传推广，进一步提升影响力。上海市嘉定区积极开拓宣传渠道，利用新媒体和传统主流媒体，对各类公共文化服务项目进行报道和宣传，取得了实质性的成效。2020年"融媒体"影响力更上新台阶。年内新开设抖音、快手、腾讯等视频账号，入驻"上观""新华社""学习强国"等客户端，持续提升传播影响。2022年年末，"上海嘉定"App下载量239.4万次，装机量为59.5万次，注册量34.8万人。"上海嘉定"微信公众号粉丝49.5万人，微博粉丝43.7万人，"上海嘉定"微信公众号在全国县级媒体微信号年度百强榜中位居第六。新冠肺炎疫情期间，融媒体中心各平台共发布报道1227篇次，融媒体产品全网总浏览量突破1000万次，成为嘉定战"疫"宣传的重要窗口①，进一步拉近了受众与媒体距离，从而提升了节目影响力。通过一系列的数智化宣传推广活动，让公共文化服务不再流于高大上的形式，而是将其输入到广大老百姓手中，甚至足不出户就可以享受到相关服务，这也在极大程度上利用数智化技术实现了政府推动公共文化服务的均等化服务效能。

4. 保障特殊群体基本文化权益

公共文化服务均等化的一个重点是，让不同群体的居民都能享受到公共文化服务。由于经济和其他原因影响，基层群众和一些特殊群体的公共文化权益经常被忽略。因此，如何保障特殊群体的基本公共文化权益是公共文化服务落实梯度均衡的重要环节。上海坚持"政府主导、社会参与、资源统筹、均衡发展"，明确区位优势，确立不同梯度、空间与群体的不同发展策略，引导文化资源配送额度向经济薄弱街镇和基层农村倾斜，向学校、驻军及外来务工群体延伸，在用好市级配送、做实区级配送的同时，全面激活街镇配送。

嘉定区每年到社区、工地、农村向来沪务工人员配送文艺演出，每年不少

---

① 2020年上海市嘉定区国民经济和社会发展统计公报[EB/OL].[2020-06-15]. http://www.jiading.gov.cn/tongji/publicity/fdzdgknr/tjsj/tjgb/138174.

于 200 场，并创作了一批反映当地群众与来沪务工人员和谐相处的文艺节目。一些由来沪务工人员组成的文化团队积极参加区内的文化演出活动，提高了来沪务工人员参与文化活动的积极性。上海出版界针对学生、社区居民、城市白领、工人、农民、军人等重点人群，开展了"书香六进"——"进社区、进校园、进楼宇、进企业、进农村、进军营"活动，先后组织"读科普书，做科学人"科普图书、期刊进社区活动；"大手牵小手，书香伴童年"进校园活动；"书香进楼宇——青年文化之旅"活动，实施了"农家书香五个一百"工程，即全年向农家书屋推荐 100 种重点图书，组织 100 场科技文化讲座，评选 100 篇"农家书香"征文优秀作品结集出版，评选 100 名书屋优秀管理员，建立一支由 100 名出版社青年编辑组成的"文化导读志愿者队伍"，将文化服务向远郊区和农村倾斜，推动资源与服务梯度流动。通过一系列针对性的活动，不仅保障了基层和特殊群体享受公共文化的权益，而且提高了他们参与公共文化活动的积极性。

5. 建立多元化的考核评估制度

在公共文化服务的发展过程中，科学合理的考评制度是推动其进一步完善和发展的重要推动力。纵观上海市公共文化服务的发展经验，它们建立了自上而下多个层级、全面的公共文化服务综合考评制度，在推动公共文化服务机构服务效能的提升中发挥了重要作用。

除了全国性每四年一次的县级以上公共图书馆评估和文化馆评估以外，上海市还有专门针对街道（乡镇）图书馆的考核评估，根据上海市街道（乡镇）图书馆评估考核标准对全市的街道（乡镇）图书馆进行评估定级，既包括对物质空间的考评，也包括对社会空间、精神空间的评价。另外，还制定了《嘉定区社区文化活动中心考评标准》《街镇文化广电工作考核办法》，每年对各街镇文化工作进行专项考核，考核结果纳入区政府对街镇的综合考评。第三方绩效评估和市民满意度测评也是上海市采取的提升文化馆、图书馆、博物馆、美术馆及社区文化活动中心等公共文化服务机构服务效能的有效手段。为了促进重大文化项目运行透明、有序，嘉定区每年都会对全区内重大文化项目的资金使用、实施效果、服务效能等内容开展监督和评估。

7.2 江苏省苏州市案例研究

7.2.1 案例选择

江苏省作为我国经济最活跃的省份之一，在省域经济综合竞争力排名中稳居第一，2021 年全年实现地区生产总值 116 364.2 亿元，人均生产总值 137 039 万元①。其下辖 13 个地级市，全部进入全国百强城市，是我国唯一所有地级市都跻身百强的省份。江苏省作为东部发达地区代表，是重大项目开展均等化研究必须要进行深入分析调研的省份。

2011 年苏州市入选全国首批"国家公共文化服务体系示范区"创建名单。2013 年，苏州市以全国总分第一的成绩通过验收，被文化部、财政部命名为首批国家公共文化服务体系示范区，全市人均公共文化设施面积达 0.25 平方米，位居全国同类城市前列②，"苏州之路"成为全国典范。2014 年，大运河苏州段成功列入世界文化遗产，苏州市成为我国获批遗产地最多的城市。2016 年，苏州全市完成了 520 个村（社区）综合性文化服务中心标准化建设。至 2017 年，苏州全市共有 91 个镇（街道）综合文化站获评国家等级文化站，28 个国家一级文化站，居江苏省之首。2017 年，苏州市制定出台了《苏州市推进基本公共服务均等化行动计划（2017—2020 年）》。2018 年，苏州市又专门拟定了《苏州市推进基本公共服务均等化 2018 年重点任务》。2019 年，一大批反映民意、深得民心的重点实事工程竣工。2020 年苏州市市级实事项目进展中 40 个市级实事项目已全部启动，其中 3 个项目已提前完成年度目标，包括：第二工人文化宫建成开放、45 个基层一站式邮政便民服务点建设、5G 基础设施建设。

---

① 江苏省人民政府网.2021 年江苏省国民经济和社会发展统计公报［EB/OL］.［2022 - 05 - 12］http：//www.jiangsu.gov.cn/art/2022/3/31/art_64797_10398993.html? gqnahi = affiy2.
② 陈嵘."苏州之路"诠释公共文化服务的现代化道路：苏州市创建国家公共文化服务体系示范区的探索和实践［M］.苏州：苏州大学出版社，2016：1.

截至 2020 年年底，苏州市人均公共文化设施面积达到 0.47 平方米，年接受文化场馆服务 6000 万人次；市级公共文化机构均建立了服务标准体系和年报制度，标准覆盖率和实施率均达 100%；创新设立"8＋X"建设模式，实现全市 2021 个村（社区）综合性文化服务中心标准化建设全覆盖。2021 年，苏州市入选首批国家文物保护利用示范区创建名单与成为首批 15 家国家文化和旅游消费示范城市。这些更是促使苏州市成为开展公共文化服务调研必到之地，是南开课题组深入了解"苏州模式"，探索我国公共文化服务均等化的重要案例来源。

在"国家公共文化服务体系示范区"与"苏州模式"的盛名之后，苏州市不断提升前进，现在以"打造公共文化服务'苏州模式'升级版"的总要求，继续加大财政投入，持续完善公共文化设施布局，落实《苏州市基层综合性文化服务中心建设目标责任书》。在公共文化制度建设方面，制定颁布一系列政策、文件，基本形成相对完备的公共文化社会化管理制度体系，如首创《苏州市民办美术馆管理办法》《苏州市支持民营文艺表演团体发展奖励办法》，强化社会参与。

7.2.2 调研经过

在充分研究苏州市公共文化政策、相关论著的基础上，结合对项目前期问卷调查的分析与各项数据积累，南开课题组于 2018 年 6 月 4 日至 12 日（调研者：邹金汇、刘旭青），2018 年 7 月 14 日至 16 日（调研者：柯平），2021 年 5 月 20 日至 22 日（调研者：彭亮、王洁），三次赴江苏省苏州市开展实地调研，通过实地体验观察、沟通访谈等方式深入了解苏州市公共文化服务情况，进一步分析其均等化发展情况。实地调研地点包括苏州市市级、区级、街道、社区图书馆，苏州市公共文化中心、文化创客中心、文化馆、博物馆、美术馆、名人馆等地，重点对图书馆、文化馆为代表的公共文化服情况进行了了解。

2018 年 6 月和 7 月实地调研涉及苏州市市级、区级、街道、社区不同层级的公共文化服务场馆与设施，在重点考察图书馆、文化馆、博物馆、青少年活动中心、公共文化中心、文化艺术中心等大型场馆的同时，对文化站、社区文化服务中心的基层之声也进行了考察。调研行程涉及苏州市核心老城区及工业新区，各文化服务设施新老场馆，重点对图书馆、文化馆为代表的新区文化中心集中建设情况进行了调研。为深入实地调研苏州市公共文化建设与服务均等化进展情况，南开课题组团队在充分研究苏州市相关规划、政策文本及专家预调研后，选择主要依据"苏州市文化设施总体布局结构图"规划调研路线。这一布局结构图覆盖苏州 2740 平方千米，包括姑苏区、吴中区、相城区、苏州高新区、苏州工业园区、吴江区等所有市辖区，是强制性的规划建设图。该图源自 2016 年颁布的《苏州市公共文化设施建设布局规划（2015—2030）》，提出按照打造城区"10 分钟文化圈"、农村"十里文化圈"要求，推动公共文化服务设施布局从"全设置"走向"全覆盖"，真正打通公共文化服务"最后一公里"，是苏州市公共文化服务建设的主要指引，具有较强研究价值。

2021 年实地调研经过为：5 月 20 日上午对苏州市第二图书馆进行了调研，并与苏州图书馆典藏部胡冰主任、业务辅导部黄洁主任、人事财务部蒋蕾静主任开展了座谈会；5 月 20 日下午对苏州图书馆分馆管理部主任陆秀萍进行了访谈，对苏州图书馆桂花分馆进行了调研，并对桂花分馆的相关工作人进行了访谈；5 月 21 日上午对苏州市公共文化中心、文化馆、美术馆、文化创客中心、名人馆进行了调研；5 月 21 日下午对苏州图书馆进行了调研，并与苏州图书馆馆长许晓霞、技术部主任章旭、业务辅导部主任黄洁开展了座谈会；5 月 22 日上午对苏州市博物馆进行了调研。

在三次实地调研后，南开课题组与调研中访谈对象保持了有效沟通，并一直追踪苏州市公共文化服务进展，不断完善本案例，为后续公共文化服务均等化研究提供一手信息。

7.2.3 苏州市公共文化服务情况

苏州市公共文化服务统计年报制度于 2010 年起实施，在结合该年报与《苏州市年鉴》、苏州市国民经济和社会发展统计公报等数据源，整理出苏州市近年公共文化服务基本情况，如表 7-6 所示。

表7-6 苏州市公共文化服务情况（2010—2020）

年份	公共文化服务			
	主要设施条件	文化艺术服务	图书馆服务	突出成绩
2010	文化馆12个（从业人员195人）、文化站95个（从业人员711人）、公共图书馆12个（从业人员589人）、博物馆32个（从业人员568人）	艺术团体15个，从业人员554人，演出13 190场次，观众274.6万人次。艺术场馆23个，艺术场馆座席12 146个，演出73 749场次，观众297.9万人次	图书馆总藏量802.66万册（件），累计发放借书证602 615个，书刊外借612万册次，阅览室座席7634个，开展416次活动，共计101 424人次参与	所辖公共图书馆全部成为国家一级图书馆，公益性文化设施基本实现市、县级市（区）、镇、村全覆盖，苏州美术馆新馆、文化馆新馆、名人馆和评弹学校新校顺利建成；评弹《雷雨》获第六届中国曲艺"牡丹奖"节目奖，《顾家姆妈》获文华优秀剧目奖，年末全市数字电视用户达到220万户，比上年增加14万户；成功承办国际风景园林师联合会第47届世界大会、第八届中国国际民间艺术节等
2011	文化馆12个（从业人员223人）、文化站99个（从业人员740人）、公共图书馆12个（从业人员667人）、博物馆36个（从业人员558人）	艺术团体15个，从业人员563人，演出17 800场次，观众334.6万人次。艺术场馆23个，艺术场馆座席23 240个，演出178 979场次，观众561.3万人次	图书馆总藏量1218.9万册（件），累计发放借书证1 023 933个，书刊外借676.4万册次，阅览室座席7717个，开展1343次活动，共计565 619人次参与	着力推进基层文化设施标准化建设，镇（街道）文化站和村（社区）文化活动室达标率分别超过90%和95%，开展各类公益性惠民演展示3万场次，惠及农村及社区群众3200万人次；滑稽戏《顾家姆妈》被评为国家舞台艺术精品工程精品剧目和第十二届中国戏剧节优秀剧目奖第一名；成为国家首批公共文化服务体系示范区创建市
2012	文化馆12个（从业人员254人）、文化站99个（从业人员846人）、公共图书馆12个（从业人员520人）、博物馆36个（从业人员691人）	艺术团体14个，从业人员557人，演出17 381场次，观众516.2万人次。艺术场馆23个，艺术场馆座席22 516个，演出168 827场次，观众633.6万人次	图书馆总藏量1662.8万册（件），累计发放借书证1 179 446个，书刊外借1110.17万册次，阅览室座席7584个，开展1403次活动，共计429 371人次参与	镇（街道）以上公益性文化设施实现全覆盖，行政村公益性文化设施覆盖率达90%，拥有国家级文化产业示范基地7个，省级文化产业示范基地5个、市级基地28个；滑稽戏《青春跑道》入选国家文化部新中国成立以来优秀保留剧目大奖。6个项目列入联合国人类非物质文化遗产代表作名录；昆曲遗产保护、传承、弘扬工程顺利通过国家级文化创新工程验收

(续表)

年份	公共文化服务			
	主要设施条件	文化艺术服务	图书馆服务	突出成绩
2013	文化馆11个（从业人员281人）、文化站99个（从业人员827人）、公共图书馆11个（从业人员524人）、博物馆40个（从业人员751人）	艺术团体14个，从业人员585人，演出20 800场次，观众328.1万人次。艺术场馆22个，艺术场馆座席24 484个，演出242 262场次，观众1106.5万人次	图书馆总藏量1895.3万册（件）累计发放借书证1 413 606个，书刊外借1333.77万册次，阅览室座席7904个，开展1518次活动，共计384 792人次参与	镇（街道）、村（社区）公益性文化设施覆盖率达100%，启动"书香城市"创建工作，首次开展全民阅读现状入户调查，全市18—70周岁居民综合阅读率达87.6%，高出全国平均水平11.3个百分点；大运河苏州段申报世界文化遗产通过国际古迹遗址理事会考察评估，文化产业主营业务收入超过3000亿元，拥有省级以上文化产业示范基地18个；成为国家公共文化体系范区
2014	文化馆11个（从业人员290人）、文化站98个（从业人员837人）、公共图书馆11个（从业人员526人）、博物馆40个（从业人员776人）	艺术团体15个，从业人员529人，演出15 891场次，观众322万人次。艺术场馆23个，艺术场馆座席24 951个，演出197 306场次，观众709.8万人次	图书馆总藏量2079.8万册（件）累计发放借书证2 664 082个，书刊外借1528.57万册次，阅览室座席7253个，开展1231次活动，共计391 751人次参与	镇（街道）、村（社区）公益性文化设施覆盖率达100%，苏州图书馆全国首创"网上借阅、社区投递"服务，并建成开放全国首个轨道交通图书馆和市区首个24小时自助图书馆；大运河苏州段成功列入世界文化遗产名录，新增国家级历史文化名镇3个、名村3个；国家公共文化服务体系示范区创建成果进一步巩固
2015	文化馆11个（从业人员271人）、文化站98个（从业人员911人）、公共图书馆11个（从业人员559人）、博物馆40个（从业人员756人）	艺术团体15个，从业人员524人，演出15 348场次，观众333.9万人次。艺术场馆24个，艺术场馆座席25 909个，演出215 396场次，观众756.9万人次	图书馆总藏量2377.16万册(件)累计发放借书证8 608 116个，书刊外借1549.33万册次，阅览室座席8692个，开展1549次活动，共计403 483人次参与	着力培育文化创意产业，全市形成了以8个国家级、15个省级和55个市级文化产业示范园区（基地）为主体的产业空间格局，全年文化产业主营业务收入4100亿元，比上年增长15%；启动国家"海上丝绸之路"和"江南水乡古镇"申遗工作；2015年10月19日，市政府常务会议讨论通过《苏州市公共文化服务办法》

(续表)

年份	公共文化服务			突出成绩
	主要设施条件	文化艺术服务	图书馆服务	
2016	文化馆11个（从业人员276人）、文化站98个（从业人员1048人）、公共图书馆11个（从业人员667人）、博物馆42个（从业人员790人）	艺术团体15个，从业人员577人，演出16 392场次，观众365.9万人次。艺术场馆23个，艺术场馆座席26 807个，演出235 944场次，观众634.7万人次	图书馆总藏量2741.67万册(件)累计发放借书证802.46万个，书刊外借1609.25万册次，阅览室座席9210个，开展1351次活动，共计345 454人次参与	全市有8个国家级、16个省级和51个市级文化产业示范园区（基地），全年文化产业营业总收入超过4800亿元，比上年增长16%；推动苏州文化"走出去"，全年共组织文化"走出去"项目47批次；2016年1月1日，《苏州市公共文化服务办法》正式施行
2017	文化馆11个（从业人员297人）、文化站89个（从业人员899人）、公共图书馆11个（从业人员658人）、博物馆44个（从业人员829人）	艺术团体17个，从业人员577人，演出18 068场次，观众357.4万人次。艺术场馆23个，艺术场馆座席28 986个，演出242 511场次，观众605.2万人次	图书馆总藏量3017.71万册(件)累计发放借书证916.09万个，书刊外借1481.46万册次，阅览室座席11 674个，开展1361次活动，共计454 935人次参与	全市共有8个国家级、16个省级和51个市级文化产业示范园区（基地），全年文化产业主营业务收入超过5300亿元；出台《苏州市濒危非物质文化遗产代表性项目人才培养与管理办法》，"心艺行——苏州非遗走出去"赴沙特参展；苏州市被文化部列为全国文化消费试点城市
2018	文化馆11个（从业人员309人）、文化站90个（从业人员921人）、公共图书馆11个（从业人员644人）、博物馆46个（从业人员814人）	艺术团体17个，从业人员577人，演出16 394场次，观众397.1万人次。艺术场馆11个，艺术场馆座席13 286个，演出100 305场次，观众207万人次	图书馆总藏量3214.36万册(件)累计发放借书证974.18万个，书刊外借1764.52万册次，阅览室座席11 846个，开展1693次活动，共计480 526人次参与	姑苏·69阁文化创意产业园、苏州李公堤文创街区、昆山文化创意产业园入选2018年度江苏省重点文化产业示范园区，全年文化产业实现主营业务收入5880亿元，比上年增长10%
2019	文化馆11个（从业人员276人）、文化站93个（从业人员923人）、公共图书馆11个（从业人员702人）、博物馆46个（从业人员839人）	艺术团体17个，从业人员616人，演出18 570场次，观众403.5万人次。艺术场馆7个，艺术场馆座席6307个，演出18 049场次，观众57.7万人次	图书馆总藏量3393.65万册(件)，累计发放借书证2112.86万个，书刊外借1782.22万册次，阅览室座席12 171个，开展1581次活动，共计669 189人次参与	2019年苏州全年文化产业实现主营业务收入6060亿元，比上年增长5.9%

(续表)

年份	公共文化服务			
	主要设施条件	文化艺术服务	图书馆服务	突出成绩
2020	文化馆11个（从业人员272人）、文化站93个（从业人员903人）、公共图书馆11个（从业人员696人）、博物馆47个（从业人员913人）	艺术团体17个，从业人员616人，演出18 570场次，观众403.5万人次。艺术场馆7个，艺术场馆座席6307个，演出18 049场次，观众57.7万人次	图书馆总藏量2594.83万册(件)，累计发放借书证2253.80万个，书刊外借440.79万册次，阅览室座席13 035个，开展1678次活动，共计2 488 812人次参与	公共文化服务体系进一步完善，人均公共文化设施面积达到0.47平方米，年接受文化场馆服务达6000万人次；创新设立"8+X"建设模式，实现全市2021个村（社区）综合性文化服务中心标准化建设全覆盖。苏州弹词《军嫂》获中国曲艺牡丹奖，苏剧《国鼎魂》和苏州评弹《接头》获文旅部创作扶持

资料来源：南开课题组根据各年度苏州市公共文化服务统计年报、《苏州市年鉴》《苏州市国民经济和社会发展统计公报》整理而成。

7.2.4 苏州市公共文化设施与服务调研

1. 市级文化设施与服务

苏州古城的保护措施规定，苏州市区不得建设150米以上高楼，古城区内建筑高度不得高于23米，即高度不得超过北寺塔。苏州文化设施建设布局"三核"中的古城文化设施核心区、"两轴"中的人民路文化设施轴在北寺塔交汇重合。

北寺塔西北不足百米正是苏州市公共文化中心，是人民路文化设施轴的重要组成部分。苏州美术馆、文化馆、名人馆、版画院（桃花坞年画博物馆）等场馆集聚于此，其门前广场也是苏州市区群众文化示范广场之一。根据《苏州市公共文化设施建设布局规划（2015—2030）》，苏州市公共文化设施分为群众文化活动类、图书阅览类、展览类、艺术表演场所类、文化娱乐与产业类五大类。苏州市公共文化中心所含的文化馆、博物馆、剧院，涉及其中三大类，与苏州火车站仅相距2站地铁，北寺塔不足百米的地理位置都符合其综合性文化中心的定位。苏州市公共文化中心数字文化馆成为全国首批10家数字文化馆试点单位之一，在空间有限的古城核心区，数字化成为公共文化服务均等化覆盖的利器。

人民路文化设施轴的另一个重要文化设施是颇有盛名的苏州图书馆。苏州市的图书馆事业一直被业界所瞩目，继 2013 年第五次全国公共图书馆评估定级苏州市公共图书馆全部获评一级馆之后，在 2017 年公布的第六次全国县以上公共图书馆评估定级结果中，苏州市辖区 12 家市、县（区）公共图书馆再次被文化和旅游部评为国家一级图书馆。2015 年苏州市民的综合阅读率达 90.8%，高出江苏省平均数据 2.4%。2016 年苏州市民的综合阅读率达 92.2%，2017 年苏州市民的综合阅读率达 93.99%，已经明显高于原定 2020 实现的苏州市基本公共服务领域主要指标（90%）。2019 年全年苏州图书馆共接待读者 1205.9 万人次，外借图书 502.6 万册次，其中，通过"网上借阅社区投递"服务借出 151.1 万册次，投递包裹 53.7 万个。举办各类读者活动 2261 场，参与人数达 38.9 万人次。苏州图书馆总分馆体系由 2 个实体图书馆、89 个分馆、2 个 24 小时自助图书馆、3 个轨道交通图书馆、115 个网上借阅社区投递点（含 47 个自助服务点）、2 辆流动图书车、28 个图书流动服务点构成。

北寺塔处于人民路文化设施轴、东西向文化设施轴交汇处，北向是苏州市公共文化中心，南向是苏州图书馆，东向则是苏州博物院。苏州博物院同样是以苏式园林风而非高大建筑而闻名，由祖籍苏州的著名建筑大师贝聿铭设计，成为除拙政园外来苏游客必到之处。博物院将苏氏园林造景之美与公共文化设施设计之精表达到了极致，山水游鱼随处皆可入画。博物院内设有的多语种意见书证明了这座国际旅游城市在大型文化设施及服务细节上的水准，意见书上的日本友人提诗更是看到文化的吸引力。

2. 区级文化设施与服务

（1）姑苏区

2012 年，苏州市原有核心平江区、沧浪区、金阊区三区撤销，合并设立为苏州市姑苏区，后成为苏州国家历史文化名城保护区。至 2019 年年末，86 平方千米的姑苏区常住人口 96.07 万人，下辖 17 个街道。本次调研的重点就是在市级文化设施与文化主管单位集中的姑苏区，考察其区级文化设施的建设与使用情况。

作为姑苏区政府实事项目，2014 年 9 月姑苏区市民文化活动中心新馆正式落成，面向市民开放。该活动中心改建地址位于西环路 2115 号，共 8 层，总建筑面积近 13 000 平方米。其中一楼和二楼为姑苏区图书馆，建筑面积约为 5000 平方米；三到八楼为姑苏区文化馆，建筑面积约为 8000 平方米。这是集合图书馆、文化馆、美术馆、体育中心的复合型综合文化场馆设施。

市民文化活动中心一楼的"东方娃娃绘本馆"服务于 10 岁以下的儿童，与凤凰出版传媒集团旗下的江苏《东方娃娃》期刊有限公司合作，引入社区内教育机构提供服务。内设借阅区、活动区和母婴区，提供 2000 种以上优质绘本、精选的儿童文学图书以及与儿童发展相关的其他领域的图书，供社区家庭免费借阅。由专业教育机构组织亲子读书会、儿童剧表演、少儿阅读指导专家讲座等活动，为低幼儿童的早期阅读提供帮助和指导，实践"阅读从 1 岁开始"的理念，推动亲子共读，促进全民阅读。二楼的"孩子图书馆"则是孩子们担任图书馆员负责图书馆工作的区域，效仿陶行知"学生教学生"的小先生制来开展工作，成为姑苏区图书馆的特色场馆，让孩子参与到图书馆日常的书籍整理、借还工作之中，增加孩子阅读兴趣的同时，作为"少儿阅读基地"提供针对性的阅读指导。开馆时间周一至周五是下午与周末全天，充分考虑到孩子们的学习生活与使用需要。

"姑苏出发——旅游阅读馆"与苏州文化国际旅行社合作，利用双方优势资源形成互补，为读者提供旅游书刊阅览、个性化旅游资讯查询、驴友分享交流等公益服务，是苏州首家旅游专题阅读馆。旅游业为长三角地区经济发展的重要组成部分。2020 年江苏省接待境内外游客 4.73 亿人次，实现旅游业总收入 8250.59 亿元，分别恢复到 2019 年的 53.7% 和 57.6%，其中，接待国内旅客人数、国内旅游收入恢复程度分别高出全国 5.9 个和 19.6 个百分点。旅游阅读馆不仅聚焦提供旅行主题相关手册、地图、期刊，更集中展示姑苏文化、旅游发展相关材料，推出"吴文化"特色展示、公共旅游咨询接待、旅游线路"私人定制"等服务项目。2014 年，首批"姑苏出发——非遗体验之旅"项目，带领游客先后体验苏绣、苏钟、苏州织造官府菜、苏州评弹等国家级、省级、市级非遗项目，使参与者能够深入感受姑苏文化，在发展旅游经济的同时，也带动人文旅行书籍的深度阅读。2019 年，在为期三天的 2019"姑苏出发——非遗体验之旅"中，孩子们先后走入苏州民俗博物馆、苏州生肖邮票博物馆、姑苏区非遗生活馆以及多家苏州老字号等，"荡荡观前街、白相山塘街、兜兜荸门横街",写春联、剪窗花、印年画。

近年来,"姑苏出发——非遗体验之旅"逐渐成熟完善,其中夏令营活动被评为苏州市社科普及创新项目、苏州市未成年人思想道德建设工作创新案例,获苏州市少儿艺术节优秀组织奖、苏州阅读节优秀活动奖等,得到诸多认可。如今这项由姑苏区文化馆、图书馆共同主办的活动将带领小朋友参观中国昆曲评弹博物馆、苏扇博物馆、苏州丝绸博物馆,并在苏州昆剧院学唱昆曲、姑苏区非遗生活馆学习苏州剪刻纸,在书香姑苏斋体验苏绣传习技艺。在文化馆、图书馆联合之外,引进旅游专业团队,打造文化品牌,提升公共文化服务机构的社会影响力。

(2) 工业园区文化设施与服务

在苏州城市总体设计中,苏州工业园区在"双城双片区"格局中承担着"苏州新城"的地位。苏州工业园区行政面积达到 278 平方千米,是全国首个国家商务旅游示范区、首个数字城市建设示范区、唯一的国家级商务旅游示范区,位列 2020 年综合排名前 4 的国家级高新区。到 2019 年年末,园区常住人口 82.16 万人,户籍人口 57 万人。庞大的流动人口与外来人口是园区公共文化服务不能回避的现实基础。2019 年实现地区生产总值 2743 亿元,在国家级经开区综合考评中实现四连冠,在国家高新区考评中综合排名第 5。2020 年 1 月 17 日,在商务部召开的 2019 年国家级经开区综合发展水平考核评价结果专题新闻发布会上公布的"国家级经开区综合发展水平前 30 名名单"中,苏州工业园区位列第一。园区内拥有中国第二大城市内陆湖——金鸡湖,水域面积达 7.4 平方千米,是国内极少数免费对外开放的国家 5A 级旅游景区之一。作为苏州标志性的文化交流平台,苏州文化艺术中心坐落于金鸡湖畔。不同于苏州古城区文化场馆,在不再受限于古城建筑高度控制线的高新区(虎丘区)与工业园区,高楼与巨型场馆都成为公共文化设施的可选项。与总高达到 700 米的苏州地标——东方之门隔湖相望,共同构成金鸡湖景区文化经济特色发展带。

原名为苏州科技文化艺术中心的巨型场馆于 2007 年 10 月正式启用,2011 年 5 月更名为"苏州文化艺术中心"。文化艺术中心由金鸡湖美术馆、园区文化馆、园区图书馆苏艺分馆、苏州大剧院、苏艺影城、金鸡奖展览馆、苏艺芭蕾舞团、苏艺培训、商业中心等组成,是江苏省文化产业示范基地,中国

"金鸡奖"永久评奖基地落户于此。地铁1号线文化博览中心站出站后，有通道出口可便捷直达文化中心场馆内，是园区文化设施与公共交通设施建设良好互动的典型案例。

苏州文化艺术中心作为多文化场馆集聚的综合平台，不仅体现为场馆的高度集中，更体现在服务的交互融合。如漂流书箱设置在大剧院的几个休息区之中，方便等候进场或场间休息的观众享受读书休闲的同时，更是对图书馆阅读App及园区图书馆特色服务进行了宣传推广。中心内设有的园区图书馆苏艺分馆也是根据园区休闲生活时间而设置，工作日主要是下午与晚上开放，在周末则是全天开放，同时集中有符合文化艺术中心特色的艺术主题藏书进行阅览借阅服务。

建筑面积3180平方米的金鸡湖美术馆于2012年5月正式开馆，该馆是一座专业化、学术化的非营利公益性美术馆，以研究、策划、展示、收藏国内外优秀当代艺术作品为主，承担着传播文化艺术的社会责任。在前文姑苏区非物质文化遗产生活馆部分，提到的未成年人社会实践活动也在这里开展系列活动。

除了大型文化系统内的机构与场馆，《苏州市民办博物馆管理办法》《苏州市民办博物馆扶持办法》《苏州市民办美术馆管理办法》《苏州市民办美术馆扶持实施细则》等规范的出台，为民间力量参与公共文化服务提供了强力支撑，使得苏州市在国有博物馆、美术馆为主体的公共文化服务设施构建中，打造了行业、民办博物馆、美术馆等场馆共同服务大众的新格局。

不仅是这些公办或民办公共文化场馆，园区公共文化服务以更多形态走进公众生活。如园区内承办过"书香中国万里行"的苏州凤凰广场，是以文化为核心业态的主题购物中心。拥有凤凰苏州书城、自在复合书店、凤凰点播视听馆、幸福蓝海影院等文化产品消费供应方，同时还融合餐饮、文创产品、艺术品展览、户外运动等业态，成为一站式文化消费地标。

除社会参与共同建设的公共文化设施场馆之外，苏州市公共文化服务在均等化探索上，关注民间文化艺术团体。出台《支持民营文艺表演团体发展奖励办法》《支持高雅艺术演出活动实施办法》等政策文件规范服务，设立专项资助扶持资金，每年组织民营文艺表演团体参加各类演出活动，年服务人群超600万人次。

第七章 公共文化服务均等化案例研究：东部

《中共中央关于制定国民经济和社会发展第十四个五年规划和二〇三五年远景目标的建议》明确提出要推进城乡公共文化服务体系一体建设，创新实施文化惠民工程，广泛开展群众性文化活动，推动公共文化数字化建设。江苏省苏州市于2011年成为首批国家公共文化服务体系示范区创建市，2013年以全国总分第一的优异成绩通过验收。此后，在政府大力投入、强效推进和群众力量的积极参与下，至2020年年末，已建成覆盖城乡、普惠均等、实用高标、群众满意、引领全国的公共文化服务体系，并向高质量发展城乡公共文化服务的目标迈进。

（3）高新区文化设施与服务

苏州高新区（虎丘区）东接苏州古城，西邻太湖，是全国首批国家级高新区。行政区域面积332平方千米，至2017年年底，全区总人口77.48万人，其中常住人口58.78万人，下辖枫桥、狮山、横塘、镇湖4个街道及浒墅关、通安、东渚3个镇，下设通安、东渚、浒墅关3个分区和苏州高新区出口加工区。下设江苏省苏州浒墅关经济开发区、苏州科技城、苏州高新区综合保税区、苏州西部生态城。

高新区被《苏州市区公共文化设施布局规划（2015—2030）》中重要的环太湖生态文化带、大运河文化带"两带"环绕。随着该规划的实施，高新区文体中心、苏州湾文化中心等一批区域文化"新地标"也将逐步落实，城乡"10分钟文化圈"初步形成，公共文化服务让新老城区居民均能"触手可及"。具体到区级规划，2017年发布的《苏州高新区文化建设三年行动计划》《苏州高新区公共文化设施布局规划》《苏州市文化设施布局专项规划（2017—2035）》，对高新区公共文化服务水平、文化产业发展质量都提出了更为明确的具体规划。

基础设施的投入不仅建立在高新区经济发展的基石上，更体现在共享发展红利的政治思路上。高新区民生支出占一般公共预算支出超过70%，城乡居民人均可支配收入增长8%。

3. 镇街文化设施

苏州市2019年度一般公共预算收入达到2221.8亿元，居全省第一，比2018年度增加了101.81亿元，占当年江苏省一般公共预算收入总额的

25.24%，排名居全国地级及以上城市第5。强有力的经济增幅保障了公共文化基础设施建设。2017年9月，苏州第二图书馆主体结构顺利封顶，这座全国首家大型自动化立体书库，在成为苏州最大图书馆的同时，也将苏州市公共文化设施总面积推进到300万平方米，人均面积达到0.29平方米。苏州市文广新局局长李杰表示："对照新要求，我们将以更高标准和要求，打造公共文化服务'苏州模式'的升级版，从供给侧入手，加大数字文化和流动文化服务提供，采取'引进来、送出去'的方式，提升苏州文化的影响力，提升人民群众的文化获得感和幸福感。"

随着公共文化服务的"苏州模式"向"升级版"迈进，从"全设置"走向"全覆盖"，力求打通公共文化服务"最后一公里"。为全面推进全市村（社区）综合性文化服务中心标准化建设高质量发展，2019年7月，苏州市开展了为期两周的全市村（社区）综合性文化服务中心标准化建设中期督查，对列入2019年度苏州市村（社区）综合性文化服务中心标准化建设目标的86家创建单位进行中期现场督查，并对既往创建需整改的5个村（社区）开展"回头看"工作。

近年来，苏州市公共图书馆事业蓬勃发展，全市共建成由2个实体图书馆、89个分馆、2个24小时自助图书馆、3个轨道交通图书馆、115个网上借阅社区投递点（含47个自助服务点）、2辆流动图书车、28个图书流动服务点组成的公共图书馆总分馆体系。苏州全市镇、街道综合性文化服务中心标准化建设也已基本实现全覆盖。以镇（街道）综合文化站达标建设为抓手，以村（社区）综合性文化服务中心标准化建设为重点，各类公共文化资源得以整合利用。位于彩香二区北社区金阊街道社区服务中心内的彩香图书馆，虽然公示的图书馆开馆时间有安排午休，但在工作日中午12：35图书馆依然开放。与图书馆工作人员沟通得知，因为该馆是周边单行道环绕老小区居民的看报纳凉首选，中午一般不休息，会安排一位工作人员值班。

位于姑苏区核心醋库巷73号的沧浪街道文化站也是周边社区居民的文化消夏中心，沧浪街道文化站与沧浪区公园街道办事处共享这栋在老小区群中的二层小楼，受场地限制，文化站更多承担的是社区文艺的组织与基本彩排工作。沧浪文化站站长陈露介绍，创新是沧浪街道文化建设的重要特色之一，在苏州市曲协的支持帮助下，文化站内成立有"南张小舍"戏曲曲艺工作室，挖掘和培养年轻曲艺人才，为新老苏州人提供南北结合的曲艺节目。这一普及曲艺文化公益组织的引入使得文化站的作品专业性得到进一步提升，如2017年街道选送的两件作品是苏州地区仅有的入选中央电视台戏曲频道决赛的作品，沧浪街道斩获团体金奖，沧浪文化站站长获得"最佳导演"奖。"南张小舍"负责人付俊坤是国家一级相声演员，同时也是沧浪街道文联艺术团的成员，在传统曲艺的基础上结合现代社会热点进行文艺创作。

据文化馆工作人员介绍，除了加强文化站建设，努力传承昆曲、越剧等苏州传统艺术之外，苏州市通过多种形式促进群众文化生活发展。如出台《苏州市优秀群众文艺作品创作扶持办法》，启动苏州市群众文化"繁星奖"评选活动，通过中国昆剧艺术节、中国苏州评弹艺术节、苏州市少儿艺术节、苏州阅读节等一系列群众文化品牌活动，为全市优秀群文作品搭建展示交流平台。从市级、区级到镇街文化站，层层推进，实现公共文化服务均等化建设。

7.2.5 苏州市公共文化服务机构调研

1. 苏州图书馆

（1）基本情况

苏州图书馆始建于1914年，其前身是清末正谊书院学古堂，曾为"江苏省立第二图书馆"，是我国创办较早的公共图书馆之一，至今已经有100多年的历史，是国家一级图书馆。苏州图书馆现有人民路馆和第二图书馆两个实体图书馆。

苏州图书馆人民路馆位于人民路858号，占地面积16 000平方米，建筑面积25 000平方米，是一座园林式的现代图书馆。该馆在布局上分成北、中、南三大区域。北区主楼为文献借阅区。主楼中设有外借室、各科阅览室、计算机信息中心、科技情报中心等。中区有近代园林建筑——天香小筑和天香书屋，以读者休闲、贵宾接待为主。东部沿张思良巷设有古典园林式长廊，内侧雕刻苏州历代名家书画，体现苏州人文荟萃、英才辈出、文化繁荣的概貌；沿人民路一侧设有长约60米的空透式长廊和绿化带，与车水马龙的繁华街景相隔离；廊内雕刻苏州籍两院院士格言录，是江苏省爱国主义教育基地。南区有2400平方米的知识广场，环列学术报告厅、展览厅、社会教育培训中心、少儿馆等。

苏州第二图书馆位于广济北路 2383 号,建筑面积 45 600 平方米,共建设 7 层,其中地下 1 层,地上 6 层,分为南、北两个区域。第二图书馆具备公共图书馆服务、文献存储集散、配套服务三大功能,突出四大亮点与特色:打造国内首个大型自动化立体书库,打造儿童向往的"悦读天地",打造高端信息服务新平台,打造温馨舒适的"市民书房"。公共图书馆服务功能区主要集中在南区,双层通高的借阅室为读者提供宽敞明亮、安静温馨的阅读环境;在儿童向往的悦读天地里,针对 0—14 岁少年儿童,按年龄划分不同功能区域,动静分开,充分满足亲子阅读和小读者自主探索阅读学习的需求。文献存储集散功能区占据北区一至三楼,设有国内首个智能化书库,可容纳 700 余万册藏书,通过自动存取和分拣传输系统,实现便捷的读者借阅和图书调配功能,充分满足总分馆体系运转和公共图书馆发展的需求。配套服务功能区分布于整个第二图书馆,打造文化消费的新亮点,满足市民多层次、多元化、个性化的文化需求。

苏州图书馆以"平等、免费、专业、礼貌、高效"为办馆宗旨,全年 365 天开放,每天开放 12 小时。近年来,苏州图书馆致力于构建覆盖城区的公共图书馆服务体系,体系内部实行统一资源建设、统一服务标准、统一开展读者活动,截至 2020 年 12 月 31 日,已拥有实体图书馆 2 个,分馆 95 个,自助网投点 50 个,网投服务点 122 个,其中 2020 年建设分馆 6 个(打造主题特色分馆 2 个),自助网投点 3 个。2020 年,线下服务读者 963.93 万人次,线上服务读者 4503.09 万人次;举办各类读者活动 2056 场,参与 514 万余人次(1—12 月共举办 546 场线上活动,参与 83.6 万人次)。苏州图书馆已成为苏州市民生活中不可或缺的公共文化空间。

苏州图书馆通过服务和创新,取得了多方面的成绩。先后荣获了包括"国家一级图书馆""全国公共文化设施管理先进单位""全国古籍保护工作先进单位""全国盲人阅读推广先进单位""全国人文社会科学普及基地"、第十四届"群星奖"(服务奖)、第十六届"群星奖"(项目奖)、"江苏省文明图书馆""江苏省文明单位""江苏省精神文明建设工作先进单位""江苏省古籍保护工作先进单位""江苏省社会科学普及示范基地和研发基地(2020—2023 年)"、第九届江苏省"五星工程奖"服务项目奖、首批江苏省公共文化设施开展学雷锋志愿服务示范单位;"网上借阅 社区投递""你选书 我买单""一坛四库"党员教育平台分获第七届江苏省公共图书馆优秀服务成果一、二、三等奖,"书香苏州网站,移动客户端"荣获"江苏省优秀全民阅读新媒体推广平台"称号,"苏州图书馆年报制度"荣获"2017年度江苏省公共文化服务体系建设创新示范项目","小候鸟"服务项目荣获"2018年美国图书馆协会主席国际创新奖"等一系列荣誉。

(2) 特色品牌服务

① "网上借阅 社区投递"

苏州图书馆致力打造"N+X"的品牌服务矩阵,对现有品牌项目深挖其服务内涵,提升服务品质和内涵;对新增服务项目,结合二馆"馆中馆",着重把握特色引领。2020年,线下新增"听·说‖乐读课堂""苏韵流芳——苏剧的传承与保护""小手大创想"系列活动;线上新增"苏州文学名家系列""珍"享学苏州"闲话""阅生活""匠心""悦悦姐姐来了""一本书直播间""音乐的力量""字里行间"等品牌栏目①。

苏州图书馆"网上借阅 社区投递"服务,包括投递点子系统、后台管理系统、物流配送系统、用户终端系统四部分。读者可以通过计算机、手机或平板电脑等移动智能终端访问苏州图书馆网上借阅平台,提出借阅请求,图书馆找到图书后,通过物流系统配送到读者指定的社区分馆或者社区投递点,同时以短信通知读者,读者凭证刷卡取书,还书时也可就近还到社区分馆或者投递点。该服务以RFID技术为基础并集成各种高科技技术手段,在全市范围内选择社区投递点,将市民需要的图书送到居民身边,在方便市民借阅图书的同时,提高了文献资源的使用效率②。

②轨道交通图书馆服务网络

轨道交通图书馆服务网络目前由2个实体轨道交通图书馆和5个轨道交通投递点组成,2个实体轨道交通图书馆分别为轨道交通广济南路站图书馆和轨

---

① 苏州图书馆. 苏州图书馆2020年年报 [EB/OL]. [2022-05-12]. https://www.szlib.com/gwgk.html? articeid=47583.

② 网上借阅社区投递 [EB/OL]. [2022-05-12]. http://www.szlib.com/fwpp.html? id=0.

道交通红庄站图书馆,读者在轨道交通图书馆内可以享受到借阅图书、电子阅览、"你选书 我买单"新书借阅等服务,轨道交通图书馆的开放时间均为08:00—20:00。5个轨道交通自助投递点分布在一号线木渎站、钟南街站,二号线桐泾公园站、火车站站和平泷路东站,这5个自助投递点均设有自助还书机及智能取书柜,市民通过"书香苏州"借阅的书籍可在此收取,也可自助归还在苏州图书馆任一服务点借阅的图书①。

③24小时自助图书馆

苏州图书馆共有2个24小时自助图书馆,分别位于人民路石家湾46号、苏州第二图书馆一楼。主要功能有:图书借阅功能:读者把想借的图书放到自助借还书机的图书放置区中,点击"借书",同时把读者证放到刷卡区读取数据,所借的图书的名字就显示在屏幕上,也就完成了借书的手续;还书功能:24小时自助图书馆的外墙上有一个24小时室外还书机,读者只需将所借图书放入还书机的图书入口,图书将自动完成归还;自助办证功能:24小时自助图书馆的外墙上有一个24小时自助办证机,读者使用身份证、自助缴纳50元押金后,办证机自动输出一张读者证;阅览功能:24小时自助图书馆内放置着最新的期刊、杂志和报纸,并提供一定的阅览座位,读者可以进行阅读;查询数据资源功能:24小时自助图书馆内提供1台触控屏设备和4台计算机设备给读者使用,读者可以访问互联网、苏州图书馆馆藏数据资源、国家图书馆数据资源等;无线上网功能:24小时自助图书馆内提供无线覆盖,读者在输入自己的读者证号和密码完成验证后,可以用自带的智能终端设备上网;网上借阅、自助取书功能:24小时自助图书馆内安装有一组寄物柜(含36个书柜),读者可以网上完成图书借阅,选定"苏州图书馆24小时自助图书馆"为投递点后,可以任意时间前来刷卡取书②。

④数字资源与情报服务

苏州图书馆拥有丰富的网络资源、国内外网络数据库及光盘数据库,除为

---

① 苏州图书馆.轨道交通图书馆网络[EB/OL].[2022-05-12].http://www.szlib.com/fwpp.html?id=1.

② 苏州图书馆.24小时自助图书馆[EB/OL].[2022-05-12].http://www.szlib.com/fwpp.html?id=2.

广大用户提供信息咨询服务、读者信息素养培训外,还提供科技查新、舆情监测、文献代查代检、专题/定题检索等个性化服务。信息导航:提供决策信息、管理信息、每日经济金融信息、建筑装饰行业月报等,立足国内,放眼全球,为读者带来最有价值的行业信息。科技查新:为企业科研立项、科技成果鉴定、奖项申报等提供客观依据。舆情监测:量身定做,集中整理各大中文报刊关于某公司或某行业的报道,可承接敏感信息的预警、突发事件的实时追踪和宣传工作的评估考核等工作。定题检索:可为科研人员提供关于某个特定主题的相关资料,最大限度地节省读者时间。"书苑天香"俱乐部:促进终身学习,搭建高端人脉,为企业中高层人士搭建学习与交流的平台。读者信息素养培训:宣传馆藏信息资源,普及检索知识,提高用户获取信息的能力[1]。

2021年《信息导航》紧盯时事热点话题,决策版出刊47期、专刊3期;管理版出刊23期,共发送信息12 560份;《每日经济金融信息》发送233期。舆情报告稳步推进:发送苏州图书馆每日舆情365期、每周舆情监测52期,以及月度舆情监测报告12期;为苏州市镇湖镇提供刺绣舆情周报52期,为苏州幼儿师范学校提供舆情月报12期,为胥江中学提供舆情双月刊7期,为苏州包装印刷业协会提供包装印刷业简报12期。依托馆内丰富的文献信息资源,全年承接完成企事业单位、科研院所及科技工作者的科技查新委托55例[2]。

⑤你选书 我买单

"你选书 我买单"活动是苏州图书馆的特色品牌服务,由苏州图书馆联合苏州新华书店及实体民营书店共同开展,探索个性化阅读精准服务,有效解决公共图书馆的馆藏建设与读者需求的对接问题。自2014年苏州图书馆百年馆庆正式推出以来,已持续开展文化惠民服务6年。近年来,选书活动借助"苏图首发""苏图·同城颂读读书会"等平台的融合创新,持续提升活动的品牌影响力。读者在线下服务网点(实体书店、分馆等)找到所需借阅的新书后,将其交给工作人员作简单处理,即可免费借阅;读者也可在线上通过

---

① 苏州图书馆. 数字资源与情报服务 [EB/OL]. [2022-05-12]. http://www.szlib.com/fwpp.html?id=3.

② 苏州图书馆. 苏州图书馆2021年年报 [EB/OL]. [2022-05-12]. https://www.szlib.com/gwgk.html?articeid=47583.

"书香苏州"App 的"你选书 我买单"书目列表挑选图书,并通过苏州图书馆"网上借阅社区投递"服务将图书送到各流通服务点、社区投递点、自助服务点或者邮寄到家,读者就近取书即可,待图书看完后读者可在上述各点就近还书或自助还书点还书①。受疫情的影响,2020 选书活动在 1 月 23 日暂停,3 月 16 日起逐步恢复。疫情期间,苏州图书馆推出了两期战疫书单;"4·23 世界读书日"开展了"你选书 我买单"限时免邮活动,并积极参加江苏书展,宣传"你选书 我买单"读者荐书活动。2020 年累计借出图书 1.73 万册次,码洋 79.88 万元,参与 1.18 万人次②。

⑥"悦读宝贝计划"

2011 年,苏州图书馆启动了亲子阅读推广项目——"悦读宝贝计划"。这项计划面向婴幼儿家庭,旨在鼓励家长与孩子一起分享阅读的快乐,让幼儿从出生起就开始接触书本,培养儿童早期的阅读兴趣和能力。该活动采取网上报名,现场发放的方式,每年为 0—3 岁婴幼儿家庭发放"阅读大礼包",礼包内包括一本婴幼儿读物、一本《亲子阅读》指导书、阅读成长尺、宣传册页等。用户通过手机、平板电脑等移动智能终端下载、访问"书香苏州"客户端。进入"阅读大礼包"免费申领服务平台,根据要求填写基本资料并上传宝宝户口本信息所在页照片(审核用),选取相应的投递点后等待审核。审核通过后在自己指定的社区分馆或投递点领取"阅读大礼包"。除了向 0—3 岁的婴幼儿发放"阅读大礼包"以外,该计划还根据不同年龄段的婴幼儿特点有针对性地开展多项读书活动,如定期开展"悦悦姐姐教我念儿歌""听故事姐姐讲故事""悦读妈妈进社区"活动,举办"家长沙龙""我给孩子讲故事比赛""苏州市幼儿童话剧表演比赛"和"苏州市小学生课本剧表演比赛"等③。

2020 年苏州图书馆举办各类少儿阅读活动 372 场,参与少儿读者 1.6 万人次,面向 0—3 岁的苏州户籍幼儿累计发放"阅读大礼包"2459 个,未成年人

---

① 苏州图书馆. 你选书 我买单 [EB/OL]. [2022 - 05 - 12]. http://www.szlib.com/fwpp.html? id = 4.
② 苏州图书馆. 苏州图书馆采编中心 2020 年工作总结 [R]. 苏州, 2021.
③ 苏州图书馆. 悦读宝贝计划 [EB/OL]. [2022 - 05 - 12]. http://www.szlib.com/fwpp.html? id = 5.

流动图书大篷车出车69次,服务2.04万人次。举办第十一届苏州市"我给孩子讲故事比赛",提交作品共得到了77.8万次的点击量,举办2021年苏州市红领巾读书征文活动,并与"童话里的世界"苏州市童话故事创作大赛相结合,共收到1000余篇稿件,并送50篇优秀作品参加省级比赛。组建全新"悦悦姐姐"团队,拍摄"悦悦姐姐来了"在线教学小视频33条,点击量2万余次。上线苏图雏鹰志愿者预约小程序,开展雏鹰活动282场次,参与志愿者1644人次[①]。

⑦"苏韵流芳——苏剧的传承与保护"

通过"讲、演、观、课"四个方面、四组活动,全方位展示苏剧艺术,体现苏剧魅力,进一步发挥了公共图书馆在传承、发展中华优秀传统文化中的积极作用。活动荣获2020年度省社科联社科普及资助基地项目;苏州市2020年度社科普及创新引导扶持一类项目;苏州市"优秀阅读创新项目"[②]。

⑧"一本书直播间"荐书品牌活动

每期推荐一本好书,由馆员撰写文案,并通过朗读的形式,录制10分钟左右的书籍简读与荐读,涉及诗词、散文、小说等各种体裁,旅游、科普、地方文化等各种主题。2020年,线上推送共43期,其中包含"暑期特辑"8期,"苏州特辑"3期,"红色经典特辑"2期[③]。

⑨视障读者服务

苏州图书馆一贯重视对弱势群体开展服务,依托盲人阅览室展开一系列的读者活动,包括盲人读书会:各界爱心人士乐当志愿者,为视障读者解读名著,介绍各地历史文化、民俗风情;盲人爱心电影:为视障读者提供无障碍文化产品服务;"一帮一、手牵手"活动:组织盲人读者参加知识竞赛、征文演讲比赛、赛诗会、赛歌会、文艺表演等活动;"走向户外、触摸世界"活动:组织盲人读者外出参观,了解外面的世界及环境;视障读者系列培训:盲文培

---

① 苏州图书馆. 苏州图书馆2020年年报 [EB/OL]. [2022-05-12]. https://www.szlib.com/gwgk.html?articeid=47583.

② 苏州图书馆. 苏州图书馆2020年年报 [EB/OL]. [2022-05-12]. https://www.szlib.com/gwgk.html?articeid=47583.

③ 苏州图书馆. 苏州图书馆2020年年报 [EB/OL]. [2022-05-12]. https://www.szlib.com/gwgk.html?articeid=47583.

训、计算机和盲人听书机使用培训等各类免费培训，帮助视障人群提高学习能力和就业能力；苏州大讲坛·阳光讲坛：聘请专家学者通过座谈、讲座等形式与残疾人读者面对面交流，旨在更好地为残障读者提供精品化的文化服务；"真人图书馆"：邀请社会名人、爱心人士到馆座谈，讲述励志故事，分享有"温度"的人物故事；盲人"超凡"朗诵艺术团：旨在为盲人读者搭建平台展示自我，增强其自信心，鼓励盲人多读书、读好书。以朗诵形式传播中华优秀传统文化，提升盲人文化素养，展现盲人精神风貌[1]。2020年举办"我是你的眼"视障读者主题系列活动，线上线下共计17场，包括朗诵、走出户外、盲人读书会等，如抗击疫情，迎接春天线上朗诵会之"敬礼！钟南山院士""走出户外，探秘有轨电车""游碑刻 逛文庙""平凡的世界"读书会等。其中新华社报道"视障人士体验有轨电车"点击量突破100万次[2]。

⑩公益讲座

"苏州大讲坛"是苏州图书馆积极推动的公益性群体文化服务品牌项目之一，讲座内容涵盖了社会生活的各个方面。近年来，"苏州大讲坛"每年平均举办讲座超过百场，目前已形成了"名家大讲堂""先锋讲坛""相约健康""苏州地方文化""文化生活""旅游大讲堂""读者辅导""音乐赏析""全民健身""水墨丹青""国学文化"等20余个系列讲座，还创立了"苏州大讲坛进分馆""先锋讲坛进社区"等品牌，更多地走进社区，贴近市民生活[3]。

⑪公益展览

苏州图书馆公益展览旨在促进知识、信息和文化的交流，打造共建共享的公共交流平台，通过举办影响力大、覆盖面广的公益展览，提升图书馆公共文化服务能力，发挥其在公共文化服务体系中的作用。近年来举办过上百场公益展览，也曾先后自主策划举办过"那些年，我们追过的动画""苏州廉政人物事迹展""百年历程——苏州图书馆馆史图片展""少儿绘本创作大赛作品展"

---

① 苏州图书馆. 视障读者服务 [EB/OL]. [2022-05-12]. http://www.szlib.com/fwpp.html?id=6.
② 苏州图书馆. 苏州图书馆2020年年报 [EB/OL]. [2022-05-12]. https://www.szlib.com/gwgk.html?articeid=47583.
③ 苏州图书馆. 公益讲座 [EB/OL]. [2022-05-12]. http://www.szlib.com/fwpp.html?id=7.

"苏州籍院士风采展""二十四孝图片展"等展览,获得了读者的广泛好评①。

⑫文化信息资源共享工程

"全国文化信息资源共享工程"(简称"共享工程")是国家文化部组织实施的一项惠及全民的文化工程。"共享工程"汇集我国图书馆、博物馆、美术馆、艺术院团、研究机构等现有的文化信息资源,将中华民族几千年来积淀的各种类型的文化信息资源精华以及贴近大众生活的现代社会文化信息资源,利用技术手段,依托互联网,实现全国文化信息资源的共建共享,实现优秀文化信息通过网络为大众服务的目标。

"共享工程"由国家中心、省分中心、市县支中心组织资源,通过"共享工程"基层服务点提供服务。"共享工程"资源丰富且不断增加,是一个拥有包括文化新闻、图书、音乐、美术、戏剧、戏曲、文物、文化旅游、文化科技、艺术教育、文化市场、对外文化交流、文化史料、全国知名艺术家等信息的全方位文化数字资源库,以及贴近大众日常生活的科普知识、法律常识、生活礼仪、农业科技、卫生保健、百科知识等社会文化资源库。"共享工程"建有网上资源导航系统和网上参考咨询,设有少年、农村、社区、企业等专版,能够较好地满足广大人民群众的文化需求②。

⑬"苏州'闲话'来哉"活动

"苏州'闲话'来哉"品牌活动包括线下"跟伲喻老师学讲苏州'闲话'"和线上"珍享学苏州'闲话'"两个版块,旨在通过方言的教学与普及,推广苏州话,传承吴文化。"跟伲喻老师学讲苏州'闲话'":旨在通过方言的教学与普及,推广苏州话,传承吴文化。"跟伲喻老师学讲'闲话'来哉"系列活动编写原创教学内容,并从内容、主题以及形式上不断创新,侧重于学员对吴侬软语的认识及吴文化的宣传,并根据学习的难易程度,进行课程式现场对话教学,让更多想学习苏州话的朋友走进苏州图书馆开设的"跟伲喻老师学将苏州'闲话'"课堂。"珍享学苏州'闲话'":为更好地保护和传承苏州话,2020年,特别策划"珍享学苏州'闲话'"线上教学。利用网络的力量,打造一个"云端

---

① 苏州图书馆. 公益展览 [EB/OL]. [2022-05-12]. http://www.szlib.com/fwpp.html?id=8.
② 苏州图书馆. 文化信息资源共享工程 [EB/OL]. [2022-05-12]. http://www.szlib.com/fwpp.html?id=9.

课堂"。以音频、视频、直播为主要形式,公众号与直播间为主要平台,线上开展教学,让日常忙碌的人们在闲暇时随时随地学习地道苏州话。结合苏州本土文化与时事热点,满足不同苏州话基础的市民进行有针对性地学习①。

⑭苏图首发

"苏图首发"项目是近两年苏州图书馆重点打造的服务品牌,基于图书馆、出版社和书店三方的交流平台,通过缩短新书出版发行到图书馆上架的时间,建立"绿色通道",保证在新书首发的当天,读者便可进行阅览和借阅。项目采用"一体两翼"的创新模式,加强与民间公益阅读组织的合作,高效精准地做好读者服务,持续有力地推进全民阅读。2020年举办八期线上读者活动,推荐8种新书②。

⑮"音乐的力量"

侧重馆内经典资源的鉴赏与音乐知识的普及,初步以西方古典音乐及中国传统音乐两个方向展开推荐,同步增加音乐馆内海报展示。2020年全年推送13期,"音乐的力量·黑胶时光"古典音乐鉴赏8期。

(3) 均等化服务经验

①普惠品牌服务细化,助力服务人群均等化

针对少儿读者,苏州市各级公共图书馆纷纷建立了各自的品牌活动。苏州图书馆专门为0—3岁婴幼儿推出了"悦读宝贝"计划。张家港市少年儿童图书馆分别为0—3岁和3—6岁婴幼儿设计了"宝贝启蒙"和"幼儿启智"行动。针对特殊读者,苏州地区多个公共图书馆设有专门的盲人阅览室,并成立了志愿者队伍。昆山市图书馆为昆山市爱心学校的聋哑儿童开展了"把爱传递出去——主题、绘画活动"。独墅湖图书馆与园区仁爱学校合作,为残障学生提供服务和职业体验的机会。针对老年读者,姑苏区图书馆、相城区图书馆和高新区图书馆联合推出"扶老上网"活动,为老年人开展计算机操作与上

---

① 苏州图书馆. 苏州"闲话"来哉 [EB/OL]. [2022-05-12]. http://www.szlib.com/fwpp.html? id=10.

② 苏州图书馆. 苏州图书馆2020年年报 [EB/OL]. [2022-05-12]. https://www.szlib.com/gwgk.html? articeid=47583.

网培训。针对外来务工人员，苏州市各图书馆专设了景山分馆、工地书屋、集装箱图书馆、"虹筑之家"等阅读场所，同时针对外来务工人员及其子女的特点开展了相应的活动，如苏州图书馆各分馆的"人在归途互联网订票"活动、高新区分馆的"书香景山阅读改变人生"系列活动、昆山市图书馆的"中华成语，我来听写"昆山市外来工子弟学校成语听写大赛活动等。苏州市各公共图书馆通过讲座开展知识普及，提升市民文化素养，如苏州图书馆的"苏州大讲坛"、张家港市图书馆的"沧江市民大讲堂"、常熟市图书馆的"市民课堂"、昆山市图书馆的"市民大讲坛"、吴江区图书馆的"垂虹讲坛"、太仓市图书馆的"娄东大讲堂"、独墅湖图书馆的"湖畔论坛"等①。

②总分馆体系纵深发展，提高均等化服务效能

2019年，苏州图书馆陆续新建分馆5家（十中金阊校区分馆、太平老街分馆、阳山新城分馆、东渚新苑分馆、金庭社区分馆），新建自助网投服务点8个（相城天虹购物中心、紫光大厦、统战部、黄桥街道、城市生活广场、保税大厦、园区天虹购物中心、相城专业档案中心），目前苏州图书馆累计共有分馆90家，网投服务点116个（含48个自助服务点），完成了机关工委、财政局、东吴证券等阅读空间建设，完成了市纪委、市检察院、市组织部、市宣传部、相城行政服务中心等内部网投点建设。服务载体的"广覆盖"，丰富了广大市民的精神文化生活，推动了图书馆总分馆体系建设，成为苏州市现代公共文化服务体系建设的重要支撑②。

③标准化工作持续推进，优化均等化服务配置

党的十九大报告提出，从2020年到2035年，基本公共服务均等化基本实现。实现基本公共服务均等化的关键是推进基本公共服务的标准化，以标准化手段优化资源配置、规范服务流程、提升服务质量、明确权责关系、创新治理方式，确保全体公民都能公平可及地获得大致均等的基本公共服务，从而切实

---

① 许晓霞，黄洁，徐荣.普遍均等惠民众氤氲书香溢苏城——基于第六次评估定级的苏州市公共图书馆事业发展报告［J］.新世纪图书馆，2018（3）：7-12.

② 苏州图书馆.2019年度苏州图书馆年报［EB/OL］.［2022-05-12］.http：//www.szlib.com/gwgk.html？articeid=46819.

提高人民群众的获得感、幸福感和安全感[①]。由苏州图书馆起草的《苏州市公共图书馆总分馆体系建设规范》入选 2019 年度苏州市地方标准项目计划。在苏州市文化广电和旅游局以及苏州市市场监督管理局的指导下,苏州馆的服务标准化工作取得了一定的成效,为标准化促进均等化,持续提升苏州图书馆服务水平,更好地为广大读者提供更加优质的服务提供了基础[②]。

④轨道交通图书馆开放,补充均等化服务网络

轨道交通图书馆服务网络因覆盖地域较广,可以成为社区图书馆服务网络的重要补充。这对于促进服务均等化是有益的。通过这一网络,读者可享受到多样化的服务,如信息服务、借阅图书、电子阅览、"你选书 我买单"新书借阅等服务,轨道交通图书馆的开放时间较长。5 个轨交自助投递点分布在一号线木渎站、钟南街站,二号线桐泾公园站、火车站站和平泷路东站,这 5 个自助投递点均设有自助还书机及智能取书柜,市民通过"书香苏州"借阅的书籍可在此收取,也可自助归还在苏图任意服务点借阅的图书。轨道交通图书馆为工作繁忙、无暇去到图书馆的人群提供了利用碎片化时间阅读的机会,在乘坐轨道交通时间内,满足其阅读需求。轨道交通图书馆扩大了阅读人群,为更多人利用图书馆的资源与服务提供了机会。

⑤智能化技术设备应用,提升均等化服务效率

为解决苏州图书馆馆舍面积和公共藏书空间不足的问题,在苏州第二图书馆建成了集文献采编、保存、调配、周转,以及全市公共文化数据中心等功能于一体的苏州第二图书馆自动化立体书库。苏州第二图书馆自动化立体书库总存量约为 700 万册,整个书库包含自动化存取系统(ASRS)、典藏管理、入库管理、出库管理、流通分拣、订单拣选、文献传送功能、系统管理以及与业务管理系统、网上借阅系统和数字图书馆管理系统对接等功能。

读者通过苏州图书馆网站或移动端手机等,就能发起图书借阅,系统按流程将读者所借的图书送达借书人指定的取书点。读者可根据自己的情况,选择

---

① 经济日报. 以标准化促公共服务均等化 [EB/OL]. [2022-05-12]. http://www.gov.cn/zhengce/2019-02/20/content_5366974.htm.
② 中国图书馆网.《苏州市公共图书馆总分馆体系建设规范》入选 2019 年度苏州市地方标准项目计划 [EB/OL]. [2022-05-12]. https://www.chnlib.com/News/2019-07/1084914.html.

苏州图书馆的分馆和无人值守借书柜作为取书点。同时，通过引入最新的IT技术，对馆内的计算机网络设施、信息化设备、图书馆业务系统和专业管理系统进行统一规划。

自动化书库在全馆文献流中不仅解决了文献的储存问题，同时还负责文献开放流通，截至2020年12月31日，苏州图书馆自动化立体书库累计存储了230万册书，为全市各个分馆调配了20万册图书，现场借阅服务了1万多位读者，为网上借阅服务了6万多位读者，共借出图书818 481册次。利用自动化立体书库强大的文献处理能力，结合文献典藏管理，科学调整文献，优化馆藏结构，提升馆藏合理化。通过书库强大的存储能力，使馆藏资源得以充分利用，释放1年以上未流通图书331 567册[①]。

2. 苏州其他公共文化机构

（1）苏州市公共文化中心

苏州市公共文化中心是苏州市文化广电和旅游局下属的副处级公益一类事业单位，设有苏州美术馆、苏州市文化馆、苏州市名人馆、吴作人艺术馆（苏州书法篆刻艺术院）、颜文樑纪念馆（苏州油画院）、苏州版画院（苏州桃花坞木版年画博物馆）、杭鸣时粉画艺术馆（苏州粉画艺术院）、苏州公共艺术研究院等艺术场馆[②]。

（2）苏州市文化馆

苏州市文化馆的前身是始建于1917年的民众教育馆，2004年9月定名为苏州市文化馆至今，馆址在苏州市人民路2075号。

苏州市文化馆积极组织全市群众文化的创作和展示活动，努力培养壮大业余骨干队伍，丰富全市群众的社会文化生活。多年来推出的"家在苏州·我们的节日"节庆活动、"家在苏州·情满水城"群众文化走进基层流动演出、"君到姑苏见——摄影作品全国巡展""品苏——手艺体验及苏作手艺展"等系列活动，受到市民群众的广泛欢迎。近年来，苏州市文化馆争创数字文化服

---

① 苏州图书馆. 苏州图书馆典藏部2020年工作总结［R］. 苏州，2021.
② 苏州市公共文化中心. 苏州市公共文化中心概况［EB/OL］.［2022-05-12］. http://www.szpcc.com/about/center.jsp.

务新优势,成为全国首批数字文化馆项目试点建设单位。

全馆在职人员中具有中、高级职称14人,多人为各艺术门类全国性协会会员,创作的音乐、舞蹈、曲艺、小品、文学、美术、摄影等精品力作如《担鲜藕》《一条叫做"小康"的鱼》等先后在"群星奖""五星工程奖"等国家级、省级大赛和评奖活动中获得重大奖项①。

(3) 苏州市美术馆

苏州美术馆由颜文樑先生于1927年创建,素有"中国美术史上第一馆"之称。2010年,位于苏州古城主干道人民路北段的苏州美术馆新馆落成,设有面积达800平方米的大展厅1个和面积在200—500平方米的中小展厅6个,展线463米,户外展览面积达800平方米,并设有多功能学术报告厅、恒温恒湿库房等。

"功崇惟志,业广惟勤。"苏州美术馆秉承研究、梳理、传承颜文樑先生文脉之宗旨,自主策划"江南如画——中国油画作品展""聚焦新时代——中国油画名家邀请展""首届苏州文献展""苏州美术馆建馆九十周年——颜文樑文献展"等一批高质量大型展览活动②。

(4) 苏州市名人馆

苏州是国务院颁布的首批历史文化名城,苏州深厚的历史文化孕育了无数名人。苏州市名人馆以448位苏州名人为展示对象,以传统与现代多媒体技术相结合的展陈方式,融知识性、欣赏性、教育性、趣味性、参与性于一体,为广大观众带来了苏州丰厚历史人文资源的全新体验。

近年来,苏州市名人馆实施以史料展带动学术研究、藏品征集、陈列展览、公共教育四大功能的"四位一体"模式,推出"吴中耆宿——张一麐文献展""俯仰两无愧——叶圣陶文献展""诗人导演——费穆文献展"等一系列文献展,通过如粒粒珍珠般的一个个名人,串联起苏州灿烂辉煌的文脉;创新举办两届"中华名人名篇网络诵读大赛",积极探索"互联网+优秀传统文

---

① 苏州市公共文化中心. 苏州市文化馆 [EB/OL]. [2022 – 05 – 12]. http://www.szpcc.com/about/cultural.jsp.

② 苏州市公共文化中心. 苏州美术馆 [EB/OL]. [2022 – 05 – 12]. http://www.szpcc.com/about/art.jsp.

化"有效路径。在管理运行、学术研究和社会服务等领域全面建成国内一流名人专题博物馆①。

(5) 吴作人艺术馆

吴作人先生生于苏州,并在苏州度过了青少年时光。他与萧淑芳女士生前高度关注家乡的建设和发展,捐赠家乡百余件书画作品,委由戴念慈先生主持设计吴作人艺术馆。苏州市委、市政府择全国重点文物保护单位之一双塔畔,斥资于20世纪90年代修建吴作人艺术馆并对外免费开放。该馆占地面积1430平方米,建筑面积780平方米。2015年,苏州市委、市政府又投入近500万元,全面整修升级吴作人艺术馆。

整修完成后推出"但替河山添彩色——吴作人、萧淑芳《佛子岭水库》研究展""此身犹未出苏州——吴作人与苏州研究展(第一回)"等展览,系统展示吴作人先生"艺为人生"艺术思想的时代价值和现实意义,以及对家乡的深厚情谊②。

(6) 颜文樑纪念馆

颜文樑纪念馆位于苏州美专(苏州美术馆)原址,主体建筑是颜文樑先生当年主持建造的希腊式教学大楼,俗称"罗马大楼"。近年来,苏州市委、市政府前后投入400多万元经费,对"罗马大楼"整体进行修缮,实现了与世界文化遗产、苏州现存最古老的园林——沧浪亭的联通,常年陈列颜文樑先生生平史料,特别还原苏州美专所使用的教室、校旗、校徽、校刊等文献实物资料,放映苏州美专老校友访谈。颜文樑纪念馆是目前国内仅存的一处民国四大美术名校原校舍③。

(7) 苏州版画院

苏州版画院于1987年成立,现为苏州市公共文化中心内设机构;隶属于

---

① 苏州市公共文化中心. 苏州市名人馆 [EB/OL]. [2022-05-12]. http://www.szpcc.com/about/celebrity.jsp.

② 苏州市公共文化中心. 吴作人艺术馆 [EB/OL]. [2022-05-12]. http://www.szpcc.com/about/wuzuoren.jsp.

③ 苏州市公共文化中心. 颜文樑纪念馆 [EB/OL]. [2022-05-12]. http://www.szpcc.com/about/yanwenliang.jsp.

苏州版画院的苏州桃花坞木版年画博物馆于2006年1月6日在朴园挂牌成立，同年桃花坞木版年画被列入国务院公布的第一批国家级非物质文化遗产名录。

苏州桃花坞木版年画始于明，盛于清，与天津杨柳青年画并称"南桃北柳"。其制作以彩色套版为主，一版一色，兼用着色技艺。精细、秀雅是桃花坞木版年画区别于其他年画的显著特色，其不仅在江南广为流行，且影响广泛蜚声海外。明末清初，桃花坞年画大量传入日本，对17世纪日本"浮世绘"绘画产生了深刻影响，亦流传到德、英、法等国，饮誉国内外。

近年来，苏州版画院（苏州桃花坞木版年画博物馆）全力推进馆藏桃花坞木版年画保护研究，下大力气搜集海外收藏的桃花坞木版年画作品信息、相关出版物、文献、论文等，推出"姑苏繁华录——苏州桃花坞木版年画特展"，并赴中国美术学院美术馆、天津美术学院美术馆和山东美术馆进行巡展；年画创作人员多次在青奥会、世乒赛、法国、中国香港、中国澳门、马尼拉等国家和地区的活动中亮相展示，不断扩大桃花坞木版年画的影响力；举办江苏艺术基金2016年度艺术人才培养资助项目——桃花坞木版年画传承班①。

（8）杭鸣时粉画艺术馆

杭鸣时先生系国内外公认的粉画艺术大师，曾担任中国美协粉画艺术委员会副主任、苏州市美术家协会名誉主席等职务。杭鸣时先生致力于粉画艺术的推广和普及，热心苏州粉画事业发展，并将自己六十多年来精心创作的各个历史时期的粉画代表作品无偿捐赠苏州市。

在苏州市委、市政府的关心重视下，杭鸣时粉画艺术馆于2011年12月16日揭牌，建筑面积达1600平方米，为国内第一家粉画艺术馆。自2012年9月28日正式开馆至今，积极发挥美术展览、学术研究、公共教育等多项职能，先后推出"杭鸣时粉画作品展""艺术为人——杭鸣时家族与时代相逢文献展""月份牌第一名家——杭穉英艺术文献展""新时代的春天——风华正茂·全国中青年粉画家学术邀请展"等展览，开展"与大师面对面"粉画沙

---

① 苏州市公共文化中心. 苏州版画院 [EB/OL]. [2022-05-12]. http://www.szpcc.com/about/prints.jsp.

龙,已成为苏州一张闪亮的文化名片①。

7.2.6 苏州市公共文化服务均等化发展经验

江苏省城乡公共文化服务体系在其高速经济发展带动下不断完善,截至2019年年底,江苏全省共有文化馆、群众艺术馆115个,公共图书馆117个,博物馆345个,美术馆27个,综合档案馆113个,向社会开放档案69.1万件,出版报纸22.7亿份、图书6亿册。作为我国经济增长幅度最快的城市之一,苏州市2000年GDP超过其所在的江苏省省会南京市,2001年超过重庆市,2002年超过天津市,2005年率先建成了小康社会。苏州市农村居民收入位列全国第一,县域经济发展水平也位于全国前列;利用外资和工业总产值全国第二,仅次于上海;2020年苏州市实现一般公共预算收入2303亿元,比上年同期增长3.7%,在全国重点城市中位列第四位。正是在这些基础数据与重大项目问卷调研中收集到的情况,南开课题组决定对江苏省进行深入实地调研。此次苏州之行也确实让南开课题组看到了数据之外更丰富多彩的苏州经验。

1. 政策引导保障公共文化服务均等化

苏州市提出的"8+X"建设模式,出台有《苏州市村、社区综合性文化服务中心服务规范(试行)》和服务指导目录以落实公共文化服务建设与执行情况。根据《苏州市"十三五"时期基层基本公共服务功能配置标准》,每个乡镇单独设置1个综合文化站,提供宣传文化、党员教育、科学普及、普法教育、体育健身、公益电影放映等服务功能。每年组织开展各类群众文体活动不少于60次,并设置有老年大学教学点。

《苏州市区公共文化设施布局规划(2015—2030)》《苏州高新区文化建设三年行动计划》《苏州高新区公共文化设施布局规划》等,都是苏州市通过充分的前期调研分析,因地制宜提出的公共文化服务规划。通过不断改进城乡公共文化服务模式,推出的《苏州市关于推进现代公共文化服务体系建设的实施意见》《苏州市群众文艺创作扶持和奖励办法(试行)》《深入推进苏州市文

---

① 苏州市公共文化中心. 杭鸣时粉画艺术馆[EB/OL]. [2022-05-12]. http://www.sz-pcc.com/about/powderprinting.jsp.

化志愿服务实施意见》《苏州市区群众文化活动扶持项目办法》《苏州市优秀群众文艺作品创作扶持办法（试行）》《关于建立健全国家公共文化服务体系示范区长效管理机制的意见》《苏州市国家公共文化服务体系示范区后续建设规划（2014）》《"书香苏州"建设指标体系》《苏州历史文化名城保护专项规划（2035）》等，由苏州市"两办"分别转发，进一步确立了"把建立健全示范区长效管理机制纳入全市经济社会发展"的总体布局。同时，一系列政策、文件，都为开发区、村镇居民享受优质公共文化服务提供了基础政策保障。

2. 多方共建助力公共文化服务均等化

借鉴国内外先进城市标准，按照打造城区"十分钟文化圈"、农村"十里文化圈"要求，推动设施布局从"全设置"走向"全覆盖"，打通公共文化服务"最后一公里"。建设公共文体服务机构资源服务共建共享机制，组织市属文化机构如美术馆、博物馆、图书馆、文化馆下基层，带动高梯度资源与服务向低梯度地区流动，通过多种方式探索基层公共文化服务均等化。

苏州市以每年举办的苏州阅读节为抓手，成为多机构共建提升市民文化服务的重要品牌活动。2021年第十六届阅读节开幕式，以百岁抗战老兵黄文锦、西交利物浦大学执行校长席酉民、苏州市人民检察院党组成员副检察长王勇、中国科学院院士刘忠范、中国工程院院士阮长耿为代表的"红色阅读榜样"与广大读者见面。张家港市、吴江区获评江苏省首批"书香之县"，常熟市古里镇、太仓市城厢镇、吴中区木渎镇获评江苏省首批"书香之乡"。以阅读节、书香城市为切入点，苏州市各区、县将公共文化服务逐步落实到最基层。

3. 创新服务提升公共文化服务均等化

在保障公共文化服务项目之外，作为经济发达地区，苏州市明确区位优势，利用优势培育增长极，发挥极化和扩展效应，不断推出特色高水平多元化文化服务项目，服务不同需求市民，追求效果均等，并通过创新方式加大优秀文化服务项目与产品的创作，提升公共文化产品和服务的有效供给。

推出"接地气""有人气"的文化产品与服务，如获中宣部第十三届精神文明建设"五个一工程"奖的《春雨江南》，入选国家艺术基金的芭蕾舞剧《西施》、滑稽戏《探亲公寓》、中篇弹词《绣神》等项目。高新园区的动画片《小狐狸发明记》荣获第二十三届"星光奖·电视动画片大奖"，常熟市的短篇弹词《招牌菜》获第八届中国曲艺牡丹奖创作奖，昆山市的动画片《粉墨宝贝·舞动巴城》《飞天螃蟹的中国梦》分别获第十届中国国际动漫节"金猴奖"最具潜力动画形象奖和提名奖。各类群众文化作品评奖中多有斩获，奖项总数位居江苏省前列。

苏州市下辖各市、区结合空间发展特色，纷纷推出结合具体地区情况的文化惠民特色项目。如苏州博物馆推出的唐寅特展、吴越青铜兵器展，成立故宫学院苏州分院。苏州市公共文化中心推出的全国中国画名家（苏州）邀请展等。大运河苏州段成功列入世界文化遗产，苏州正式被联合国教科文组织授予"创意城市网络联盟——手工艺和民间艺术之都"称号，建设非物质文化遗产展示交易馆等。引入更多高层次演出，举办阅读节，通过发放文化项目补贴等方式，进一步推动公共文化服务均等化。

4. 社会参与完善公共文化服务均等化

为强化社会参与政策保障，苏州市制定颁布了《苏州市支持民营文艺表演团体发展奖励办法》《苏州市支持高雅艺术演出活动实施办法》《苏州市民办博物馆管理办法》《苏州市民办美术馆管理办法》《苏州市民办美术馆扶持实施细则（试行）》《苏州市民办美术馆等级评定办法（试行）》《苏州市艺术品展览和推广项目资助办法（试行）》《苏州市文化"走出去"扶持项目资金补贴办法》《苏州市群众文化活动扶持办法》《深入推进苏州市文化志愿服务实施意见》等一系列政策、文件，基本形成了相对完备的公共文化社会化管理制度体系。

在政策保障支持下，制定《深入推进苏州市文化志愿服务实施意见》，吸纳社会各界热心人士参与，成立苏州市文化志愿者总队，开展丰富多样的文化志愿活动。全市文化志愿者队伍超过200支，常年参与文化志愿服务人数超过1万，队伍总量占全市各类志愿者队伍总数的14.8%。不仅各级文化团体，在市委、市政府的协调下苏州市教委等机构也参与到文化志愿合作之中，文化志愿者服务校园、服务社区、服务老人儿童等系列活动顺利开展。志愿者服务是基层公共文化服务的重要服务力量，同时市民参与到更多基层公共服务之中也是更为重要的宣传渠道。

5. 互动监管强化公共文化服务均等化

苏州市推进公共文化服务互动化，在影视演出方面，探索实施"你点单、我服务"公益电影、惠民演出配送机制；在图书阅读方面，推出"你选书我买单"图书借阅服务，该服务不是简单的服务项目，而是根据市民和书店分布情况，将有特色的民营书店引入文化服务建设中，纳入"书香苏州"App，并建立准入、考核、退出机制。张家港市的"网格化"公共文化服务、吴江区的"区域文化联动"都是建立在高效互动反馈下的公共文化服务模式，不仅发挥了区位优势和好特色，还促进了不同空间资源和服务的互动融合。

苏州图书馆最早建成开放轨道交通图书馆分馆，并首创"网上借阅、社区投递"阅读服务，推出"互联网＋公共服务"移动服务平台，具有可拆卸、自由组合、因地制宜设置、全面配置互联网等特点，方便亲子阅读等阅读活动之外，更是方便读者与图书馆互动交流。苏州市公共文化中心"数字文化生活体验馆"、昆山市的"智慧昆山"、吴江区的"阅读齐步走——未成年人阅读服务城乡一体化建设"项目等也都是互动与监管全方位设计清晰的服务模式。

7.2.7　启示和借鉴

苏州市的经济发展水平在全国名列前茅，众多公共文化服务经验离不开政府的高度重视与雄厚的资金支持，但除去经济与历史原因，寻找更有均等化借鉴意义的经验是南开课题组的研究重点。在苏州市调研时，南开课题组发现如今的苏州图书馆多数闭馆时间在晚上 9 点左右，以便为周边的上班族提供安静的夜读空间，更重要的是像工业园区图书馆、儿童图书馆等馆舍根据服务对象的实际工作生活时间来制定服务时间，这或许是苏州公共文化服务均等化发展的精髓——在政策保障与经济投入之外，以人为本，结合地方实际，充分考虑了不同群体的特殊性要求。

2011 年，苏州市成为江苏省第一、全国首批"国家公共文化服务体系示范区"城市，这是梯度理论在公共文化界应用的典型代表。公共文化服务中心等一大批公共文化服务设施开始遍及苏州古城与新区、城市社区与乡镇村落，真正实现了经济文化发展成果由社会公众全体共享。苏州市公共文化服务向上争取政府政策、资金支持，向下做好基层网点建设，横向上组织社会力量共同参与。在传承保护地方文化艺术遗产的同时，开拓文化市场。大力发展品牌化运营方式，以青春版《牡丹亭》为代表的苏州文化演出更是走出国门，将姑苏文化带向了世界。创新图书馆总分馆运营模式，建设"博物馆之城"，推出"网格化公共文化服务模式"，在基层配备"文化专员"，将全市所有区域、所有群众均纳入公共文化服务体系的服务范畴，利用地区实地优势资源，在政府财政大力扶持下，统一科学规划在前，严格监管保障，调动社会力量参与，提供"触手可及"的质量一流的公共文化服务，这些内容共同构建起"苏州模式"。

苏州市作为历史文化名城，老城区的白墙青瓦园、林名仕，工业新区的高楼大厦、对外贸易，都离不开文化这一不变的城市底色。在调研中，南开课题组不仅感受到这座城市的文化底蕴，更切身感受到公共文化服务无处不在。苏州市的建设者们可以说"文化是这座城市的灵魂"。文化彰显城市"软实力"，公共文化服务更是一如既往滋养着繁忙工作学习中的社会公众。在总结苏州模式之外，重要的是认识到公平根植于切合实际的服务，高效优质的公共文化服务产品才让城乡一体，让共享发展走近每一个人。

7.3 广东省深圳市案例研究

7.3.1 案例选择

深圳市是中国广东省辖市，国家副省级计划单列市，下辖9个行政区和1个新区，地处珠江三角洲前沿，是连接香港和内地的纽带和桥梁。经济总量位居全国大中城市第三位，是中国经济效益最好的城市之一，也是全国的经济中心城市、科技创新中心、区域金融中心和商贸物流中心。根据第七次人口普查数据，深圳市常住人口为1756万人。2021年6月11日，深圳市规划和自然资源局公布的《深圳市国土空间总体规划（2020—2035）》（草案），提出深圳到2035年常住人口规模将达1900万人[①]。

深圳市很早就将文化立市作为城市发展的重要战略，在此战略指引下深圳的文化事业得到了蓬勃发展。早在2003年深圳就提出打造"两城一都"（"图

---

① 深圳政府在线.《深圳市国土空间总体规划（2020—2035年）》（草案）公示[EB/OL].[2021-06-15]. http://www.sz.gov.cn/cn/xxgk/zfxxgj/tzgg/content/post_8858878.html.

书馆之城""钢琴之城""设计之都")的发展思路,并先后被联合国教科文组织评为"设计之都""全球全民阅读典范城市"。在公共文化服务体系建设方面,深圳市也一直处于不懈探索、建设与创新过程中。2016年3月,深圳图书馆作为公共文化服务单位及"图书馆之城"建设的中心馆,首次荣获市长质量奖,深圳市的高品质系列文化活动等为深圳城市图书馆文化服务体系的创新提供了良好的文化环境与文化基础。2013年以来,深圳市福田区以国家公共文化服务体系示范区创建验收为重要契机,深度结合自身实际,制定了"十大文化功能区"为核心的创建规划,开展了新形势下现代公共文化服务体系建设的福田探索。2016年10月26日,福田区被正式命名为国家公共文化服务体系示范区,是广东省唯一获此殊荣的行政区。

2019年,中共中央、国务院印发《关于支持深圳建设中国特色社会主义先行示范区的意见》。2020年,习近平总书记出席深圳经济特区建立40周年庆祝大会并发表讲话,明确了深圳紧紧围绕建设区域文化中心城市和彰显国家文化软实力的现代文明之城的目标,为中国特色社会主义先行示范区建设作出了积极贡献。2021年,深圳市将加快推进《深圳经济特区公共图书馆管理条例》等特区法规的立法工作。

国家改革开放的政策、特殊的地缘环境与深圳图书馆人日新为道的进取精神等诸多因素,促成了深圳兼具包容、开放与创新特质的公共文化服务环境。作为东部案例,对其公共文化服务建设的均等化实现路径研究具有重要意义,对深圳市在公共文化服务体系建设中进行的有益探索和先进经验进行研究总结,以为全国其他地区公共文化服务均等化的实现提供有益借鉴。

7.3.2 调研经过

本次研究主要对深圳市公共文化服务均等化的实现路径进行了调研,分析、总结深圳市经验做法,进行相关理论的建构与探究,以为其他地区公共文化服务均等化的实现提供借鉴。2018年6月6日至9日以及12日,南开课题组成员苏福、张雅琪、袁珍珍在深圳市开展了为期4天的调研,主要调研机构包括深圳图书馆、福田区图书馆、福田区图书馆的合作共建馆——深圳文化创意园图书馆、深圳特区文化研究中心、深圳市博物馆、福田区莲花街道的福中社区图书馆，并对7家公共文化服务机构的主要领导或专业人士进行了访谈，抽取了上述机构的若干服务群众进行了随机的交谈沟通，现场或后期以邮件方式获取上述机构的若干相关资料，现场拍摄视频、照片。返程后，课题组综合深圳市公共文化服务机构网站信息、实地调研情况与获取的一手、二手资料及时进行总结。2020年8月25日至26日，南开课题组成员柯平、宫平、张雅琪、刘旭青、彭亮、袁珍珍、胡娟赴当地进行数据更新，力求案例扎实完整。经认真分析、归结整理，对深圳市公共文化服务的均等化实现路径进行调研报告的撰写。

7.3.3 深圳市公共文化服务情况

截至2020年年末，深圳全市有各类公共图书馆710座，公共图书馆总藏量4922.67万册（件），比上年增长7.6%。全市拥有博物馆、纪念馆55座，美术馆12座，拥有广播电台1座，电视台2座，广播电视中心3座，广播、电视人口覆盖率达100%。全年文化及相关产业增加值1775.98亿元，比上年增长1.3%[①]。

为更直观地展示深圳市近些年的公共文化服务发展情况，南开课题组特将深圳市公共文化服务建设及服务情况以及深圳市群众文化活动开展情况按年份进行了整理，见表7-7至表7-9。

表7-7 2010—2020年深圳市公共文化机构发展变化

年份 项目	2010	2011	2012	2013	2014	2015	2016	2017	2018	2019	2020
群众艺术、文化馆（座）	7	7	8	8	8	8	8	8	8	8	10
公共图书馆（座）	627	643	641	633	625	620	623	632	650	674	710
博物馆、纪念馆（座）	25	25	28	37	41	41	46	47	50	52	55
广播电台（座）	1	1	1	1	1	1	1	1	1	1	1
电视台（座）	2	2	2	2	2	2	2	2	2	2	2
广播人口覆盖率（%）	100	100	100	100	100	100	100	100	100	100	100
电视人口覆盖率（%）	100	100	100	100	100	100	100	100	100	100	100

资料来源：南开课题组根据深圳年鉴、深圳市国民经济和社会发展统计公报整理而成。

---

① 深圳市人民政府网.深圳市2020年国民经济和社会发展统计公报［EB/OL］.［2021-06-15］.http://www.sz.gov.cn/cn/xxgk/zfxxgj/tjsj/tjgb/content/post_8718466.html.

表7-8　2011—2020年"图书馆之城"部分服务数据

年份 项目	2011	2012	2013	2014	2015	2016	2017	2018	2019	2020
公共图书馆（座）	44	172	212	226	234	242	263	306	345	381
自助图书馆（座）	160	160	200	220	220	240	249	244	286	302
平台新增办证（万张）	12.4	15.9	17.27	20	24	24.5	22.8	23.98	29.34	20.31

资料来源：南开课题组根据深圳图书馆年度工作报告整理而成。

表7-9　2011—2020年深圳图书馆服务数据

年份 项目	2011	2012	2013	2014	2015	2016	2017	2018	2019	2020
接待到馆读者（万人次）	378.41	360.57	340.63	391.4	412.8	410.2	442.1	425.81	450	118.4
新办读者证（万张）	9.22	8.48	7.92	7.8	8.27	8.27	8	7.27	8.96	17.24
外借服务（万册次）	392.7	376.03	361.42	356.98	383.9	431.5	446.2	470.26	488.83	296.5
举办读者活动（场）	357	432	561	959	1326	1422	1476	1456	1788	1058
全年活动参与人数（万人次）	144.11	136.72	135.02	156.35	203	227.3	202.17	190.82	190.86	—①

资料来源：南开课题组根据深圳图书馆年度工作报告整理而成。

从表7-7可以看出，深圳市公共文化服务不断发展，群众艺术馆、文化馆、广播电台、电视台等公共文化服务机构数量并无太大变动，博物馆、纪念馆则呈整体增长态势，体现出在新的时代背景下，群众多样化文化需求的契合结果与表现。

从表7-8可见，深圳市"图书馆之城"的规模、服务网络与服务人口都在呈逐年扩大态势，图书馆遍地开花已成为深圳一道独特的文化景观。逐步形成以市图书馆为龙头，区图书馆为骨干，街道、社区图书室、24小时自助图书馆（含书香亭）为网点的图书馆服务网络。深圳"图书馆之城"的探索与创新形成了图书馆空间与社会空间互动协同的模式。

作为深圳市公共文化服务提供的重要场所与载体，深圳图书馆在公共文化服务均等化的实现过程中扮演着重要角色。截至2020年年底，深圳市公共图书馆文献总藏量达4912.44万册（件），同比增长7%。其中，纸质文献累计

---

① 年报中未公布全年参与活动人次，但疫情后深圳图书馆不断探索新的活动形式，如第六届"暑期缤纷季"共举办专题讲座、主题活动、科普视频等60余场次，累计超过11万人次参与。

2661.60万册，同比增长3.43%，电子文献累计2250.84万册/件，同比增长11.55%。深圳图书馆文献总藏量达1103.04万册/件，其中纸质文献553.34万册，即便在疫情影响下，2020年文献外借服务总量仍达296.5万册次。城市街区24小时自助图书馆属国内首创，分布在大型住宅区、工业区及科技园区、公共文化场所、综合办公区、交通枢纽、地铁沿线等，为市民提供便捷的借阅服务。该服务获文化部第三届"文化创新奖"。

深圳市群众文化系统也开展了丰富多彩的活动和公共文化服务，在公共文化服务体系建设中起着重要作用。如深圳市群众文化活动新春艺术关爱活动举办的系列文艺演出和艺术展览活动，让广大市民和外来建设者免费走进艺术殿堂；外来青工文体节，前身为深圳市外来青工文化节，创设于2005年5月，每年一届，是全国最早以劳务工为主要受众群体的文化节；周末系列活动，比如美丽星期天、粤剧在周末、剧汇星期天等，为群众举办系列公益免费音乐会，让群众可以近距离接触高品质戏曲剧目，从2011年9月开始，迄今已举办戏剧类"讲、演、展、学"200场次，观众达6万人次，戏聚星期六公益文化活动，涉及的剧种包括京剧、粤剧等近30个剧种；"鹏城金秋"市民文化节创办于1992年，是深圳市每两年一届的常设性群众文化节庆活动，包括广场健身舞大赛，音乐、舞蹈大赛、美术、书法作品联展，社团文艺汇演等。

7.3.4 深圳市公共文化服务均等化发展经验

1. 政策保障与合理布局

深圳市公共文化服务建设能取得举世瞩目的成就，离不开市政府的忠实履责、战略规划、立法保障与有效监督。2020年，深圳市重大文体设施规划建设工作领导小组召开专题会议，研究加快推进深圳歌剧院、国深博物馆（暂用名）、深圳改革开放展览馆、深圳海洋博物馆的规划建设工作，要求各区各部门立足国际视野，在规划设计上对标世界一流水平，灵活探索多种模式，加大力度，加快进度，高起点、高标准、高品质迅速推进项目高质量建设，打造新时代城市地标[1]。通过"新时代十大文化设施"的建设极大提升深圳的城市

---

[1] 深圳特区报.深圳加快推进重大文体设施建设[EB/OL].[2021-06-15]. http://sz.people.com.cn/n2/2020/0413/c202846-33944151.html.

品质和影响力，满足人民群众日益增长的精神文化需求。

但这些发展并非一蹴而就，深圳市也曾在公共文化服务均衡化发展方面举步维艰，突出表现是公共文化设施布局上的不均衡，比如市级大型文化设施基本集中在中心区，与深圳的城市组团式发展格局不协调。作为我国在公共文化服务领域的第一部正式法律，《公共文化服务保障法》的颁布实施与之前出台的中央、省、市相关政策文件一起，成为推动公共文化服务均衡化发展的新契机。深圳市逐步加强顶层设计和整体谋划，在完善全市图书馆布局的基础上，明确市、区以及街道乡镇的梯度定位，从宏观层面对各梯度单位进行科学合理的划分，重点解决现有网点基础设施和运行状况差异，不断推进全市图书馆的协调发展和公共文化服务均等化。

均等化要求城市图书馆在不同空间的网点布局基本均衡，在服务内容的可达性上普遍一致。对深圳则要求特区内外一体化，让所有市民都能享受到便捷的公共文化服务。"图书馆之城"的网点建设按照市、区、街道、社区四级向下延伸，体现了城市图书馆规划者和建设者实现公共文化普遍、均等的高度责任感。在布局自助图书馆过程中，深圳市注重对文化基础设施欠缺地区及需求量大的片区优先规划，并在二期工程实施过程中遵循"市区共建、错位互补"的原则，将重点向宝安、龙岗、光明及坪山新区等关外地区倾斜，四个区布设比例达到了62%，体现了特区一体化和公共服务的均等化。在安装、试运行和日常管理过程中，市、区图书馆密切合作，联合推进。

关注城市弱势群体，尽量选取传统图书馆覆盖不到的城中村、人口密集区，将公共文化资源与服务向地梯度地区倾斜，为广大市民尤其是传统图书馆辐射不到的城中村等地的低收入年轻人及老年人提供文化服务，完善公共文化服务网络，助力社会文化资源的均等化。

2. 公共文体服务机构资源服务共建共享机制

（1）"图书馆之城"

深圳市"图书馆之城"建设所取得的成就对全省甚至全国的公共文化服务体系建设都有很强的示范作用。2003年10月《深圳市建设"图书馆之城"（2003—2005）三年实施方案》出台，标志着"图书馆之城"建设工作正式启动。2016年深圳市委宣传部和市文体旅游局联合印发《深圳市"图书馆之城"

建设规划（2016—2020）》。所谓"图书馆之城"是一个形象的概念，即把深圳建成为一个没有边界的大图书馆网。从地域和空间上来说，它是一个覆盖全城的互通互联的图书馆服务体系和数字化服务网络；从资源上来说，通过整合全市文献信息资源，建立全市跨系统的文献信息资源体系，形成资源特色，实现全市文献信息资源的共建共享。"十二五"期间，统一服务覆盖至全市，是"图书馆之城"建设的里程碑。

"图书馆之城"的建设，使更多的边缘人群有了走进图书馆的机会，共享城市文化发展成果，同时"图书馆之城"建设过程中创新性形成的图书馆行业和社会其他行业融合发展的模式，也是很值得图书馆界借鉴的宝贵经验。创新在深圳这座城市公共文化服务体系的建设过程中有着充分的诠释与体现。"图书馆之城"的建设发展有几个重要的组成部分，下面就其中几点做简单阐述。

数智化技术的引进与应用发挥了重要作用。为了更好地实现均等化，2008年4月，全国首台"城市街区24小时自助图书馆"在深圳投入使用，城市街区24小时自助图书馆系统是深圳图书馆联合企业自主创新、具有独立知识产权的高科技产品。采用网络化运行与管理机制，将自助服务延伸至城市街区，服务范围覆盖了全市98%的街道，实现了无人值守、24小时全天开放，提供办证、借还书、馆藏查询、数字阅读等全自助服务。自助图书馆建设始终坚持标准化、网络化、一体化、均等化的原则，极大地满足了市民便捷化、多元化、均等化的阅读需求，是深圳市"图书馆之城"的重要建设项目，也是深圳"图书馆之城"建设的品牌工程，体现了数智技术对图书馆传统服务理念和模式的变革，成为全国图书馆创新服务模式的典范。

"深圳文献港"也是深圳"图书馆之城"建设的重要组成部分，是由深圳图书馆、深圳大学城图书馆（深圳市科技图书馆）、深圳大学图书馆共同发起、联合建设的图书馆文献资源综合服务平台，2008年5月项目启动。"深圳文献港"是深圳"图书馆之城"建设在面临网络高速发展的情况下，通过广泛的合作与共享来满足市民需求的重要创新举措，为形成"图书馆之城"的又一服务品牌奠定了基础，成为全国范例。

随着社交媒体和互联网的迅速发展，深圳市依托各种设备终端，建立起数字、多元、智能、便捷、共享的全媒体服务平台，如"图书馆之城"门户网站建设、"图书馆之城"电话语音服务平台建设。

2016年5月26日,支付宝城市服务——图书馆服务正式上线,依托"微信""支付宝"等移动社交平台,创新"图书馆之城"移动服务,打造由微信公众号、微信服务号、支付宝城市服务、微信城市服务等共同构成的"图书馆之城"移动服务平台升级版,不断推进服务平台的多样化。2016年"图书馆之城"主要移动服务平台访问量为232.9万余次,续借20万册次,移动支付2.8万次,2017年统一服务平台文献外借量达1236.8万册次。"图书馆之城"统一服务平台打破了城市内空间与梯度发展不均衡的障碍,为全体市民提供了优质、就近、便利、无差别和均等化的公共图书馆服务,是深圳市构建完善公共文化服务体系的一项重要创新举措,见图7-2。

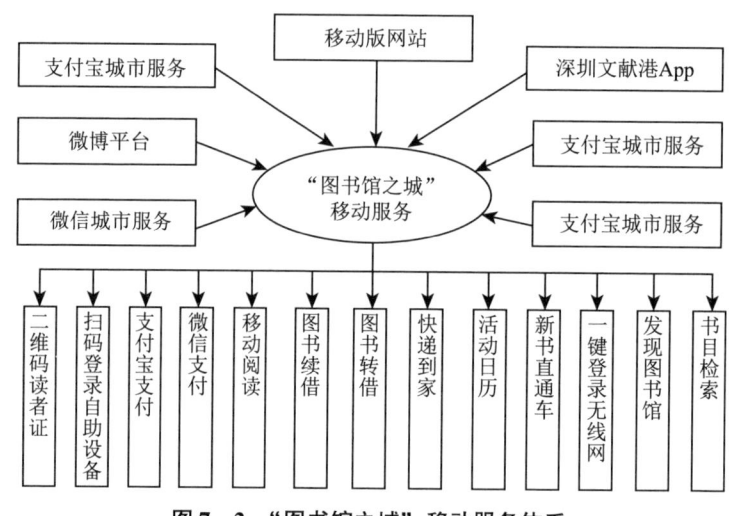

图7-2 "图书馆之城"移动服务体系

资料来源:深圳图书馆2017年度工作报告。

(2)总分馆建设与区域联盟

文化部创建国家公共文化服务体系示范区的东部标准中明确要求"创新公共文化服务方式,市、县图书馆建立统一采购、统一编目、统一配送的总分馆制,实现通借通还",一体化和均等化是公共文化服务体系建设的最终目标,更是城市公共图书馆服务体系建设的内在要求。深圳市于2004年开始总分馆制探索,此后,深圳市"图书馆之城"不断完善城市图书馆服务网点,加强图书馆的整体规划与管理,推行总分馆制,促进城市内不同空间、不同梯度、不同群体享受公共文化服务的均等性。2012年总分馆制工作被列入全年工作重点，深圳市文体旅游局和深圳市财政委联合印发的《深圳市公共图书馆总分馆体系建设指导意见》成为推进总分馆建设的政策保障。在市文体旅游局统筹下，深圳图书馆协助龙华、大鹏等新区公共事业局相继出台《龙华新区图书馆升级改造实施方案》及《大鹏新区图书馆升级改造（2015—2017）三年实施方案》，从馆舍改造、设备更新、RFID应用、文献更新、物流服务等方面加大投入。"十二五"期间，总分馆制已成为基层图书馆建设的重要模式。主要分以下两种途径：市级馆直接在基层建立分馆或者推行以区图书馆为总馆的总分馆制。

深圳图书馆总分馆体系建设以深圳图书馆为总馆，依据社会需要调动社会资源，在较大的社区、厂区，如创维集团、新百丽集团等地合作建立直属分馆，并在全市范围建设城市街区自助图书馆，形成总馆—分馆—自助图书馆的服务系统；深圳大学城图书馆（深圳市科技图书馆）总分馆体系以深圳大学城图书馆（深圳市科技图书馆）为总馆，选择合作意愿强、有读者需求的科技创新企业、留学生创业园区、文化产业基地等进行合作；深圳少年儿童图书馆总分馆体系以深圳少年儿童图书馆为总馆，通过与大浪街道办、元芬股份合作公司联合共建深圳市蒲公英劳务工子女图书馆大浪分馆。

区级图书馆是建设和管理基层图书馆的主要力量，各区图书馆因地制宜，探索符合自身实际情况、具有可操作性的建设和发展模式，构建起总馆—分馆—社区延伸服务点一体化的服务体系。宝安区政府与区财政共同印发了《宝安区公共图书馆总分馆制建设实施方案》（深宝文发〔2017〕82号），方案提出"建设主体上移、服务重心下移"等工作思路，旨在"打造与宝安城市定位和发展相适应、相配套的现代化、专业化的公共图书馆总分馆体系"，并明确"四个统一"、标准化规范化、活动联动等具体实施路径，为全市做出了引领和示范。福田区以建设"一千米文化圈"、打造"书香社区"为目标，出台一系列配套政策和措施，包括《福田区公共文化场所管理暂行办法》《福田区公共图书馆管理办法》等支持全区图书馆总分馆制的探索和实践。

区域联盟是实现资源共享的有效组织形式，深圳以整合公共文化服务资源，实现公共文化服务资源共建、共享为宗旨，在"图书馆之城"下先后建立了"图书馆之城"统一服务联盟、"深圳文献港"合作联盟和"常青藤"联盟等。此外还成立了全市文化馆联盟，大力推进公共文化服务均等化、数字化和社会化建设；建立统一的数字化信息服务平台与深圳市文艺资源数据库，统筹联盟成员资源，大力推动数字文化馆建设，使不同空间的各成员单位间沟通协作，实现无缝衔接。对进一步满足人民群众的精神文化需求，推动全市文化馆（站）资源共享和服务效能提升具有重要意义。

3. 基层图书馆因地制宜的发展探索

公共文化服务的均衡化发展重点在基层。深圳市出台《深圳文化创新发展侧（实施方案）》《深圳市文化发展"十三五"规划》《深圳市关于加快构建现代公共文化服务体系的实施意见》等一系列重要政策文件，为深圳市公共文化服务体系建设提供指导，并详细规定了基本公共文化服务标准，以加快推进公共文化建设标准化，以公共文化服务的标准化促进公共文化服务的均等化。

深圳市各区根据"三年方案"的要求纷纷制定了本区基层图书馆发展规划，积极探索既顺应深圳城市化发展又适合本区具体情况的特色办馆模式，在全市形成了多元化的办馆格局，从而解决基层图书馆资源、经费、人员普遍不足的问题。宝安区是工业大区，为解决广大外来务工人员"读书难"的问题，宝安区图书馆尝试直接到工业区和外来工聚集的社区建设直属分馆；罗湖区作为老城区，土地空间资源相对紧缺，更多需要通过体制机制创新，将基层综合文化中心纳入城市更新和旧城改造当中，实现基层公共文化空间与商业空间协调与融合；龙岗区探索在人口超过 10 万人的社区建设介于街道和社区文化中心之间的片区型综合文化服务中心，解决超大型街道、社区文化空间辐射力和服务力有限问题；联合企业园区共建新型基层综合性文化服务中心，如罗湖区联合企业、文创园区共建"悠·图书馆"，发挥社区文化中心、信息中心、服务中心的功能。

4. 以标准化促均等化

2011 年，深圳提出"质量深圳"的发展战略，公共图书馆通过制定业务规范、参与行业标准制定、开展图书馆的定级评估、遵循落实国家标注等手段进一步提升全市图书馆的发展水平。《公共图书馆统一服务技术平台应用规范》《公共图书馆 RFID 技术应用业务规范》作为深圳市技术标准文件，自

2016年2月1日起施行，是深圳市图书馆事业标准化、规范化建设的新成果，成为"图书馆之城"统一服务建设和管理共同遵循的准则。2015年，深圳市配套编制了《网点建设与管理工作规范》《读者事务管理工作规范》《文献流通管理工作规范》《平台管理工作规范》《财经结算工作规范》等五项统一服务业务规范。2017年，深圳市文体旅游局和财政委联合发布《向社会力量购买公共文化服务指导性目录》。

深圳"图书馆之城"自建设开始，便通过制定三年及五年规划的方式，依照相关标准，对全市图书馆的空间网点布局、建设数量及建设规模进行整体规划；落实《公共图书馆服务规范》（GB/T 28220—2011）规范要求，遵循服务条件，引数智技术，提升服务品质。市、区公共图书馆能通过开展图书馆规范化、标准化建设，落实有关标准和规范，将速度优势转变为质量优势。龙岗区图书馆、深圳图书馆分别获得"龙岗区区长公共图服务质量奖"和"深圳市市长质量奖"，这些成绩都肯定了各馆在追求高标准运行管理所做的努力。

5. 加强品牌建设，创新服务形式

2010年，深圳市就出台了《关于深入开展全民阅读活动加快推进学习型城市建设的若干意见》，2013年，联合国教科文组织授予深圳"全球全民阅读典范城市"称号。深圳书城模式在深圳市每个区呈现，逐步建立社区阅读服务体系，切实做到公共文化服务普惠化、均等化，保障广大群众尤其弱势群体的基本文化权益。全市公共图书馆阅读推广联盟的成立加快了公共文化基础设施的均等化覆盖，全城联动打造阅读活动品牌，打造集阅读、互动、信息发布于一体的阅读推广和服务平台。

深图讲座、深图展览、深图艺苑、深图活动，深化学术文化、经典阅读、创意思维、艺术阅读、传统文化、公益培训、公益法律、阅读关爱、未成年人阅读、现代生活和数字阅读等系列活动的有序开展。加强市民文化大讲堂、深圳学人·南书房夜话、共度半小时、少儿智慧银行、民断是非、"乐读"读书会等重点品牌建设与宣传，深圳阅读品牌辨识度、知名度与影响力得以不断提升。

运用新思维、新技术、新手段，不断创新活动品牌，强化品牌意识。2017年"世界读书日"联合央视设立朗读亭，传播阅读理念，激发市民阅读热情；

"读特""读创""壹深圳""掌上书城""全民阅读"等新媒体上线，推出"地铁图书馆"移动阅读项目，乘客在候车之际可以通过二维码扫描免费阅览电子书，为大众提供阅读新体验。

实现底线均等后，发展带有不同特色需求的效果均等，重视分众与特色服务。深圳图书馆开展"4·23视障阅读专题""国际盲人节文化活动""深圳视障公益影院"等品牌活动；为老年读者量身定做"银发阅读计划"，包括中老年电脑培训、书画培训班、摄影知识讲座等系列活动，致力于实现"老有所乐、老有所学、老有所为"；南山图书馆创立"星星点灯读书会"，专门针对特殊群体儿童开展"隐形的翅膀"儿童阅读推广计划，为自闭儿童摸索融入社会的方式；深圳少年儿童图书馆推出"蒲公英"劳务工子女关爱计划、"康乃馨"无差别阅读计划等，分类别、分系列为读者提供服务；"外来青工文化节"等分层次、分年龄、分形式的阅读活动做到了阅读群体的全覆盖，为公共文化服务均等化的实现提供了良好借鉴。

倡导和推动不同地域、不同群体开放、平等、免费、无障碍的知识获取，推动阅读推广工作深入基层。市、区图书馆通过在社区文化服务中心、学校、军营、工厂等地设立流通服务点，让更多市民和来深建设者享受均等化的公共文化服务。招标采购精品群众文化活动送进街道社区，把300余场京剧、粤剧等高雅艺术送到了基层群众身边；积极组织市属美术、图书、文博和公益电影、文艺培训资源下基层；"让市民走进音乐厅"高雅演出低票价补贴等项目，也进一步推动了深圳市公共文化服务的均等化。

6."图书馆+"联动机制，吸引全民参与

深圳市公共文化服务建设的有效与稳步推进，除了政府的有效保障、业界的通力合作，还离不开社会的广泛参与，在深圳推进公共文化服务的社会化发展已成为社会共识。2014年，宝安区"文化春雨行动"作为深圳市唯一项目获评"全国基层文化志愿服务示范项目"，通过深化文化机制体制改革，推动政府职能由办文化向管文化转变。文化春雨行动在全区6个街道全面铺开，通过整合社会资源，挖掘体制外文化力量，招募"文化义工"作为群众文化助手，采购"文化钟点工"作为群众文化推手，招聘"文化辅导员"作为基层文化能手，有效破解了外来人口集聚区的"小马拉大车"文化服务困境，推动了公共文化服务的标准化和均等化①。目前，深圳各市、区图书馆均成立了义工志愿者队伍，并与所在辖区义工联进行密切合作。

2015年，深圳市制定实施《深圳文化创新发展2020（实施方案）》，提出创新文化服务方式，在全市倡导推行文化志愿者工作；确定"一组织一机制一平台"管理思路：将各个文化志愿者队伍纳入"深圳市文化志愿服务总队"，实行市、区、街道三级规范管理；出台《深圳市文化志愿服务促进办法》，实现志愿服务活动制度化；建立"深圳市文化志愿服务网"，所有志愿活动和人员管理都在该平台上进行。此外，还重视文化志愿服务项目品牌培育，探索特色志愿服务模式。秉持"图书馆+"的发展理念，积极联合社会各界力量，实现业务和服务推广的全市联动，利用学会和统一服务平台，最大限度地凝聚地域合力，形成联动，不断提升自身建设是辐射力与影响力。

2020年，深圳市《深圳文化创新发展2020（实施方案）》的冲刺收官与深圳经济特区建立40周年相交汇。以立法为引领，以机制为保障，深圳大力完善公共文化服务体系，让优质而均衡的文化服务，成为遍布全市的"文化绿荫"。通过深圳市委、市政府的政策、资金等全方位支持，大力推动"一区一书城，一街道一书吧"建设，由市财政给予原特区外新建书城和中心书城维修改造工程总投资50%的资金补助。全市已有各类公共图书馆959个、1000多家实体书店，深圳市持之以恒推进数字阅读，连续多年被评为"中国十大数字阅读城市"。让每位市民享受到"十分钟文化服务圈"，全市51个街道综合文化服务中心，623个社区综合文化服务中心，让文化渗透入城市的每一个毛细血管②。

7. 全面开展评估工作，以评促建、促管、促用

深圳市制定并不断修订《基层图书馆定级达标评估标准》，定期开展基层图书馆定级达标评估和复评工作。各基层图书馆根据其参评的不同级别获得不同金额的设备或图书奖励。除了对新建基层图书馆进行评估，深圳市文体旅游局还对已参评馆进行抽查复评工作，对不符合标准的图书馆进行摘牌，督促基

---

① 张晓儒. 深圳文化发展报告[M]. 北京：社会科学文献出版社，2017.
② 深圳特区报. "深圳文化创新发展2020"结硕果[EB/OL]. [2021-06-19]. http://sz.people.com.cn/n2/2020/0723/c202846-34177166.html.

层文化主管部门加强监管,保证基层图书馆的运营水平和服务效益。各区公共图书馆通过持续进行绩效评估和考核,促进政府保证基层图书馆的逐年投入,不断改善基层图书馆服务条件和服务水平,通过评估定级,实现以评促建、以评促管、以评促用,促进区域发展均衡化。

7.3.5 问题与启示

1. 发展中的主要问题

(1) 基层图书馆服务效能有待整体提升

经过十几年的建设,深圳市基层图书馆数量规模不断扩大,得到了极大的发展,覆盖面也日益广泛,作为最贴近市民的公共文化服务机构,也最能体现公共文化服务均衡发展,但服务效能还有很大的上升空间。从 2014 年服务效能数据看,参加读者活动总人次 264.2 万人次,超过了北京(135.4)、上海(113.6 万人次)和纽约(130 万人次),但举办读者活动场次 0.88 万次,远低于香港(2.14 万次)和纽约(6.7 万次);人均外借书刊册次 0.93 册,低于广州(1.1 册)、上海(3.23 册)、纽约(2.94 册)和新加坡(8.79 册)[①]。从总体上看,发展速度依然跟不上人民日益增长的文化需求,尤其是社区图书馆,目前依然存在责任主体多元、重建设轻管理、业务不够规范、服务效益较低、可持续发展后续不足的问题,制约着公共文化服务均等化的进一步推进。

(2) 分级行政管理体制制约

公共图书馆作为社会公益事业单位,主要由各级政府设立并由本级财政承担各项费用支出,在机构设置、资源配置上基本按照"一级政府、一级财政、一级事权、一级预算"的原则进行建设和配置。在分级行政体制与分税财政体制下,国内基本形成了"一级政府负责一级公共图书馆,且每一级地方政府基本只办一个独立建制的公共图书馆"的行政惯例。这一行政惯例在很大程度上制约了以普遍均等和共建共享为目标导向的公共图书馆服务体系建设。深圳市公共文化服务均等化的诸多创新之举对广东省乃至全国都具有极为重要

---

① 张岩,王林. 深圳模式:深圳"图书馆之城"探索与创新 [M]. 北京:中国社会科学出版社,2017:192.

的借鉴意义，实现了实体与数字化的有效结合，覆盖全市的一体化服务。然而人、财、物分级行政管理却与一体化发展要求矛盾，建设与业务管理主体分离，是"图书馆之城"全面推进中的薄弱环节。

2. 启示

党的十九大报告指出："要解决发展不平衡不充分问题，满足人民日益增长的美好生活需要。"为此，必须"坚决破除一切不合时宜的思想观念和体制机制弊端"，"吸收人类文明有益成果，构建系统完备、科学规范、运行有效的制度体系，充分发挥我国社会主义制度优越性"。继续完善公共图书馆总分馆制，促进图书馆基本服务均等化。根据《深圳文化创新发展2020（实施方案）》，深圳市将全面建成"10分钟文化服务圈"，使公共文化设施分布更均衡，缩小原特区内外公共文化服务差距，进一步健全处于低梯度的基层公共文体设施网络，提升基层综合性文化服务中心功能。管理层的管理理念与对问题的重视程度对公共文化服务均等化的实现起着至关重要的作用。要继续坚持"补短板、保基本"，完善基层文化设施网络，促进公共文化资源均衡配置。

（1）完善财政保证机制

探索改革现有的分级财政投入公共文化服务体制，实现资源共享、合理利用。根据特区扩容等新形势，改革完善分级财政投入机制，采取重大项目支持和转移支付等方式加大市一级财政对原特区外公共文化服务的投入，为实现全市公共文化服务均等化创造条件。

（2）创新公共文化服务管理体制机制

探索建立公共文化需求反馈机制和绩效评估制度，重点是在薄弱地区、城乡、群体公共文化服务建设，为深圳市尽快全面开展公共文化服务绩效评估积累经验，逐步建立公共文化服务绩效评估制度，为公共文化服务综合效能的提升提供制度保障。探索公共文化服务机构理事会有效运作机制，切实提升文化治理水平，保证公共文化服务供给多元化，参与主体多元化。

（3）建立可持续的人才培养机制

培养一支高素质的基层文化队伍，是加强基层公共文化服务体系建设的重要内容，是满足人民群众基本文化需求、促进公共文化服务均等化的重要保证,是推动公共文化服务向广覆盖、高效能转变的重要途径。针对基层文化队伍的培训仍缺乏系统性、规范性,保障力度不够,培训效果不明显,不能满足基层文化队伍建设需要的问题,需要建立一系列激励机制、业务培训、志愿者奖励选拔制度。

(4) 以标准化和科技创新促进均等化

依据已出台的《关于加快构建现代公共文化服务体系的实施意见(2016—2020年)》及其实施标准、《深圳市基本公共文化服务实施标准》《向社会力量购买公共文化服务指导性目录》《深圳市基层图书馆达标评估标准》等文件,通过推动服务标准化、规范化,促进公共文化服务在区域上相对均衡发展。除了标准化,数智化与创新技术等也是均等化必由之路,应当立足特殊群体需求整合资源,构建全覆盖的农村基层服务网络,通过工程项目建立合作与帮扶机制,利用先进的数智技术创新服务模式。

第八章　公共文化服务均等化案例研究：中西部

目前由于我国不同地区间经济文化发展水平的不同，公共文化服务均等化存在一定的历史地理差异，本书以东、中、西部地区为划分依据，调查分析东、中、西部地区基本公共文化建设实践，为全国其他地区公共文化服务均等化发展提供借鉴与参考。在第七章集中展现东部地区均等化案例之外，本章选取中、西部地区案例，以河南省开封市作为中部代表性地区，以新疆维吾尔自治区塔城地区和内蒙古自治区赤峰市作为西部代表性地区，集中反映我国中、西部地区公共文化服务均等化发展探索与经验。

8.1　河南省开封市案例研究

8.1.1　案例选择

在前期研究持续推进的过程中，南开课题组关注到北京大学李国新团队提出的公共图书馆"中部洼地"现象[①]，这一现象是否普遍存在于我国公共文化服务领域，是否切实影响到中部地区公众公共文化服务使用，尤其是其反映出的潜在的均等化问题更值得探讨。

---

① 李国新. 突破"中部洼地"促进均衡发展[J]. 图书馆, 2016 (10): 1.

河南省作为中部人口大省，是公共文化事业建设亟须关注的区域之一。省内开封市拥有"八朝古都"之称，是我国中原城市群核心区的中心城市之一，也是文化旅游城市、全国首批历史文化名城。开封市当前正在不断加强城区建设，结合老城区和新城区发展共同扩展公共文化服务边界和深化公共文化服务供给。开封市城乡一体化示范区地处省会郑州和开封老城区之间，东起中心城区大梁门，西邻郑州中牟，南至郑民高速，北依黄河，辖区面积287平方千米。根据《2022年开封统计年鉴》，示范区总人口43.18万人，达到高密度人口较高值（1504.52），辖2个乡镇和6个街道办事处，共有1个行政村，102个社区居委会。在国家实施中部崛起战略的大背景下，开封新区作为郑汴新区的重要组成部分，发展定位是建设内陆开发开放高地，打造"三化"协调发展先导区，形成中原经济区核心增长板块和最具活力的发展区域。

选择开封市进行调研，不仅是对开封新区本身的公共文化服务开展研究，更是对"郑汴新区"的调查了解，通过开封看郑汴一体化发展。早在2007年9月27日，河南省十届人大常委会第33次会议就通过了《郑汴产业带总体规划》，标志着郑汴一体化发展获得法律认可，可以说调研开封新区城乡一体化发展其实也是对郑汴一体化发展，对城市集群发展、城乡均等化发展提出参考。目前，由"郑州新区"和"开封新区"组成的"郑汴新区"正日益成为河南省经济社会发展核心增长极，在这里形成的城乡统筹、示范区建设等理念无疑将直接影响中原地区复合型新城区的发展建设。

河南是中部的缩影，开封是中部老城的代表。所谓"中部洼地"是否能准确描述中部公共文化服务发展情况，是否适宜以这一话语为标准来进一步探讨如何提升中部地区公共文化服务均等化建设，本书将以开封市为切入点探讨这一问题。

8.1.2 调研经过

南开课题组在整理相关研究与网络信息的基础上，先后于2016年、2017年和2021年前往开封市调研公共文化事业发展情况。2016年9月27日至28日，南开课题组成员柯平前往开封了解公共文化服务情况。2017年

10月27日，南开课题组成员邹金汇赴开封市调研开封市图书馆、文化馆、博物馆、民族文化馆、市民之家、规划馆、城乡一体化规划局等机构。由于彼时新城区各个新馆尚在建设当中，因此2021年5月15日至17日，南开课题组成员张雅琪、杜佳惠再次赴开封市展开调研，其间考察了开封市图书馆、市文化馆、市博物馆、市美术馆、规划馆、开博书房、寻宋书房、龙亭区文化馆、鼓楼区文化馆。其中，市图书馆包括新馆和老馆，市文化馆包括新馆和老馆，调研涉及开封市新老城区的各文化服务设施，主要了解城市特别是老城新建过程中公共文化服务均等化发展的重点和难点。再次调研的重点在于了解新馆基本情况、新馆开放后同老馆之间的关系，以及当前开封公共文化事业整体发展情况。

在调研前期，通过开封市公共文化服务机构网站、新闻报道、媒体信息等途径获取相关资料，了解开封市公共文化服务机构现状和服务情况。同时，在充分研究开封市公共文化政策、关注中部地区公共文化服务发展的学者团队研究成果、河南省公共文化服务从业人员发表的相关论文的基础上，南开课题组结合前期问卷调查分析与各项数据积累，开展实地调研。实地调研主要通过观察方式了解公共文化服务机构的建设和发展情况，并拍摄了相关照片。并且，在调研过程中，同市图书馆馆长、市文化馆主任以及市博物馆、规划馆、美术馆、寻宋书房等工作人员和服务群众进行沟通和访谈，以便进一步深入了解了公共文化开展情况和用户需求满意度等情况。总体而言，通过实地观察、沟通访谈、资料获取等方式深入了解了开封市公共文化服务情况。在实地调研后，南开课题组还与调研中访谈对象保持了有效沟通，并一直追踪开封市公共文化服务进展，不断完善本案例，为后续公共文化服务均等化研究提供支撑。

8.1.3 开封市公共文化服务情况

结合开封市年鉴、开封市国民经济和社会发展统计公报，南开课题组整理了该市近年公共文化服务基本情况，如表8-1所示。

表 8–1　开封市公共文化服务情况（2013—2020）

2013 年	2014 年	2015 年	2016 年	2017 年	2018 年	2019 年	2020 年
全市共有艺术表演团体 9 个，艺术表演场所 8 个，群艺馆、文化馆 14 个，文化站 121 个，公共图书馆 6 个，博物馆 1 个	全市共有艺术表演团体 9 个，文化馆 14 个，公共图书馆 6 个，农家书屋 2413 个，博物馆 1 个。开封市首家社区图书室挂牌成立	全市共有艺术表演团体 7 个，文化馆 10 个，公共图书馆 5 个，新建基层图书服务点 2 个，新建图书馆分馆 2 个	全市共有艺术表演团体 7 个，文化馆 10 个，公共图书馆 5 个，图书馆基层服务网点 38 个	全市共有艺术表演团体 8 个，文化馆 11 个，公共图书馆 6 个。博物馆 32 个，其中新增非国有及行业博物馆 8 个	全市共有国有艺术院团 8 个，文化馆 11 个，公共图书馆 6 个。博物馆 33 个，其中新增非国有及行业博物馆 3 个	全市共有国有艺术院团 8 个，文化馆 11 个，公共图书馆 8 个，博物馆 33 个	全市共有国有艺术院团 8 个，文化馆 12 个，公共图书馆 7 个，博物馆 34 个，其中新增非国有及行业博物馆 1 个
在全市 93 个乡镇、2388 个行政村放映故事片 25 264 场次，科教纪录片 10 584 场次，观众达 564 万人次。开展"千场电影送民工"活动等	在 77 个乡镇、1945 个行政村放映故事片、戏曲片 22 253 场次，科普电影 2745 场次，观众达 552 万人次。开展"百花放映·情系基层"大型公益活动	有线电视用户 34 万户。广播人口覆盖率 100%，电视人口覆盖率 100%	有线电视用户 31.9 万户。广播人口覆盖率 100%，电视人口覆盖率 100%	有线电视实际用户 40 万户。广播综合人口覆盖率 100%，电视综合人口覆盖率 100%	有线电视实际用户 39 万户。广播综合人口覆盖率 100%，电视综合人口覆盖率 100%	有线电视实际用户 30 万户。广播综合人口覆盖率 100%，电视综合人口覆盖率 100%	广播综合人口覆盖率 100%，电视综合人口覆盖率 100%
演出场次 2003 场次，国内演出观众 228.5 万人次；艺术表演场所演（映）出 378 场次	入选国家级非物质文化遗产名录 13 个	入选国家级非物质文化遗产名录 9 个	入选国家级非物质文化遗产名录 9 个	国家一级博物馆，开封博物馆新馆建设中，该馆藏文物 8 万余件，占地面积 76 亩，建筑面积 5.42 万平方米。入选国家级非物质文化遗产名录 9 个	全国重点文物保护单位 19 处，省文物保护单位 44 处。入选国家级非物质文化遗产项目 9 个	入选国家级非物质文化遗产名录 9 个	全国重点文物保护单位 24 处，省文物保护单位 39 处。入选国家级非物质文化遗产名录 9 个

(续表)

2013年	2014年	2015年	2016年	2017年	2018年	2019年	2020年
群艺馆、文化馆组织文艺活动713次，新建馆外服务基地2个；文化站组织文艺活动1910次			由中国文联、中国电影家协会主办，开封市电影发行放映公司承办的纪念红军长征胜利80年暨"百花放映·情系基层"大型公益电影惠民活动启动	"大美开封·我爱菊城"文化惠民系列活动首次把活动扩展到各县区，共计举办了27项活动，文化馆、图书馆、书画院、杂技团等市直文化部门举办活动9项			新建、改扩建社会足球场地62块；新建全民健身工程100处；持续开展文化进基层活动，全年公益性演出不少于120场次，社区公益性电影放映不少于1500场次，农村公益性电影放映不少于5000场次。开工建设黄河悬河文化展示馆、市科技馆、市青少年活动中心①
公共图书馆总藏量（不含电子图书）82.35万册	全年累计采购补充各类文献资料4345种11 549册。其中少儿读物1700种2600册。累计新办理借书证2806个，目前持证读者为51 057人。累计到馆读者达35万人次。外借、阅览文献37万人次，56万册次	完成14 447册图书的采购、分编、加工及上架工作，全年共办理借书证4600个，目前持证读者达53 863人。累计到馆读者达36万人次，外借、阅览文献41万册次	新建馆外基层服务点2个，图书馆分馆1个及9个24小时电子借阅机服务点。新办借书证4207个，目前持证读者为58 070人。累计到馆读者达36万人次，外借、阅览文献32万人次，32万册次	市图书馆各类藏书54.7万册（件），拥有400多个阅览座位。2017年新购置图书22 459册；新办借书证4859个，全年累计到馆读者达36.5万人次，外借、阅览文献59万册次。18个馆外服务站			图书馆新馆和旧馆合并新购置图书16 659种42 294册，总金额1 966 833元，其中，成人图书12 974种33 595册，少儿图书3376种8196册，地方文献采购335种503册，全年接受捐赠443种1013册。图书总藏量82.7万册。2020年，全年两馆累计到馆读者达43万人次，借阅图书20.8万册次，累计新办借书证6050个，目前持证读者为7.5万人，举办活动510场，现有职工72人，志愿者186人

---

① http://www.kaifeng.gov.cn/sitegroup/root/html/8a28897b41c403ec0141fd251dd01333/93204df05a6743788f6db24a4faeeb4e.html.

(续表)

2013 年	2014 年	2015 年	2016 年	2017 年	2018 年	2019 年	2020 年
开封市"新三馆"图书馆、群艺馆、美术馆选址、立项完成。成立开封市文化产业专家委员会	朱仙镇当选"中国民间文化艺术之乡"。开封市文广新局获全国文化系统先进集体			开封市图书馆被河南省文化厅授予"2017年全民阅读先进单位"并获得未成年系列活动五项"优秀组织单位"称号	开封市图书馆获国家一级图书馆		《开封市公共图书馆读者服务规范》（DB4102/T 016—2020）于2020年9月3日由开封市市场监督管理局发布

资料来源：南开课题组根据各年度开封市国民经济和社会发展统计公报、河南省情网整理而成。

8.1.4 开封新区公共文化设施与服务调研

开封市城乡一体化示范区建设投资巨大，在经济发展的同时，考虑到新区公众的文化服务，因此，在新区筹建"五馆"，即市博物馆新馆、市图书馆新馆、市文化馆新馆、市规划馆、市美术馆。"五馆"共同形成公共文化服务团组，旨在提升公共文化服务效能，成为开封市民的学习阅读中心、教育培训中心、非遗展示中心、文化交流中心、休闲娱乐中心。据开封市文广新局宣传人员介绍，新建成文化场馆将采用"两馆+一城"的运营模式，新老馆同步运营，共同服务开封城市文化建设。

1. 开封市图书馆

开封市图书馆新馆建设主要源于城市发展需求和居民服务需求。在2015年前，全市只拥有一个市图书馆旧馆，但开封市评评文明城市和卫生城市要求图书馆应达到一级馆标准，因此计划兴建新的图书馆。

市图书馆新馆和市文化馆新馆共用一栋建筑，图书馆位于4—11层，文化馆位于13—17层，其中1层门厅、12层、18层两馆共用；两馆新馆总面积18 200平方米，其中图书馆面积10 600平方米，文化馆面积7600平方米。一楼为两馆合用，设有共同的接待服务台、文化展示区和自助还书区等部分。12层为两馆共同的中心办公区域，是调研中最能体现两馆一体化优势的区域，共同办公区域减少了重叠使用的情况，活动室、会议室可以共同使用，提高公共资金利用率。在实地采访中两馆的领导均表示这是一个深入交流的契机。也有员工表示，虽然同受文广新局领导，但之前只有在大型培训才能见到，现在这样更方便互通有无，一起举办活动也有了场地与见面交流的机会。18 层为文化休闲交流空间。

不仅将图书馆、文化馆进行联合，还将采用"两馆＋一城"（图书馆、文化馆、中心书城）的运营模式，将开封市中心书城联合起来。如开封中心书城一楼及二楼各腾出 500 平方米与图书馆合作，开辟幼儿及青少年阅读空间。4 层开始为图书馆，4 层为综合类书籍借阅区、休闲区、自习区、少儿书籍借阅区，可为读者提供各类文学书籍的借阅服务。根据相关工作人员介绍，图书馆 4 层图书借阅区与开封中心书城四楼平台的 24 小时书吧实现空间的统一和互补。

5 层为综合类书籍借阅区、休闲区、自习区。6 层为社会科学、自然科学书籍借阅区、专题区、休闲区、自习区。7 层为报纸和期刊阅览区、休闲区、自习区。8 层为智慧空间、电子阅览区、共享工程支中心、视障人士阅览室。9 层为展厅、影音欣赏室、文化交流空间、文创艺术空间。10 层为报告厅（开图讲坛）、国学馆、地方典籍馆，同时辟有负责新书采购、编目与加工的采编中心工作区域。11 层所涉 801 平方米为开封市古籍保护中心，主要用于珍藏馆藏古籍，展示珍贵古籍善本，彰显开封市文化底蕴，同时设有对古籍的整理、修复、展示、研究与开发的相关区域。主要包括：古籍书库、古籍展厅、古籍修复室、古籍研究室。

据了解，当前图书馆在全市布局拥有 5 个县馆作为成员馆，总分馆体系主要达到区、县级别，县级以下的图书室等服务点建设还相对欠缺，主要问题在于无人管理等。但同时，开封市规划了 5 千米公共文化服务圈，因此，采取城市书房建设，通过和各类社会力量合作，其他机构和企业为城市书房建设提供场地，政府补贴 20 万元用于提供书籍和配套设施，同时市图书馆开展专职工作人员培训，并且允许城市书房拥有经营资质。

2. 开封市文化馆

开封市文化馆位于第 13 层至第 17 层，第 1 层、第 12 层和第 18 层为文化馆和图书馆共用区域。第 13 层为文化艺术静态培训区，空间布局包括书画、音乐等培训室。当前文化馆面向社会公众开展的静态培训包括书法、朗诵、图腾画、古筝、曲艺表演、素描等活动。第14层为文化艺术动态培训区，该层746平方米的面积，主要以动态活动为主，用于开展相关艺术门类的辅导、培训、排练。设置有合唱教室、器乐培训室、琴房、戏剧曲艺培训室、舞蹈培训室、模特教室等。当前动态培训的项目包括流行音乐、二胡、音乐素养、民族舞、萨克斯等活动。同时，文化馆所开展的培训和教育也考虑到未成年人群体特征，面向少儿提供少儿围棋、少儿曲艺表演、少儿硬笔书法、少儿绘画、少儿戏曲、少儿古筝启蒙、少儿形体训练等培训活动。第15层为美术展厅和数字化体验室。第16层为非物质文化遗产展示体验区。第17层为群星演艺中心。

非物质文化遗产的传承一直是开封市文化馆的重点工作，在馆舍布局中也充分进行了展现。新馆第13层为非遗研讨室，包括非遗专家、民间艺术家、非遗传承人的学术、技艺交流，非遗培训，非遗会议等。第14层设有非遗展厅，通过实物、文字、图片、模型、音像、PPT展示、全息幻影成像等方式，全方位展示开封"非遗"项目的历史传承、生存现状、独特技艺、制作流程和代表作品。

开封中心书城负一楼的部分区域也将设置非遗文创区，两馆与开封中心书城拟在非遗项目及古籍资源上联合进行文创产品开发，合力构建集售书、借书、藏书、文化艺术普及于一体的创新性全民文化休闲推广模式，为"传承城市文脉，涵养城市品质"，深化"文化开封"建设提供契机。

文化馆除馆内各类型培训活动外，还组织公益性演出进学校、乡村等活动，同时组织文化志愿服务队下社区展演，以及组织前往学校开授相关课程。对于开封市的一些文化表演团队如戏曲队、合唱队，文化馆主要起到提供场地的服务，但一般由这些团队自己邀请老师。

3. 开封市城市建设档案馆（开封市规划展示馆）

开封市规划展示馆隶属于开封市自然资源和规划局，于2014年1月开工建设，2018年1月1日正式面向社会试运行。开封市规划馆及博物馆位于同一栋建筑不同方向和楼层，项目共占地75.8亩，主体建筑面积75 441平方米，地上建筑面积57 796平方米，地下建筑面积17 645平方米，其中规划馆总建筑面积为 13 000 平方米，布展面积 10 844 平方米，布展区分为三层。规划馆以"八朝都会、宋韵开封"作为设计主线，集专业性、知识性、互动性、趣味性、艺术性于一体，全方位、多角度展现了开封的历史沿革和变迁、城乡发展建设成果及未来发展方向和目标。第 1 层为序厅，第 2 层为城建历史及城市规划展区，主要分为城建历史、哲匠名人、历史场景体验区、历史文化名城保护规划、总体规划、专项规划及互动体验空间等展区。同时，引入各种新兴技术和设施设备，配备互动体验项目如"一城万象"全景数字沙盘展项，使城乡规划历史、现状、未来构想以可视化、互动化、立体化、智能化等形式呈现。

在政务公开的背景下，城乡规划文本等政务文件也通过多种方式进行呈现。制作展板展出规划全景布局，但由于展板制作工作量较大，需一段时间才能完成。因此，为及时展出规划文本，还另外配备了查询台等触摸设备进行规划文本数字化的展示，以实现将规划文本的时效性和可视化相结合的展示策略。

开封市规划展示馆具有展览公示、咨询、交流、宣传教育和休闲旅游五大功能，因此，规划馆虽然主要是展出开封市城市规划的历史进程和现状，但同时，也承担和开展一些公共文化服务，比如在端午节等节假日开展儿童绘画等相关的活动。由于考虑到安全问题，多数公共文化活动主要在馆内举办。由于城乡规划涉及城乡社会公众的居住环境等切身利益，因此，除馆内参观和展示外，还拓展了专家学者与群众沟通交流方式，包括开封市自然资源和规划局的相关领导、规划院的专家学者、讲解员等专家团队，组织"规划进社区"等部分馆外关于规划建设的活动，一年 1 至 2 次，主要是以授课形式向街道社区居民介绍和讲解开封市规划建设安排和执行等相关情况。此外，关于研学活动方面，规划馆还作为全市的教育基地吸引学校组织学生到馆内活动，在与规划馆的联系互动中，学校通常处于主动一方，例如在寒暑假期间为学生布置规划馆游记等任务。

规划馆所施行的志愿者团队制度，面向中小学生、成年人等不同年龄层次的志愿者团队建设，其中"小小讲解员"活动，主要在寒暑假期间举行，通过微信公众号发布通知，共已招募了 4 期，每期约 30 名讲解员，培训约 1 个星期，涉及城市规划相关知识、播音、礼仪等培训。据介绍，所招募的"小小讲解员"在规划馆为同学讲解规划相关知识以及相关的培训，不仅能提高学生的文化素养，还能提高其自信心、社交能力等综合素养。志愿者主要负责馆内电子设备的教习使用和问询服务，不涉及馆内规划讲解。规划馆另外配备专门的讲解员，早期为固定人员，但疫情期间由于参观人员较少而且需保持距离。因此，当前讲解人员并不固定。

8.1.5 老城区公共文化设施与服务调研

开封市老城区的调研目的地包括市图书馆老馆、市文化馆老馆、寻宋书房、龙亭区文化馆、鼓楼区文化馆，但由于龙亭区文化馆周末闭馆，因此未能采访到相关人员。

1. 开封市图书馆

开封市图书馆老馆位于龙亭公园东湖南路，临近龙亭景区，即老城区核心区域。开封市图书馆老馆建筑面积4158平方米，拥有400多个阅览座位，设有5个借书处，包括少儿借阅区等8个阅览室，以及少儿活动区域、办证处、报刊阅览区域，共三层，但目前顶层用于陈列利用率低的图书，如往年的期刊和报纸合订本，基本不对外开放。

调研开封市文广新局时相关人员就表示新老馆并行符合开封市公共文化服务区位布局。访谈中各文化场所相关负责人也多次强调，希望借由新城区新场馆的建设提升服务力度，而非转移原有服务。当前，图书馆新馆和老馆并行开放服务。由于图书馆旧馆兴建于1956年，馆内空间低矮，可用空间较小，因此新馆落成开放后，图书馆便将主要的各类服务活动转移至新馆举办，如讲座、展览、培训等，旧馆当前主要承担书籍和报刊阅览、自习等功能。图书馆馆员也多数移至新馆，只有部分阅览区馆员仍在旧馆提供借阅服务。图书馆所采购的图书根据图书馆发展目标进行衡量，按照一定指标将书籍进行分配后，分别配置到旧馆和新馆。

到访期间发现，虽然建筑内部装修和书架、桌椅等设施都显得较为陈旧，但部分区域尤其是少儿借阅区可见新近装修的痕迹，书架更新替换，增加绿植盆栽，开辟新书、热门图书、红色书籍专区。并且在馆内联合市中心书城开展"你读书 我买单"活动，盖因开封市中心书城暂时闭馆，因此通过此方式将书城的部分图书转移至图书馆，使图书服务得以继续开展。

开封市图书馆老馆毗邻居民区，可扩建的面积十分有限，但其临近景区又被居民区围绕的地理区位成为服务基层的有利依托。南开课题组在与到馆读者交流中发现，很多读者都对图书馆表达出喜爱之情，特别是报刊阅览室的老年读者。有几位老者表示除了报纸刊物，这里有充电插头、免费热水，他们不仅可以在图书馆看报，还可以用手机看很多信息。也有来查阅历史资料的外地研究生表示，这个没有电梯的图书馆能有这么多读者很让人意外，但几次接触下来觉得这个图书馆确实是在能力范围内做得非常好。因此可见，虽然图书馆内部配置并非现代化甚至智慧化，但这并非是影响用户使用满意度的最主要因素，而是更在于图书馆服务，当图书馆员在有限空间内体现服务细微之处时，便能够将服务效果最大化。

2. 开封市文化馆

开封市文化馆老馆位于开封市老城重要路段的小院内部，小院坐落于居民区之内，同时挂有开封市非物质文化遗产保护中心的牌子，设办公室、培训部、活动部、美术部、非物质文化遗产保护中心办公室5个部门。据办公室工作人员介绍，该馆至今已承担策划组织了国家、省、市大型文化活动百余场，参加群众2000余万人次。2011年开始免费开放，2017年调研期间可以看到该馆常年开办10多个免费活动班，常设公益培训、艺术展览、专题讲座、群众大舞台等多项重点文化活动项目。据介绍，这些免费培训已辅导培训学员80余万人次，组建艺术团队近百支。当前旧馆主要用于群众排练、展演等活动，2021年调研期间文化馆尚有京剧社、舞蹈社、合唱团在馆内活动室举行活动。

在2017年的调研中，文化馆中所设的图书室附属于器乐培训室，只是在练习器乐、戏曲表演的培训室内放有一个书柜，并未实际开展阅览服务。南开课题组到访时室内正在进行豫剧练习，一位二胡老师与几位豫剧爱好者正在练习。在与他们的交流中南开课题组得知该室是被改为图书室用途，但大家来文化馆主要是为了学唱歌、跳舞，没见过看书的，他们一直都在这个房间排练。旁边的电子阅览室只挂了电子阅览室一块标识牌，设有4台计算机，连接入了一些公共文化资源，可以免费使用，但通过与该室值班人员的交流，可以得知使用情况并不好，该工作人员直言南开课题组成员是他接待的第一批使用者。在2021年调研期间，南开课题组对正在馆内开展排练活动的社会民众进行了访谈。合唱团表示参与者主要为退休人员，早期在其他地点举行活动，但参与者越来越多，因此寻到文化馆申请预约场地，当前每月均会前来市文化馆开展活动。文化馆不仅免费提供场地、设施等，还邀请了高校声乐系的老师进行指导。民众表示希望增加文化活动场所，能有更多的演出机会和演出场所。同时，希望社区内能举办更多的文艺活动，并且，由于合唱团等活动团体多为中老年人，通常会有接送孩子的需求，因此，希望能在离学校较近的区域物色到活动场地和空间。

在 2017 年的调研中，开封市文化馆的对外宣传工作均由开封市文广新局负责，没有独立的微博、微信、宣传册等外宣工具与渠道。但当前文化馆已建设有官网、微信、微博等宣传平台。关于提及文化馆和图书馆之间的服务有所交集是否会有更多交流时，在 2017 年对工作人员的访谈中，文化馆工作人员谈到之前都是在局里的大型活动才有接触，其实相互之间了解不多，像阅览室之类的业务可以更多向图书馆学习；数字阅览室值班员则建议"更专业的人做更专业的事"，让图书馆来做阅览，文化馆来推艺术。

3. 寻宋书房

寻宋书房为开封市图书馆和河南寻宋纪文化创意有限公司合作建立。寻宋书房建成开放于 2020 年 11 月，为开封市首座城市书房，采用"公益 + 商业"的模式运营，面积 300 余平方米，主要藏书为宋专题图书 2000 余册，总藏书近万册。书房内开设潮品区、文创区、图书阅览区、茶室等区域，提供文创销售、简餐、潮饮等综合性服务，作为传统阅读场所的延伸和补充。寻宋书房作为公共图书馆服务体系中的一个网点，同市图书馆新馆和旧馆通借通还。寻宋书房 2021 年 5 月共接待读者 3000 余人次，举办各类活动 5 场，参与人数 150 余人次①。

寻宋书房所在地为 960 非遗文化创意园广场，该广场不定时会举行文创集市，展出文创产品和非遗产品，因此书房建设能有更浓郁的文化氛围，同时在文旅活动中开辟出静谧的阅读空间，吸引更多的服务人群。而且，由于邻近龙亭景区，也为游客提供了一个了解宋文化和开封的窗口。寻宋书房常态化活动

---

① 开封市文化广电和旅游局. 市文化广电和旅游局五月份破解民生"八需八难"落实进展情况[EB/OL]. [2021 - 06 - 19]. http://wgl.kaifeng.gov.cn/index.php?id=3239.

为"知宋讲堂"等,几乎每月都会邀请名家学者开展讲座。同时,在"世界读书日"等节假日期间举行"以旧换新书"等各类活动。并且,对于一些涉及参与群众较多的活动,也能借助馆外广场举行。

4. 鼓楼区文化馆

鼓楼区文化馆同翟俊杰电影艺术馆为一馆两个牌子,据了解,该馆原为翟俊杰电影艺术馆,后引入文化馆资金和设施建设成为鼓楼区文化馆,以吸引更多社会公众使用。该馆建筑面积 1500 平方米,外部为青灰色调民国风格,电影展厅面积 585 平方米,内设春光灿烂、影坛风景、汴梁赤子/戎装生涯、互动体验厅和经典影院六个展厅,同时开辟舞蹈室、书画培训室、音乐培训室、多功能厅等,举办包括舞蹈、盘鼓、朗诵、象棋、书法、国画、模特、微电影拍摄等培训活动。鼓楼区文化馆所开展的群众文化活动有广场文化活动、送电影和戏曲下乡活动、棋艺比赛等。

据正在开展戏曲排练的群众表示,该曲苑剧社为当前开封市建社时间最长的社团之一,且剧团社友平均年龄最大。早先该团体在市内湖边、公园排练,及至人数增多并且建立社团,因此需要有固定的时间和地点进行练习。原排练场地为老干部活动中心,但因疫情关系关闭尚未开放,因此临时向鼓楼区文化馆借用场地活动,每周都会前来该文化馆排练,另一排练场地为刘青霞故居。剧社社长表示当前有文化馆可以提供排练场地和服务,便不再像原先"打游击"一般地开展活动,这为退休人员提供了公益娱乐性质的固定场所。

8.1.6 开封市公共文化服务均等化进展

于不同年度开展的两次调研工作构成了关于开封市公共文化服务建设的横向时间场景,通过 2021 年度调研工作和 2017 年度调研工作的对比分析,可看出近年来无论是在基本公共文化资源供给方面,还是在居民满意度方面,开封市的基本公共文化事业建设持续且稳定发展。

1. 基本公共文化资源供给

(1) 新馆建设及其与旧馆之间的关系

在 2017 年度,开封市尚在筹建"五馆",2018 年五个新馆已建成并对外开放，及至2021年再度调研时，五个馆的公共文化服务工作均已常态化运作。在实地考察中，图书馆新馆、文化馆新馆、博物馆、规划馆、美术馆的馆内布置、设施设备、活动展板均已配置良好。而且，在与馆领导和工作人员的交谈中，也了解到已依据不同场馆的特征开展馆内服务和活动，并且还在馆外开展辐射面更广的基本公共文化活动，如规划馆主管单位开封市自然资源和规划局所开展的与居民面对面的规划解读和答疑活动。

另外，在线上考查中发现各场馆的数字化技术应用有了较大进步，如各场馆建设有官网和（或）微信、微博、抖音号等服务平台和窗口，其中，微信公众号的运用最为广泛，表明线上咨询、通知、培训、使用已正常开展。相较2017年度调研时发现市文化馆没有独立的外宣渠道，2021年度市文化馆已拥有独立官网（开封市数字文化馆）、微信、微博等宣传推广途径，而且市文化馆官网的宣传辐射包括龙亭区、鼓楼区、禹王台区、顺河回族区、祥符区、尉氏县、通许县、杞县、兰考县等全市的文化馆活动动态，提供全市一站式的文化馆公共文化服务宣传，辐射空间不断扩大，相较2017年宣介工作已有较大改善。

另外，在2017年度调研工作中探究了新馆建设对旧馆的影响，担忧新馆开放是否会影响旧馆的服务供给甚至会关闭旧馆，最终影响到老城区社会公众的图书馆和文化馆使用，但在当时并未得到明确答复。2021年再度调研时也着重对新馆和旧馆之间的关系进行了明确。博物馆新馆落成后，便将旧馆内藏品移至新馆，目前旧馆处于搁置状态。图书馆和文化馆的新馆和旧馆实行并行开放，但限于旧馆的空间和设施问题，将主要的活动如培训服务移至新馆举办，旧馆当前主要承担资源和空间等方面的一些基本服务活动，如图书馆旧馆当前主要用于借阅、自习，文化馆旧馆主要用于社会民众和文化团队的排练。虽然旧馆的馆内活动当前较少，但由于图书馆和文化馆均在开封市各地开展馆外服务，如图书馆的馆外流动服务、文化馆的文化下乡服务，并且立足于全市公共文化服务网络设施和服务点布局，在一定程度上弥补了中心城区公共文化服务项目减少的问题，如图书馆安排在寻宋书房等城市书房举行"开图讲坛"等活动。

另外，关于五个场馆之间的关系和联系，2017年度调研时这一问题也未得到解答，但到2021年调研时发现，五馆邻近开展活动的确加强了五个场馆之间的联系。例如，图书馆和文化馆共用建筑，一方面在空间与硬件设施上共用，另一方面在两馆业务工作中也有所联系；寻宋书房和博物馆活动的联合开展，同时丰富了老城区和新城区的公共文化服务。

(2) 全市公共文化服务网络建设

近年来，开封市持续推行公共文化服务网络建设，截至2021年12月底，开封市建有公共文化馆12个，公共图书馆10个，博物馆35个，纪念馆3个，少儿图书馆、美术馆、科技馆、青少年宫、体育馆各1个。开封市建有105个乡镇（街道）综合文化站，其中乡镇文化站68个、街道文化站37个。开封市还建有综合性文化服务中心2072个，其中村综合性文化服务中心1696个、社区综合性文化服务中心376个，整体建成率达100%，实现了市、县（区）、乡镇（街道）、村（社区）四级公共文化服务网络全覆盖。其中，基层综合性文化服务中心作为面向城乡居民的基层服务单位，是公共文化服务网络中的重要建设环节。早在2016年，开封市人民政府办公室就已下发实行《开封市推进基层综合性文化服务中心建设实施方案》①，目标是到2020年年底，建成覆盖全市范围内的乡镇（街道）和村（社区）的集宣传文化、党员教育、科学普及、普法教育、体育健身等功能于一体的基层综合性公共文化设施和场所，并培养和配备专兼职和文化志愿者相结合的基层文化队伍，使基层综合性文化服务中心成为文化建设的重要阵地和提供公共服务的综合平台。当前，已建成开封市顺河回族区化建社区"邻里春风"党群服务中心、工业街道开化社区党群服务中心、宜春苑社区党群服务中心等基层文化服务中心。

在公共图书馆服务体系建设方面，新馆和旧馆同为开封市图书馆总分馆体系的中心位置，以这两者为核心，构建了开封市的图书馆公共文化服务体系。其中区馆为枢纽，基层服务点为基础。区馆包括祥符区图书馆、禹王台区图书馆、尉氏县图书馆、通许县图书馆、杞县图书馆等。此外，在省第一监狱、王周庄、市老年公寓及南苑社区等基层单位建立馆外服务点。但是，目前在开封

---

① 开封市人民政府. 开封市人民政府办公室关于印发《开封市推进基层综合性文化服务中心建设实施方案》的通知 [EB/OL]. [2021-06-19]. http://www.kaifeng.gov.cn/sitegroup/root/html/8a28897b42116313014211a651ef01b9/925c22737aab4881865878dc4b592823.html.

市图书馆服务网络中,街道和社区层面的分馆建设还未普及。根据《公共图书馆法》规定,"地方人民政府应当充分利用乡镇(街道)和村(社区)的综合服务设施设立图书室,服务城乡居民",表明街道馆和社区馆的建设也需要地方政府的经费投入。据了解,这些网点未落成的主要原因在于政府经费限制,图书馆副馆长认为在当前有限经费投入的情况下,虽然可以建设各个分馆,但却无法确保街道馆和社区馆的良好运作和服务效能。因此,增设公共文化服务点同时也应增加服务点的资金投入,提高服务能力,使其具有能够可持续发展的保障,因而更倾向于采取城市书房的方式增加服务网络中的图书室网点设施。城市书房通过采取与各类机构单位的合作,引入社会资本、空间等力量,协助地方政府共同提供公共文化服务。在考量地方经济能力的基础上,开封市政府将城市书房等服务点建设作为健全现代公共文化服务体系的重要环节,并将其作为民生"八需八难"亟须破解和改善的问题之一。

2. 社会公众满意程度

社会公众作为公共文化服务的最末端,公众对基本公共文化资源和服务的使用程度和满意度是基本公共文化事业建设的最终目的。2017年主要是在市文化馆旧馆开展的群众访谈,2021年再度考察了市文化馆旧馆,进行用户使用访谈,并增加了鼓楼区文化馆的用户访谈。虽然图书馆老馆、文化馆老馆、区馆都显得有年代感,在图书馆建筑面积、建筑外观和装修、设施设备配备、信息技术应用等各个方面都无法与东部经济发达的公共文化服务设施相比拟。但是,无论是在2017年还是在2021年对不同使用人群的访谈工作,社会公众对于自身所正在使用的公共文化场所及服务均持认可态度。

这似乎表明,空间大小限制的是书籍的数量,阅览室、活动室、培训室等各类空间的使用面积,但良好且细致的服务却可突破空间的局限性,形成与陈旧空间并不"匹配"却高于空间本身的用户满意度。若只以图书馆、文化馆等公共文化服务基础设施的硬件建设情况来评判当地公共文化事业建设水平便显得过于机械化。因此,以公共文化服务设施的功能性为视角来评估当地的公共文化服务均等化水平似乎更为合适,既要考虑公共文化物质空间的建设,又要重视公共文化精神空间的需求,即一方面考虑当地本身的历史基础和经济现状;另一方面,更为重要的是,探讨和分析当地公共文化服务设施和用户之间的关系。

8.1.7 开封市公共文化服务均等化问题和建议

1. 社会公众需求与地区公共文化投入的不匹配

虽然开封市公共文化场所近年来不断发展,但城市居民仍然对公共文化服务设施有更多的需求,表明城市基本公共文化资源和服务仍然有较大的缺口。在 2017 年调研中,受访居民表示新建场馆太过偏远,老馆又小,图书馆老馆没有电梯,处于著名景点附近,车辆乱停乱放现象严重,老人出行安全得不到保障。而对于青年学生,图书馆更多起到自习室的功能,越来越多的孩子倾向于去安静的咖啡厅或者有特色的民营书店看书、写作业。随着老龄化的加剧,特别是老城区、城乡接合部、乡村留守老人受困于可出行范围与可支配收入,很难去到更远更大的公共文化服务机构获取服务。不仅是传统的公共文化服务机构的均等化,像开封市有大量少数民族居住生活,不同文化习惯的居民均等化需求也十分迫切。南开课题组到访开封市民族博物馆,与相关负责人及周边居民交流时,明显感受到少数民族居民对多民族文化设施的喜爱,但也苦恼于这些需求被误解的尴尬。这些都应当在均等化研究中进一步加强。在 2021 年的调研中,受访居民也提到希望有更多的文化活动场所和更多的文艺展出机会,并且也提到了中老年人在家庭和文化活动开展之间的矛盾,希望通过合理的公共文化活动场所布局和建设避免这一问题。

2. 公共文化服务发展建议

经由开封市的调研和分析,及前述标准化案例中对河南省公共文化服务标准化案例的探讨,南开课题组在认识到目前开封市实现公共文化服务均等化尝试的同时,也观察到中部地区要实现城乡公共文化服务均等化的现实问题。

虽然中部地区也在大力发展公共文化事业,逐步扩大公共文化设施数量、工作人员数量等,但相较东部发达地区,中部地区的公共文化经费投入不足,梯度差距还是较大;相较西部地区,中部地区的公共文化资源供给缺少精准扶贫似的因地制宜。对于城市居民更需要提供多样性的丰富的公共文化资源,提供多元服务,满足其对业余文化生活的需求,进一步扩大资源供给。对于城镇化过程中的居民则更需要提供基础公共文化资源,如服务范围主要面向城中村的图书馆、文化站应当提供更多侧重城乡结合、服务新市民需求的文化内容；综合文化站、农家书屋等深入农村基层的则需要根据具体村民需求与村庄本身的地理环境提供符合村民使用习惯的公共文化资源及文体器材。

从人员培养的角度，更高级别群艺馆（文化馆）、图书馆等应当在原有的辅导基层职能外更多地承担起调研与发掘基层文化志愿者的职能。通过了解基层社区居民或村镇村民的文化生活，进而推广他们需要的公共文化服务，引导公众参与到更多文化活动中。鉴于很多居住地边远的居民对部分文化活动缺少了解，文化活动和服务需要不断地推广，而本地区的志愿者是最有效的服务项目先期体验者，具有难以替代的地域优势，如果符合该地区的服务需求，也可以更好地落实推广。

结合河南省的调查，南开课题组建议完善公共文化服务机构工作规章、监管评估制度，确保文化服务的顺利开展并得以管控，同时确立服务理念，主动提供文化服务，积极深入基层进行沟通互动。对现有公共文化服务设施设备开展全面调查，评估现有公共文化资源的使用频率，确保后续经费投入高效，提高资源利用率和公众满意度，保证从基层使用者的立场配置公共文化服务及相关资源，以逐步缩小同城市公共文化服务差距，落实效果均等，确保经费投入收益。

8.1.8 "中部洼地"之于基本公共文化均等化的讨论

通过以开封市为切入口来探讨中部基本公共文化均等化服务，认为"中部洼地"这种说法以东部、中部、西部公共文化设施建设和发展的对比分析结果，是对公共文化基础设施的客观描述，但直接将之拿来讨论中部基本公共文化服务均等化发展并不十分合适，因为还需考虑各地公共文化服务设施的建设基础、背景和城市经济发展水平的历史和现状，并且更为重要的是需要以地方民众需求和满意度为衡量和建设导向。

1. 绝对均等：地区间横向比较

所谓"中部洼地"是北京大学李国新教授提出的用于描述全国公共图书馆事业发展乃至公共文化服务领域的一种现象。2015年，李国新教授及其团队通过"湘鄂赣皖四省联合调研"，认为自"十二五"规划以来，全国公共图书馆事业整体快速发展，但若是将东部、中部和西部的公共图书馆事业发展状况进行横向比较，便发现无论是在公共图书馆资源与区域人口总量的匹配程度，还是公共图书馆的财政拨款、总藏量、从业人员以及各类资源的人均占有量等方面，中部同东部和西部相比都有所差距。同样，文化馆事业发展也呈现类似的情况，因此，认为在公共文化服务领域，"中部洼地"现象有一定普遍性，并已成为制约我国公共文化服务均衡发展的瓶颈问题之一[①]。"中部洼地"说法表明，不同空间与梯度的公共文化服务发展情况不同，就全国范围而言，东部的公共文化服务情况最好，因此，"中部洼地"表示在全国范围内对比而言，中部的公共文化服务情况最弱。

由于公共文化建设主要依赖于地方政府的财政支持和投入，对于经济并不发达的地区而言，经济现状决定了公共文化基础设施建设方面的局限性。尤其是那些完全依赖于政府财政支持的公共文化场所，如街道图书室、社区图书室、社区文化室等，其场地、图书期刊、设施设备等采购和日常维护都需政府出资，其数量和质量难以加以保障。正如开封市的案例表明，当前在开封市图书馆服务网络中，街道和社区层面的分馆建设还未普及，其主要原因便在于政府经费限制，图书馆馆长认为在当前有限经费投入的情况下，虽然可以建设各个分馆，但却无法确保街道馆和社区馆的良好运作和服务效能。

对于开封市的基本公共文化事业建设而言，如果在某一时间节点来横向对比东部或西部其他地区的公共文化服务建设是处于劣势的。例如，在2017年，在第六次评估中首次获得一级馆的开封市仅有图书馆旧馆，新馆尚在建设中，但多次获得一级馆的新疆克拉玛依市已建设开放图书馆新馆，并且建立了图书馆总分馆服务体系，辐射街道和社区层面，但当前开封市的图书馆服务体系还尚未达到完全覆盖。但这些公共文化设施建设情况还需与城市经济发展和人口数量相结合，2020年克拉玛依市全年实现地区生产总值（GDP）886.9亿元[②]，第七次全国人口普查克拉玛依市常住人口49.03万人，开封市全市生产

---

① 李国新. 突破"中部洼地"促进均衡发展 [J]. 图书馆, 2016 (10): 1.
② 克拉玛依市人民政府. 克拉玛依市2020年国民经济和社会发展统计公报 [EB/OL]. [2021-06-19]. https://www.klmy.gov.cn/011/011002/20210325/c3d49e1f-07e4-4fcc-8c85-3ef0d6ed3ef7.html.

总值2371.83亿元,第七次人口普查开封市常住人口482.4万人①。据此可知,克拉玛依市人均18.09万元,而开封市人均4.92万元。因此,作为人口聚居城市,开封市的人均经济发展程度并不高,也因此,实际能够投入和落实到个人的基本公共文化资源量也就相对较少。

因此,"中部洼地"说法实际描述的是中部公共文化服务设施建设情况,但当这一话语运用到公共文化服务均等化领域却存在一定问题。首先,公共文化服务均等化并非是绝对均等,也就是,不论是在数量、硬件配置、技术甚至人员结构等各个方面,都无法要求东部、中部、西部提供数量与质量都等同的公共文化服务,毕竟以经济发达地区来要求中部并不现实。其次,"中部洼地"说法是在某一时间段横向对比全国各地区公共文化服务设施建设情况,但均等化是一个渐进式路径,而这种说法却忽视了各地区的经济发展和公共文化设施建设的历史和现状,也就是说,忽略了时间因素在其中的重要影响。最后,社会公众作为公共文化服务均等化的最末端,应是起到衡量均等化效果的决定性标准,而非是以其他地区基本公共文化服务设施建设情况来判断。

2. 相对均等:本地区纵向比较

就公共文化服务均等化而言,其中涉及的主要利益相关者为公共文化主管部门、公共文化建设主体、服务群体以及其他公共文化服务体系的参与者如志愿者等。公共文化主管部门主要为各地文化广电和旅游局,公共文化建设主体包括公共图书馆、文化馆、博物馆等,服务群体涉及各个年龄阶层的使用和需求公共文化服务的各类用户。公共文化服务均等化,一方面是以地域空间为划分,考察不同地区之间公共文化建设进度和现状之间的差异,诸如城乡均等、区域均等。另一方面是从公共文化供给和接受,即公共文化主管部门、建设主体和服务主体的视角进行衡量,在考虑公共文化服务基础设施建设情况的同时,更为重要的是要关注社会公众对于公共文化服务的接受情况以及满意度,如群体均等,要求使不同用户群体尤其是社会特殊群体都享有大致均等的公共文化服务,这便是以不同群体间的公共文化供给和接受情况进行对比考察。

诚然,公共文化基础设施如图书馆、文化馆数量在达到一定程度,如"15

---

① 红黑人口库. 开封市人口数据[EB/OL]. [2021-06-19]. https://www.hongheiku.com/henan/431.html.

分钟文化圈""一千米文化圈",在缩短服务半径的情况下,能够减少社会公众出行成本,提高社会公众的出行意愿。但增加公共文化的投放的同时,还必须考虑另一个重要问题,即公共文化服务的质量问题。关于公共文化服务的质量问题,一者为硬件方面,一者为软件方面。硬件即指与公共文化服务场所配套的设施、设备,而软件则为公共文化场所内的工作人员的服务态度、服务意识、工作方式、专业能力、创新能力等。因此,只注重公共文化设施建设情况,以及信息技术的使用,即以设施设备的数量、现代化、智慧化程度作为衡量公共文化服务均等化的唯一指标,似乎过于机械化和工具化。毕竟公共文化的最终目的是要满足公民的基本文化需求。因此,要以社会公众为最终衡量准则,根据公众文化需求的变化将公共文化服务做出合理调整。

各地区基于自身的历史背景、建设基础和城市经济发展水平,有自身的建设进度和发展步伐,公共文化服务均等化应是渐进发展的发展道路,不应该仅在某一时间节点对这些地区进行衡量,要求这些地区达到彼此间的均等,而应该看到某一地区自身的公共文化发展情况,以当前情况与过去作对比,以当地居民满意度衡量当地公共文化均等化情况。

8.2 内蒙古赤峰市案例研究

8.2.1 案例选择

赤峰市位于内蒙古自治区东南部,蒙冀辽三省区交汇处,东南与辽宁省朝阳市接壤,西南与河北省承德市毗邻,东部与内蒙古通辽市相连,西北与内蒙古锡林郭勒盟交界。赤峰,红山之意,蒙古语"乌兰哈达",因城区东北部赭红色山峰而得名。全市总面积9万平方千米,辖3区7旗2县,即:红山区、松山区、元宝山区;宁城县、林西县;巴林右旗、喀喇沁旗、巴林左旗、敖汉旗、阿鲁科尔沁旗、翁牛特旗、克什克腾旗。有蒙、汉、回、满等30多个民族。截至2021年年末,赤峰市常住人口401.91万人。

赤峰历史悠久,文化灿烂,地域特色明显。全市有国家级文物保护单位50处,以境内地名命名的文化8个,分别为小河西文化(距今约9000年)、兴隆洼文化（距今8150—7350年）、赵宝沟文化（距今7350—6420年）、红山文化（距今6660—5000年）、富河文化（距今6000年）、小河沿文化（距今5000—4870年）、夏家店下层文化（距今4200—3600年）、夏家店上层文化（距今3000—2500年），已发现古人类文化遗址7340处。兴隆洼遗址被史学界誉为"华夏第一村"，红山文化标志性器物"C"形碧玉龙被史学界誉为"中华第一龙"，二道井子夏家店遗址被史学界誉为"草原第一城"。因红山文化"国宝"碧玉龙的发现，赤峰又被称为"玉龙之乡"。赤峰地区曾是辽王朝政治、经济文化的中心，其两大都城辽上京和辽中京分别坐落于巴林左旗和宁城县境内。喀喇沁亲王府是国内现存规模最大的清代蒙古族王爷府。红山文化遗址、辽文化遗址已列入中国世界文化遗产预备名单。目前全市已开发旅游景区（点）90多家，被评为国家A级以上景区49个，其中4A级景区8个①。

2019年7月15日，中共中央总书记习近平赴内蒙古自治区考察调研，在赤峰市松山区兴安街道临潢家园社区了解社区基层党建、民族团结融合等情况，并前往赤峰博物馆，了解当地历史文化沿革，同古典民族史诗《格萨（斯）尔》非物质文化遗产传承人亲切交谈②。2014年时任总理李克强在内蒙古赤峰市考察期间，也参观考察了赤峰博物馆，指出我国各民族是个大家庭，民族文化对国家发展有着重要贡献，要加强保护、交流和传承，推进发展公共文化服务事业，凝聚文化发展和民族团结进步的强大合力③。

翁牛特旗为赤峰市辖区之一，位于内蒙古自治区赤峰市中部、西辽河上游、科尔沁沙地西端。总土地面积11 889平方千米，辖14个苏木乡镇，6个国营农牧场，2个街道办事处，即：乌丹镇、桥头镇、梧桐花镇、广德公镇、五分地镇、乌敦套海镇、海拉苏镇、亿合公镇、解放营子乡、毛山东乡、新苏莫苏木、白音套海苏木、阿什罕苏木、格日僧苏木、全宁街道办事处、紫城街道办事处、示范牧场、海金山牧场、花都什农场、白音花羊场、灯笼河牧场、

---

① 赤峰市人民政府网. 赤峰市概况 [EB/OL]. [2021-06-15]. http://www.chifeng.gov.cn/contents/10/19685.html.

② 新华社. 习近平在内蒙古考察调研 [EB/OL]. [2021-06-15]. http://cpc.people.com.cn/n1/2019/0715/c64094-31235447.html.

③ 中国政府网. 李克强在内蒙古考察：推动经济稳定增长民生持续改善 [EB/OL]. [2018-07-15]. http://www.gov.cn/guowuyuan/2014-05/23/content_2686018.htm.

大兴农场，是自治区33个牧业旗之一。翁牛特旗全旗总人口为46.8万人，蒙古族人口7.7万人，是一个以蒙古族为主体、汉族占多数的多民族聚居地区。

在第二批党的群众路线教育实践活动中，翁牛特旗为时任国务院总理李克强教育实践活动的联系点，以示范带动和推进全党教育实践活动。2014年3月27日，李克强总理在翁牛特旗桥头镇太平庄村委会的会议室与十多位村民一起开了场"最高级别的村务会"，针对缺路、缺水、缺电、缺医，以及生态补偿、劳动力素质提高等六个方面问题，要求当地政府和同行的部委负责人寻找破解难题的"长效机制"①。28日，李克强总理在翁牛特旗主持召开了翁牛特旗旗委常委扩大会议，同年5月23日，李克强总理在翁牛特旗出席指导了旗委常委班子专题民主生活会②。作为党教育实践活动的重要地区，南开课题组以翁牛特旗作为了解偏远地区、少数民族聚居地公共文化服务的调研对象，具有一定的现实意义。

8.2.2 调研经过

调研前夕，南开课题组进行了相关的文献调研。2017年8月22日至26日南开课题组柯平赴内蒙古自治区赤峰市调研公共文化服务，除赤峰市公共文化设施外，还考察了兴城市、巴林右旗、宁城县等地的图书馆、博物馆与乡镇文化站。2018年6月30日至7月2日，南开课题组成员柯平、张雅琪、刘旭青、吴素舫、邹金汇、袁珍珍、胡娟、张文亮、陈媛媛、苏福前往赤峰市进行公共文化服务调研。为了解赤峰市城乡两个层面的公共文化服务发展情况，分别以赤峰市公共文化机构和翁牛特旗公共文化机构为对象，调研考察了社区活动中心、市群艺馆、村文化站等，与玉龙街道主任和副主任、社区文化站党支部书记和工作人员、社区居民、村民等进行了访谈，并于现场拍摄了照片，于当场及后续联系取得了相关资料。2022年7月25日至26日，南开课题组成员柯平再次赴赤峰进行调研，考察了赤峰市群艺馆、新建的辽文化博物馆、松山区图

---

① 中国政府网. 总理召开的"村务会"解决了啥问题？[EB/OL]. [2018-07-15]. http://www.gov.cn/xinwen/2015-03/03/content_2824815.htm.

② 中国政府网. 政治局常委到第二批教育实践活动联系点 [EB/OL]. [2018-07-15]. http://www.gov.cn/xinwen/2014-05/25/content_2686725.htm.

书馆、红山区文化中心、城市书房等。

8.2.3 赤峰市城区公共文化服务调研

近年来，赤峰市基本公共文化在基础设施建设、公共文化服务、群众文化等方面都有了较大发展。各级各类新公共图书馆、群艺馆、博物馆、剧院建设逐渐提上日程或加以扩充完善，嘎查村文化活动室、电视、广播等建设稳步推进，"激情广场"文化活动月、红山文化旅游节、社区激情广场活动月、农牧民文艺汇演、全市广场舞大赛等品牌已经形成，市、旗两级每年夏季演出时间都在一个半月以上。极具地方特色的乌兰牧骑下乡"六进"惠民演出活动达到1000场次以上。2021年，全市共有艺术表演团体10个，共有公共图书馆14个，文化馆13个，博物馆22个。广播综合人口覆盖率99.5%，电视综合人口覆盖率99.5%[1]。

1. 松山区玉龙街道北王府社区服务中心

玉龙街道北王府社区成立于2016年5月，原为王府社区的北部，后独立分出，管理服务王府北花园居民小区，社区工作人员6名，非公企业18家，个体工商户245家，入住居民1370户3550人，其中未成年人630人。社区服务人员为区内调配，非新配置编制。该社区是周边社区中房价最高的，最高达13 000元/平方米，社区居民主要为企事业单位退休职工。因为退休职工较多，整体收入、文化素质都较高。玉龙街道社区卫生服务中心在该社区范围内，且老人、儿童比例较高，社区确定"康宁北王府"的品牌定位。基于此定位，社区服务中心内引入社会组织提供日间照护、关注自闭症儿童、亲子阅读等关注儿童、老人健康的服务。

该社区服务中心2017年4月开始打造，近一年时间日均接待400—500人。是由地产开发商按住建标准提供的公共用地，一楼和二楼为商业，服务中心设在三楼，可通过楼梯进入。服务中心各楼梯及走廊墙面都有宣传品，以加强文化宣传，楼梯一侧墙面宣传主要内容包括未成年人思想道德建设、未成年

---

[1] 赤峰市人民政府网. 赤峰市2021年国民经济和社会发展统计公报［EB/OL］. ［2022-07-15］. http://www.chifeng.gov.cn/zwgk/xxgkzl/fdzdgknr/tjsj_103/tjgb/202203/t20220331_1760743.html.

人四礼、未成年人八仪、话说地震、消灾解难知识、廉政文化宣传等。

赤峰市新城区王府二期南门东50米，一楼和二楼为临街商铺，三楼为社区服务中心，面积777平方米。为尽可能多地服务到居民，以"大活动、小办公"为建设目标，6位工作人员在面积为45平方米的一站式服务大厅办公。中心设有医养结合的养老机构，但由于步梯上三楼的方式不是特别适合养老服务，因而在楼梯间设置了沿途的医用扶手，以方便老人出行。

社区没有经费，由街道提供。地产商提供的位于三楼的毛坯房，原计划投入10万元专项经费，最终建设花费70万元。硬件、装修是专项费用，日常活动经费多是向群艺馆、文体局争取临时经费。赤峰市艺术团号称"赤峰一把琴"的最好的老师以不收费的方式来帮合唱团排练，但社区未配置相应乐器，需要自带。

社区工作人员6人，均为全职，松山区社区工作人员近年来都为聘用制，工资较低，新入职员工月工资为1800元左右。虽然原有工作已经很繁多，但是工作人员对有限的空间及其利用时间进行了仔细划分，已解决因其优秀的服务而吸引到锦绣社区、王府花园等外社区居民到来的导致的场地不足问题。居民对社区书记鲍书记及全体职员包容的态度和热情的服务给出了高度的评价和认可，专门创作了快板演出来表现对社区工作的赞扬。中心虽然没有专门的社区志愿者，但是有居民志愿者、党员志愿者、志愿商户，可开展如对自闭症儿童的一帮一助"实现小小心愿"等活动。对于基层工作人员复杂的工作，受访工作人员称因为对应的部门领导，其实也是一人多担四五份工作，所以沟通工作还是挺方便的。

中心在开放前做到了入户上门宣传，针对每户居民的具体需求进行了分类说明。服务中心内乒乓球室有6张球桌，成人居民年费350元，外社区年费500元，结合社区未成年人健康成长平台，打造"运动新领地"，对青少年进行免费培训。心理咨询室有四位执证二级心理咨询师在周二、周三、周五提供专业服务。心理咨询室内有沙盘游戏，从工作人员提供情况来看主要是与社区内自闭症帮扶活动相结合。DIY手作工作室（亲子沙龙/传统手工艺/花艺等）、悠贝儿童图书馆（500册绘本，亲子故事会）、天颐北王府养老服务中心（医养结合）均为引进的社会组织，通过招标引入并一年一签约，依靠完善的考评环节保障服务质量。DIY手作工作室（亲子沙龙/传统手工艺/花艺等）

使用本场地免费，如端午节期间，社区与工作室合作，居民可以免费制作粽子。

居民可以免费在悠贝儿童图书馆阅览，如想外借，需要办理会员卡，每次可外借5本。悠贝儿童图书馆每周都会举办亲子故事会，反响很好。悠贝儿童图书馆里一排书架为市图书馆藏书，免费提供给社区居民借阅，但室外没有明确的图书馆分馆的标志，而且放置位置不佳，即使经常来的居民都不知道这里有市图书馆藏书可提供借阅服务，老人一看到关于儿童绘本的宣传和1230元的年费更是不敢进入，所以这部分藏书基本没有利用率，没有展现其免费的公共服务属性。

天颐北王府养老服务中心（医养结合）通过招标引入并一年一签约，完善的考评环节保障了服务质量。养老服务中心设有按摩椅2把、操作台2个、床位5张、轮椅1把、三开门柜子的图书柜1个、养生桶1个，墙上挂有日间照顾服务项目、温馨提示、财务管理制度、工作要求、服务中心安全制度、负责人职责、护理工作人员职责、餐饮工作人员职责、卫生制度及标准等宣传内容。棋牌室最受居民欢迎，其内有扑克牌桌10张，晚上10点关门。棋牌室有志愿老师辅导孩子下象棋、围棋、跳棋。舞蹈室有活动安排表，周一至周五全天及周六上午已被安排满，主要服务于居民自发组织的合唱团、舞蹈团、乐队、腰鼓队、电声乐队、柔力球队等，文艺团队还参与过市春晚等多次活动。团队人员除本社区居民外，还有来自阳光、成龙、康欣都多个周边社区的居民，反映出新的场地和优质的服务对周边社区居民的吸引力。

在与居民的访谈中，了解到社区活动中心非常受居民欢迎，居民十分认可工作人员的服务态度，主要是对其开放、平和的沟通状态很是认同。合唱团成员评价工作人员时反复提到"人格魅力"，其他社区人员虽是被服务设施吸引而来，但却被工作人员的服务态度所折服，决定继续在该社区活动中心开展活动。当前，居民最需要的是增加排练场地，新建或者共享的方式都能被接受。现在北王府社区舞蹈室面积有限，柔力球项目无法施展，作为柔力球之乡，特别是能上自治区春晚的节目都没有很好的排练场地。而且，也还需要补充其他设施设备，如乐队排练用的麦克风、电子琴、体育场馆、健身器材、体育设施如篮球架等。

2. 松山区玉龙街道富河社区党群服务中心

赤峰市松山区玉龙街道下辖10个社区，其中富河社区为玉龙街道最大的社区。富河社区建有5个园区，共有4000多户7000余人，社区居民以蒙古族和汉族为主，也有朝鲜族和满族，该社区为高档社区，社区居民的文化程度较高。据了解，社区内居民都懂汉文，能读懂蒙文的居民则很少，因此，服务中心内的各类宣传材料以汉文为主，未有蒙文等其他少数民族语言。富河社区党群服务中心位于富河社区入口旁侧，面积为650平方米，一楼为一站式服务大厅，工作人员在此办公，仅为80平方米，即社区内共有570平方米为社区居民的活动场所，做到了"小办公、大活动"。

中心内包含舞蹈室、棋牌室、亲子活动室、会议室/电影院、侨务工作室、乒乓球室等活动场所，各活动场所基本设施齐备，会议室/电影院设置有曲面屏、座椅等，活动室内放置了钢琴、古筝等乐器，以及谱架、服装、音响、收纳柜等，同时在室内进行了灯光设计和装饰，用以增强艺术氛围。富河社区和社会服务组织合办，在服务中心内提供社区养老服务，面向"空巢"、独居老人推出"安乐独居"服务理念，主要为老人提供餐饮，不仅为本社区居民服务，也能为社区外老人外送餐饮，而且采取低偿服务，价格远低于市面价格。室内添置了电视、桌椅、冷冻柜等，老人白天可以来此休闲和就餐，晚间离开，此外室内还提供了两间一人位住宿。富河社区党群服务中心侨务工作室为玉龙街道所有社区华侨开展活动，因各社区华侨较为分散，各自人数较少，因而整合10个社区集中到富河社区一处。

目前富河社区活动中心共有工作人员7人，均为政府合同制员工。当前松山区玉龙街道采取"通岗制"，街道内各社区活动中心工作人员需要定时轮换，同时活动中心内也采用"轮岗制"。活动中心内开辟"全科窗口"，这样就使得不论哪个岗位的工作人员都可以开展其他工作，即使居民来此办事接待的是民政办或计生办等工作人员，依然可以为居民办理文化等其他业务，提高了工作人员的办事效率，方便了社区居民。

富河社区建设于2014年，同时社区活动中心也于此时建立，街道社区对活动中心的位置和内部空间进行规划，同时也已采买好了各类设施设备，工作人员可直接开展工作。此后若需购买服装等用品，需要社区进行申请，街道配有社区文体活动的专项经费。

富河社区活动中心为社区居民提供了电影放映、会议开展、乒乓球等必备设施设备，并提供了相应场地和服装乐器，社区居民已开展了舞蹈、民乐、马头琴、京剧、管弦乐、模特等活动。富河社区 2015 年开始筹建活动队伍，目前有舞蹈队、声乐队、模特队、京剧队、健身操队等。各活动队伍以中老年人为主，例如，舞蹈队现有 15 人，队员年龄在 50 岁至 70 岁。各文艺团队由于共用场地，因而采取排班制，平均有两至三个半天的时间可以开展活动。

在一楼办公场所和二楼活动场所之间设置了一道闸门，并且另设一扇门可直接通往二楼，在非办公时间会关闭闸门，但社区居民还是可以直接前往二楼开展活动，这样就实现了办公区正常工作，但活动场所 24 小时均可使用的目的，节假日期间也正常开放。

松山区玉龙街道当前正在开展"一街一品牌"活动，其中富河社区主推"智慧富河"，不仅专门配备了信息化工作人员，在一楼还配置了智能显示屏，可以查询到文化、商户、医疗卫生等各类信息，并能够实现各类业务的线上操作。同时推出了"玉龙 e 家"智慧便民服务平台，在微信上便可以办理各种业务，能够查询到各社区演出情况、文艺团体介绍、培训排班情况，也可以在线申请加入文艺团体和兴趣小组，云服务实现了全天 24 小时在线服务。

富河社区组织文艺团体参加了多次文艺演出，例如参加玉龙街道归国华侨联合会主办、富河社区乒乓球室承办的乒乓球友谊赛，组织舞蹈队参加"庆七一"活动，参加赤峰市举办的"红山文化节"专场演出，并获得先进单位、先进集体的称号，以及组织新年音乐迎新春等活动。

南开课题组成员在与社区居民的沟通中得知，社区活动中心的活动场地对于居民而言十分有限，每个队伍只能错开时间使用。另外，社区活动中心为各队伍配置的服装和乐器满足不了需求。舞蹈队表示现在社区为其购置的为蒙古族服装，但舞蹈队经常需要排练各种类型的舞蹈，这些服装都需要社区群众自己想办法解决；社区目前购置了大鼓等乐器，但有些剧目需要其他的乐器，社区目前还无法提供，京剧队表示如二胡、京胡等乐器都需要自备。社区群众希望社区活动中心能够设置活动的专项资金、配备更多更好的设备，将活动资金的使用权交予各活动队伍，由各活动队伍自行决定应该添置何种服装、乐器等。

居民对活动中心工作人员的服务态度表示了很大的认可，例如二胡队排练时需要复印谱子，工作人员能够及时复印，而且是免费服务。文化站里还提供了风扇、空调、热水等便民设施，居民有什么困难都找工作人员帮忙解决，相处其乐融融。

3. 松山区振兴街道金御华城社区活动中心

振兴街道金御华城中心社区成立于2016年4月，辖区东起广场路、西至迎金路、南邻松山大街、北接友谊大街，涵盖金御华城社区、松城社区和北苑社区，区域面积0.96平方千米，驻区机关、企事业单位及社会组织23家，个体工商户342家，服务居民6420户18 796人，三个社区党组织建有党支部5个，直管党员122名，驻区单位党组织11个，在职党员285名。此社区内的居民多是近年房屋拆迁之后返迁的居民，其中老年人占有较大比例。金御华城社区文体活动中心面积1400平方米，建有党群服务、文体活动、信息服务三个中心，同时涵盖有老年日间照料、社区中医门诊部、志愿服务站、未成年人活动中心、图书室、棋牌室、乒乓球室、会议室等具体服务内容及设施。活动室作息时间为每个工作日上午8：30—12：00，下午14：30—17：30。目前，金御华城社区工作人员共6名，社区内尚无固定的活动经费。经工作人员和社区居民反映，由于企业和社会赞助很少，社区也未能建立成熟的创收机制，各项活动经费比较紧缺。此外，社区没有掌握人、财、物的管理权，活动经费需要向上级部门申请。而活动经费只能是在重要的活动期间得到批复，例如"五一""十一"、端午节、中秋节等重要的节日期间，社区内日常的开销较少。

在服务基层群众、建设和谐社区的目标和要求下，金御华城社区形成了其特有的工作特色。首先，构建社区网格化服务管理，做到"网中有格，按格定岗，人在格中，事在网中"。成立网格化服务管理中心，将金御华城社区划分为五个网格责任区。建立由社区人员、管理员、党员联络员、民警、服务队组成的网格管理员团队。其次，构建综合中心联席会议制度。集体协商研究解决重大问题，多种渠道收集居民诉求，并作出相应的处理。再次，明确综治中心制度和工作职责。包括工作例会、信息报告、工作考核、检查督办和限期办案等工作内容。最后，构建"三链一网"中心社区融合党建模式，推进区域共建共治共享。由联席会议制度、联络员制度、第一书记制度和双向考评制度形成党建链，推动区域内各类党组织互联互通、互动互融；由中心社区联合党委与需求菜单、资源菜单构成传动链,带动社区治理和社区服务,以改善社区人文环境、优化区域资源配置、维护社会和谐稳定,社区服务由政府购买服务、社会化服务、邻里互助服务和社区志愿服务组成;通过街道职能下沉,由代办服务、预约服务、即时服务和上门服务构成增能链,提升帮扶效能;融合民意,精准服务,开启幸福之门,构建红色"掌上振兴"信息网。立足信息化共融开放特点,打破区域成员单位壁垒,做到情况动态掌握,资源有效利用,诉求及时回应和问题快速处理。

2016年10月27日开通"松山区振兴街道"微信公众平台,服务于辖区内的公民,每日定期推送,一般推送数量在4—10条。公布"社区动态",例如端午节期间,松山区振兴街道振兴社区举办"浓情端午,情暖邻里"活动,永业社区开展"运动搭台展示居民风采,邻里亲友情促永业和谐"端午节趣味运动会,木兰社区开展"粽叶飘香过端午,和谐幸福系侨情"端午节活动,北苑社区开展"区域共建颂党恩,邻里和谐粽传情"活动。同时还包括"今日松山"要闻、养老保险、松山本区内的新闻、文艺汇演活动、主题党日活动等内容。

4. 赤峰市群艺馆

赤峰市群众文化艺术中心,简称赤峰市群艺馆,始建于1975年,现为国家一级文化馆。2017年搬迁至新址,与青少年宫共用同一建筑,但内部并不互达。市群艺馆外部标识使用汉语和蒙语两种字体展示,馆址总面积9000余平方米,一楼为展厅、录音棚、琴房,以及能够用于活动仪式等的活动空间,二楼为办公区域和报告厅,三楼为各活动室,包括舞蹈教室、器乐综合教室、排练厅、电钢琴教室、美术书法教室、古筝教室等。市群艺馆有25位辅导教师,针对乐器、舞蹈、书画等方面开展有二胡、小提琴、中阮、葫芦丝、电钢琴等器乐,民族舞、瑜伽、街舞、拉丁舞、健身舞等舞蹈,以及合唱、书法、活化、模特等文艺培训。各培训班排班都集中在周一至周五,因而参与培训的以中老年人居多。

群艺馆拥有文化活动品牌"激情广场""唱赤峰的歌·跳自己的舞""劳动者之歌""六月星光"等。其中,"唱赤峰的歌·跳自己的舞"为市群艺馆2014年打造的文化惠民志愿服务项目,从立项开始共举办了四期培训班,共有来自12个旗县区和市区的443人接受了培训，打造了20余支具有地域特色和民族特色的原创广场舞，并刻录成教学光盘发放到各旗县区文化馆（站）和城区各社区，培训各旗县区及中心城区街道办事处的广场舞志愿者280余人次，并且这些志愿者回到各旗县区先后开办了本旗县区的赤峰原创广场舞培训班10期，培训乡镇、农村嘎查等基层广场舞骨干980余人，馆内业务人员下基层辅导年均15次，并在全市12个旗县区开办了赤峰原创广场舞培训班三期，培训人数2000余人次①。

在与培训班成员访谈中，了解到目前文艺团队的报名人数很多，因而群艺馆需要对报名者进行筛选，挑选出有一定音乐或舞蹈基础的群众作为团队成员。群众可以在群艺馆现场或是微信公众号上报名，但都需要来群艺馆进行面试。一般来说，培训班一天之内就能够报满，而且为避免学员重复学习，在招生时也会注重招一些新学员，佐证了培训班名额紧缺的情况。培训班虽然名义上并无初、中、高级之分，但根据培训班学员的水平会相应调整学习内容。舞蹈班上课基本能保持50人左右。另外，在每年年末，培训班会进行汇报演出等。据反映，前来市群艺馆参与活动的主要还是有一定文化层次和经济基础的群众，例如机关干部退休人员，普通的工人、农民较少。另外，区级群艺馆也配有专业的师资力量和设施设备，之所以选择来市群艺馆，主要还是因为地理位置原因。红山区群艺馆位于老城区，市群艺馆位于赤峰市松山区为新城区，老城区居民通常会选择前者，新城区居民通常会选择后者。

5. 赤峰市图书馆

赤峰市图书馆在全国颇有影响，南开课题组是慕名前往调研的。

这个馆原名昭乌达盟图书馆，于1982年建馆，馆舍位于红山区钢铁街西段，建筑面积仅4200平方米。2011年1月19日搬迁到位于松山区（新城区）锦山路南新馆，馆舍面积也只有8000平方米。图书馆在博物馆旁边，前面是一个大广场。对一个地级市来说，这个图书馆的面积算是小的，看不出有什么特别之处，但走进图书馆内，才发现它的与众不同。

图书馆最重要的特点就是按图书馆学专业的原理和方法开展业务工作，阅

---

① 赤峰市人民政府网. 市群艺馆获文化部两项殊荣 [EB/OL]. [2018-07-06]. http://www.chifeng.gov.cn/xxgk/dtxx/zwdt/bmdt/2017-01-05-154699.html.

读室虽然不大，但空间布局、书架、报架、阅览座席、标识、分类、编目一切都井然有序，体现专业性和人性化，就连走廊布置了书法作品、漫画、图书馆服务宣传等，充当了展厅的角色，图书馆充分利用空间几乎做到了极致。

虽然空间条件有限，图书馆想尽一切办法开展馆内馆外服务，全民阅读、经典推荐、少儿服务、讲座、展览、读者培训、弱势群体服务、心理咨询、法律援助、文旅融合、志愿服务、24小时自助图书馆服务、微信微博服务、数字资源服务等各方面齐头并进，服务不断创新，服务效能显著，成为重要的全民阅读基地。

由于经费的限制，图书馆的资源并不丰富，但颇有质量和特色。有纸质书刊63万册（件），电子图书140万种，视听文献2万件，古籍1万余册、民族地方文献7119册。图书馆利用社会力量和各种途径，增加资料。图书馆内有一个"摄影图书馆"引人注目，这是2016年台湾著名摄影家吴绍同和赤峰市著名摄影家白显林捐赠了自1988年以来积累的全部图书、赤峰摄影图片库和照相器材等而建立的，其中精品藏书有10 197册；赤峰摄影图片库共藏黑白胶片、彩色胶片、反转片及光盘总计52 894底片。此外，还现存放12寸照片1200幅，7寸照片1000张，5寸照片1000张，放大照片3200张；照相器材包括照相机13台，相机镜头20个，暗房设备齐全共23款31件，摄影棚用具13件，其他类28件。白显林成为这个主题图书馆的编外馆员，专门从事摄影资料的整理与读者服务。

地方文献工作是公共图书馆的重点业务，这个馆2013年建立了蒙文借阅室，收集了大量有价值的赤峰文献资料，特别是运用数字技术，建成了赤峰历史文化专题资源、赤峰记忆等数据库。到了图书馆里的赤峰记忆工作室，可看到图书馆员的工作场景，他们采访了赤峰当年的乌兰牧骑，为保存和传承地方文化做了大量工作。

南开课题组对赤峰市图书馆的调研后得出一个结论，一个好图书馆的背后是有一支敬业的图书馆员队伍，而是否有一位能干的图书馆馆长至关重要。图书馆馆长刘淑华1991年7月从北京大学图书馆学专业毕业后，回到赤峰从事基层文化事业，曾任松山区文体旅游局副局长。自2011年任图书馆馆长以来，她以专业的思维和艰苦创业、拼搏进取的精神，实施"治人、治馆、治业、治学"的"四治"创新发展举措，使图书馆彻底改变了落后的面貌。她被称为"书香草原的领头羊",2016 年被评为中国图书馆榜样人物。在刘淑华的领导下,2013 年图书馆被文化部评定为国家二级图书馆,2017 年获国家一级图书馆称号。从 2013 年至今,已建成以赤峰市图书馆为总馆、12 个旗县区馆为分馆、覆盖全市城乡的"市—县—乡—村"四级的"中心馆—总分馆服务体系",53 家直属分馆打通了赤峰公共文化服务的"最后一公里"。

南开课题组在这里得到了意外的收获,如同沙漠里有绿洲,欠发达地区的公共文化服务也有明星和亮点,值得发达地区学习与借鉴。

8.2.4 翁牛特旗公共文化服务调研

1. 北大庙村文化站

内蒙古赤峰市翁牛特旗全宁街道北大庙村是翁牛特旗乌丹镇北 3 千米的一个行政村,毗连双窝铺村、新华社区、长汉布村、西门外村。村内有玻璃厂、建筑材料厂、针织厂等企业,著名的梵宗寺就坐落在该村,其文化室内特设有梵宗寺文化展示区域。北大庙村下辖 5 个自然村,855 户,总土地面积 7 万亩。

北大庙村文化活动室于 2014 年建成,由室内、室外两部分活动场地组成。室内活动场地 150 平方米,有乒乓球室、书画室、棋牌室、图书阅览室、梵宗寺文化展示等 6 间室所。室外活动场地 2850 平方米,配有一个篮球架,周围未有可供遮阴的地方。文化室内各室所均配有桌椅和宣传栏,各类型文化宣传较为普遍。图书阅览室又是草原书屋,其内张贴有《草原书屋管理员制度》《草原书屋文明公约》《草原书屋管理制度》等规范规章。共有 7 架图书,3 副桌椅,书籍未有编目,虽分为科技类、文化类、生活类、政经类、其他类,但排架较乱,书籍较为陈旧,而且其中也有不适合一般村民的书籍,如《核生化损伤诊断治疗手册》。棋牌室内空间狭小,仅供放置 1 张棋牌桌和 5 把椅子,桌上还堆放了很多植物,可见近期内少有人使用棋牌桌。另外,乒乓球室已布置成为起居室,完全不具备文体活动开展的功能。

到访文化站时,所有屋室都是开放的,但没有工作人员。询问后,在最侧角服务站打更房找到了打更者,他介绍平日到访文化站人员很少,但是他们经常在一起打对吊(扑克),也有在文化站棋牌室打牌的情况,但更多是在打更房内。最初棋牌室建设好后提供了扑克，但作为本地最主要的娱乐活动，村民在树荫下、背阴处打牌更为普遍。

南开课题组一路到访3个自然村，在外乘凉的村民都是三三两两聚在一起打牌。交流中发现60岁左右的村民识字程度很低。南开课题组随身携带的"李殿光"漫画家的宣传彩页，多数村民认不出"殿"字，有几位年龄在60岁左右看顾孙子、孙女的老人认不出"李"字。访谈中了解到电影下乡已有多年未开展，而且放映机早已失修。

村中跳舞的广场是由村民联名争取修建的，最初计划建成后有路灯等相关设施，但实际路灯未有安装，照明、音像用电由当时倡导建设广场的热心村民提供。该村民原在建筑公司上班，退休后回到乡村，广场修建位置正在他家院子内，为了建广场让大家能一起娱乐，他家的一口井也被封在了广场下，平时用电也主要由他家提供，村民有时会倡议给他贴补点钱。与这位村中"出主意"的大爷交流时得知，村民对基层公共服务的建议是真的送东西来，比如健身器材。建设的文化站、便民服务站，在他们眼中其实并不便民，因为主要建在村领导家附近。在去文化站的一路上，南开课题组感觉到远离了村民自发形成的娱乐中心，村民表示跳舞都是村民自行组织，没有工作人员管理和培训。文化站里虽备有音响，但早已损坏，未有工作人员进行修理，村民表示也不知向谁反映，音响是村民自行携带。村民会在年假日时出外表演，表演费用于购买服装，剩余费用分给舞蹈队成员。自发聚集跳舞的热闹广场和远处空旷无人的文化站对比鲜明，村民对为什么不去修的整齐漂亮的大队服务中心/文化站的答复是"衙门谁去啊""都是自己玩""去那玩的也是找打更那家人玩的，别人谁去啊"。

2. 乌丹镇哈达图嘎查村文化站

哈达图嘎查位于乌丹镇东北部50千米，西拉木伦河和少郎河交界处，辖3个自然村，分别是布朗、哈达图、庙营子，全嘎查总人口610人，共210户，其中贫困户26户65人。全嘎查总土地面积11.95万亩，其中耕地面积4100亩，水浇地面积1500亩，林地面积4000亩，草场面积53 900亩，荒山荒坡面积22 500亩，沙化面积3.5万亩。截至2017年6月，家畜存栏24 900头（只）。南开课题组专门聘请了两位精通蒙汉双语的翻译，他们是一对老年夫妇。这两位老年夫妇都是汉族，由于从小与蒙民生活在一起，所以对蒙古族的语言和文化十分了解。翻译人员介绍当地村名的由来，当地著名历史文化名人，例如敖其而、色日王扎布等，是本地居民引以为傲的人物。哈达图嘎查现有250年的哈达图庙和白塔，是当地重要的历史文化遗址。同时有1200亩比鲁太黑水湖。翁牛特旗推出十个全覆盖广播"村村响"，利用现代传输手段面向广大农牧民快速、分区域提供应急广播信息的技术系统，是国家应急广播体系建设的重要组成部分。推出"龙乡之声"特色节目，开通蒙语节目，满足牧民需求。哈达图嘎查村委会负责村级文化活动中心的职能，村委会的范围包括：村部院落、广场、文化活动室、党员活动室、服务大厅。

哈达图嘎查目前尚为较贫困的地区，当地政府把牧民的脱贫作为目前各项工作的核心任务。为打赢脱贫的战役，哈达图嘎查制定了其自身的三年发展规划。2015年，优化农作物种植结构，增加葵花等经济作物种植面积。推进"十个全覆盖"工程，完成嘎查活动阵地建设，哈达图独贵龙低压整改38户，实施危房改造8户，"三到村三到户"项目落实49户，从根本上改变垃圾乱倒、柴草乱堆等"五乱"现象。2016年，争取完成土地整理1500亩，种植甜菜及葵花1800亩，青储玉米1500亩。建设标准化肉羊养殖小区2处，规模饲养肉羊6000只。巩固"十个全覆盖"建设成果，实施危房改造50户，硬化街巷9.2千米。完成布朗独贵龙低压整改66户，政治院落137处，安装路灯155盏。西拉沐伦河南岸哈达图段治理500米。2017年，争取农业水利项目资金，有效扩大节水灌溉面积10 000亩。组建养殖合作社，建设标准化肉羊养殖小区1处，利用哈达图泡子这一资源，发展旅游业。围栏治沙20 000亩。

从2014年开始，内蒙古自治区计划用3年时间实现农村牧区"十个全覆盖"，为自治区成立70周年献礼。"十个全覆盖"包括农村牧区危旧房改造、农村牧区安全饮水、嘎查村街道硬化、村村通电、村村通广播电视、嘎查村配备标准化卫生室、嘎查村建立文化室、建设便民连锁超市、农村牧区常住人口养老医疗低保、校舍建设和安全改造。

为全面建成小康社会，实现嘎查脱贫的目标，哈达图嘎查对当地居民推出产业扶贫项目奖补资金，贫困户可以得到几种奖补。根据《翁牛特旗建档立卡贫困人口脱贫攻坚补助方案》的要求，乌丹镇残联推出2018年扶持精准贫困残疾人春耕生产资金。建立《乌丹镇哈达图嘎查脱贫攻坚项目库》，推出产业扶贫、基础设施提升等项目类型，贫困户参与项目立项，监督项目实施。实现改善困难群众生产生活条件的目标，群众通过基础设施完善，提高生产收入。针对养殖业项目类型，嘎查村建立《"菜单式"扶贫小微项目》，针对养殖业的特色，确定补助规模和补助标准，将扶贫项目落实到每一户具体村民，明确贫困人口数量和项目规模。

哈达图嘎查村文化站建有室外活动广场、党员活动室/远程教育室、便民服务室等，广场上有两处篮球架，周围没有任何遮阴处。文化站内张贴了"便民服务室工作制度"，其中提到开展特色文化服务，包括群众性文化活动、全民健身活动和群众性科普活动。广场上的宣传栏中张贴有 2017 年产业扶贫奖补清单、2016 年受益户名单等，最新日期为 2018 年 5 月。同时，文化站内最为醒目处张贴有"哈达图嘎查精准扶贫'453'作战图"，其中对精准扶贫、贫困人口分布、致贫原因、"十个全覆盖"、脱贫目标任务等进行了说明。此外，还包括"三年发展规划""十个全覆盖"等宣传内容和宣传照片，可见哈达图嘎查对于脱贫致富工作的重视程度。南开课题组到访时，文化站呈开放式，但未见到任何工作人员和村民。

为了解哈达图嘎查村民的生活状态和文化活动情况，南开课题组选择了两户比较有代表性的牧民家庭，选择的标准是家庭牧场羊的数量的多少。在牧区，羊的多少是衡量家庭经济条件的一个重要指标，历来也代表着家庭的富裕程度。

南开课题组访问的第一户家庭大概有 30 只羊，300 亩左右的沙坡，门前有 2 亩地园子，其他地方还有若干块耕地，但整体羊的数量和耕地的面积在嘎查内是比较少的家庭，经济状况也相对较为贫困。家庭每年的收入有 4 万到 5 万元，主要来自于养殖业，例如牛、羊、鸡、鸭、猪等。此家庭是一儿一女的四口之家，孩子从幼儿园开始就需要到翁牛特旗住校上学，半月左右回家一次。

南开课题组访问的第二户牧民曾经是村里的老村长，目前该牧民有 600 多只羊，大概有 300 亩草场，草场距离家庭院落大约 5 千米，平时草场里羊自由放养。此外，该牧民有 30 多亩耕种土地，主要种植小麦、玉米等农作物。此家庭在嘎查内是比较富裕的家庭。经老村长反映，嘎查里的文化活动主要集中在村大队和村广场，但是整体活动数量很少。此家庭对教育十分重视，家里的儿子在内蒙古大学读本科。通过对牧民的询问，当地牧民上学的情况也有差别，主要受家庭收入情况的影响，经济状况比较好的家庭会选择当地较好的学校。嘎查内主要的文化娱乐活动是广场舞和电影放映，广场舞的地点主要是大队广场。电影放映主要是翁牛特旗或乌兰牧骑等的电影下乡，送电影、送节目，但是次数较少且时间不固定，一年有一两次。若要参加其他娱乐活动则要到翁牛特旗。当地重要的娱乐活动还集中在蒙古族的那达慕大会、庙会期间。在南开课题组结束调研的未来几天，7月7日，当地会组织节日活动。

8.2.5 赤峰市公共文化服务均等化进展

公共文化服务均等化包含机会均等、效果均等、过程均等。简言之，机会均等是要政府部门和公共文化机构为社会公众提供公正、公平的享有公共文化资源的机会，保障社会公众获取公共文化资源的权利，而不论性别、宗教、年龄、民族、职业等背景；效果均等就是保证社会公众最终能够获得大致均等的公共文化服务。这表明在公共文化服务均等化进程中，利益主体主要为公共文化服务提供者及接受者，前者为政府部门和公共文化机构等公共文化资源供给方，后者表现为社会公众，内容是公共文化资源。因而应从基本公共文化资源供给和居民使用满意度两方面来分析赤峰市公共文化服务的建设效果，评析当前公共文化服务是否能够满足居民所需，达到居民期望值。

1. **基本公共文化资源供给**

整体而言，赤峰市的公共文化事业不断推进，近几年的公共文化事业有了较大发展。公共文化机构或场所的建设、各类设施设备的配置、工作人员的配备、公共文化活动开展等有了长足发展。

（1）硬件设施配置

在设施设备的配置方面，公共文化服务机构或场所不断增加，赤峰市整体公共文化活动面积不断扩展。近年来，赤峰市先后投资7.7亿元，新建1000平方米以上文化广场3959个，升级改造嘎查村文化室1845个，各活动中心基本配置相应的设施设备，具备开展各类公共文化服务和活动的能力。2020年，赤峰市图书馆建设项目获批通过，批复总建筑面积达50 000平方米。同时，各旗县、嘎查村也加大了公共文化设施设备建设。翁牛特旗累积投入1.4亿元，实施了文博大厦、演艺中心、网球馆、乒乓球馆、足球场、网球场、篮球场、门球场等建设项目①。各苏木乡镇建成了 27 个综合文化站，每个苏木乡镇街道场都有乡级健身广场。在村级 247 个嘎查村场建成了文化室、草原书屋、农牧民健身广场，并配置了乐器、篮球架、健身器械等文体活动器材。目前，旗文化馆、图书馆、博物馆、体育活动中心、各文化站、文化室全部实现免费开放，基本形成旗、乡、村三级文化网络体系，为文化体育事业的进一步发展打下了基础。翁旗图书馆实行总分馆制，下设 10 处分馆，建有 3 个 24 小时自助街区图书馆，15 个社区均建有图书阅览室。

(2) 群众文体活动开展

赤峰市及翁牛特旗组织开展了丰富多彩的群众文体活动，为居民参与活动开辟了多个渠道。目前，赤峰市登记注册的农牧民演出团队已达到 415 支，自然形成但未登记注册的农牧民演出团队已达 846 支，正在筹建的有 680 支。翁牛特旗每年组织开展大中型文体活动 40 次以上，每年乌兰牧骑下乡演出 100 场次，打造了"广场文化月"等品牌活动，组织参加赤峰市《舞动赤峰》广场舞电视大奖赛"唱赤峰的歌，跳自己的舞"翁旗赛区选拔赛，其作品《就去翁牛特》还在全国中老年艺术节暨首届全国中老年舞蹈之星邀请赛中荣获群星金奖。同时，还积极为体育爱好者搭建平台。2017 年全市首届体育休闲大会在翁旗举办，来自全市 12 个旗县区的近 1300 人参加了比赛，同年 9 月，翁牛特旗被评为"全国群众体育先进县"。

(3) 工作人员配置

赤峰市为各类公共文化机构或场所配备了一定数量的工作人员，为居民开展活动提供了保证。同时，工作人员明确工作职责，面对居民拥有良好的服务态度，社区活动中心工作人员与居民之间良好相处，整体氛围和谐共融。另外，针对工作人员数量少而业务工作要求高等现状，社区活动中心采取了多种方式用于应对这一困境，例如富河社区所采用的"通岗制"，弥补了工作人员因数量不足带来的问题，提高了居民的办事效率。

(4) 社会组织引入

公共文化机构与社会组织的合作能够缓解当前公共资源的紧缺现状，提供

---

① 赤峰市人民政府网. 内蒙古赤峰加强基层文化室建设 [EB/OL]. [2018-07-15]. http://www.gov.cn/xinwen/2016-10/31/content_5126249.htm.

范围更广和更为专业的服务，提高公共产品或服务的质量和供给效率。当前社区活动中心与社会机构合办养老场所，开展餐饮、休闲、住宿等养老服务，采取低偿服务，弥补了社区居民对养老需求的缺口。北王府社区服务中心对社会组织的引入流程是民政局推荐，街道具体考察，一年一签约，从满意度、服务承诺是否实现进行考评，如2017年的养老中心因未达标而未续约。这种引入及考评方式是弥合不均等问题的有效方式。引入补偿社会组织，加以严格考评可以降低经费支出，提升服务效能。

(5) 共享场所

调研得知，当前赤峰市的部分社区服务中心除为本社区居民使用外，活动场所也对外开放。北王府社区服务中心因其良好的设施等条件吸引了来自其他社区的居民参与文化活动，组建文艺团队。社区活动中心的对外开放，扩大了该中心的服务半径，为其他不满意各自社区活动中心的居民提供了便利，使其他社区居民也能享受到更好的服务，而且由于社区服务中心品牌特点不同，开放共享会减少重复建设，提高利用率。但同时也应当看到，社区活动中心因定位为某一社区的服务场所，以该社区住户等为考量因素，场所面积、设施数量、工作人员数量都有所限制，因此将社区活动中心扩大为更大范围的活动中心还需妥当安排，如配备更多类型和数量的设施设备，而且也并非所有社区服务中心都有对外开放的必要。

2. 居民使用率和满意度

在与城市和乡村居民的访谈中，发现居民获得公共文化资源的程度是不同的，城市居民无论在对公共文化资源的使用方面亦或满意度方面都有较高的评价。相比之下，乡村居民对公共文化资源的需求较高，满意度不高。

城市居民对现有公共文化资源的使用方面，能够对当前配置的各类资源充分利用，开展所需要的文化活动，并且呈现资源供不应求的情况，这也从侧面说明资源配置是符合居民需求的。

城市居民对现有公共文化资源的态度方面，居民对现有服务整体满意对于社区活动中心，参与其组织活动的居民对工作人员的服务态度和工作态度都十分认可，居民与社区工作人员能够"打成一片"，与工作人员相处得十分融洽。原因之一在于工作人员为居民文化活动提供了各方面的支持，在物质层面如工作人员及时为居民提供热水、打印等。除此之外，在精神层面与居民贴近，居民普遍反映工作人员服务态度好，对居民需要的都尽量提供。此外，虽然由于资金、场所面积问题，活动开展的时间不够效果不够好，但居民也都能理解工作人员的难处。在这一层面上，说明工作人员与居民的日常沟通是较为充分的，而且取得了一定成效。群艺馆培训班成员表示工作人员热情，老师认真负责，领导也充分重视，对群艺馆目前提供的服务很满意。

8.2.6 赤峰市公共文化服务均等化问题

虽然近几年赤峰市的基本公共文化已有了较大发展，但在满足社会公众需求方面依然存在一些问题。对于城市而言，现有公共文化资源还未能满足社会公众日益增长的文化需求。对于农村而言，既存在公共文化资源量的问题，还存在质的问题。

1. 城市居民文化需求与公共文化资源供给量之间的矛盾问题

尽管赤峰市的公共文化事业已取得了一定成就，但现有的文化资源依然无法满足城市居民的需求。基于赤峰市经济发展以及国家各类政策的倾斜和支持，居民的生活水平有了很大提高，但按照马斯洛的需求层次理论，满足了生理、安全和感情上的需要，居民还要寻求自我实现等更高层次的生活状态。同时，随着社会日益老龄化，退休赋闲在家的中老年人日益增多，相较以往寻求锻炼身体、娱乐休闲、结伴活动的目的，当前学习更多知识、开阔眼界也成为更多中老年人的诉求。然而目前无论是大多数社区公共文化机构还是市级公共文化机构都还无法满足居民的多种需求。在调查中，社区居民普遍反映社区活动场所有限，团队由于场地问题需要排班，因而只能压缩居民的活动时间，服装乐器等不够使用；群艺馆各文化团队开放报名后一天报满，居民抱怨经常报不上名。公共文化场所空间、各类公共文化用具、工作人员数量等成为当前居民最为迫切需要的公共文化资源，可见还需进一步增大公共文化机构、场所、设施设备的类型和数量。

（1）经费不足问题

城市社区用房归全体居民，但社区管理权归街道，街道配有专项经费划拨给社区使用，活动中心只有经费使用权，而且无固定的活动经费，金御华城社区的活动经费只在重要的活动期间能得到批复,例如"五一""十一"、端午节、中秋节等重要的节日期间,社区内日常的开销较少。

多个社区的居民都反映设施设备有所欠缺,这也从侧面说明社区活动中心经费不足的情况。一方面,作为体现公益性质和便民服务的公共服务机构,从根本上还需加强政府财政支持,如进一步深化市区两级财政转移支付制度,增加对街道管理和社区建设的投入。另一方面,扩大社区的经费处置与管理权力,除去街道办拨款外,允许社区在一定程度上采用市场化运作方式,可以对非基本公共服务如增值服务、定制服务等采取有偿服务的方式获得经费。同时,扩大社区活动中心的宣传效应,建立合作平台,吸引社会组织赞助、捐赠或合作开展活动。

(2) 硬件条件欠缺问题

尽管各地近年不断加大了公共文化设施建设力度,但由于赤峰市文化设施基础较弱,文化设施特别是基层文化设施落后状况还没有得到根本改观。部分村嘎查、社区文化活动室面积狭小、设备不完善,不具备开展公共文化活动的条件,而且部分旗县的图书馆还位于政府办公楼内或政府院内,未有独立活动场所,即使已配备了基本用具和设施设备的公共文化机构也有反映资源欠缺的情况。公共文化场所面积、设备数量和种类都还未满足居民需求。

以社区活动中心为例,有部分社区的居民人数已达到了万人左右,而活动中心仅有几张棋牌桌或乒乓球案,日常活动基本饱和,居民能够使用的人员数量和时间限制都较大,出现了明显的空间密度与服务供给不配套问题。金御华城社区老年人群体占较高的比例,主要文化娱乐活动是广场舞、棋牌、健身等内容。社区内居民对广场舞的热情度较高,广场舞所需要的设备、服装等多是辖区居民自我出钱购买,参加活动的车辆等辅助内容也多为居民自我组织。富河社区居民开展活动时也还需要自备其他种类的乐器和服装,而且希望扩大活动场地或是能拥有各文艺团队独立的活动室,如此便可以扩大各队伍人数和总体队伍数量,也能够延长队伍的活动时间,居民希望最好是能够每个队伍拥有单独的活动室。

新建立的社区活动中心设施设备较新,而且各项服务功能比较完善,但据了解,其他老旧社区的活动中心的建设问题更为突出,毗邻金御华城社区的北苑、松城两个社区服务资源相对不足，信息化、社会化服务开展滞后，其中北苑社区属于老旧社区，留守老人多、贫困家庭多、失业居民多的"三多"状况突出，松城社区居民以失地农民为主，缺乏社区意识、缺乏参与能力、缺乏文明习惯的"三缺"问题明显，现有的服务供给能力、结构和质量不能满足居民多样化的需求。

对于赤峰市的公共文化服务机构，居民表示图书馆、群艺馆的面积较小，群艺馆和青少年宫共用一个建筑。群艺馆场馆面积不够，经常人满为患，虽然目前已经开设了很多培训班，但报名的人很多，经常报不上名。图书馆图书较少且更新过慢，缺少独立隔间，相较图书馆，学生更倾向于在书店看书。

(3) 工作人员配备问题

虽然当前公共文化机构都已配备了一定数量的工作人员，但在进一步拓展公共文化服务中存在一定局限性。

其一，工作人员数量。赤峰市当前存在文化人才紧缺的问题，目前社区活动中心的工作人员多为6至7人，与其辖区万人的居民数量形成差距，空间密度与服务能力的不匹配难以满足基层民众日益增长的文化生活需求。

其二，工作人员专业性。全市的公共文化机构普遍存在专业人才不足问题，嘎查村、社区综合性文化服务中心绝大多数无专职文化管理人员，不具备相关专业知识，难以适应工作需要。金御华城社区6名工作人员中并没有专门负责文化工作的人员，无法做到专人专岗，工作人员大多是通力合作，形成了"多面手"的工作局面。因此，社区工作人员的责任落实不明确，难以体现文化工作人员的特殊性和专业性。乡村文化站更是反映出无人管理的现状。

其三，工作人员流动性。社区活动中心的工作人员多为聘用合同制，非正规事业编制，工作稳定性较低，而且工作人员的工资待遇较低，致使工作人员流动性较大。金御华城社区目前在岗的工作人员工资为800—1500元，在赤峰市整体工资水平中处于较低的位置。虽然公司有一定的奖励机制，但对工作人员福利待遇的提升有限，工作人员大多认为此份工作是一个过渡期，若有更好的平台和上升空间则会选择其他更好的发展。

2. 农村居民需求与公共文化资源配置之间的错位问题

当前嘎查村主要存在的问题是村民很少使用已有的公共文化资源，公共文化资源的利用率过低。在调查中发现,乡村文化站虽已配置了棋牌桌、其他桌子及椅子、书籍、篮球架、广场等,能够支持居民阅览图书、开展文体活动等,但实际上文化站几乎空无一人,村民日常也很少前往文化站进行活动。

农村居民需求与公共文化资源配置错位是指当前乡村文化站里配置的公共文化资源并非村民所需要的或是对村民并不具有吸引力。虽然从表面上看,棋牌、篮球架等符合村民经常开展活动所需,但无法简单地认为提供了相应的设施设备村民就会前来使用,只单一考虑硬件设施的配置对提高公共文化资源的利用率是有限的。村民需要何种公共文化资源,如何有效配置公共文化资源,一方面会受到居民自身因素的影响,包括村民自身习惯、意识形态、生活状态、教育背景等,另一方面会受到公共文化资源供给与村民的文化需求衔接情况的影响。

(1) 村民自身习惯

村民在长期自发形成的文娱活动中,已形成了相对稳定的活动习惯,大多在固定的地点和时间,集合一定的群体开展某项活动,相当于有一套关于文化生活的规则。例如,在调查中,发现村民在文化站外不远处聚集下棋,弃文化站内棋牌桌不用,而宁愿选择石台和自备凳椅,据村民反映是由于经常在这里下棋,已成了习惯,棋友和喜爱下棋的村民都会聚集在这里。

(2) 村民受教育程度

在调研中,发现村民的识字率并不高,这表明向村民推广阅读是不切实际的。在普遍受教育水平不高的村子内,文化活动的开展如以广场舞、棋牌、电影等形式会更有活力且更为实际,更符合村民的实际情况,而且也深受村民的喜爱。接受低梯度地区村民文化教育水平不高的事实,发现真正的公共文化需求是在我国幅员辽阔的土地上开展均等化的基本前提。在赤峰市区内社区调研时,相较于图书馆,居民也更热衷于群艺馆,在少数民族聚居、能歌善舞的边疆地区,通过群众艺术促进公共文化不失为一条可行路径。

(3) 村民生活状态

嘎查村的村民以畜牧业为主,为脱贫致富的工作对象,这部分村民更关注医疗卫生、家庭收入等基本的生存条件,因农事、外出打工、养育子女等就已占用了大多数时间,能够外出参加文化活动的时间和精力都十分有限,只有在农闲时间才会参与文化活动。相较于有时间精力开展文化活动的村民而言，这部分村民对公共文化的渴望程度较低，属于被动参与或鲜少参与的人群，但同时，这部分村民对于发展经济、环境、医疗、卫生等方面则有着更为强烈的需求。对于这部分人群，需要改变以往的"倾泻"式的服务形式，除直接将纯文化服务推送给村民外，应采取更加灵活的文化服务，打散文化和知识，将其融入村民最为需要的工作中去，在村民接受服务时同时也能接触到这部分的文化知识。相比以往谈及要"寓教于乐"，面对对文化生活不感兴趣、因各种条件限制参与文化活动的村民，更应当要"寓教于需"，以村民迫切需要的方式引起村民的兴趣，进而达到文化教育的目的。

(4)"官、民"二元结构认知

在北大庙村调研时，了解到有村民认为"自己只是小老百姓，不会有文化站工作人员重视修音响这件事"，表明村民们还在较大程度上困囿于传统的"官、民"二元结构中，认为文化站工作人员即为"官"，而村民只是"民"，潜意识里认为跟文化站工作人员是存在一定距离和隔阂的。村民哪怕认为没有音响不方便，也不会主动寻求帮助；文化站虽然环境较好，也配有桌椅等，但村民依然乐于待在自己家附近，在树荫下下棋、跳舞，几乎不会使用文化站。正如有位村民所说，文化站是"衙门"，在村民眼里并不是一个可任意使用的地方，这也最终使文化站成为了一个"空壳"。文化站工作人员的不作为也更加加剧了村民的"官、民"二元结构认知。

(5) 公共文化资源未与村民需求相对接

一方面，现有公共文化资源非村民需要。据调查发现，现有的部分文化资源于村民而言并不实用，北大庙村图书室的部分图书并不适用于普通村民，如教材、高考考研书籍，以及明显不具有实用意义的书籍。这既造成了公共资源浪费，村民也无法真正使用到公共资源，使得资源的利用率低下。正如赤峰市文广新局薛瑞科长所说，草原书屋因其未能根据草原居民实际设置，并没有达到预期效果。

另一方面，村民需要但未具备相应的资源。村文化站虽已具备了一些基本的公共文化资源，但仍欠缺村民最为需要的资源，如北大庙村村民反映的跳广场舞需要音响，但音响已坏却未有人修复，村民只得自备音响。此外村民反映电影放映次数尚未能满足村民需求。除去硬件设施设备以及文化产品的供给外，文化站还缺少体现人文关怀的情况，在细节处尚未能展现对村民的关怀情感。如文化站内缺少空调、风扇等必备设施，室外活动广场周边十分空旷，未有树木等能够遮阴，内蒙古日照充足且时间长，这使得一些村民宁愿选择其他阴凉地区跳广场舞、下棋等。

3. 农村居民需求与公共文化资源供给量之间的矛盾问题

现有的公共文化资源配置量也还远未能达到村民的需求，主要体现在活动场地面积、工作人员配置等方面。

嘎查村文化站面积狭小、设备不完善，不具备开展文化活动的条件，如一间棋牌室仅能容纳一套桌椅，可见面积所限，空间压抑，因而村民更青睐于去室外空旷的地方下棋。同时，关于流动性文化资源如进村放电影几乎没有或一年仅一两次。除硬件资源，村民也还需要人力资源，但现有的文化站工作人员却很少会主动提供服务，在调研的两个村落的文化站中都未见到工作人员，据村民反映，音响虽失修已久但并未有工作人员进行修理，村民希望能有专业的文化工作人员指导和培训广场舞，希望能有工作人员管理和运营队伍，但工作人员却在村民文体活动中长期缺位，而这一情况更加剧了村民的"官、民"二元结构认知。

整体而言，政府对公共文化的投入力度不足，这也主要受当地经济发展水平的影响。牧民们更多期待的是思想解放，期待政府有更多政策引导和思想引导，尽快实现本地区牧民的脱贫，解决贫富差距过大的问题。通过对哈达图嘎查的了解，当地缺乏必备的文化、体育等公共文化基础设施。当地政府在公共文化服务建设中提出了文明建设服务，创"三美"、文明家庭创建指导服务，社会公德、家庭美德、职业道德教育，并提倡建立特色文化服务，举办群众性文化活动、全民健身活动和群众性科普活动。但是目前存在政策落实不足这个较为严峻的局面，因此加大对基层公共文化的投入显得十分迫切。

8.2.7 城乡公共文化服务均等化障碍和建议

经由赤峰市的调研和分析，对比了城市和乡村的基本公共文化建设，发现赤峰市实现公共文化服务均等化的最大障碍在于当前城乡公共文化服务发展水平还存在较大差距。

1. 基本公共文化建设差异

虽然近几年赤峰市及其各旗县、嘎查村都在大力发展公共文化事业，逐步扩大公共文化设施数量、工作人员数量等，但相较城市，村落的公共文化资源供给还未真正落到实处，惠及于民。首先，城市和嘎查村的资源供给存在差距。城市已基本建立起了公共文化服务体系，拥有群艺馆、文化馆、博物馆、图书馆、社区活动中心等，并配备了相应的设施设备和工作人员等。嘎查村虽已建立起了各综合文化站，但站内真正可供村民使用的资源还太少，电影下乡等活动的开展次数也较少。同时，也鲜有文化站工作人员能指导文体活动。其次，城市和嘎查村的资源使用存在差距。城市居民可以很好地使用公共文化资源开展各项活动，满足自身的文化需求，存在的主要问题是现有资源量和种类还较少，需要进一步扩大资源供给。嘎查村的村民虽然能接触到公共文化资源，但由于这些资源非村民所需、不符合村民自身习惯等，村民实际使用到的公共文化资源很少，基本仍是自己配备所需文体器材，自行组织文体活动。

2. 工作人员认识差异

从文化工作人员的角度而言，在城市工作的人员和在乡村工作的人员对待文化工作的看法和做法也有较大差异。城市社区活动中心的工作人员不仅支持社区居民开展各项活动、组建文艺团队，还积极组织文艺团队参演各活动项目或组织体育比赛等，面对居民也能急人所需，尽量为居民活动提供便利性服务，而且与居民之间合作交流频繁，沟通效果良好。市群艺馆和市图书馆的工作人员对于公共文化服务的开展也较为重视，居民对于工作人员提供服务的态度反映良好。嘎查村文化站的工作人员则对文化工作的重视不够，缺乏"文化自觉"，调研了解到未有文化站工作人员组织村民进行文化活动，电影下乡等文化活动进乡村的服务一年仅几次或已有多年未有过，而且工作人员与村民之间也缺乏沟通。可以说，部分嘎查村的文化活动处于无人过问、无人管理的现状，这与赤峰市市级公共文化服务机构、社区活动中心等机构的工作人员服务情况形成了较为鲜明的对比。

3. 社会公众意识形态差异

从社会民众的角度而言，城市居民和乡村居民在面对公共文化与其公共文化提供者的认识上存在差异。首先，在公共文化需求方面，城市居民对于文化有较大需求，包括社区活动中心场所和设施设备、市群艺馆场所和辅导教师等公共文化资源供不应求。同时，多数居民也都有自己明确的文化需求。然而，在嘎查村调查过程中，发现多数村民只着眼于当前已有的文化活动，而很难说清自己想要或期望能有的文化活动和服务，一般需要引导才能确定自己也是想要这种活动的，但真要自己把能够想到的说出来是较为困难的。其次，在公共文化及工作人员态度方面。城市居民会主动寻求工作人员帮助，而工作人员也提供了及时良好的反馈，城市居民认可工作人员的服务态度和办事态度。然而，嘎查村村民则是与文化站工作人员存在隔阂，不认为文化站工作人员能够为村民文体活动提供支持帮助，即使有文化需求，但不知该向谁反映情况，缺乏村民与工作人员沟通的平台和渠道。这种情况进一步加剧了村民对于文化站工作人员以及公共文化的认识偏差。两相对比之下，城市居民对于基本公共文化持开放、乐观、认可的态度，既认可当前公共文化建设成果，同时也对未来基本公共文化发展抱有积极态度；而村民则持有保守、被动、不认可的态度，主要问题在于工作人员与村民缺少沟通等，以至于目前仍有村民困囿于传统的"官、民"二元结构认知中。

4. 嘎查村基本公共文化发展建议

结合城市和嘎查村的调查，发现相较城市居民，村民在公共文化服务方面仍为弱势群体，主要表现为未明确表达文化需求、被动接受服务、鲜少主动寻求帮助，而且部分村民很少有时间参加文化活动。这就说明，首先，在城市和嘎查村公共文化服务的进一步发展过程中，需要以梯度非均衡发展理论为指导，承认城市和嘎查村公共文化服务中存在的发展不平衡的客观现实，并尽快落实嘎查村文化站工作人员的工作规章制度，确保文化事务的顺利进行，同时加强工作人员思想教育，转变观念，主动提供文化服务，积极与村民进行交流和沟通，了解村民所需并及时处理，真正贴近村民日常生活，以减少村民对于工作人员和文化站等公共文化服务机构的误解。其次，考虑到部分村民很少有时间参加文化活动，可将文化资源打散，融入村民日常生活中进行"碎片化"的文化服务，或将文化服务融合在村民更关心的服务类型中，以"打包"的形式推送，如在村民接受医疗卫生服务时，配送相应的文化知识。最后，还需对现有嘎查村文化站的资源配置开展全面调查，明确嘎查村文化站评估考核制度，制定第三方评估相关标准和标准实施细则等文件，以村民自身意识形态、村民习惯、生活背景等因素为切入点，评估现有公共文化资源的可用性和实用性，及时配置真正符合村民需求的设施设备，提高资源利用率和村民满意度。

另外，制定嘎查村文化站资源配置指南，除设施设备配置类型、数量、面积等硬件条件外，应更加注重对当地村民的文化程度、生活习惯、文化习俗、民族语言等因素的考量，将具体操作流程、方法、人员构成等形成规范性文件，用于指导全市嘎查村文化站建设，充分做到从民众的角度选配公共文化资源。不断完善嘎查村文化站建设，促进嘎查村公共文化服务发展，加大力度满足村民的公共文化服务需求，确保村民享受公共文化服务的空间正义性、可达性、人本性，以逐步缩小同城市公共文化服务的差距，逐步实现城乡公共文化服务效果均等。

8.3 贵州省瓮安县案例研究

8.3.1 案例选择

瓮安历史悠久，自唐置建安县以来，至今已有1300多年的历史。瓮安县地处乌江中游、黔中腹地，位于贵州省中部，黔南州北部，与黄平、福泉、余庆、湄潭、开旧、遵义接壤，西距省城贵阳90千米，南距州府都匀120千米。县域面积1974平方千米，辖10镇1乡2街道：银盏镇、江界河镇、猴场镇、珠藏镇、中坪镇、平定营镇、永和镇、玉山镇、天文镇、建中镇、岚关乡、瓮水街道办、雍阳街道办。2022年，瓮安县总人口为49.99万人，少数民族占总人口的8.11%。瓮安自然资源富集，境内已探明磷矿储量36亿吨，占全国总量的五分之一，被誉为"亚洲磷仓"，煤矿资源10亿吨。有距今6.1亿年前的动物群化石，是迄今为止发现最早的动物群化石。有朱家山国家森林公园、江界河国家级风景名胜区、草塘千年古邑4A级旅游景区等一批文化旅游精品。

瓮安县文化艺术氛围浓厚，2006年，瓮安县被省政府命名为"龙狮文化艺术之乡"；2008年，被文化部命名为"中国民间文化艺术之乡"；2013年，被中国辞赋总会授予为"中国辞赋之乡"。近年来，在瓮安县委、县政府的重视、支持以及全县各部门的共同努力下，瓮安县加快公共文化设施网络建设，加大文化惠民服务力度，逐步构建现代公共文化服务体系，其"幸福进万家·瓮水长歌文化精品乡村行"是全国公共文化服务体系示范项目。2014 年，瓮安县被国家文化部授予为"全国文化先进县"。瓮安县图书馆和文化馆在上一次全国评估定级中被评为"一级馆"；瓮安县文化馆在全国第三次文物普查中被省文化厅评为"先进集体"，其组织创作的《瓮水长歌颂中华》（MV）获贵州省政府文艺奖电视文艺类"三等奖"，并于 2018 年被中共中央宣传部、文化部、国家新闻出版广电总局评为第七届全国服务农民、服务基层文化建设"先进集体"。

"十三五"时期，瓮安县依托丰富的地方文化资源，坚持"文化铺垫、品牌引领、项目推进"发展模式，不断探索加快文化产业发展路子，文旅融合日渐成熟。同时，持续细化基层公共文化服务措施，基层公共文化服务整体质量和水平不断提高，公共文化服务充满生机与活力，推动了全县社会的和谐、稳定、繁荣和发展。瓮安县公共文化服务先进经验值得总结，因此南开课题组选择贵州省瓮安县作为案例开展分析。

8.3.2 调研经过

2016 年 10 月 10 日至 11 日，南开课题组成员柯平赴瓮安指导公共图书馆评估工作，了解当地公共文化服务情况。2021 年 5 月 24 日，南开课题组成员苏福、胡娟在贵州省图书馆学会秘书长钟海珍研究馆馆员的带领下，前往贵州省黔南布依族苗族自治州开展调研工作。瓮安县文化和旅游局局长周明君与相关工作人员全程接待了调研工作。所调研的地点分别是：猴场镇青池村的村民服务中心和同心广场、猴场会议纪念馆、雍阳街道的扶贫安置点（映山红社区）和综合文化站、瓮安县图书馆（南馆）、瓮安县图书馆（北馆）和瓮安县文化馆等地方，深入了解了瓮安县公共文化服务的建设情况，在调研过程中，调研组与各调研点负责人进行了深入的交流，以便了解一线工作者公共文化服务情况。实地调研参观后，南开课题组调研人员与瓮安县文化和旅游局的主要领导、相关科室主任进行了座谈会，进一步了解了瓮安县公共文化服务建设的情况、目前已经形成的经验和存在的困难,文化和旅游局向南开课题组提供了相关统计数据。

8.3.3 瓮安县公共文化服务情况

1. 落实国家指导标准和地方实施标准情况

根据贵州省《关于加快构建现代公共文化服务的实施意见》通知,并结合瓮安县实际情况,瓮安县于2017年6月制定印发了《瓮安县关于加快构建现代公共文化服务体系建设落实国家和省级标准的实施方案》,明确服务内容、种类、数量和水平,以及应具备的公共文化服务基本条件和政府保障责任,并在实际工作中认真践行。实施标准的制定为瓮安县公共文化服务体系建设工作确定了清晰的标准和方向,推动了全县公共文化服务均等化发展。

另外,瓮安县积极制定并实施了公共文化服务目录。随着经济的快速发展和群众文化需求的不断增长,瓮安县的文化活动在各个层面得到广泛开展,县图书馆、县文化馆、县猴场会议会址(冷少农故居)管理所、乡镇文化站、村级文化服务中心等公共文化服务场所全部实现免费开放。免费开展各类文艺演出、培训、展览、送图书送文化下乡、爱国主义教育宣传、体育赛事等文化体育服务项目。为健全管理,达到公共文化服务要求,县文化馆、图书馆制定了《公共文化服务管理制度》和服务规范,各乡镇综合文化站、村级文化服务中心制定《免费开放项目公示一览表》,公示免费开放项目、免费开放内容和时间,切实保障向公众提供优质公共文化服务。

2. 构建公共文化服务体系建设情况

(1) 公共文化服务总体情况

"十三五"期间,瓮安县新建、改扩建了瓮安县图书馆(国家一级馆)。2015年,投资3000万元完成瓮安县图书馆北部馆建设,并正式对外免费开放。2019年,投资1000万元对瓮安县图书馆南部馆进行改扩建,并于2020年12月正式免费对外开放。目前,瓮安县图书馆面积达5300平方米,拥有阅览座席600余个,Wi-Fi全覆盖,内设有成人阅览区、儿童阅览区、电子阅览区、报刊阅览区、展览区、过刊阅览室、地方文献室、盲人阅览室、视听体验室等

12个免费开放功能室,所有功能室均免费对公众开放。

瓮安县文化馆(国家县级一级馆),建筑面积达4300平方米(含剧场),2017年评为国家县级一级馆,先后开设了声乐培训室、器乐培训室、舞蹈排练厅、美术书法培训室、戏剧(曲艺)排练厅、视听室、图书电子阅览室、摄影创作室、数字文化体验厅、综合展览厅、群文培训室等活动场所。馆内设综合(数字文化)部、培训辅导部、文艺活动部、文化交流部共四个部室。设有功能室24个(涵盖培训教室、排练厅、多功能厅、视听室、电子图书阅览室、数字文化体验厅等),剧场2个,免费Wi-Fi全覆盖,室外活动场所面积达1500平方米,馆内外功能布局合理、环境优美、文化氛围浓郁,已成为全县广大人民群众精神生活的"文化餐厅"。

瓮安县建有13个乡镇综合文化站,设置图书室、书画室、电子阅览室、多功能活动室等。依托公共文化服务体系建设资金,在全县65个行政村和35个社区建成了村级文化活动室,为村级综合文化活动室配置了羽毛球拍、电子琴、腰鼓、唢呐、音响等文体娱乐设施设备近1000余台(件)。2020年,瓮安县在村级文化活动室的基础上,整合新时代文明大讲堂、农民讲习所、农家书屋、农体工程、脱贫攻坚文化示范等资源,加快推进村级文化服务中心建设,建成全县102个村级综合文化服务中心并集中授牌。全县各村级服务中心均设置文化服务目录,配备兼职文化管理员,初步实现了村(社区)文化设施、文化活动"有人管""有人抓"。2017年,瓮安县获得国家文化部配发的流动文化车、流动舞台车和流动图书车各一辆,为公共文化服务的延伸拓展提供了基础设施设备。

瓮安县红色文化底蕴深厚,建有猴场会议纪念馆1个,占地面积9147平方米,建筑面积2792平方米,布展内容以红军四过瓮安为主题。猴场会议会址系全国爱国主义教育示范基地,全国重点文物保护单位。在"十三五"期间,猴场会议纪念馆认真贯彻中央免费开放精神,加强基地硬件设施建设,完善管理制度,强化保护传承。2016年完成了猴场会议会址保护性修缮并复原陈列;2018年7月,红军干部团休养连驻地旧址入列贵州省文物保护单位;2020年完成红军干部团休养连驻地旧址、毛泽东行居文物本体及相关修缮工作;2019年10月,猴场会议会址被国务院公布为全国重点文物保护单位;"十三五"期间共接待游客400余万人次。

2016年，瓮安县新建县广播电视无线发射台，现转播中央、省、州、县16套电视节目，中央、省、州调频广播三套，共19套广播电视节目。2016年至2020年完成农村公益电影放映4308场次。多彩贵州"广电云"户户用工程自2017年启动以来，累计新增用户43 005余户；乡镇应急广播作为同步建设项目，目前推进情况良好，现已覆盖全县98个行政村，均建有村级平台，共106个点位。2020年，瓮安县多彩贵州"广电云"户户用工程建设任务数为新增用户3000户。截至目前，完成安装调试并开通信号的用户3000户，完成任务数的100%，并已通过州、县级验收。

另外，瓮安县还建有人民广场、渡江广场、青涟湖湿地公园、飞练湖湿地公园等文化活动场所四个，为城镇居民提供了设施完备、环境优美的休闲健身场所；建有13个农民体育健身工程（乡镇级）、98个农民体育健身工程（村级），基本实现农民体育健身工程全覆盖。建设完成12千米县城西门河两岸、猴场镇龙见塘、樱花山万里健身绿色步道，满足群众休闲娱乐健身需求。

（2）人员、管理机制情况

2010年，瓮安县实施政府机构改革，成立瓮安县文化广电旅游局，2014年更名为"瓮安县文化和旅游局"，2019年更名为"瓮安县文化广电和旅游局"，加挂县体育局牌子，下属11个行政事业单位，其中直接涉及文化工作的有6个。图书馆为正股级事业单位，编制17人，在编工作人员13人，其中副高级职称2人、中级职称5人、初级职称2人，管理岗3人，工勤1人；文化馆编制17人，在编10人，其中中级职称7人、初级职称2人、未定级1人；文化遗产管理中心编制7人，在岗4人，其中中级职称3人，管理岗1人；猴场会议会址（冷少农故居）管理所编制28人，在编16人，其中中级职称4人、初级职称3人、未定级3人，管理岗6人；各乡镇（街道办）均设立综合文化站，编制在2至6人，目前全县文化站在岗干部共有29名，每个村级文化活动室管理人员由村支"两委"人员兼职管理。文化站实施免费开放以来，每年上级对每个站匹配免费开放经费4万元，专门用于公共文化服务，不足部分由乡镇政府解决，做到了机构、编制、人员、经费"四保障"。

（3）县文化馆、县图书馆总分馆制建设情况

2020年，瓮安县建成并挂牌县文化馆、县图书馆乡镇分馆13个；为扩大

县图书馆公共服务能力,给13个乡镇图书馆分馆分别配备一台计算机形成"通借通还"的服务体系,完善全县102个村级文化馆、图书馆服务点建设,基本形成以县图书馆总馆为核心,分馆为基础,村服务点、流动图书车为补充和调节手段的一种公共阅读体系。

(4) 易地扶贫搬迁安置点文化服务体系建设情况

瓮安县根据《瓮安县文化广电和旅游2020年易地扶贫搬迁后续扶持"文化服务体系"建设重点工作实施方案》,按照省州易地搬迁安置点"十个一"建设要求,在7个易地搬迁安置点建有图书馆分馆、四点半课堂、文化活动广场、宣传栏等设施设备,结合实际,配置图书、广播、文化设备等,为7个易地扶贫搬迁安置点文化服务体系建设添砖加瓦;积极申请省州文化项目,成功为朵云安置点文化服务体系建设申请15万元建设资金。每年在各安置点开展"幸福进万家·瓮水长歌文化精品乡村行"文艺演出、"进万家送万福"义务书写春联活动、元宵猜灯谜活动、民间才艺表演大赛、文体趣味活动、全民阅读活动等,让搬迁群众在活动中相识,在活动中增进了解,不断增强社区凝聚力,丰富安置点群众精神文化生活,把公共文化服务体系建设真正落到实处,让安置点的群众真正感受文化带来的福利。

(5) 文化活动举办与免费开放情况

"十三五"期间,瓮安县每年开展各类活动不少于350场次,仅2020年"幸福进万家·瓮水长歌文化精品乡村行"进企业、进学校、进社区、进军营、进机关、进乡村演出300余场次,惠及群众达10万人次。每年开展送戏曲进乡村"幸福进万家·瓮水长歌文化精品乡村行""送图书下乡""义务书写春联""猜灯谜"等春节系列文化活动;开展"4·23世界读书日"主题活动、"5月服务宣传周"主题活动、"全民阅读月"活动;开展红色文化宣传活动、"5·18国际博物馆日""文化与自然遗产日"宣传活动;每年举办瓮安县迎新春联欢会演出活动;创新打造"百姓大舞台"广场活动,成功举办广场舞大赛、2017年多彩贵州文化艺术节"百姓大舞台"优秀少儿节目展演、2018年瓮安县"好花月月红·百姓大舞台"文艺展演暨脱贫攻坚主题演出活动;开展老年人合唱培训班、广场舞培训班等培训活动、端午节到敬老院送书送粽子、文艺演出进福利院、"关爱老人 传承美德"志愿服务活动等关爱特殊群体活动；开展文艺干部业务知识培训、广场舞培训、主持人培训等；成功承办国际赛事与国内赛事，如中国·瓮安国际山地户外运动挑战赛、国际男篮、女篮巅峰争霸赛、全国健身交谊舞锦标赛暨健身舞大赛等国际国内大赛，打造体育品牌赛事，推进全民健身运动，实现体育与旅游、文化的深度融合。

2020年，瓮安县图书馆共接待读者16.2万人次，借还文献11.8万册，开展了数字书海宣传推介活动、"与经典同行　与圣贤为友"等线上读书活动5次，县图书馆南部馆已完成装修并免费向公众开放；县文化馆共接待服务对象4000余人次，开展各类培训班5次，免费参训人数2000余人次；猴场会议会址、猴场会议纪念馆接待游客达64.85万人次，省内游客63.51万人次，省外游客1.34万人次，未成年人8062人次，接待到猴场会议会址、猴场会议纪念馆开展活动，接受爱国主义教育、入党宣誓活动团队共1921个。

(6) 优秀文化团队扶持情况

瓮安县自创建"幸福进万家·瓮水长歌文化精品乡村行"项目以来，主要以"政府主导、群众参与、社会联动、文化惠民"为工作思路，通过政府采购的形式激活群众参与性，以文艺演出、戏曲表演等形式为招标内容，规范和组建了馆（站）办群文团队。近五年来，通过示范项目的创建实施，全县登记在册的文艺团队23支，通过"乡村行"遴选平台，激发群众创作热情，涌现出很多优秀群众文艺人才和作品，通过文化馆干部的辅导培训，全县群众文艺团队的水平整体得到较大提升。

(7) 文化干部培训情况

瓮安县按照省、州有关加强基层文化队伍培训工作的要求及年度培训计划，结合文化工作实际，充分发挥文化馆、图书馆的服务社会职能，不断开拓公共文化服务新领域，努力做到文化艺术和文化培训的双向繁荣，巩固阵地求发展。一是聘请社会文艺力量、文艺骨干进行专题授课，为深入扎实推进全面艺术普及及公益文化艺术培训工作，积极组织师资力量，每年结合实际，组织开展"文化志愿者培训班""文艺骨干业务知识培训班""广场舞培训班""主持人培训班"等专题培训班。二是以"瓮水长歌乡村行""好花月月红""百姓大舞台"等文艺演出活动为契机，对文艺团队的节目进行辅导，指导排练舞蹈、小品、快板等多种形式的文艺节目，积极参加各类演出活动。

(8) 公共数字文化建设情况

2019年，瓮安县图书馆建设了微信图书馆公众号，在公众号内上线了博看微书屋，免费试用了为期半年的图创电子阅读资源，接入了馆内20万册电子图书镜像。目前，瓮安县图书馆微信公众号内含电子图书26余万册，电子期刊3000余种，听书资源50 000余集，较好地满足了群众的数字阅读需求。还采购了一批数字阅读设备，如图书自助借还机、数字阅读机、报刊机、智慧屏，简笔画终端触摸屏设备，推进图书馆数字化体系建设不断优化。

3. 荣誉表彰情况

近年来，县委、县政府高度重视公共文化服务体系建设，不断夯实文化民生工程基础，加大文化建设投入，开展丰富多彩的文体活动，不断满足广大人民群众对美好生活的精神文化需求，获得了较为突出的文化成果，真正实现文化惠民，群众满意，上级认可。

2013年，以"政府采购、群众参与、社会联动、文化惠民"的方式公开向社会及民间采购文艺团队及文艺节目，推出的"幸福进万家·瓮水长歌文化精品乡村行"公共文化服务产品成功入选国家第二批公共文化示范项目。2018年，瓮安县荣获"贵州省十佳全民健身模范县"表彰；猴场镇荣获"贵州民间文化艺术之乡"；县文化馆荣获中宣部、文化部、国家广电总局联合表彰第七届全国"服务农民、服务基层"文化建设先进集体。猴场会议旧址获国务院公布为第八批全国重点文物保护单位；猴场会议会址被省政府命名为"贵州省国防教育基地"；猴场会议会址被中国关心下一代工作委员会命名为"全国关心下一代党史国史教育基地"。2020年，瓮安县广播电视无线发射台荣获中宣部、文化和旅游部、国家广电总局联合表彰第八届全国服务农民、服务基层文化建设先进集体称号。

4. 完成的主要指标

县乡村公共文化服务网络全面覆盖。投入7000万元，建成瓮安县图书馆北部馆、瓮安县文化馆；投入800万元，易地扩建瓮安县图书馆南部馆；投入640万元，完成13个图书分馆、文化馆分馆、102个图书馆服务点建设，全县102个综合文化服务中心，覆盖率达100%；投资690万元建成农村群众文化舞台46个。

广播电视网络实现行政村居全面覆盖。投资910万元，完成县广播电视无线发射台迁址重建并投入使用。全面完成广播电视模拟信号升级为数字信号；实施多彩贵州"广电云"户户用工程建设，新建通组光缆4000余千米，实现全县13个乡镇（街道）光纤联网，新增用户47 981户。全县广播综合人口覆盖率达99.78%，电视综合人口覆盖率达99.89%，全面实现县域全境户户通电视、村村通广播。

8.3.4 瓮安县公共文化服务均等化发展经验

1. 创新政府购买公共文化服务方式

瓮安县以"幸福进万家·瓮水长歌文化精品乡村行"演出为抓手，全力打造"瓮水长歌"公共文化服务品牌，县委、县政府投入财政经费以"公开采购"文艺节目的形式，文化活动一改过去由政府包揽排练节目下乡演出宣传的固定模式，按照"节目从群众中来到群众中去"的原则，开展"幸福进万家·瓮水长歌文化精品乡村行"公益文艺下乡、进村、到组、入寨演出，构建起"政府采购、群众参与、社会联动、文化惠民"的公共文化服务体系，并成功入选国家第二批公共文化服务体系建设示范项目。目前，民间表演团队每场演出补助经费，从2012年的每场补助3500元增加到2019年的5500元至5800元，同时，还采购了民间文艺小分队进行演出，每场演出补助1200元。演出场次由2012年的100场增加到2020年的300余场。在完成演出任务之余，这些"草根艺术团"还承接群众婚丧嫁娶、开业庆典、新居乔迁、项目开工等活动，娱乐大众、增收创收两不误。节目内容上，表演团队紧扣"脱贫攻坚""感恩奋进·志智双扶"等主题，用老百姓的语言，演老百姓熟悉的人事物。同时，发挥区位特色优势，创新群众受教育的方式，群众演员熟悉农村生活，把家长里短、生活习俗、是非观念编进节目中，涵盖养老医疗、强农惠农、尊老爱幼等，更加有力地推动了新农村文化建设。

2. 以图书馆总分馆管理模式打通公共文化服务"最后一公里"

瓮安县推行"中心馆+总分馆"管理模式，科学规划、精心布局公共图书馆直属分馆服务网络，坚持"政府主导、部门联合、先行试点、全面铺开"的原则，统筹规划、稳步推进公共图书馆总分馆制的标准化建设。2016年在雍阳办事处城北社区建成瓮安图书馆北部分馆，并于2017年6月正式投入使用；2018年在银盏镇江口坝社区建成的瓮安县图书馆银盏镇江口坝社区分馆已投入使用；2017年在瓮水街道办事处中心社区建成24小时自助图书馆，在瓮安县行政服务中心和政务服务中心设立微型图书馆。

县图书馆及分馆装配全州统一的阿法迪图书管理系统，统一分编标准、统一检索，形成全县联合书目数据库，总馆负责本县图书文献资源的数据录入，统一分配各分馆的读者卡号、图书条码和馆藏代码等，实现不同梯度地区的共建共享、资源流动。实现了"一馆办证，多馆借书，多馆还书，通借通还，资源共享"畅通的阅读渠道。瓮安县已形成了以县图书馆总馆为核心，分馆为基础，镇街文化服务中心、村农家书屋，图书流通点及流动车为补充和调节手段的一种阅读体系。

3."文化示范"助推乡村振兴

2018年3月18日，瓮安县扶贫开发领导小组印发的《瓮安县"三下沉五示范"全面巩固提升脱贫攻坚成效实施方案》（瓮扶领通〔2018〕8号）指出，把对文化的学习宣传、教育培训、文化挖掘保护、阵地建设、队伍组建、平台搭建、载体设置、作品创作、活动开展等列入"五示范——文化示范"的重要内容，要求做出特色，抓出效果，以实现巩固提升脱贫攻坚成效，助推乡村振兴之目标，充分体现了县委、政府对文化建设高度重视，把抓好"文化示范"作为助推乡村振兴得力措施和有效途径的战略眼光，以"文化示范"筑精神家园。

瓮安县以国家公共文化服务体系示范项目"幸福进万家·瓮水长歌文化精品乡村行"为载体，采取"政府采购、群众参与、社会联动、文化惠民"的形式，培育挖掘乡土文化人才，创作反映农村群众生活变化、感恩奋进、乡土气息浓郁的作品，用身边的人说身边的事，教育感化身边的人，让更多群众参与到文化活动中，文艺队伍每年到全县各村（社区）公开向群众演出160余场次（不含小分队演出场次）。同时，瓮安县注重把社会主义核心价值观内容、道德模范、乡贤文化、村规民约等纳入"五示范"重要内容，并大力宣传和公示，让群众学有榜样，做有示范，如在各村开展"勤劳致富示范户、基层党员示范户、孝老爱亲示范户、助人为乐示范户、遵纪守法示范户、自立自强示范户、产业发展示范户、清洁庭院示范户"脱贫攻坚先进典型评选活动,选出产业发展、孝老爱亲、遵纪守法、庭院清洁等8类示范户,用身边好人好事感动和引领身边人,用身边典型教育身边人;在广大农村的村(社区)所在地或其他公共场所,以文化墙、展板、宣传栏、村史馆等形式强化宣传和氛围营造,强化感恩教育,激发正能量的引领作用;举行瓮安县"凝心聚力 脱贫攻坚 共筑美好文明家园"科技文化卫生法律"四下乡"集中示范活动和春节系列文化下乡活动。

4. 深入挖掘,提升文化遗产保护利用

瓮安县认真贯彻落实党的十八大、十九大、二十大精神和习近平新时代中国特色社会主义思想以及习近平总书记关于文物保护系列重要讲话精神,积极贯彻实施《中华人民共和国文物保护法》《贵州省文物保护条例》,按照"保护为主,抢救第一,合理利用,加强管理"的工作方针,不断加大文物保护工作力度,扎实开展文物保护和利用工作,在省文化和旅游厅、省文物局的关心帮助下,在上级业务部门的指导支持下,在全县上下的共同努力下,文物保护工作取得了一定的成绩,对于弘扬和传承历史文化,作出了积极的贡献。

(1)成立机构,强化文物保护工作力度

县委、县政府高度重视文物保护工作,把文物保护和利用摆在重要议事日程。2011年将县文物管理所更名为县文化遗产管理中心,增加文物管理所事业编制5名(由2人增加到7人),2019年10月更名为县博物馆(县文化遗产保护中心)。为加强对猴场会议会址和冷少农故居的管理和维护,2005年专门成立了猴场会议会址(冷少农故居)管理所,2013年管理所升格为副科级事业单位,其编制由7人增加到28人,每年县财政投入文物保护经费约200万元,强化文物保护力度。

(2)广泛宣传,提高群众文物保护意识

文物保护宣传工作常态化,坚持每年以"文化和自然遗产日"和"国际博物馆日"为契机,通过悬挂横幅,发放宣传资料,利用广播电视、报刊、网络等媒体多形式、多渠道,动态静态结合、广泛深入地开展宣传活动,使广大人民群众知法、懂法、守法,文物保护意识逐渐深入人心,为文物保护工作奠定广泛的群众基础。积极开展文物宣传进社区、进学校、进广场活动,让更多的人了解瓮安历史。同时,在猴场会议纪念馆设置了宣传栏,传播红色文

化,弘扬长征精神。

(3) 全面发动,顺利完成文物普查工作

在国家、省、州的统一部署下,2008年至2012年开展了第三次全国文物普查,对县域内不可移动文物进行调查核实、详细登记、图片拍摄、归档立卷,整理并公开出版了《不可移动的瓮安文物》书刊,并被评为全省普查"先进集体"。2012年至2016年,按照国家、省、州有关要求,开展了第一次全国可移动文物普查,采集国有可移动文物数量、尺寸、重量和影像等基本信息,并按时上报登录平台,进行数据审核和普查报告编制工作。此外,瓮安县文物工作人员还经常深入基层调查,不断完善文物信息资料,充实文物档案。

(4) 挖掘提炼,提升文物保护利用水平

近年来,瓮安县陆续对猴场会议会址、毛泽东行居、冷少农故居、傅玉书故居、宋钦故居、草塘安抚司署衙、红军干部团修养连旧址、瓮余湄铁壁合围剿匪司令部旧址、桐梓坡农会游击队旧址、舒葆初故居等10处文物保护单位进行维修,实施陈列布展并对外开放,充分发挥文物的社会教育功能。2013年,启动了猴场会议纪念馆建设工作,并于2014年猴场会议召开80周年之际完成建设、布展工作对外开放。通过对红色文化资源的挖掘、保护和充分利用,促进文化旅游大融合,收到了良好的社会效益和经济效益。猴场会议会址2009年被中宣部列入第四批全国爱国主义教育示范基地,2015年作为草塘千年古邑区红色文化核心区域,成功创建为国家4A级景区,2019年10月成功申报为第八批全国重点文物保护单位。慕名前来开展纪念活动和接受爱国主义教育的干部、群众络绎不绝,2015年共接待游客78.2万人次,2016年共接待游客78.6万人次,2017年共接待游客82.1万人次,2018年共接待游客83.7万人次,2019年共接待游客87.9万人次,2020年共接待游客64.8万人次。

(5) 立足地区特色,发挥地区优势,重视非物质文化遗产的保护与传承

2019年在贵阳机场举办了"千年古邑·红色瓮安"非遗专场,以此宣传瓮安、推介瓮安。黄糕粑制作技艺、高台舞狮2项非遗项目申报为第五批省级非遗代表性项目,使瓮安县非遗项目达5个。

(6) 实施农村文化舞台建设,满足群众基本文化需求

2015年以来,瓮安县采取"先建后补"的方式,在条件成熟的乡镇、街

道办事处和部分行政村人员集中地段规划设计修建"乡镇群众文化舞台",主要用于县、乡(镇)、村举办群众文化活动。"乡镇群众文化舞台"严格按照县文化部门提供的舞台建设施工图、效果图和其他要求,由乡镇政府先垫资建设,待文化部门组织人员验收合格后,以每个舞台兑现10万元项目建设资金进行奖补,每年规划设计修建"乡镇群众文化舞台"3个以上。目前,全县已建设46个农村文化舞台。农村文化舞台建设是一项文化惠民工程,以丰富农民群众精神文化生活,引领农村文明风尚为出发点,"整合"体育、健身、舞台等多项功能,使其在新农村建设中起到了凝聚人心、倡导文明、构建和谐的作用。

8.3.5 存在不足与未来计划

1. 存在不足

基层文化阵地建设尚且薄弱。文化人才队伍还需充实,对乡镇综合文化站和村级综合性文化服务中心建设重视不够,资金投入不足,文化站人员兼职多项工作,导致文化站工作未正常开展。免费开放补助资金和中央补助地方公共文化服务资金未及时拨付到位,文化经费紧张,文化工作较难开展,公共文化服务体系有待进一步健全。

免费开放资金配备较少。虽然瓮安县公共文化服务设施逐步得到改善,但由于群众对文化需求的提高、文化活动的频繁开展,每年5万元的经费已无法满足需求,乡镇负担较重,需要上级根据实际给予资金奖补。

专业人才缺乏导致管理与服务不足。部分乡镇从事基层文化工作的人员配备不足,专业素质不能满足基层群众文化工作的需要,需要进一步培训提升或引进专业人才。另外,村级文化活动室管理人员不专不足。村级文化活动室基本设在各行政(居委会)办公地,由于村级事务多,管理人员不足、不专职、管理制度不完善,导致村级活动开展质量不高,活动形式较单一。农家书屋管理乏力。村级文化活动室基本设在各行政(居委会)办公地,管理人员一般由村支"两委"工作人员兼任,由于村级事务多,对农村文化活动设施设备、农家书屋无暇管理,个别农家书屋变成"藏书室",文化设施使用效能较低,作用不够明显。

2. 未来计划

着力党建引领,统筹推进文化体育快速发展。一是进一步强化理论学习。

认真学习习近平新时代中国特色社会主义思想和党的十九大、十九届二中、三中、四中、五中、六中全会精神以及省委、州委、县委会议精神，牢固树立"四个意识"，坚定"四个自信"，切实做到"两个维护"。二是进一步深化党规条例学习，提高党要管党，全面从严治党思想自觉和行动自觉，积极开展党风廉政、反腐倡廉警示教育、预防提醒谈话，对违规违纪问题做到"零容忍"。三是进一步提升意识形态和重大风险防范管理机制，优化网评队伍建设，严格按照相关规定开展分析研判，及时向县委汇报相关工作。四是进一步加强党支部品牌打造，推荐"三会一课"常态化、规范化，着力入党积极分子培养，打造一支对党绝对忠诚的干部队伍。

完善公共文化服务设施，增强公共文化服务功能。加大公共文化服务覆盖率，以大型公共文化设施为主体，以社区和乡镇基层文化设施为基础，加强图书馆、博物馆、文化馆、美术馆、文化活动中心、广播电视无线发射台等公共文化基础设施建设。持续推进公共文化服务体系建设，完善县、乡、村三级公共文化服务网络，支持农村群众文化广场建设，推进公益性文化下乡活动，加强县文化馆、图书馆总分馆制建设。

加强非物质文化遗产传承与保护工作。①加强非遗保护传承工作，编制出台瓮安县非遗传承管理办法。推进国家、省、州、县四级非物质文化遗产代表性项目名录体系建设。推动建立一批非遗传承保护基地，形成非遗项目、传承人、传承基地"三位一体"的传承机制。积极做好省级和国家级非物质文化遗产代表性项目名录推荐申报工作，推荐申报省级非物质文化遗产代表性项目升级为国家级非物质文化遗产代表性项目。针对传承人的传承绩效考核，启动传承人的"进入"及"退出"机制。②实施数字非遗建设工程，进一步运用信息技术与数智技术，推进非遗资源数字化、服务网络化、管理现代化。积极推进具有普查资源保存系统、名录项目和传承人管理系统、保护载体管理系统、检索系统和信息安全系统的非物质文化遗产综合数据库建设，进一步做好普查资料、各类保护载体的数字化整理工作，省级以上名录项目及代表性传承人资料录入完整、数据齐全、有效及时，包括文字、图片、音视频的资料录入率达到100%。③搭建非遗作品在线交易平台，"十四五"期间将与在线交易平台签订战略合作协议，指导传承人入驻非遗作品（产品）展示交易平台，进行网上交易、项目众筹等活动，打破传统销售方式的局限性，实现供给与需求的便捷化对接，实现非遗保护传承发展的良性循环。

着力提升广电数字化建设，确保广播电视安全播出。加强广播电视事业发展，不断提升广播电视覆盖率与节目质量。利用网络化、数字化、智能化等技术，推进公共文化数字化发展。一是积极争取各级支持，不断完善和强化广播电视数字化建设，提升公共文化服务效能，实现"十四五"期间广播电视覆盖率100%；二是规划广播电视无线发射台延伸点位建设，计划在县域选址建设一至两个延伸点；三是着力提升乡村级应急广播建设，打造县乡村广电网络一体化服务体系。

着力长征文化公园建设，做强猴场会议红色品牌。继续抓好文物保护传承，对猴场会议会址文物本体及可移动展陈物件全面精细测绘，建立数字化模型，完成所辖省级文物保护单位"三防"建设；加强数字基础设施建设，建设数字博物馆，提升观众参观体验满意度和拓宽宣传途径；提升讲解服务水平，建立人才队伍培养长效机制，积极贯彻落实《新时代爱国主义教育实施纲要》，发挥全国爱国主义教育示范基地的示范作用；优化文旅融合，继续优化精品红色课堂，构建红色文化研学基地，优化红军长征历史步道，丰富以"重走长征路"为特色的深度体验游和红色研学旅行；以长征国家文化公园建设为契机，围绕"一条主线、一个核心、两个重点、三条线路、五个村寨"思路，着力推进瓮安县猴场会议旧址、强渡乌江战斗遗址等长征文物保护、开发和利用，对猴场会议纪念馆进行提升改造、建设红军强渡乌江纪念馆、实施强渡乌江战斗遗址基础设施建设等项目，讲好瓮安长征故事，促进文旅融合发展，做强红色文化旅游品牌。

8.3.6 启示与借鉴

1. 政府高度重视公共文化服务发展

瓮安县领导高度重视公共文化服务发展，对县域内公共文化服务的建设给予了很大支持。瓮安县文化和旅游局认真贯彻落实瓮安县委、县政府的工作部署，着力"强基础、保权益、惠民众、促实效、出实招、重防控、创佳绩"，紧紧围绕各项目标任务，用心、用力、用情推动各项工作。

2. 文化部门的领导提高管理能力水平

瓮安县文化和旅游局的周明君局长认真踏实，具备很高的管理水平，且任职时间长，对全县的公共文化建设规划清晰明了。管理松弛有度，给予了副手一定的自由，提高了工作的效率，同时培养了一批业务能人。

3. 以文化扶贫扶志增强群众幸福感

瓮安县通过积极争取项目资金和加大县级投入共1000余万元，实施"戏曲进乡村"文化扶贫工程，以"幸福进万家·瓮水长歌文化精品乡村行"项目为载体，引导创作"感党恩、跟党走"、精准扶贫、脱贫攻坚、"志智双扶"等主题的文艺节目，共计演出1800余场次，惠及百万余群众，营造干群连心决战脱贫攻坚的良好氛围。连续三年举办青池村迎新春文体活动，"关秧门"民俗活动，组织社会体育力量开展"体育+扶贫"工作。投入项目资金20万元，建设青池村农体工程，不断丰富群众精神文化生活，增进党群干群关系和谐，凝聚发展合力。推动"文化示范"创建，制定示范标准和内容，推进村规民约、组规民约建设。开展勤劳致富、孝老爱亲、庭院整洁等先进典型评选活动，推动形成良好的乡风民风。设置文化墙、悬挂家风家训等措施倡导移风易俗，激发群众内生脱贫发展动力。

4. 文旅融合发展路径清晰

瓮安县具有清晰的公共文化服务与旅游融合发展的规划。"十四五"期间将以文旅融合为切入点，将图书服务纳入旅游产品体系，在草塘古邑旅游区、乡村旅游村寨等条件较为成熟的景区景点打造主题书吧（书屋），融入瓮安红色文化、非物质文化等主题文化；继续优化精品红色课堂；构建红色文化研学基地；优化红军长征历史步道，丰富以"重走长征路"为特色的深度体验游和红色研学旅行，促进文旅融合发展，做强红色文化旅游品牌。

5. 公共文化服务均等化建设突出

近年来，瓮安县文化和旅游局高度重视公共文化服务体系建设，把构建公共文化服务体系作为保障人民基本文化权益、推进和谐文化建设、不断满足人民群众文化需求重要抓手。首先重视村镇的公共文化服务供给，推动城乡均等化。"十三五"期间已达成县乡村公共文化服务网络全面覆盖、实现广播电视网络行政村居全面覆盖，建设有图书馆南北两馆，建有13个乡镇综合文化站，在全县65个行政村和35个社区建成了村级文化活动室以及建成全县102个村级综合文化服务中心，已经初步搭建了较为完善的基础公共文化服务点，健全了基本机构，为未来的公共文化服务提档升级做好了阵地建设。"十四五"期间，瓮安县将加大文化资源向梯度较低的自然村寨倾斜。自然村寨是一个村最基本组成部分，加大文化基础设施在村组落地生根，建设村组文化广场、健身场所，让距离村委会较远的村组群众闲暇有去处、活动有场所，满足最基层群众基本的文化需求，大力实施文化事业和文化产业繁荣发展行动，持续推进公共文化服务提档创优。

瓮安县致力于切实保障特殊群体基本文化权益，推动群体均等化建设。一方面，加快推进基层村级综合文化服务中心建设，针对残疾群众，完善图书馆、文化馆相关基础设施建设，建成盲人阅览室，购置盲文期刊和书籍等，保障了视障读者的阅读权利；另一方面，积极为"空巢"老人、留守儿童、农民工和残疾人等特殊群体开展形式多样的艺术普及服务，让困难群众得到及时的关爱，感受到社会的温暖。除此之外，还开展丰富多彩的文化活动走进特殊群体身边，使特殊群众与文化零距离接触，享受到文化成果。

8.4 新疆塔城地区案例研究

8.4.1 案例选择

公共文化均等化必须研究和解决边疆少数民族地区的问题，这也是南开课题组重点研究的问题之一。已有的案例在公共文化服务体系建设中取得较为成功经验，被广泛关注。例如，位于祖国最西部的喀什地区有长达888千米的边境线，与巴基斯坦、阿富汗、印度、塔吉克斯坦、吉尔吉斯斯坦5个国家接壤，总人口400万人，占全疆人口的19%，有11个县167个乡镇，占全疆乡镇总数的17%，2349个行政村，占全疆行政村总数的27%。"十一五"以来，该地区不断加大公共文化投入，公共文化设施和网络建设步伐明显加快。2011年公共文化服务经费9179.1万元，文化事业投入占财政收入总额的比重为0.3%。共有13个图书馆、15个文化馆、5个博物馆、14个文物保护机构、

21个文化艺术表演团体、167个乡镇文化站、2297个行政村文化室，在公共文化惠民服务保障机制方面取得了有益经验[①]，这一案例已为文化界所熟知。南开课题组在对边疆少数民族地区公共文化服务进行全面了解的基础上，选择公共文化领域少有关注并研究的塔城地区作为案例，以探究公共文化服务均等化在边疆少数民族地区的难点与解决方案。

新疆塔城地区作为少数民族聚居区，有着不同于其他地区的特色文化和民族特点，在推动公共文化服务均等化的过程中形成了符合当地发展特点的模式，这种模式对于边疆少数民族地区有着一定的借鉴意义。

塔城地区位于新疆维吾尔自治区的西北部、伊犁哈萨克自治州的中部，辖塔城市、额敏县、裕民县、托里县、乌苏市、沙湾县和布克赛尔蒙古自治县5县2市，有5个县（市）与哈萨克斯坦共和国接壤，边境线长546千米，塔城地区少数民族人口较多，接近新疆总人口的50%，其中，哈萨克族和维吾尔族人口较多。

"十四五"时期国家公共文化服务体系建设规划提出，要"多措并举推动区域协调发展。支持边疆少数民族地区公共文化服务体系建设，推动中西部欠发达地区公共文化设施查漏补缺，进一步完善设施网络"。

8.4.2 调研经过

南开课题组成员柯平、胡银霞、张雅琪于2017年9月4日至5日在塔城地区分别调研了塔城区图书馆、巴克图口岸博物馆、塔城地区手风琴博物馆、小白杨爱国主义教育基地、巴什拜纪念馆等公共文化场所，此后南开课题组调研人员又通过电话联系调研了塔城地区所辖的几个市县图书馆开展公共文化服务的情况。2021年3月1日至4日南开课题组成员刘旭青、包鑫、王洁赴新疆维吾尔自治区文化馆实地考察，基于对全疆公共文化服务的整体性认知，对塔城地区的公共文化服务有了更深入的理解。

8.4.3 塔城地区公共文化服务情况

塔城地区历史悠久，拥有两千多年的历史，自古以来，塔城就是草原丝路

---

① 文化部公共文化司.2013中国公共文化发展报告——国家公共文化服务体系制度设计研究[M].北京：北京师范大学出版社，2013：267-276.

上的一个重要商埠。作为一个多民族区域，留存于塔城地区多姿多彩的民间舞蹈、古朴绚丽的民族服饰、快乐悠扬的史诗弹唱以及特色鲜明的岁时节令、传统工艺等，都彰显了塔城独特的人文优势和深厚的文化底蕴，是塔城地域文化的瑰宝，也是发展文化产业的突出优势。依托这些丰富的文化资源，塔城地区的文化事业取得了长足发展。

2016年，全地区图书馆、文化馆、博物馆和乡镇文化站全部免费开放，塔额盆地无线数字电视惠民工程用户达5.4万户，组织开展群众文体活动4300余场，千人手风琴合奏创世界吉尼斯纪录，新疆爱乐乐团、民族乐团和哈萨克斯坦国卡拉干白疆诺夫交响乐团应邀来塔举行高水平演奏会，各族群众精神文化生活日趋丰富（见表8-2）。地、县文化馆开展各类慰问演出60场，各县市、各乡镇自发组织的"百姓大舞台""百姓秀场"等群众性文化活动红红火火地开展（表8-3），为丰富各族群众文化生活，进一步增强文化对冲效果起到了积极作用①。

一是塔城地区公共文化事业继续稳步推进，各类文化活动广泛开展，文化供给力显著提升。各类重大活动氛围浓厚，地直文广系统先后举办了地区2017年春节文艺晚会、诺如孜节、古尔邦节文艺晚会和《旗帜颂》喜迎党的十九大专题晚会；举办各类大型书画艺术展5个，展出作品近千幅；举办"世界读书日"系列活动、地区第十六届"蓓蕾杯"少儿文艺大赛、"梨园情"票友大赛、《公共文化服务保障法》宣传活动、"5·18博物馆日""文化遗产日"主题宣传活动8次，参与人数达3.5万人次。2019年，塔城地区举办第十七届"蓓蕾杯"少儿才艺大赛优秀节目展演活动，以及塔额盆地首届中老年旗袍大赛活动等，为不同群体提供有针对性的文化服务，践行公共文化服务供给的均等化。

二是群众性文化活动广泛开展（见表8-4、表8-5）。地、县歌舞团扎实开展下乡演出活动，完成演出任务620场；全地区"双百"文化活动完成演出2200余场次，地、县文化馆开展各类慰问演出159场次，举办各类展览近50场次，其中在各县市开展"民族团结一家亲"书法美术摄影展7场次，举办"喜迎党的十九大"书法美术摄影展3场次，举办非物质文化遗产展览21场次，地区文化馆承担的文化部《边境地区少数民族群众文艺人才培训示范项

---

① 塔城地区统计局. 塔城地区2016年国民经济和社会发展统计公报 [N]. 塔城日报（汉），2017-4-22 (003).

目》已进入后期验收阶段；扎实完成第六次全国县级以上公共图书馆评估定级工作，图书馆整体水平有了明显提升，地、县图书馆外借图书达 23 万册次，接待读者 56 万人次；地、县农村电影放映机构深入农牧区放映电影 11 000 场次；博物馆开展"大篷车"流动博物馆进村巡展活动，共完成流动展览 60 场次，观看人数达到 5.8 万人次；建立沟通群众新平台，将专业文化与群众业余生活有机结合，派专业舞蹈演员进村面对面为群众培训辅导，开展各类群众文化活动，帮助他们组建业余舞蹈队，各免费开放单位共举办各类文化培训班 120 多期（次），参加培训的基层文化骨干达 1.5 万人次；各县市、各乡镇自发组织的"百姓大舞台""百姓秀场"、喜迎党的十九大"文化服务基层行"等群众性文化活动红红火火地开展。地区文广局驻村工作队还会组织开展赛马、篮球、拔河、象棋等群众喜闻乐见的文化娱乐活动。2019 年，举办了一系列庆祝中华人民共和国成立 70 周年的文化活动，包括塔、克戏曲（京剧）文化交流活动，"新时代、新征程·歌颂祖国"大型红歌比赛活动项目，中华优秀传统项目，北疆（四地）"梨园情"戏剧票友活动，"国庆节"文化快闪活动等。

　　三是文化交流不断加强。积极邀请辽宁省歌舞团一行来塔城开展为期一周的调研活动，辽宁省歌舞团还派出一位业务骨干在塔城工作，帮助提升创编水平。2017 年 9 月组织协调完成辽宁省群众文化志愿者赴塔城地区为期十天的交流活动，并举办了内容包括公共文化服务体系建设、美术创作及广场舞培训辅导在内的"文化大讲堂"培训活动。除省域交流外，2019 年塔城地区以舞为媒，组织北疆（四地）"国标舞"邀请交流活动，传承中华优秀文化，推进文旅融合发展。

　　四是文化遗产保护传承有序开展。文物部门先后完成克塔铁路、和布克赛尔蒙古自治县 219 国道松树沟阔克萨拉墓群考古发掘工作；完成了红楼抢救性保护设施建设项目；启动了国家文物保护单位塔城市"双塔"的维修工程，积极配合自治区做好塔城市下喀浪古尔村遗址抢救发掘工作，行文上报额敏县马热勒苏水库文物保护工作情况、裕民县江格斯水库五文物压覆意见函和沙湾县 S101 二期道路建设工程涉及古墓葬进行抢救性考古发掘的请示；认真做好第八批全国重点文物保护单位、自治区级文物保护单位申报材料上报工作。

　　非物质文化遗产保护研究工作方面，组织全区开展"第四届天山南北贺新春非物质文化遗产春节习俗展"活动，共开展社火、展览、文艺晚会等迎新春活动 28 场次；组织 11 人并带队参加兵团文广局举办的 2017 年度中国非遗传承人群研培计划——哈萨克毡绣和布绣高级研修班;在乌苏市、和布克赛尔蒙古自治县组织25人参加文化厅举办的2017年度第一期新疆非物质文化遗产传承人群培训班;在塔城市周边乡、团场广泛开展非遗特色展览;先后举办诺茹孜节、俄罗斯族帕斯喀节、锡伯族西迁节、达斡尔族沃其贝节、塔塔尔族撒班节等传统节日;认真组织开展非遗名录项目申报工作,已评审和公示地区级非遗名录项目23项,积极开展第五批自治区级非物质文化遗产代表性项目申报工作,共申报"新疆蒙古族刺绣""新疆蒙古族短调民歌""新疆达斡尔族民歌"等20项非物质文化遗产项目,上报国家级非物质文化遗产项目"哈萨克族诺茹孜节""塔塔尔族撒班节";出版《哈萨克族花毡制作技艺诺茹孜节》一书,搜集整理《塔塔尔族传统饮食》相关图片及内容并已编辑成册,完成《哈萨克族花毡制作技艺》专题片拍摄任务,与地区电视台联合举办的非物质文化遗产栏目目前已拍摄播出11集①。

表8-2　塔城地区图书馆、文化馆、博物馆等服务数据(2013—2020)

2013年	2014年	2015年	2016年
1. 地、县图书馆开展图书借阅30.2万人次,开展各类展览85场次,举办讲座45场次,组织读者活动141场次 2. 地、县博物馆(展览馆)接待观众44万人次,其中地区博物馆达31.2万人次	1. 各级图书馆馆内接待读者借阅28.4万人次,组织开展"图书六进"活动75场次 2. 博物馆免费开放工作和爱国主义教育工作成效显著,各级博物馆馆内接待观众53.27万人次	1. 全地区公共图书馆共接待读者47.13万人次 2. 博物馆接待观众36.15万人次,地区博物馆共完成流动大篷车巡展活动55场次,观展人数达到161 459人次	1. 全地区图书馆、文化馆、博物馆和乡镇文化站全部免费开放 2. 地、县文化馆开展各类慰问演出60场次
2017年	**2018年**	**2019年**	**2020年**
1. 地、县图书馆外借图书达23万册次,接待读者56万人次 2. 地、县文化馆开展各类慰问演出159场次,举办各类展览近50场次 3. 博物馆共完成流动展览60场次,观看人数达到5.8万人次	1. 举办书画摄影艺术展6个,展出作品近千幅 2. 举办"世界读书日""5·18博物馆日"、文化遗产日主题宣传活动11次,参与人数达4.5万人次 3. 举办各类文化培训班97期次,参加培训的基层文化骨干达1.1万人次	1. 开展全民阅读推广活动49场次,其中,讲座培训20场次、展览12场次、阅读推广17场次 2. 全年共举办了8场大中型文化演出活动;上半年开展文化"六进"慰问演出活动40余次,及各类文化辅导培训活动28期	1. 全年馆内借阅图书量为5730册,接待读者为18 299人次 2. 上半年完成文化"六进"慰问演出活动达16场,各类文化辅导培训活动18期

资料来源:1. 塔城地区年度国民经济和社会发展统计公报整理而成;
　　　　　2. 塔城地区图书馆年度总结、塔城地区文化馆工作总结。

---

① 资料来源:塔城地区文广局2017年总结报告。

表8-3 塔城地区群众性文化活动开展情况（2013—2020）

2013年	2014年	2015年	2016年
全地区共开展"双百"活动1439场次；成功承办自治区首届群众戏剧曲艺大赛，塔城地区3件作品获奖；组织参加自治区第四届专业小品大赛，地区文化馆选送的2件作品入围决赛	全年共开展14场系列文化活动，开展"百日广场文化活动竞赛""乡村百日文化活动竞赛"2186场（次）	举办农牧民才艺大赛等大型群众性文化活动8次，乡镇文化站举办各类群众文体活动1165场次。举办地区春节晚会、诺茹孜晚会、地区农民画展、庆"七一"专场交响乐、地区民族团结进步模范个人颁奖典礼晚会、"塔尔巴哈台之声"合唱比赛、"古尔邦节"大型情景剧、辽宁省群众文化书画展及采风活动、新疆画院主题采风活动、新疆木卡姆艺术团塔城专场演出等各类大型文化活动	各县市、各乡镇自发组织"百姓大舞台""百姓秀场"等群众性文化活动。组织开展群众文体活动4300余场，千人手风琴合奏创吉尼斯纪录，新疆爱乐乐团、民族乐团和哈国卡拉干白疆诺夫交响乐团应邀来塔举行高水平演奏会

2017年	2018年	2019年	2020年
组织举办地区2017年春节文艺晚会、诺如孜节、古尔邦节文艺晚会和《旗帜颂》喜迎党的十九大专题晚会；举办各类大型书画艺术展5个，展出作品近千幅；举办"世界读书日"系列活动、地区第十六届"蓓蕾杯"少儿文艺大赛、"梨园情"票友大赛、《公共文化服务保障法》宣传活动、"5·18博物馆日"、文化遗产日主题宣传活动8次，参与人数达3.5万人次。百日广场文艺演出达20场次；进行文化下乡演80场次、文化暖冬下乡演出32次，文化六进活动40场次。宣传、展览等194场次；每日庙会180场次；全民健身1200场次；乡村百日文体活动247场次。农村流动电影共播放1380场次	举办2018年春节、诺如孜节、古尔邦节文艺晚会和慰问地、市公安干警专题文艺晚会；全地区组建16个文化小分队赴基层开展文化惠民演出977场次，开展农村电影惠民放映9808场次；组织35名群众文化和"非遗"工作人员，赴辽宁开展交流展演活动；各县（市）开展啤酒节、山花节、冰雪旅游节等节庆活动	举办地区2019年春节文艺晚会、"传承优秀文化遗产、共庆传统诺茹孜节"系列主题活动、古尔邦节晚会、"为祖国放歌"70周年文艺晚会、"新时代新征程 歌颂祖国"红歌大赛、"塔城地区中华优秀传统项目太极拳、剑、扇展演"活动、北疆（四地）"梨园情"戏剧票友展演活动、"情满塔城筑梦远方"辽宁省慰问演出等大型惠民文化活动；"十一"期间共开展大中型文化活动26场，百日文化广场各类惠民文化活动4680场次，惠及群众150万人次以上	结合"我们的节日"和"我们的中国梦——文化进万家"开展各类宣传演出活动开展文化"六进"慰问演出活动及各类文化辅导培训活动；开展各类主题活动，包括"油画塔城 文化净土 康养天堂"为活动主题的"中国旅游日"推广活动，"六一"儿童节"爱心牵手 真情陪伴"帮扶关爱分享活动，"同心同德铸就中国梦想、群策群力开展文化扶贫"的节目展演活动，"美丽塔城 我是行动者"世界环境日系列主题活动；疫情防控期间，开展主题创作网络展示，编创歌曲、舞蹈专辑等

资料来源：南开课题组根据塔城地区年度国民经济和社会发展统计公报整理而成。

表8-4 塔城市公共文化服务情况（2011—2016）

2011年	2012年	2013年	2015年	2016年
拥有广播电台1座，全市广播人口覆盖率达92%，电视人口覆盖率达90.5%	拥有文化馆2个，公共图书馆2个，博物馆1个。全市拥有广播电台2座，电视台1座，有线数字电视用户2万户。全市广播人口覆盖率达92%，电视人口覆盖率达90.5%	拥有文化馆1个，公共图书馆1个，博物馆6个，广播电台2座，电视台1座。广播人口覆盖率达92%，电视人口覆盖率达90%。卫星转接7座，广播转播发射塔1座，无线数字电视信号覆盖率达90%以上，有线电视用户覆盖率达30%	拥有文化馆1个，公共图书馆1个，博物馆12个。全市拥有广播电台2座，电视台1座，广播人口覆盖率达95%，电视人口覆盖率达90%。全市有卫星转接7座，广播转播发射塔1座，无线数字电视信号覆盖率达90%以上，无线电视模拟信号覆盖率达87%	拥有文化馆1个，公共图书馆1个，博物馆16个，广播电台2座，电视台1座，广播人口覆盖率达97%，电视台人口覆盖率达93%。全市有卫星转接7座，广播转播发射塔1座。完成农村"户户通"机顶盒安装任务10 449套，覆盖率达98%
组织举办各类广场文化活动50余场次。直接参与文化活动参演人员达3400余人次，演出360个节目，其中第二届塔城蔬菜旅游文化节各类演出12个，演职人员223人，观众达2万余人次	组织举办各类广场文化活动180余场次。第三届塔城蔬菜旅游文化节各类演出15个，演职人员377人，观众达5万余人次	组织举办各类广场文化活动100余场次。直接参与文化活动参演人员达3.6万余人次，演出2800个节目，其中第四届塔城蔬菜旅游文化节各类演出14个，演职人员1800余人，观众达6万余人次（不包含狂欢及巡游人数）	百日文化广场活动文艺演出60场；各类宣传、展览等活动38次；举办广场舞会70场，全民健身活动90场次；完成了文化"六进"演出12场次、文化下乡演出68场次。农村流动电影共播放1380场次，观看群众达9万人次	百日广场文艺演出达55场次；进行文化下乡演出68场次、文化暖冬下乡演出20次，文化六进活动30场次。宣传、展览等活动224场次；每日舞会180场次；全民健身1200场次；乡村百日文体活动247场次。农村流动电影共播放1380场次，观看群众达9万人次

资料来源：南开课题组根据塔城市各年度国民经济和社会发展统计公报整理而成。

注：2014年塔城市国民经济与社会发展统计公报暂缺。

表8-5 塔城市公共文化服务情况（2017—2020）

2017年	2018年	2019年	2020年
拥有文化馆1个，公共图书馆1个，博物馆16个。广播电视台1座，电台1座，全市广播人口覆盖率达93%，电视台人口覆盖率达88%。全市有卫星转接1座，广播转播发射塔1座。完成农村"户户通"机顶盒安装任务10 449套，覆盖率达95%	拥有文化馆2个，公共图书馆2个，博物馆16个。全市拥有广播电视台1座，电台1座，全市广播人口覆盖率达98%，电视台人口覆盖率达92%、全市有卫星转接0座，广播转播发射塔1座。拆除非法安装地面卫星接收设施1套，完成农村"户户通"机顶盒安装任务15 828套，覆盖率达98%	拥有文化馆2个，公共图书馆2个，博物馆16个。全市拥有广播电视台2座，电台2座，全市广播人口覆盖率达98%，电视台人口覆盖率达90%、全市有卫星转接0座，广播转播发射塔2座。完成农村"户户通"机顶盒安装任务15 828套，覆盖率达98%，大喇叭更新设备274个，同比增长69.1%	文化馆2个，公共图书馆2个，博物馆11个。全市拥有广播电视台2座，电台2座，全市广播人口覆盖率达98%，电视台人口覆盖率达90%、全市有卫星转接0座，广播转播发射塔2座。完成农村"户户通"机顶盒安装任务15 828套，覆盖率达98%，大喇叭更新设备274个
百日广场文艺演出达20场次；进行文化下乡演80场次、文化暖冬下乡演出32次，文化六进活动40场次。宣传、展览等194场次；每日舞会180场次；全民健身1200场次；乡村百日文体活动247场次。农村流动电影共播放1380场次	举办了以"美丽塔城，共圆梦想"为主题的百日广场文艺演出达18场次；进行文化下乡演85场次、文化暖冬下乡演出30次，文化六进活动15场次。宣传、象棋大赛、文体等活动等63场次（其中：象棋大赛1次、访惠聚下乡体育活动60场次、协会活动信鸽比赛2次）；每日舞会260场次；乡村百日文体活动85场次	举办了以"美丽塔城，共圆梦想"为主题的百日广场文艺演出达20场次；进行文化下乡演150场次、文化暖冬下乡演出60次，文化六进活动16场次。宣传、象棋大赛、文体等活动等20场次（其中：象棋大赛1次、访惠聚下乡体育活动16场次、协会活动信鸽比赛3次）；每日舞会2场次；乡村百日文体活动76场次（包括文化体育）	进行文化下乡演出12场次、文化六进活动2场次。宣传、象棋大赛、文体等活动等20场次（其中：象棋大赛1次、"访惠聚"下乡体育活动16场次、协会活动信鸽比赛3次）；每日舞会2场次；乡村百日文体活动20场次（包括文化体育）

资料来源：南开课题组根据塔城市各年度国民经济和社会发展统计公报整理而成。

8.4.4 塔城地区公共文化服务均等化发展经验

1. 将公共文化服务与当地的特色文化相结合

塔城地区地处新疆边境少数民族地区，与多个国家接壤，有着与众不同的异域民族文化，当地在开展公共文化服务过程中充分利用这一点，重视不同公共文化空间的特殊性，将当地的特色文化宣传与公共文化服务推广相结合，不仅能够满足当地民众的需求，也推动了地方特色文化建设。如裕民县的巴什拜纪念馆，该馆是重要的爱国主义教育基地和民族团结教育基地。纪念馆以生动的实物、图片和文字展示了裕民县悠久的历史和巴什拜·乔拉克的生平事迹。巴什拜（1889—1953）生于新疆塔城地区裕民县，哈萨克族人。他一生热爱祖国，热爱家乡，是著名的爱国主义、国际主义开明人士，曾任新疆塔城地区第一任公署专员。在新疆三区革命时期，荣获三区革命委员会"一级和平勋章"和"一级解放勋章"。在世界反法西斯战争时期，为苏联捐赠了500匹鞍具齐全的军用战马。在抗美援朝期间，为志愿军捐助战斗机1架。同时作为游牧民族，巴什拜还积极培养牧羊新品种。他一生扶贫济困，热心帮助不同民族的贫困百姓，深受各民族人民的敬仰。他的事迹在当地十分有名，也影响着千千万万的当地居民。巴什拜纪念馆作为公共文化场所，免费向群众开放，传递着巴什拜的爱国情怀和民族团结精神。

小白杨哨所是位于裕民县的又一个爱国主义教育基地，因为阎维文的一首《小白杨》在全国闻名遐迩。小白杨哨所为中哈边界哨所，20世纪80年代初，哨所战士陈福森回伊犁家中探亲，将哨所官兵卫国戍边的故事讲给母亲听，母亲让他带10棵白杨树苗回哨所种上，叮嘱他要像白杨树一样扎根边疆，为祖国守好边防。哨所干旱缺水，战士们吃水都要去一千米外的布尔干河挑，尽管战士们每天用省下来的水精心浇灌，但是小白杨还是相继枯死，10棵小白杨中唯有一棵顽强地活了下来。1990年，总政歌舞团创作组的同志到新疆采风，为小白杨事迹所感动，谱写了歌曲《小白杨》，在当年的春节联欢晚会上，著名歌唱家阎维文把它唱到了祖国大江南北，激励着戍边将士。塔斯提哨所从此更名为"小白杨"哨所。2011年，小白杨哨所在原有基础上，新建一座综合性展览馆，占地1000余平方米，内设塔斯提战斗展厅、小白杨哨所展厅等，采用先进的灯光、沙盘、模拟技术，对整个塔斯提战斗经过进行还原，还塑造了孙龙珍等烈士的蜡像。同时，对小白杨哨所周围的坑道、阵地等附属设施进行改造，力争再现当年塔斯提战斗的辉煌场面。如今小白杨哨所不仅是爱国主义教育基地，也是当地著名的旅游景点，成为宣传当地的一张代表性名片。

另外，塔城地区与哈萨克斯坦接壤，因此口岸文化也成为当地的一个特色，巴克图口岸博物馆就是这样一所记录口岸文化的博物馆，该博物馆通过实物、情景模拟让更多人了解了当地的口岸文化，具有十分重要的意义。

塔城地区是个百年商埠，很多生活习俗深受俄罗斯文化的影响。手风琴自20世纪30年代在塔城开始流传，会弹奏的人多，喜欢的人更多。2015年，塔城市举办的"千人手风琴展演"轰动全国，每周的"塔城手风琴角"更是影响空前。2014年，塔城市创建了手风琴博物馆，是全新疆唯一一家手风琴博物馆，当地居民道吾然把他的全部收藏都贡献出来。2015年，博物馆开馆，国内外很多游客慕名前来参观。手风琴博物馆位于塔城市文化广场北侧西部大厦内，群众艺术馆的三楼。500平方米的展厅陈列着来自俄罗斯、波兰、德国、乌克兰、捷克等国家的五百余架手风琴，品牌不一，款式各异，千姿百态，色彩斑斓。其中一架20世纪30年代的纯手工制作手风琴，已经有一百多年的历史。最大的琴近一人多高，由两人方能演奏，最贵的琴装饰着闪亮的钻石，最小的琴精巧别致。手风琴博物馆向当地居民展示了手风琴发展历史，作为承载当地人民群众爱好的场所受到了塔城市各个年龄段市民的热爱。

纵观当地的巴什拜纪念馆、巴克图口岸博物馆和手风琴博物馆，这些公共文化设施都属于当地特色文化的体现，按照文化部《关于推进全国美术馆、图书馆、文化馆免费开放工作的意见》部署，塔城地区的公共图书馆、文化馆与博物馆都已实现零门槛全免费服务，为广大人民群众提供享受机会均等和设施均等的文化机会。

2. 以文化工程为推手，促进公共文化服务均等化

（1）东风工程

"东风工程"于2007年1月1日启动，是由中央和新疆维吾尔自治区地方财政专项拨款，每年按计划出版一定数量适合新疆农牧区读者阅读的出版物，并免费赠阅于少数民族聚居地区的一项公共文化惠民工程。一方面，为给少数民族聚居地区的老百姓提供优质的阅读资源，解决他们"买书难、借书难、读书难"的问题；另一方面，国家促进社会和谐、维护新疆稳定的一项举措。

"东风工程"是中华人民共和国成立以来国家对新疆新闻出版行业一次性投入最大、覆盖面最广、时间跨度最长的公益性文化惠民工程，也是新疆新闻出版系统第一次承担国家大型公益性项目。根据着眼长远、分步实施、稳步推进的原则，"东风工程"以五年为一个阶段，"十一五"期间重点实施"东风工程"一期项目,"十二五"期间重点实施"东风工程"二期项目。

"东风工程"有效缓解了新疆农牧区缺书少刊的问题,满足了新时期广大农牧民学知识、学文化的需要,着眼于巩固和加强农牧区思想文化阵地,加强新闻出版公共服务体系建设,其项目内容涉及新疆新闻出版业的各个方面,重点面向农牧区,惠及全疆广大农牧民。对于维护新疆社会稳定,加快新疆农牧区脱贫致富,促进新疆社会主义新农村建设,构建和谐新疆,具有积极意义。

"东风工程"一期项目包括出版物免费赠阅、出版市场监管及"扫黄打非"工作、发行网点建设、党报党刊及音像电子出版物印刷制作设备配置、新疆新闻出版技工学校教学综合楼及出版市场监管用房建设、出版物市场监管网络建设六大主要项目,投资总额为 37 910 万元。

"东风工程"一期项目,分五批向全疆 851 个乡镇和 8661 个行政村赠阅维吾尔、汉、哈萨克、蒙古、柯尔克孜、锡伯等 6 种语言文字的报纸 39 种,36.93 万份;期刊 16 种,44.25 万本;图书(挂图)1281 种,1267.20 万册(套);音像制品 267 种,308.09 万盒;为自治区 15 个地州市、部分重点县(市)新闻出版行政部门配备出版物市场监管专用车 67 辆;为自治区出版物市场稽查队配备业务设备(数码摄像机、数码照相机及计算机)12 台(套);为自治区 15 个地州市、98 个县(市、区)新闻出版部门配备出版物市场监管设备(计算机、传真机、数码照相机等)1526 台(套);为《新疆日报》喀什南疆印务中心及十个地州党报党刊配置印刷及照排设备 18 台(套);为新疆电子、音像出版单位配置音像制作设备 388 台(套);对 23 个县级新华书店发行网点进行了新建或改建,总建筑面积 20 418 平方米;为全疆地州市及县级新华书店配备流动售书车 98 辆;投资建设了新疆新闻出版技工学校教学综合楼及出版物市场监管用房,总建筑面积 10 528 平方米。

"东风工程"二期自 2011 年开始实施,主要包括建设十大项目,即出版物免费赠阅、阅报栏建设、民文出版译制、"扫黄打非·天山工程"监管能力建设、"睦邻固边"工程、人才队伍培养、民族文字出版能力建设、党报党刊宣传能力建设、基层发行能力建设、民族文字互联网出版监管能力建设等,总投资额近 11 亿元。

东风工程是一项惠及全疆的文化共享工程,塔城地区在这项工程的帮助下,很多社区图书室的图书有了保障,如乌苏市在 2007 年启动"农家书屋"

"东风工程"以来，截至2016年，已建成"农家书屋"164家，面积达10 986.2平方米，在19个乡（镇）场、5个街道（15个社区）设立"东风工程"投送点204个，涉及书柜、报架、VCD设备、光碟、图书、期刊、连环画等。"农家书屋""东风工程"解决了广大农牧民"读书难""看报难"的基本问题，给新农村建设注入了新的活力。

(2) 春雨工程

"春雨工程"是文化部实施的一项重要的惠民工程，它着力于构建公共文化服务体系基本运行保障机制，加强文化内容建设和重大文化活动的开展，加大艺术人才培养和文化队伍建设力度。

"全国文化志愿者边疆行"试点活动是"春雨工程"的内容之一，以促进边疆少数民族地区和内地文化相互交流、相互学习为出发点，以志愿文化服务为宗旨，以文化志愿者为骨干，以各类文化艺术形式为载体，内地省份根据边疆地区文化需求，组织招募相关文化志愿者，分期分批赴边疆少数民族地区开展"文化志愿者边疆行大舞台""文化志愿者边疆行大讲堂""文化志愿者边疆行大展台"系列活动，丰富和活跃边疆人民的精神文化生活，通过内地与边疆各地区、各民族之间的交流，增强边疆各族人民对伟大祖国的认同、对中华民族的认同、对中华文化的认同、对中国共产党领导的认同、对中国特色社会主义的认同、对中国共产党的领导的认同，努力推动边疆各民族和睦相处、和衷共济、和谐发展。

"十二五"期间，通过大力开展对边疆民族地区的文化志愿服务活动，建立了一支热心公益、素质优良、结构合理、积极奉献的文化志愿者队伍，推出了一批惠及边疆少数民族地区人民群众的文化志愿服务品牌活动，形成了一套设计科学、行之有效的文化志愿服务机制，不断深化内地与边疆不同空间的文化交流，着力拓宽文化帮扶和文化援助渠道，积极促进边疆少数民族地区公共文化服务体系建设。

"东风工程"和"春雨工程"分别在资源和人员方面解决了新疆少数民族地区公共文化服务均等化面临的瓶颈问题，东风工程的实施让塔城地区的基层社区图书馆、乡镇图书馆在图书资料和硬件设施上有了保障，从而为当地民众就近获取各类书籍知识提供了便利。"春雨工程"解决了边疆少数民族地区公共文化服务人才缺失的现状，通过志愿者下乡和各类文化交流活动有效促进了各民族的交融，丰富了少数民族基层民众的业余文化生活。

3. 建立以县级馆为中心的总分馆制

《公共图书馆法》以总分馆制度缩小不同梯度空间的公共文化服务差异。明确了总分馆制在县一级实施，建立总分馆是县级人民政府的责任，要根据当地实际组织实施。强调发挥现有乡镇服务设施的作用[①]。新疆塔城地区充分响应《公共图书馆法》的号召，多个区县建立了以县级馆为中心的总分馆制。

2012 年，沙湾县图书馆听取了克拉玛依市的总分馆借阅经验后，开始筹划"总分馆"通借通还工作。此后，沙湾县图书馆通过网站地址形式，与金沟河镇、大泉乡、三道河子镇、安集海镇四个乡镇实现了"图创图书馆管理"统一管理平台，实现了真正意义上的图书通借通还。至此，形成以沙湾县为轴心，覆盖全县各乡镇村的总分馆体系，并形成了在同一管理平台的馆际通借通还格局，为沙湾县区域内的群众实现了最大化的优质服务。沙湾县四道河子镇近年来大力推动农家书屋阅读工作，引导村民农闲时"多读书、读好书"，并持续开展全民阅读活动。截至 2021 年 1 月，全镇有 36 个农家书屋，共 1 万余册藏书，丰富了农民的文化生活，致力于真正成为村民文化生活和致富路上的"加油站"[②]。

4. 文化下乡，深入群众

作为公共文化服务体系的重要组成部分，公共图书馆以其独有的、丰富的资源成为民众提升文化水平的一个重要阵地，也成为推行均等化服务的中坚力量[③]。

塔城地区各市县图书馆积极深入群众，开展多样化的服务，如文化三下乡活动（图书馆、文化馆、文工团下乡）、图书下乡活动、文化六进活动、全民阅读系列活动、书香新疆系列活动、业务培训（辅导）下乡下村工作活动。

---

① 柯平.《中华人民共和国公共图书馆法》全面保障我国公共图书馆体系化建设［J］. 图书馆建设，2018（1）：19 - 23，36.

② 曾熙美，其那尔. 农家书屋成村民的"加油站"［N］. 塔城日报（汉），2021 - 01 - 28 (003).

③ 岳慧艳. 对公共图书馆均等化服务的思考［J］. 现代情报，2011，31（4）：106 - 107，111.

深入到广大农牧民身边,让远在农牧区的人民都能享受到公共文化服务。另外,新疆地区的广大干部还积极开展"访惠聚"、民族团结"一家亲""双语支教"等工作,深入一线了解广大人民群众的各项需求。

乌苏市为了扩大图书馆影响、宣传图书文献,更好地开展读者服务工作,在坚持"阵地"服务,开展图书借阅活动的同时,积极开展馆外服务工作,组织人员经常深入农牧区,把党和国家的政策宣传到偏远乡村、把科普知识送到田间地头、把先进文化带进村村户户,满足了广大农牧民群众对科学文化知识的渴求,受到了广大农牧民的一致好评。

沙湾县图书馆以服务为宗旨,遵循图书馆服务的五大原则,即:开放原则、方便原则、平等原则、创新原则和满意原则,尽最大努力把所有的馆藏资源和设施向读者开放。2003年5月,沙湾县委宣传部将图书馆命名为沙湾县爱国主义教育基地。该馆积极开展馆内馆外的读者活动,组织全县各机关、学校及企业进行参观学习,开设了10个馆外服务点,与驻县部队、公安武警部队签订了共建服务协议,与全县14个社区建立了共建图书室,与全县15个乡镇建立了图书轮换协议,现已形成覆盖全县15个乡镇社区、驻县部队的网络化服务网点,对有困难的残疾、失业、特困户读者提供送书上门的服务。

为了共享信息资源,托里县图书馆与周边7个县市级图书馆之间达成馆际互借协议,方便读者快速获取文化资源。建立10个馆外流动服务点(包括图书车),每年每个点放置图书1200册,每季度轮换一次。流动图书车上备有汉、哈语言科技类、养殖、种植、技术类图书800余册,少儿读物500余册,方便农牧民和留守儿童读书。托里县图书馆以少儿阅览室为阵地,在节假日和暑假期间,为未成年人开展了丰富多彩的活动,少年儿童乐在图书馆、学在图书馆。暑假期间,还延长了开放时间,开展了一系列读书活动,深受小读者喜欢。针对留守儿童,图书馆定期为留守儿童赠阅图书。考虑到老年读者的身体状况,阅览室的位置设在老年人方便到达的一楼,特设老年人专座和盲人阅读区,小书桌上放置适合老年人阅读的健康养生类图书、期刊、报纸,有一次性水杯和老花镜等物品。举办敬老送书活动、老年读者送书读报活动等。为最大限度地帮助农民工解决回家过年问题,自2013年起,托里县图书馆每年依托公共电子阅览室平台开展温暖春运购票活动,开展为农民工等弱势群体提供网络购票服务,切实解决广大群众尤其是农民工、进城务工人员回乡返城购票困难。此外还送书 300 册给托里县看守所。

塔城市图书馆在 2014 年至 2020 年间开展"文化下乡"及图书"七进"活动达到年均 25 次以上。

这些丰富多彩的文化活动为生活在边疆少数民族地区的人民群众接受公共文化服务提供了均等化的机会和可能，让他们在家门口就能享受到公共文化服务带来的福利。

8.4.5　制约公共文化服务均等化的因素

虽然塔城地区的公共文化服务均等化取得了一定的成效，但在实施的过程中也存在着一些制约因素，如地区发展不均衡、人员问题、经费问题等，只有从根本上解决了这些问题，公共文化服务均等化才能获得质的飞跃。

1. 发展水平不均衡问题

纵观塔城地区各区县公共图书馆的发展情况，存在着各区县发展不均衡的现状，城乡差异、地域差异已成为影响公共文化服务实现均等化的重要因素。特别是在县级图书馆的建设方面，主要表现为相当部分村（社区）图书馆（室）在管理、经费、人员、资源等方面不到位，服务效益欠佳，没有建立起可持续发展的保障机制，导致持续发展后劲不足，进而影响到用户的使用，部分馆还没有独立馆舍。

各地区的经费情况差距较大，由于公共文化机构属于全额拨款事业单位，基本不存在人员工资问题，但具体到图书馆的管理方面，尽管多数馆的免费开放经费都能够及时到位，但仍然有几个馆的地方配套经费无法及时到位，经费缺失较大。

2. 人员问题

（1）人员数量紧缺

在基础人员配置上，多数图书馆不能满足服务人口每 10 000 人配置 1 名工作人员这一标准，加上新疆地区定期开展干部下乡活动，具体落实在岗位上工作的馆员数量十分有限，导致资源与服务难以满足相应的空间密度需求。图书馆每天免费开放场所都需要配有相应的工作人员。根据国家免费开放的要求，节假日必须开放，因此工作人员严重不足，不仅影响了馆里业务活动的开展，对于很多馆外活动也根本无暇顾及。同时，大部分村（社区）图书馆管理人员没有专业背景，素质有待提高，这就使村（社区）图书馆的管理水平、创新能力等受到较大的限制，影响了其进一步发展。

（2）人员结构不合理

人员结构不合理主要表现在民族结构和专业结构上的不合理。一是少数民族地区、汉族人民比例失调，由于塔城地区地处少数民族集中聚居区，有的图书馆少数民族人员占据绝对多数，汉族人员过少，而由于语言上的障碍，少数民族员工只能从事借还书比较简单的工作，像共享工程、免费培训的任务由于汉族职工过少而无法开展。

另一个问题是专业结构问题，纵观这些图书馆普遍存在的一个问题是专业技术人员缺乏，没有新生力量加入，人员及知识结构严重老化，活动开展受限，文献组织能力不足，数字资源使用效率低。具有图情背景的专业人员占比十分低，很多工作人员的专业知识十分有限，年龄结构较为老化，接受新生事物的能力十分有限。

3. 经费问题

经费问题主要体现在购书经费和免费开放经费到位方面，有的地方经济条件较好，政府拨款较为顺利，有的地区经济较为落后，连政府配套经费都不能及时支付，购书经费几乎为零。由于经费的制约，导致有的县级图书馆自动化、网络化、数智化水平严重滞后，在网络化建设方面举步维艰，如电子阅览室设施设备落后，无钱购置或引进数字化设备，数字化服务的开展难以推进，用户自然也享受不到与内地居民同等的服务。

8.4.6　讨论与建议

新疆塔城地区是一个具有鲜明民族特色的区域，它在公共文化服务均等化的道路上建立了属于自身特色的发展模式。如与地区特色文化相结合，借助援疆工程的力量，建立以县级馆为中心的总分馆制，深入基层，全方位推动了当地公共文化服务的建设，让老百姓切身感受到公共文化服务就在身边。但在推动公共文化服务均等化的过程中也确实存在着一些亟待解决的问题，如地区发展不平衡，人员、经费不足等问题。随着《公共图书馆法》的实施，很多问题在法律层面得到了保障，如人员配备和经费拨付等问题。同时，今后公共文化服务的发展可适当引入社会力量参与，让公共文化服务经费来源多元化，全面保障老百姓的切身利益。多数县级图书馆人员在年龄上普遍偏大，在学历上本科生较少，具有图情专业背景的人员十分有限，因此不利于图书馆的中长期发展。图书馆要注重人才梯队建设，招募专业化的人才队伍，丰富人才结构。图书馆还可在馆员的继续教育上多下功夫，通过联合培养的方式，让更多的馆员可以接受到专业化的培训，更好地开展服务。塔城地区各公共文化机构的少数民族人员占据较大比例，民族地方文献资源丰富。因此，可充分发挥少数民族优势，开展地方特色馆藏的建设。

第九章 国家公共文化服务体系示范区（项目）标准的发展脉络及演化分析

从 2011 年国家公共文化服务体系示范区（项目）创建工作启动，至 2018 年示范区（项目）公布，共进行了四批公共文化服务体系国家级示范区（项目）创建工作，这既是公共文化服务体系建设的创新引领，也是我国公共文化服务标准化和均等化的实践示范。本章主要从标准出发，探寻公共文化服务体系示范区（项目）创建的发展路径和主要经验。

9.1 国家公共文化服务体系示范区（项目）创建及相关标准概况

时任文化部社会文化司司长，现文化和旅游部党组成员于群认为，创建国家公共服务体系示范区，要以政府为主导，以公共财政为支持。创建工作是当地党委、政府要抓的事，文化部门要腿勤嘴勤，多向党委、政府汇报，切实把这项工作抓紧抓好。文化部社会文化司副司长张永新认为，创建工作可以用四个字概括就是：高、早、细、新。高，高度重视创建意义，高质量完成各项指标，要有国家示范区的意识水平。早，验收工作要早做安排、早做准备。细，细节决定成败，验收涉及六个方面，32 个项目，105 个指标。新，创建的目的在于创新，要积极探索新模式、新思路、新方法、新举措[1]。

---

[1] 宝鸡市人民政府网．创建国家公共文化服务体系示范区（项目）负责人培训班在京举办　市群众艺术馆馆长徐林会代表市创建办赴京参加［EB/OL］．［2018-09-03］．http://www.baoji.gov.cn/site/1/html/51/120/175186.htm.

国家公共文化服务体系建设专家委员会主任李国新指出："中国公共文化设施的社会化管理发展到今天,一些深层次的问题需要回答。"诸如"社会力量参与公共文化建设中,政府如何对其进行有效监管""参与运营的社会组织的利润空间如何设定""政府成本的底线在什么程度是合理的""在契约关系下,社会化运营创新的内在动力在哪里""示范区的探索能否给出一个契约范本供其他地区参考"等一系列尚需深入思考与解决的问题,是当下我国乃至世界公共文化领域需要通力探索的热门课题[①]。他指出,示范区其责任不仅在于探索出有示范效应的先进经验,更进一步是要加强各地、各区域之间的交流、研讨和碰撞,将好经验进行提升、复制和推广[②]。

国家公共文化服务体系建设专家委员会委员杨永恒认为,国家公共文化服务体系示范区创建,希望能够在全国找一些典型地区,能够站在国家立场上去探索当前我国在公共文化服务体系建设方面面临的突出问题和矛盾,去探索做示范,然后再为国家其他同类地区提供借鉴,同时也为国家制定政策提供一些实践依据。

国家公共文化服务体系建设专家委员会委员巫志南认为,公共文化服务体系建设要重点解决区域、城乡、人群三大不平衡问题,其中地方政府要重点解决城乡不平衡问题,需要以城带乡,多措并举、城乡一体;人群方面,要重点解决老年人、妇女儿童、残障人士、低收入人群同等享受公共文化服务的问题等[③]。

9.1.1 国家公共文化服务体系示范区(项目)创建工作概况

1. 政策依据

为推动公共文化服务体系科学发展,充分发挥典型示范、带动作用,分类

---

① 全国文化信息资源建设管理中心. 北京市海淀区创建国家公共文化服务体系示范区 [EB/OL]. [2018-09-01]. http://www.ndcnc.gov.cn/shifanqu/zixun/201804/t20180426_1382102.htm.

② 中国日报. 公共文化示范区,如何更好发挥示范作用(深观察)[EB/OL]. [2018-09-03]. https://baijiahao.baidu.com/s?id=1604484969054717223&wfr=spider&for=pc.

③ 中国文化报. 全市创建国家公共文化服务体系示范区推进会举行 [EB/OL]. [2018-09-03]. http://www.whwh.gov.cn/art/2018/8/1/art_13662_1405851.html.

指导东、中、西部和城乡基层文化建设，中央推出了"国家公共文化服务体系示范区（项目）创建工作"。2010年12月31日，文化部、财政部印发了《关于开展国家公共文化服务体系示范区（项目）创建工作的通知》（文社文发〔2010〕49号）①，标志着"国家公共文化服务体系示范区（项目）创建工作"[以下简称"示范区（项目）创建工作"]正式开展。

2. 创建原则

按照公益性、基本性、均等性、便利性的要求，在全国东、中、西部创建一批结构合理、发展平衡、网络健全、运行有序、惠及全民的公共文化服务体系示范区，培育一批具有创新性、带动性、导向性、科学性的公共文化服务体系项目，为我国公共文化服务体系建设探索路径、积累经验、提供示范，推动公共文化服务体系建设科学发展②。

3. 创建类型

创建类型分国家公共文化服务体系示范区、国家公共文化服务体系示范项目两种。创建国家公共文化服务体系示范区，结合当地实际，探索建立覆盖城乡、便捷高效、保基本、促公平的现代公共文化服务体系，实现公共文化服务全覆盖、高效能，为构建现代公共文化服务体系提供实践示范和制度建设经验。创建国家公共文化服务体系示范项目，就公共文化服务体系的某一方面进行探索和实践，形成典型经验，为完善公共文化服务体系的构成要素、组成方面提供实践示范和制度建设经验③。示范区与示范项目互相补充，更有利于发挥点面结合的典型带动作用，形成一批各具特色的示范典型。

4. 创建周期

创建周期一般为两年，按照申报、创建、验收的工作流程推进。地级市

---

① 文化部，财政部. 关于开展国家公共文化服务体系示范区（项目）创建工作的通知 [EB/OL]. [2018-07-23]. http://www.gov.cn/zwgk/2011-02/14/content_1803050.htm.

② 白雪华. 以点带面，发挥示范效应 推动我国公共文化服务体系建设科学发展——国家公共文化服务体系示范区（项目）创建工作概述 [J]. 国家图书馆学刊, 2012 (3): 32-48.

③ 中华人民共和国文化和旅游部公共文化司. 文化部，财政部关于开展第四批国家公共文化服务体系示范区（项目）创建工作的通知 [EB/OL]. [2018-07-23]. http://www.mct.gov.cn/whzx/bn-sj/ggwhs/201708/t20170818_765082.htm.

（区）人民政府、省直辖的县级人民政府、副省级城市下辖县（市、区）人民政府为公共文化示范区申报主体；地级市（区）城市文化行政部门、副省级城市下辖县（市、区）文化行政部门、省直辖的县（市、区）文化行政部门为公共文化示范项目申报主体。每个省（区、市）及新疆生产建设兵团创建示范区申报名额为1—2个，创建示范项目申报名额为2—4个。文化和旅游部组织专家委员会对各地申报的示范区（项目）进行论证和初审，专家委员会一般由高校科研机构的知名学者、文化行政人员、公共文化机构负责人组成，形成理论研究者、政府决策者与实践工作者优势互补、共同协作的工作机制。专家委员会按照《创建国家公共文化服务体系示范区（项目）评审规则》进行评审，提出创建名单并报文化和旅游部、财政部批准同意，文化和旅游部公布批准创建的名单。

5. 主体责任

示范区创建明确了地方政府在公共文化服务体系建设中的主体责任。地方政府将示范区创建工作摆在全局工作的重要位置，纳入重要议事日程，纳入经济与社会发展总体规则，促进了政府文化职能的全面履行。切实把加强文化资源整合、实现共建共享作为重要目标，通过多部门协调联动和政策配合，实现跨地区、跨部门、跨领域、跨系统的设施、队伍、服务等公共文化资源的整合和优化配置。抓住创建机遇，促使中央有关公共文化服务体系建设的决策部署得到有效落实。

6. 与国家公共文化服务体系之联系

创建工作与国家公共文化服务体系制度设计研究相结合，同步实施，同步推进。示范区（项目）应承担课题研究任务，成为课题研究的实践基地，深化推动课题研究，使之具有实践性和可操作性，课题研究应紧密结合示范区（项目）创建工作进行，为示范区（项目）创建工作提供理论指导和政策支持，推动公共文化服务体系科学发展。各创建示范区以理念创新为先导，以体制机制创新为重点，完成了一系列制度设计研究成果，打造了一批富有地方特色的文化品牌和亮点，有效发挥了在区域乃至全国的示范和带动作用。

为扎实推进示范区（项目）创建工作，在创建中期，国家公共文化服务体系示范区（项目）创建工作领导小组办公室委托第三方采用"听、查、访"

等方式督查创建示范区,省级文化、财政部门督查本地创建示范项目,形成督查通报和督查报告,鼓励先进带动后进。

7. 验收及后续

验收阶段,国家公共文化服务体系示范区(项目)创建工作领导小组办公室委托第三方以示范区验收标准为依据,重点检查示范区创建城市公共文化服务体系建设整体情况。主要考察示范区创建城市贯彻落实示范区(项目)创建领导小组决策部署情况,是否建立领导机制、联络员制度、经费管理制度、督导检查制度、创建规划和制度设计监管机制、信息报送及宣传评分制度等[1]。

验收合格后,经文化部、财政部批准后确定为"国家公共文化服务体系示范区"和"国家公共文化服务体系示范项目"并授牌。建立动态管理机制,文化部、财政部定期对示范区(项目)进行复查,对后续工作不力、有明显退步、整改达不到要求的示范区(项目)予以摘牌,撤销示范区(项目)资格。

8. 激励措施

为了鼓励和调动地方创建的积极性,中央财政对"国家公共文化服务体系示范区"和"国家公共文化服务体系示范项目"给予补助和奖励。东、中、西部每个示范区分别补助和奖励400万元、800万元、1200万元,每个示范项目补助和奖励50万元、100万元、150万元。第一批示范区(项目)采取补助与奖励相结合的办法,一半资金在列入资格名单时按补助资金拨付,另一半资金在通过审核验收后按奖励经费拨付。

截至2021年5月,公共文化示范区(项目)创建工作已连续开展了四批(见表9-1),共创建了117个示范区,其中东部34个、中部38个、西部45个;共创建了205个示范项目,其中东部65个、中部67个、西部73个。

---

[1] 文化部. 文化部公共文化司关于第二批国家公共文化服务体系示范区(项目)验收有关事项的通知 [EB/OL]. [2018-07-23]. http://www.mct.gov.cn/whzx/zxgz/gjggwhfwtxsfqcjgz/201603/t20160317_797066.htm.

表9-1 全国四批示范区（示范项目）创建与验收情况

批次	创建名单公布时间	示范区/示范项目数量	创建示范区城市	验收结果公布时间	示范区验收结果	示范项目验收结果
第一批	2011年5月28日	28/47	北京市朝阳区；河北省秦皇岛市；山西省长治市；内蒙古自治区鄂尔多斯市；辽宁省大连市；吉林省长春市；黑龙江省牡丹江市；上海市徐汇区；江苏省苏州市；浙江省宁波市鄞州区；安徽省马鞍山市；福建省厦门市；江西省赣州市；山东省青岛市；湖北省黄石市；湖南省长沙市；广东省东莞市；广西壮族自治区来宾市；海南省澄迈县；重庆市渝中区；四川省成都市；贵州省遵义市；云南省保山市；西藏自治区林芝地区；陕西省宝鸡市；甘肃省金昌市；青海省格尔木市；新疆维吾尔自治区喀什地区	2013年10月31日	全部获得验收通过	全部获得验收通过
第二批	2013年10月8日	32/57	北京市东城区；天津市河西区；河北省廊坊市；山西省朔州市；内蒙古自治区包头市；吉林省延边朝鲜族自治州；黑龙江省哈尔滨市南岗区；上海市浦东新区；江苏省无锡市；浙江省嘉兴市；安徽省安庆市；福建省三明市；山东省烟台市；河南省洛阳市；湖北省襄阳市；湖南省岳阳市；广东省深圳市福田区；海南省保亭黎族苗族自治县；广西壮族自治区玉林市；重庆市北碚区；四川省南充市；贵州省贵阳市；云南省楚雄彝族自治州；西藏自治区山南地区；陕西省渭南市；甘肃省张掖市；宁夏石嘴山市；新疆维吾尔自治区克拉玛依市；新疆生产建设兵团农八师石河子市；辽宁省沈阳市沈河区；江西省新余市；青海省西宁市	2016年7月26日	东部9个、中部10个、西部13个验收合格	东部14个合格，2个基本合格；中部20个合格；西部19个合格，2个基本合格
第三批	2015年7月31日	30/54	北京市海淀区；天津市北辰区；河北省沧州市；山西省晋中市；内蒙古自治区呼和浩特市；辽宁省盘锦市；吉林省吉林市；黑龙江省哈尔滨市道里区；上海省嘉定区；江苏省南京市江宁区；浙江省台州市；安徽省铜陵市；福建省福州市；江西省九江市；山东省东营市；河南省济源市；湖北省宜昌市；湖南省株洲市；广东省佛山市；广西壮族自治区防城港市；重庆市江津区；四川省乐山市；贵州省毕节市；云南省曲靖市；西藏自治区拉萨市；陕西省铜川市；甘肃省白银市；宁夏回族自治区吴忠市；新疆维吾尔自治区昌吉回族自治州；新疆生产建设兵团第六师五家渠市	2019年1月10日	东部5个优秀，4个良好；中部3个优秀，5个良好，1个合格；西部1个优秀，6个良好，5个合格	东部5个优秀，9个良好，3个合格；中部4个优秀，9个良好，3个合格；西部2个优秀，14个良好，5个合格

(续表)

创建名单公布时间	示范区/示范项目数量	创建示范区城市	验收结果公布时间	示范区验收结果	示范项目验收结果
第四批 2018年5月2日	27/47	北京市石景山区；天津市滨海新区；河北省唐山市；山西省晋城市；吉林省辽源市；黑龙江省大庆市；上海市长宁区；江苏省镇江市；浙江省温州市；安徽省蚌埠市；福建省泉州市；江西省萍乡市；山东省威海市；河南省许昌市；湖北省黄冈市；湖南省永州市；广东省中山市；海南省三亚市；重庆市南岸区；四川省攀枝花市；贵州省六盘水市；云南省昆明市；西藏自治区日喀则市；陕西省安康市；宁夏固原市；新疆维吾尔自治区伊犁哈萨克自治州；新疆生产建设兵团阿拉尔市	2021年5月31日	27个示范区获得验收通过	47示范项目获得验收通过

资料来源：南开课题组整理。

9.1.2 第1—4批国家公共文化示范区的统计数据及文本分析

根据示范区创建工作方案要求，结合当地实际，坚持公益性、基本性、均等性、便利性，在满足群众基本文化需求的基础上，积极探索如何形成网络健全、结构合理、发展均衡、运行有效、惠及全民的公共文化服务体系，进一步推动公共文化服务广覆盖、高效能，为构建基本完善的公共文化服务体系提供实践示范和制度建设经验。第1—4批获批的示范区基本情况如下：

1. 东、中、西部示范区获批数量情况

东部地区9个省份，北京、山东、江苏、上海、浙江、福建、广东7个省级单位各有4个城市申报成功。辽宁、天津2个省级行政区各有3地申报成功，共计34个城市。

中部地区10个省份，河北、山西、吉林、黑龙江、安徽、江西、湖北、湖南8个省份各有4个城市申报成功，河南、海南2个省份各有3个城市申报，共计38个城市。

西部地区13个省级行政区（含新疆生产建设兵团），陕西、四川、重庆、云南、贵州、西藏自治区、新疆维吾尔自治区7个省份及自治区各有4个城市申报成功，甘肃、宁夏回族自治区、广西壮族自治区、内蒙古自治区、新疆生产建设兵团5个省份及自治区各有3个城市申报成功，青海省有2个城市申报成功，共计45个城市，见表9-2。

表9-2 东、中、西部各省获批示范区城市数量及分类统计

地区	省份	获批示范区数量	省份	获批示范区数量	总数	地级市总数与占比	县级市总数与占比
东部	北京	4	山东	4	34	19 55.88%	15 44.12%
	福建	4	上海	4			
	广东	4	天津	3			
	江苏	4	浙江	4			
	辽宁	3					
中部	安徽	4	湖北	4	38	34 89.47%	4 10.53%
	海南	3	湖南	4			
	河北	4	吉林	4			
	河南	3	江西	4			
	黑龙江	4	山西	4			
西部	甘肃	3	四川	4	45	38 84.44%	7 15.56%
	广西	3	西藏	4			
	贵州	4	新疆生产建设兵团	3			
	内蒙古	3	新疆	4			
	宁夏	3	云南	4			
	青海	2	重庆	4			
	陕西	4					

资料来源：南开课题组整理。

2. 东、中、西部示范区获批城市行政区域划分

按照获批示范区所属行政区域划分，获批县级示范区，东部最多为15个，西部次之为7个，中部最少只有4个。从这一点看，中部地区县级公共文化服务能力相较于其他两个地区较弱，呈现出"东部、西部高，中部洼"的态势，可见中部地区县级公共文化服务能力有待提高。这也许与投入有很

大关系，东部地区经济相对发达，西部地区国家政策扶持和资金投入较多，反而使中部成了公共文化服务的低洼地区。东、中、西部获批城市分布如表9-2所示。

由表9-2可知，地市级示范区整体数量明显多于县级示范区，突出示范区创建以地市级城市为主。这正好符合示范区创建的初步规划，当初设计创建方案时考虑到省级行政区域规模太大，经济社会发展和文化建设基础差异明显，典型性和示范性不易突出；市辖县、乡镇和街道跨度小，作为一级政府，权责有限，统筹能力有限。因此，国家公共文化服务体系示范区申报主体定为以地级市（区）人民政府（含省直辖的县级人民政府）为主，同时具备一定的弹性，可以包括一部分副省级城市[①]。

3. 东、中、西部示范区可申报未申报或者未申报成功的数量

按照每批次每个省份可申报1个示范区的标准计算，得出东、中、西部可申报未申报或者未申报成功的数量如下：东部地区有9个省份，四批次应申报城市36个，实际获批34个，有2个城市未申报或者未申报成功；中部地区有10个省份，四批次应申报城市40个，实际获批38个，有2个城市未申报或者未申报成功；西部地区有12个省份，外加新疆生产建设兵团，四批次应申报城市52个，实际获批45个，有7个城市未申报或者未申报成功，见表9-3。

表9-3　东、中、西部示范区可申报未申报或未申报成功城市情况

地区	应申报城市数	可申报未申报或未申报成功城市的省份	可申报未申报或未申报成功城市数（个）	可申报未申报或未申报成功城市占比（%）
东部	36	天津（第一批）、辽宁（第四批）	2	5.56
中部	40	河南（第一批）、海南（第三批）	2	5.00
西部	52	新疆生产建设兵团（第一批）、青海（第三批、第四批）、宁夏（第一批）、甘肃（第四批）、广西（第四批）、内蒙古（第四批）	7	13.46

资料来源：南开课题组整理。

---

① 白雪华. 以点带面，发挥示范效应　推动我国公共文化服务体系建设科学发展——国家公共文化服务体系示范区（项目）创建工作概述[J]. 国家图书馆学刊，2012（3）：32-48.

9.1.3 第1—4批国家公共文化示范项目的统计数据及文本分析

根据示范区创建工作方案要求,"国家公共文化服务体系示范项目"的申报基本条件为:公共文化服务体系建设基础较好;在某一方面积极探索并取得显著成效,对推动全国公共文化服务体系建设工作产生较大影响;具有较强的典型性、示范性,形成较为成功的典型经验和做法。第1—4批获批的示范区基本情况如下:

1. 东、中、西部示范项目获批数量情况

东部地区9个省份,北京、广东、江苏、山东、上海、浙江6个省市各有8个示范项目申报成功,辽宁有7个示范项目申报成功,天津有6个示范项目申报成功,福建有4个示范项目申报成功,共计65个示范项目。

中部地区10个省份,河北、安徽、湖北、湖南、江西、河南6个省份各有8个示范项目申报成功,黑龙江、吉林2个省份各有6个示范项目申报成功,山西有4个示范项目申报成功,海南有3个示范项目申报成功,共计67个示范项目。

西部地区13个省级行政区(含新疆生产建设兵团)。陕西、四川、重庆、云南4个省份各有8个示范项目申报成功,甘肃、西藏自治区2个省级行政区各有7个示范项目申报成功,新疆生产建设兵团有6个示范项目申报成功,广西壮族自治区、新疆维吾尔自治区2个自治区各有5个示范项目申报成功,贵州、宁夏回族自治区2个省级行政区各有4个示范项目申报成功,内蒙古自治区有2个示范项目申报成功,青海省有1个示范项目申报成功,共计73个示范项目。

2. 东、中、西部示范项目获批城市行政区域划分

按照获批示范项目所属行政区域划分,东、中、西部获批城市分布如表9-4所示。

第九章 国家公共文化服务体系示范区（项目）标准的发展脉络及演化分析

表9-4 东、中、西部各省获批示范项目城市数量及分类统计

地区	省份	获批示范区数量	省份	获批示范区数量	总数	地级市总数与占比	县级市总数与占比
东部	北京	8	山东	8	65	36 55.38%	29 44.62%
	福建	4	上海	8			
	广东	8	天津	6			
	江苏	8	浙江	8			
	辽宁	7					
中部	安徽	8	湖北	8	67	61 91.04%	6 8.96%
	海南	3	湖南	8			
	河北	8	吉林	6			
	河南	8	江西	8			
	黑龙江	6	山西	4			
西部	甘肃	7	四川	8	73	53 72.60%	20 27.40%
	广西	5	西藏	7			
	贵州	4	新疆生产建设兵团	6			
	内蒙古	2	新疆	5			
	宁夏	4	云南	8			
	青海	1	重庆	8			
	陕西	8					

资料来源：南开课题组整理。

3. 东、中、西部示范项目可申报未申报或者未申报成功的数量

按照每批次每个省份可申报2个示范项目的标准计算，得出东、中、西部可申报未申报或者未申报成功的数量如下：东部地区有9个省份，四批次应申报城市72个，实际获批65个，有7个城市未申报或者未申报成功（占比9.72%）；中部地区有10个省份，四批次应申报城市80个，实际获批67个，有13个城市未申报或者未申报成功（占比16.25%）；西部地区有12个省份，外加新疆生产建设兵团，四批次应申报城市104个，实际获批73个；有31个城市未申报或者未申报成功（占比29.8%），如表9-5所示。

表9-5 东、中、西部示范项目可申报未申报或者未申报成功城市个数占比

地区	总数（个）	可申报未申报或者未申报成功城市个数（个）	应申报城市个数（个）	可申报未申报或者未申报成功城市占比（%）
东部	65	7	72	9.72
中部	67	13	80	16.25
西部	73	31	104	29.81

资料来源：南开课题组整理。

4. 东、中、西部示范项目名称文本分析

对四批次公共文化示范项目的项目名称进行文本分析，可以大体了解示范项目的基本情况、重点内容。本章采用常用的热词分析工具开展文本分析，该工具采用的分词方法是大词优先，不是以小词优先的，比如"改革"和"改革开放"都是词，在统计词频时，"改革开放"中的"改革"不会计入"改革"的词频，算作两个不同的词。通过对第1—4批示范项目的文本分析，进行热词权重分析，热词权重图的特点是可以通过图片中词的大小和色彩，在大量文本中一目了然抓住热点，快速了解所分析文本概况。由图9-1可以看出，示范项目名称中"文化""建设""公共""项目""工程"等比较突出，这正好与创建示范区项目工作吻合。但这些都是共性词汇，区分能力差，主题代表性弱小，结合示范区项目名称词频分析，可以用定量描述词汇特点。

图9-1 示范项目名称热词权重图

资料来源：南开课题组整理。

"群众"一词词频为19次,是代表性词汇出现频率最高的,反映了公共文化服务"以人民为中心",符合《公共文化服务保障法》第三条第一款提出的"公共文化服务应当坚持以人民为中心"这一指导方向。

"图书馆"一词词频为17次,此外还有5个项目单独属于图书馆工作,1个项目名称包含图书馆,可见图书馆相较于公共文化服务体系中其他文化设施热度较高,也体现了图书馆在公共文化服务体系中的重要位置。这6个项目名称是:酒泉市提出的"图书漂流志愿服务活动",巴音郭楞蒙古自治州提出的"幸福家园·特阅服务"公共图书阅览及文化信息共享服务,湘潭市提出的少年儿童主题读书活动,荆州市提出的"小太阳读书节"暨全民阅读活动,攀枝花市提出的大地书香新农村家园工程和荣昌县提出的"文、图、美、博四馆讲座、培训、展览联盟"。

"广场"一词词频为11次,广场是群众公共文化活动的主要场所,出现频次高反映了群众对公共文化基础设施建设的强烈渴望和公共文化服务基础设施建设的热度。

"模式"一词词频为10次,"特色"一词词频为6次。本次示范项目创建就是突出典型性、示范性,各地区都结合当地实际、因地制宜提出了特色模式、特色做法。

"农村"一词词频为10次,"基层"一词词频为9次,"乡村"一词词频为7次,"百姓"一词词频为6次。这几个词的共性是突出基层,与《公共文化服务保障法》中8次提及"基层"二字相吻合,体现了公共文化服务均等性的要求。

"惠民"一词词频为8次,体现了公共文化服务的公益性要求。

"民族"一词词频为8次,体现了公共文化服务突出民族地区特色,与国家重点扶助"民族地区"的政策相吻合。

"文艺"一词词频为7次,"舞台"一词词频为7次,"艺术"一词词频为6次,凸显出群众对文艺的爱好,是丰富人民群众精神文化生活的重要手段之一。

为更加直观地明确上述热词,将各项目的热词统计见表9-6。

表9-6 示范项目名称词频分析

序号	关键词	词频	权重	序号	关键词	词频	权重
1	文化	127	1	46	公益	3	0.6050
2	建设	57	0.9060	47	健康	3	0.6045
3	公共	50	0.9086	48	引导	3	0.6031
4	项目	27	0.8248	49	培训	3	0.6016
5	工程	20	0.7951	50	—	3	0.6010
6	群众	19	0.7972	51	传统	3	0.5999
7	图书馆	17	0.7974	52	幸福	3	0.5985
8	广场	11	0.7357	53	政府	3	0.5943
9	农村	10	0.7269	54	普及	3	0.5913
10	模式	10	0.7214	55	民俗	3	0.5870
11	基层	9	0.7222	56	协管员	2	0.6002
12	惠民	8	0.7408	57	文化站	2	0.5941
13	民族	8	0.6992	58	自办	2	0.5917
14	文艺	7	0.7015	59	文化馆	2	0.5885
15	乡村	7	0.6898	60	百千万	2	0.5881
16	舞台	7	0.6852	61	版画	2	0.5863
17	百姓	6	0.6819	62	供给	2	0.5822
18	艺术	6	0.6724	63	四位一体	2	0.5814
19	特色	6	0.6697	64	新农村	2	0.5805
20	共享	6	0.6694	65	县级	2	0.5804
21	资源	6	0.6678	66	园区	2	0.5773
22	拓展	5	0.6606	67	精品	2	0.5769
23	队伍	5	0.6553	68	乡镇	2	0.5765
24	创新	5	0.6517	69	民间艺术团	2	0.5762
25	激情	5	0.6509	70	设施	2	0.5743
26	村级	4	0.6526	71	地域	2	0.5733
27	总分	4	0.6452	72	唱响	2	0.5730
28	城乡	4	0.6410	73	培养	2	0.5721
29	家园	4	0.6407	74	团队	2	0.5714
30	农民	4	0.6365	75	共建	2	0.5712
31	图书	4	0.6317	76	服务项目	2	0.5703
32	空间	4	0.6314	77	规范	2	0.5701
33	品牌	4	0.6308	78	红色	2	0.5700
34	城市	4	0.6290	79	欢乐	2	0.5700
35	数字	4	0.6170	80	阅览	2	0.5697
36	节庆	3	0.6289	81	电视	2	0.5663
37	剧场	3	0.6206	82	四季	2	0.5627
38	长效	3	0.6190	83	弘扬	2	0.5616
39	全民	3	0.6150	84	配送	2	0.5597
40	一体化	3	0.6144	85	中华	2	0.5552
41	创作	3	0.6123	86	边境	2	0.5506
42	演出	3	0.6115	87	贫困	2	0.5496
43	效能	3	0.6101	88	联盟	2	0.5490
44	探索	3	0.6098	89	运营	2	0.5393
45	示范	3	0.6097	90	助推	2	0.5328

资料来源：南开课题组整理。

9.1.4 基于数据分析的第1—4批国家公共文化服务体系示范区（项目）总结

1. 东、中、西部获批数量分布、未申请成功数量占比及行政区域划分占比分析

从目前获批的四批次国家公共文化服务示范区和示范项目总体情况来看，示范区和示范项目在各地区获批数量分布、未申请成功数量占比（东部示范区5.56%、示范项目9.72%；中部示范区5.00%、示范项目16.25%；西部示范区13.46%、示范项目29.81%）和行政区域划分占比（示范区地级市东部55.88%、中部89.47%、西部84.44%；示范项目地级市东部55.38%、中部91.04%、西部72.60%；示范区县级市东部44.12%、中部10.53%、西部15.56%；示范项目县级市东部44.62%、中部8.96%、西部27.40%）各自在东、中、西部分布均基本持平，说明示范区（项目）创建工作平稳、有序、科学，符合实际情况。但从示范区（项目）获批数量、分布来看，东、中、西部公共文化服务仍存在不平衡、不充分的问题。

2. 东、中、西部地区之间发展的不平衡、不充分长期存在

按照每批次每省可申报1个示范区2个示范项目计算，每省应获批4个示范区8个示范项目。已做到这一点的，东部地区有北京、广东、江苏、山东、上海、浙江6个省份，占东部地区9个省份的66.67%；中部地区有河北、安徽、湖北、湖南、江西5个省份，占中部地区10个省份的50%；西部地区有山西、四川、云南、重庆4个省市，占西部地区13个省份（含新疆生产建设兵团）的30.77%。西部地区的青海省四批次共有2个示范区、1个示范项目获批，是获批数量最低的省份。可见东部最高、中部次之、西部最低。体现了东部公共文化服务相对平衡和充分，中西部地区还有较多薄弱之处。

此外，在四批次示范区创建工作中，西部地区的可申报未申报或者未申报成功城市占比为13.46%，高于东部地区的5.56%，高于中部地区的5.00%。在四批次示范项目创建工作中，西部地区的可申报未申报或者未申报成功城市

占比为 29.81%，高于中部地区的 16.25%，高于东部地区的 9.72%。可见，无论是示范区建设还是示范项目建设，西部地区均最薄弱。

3. 东、中、西部地区各自内部之间的不平衡、不充分显著

在四批次示范区（项目）创建工作中，市级城市均多于县级城市。但东部地区地、市级和县级城市分布均匀，中部地区地、市级城市占比远比县级城市占比多，西部次之。说明东部地区地、市级和县级公共文化服务能力相对持平，中部地区县级公共文化服务能力相对较弱（见表9-7）。

表9-7 东、中、西部示范区（项目）获批地市级和县级城市占比比较 单位：%

地区	获批示范区地级市占比	获批示范区县级市占比	两者之差	获批示范项目地级市占比	获批示范项目县级市占比	两者之差
东部	55.88	44.12	11.76	55.38	44.62	10.76
中部	89.47	10.53	78.94	91.04	8.96	82.08
西部	84.44	15.56	68.88	72.60	27.40	45.20

资料来源：南开课题组整理。

4. 示范区和示范项目建设之间的不平衡、不充分凸显

无论是示范区还是示范项目创建，示范区申报成功的多，示范项目申报成功的少，尤其在西部更加明显。说明更加重视公共文化区域性建设，从区域范围内整体推进公共文化服务建设。而示范项目的建设需要在公共文化服务的某个组成要素或者方面，进行局部创新、局部投入，这相较于在区域内整体推进有些薄弱（见表9-8）。

表9-8 东、中、西部示范区和示范项目占比 单位：%

地区	获批示范区占比	获批示范项目占比	两者之差
东部	94.44	90.28	4.17
中部	95.00	83.75	11.25
西部	86.54	70.19	16.35

资料来源：南开课题组整理。

9.2 国家公共文化服务体系示范区创建标准指标发展脉络及演变过程

9.2.1 国家公共文化服务体系示范区的创建标准概况

我国目前发布了四个批次的公共文化服务体系示范区创建标准，每个批次都分为东、中、西部三个部分。

1. 东部地区

第一批次东部创建标准共分为六大部分，共计 31 条。分别从公共文化设施网络建设方面，公共文化服务供给方面，公共文化服务组织支撑方面，资金、人才和技术保障措施落实方面，公共文化服务评估方面和其他方面对于我国公共文化服务体系示范区创建标准进行了规定。

第二批次东部创建标准与第一批次相比，把农民工纳入城市公共文化服务体系，同时建立政府与公共文化服务机构的专家咨询制度、公共文化服务机构运营的公众参与制度，强调了文化志愿者队伍建设。

第三批次东部标准中，对于前两个批次的六大部分有了调整。分别是：公共文化设施网络建设，公共文化服务供给，公共文化服务与科技融合发展，公共文化服务社会化建设，公共文化服务体制机制建设，公共文化服务保障和其他部分，提出了实现公共文化服务标准化和提升农村和贫困地区公共文化服务水平。同时，注重数字资源和数字文化设备的作用，强调了党政机关和基层政府应该发挥作用。

第四批次中，首次提到了《公共文化服务保障法》，强调要依法办事。

2. 中部地区

第一批次中部创建标准共分为六大部分，共计 30 条。分别从公共文化设施网络建设，公共文化服务供给，公共文化服务组织支撑，资金、人才和技术保障措施落实，公共文化服务评估和其他方面对于我国公共文化服务体系示范区创建标准进行了规定。

第三批次中，对于前两个批次的六大部分有了调整。分别是：公共文化设施网络建设、公共文化服务供给、公共文化服务与科技融合发展、公共文化服务社会化建设、公共文化服务体制机制建设、公共文化服务保障和其他部分。公共图书馆人均占有藏书从0.6册以上调整为0.8册以上；市、县两级图书馆平均每册藏书年流通率0.7次以上调整为0.8次以上；人均年增新书在0.03册次以上调整为0.05册次以上；人均到馆次数0.3次以上调整为0.4次以上。发展志愿服务，重视数字资源，将政府购买公共文化服务资金纳入本地财政预算。同时，贯彻落实《公共文化服务保障法》，在制度建设方面形成重大突破。

3. 西部地区

第一批次中部创建标准共分为六大部分，共计26条。分别从公共文化设施网络建设方面，公共文化服务供给方面，公共文化服务组织支撑方面，资金、人才和技术保障措施落实方面，公共文化服务评估方面和其他方面对于我国公共文化服务体系示范区创建标准进行了规定。

第三批次中，对于前两个批次的六大部分有了调整。分别是：公共文化设施网络建设、公共文化服务供给、公共文化服务与科技融合发展、公共文化服务社会化建设、公共文化服务体制机制建设、公共文化服务保障和其他部分。公共图书馆人均占有藏书从0.4册以上调整为0.6册以上；市、县两级图书馆平均每册藏书年流通率从0.5次以上调整为0.6次以上；人均年增新书从0.02册次以上调整为0.04册次以上；人均到馆次数从0.2次以上调整为0.4次以上。

第四批次中，鼓励社会力量参与提供公共文化服务完善公共文化机构管理运行机制，建立以效能为导向的多元评价机制。对于市、县级公益性文化事业单位业务人员占职工总数比例有了要求。

9.2.2 东部示范区创建标准指标发展脉络及演变过程

全国公共文化服务体系示范区的发展变迁必定反映在全国公共文化服务体系示范区创建标准指标体系的演变上。示范区创建标准第一批至第二批大部分没有变动，小的指标变化细微，从第三批开始发生了重大变化和调整，将第二批的公共文化服务组织支撑方面，资金、人才和技术保障措施落实方面，公共

第九章 国家公共文化服务体系示范区(项目)标准的发展脉络及演化分析

文化服务评估方面调整为公共文化服务与科技融合发展、公共文化服务社会化建设、公共文化服务体制机制建设三部分,指标体系得到了扩展,各项指标指向更加细化。第四批创建标准在第三批标准上进行了微调,将公共文化服务供给方面部分调整为公共文化服务效能,更加凸显服务效能在东部公共文化建设和发展中的作用与导向。

下面从业务建设、服务效能、保障条件三个方面分析全国公共文化服务体系示范区创建标准的发展脉络及演变过程。

1. 东部示范区创建标准中业务建设指标发展脉络及演变过程

国家公共文化服务体系建设专家委员会专家、浙江大学城市学院阮可在对东营区调研考察时,指出:精心策划区域文化联动,加强公共文化建设领域的交流与合作,推广示范区(项目)建设经验,展示示范区(项目)建设成果,充分发挥示范区(项目)的辐射带动作用,让更多的老百姓享受到公共文化建设带来的成果[①]。东部示范区创建标准中业务建设指标主要是以公共文化设施网络建设、公共文化机构数字化及数字文化设施建设、公共文化服务社会化建设及公共文化服务体制机制建设情况为中心,来考察公共文化服务的业务建设情况。东部示范区创建标准中业务建设指标的演变过程如表9-9所示。

表9-9 东部示范区四批创建标准中业务建设部分的内容变化情况

业务建设部分	第一批	第二批	第三批	第四批
具体要求	1 公共文化设施网络建设	1 公共文化设施网络建设	1 公共文化设施网络建设 3 公共文化服务与科技融合发展 4 公共文化服务社会化建设 5 公共文化服务体制机制建设	1 公共文化设施网络建设 3 公共文化服务与科技融合发展 4 公共文化服务社会化建设 5 公共文化服务体制机制建设

---

① 东营区人民政府网.阮可调研指导国家公共文化服务体系示范区创建工作[EB/OL].[2018-09-03].http://www.dyq.gov.cn/info/1009/51934.htm.

(续表)

业务建设部分	第一批	第二批	第三批	第四批
具体要求	1.1 图书馆、博物馆、文化馆（站）、影剧院等公共文化设施完善，布局合理，方便群众参加活动。实现市有图书馆、博物馆、文化馆等公共文化设施，县有图书馆、文化馆，乡镇（街道）有综合文化站，行政村（社区）建有文体活动室（文化广场）	1.1 图书馆、博物馆、文化馆（站）、影剧院等公共文化设施完善，布局合理，方便群众参加活动。实现市有文化馆、图书馆、博物馆、**美术馆、剧院、非遗展示馆**等公共文化设施，县有图书馆、文化馆，乡镇（街道）有综合文化站，行政村（社区）建有文体活动室（文化广场）	1.1 公共图书馆、文化馆（站）、博物馆、美术馆、剧院等公共文化设施完善，布局合理，**网络健全，符合国家相关建设标准，每千人占有公共文化服务设施面积达到本省（自治区、直辖市）的先进水平**。实现市有公共图书馆、文化馆、博物馆、美术馆、剧院、非遗展示馆等公共文化设施，县有公共图书馆、文化馆，乡镇（街道）有综合文化站，行政村（社区）建有基层综合文化服务中心（配套建有文化广场）	1.1 公共图书馆、文化馆（站）、博物馆等公共文化设施完善，布局合理，网络健全，符合国家相关建设标准，每千人占有公共文化服务设施面积达到本省（自治区、直辖市）的先进水平。实现市有公共图书馆、文化馆、博物馆等公共文化设施，县有公共图书馆、文化馆，乡镇（街道）有综合文化站，行政村（社区）建有基层综合文化服务中心（配套建有文化广场）
	1.2 图书馆建设。市、县两级图书馆达到部颁二级以上标准；公共图书馆人均占有藏书1册以上；市、县两级图书馆平均每册藏书年流通率1次以上；人均年增新书在0.04册次以上；人均到馆次数0.5次以上	1.2 图书馆建设。市、县两级图书馆达到部颁二级以上标准；公共图书馆人均占有藏书1册以上；市、县两级图书馆平均每册藏书年流通率1次以上；人均年增新书在0.04册次以上；人均到馆次数0.5次以上	1.2 公共图书馆建设。市、县两级公共图书馆达到部颁二级以上标准；人均占有藏书1册以上；平均每册藏书年流通率1次以上；**人均年增新书0.06册次以上**；人均到馆0.5次以上	1.2 公共图书馆建设。市、县两级公共图书馆达到部颁二级以上标准；人均占有藏书1册以上；平均每册藏书年流通率1次以上；人均年增新书0.06册次以上；人均到馆0.5次以上
	1.3 群众艺术馆、文化馆建设。市辖两级群众艺术馆、文化馆达到部颁二级以上标准，县文化馆达到部颁二级以上标准	1.3 群众艺术馆、文化馆建设。市、县两级群众艺术馆、文化馆达到部颁二级以上标准	1.3 文化馆（群众艺术馆）建设。市、县两级文化馆（群众艺术馆）达到部颁二级以上标准	1.3 文化馆（群众艺术馆）建设。市、县两级文化馆（群众艺术馆）达到部颁二级以上标准

(续表)

业务建设部分	第一批	第二批	第三批	第四批
具体要求	1.4 乡镇（街道）综合文化站建设。100%的乡镇（街道）建有单独设置的综合文化站，其设备配置、活动开展、人员配备、综合管理等达到发展改革委、文化部制定的《乡镇（街道）文化站建设标准》	1.4 乡镇（街道）综合文化站建设。100%的乡镇（街道）建有单独设置的综合文化站，其设备配置、活动开展、人员配备、综合管理等达到文化部制定的《乡镇综合文化站管理办法》和国家发展改革委、文化部制定的《乡镇综合文化站建设标准》的要求	1.4 乡镇（街道）综合文化站建设。乡镇（街道）建有独立设置的综合文化站，设施建设、设备配置、人员配备、**管理服务等达到国家发展改革委、住房和城乡建设部制定的**《乡镇综合文化站建设标准》和文化部制定的《乡镇综合文化站管理办法》等文件的要求	1.4 乡镇（街道）综合文化站建设。乡镇（街道）建有独立设置的综合文化站，设施建设、设备配置、人员配备、管理服务等达到国家发展改革委、住房和城乡建设部制定的《乡镇综合文化站建设标准》和文化部制定的《乡镇综合文化站管理办法》等文件的要求
	1.5 村（社区）文体活动室（文化广场）建设。结合村级（社区）行政组织办公场所建设，100%的行政村（社区）建设面积不低于200平方米的文化活动室（中心），每个文化活动室都建成全国文化信息资源共享工程基层服务点	1.5 村（社区）文体活动室（文化广场）建设。100%的行政村（社区）建设面积不低于200平方米的文化活动室（中心），每个文化活动室都建成全国文化信息资源共享工程基层服务点	1.5 村（社区）基层综合文化服务中心（文化广场）建设。80%的村（社区）**依托社区综合服务设施，统筹建有集宣传文化、党员教育、科技普及、普法教育、体育健身等多功能于一体的基层综合文化服务中心**，建筑面积不低于200平方米，**配套建设群众文化活动广场**	1.5 村（社区）基层综合文化服务中心（文化广场）建设。80%的村（社区）依托社区综合服务设施，统筹建有集宣传文化、党员教育、科技普及、普法教育、体育健身等多功能于一体的基层综合文化服务中心，建筑面积不低于200平方米，配套建设群众文化活动广场
	1.6 公共电子阅览室（含文化信息资源共享工程支中心、基层服务点）建设。依托公共图书馆、文化馆站，市及所辖县建有标准配置的公共电子阅览室。100%的乡镇（街道）、社区建有标准配置的公共电子阅览室，实现全覆盖	1.6 公共电子阅览室（含文化信息资源共享工程支中心、基层服务点）建设。依托公共图书馆、文化馆（站），市及所辖县建有标准配置的公共电子阅览室。100%的乡镇、街道、社区建有标准配置的公共电子阅览室	3.1 结合本地实施的"宽带中国""智慧城市"等国家重大信息工程建设，推进公共文化机构数字化建设	3.1 结合本地实施的"智慧城市"等国家重大信息工程建设，推进公共文化机构数字化建设

(续表)

业务建设部分	第一批	第二批	第三批	第四批
具体要求	2.9 依托全国文化信息资源共享工程和国家数字图书馆工程，市一级建设3个以上地方特色数字资源库，建立网上图书馆、网上博物馆、群众活动远程指导网络	2.9 依托全国文化信息资源共享工程和数字图书馆推广工程，市一级建设3个以上地方特色数字资源库。**市级图书馆可用数字资源不低于30TB，县级图书馆可用数字资源不低于4TB**。建立网上图书馆、网上博物馆、网上文化馆	3.2 市级公共图书馆建设3个以上地方特色数字资源库，市级文化馆建设2个、博物馆建设1个以上地方特色资源数据库。市级图书馆可用数字资源不低于30TB，县级图书馆可用数字资源不低于4TB	3.2 市级公共图书馆建设3个以上地方特色数字资源库，市级文化馆建设2个、博物馆建设1个以上地方特色资源数据库。市级公共图书馆**可提供服务**的数字资源不低于30TB，县级公共图书馆**可提供服务**的数字资源不低于4TB
			3.3 乡（镇）、村（社区）公共文化服务场所配备数字文化设施，具备数字文化服务能力，基层群众可以通过固定上网终端、网络电视、手机等多种方式使用文化共享工程数字服务产品，以及图书馆、文化馆、博物馆、美术馆等的数字服务资源	3.3 乡（镇）、村（社区）公共文化服务场所**实现无线网络全覆盖**，配备数字文化设施，具备数字文化服务能力，基层群众可以通过固定上网终端、网络电视、手机等多种方式使用文化共享工程数字服务产品，以及公共图书馆、文化馆、博物馆等的数字服务资源
			4.1 建立健全政府向社会力量购买公共文化服务机制。制定出台政府购买公共文化服务指导性意见和目录，将政府购买公共文化服务资金纳入本地财政预算，促进公共文化服务提供主体和提供方式多元化。制定鼓励和支持社会力量通过投资或捐助设施设备、兴办实体、资助项目、赞助活动、提供产品和服务等方式参与公共文化服务体系建设的相关政策	4.1 建立健全政府向社会力量购买公共文化服务机制。**贯彻落实国务院办公厅转发文化部等四部委《关于做好政府向社会力量购买公共文化服务工作的意见》，确定具体的购买项目和内容，并及时向社会公布**。将政府购买公共文化服务资金纳入本地财政预算，促进公共文化服务提供主体和提供方式多元化
				4.2 鼓励社会力量参与提供公共文化服务。鼓励和支持社会力量通过兴办实体、资助项目、赞助活动、提供设施、捐赠产品等方式参与提供公共文化服务

(续表)

业务建设部分	第一批	第二批	第三批	第四批
具体要求			4.2 发展文化志愿服务。结合本地实际,建立和完善文化志愿者注册招募、服务记录、管理评价和激励保障机制。创新服务内容、工作方式和活动载体,探索具有地方或行业特色的文化志愿服务模式	4.3 发展文化志愿服务。**政府有关部门对公共文化志愿服务给予必要的指导和支持**,建立管理评价、教育培训和激励保障机制。公共文化机构建立文化志愿者注册招募、服务记录、保障等机制,**组织开展文化志愿服务活动**
			4.3 培育和促进文化消费。出台培育和促进文化消费的相关政策,完善公益性演出补贴制度。通过票价补贴、剧场运营补贴等方式,支持艺术表演团体提供公益性演出。鼓励在商业演出和电影放映中安排低价场次或门票	4.4 培育和促进文化消费。**对接文化消费城市试点工作方案,促进文化消费**。完善公益性演出补贴制度。通过票价补贴、剧场运营补贴等方式,支持艺术表演团体提供公益性演出。鼓励在商业演出和电影放映中安排低价场次或门票。**贯彻落实文化部等四部委《关于推动文化文物单位文化创意产品开发的若干意见》,加大文化创意产品开发力度**
			4.4 培育和发展文化类社会组织,实施群众文化团队扶持项目,形成群众文化团队建设运行长效机制,建立群众文化活动交流平台	4.5 培育和发展**公共文化服务领域**的社会组织。实施群众文化团队扶持项目,形成群众文化团队建设运行长效机制,建立群众文化活动交流平台,**推动公共文化服务社会化、专业化发展**

(续表)

业务建设部分	第一批	第二批	第三批	第四批
具体要求			5.3 以效能为导向，制定政府公共文化服务考核指标，作为考核评价本地县乡领导班子和领导干部政绩的重要内容，纳入科学发展考核体系。建立公共文化机构绩效考评制度，考评结果作为确定预算、收入分配与负责人奖惩的重要依据。对重大文化项目资金使用、实施效果、服务效能等实行监督和评估。研究制定公众满意度指标，建立群众评价和反馈机制，探索引进公共文化服务第三方评价机制	5.3 建立以效能为导向的多元评价机制。把公共文化服务绩效考核结果纳入各级领导班子和党政领导干部绩效考核体系，**并加大分值比重**。建立公众参与的公共文化服务考核评价制度，将考核评价结果作为补贴或奖励考核对象的重要依据。建立公众参与的公共文化设施使用效能考核评价制度，**根据评价结果改进工作**。对重大文化项目资金使用、实施效果、服务效能等实行监督和评估。研究制定公众满意度指标，建立群众评价和反馈机制。引进第三方机构，**对公共文化服务的建设、管理、运行、效能进行独立评价**

资料来源：南开课题组整理。

注：①与前一批相比新增的内容用黑体字加粗；②将第三批和第四批的3.4调至保障部分；③将第三批和第四批的5.1和5.2调至保障部分。

指标演变情况分析：

（1）"公共文化设施网络建设方面"的二级指标有所调整。第一批、第二批东部示范区"公共文化设施网络建设方面"的二级指标分为"公共文化设施建设""公共图书馆建设""文化馆（群众艺术馆）建设""乡镇（街道）综合文化站建设""村（社区）基层综合文化服务中心（文化广场）建设""公共电子阅览室（含文化信息资源共享工程支中心、基层服务点）建设"；第三批、第四批中去除了二级指标"公共电子阅览室（含文化信息资源共享工程支中心、基层服务点）建设"。

(2)"公共文化设施"指标的三级指标演变情况。从第三批开始,"公共文化设施"指标的三级指标中增加了"符合国家相关建设标准和每千人占有公共文化服务设施面积达到本省(自治区、直辖市)的先进水平要求"。

(3)第三批次中人均年增新书从0.04册次以上提高为0.06册次以上。

(4)"乡镇(街道)综合文化站建设"的三级指标演变情况。从第二批次开始,"乡镇(街道)综合文化站建设"的三级指标中增加了"综合文化站达到文化部制定的《乡镇综合文化站管理办法》";将《乡镇(街道)文化站建设标准》更新为《乡镇综合文化站建设标准》。

(5)"村(社区)基层综合文化服务中心(文化广场)建设"三级指标演变情况。从第三批次开始,"村(社区)基层综合文化服务中心(文化广场)建设"指标的三级指标中"要求80%的村(社区)依托社区综合服务设施,统筹建有集宣传文化、党员教育、科技普及、普法教育、体育健身等多功能于一体的基层综合文化服务中心"。去除了"每个文化活动室都建成全国文化信息资源共享工程基层服务点指标。提升了村(社区)基层综合文化服务中心的功能性,更好的服务居民和村民"。

(6)业务建设指标中,第三批、第四批指标体系有所调整,业务建设指标中新增"公共文化服务与科技融合发展""公共文化服务社会化建设""公共文化服务体制机制建设"三个一级指标及其相应的细化指标。

(7)"社会购买公共文化服务机制"的三级指标演变情况。第四批次"社会购买公共文化服务机制"的三级指标"制定出台政府购买公共文化服务指导性意见和目录"更新为"贯彻落实国务院办公厅转发文化部等四部委《关于做好政府向社会力量购买公共文化服务工作的意见》,确定具体的购买项目和内容,并及时向社会公布"。去除了"制定鼓励和支持社会力量通过投资或捐助设施设备、兴办实体、资助项目、赞助活动、提供产品和服务等方式参与公共文化服务体系建设的相关政策指标"。

(8)第四批次增加了"社会力量参与提供公共文化服务"二级指标及相应的三级指标。

(9)"文化志愿服务"的三级指标演变情况。第四批次中将"文化志愿服务"的三级指标"结合本地实际,建立和完善文化志愿者注册招募、服务记录、管理评价和激励保障机制"更新为"公共文化机构建立文化志愿者注册招募、服务记录、保障等机制，组织开展文化志愿服务活动"；将"创新服务内容、工作方式和活动载体，探索具有地方或行业特色的文化志愿服务模式"更新为"政府有关部门对公共文化志愿服务给予必要的指导和支持，建立管理评价、教育培训和激励保障机制"。

（10）"培育和促进文化消费"的三级指标演变情况。第四批次中二级指标"培育和促进文化消费"中新增了三级指标"贯彻落实文化部等四部委《关于推动文化文物单位文化创意产品开发的若干意见》，加大文化创意产品开发力度"。

（11）"公共文化机构管理运行机制"的三级指标演变情况。第四批次中二级指标"公共文化机构管理运行机制"中新增了两项三级指标，分别为"建立公共文化设施资产统计报告制度"和"公共文化服务开展情况的年报制度及建立健全安全管理制度，开展公共文化设施及公众活动的安全评价"。

（12）"以效能为导向的评价机制"的三级指标演变情况。第四批次中二级指标"以效能为导向的评价机制"中新增了三级指标"建立公众参与的公共文化设施使用效能考核评价制度，根据评价结果改进工作"；将三级指标"探索引进公共文化服务第三方评价机制"更新为"引进第三方机构，对公共文化服务的建设、管理、运行、效能进行独立评价"。

2. 东部示范区创建标准中服务效能指标发展脉络及演变过程

东部示范区创建标准中服务效能指标主要是以基本公共服务的均等化标准，提升农村和贫困地区公共文化服务水平，保障特殊群体公共文化服务，社会力量参与，提升公共文化服务效能，免费开放及创新公共文化服务方式等方面，来考察东部示范区公共文化的服务效能效果情况。东部示范区创建标准中服务效能指标的演变过程如表9-10所示。

表9-10 东部示范区四批创建标准中服务效能部分的内容变化情况

服务效能部分	第一批	第二批	第三批	第四批
具体要求	2 公共文化服务供给方面	2 公共文化服务供给方面	2 公共文化服务供给	2 公共文化服务效能

(续表)

服务效能部分	第一批	第二批	第三批	第四批
具体要求	2.1 以统筹城乡发展，推动基本公共文化服务均等化为目标，公共文化服务面向基层、面向农村，实现重心下移、资源下移。积极组织城市文化行政部门和单位开展农村文化服务活动。农村和社区依托传统节日、重大庆典活动和民族民间文化资源，开展群众喜闻乐见、丰富多彩的文体活动，群众受众率和参与率达到本省（自治区、直辖市）的先进水平，人均参加文体活动的时间每周不少于7小时	2.1 以统筹城乡文化发展、推动基本公共文化服务均等化为目标，公共文化服务面向基层、面向农村，实现重心下移、资源下移、服务下移。农村公共文化服务总量明显增加。群众性文体活动的经常化、体系化程度明显提高。群众参与率达到本省（自治区、直辖市）的先进水平，人均参加文体活动的时间每周不少于7小时	2.1 实现基本公共文化服务标准化。根据《国家基本公共文化服务指导标准》和本省（自治区、直辖市）基本公共文化服务标准，制定与本地经济社会发展水平相适应、具有地域特色的基本公共文化服务实施标准，要高于本省（自治区、直辖市）平均水平，以县为基本单位推进落实标准，实现基本公共文化服务标准化	2.1 实现基本公共文化服务标准化。根据国家基本公共文化服务指导标准和本省（自治区、直辖市）基本公共文化服务实施标准，结合当地实际，制定、公布当地公共文化服务目录，并组织实施，标准要高于本省（自治区、直辖市）平均水平基本实现每个行政村每月看1场以上电影（其中院线上映不足两年的国产新片比例不低于1/3）、每年看5场以上戏剧或文艺演出
	2.6 基本实现每个行政村每月看1场以上电影、每年看5场以上戏剧或文艺演出，每年组织8次以上规模较大的群众文体活动	2.6 基本实现每个行政村每月看1场以上电影、每年看5场以上戏剧或文艺演出，每年组织8次以上规模较大的群众文体活动	2.7 基本实现每个行政村每月看1场以上电影、每年看5场以上戏剧或文艺演出	
		2.2 把农民工纳入城市公共文化服务体系。建立了政府主导、企业共建、社会参与的农民工文化工作机制，公益性文化事业单位形成了有特点的面向农民工的服务项目。有效整合和优化配置农民工文化资源，农民工文化活动常态化，广大农民工对公共文化服务的满意度明显提高	2.2 提升农村和贫困地区公共文化服务水平。优化公共文化资源配置，根据本地基本公共文化服务实施标准，明确城乡基层和贫困地区服务和资源缺口，按照精准扶贫的要求，集中实施相应的公共文化服务项目	2.2 提升农村和贫困地区公共文化服务水平。优化公共文化资源配置，根据本地公共文化服务目录，明确城乡基层和贫困地区服务和资源缺口，按照精准扶贫的要求，集中实施相应的公共文化服务项目

(续表)

服务效能部分	第一批	第二批	第三批	第四批
具体要求	2.2 弱势群体和特殊人群的基本文化服务权益得到有效保障。城市各类公共文化设施免费或优惠向农民工、老人、少年儿童和残疾人开放，设置方便残障人士以及老年人、少年儿童的活动区域和服务项目。市、县两级图书馆设立盲人阅读区，配备设备和盲文读物。县级以上文化馆经常性组织针对上述特殊人群的各类文体活动，开展面向农民工的文化培训等 2.3 社会力量积极参与公共文化产品的生产和供给，引入竞争机制，面向市场，采取项目补贴、资助和政府招标采购等方式，通过集中配送、连锁服务等多种方式，有效解决公共文化产品供给问题，实现提供主体和提供方式多元化	2.3 弱势群体和特殊人群的基本文化权益得到有效保障。公共文化服务设施设置方便残障人士以及老年人、少年儿童的活动区域和服务项目。市、县两级图书馆配备设备和资源，开展面向盲人的服务。县级以上文化馆经常性组织针对上述特殊人群的各类文体活动和专题文化培训等 2.4 社会力量积极参与公共文化产品的生产和供给，引入竞争机制，面向市场，采取政府采购、项目补贴、定向资助、贷款贴息、税收减免等**政策措施鼓励各类文化企业参与公共文化服务**，通过集中配送、连锁服务等多种方式，有效解决公共文化产品供给问题，实现政府主导下的供给主体和供给方式多元化	2.3 保障特殊群体公共文化服务。设有针对老年人、未成年人、残疾人、农民工、**农村留守妇女儿童、生活困难群众**的公共文化服务项目。将农民工文化建设纳入本地公共文化服务体系，以公共文化机构、社区和用工企业为实施主体，满足农民工群体**尤其是新生代农民工**的基本文化需求 2.4 提升公共文化服务效能。制定各类公共文化设施运行管理规范和服务标准，规范公共文化机构服务项目和服务流程，提高服务水平。建立群众文化需求反馈机制，及时准确了解和掌握群众文化需求，制定公共文化服务提供目录，开展"菜单式""订单式"服务。**开展馆际合作，推进本地公共文化机构互联互通**，开展文化服务"一卡通"、公共文化巡展巡讲巡演等服务，实现区域文化共建共享	2.3 保障特殊群体公共文化服务。设有针对老年人、未成年人、残疾人、务工人员、农村留守妇女儿童、生活困难群众的公共文化服务项目。将**务工人员**文化建设纳入本地公共文化服务体系，以公共文化机构、社区和用工企业为实施主体，满足**务工人员**群体的基本文化需求 2.5 提升公共文化服务管理水平。建立健全各类公共文化设施管理制度和服务规范，完善公共文化机构服务项目和服务流程，提高服务水平。建立公众文化需求的征询反馈制度。开展"菜单式""订单式"服务。开展馆际合作，推进本地公共文化机构互联互通，实现区域文化共建共享

(续表)

服务效能部分	第一批	第二批	第三批	第四批
具体要求	2.4 图书馆、文化馆（站）、博物馆实现免费开放。各级公共文化设施电子阅览室为社会公众提供免费上网服务时间每周不少于56小时 2.5 图书馆每周开放时间不少于56小时。文化馆（站）、博物馆每周开放时间不少于42小时 2.7 创新公共文化服务方式。市、县图书馆建立统一采购、统一编目、统一配送的总分馆制，实现通借通还。市、县两级图书馆、文化馆配备1台以上流动服务车，图书馆每年下基层服务次数不低于50次，文化馆每年组织流动演出12场以上，流动展览10场以上	2.5 美术馆、公共图书馆、文化馆（站）、博物馆实现免费开放，有基本公共文化服务内容目录并公示，形成2个以上品牌服务项目。图书馆每周开放时间不少于56小时。文化馆（站）、博物馆每周开放时间不少于42小时。加强科技馆、纪念馆、工人文化宫、青少年宫等公共文化服务设施和爱国主义教育示范基地建设并完善向社会免费开放服务，鼓励其他国有文化单位、教育机构等开展公益性文化活动，各类公共场所要为群众性文化活动提供便利 2.7 创新公共文化服务方式。市、县图书馆以总分馆等多种形式形成服务体系，实现通借通还。**市、县两级图书馆、文化馆具有数字资源提供能力和远程服务能力**。市、县两级图书馆、文化馆配备1台以上流动服务车，图书馆每年下基层的流动服务次数不低于50次，文化馆每年组织流动演出12场以上，流动展览10场以上	2.5 公共图书馆、文化馆（站）、博物馆、美术馆免费开放符合国家政策要求。科技馆、工人文化宫、妇女儿童活动中心以及青少年校外活动场所有向社会免费开放的项目，提供基本公共文化服务 2.6 创新公共文化服务方式。市、县两级图书馆、文化馆各配备1台以上流动服务车。图书馆每年下基层的流动服务次数不低于50次，文化馆每年组织流动演出12场以上，流动展览10场以上。市、县图书馆以总分馆等多种形式形成服务体系，实现通借通还。市、县两级图书馆、文化馆具有数字资源提供能力和远程服务能力	2.4 公共图书馆、文化馆（站）、博物馆、美术馆、科技馆等《中华人民共和国公共文化服务保障法》(以下简称《公共文化服务保障法》) 规定的公共文化设施免费或优惠向社会开放 2.6 创新公共文化服务方式。市、县两级图书馆、文化馆各配备1台以上流动服务车，**或以社会化方式配备流动服务设施设备**。图书馆每年下基层的流动服务次数不低于50次，文化馆每年组织流动演出12场以上，流动展览10场以上。市、县两级图书馆、文化馆具有数字资源提供能力和远程服务能力。**县级文化馆、公共图书馆总分馆制建设。按照文化部等五部委《关于推进县级文化馆图书馆总分馆制建设的指导意见》要求，建成县级文化馆、公共图书馆总分馆服务体系**

(续表)

服务效能部分	第一批	第二批	第三批	第四批
具体要求	2.8 全国文化信息资源共享工程建设。基本形成资源丰富、技术先进、服务便捷、覆盖城乡的数字文化服务体系，县县有支中心、乡乡有基层服务点，实现"村村通"；100%的基层群众可以通过多种方式使用文化信息资源及享受数字图书馆、数字文化馆、数字博物馆、数字美术馆等的资源服务	2.8 全国文化信息资源共享工程建设。县县有支中心、乡乡有基层服务点，实现"村村通"；100%的基层群众可以通过多种方式使用文化信息资源及享受数字图书馆、数字文化馆、数字博物馆、数字美术馆等的服务资源，**实现扩大覆盖、消除盲点、提高标准、完善服务、改进管理的目标**		

资料来源：南开课题组整理。

注：①与前一批相比新增的内容用黑体字加粗；②将第一批和第二批的2.9调至业务建设部分。

指标演变情况分析：

（1）服务效能指标中一级指标体系的演变情况。从第四批次开始，将一级指标"公共服务供给"更新为"公共服务效能"。

（2）二级指标"推动基本公共文化服务均等化"及其三级指标的演变情况。第三批开始将二级指标"推动基本公共文化服务均等化"更新为"实现基本公共文化服务标准化"，其相应的三级指标第二批、第三批、第四批均有所更新。第四批次二级指标"实现基本公共文化服务标准化"中新增三级指标"基本实现每个行政村每月看1场以上电影（其中院线上映不足两年的国产新片比例不低于1/3）、每年看5场以上戏剧或文艺演出"。

（3）二级指标"把农民工纳入城市公共文化服务体系"及其三级指标的演变情况。第二批次新增二级指标"把农民工纳入城市公共文化服务体系"及相应的三级指标，第三四批中又将其去除了。

（4）"弱势群体和特殊人群的基本文化服务权益得到有效保障"及其三级指标的演变情况。第三批次开始去除了二级指标"弱势群体和特殊人群的基本文化服务权益得到有效保障"及其相应的三级指标。

（5）二级指标"提升农村和贫困地区公共文化服务水平"和"保障特殊

群体公共文化服务"及其相应的三级指标的演变情况。第三批开始新增了二级指标"提升农村和贫困地区公共文化服务水平"和"保障特殊群体公共文化服务"及其相应的三级指标,第四批次对三级指标"以公共文化机构、社区和用工企业为实施主体,满足农民工群体尤其是新生代农民工的基本文化需求"更新为"以公共文化机构、社区和用工企业为实施主体,满足务工人员群体的基本文化需求"。

(6)二级指标"社会力量参与"及其相应的三级指标的演变情况。第三批次开始去除了二级指标"社会力量参与"及其相应的三级指标。

(7)"提升公共文化服务效能"及其相应的三级指标的演变情况。第三批次开始新增了二级指标"提升公共文化服务效能"及其相应的三级指标。

(8)"免费开放"相应三级指标的演变情况。第三批次将三级指标"图书馆、文化馆(站)、博物馆实现免费开放"更新为"公共图书馆、文化馆(站)、博物馆、美术馆免费开放符合国家政策要求",第四批次又将其更新为"公共图书馆、文化馆(站)、博物馆、美术馆、科技馆等《公共文化服务保障法》规定的公共文化设施免费或优惠向社会开放"。

(9)"创新公共文化服务方式"相应的三级指标的演变情况。第四批次二级指标"创新公共文化服务方式"中将三级指标"市、县图书馆以总分馆等多种形式形成服务体系,实现通借通还"更新为"县级文化馆、公共图书馆总分馆制建设"。按照文化部等五部委《关于推进县级文化馆图书馆总分馆制建设的指导意见》要求,建成县级文化馆、图书馆总分馆服务体系。第二批新增三级指标"市、县两级图书馆、文化馆具有数字资源提供能力和远程服务能力"。

(10)第三批开始去除了二级指标"全国文化信息资源共享工程建设""依托全国文化信息资源共享工程"和"国家数字图书馆工程、公共文化服务评估方面"及其相应的三级指标。

3. 东部示范区创建标准中保障条件指标发展脉络及演变过程

东部示范区创建标准中保障条件指标主要是以公共文化服务组织支撑方面,资金、人才和技术保障措施落实方面,公共文化服务保障方面为重点保障条件,来考察公共文化在政策组织、资金保障、人才保障及技术保障等方面的实际情况。东部示范区创建标准中保障条件指标的演变过程如表9-11所示。

表9-11 东部示范区四批创建标准中保障条件部分的内容变化情况

保障条件部分	第一批	第二批	第三批	第四批
	3 公共文化服务组织支撑方面 4 资金、人才和技术保障措施落实方面	3 公共文化服务组织支撑方面 4 资金、人才和技术保障措施落实	6 公共文化服务保障	6 公共文化服务保障
具体要求	3.1 政府有公共文化服务体系建设相关规划和政策，建立政府统一领导、相关部门分工负责、社会团体积极参与的管理体制和工作机制。以农村和基层为重点，制定统筹城乡文化发展的相关规划、政策、措施。建立政府与公共文化服务机构的专家咨询制度、公共文化服务机构运营的公众参与制度，形成政府宏观管理、行业协会参与、公共机构法人治理的管理模式，建立城市对农村的文化援助机制	3.1 建立**党委统一领导、党政齐抓共管**，相关部门分工负责、社会力量积极参与的工作体制和工作格局，政府有公共文化服务体系建设相关规划和政策。以农村和基层为重点，制定统筹城乡文化发展的相关规划、政策、措施 3.2 建立政府与公共文化服务机构的专家咨询制度、公共文化服务机构运营的公众参与制度。**把公共文化服务内容纳入干部培训计划和当地党校、行政学院、干部学院教学体系**	5.1 完善党委领导、政府管理、部门协同、权责明确、统筹推进的公共文化服务体系建设管理制度。建立由党政主要领导牵头、相关职能部门参与的公共文化服务体系建设协调机制，在规划编制、政策衔接、标准制定和实施等方面加强统筹、整体设计、协调推进。发挥本地基层党委、政府作用，建立统一的基层公共文化服务平台，加强各类重大文化项目的统筹实施，实现共建共享，提升综合效益	5.1 完善党委领导、政府管理、部门协同、权责明确、统筹推进的公共文化服务体系建设**工作机制。加强对公共文化服务的统筹**。建立由党政主要领导牵头、相关职能部门参与的国家公共文化服务体系示范区建设的协调机制，加强对各类重大文化项目的统筹实施，提升综合效益
	3.2 切实按照国务院《公共文化体育设施条例》和文化部、国土资源部、建设部编制的《公共图书馆建设用地指标》《公共图书馆建设标准》《文化馆建设用地指标》《文化馆建设标准》《乡镇综合文化站建设标准》《城市社区体育设施建设用地指标》等标准，无偿划拨公共图书馆、文化馆（站）、博物馆、体育馆（场）等公益性文化设施建设用地，公共文化设施门类齐全、布局合理、服务便捷	3.3 切实按照国务院《公共文化体育设施条例》和文化部、国土资源部、建设部编制的《公共图书馆建设用地指标》《公共图书馆建设标准》《文化馆建设用地指标》《文化馆建设标准》《乡镇综合文化站建设标准》《城市社区体育设施建设用地指标》等标准，**根据服务人口等制定公共文化设施建设规划，每千人占有公共文化服务设施面积达到本省（自治区、直辖市）的先进水平**。无偿划拨公共图书馆、文化馆（站）、博物馆、体育馆（场）等公益性文化设施建设用地，公共文化设施门类齐全、布局合理、服务便捷		

·第九章　国家公共文化服务体系示范区（项目）标准的发展脉络及演化分析·

（续表）

保障条件部分	第一批	第二批	第三批	第四批
具体要求	3.3 以示范区建设为平台，将分散在不同部门的公共文化服务资源和项目有效整合，实现基层公共文化服务资源的共建共享，形成综合、系统、有效的公共文化服务网络，体现便民惠民，提高整体服务能力，发挥综合效益	3.4 以示范区建设为平台，**统筹规划和建设基层公共文化服务设施，坚持项目建设和运行管理并重**，将分散在不同部门的公共文化服务资源和项目有效整合，实现基层公共文化服务资源的共建共享	3.4 统筹实施全国文化信息资源共享、数字图书馆博物馆建设、直播卫星广播电视公共服务、农村数字电影放映、数字农家书屋、城乡电子阅报屏建设等项目，构建标准统一、互联互通的公共数字文化服务平台，在基层实现共建共享	3.4 统筹实施公共数字文化工程、数字文化馆建设、数字博物馆建设、直播卫星广播电视公共服务、农村数字电影放映、数字农家书屋、城乡电子阅报屏建设等项目，构建标准统一、互联互通的公共数字文化服务平台，在基层实现共建共享
	3.4 加快推进公益性文化事业单位改革，形成责任明确、行为规范、富有效率、服务优良的管理体制和运行机制。制定并落实吸引社会力量参与公益文化事业建设有关政策，民营文艺团体、民间文艺社团和农民自办文化初具规模，成为政府公共文化服务的重要补充	3.5 加快推进公益性文化事业单位改革，**建立健全法人治理结构**，健全决策、执行和监督机制，提高运行效率，确保公益目标实现，建立权责清晰、分类科学、机制灵活、监管有力的事业单位管理制度	5.2 坚持设施建设和运行管理并重，健全公共文化设施运行管理和服务标准体系，规范本地公共文化机构服务项目和服务流程，完善内部管理制度，提高服务水平。探索建立事业单位法人治理结构，推动公共图书馆、博物馆、文化馆、科技馆等组建理事会，吸纳有关方面代表、专业人士、各界群众参与管理，健全决策、执行和监督机制	5.2 **完善公共文化机构管理运行机制**。市级和有条件的县级公共图书馆、文化馆、博物馆等建立法人治理结构。建立公共文化设施资产统计报告制度和公共文化服务开展情况的年报制度。建立健全安全管理制度，开展公共文化设施及公众活动的安全评价
		3.6 制定并落实吸引社会力量参与公共文化服务体系建设的有关政策，民营文艺团体、民间文艺社团和农民自办文化初具规模		
	4.1 公共文化服务体系建设纳入政府重要议事日程，纳入当地国民经济和社会发展总体规划，纳入对地方政府的考核指标体系，纳入政府目标管理责任制，纳入财政预算，纳入城乡建设整体规划	4.1 把公共文化产品和服务项目、公益性文化活动纳入公共财政经常性支出预算。公共财政对公共文化投入的增长幅度高于财政经常性支出增长幅度，**公共文化支出占财政支出的比例稳步提高**。设立农村文化建设专项资金。人均文化事业费（按常住人口计算）高于本省平均水平	6.1 按照基本公共文化服务标准测算、落实当地常住人口享有基本公共文化服务所必需的资金，保障公共文化服务体系建设和运行。公共财政对公共文化事业费投入增长幅度高于财政经常性支出增长幅度，公共文化支出占财政支出的比例稳步提高。设立农村文化建设专项资金。人均文化事业费（按常住人口计算）处于本省领先水平	6.1 按照基本公共文化服务标准测算公共文化服务经费，并纳入预算，安排当地常住人口享有基本公共文化服务所需的资金。人均文化事业费（按常住人口计算）处于本省（区、市）领先水平。**建立公共文化服务资金使用的监督和统计公告制度**
	4.2 公共文化服务体系建设经费得到落实。建立完善公共文化投入保障机制，近三年财政文化体育与传媒支出不低于同级财政经常性收入的增长幅度，人均文化支出（按常住人口计算）高于本省平均水平			

(续表)

保障条件部分		第一批	第二批	第三批	第四批
具体要求		4.3 乡镇（街道）综合文化站的人员编制3名以上，行政村和社区有至少1名财政补贴的文化管理员（文化指导员）	4.2 乡镇（街道）综合文化站的人员编制3名以上，行政村和社区有至少1名财政补贴的文化管理员（文化指导员）。城市社区设有公共文化服务岗位	6.2 乡镇（街道）综合文化站人员编制3名以上，**设立城乡基层公共文化服务岗位**，行政村和社区至少配置1名公共财政补贴的工作人员	6.2 乡镇（街道）综合文化站人员编制3名以上，设立城乡基层公共文化服务岗位，行政村和社区至少配置1名公共财政补贴的工作人员
		4.4 市级文化单位业务人员占职工总数不低于70%，县级文化事业单位业务人员占职工总数不低于80%	4.3 市级文化单位业务人员占职工总数不低于70%，县级文化事业单位业务人员占职工总数不低于80%	6.3 市级**公益性**文化事业单位业务人员占职工总数比例不低于70%，县级**公益性**文化事业单位业务人员占职工总数不低于80%	6.3 市级公益性文化事业单位业务人员占职工总数比例不低于70%，县级公益性文化事业单位业务人员占职工总数不低于80%
			4.4 加强业余文化骨干、文化志愿者队伍建设，每社区、村业余文艺团队不少于3支	6.4 加强业余文化骨干、文化志愿者队伍建设，每个社区、村业余文艺团队不少于3支	6.4 加强业余文化骨干、文化志愿者队伍建设，每个社区、村业余文艺团队不少于3支
		4.5 县级文化单位在职员工参加脱产培训时间每年不少于15天，乡镇街道、村、社区基层文化专兼职人员参加集中培训时间每年不少于5天	4.5 县级文化单位在职员工参加脱产培训时间每年不少于15天，乡镇街道、村、社区基层文化专兼职人员参加集中培训时间每年不少于5天。**县、乡、村、社区基层文化专兼职人员参加全国基层文化队伍远程网络培训时间每年不少于100课时**	6.5 把公共文化服务内容纳入干部培训计划和当地党校、行政学院、干部学院教学体系。县级公益性文化单位在职员工参加脱产培训时间每年不少于15天，乡镇（街道）、村（社区）基层文化专兼职人员参加集中培训时间每年不少于5天。县、乡、村基层文化专兼职人员参加全国基层文化队伍远程网络培训时间每年不少于50**课时**	6.5 把公共文化服务内容纳入干部培训计划和当地党校、行政学院、干部学院教学体系。县级公益性文化单位在职员工参加脱产培训时间每年不少于15天，乡镇（街道）、村（社区）基层文化专兼职人员参加集中培训时间每年不少于5天。县、乡、村基层文化专兼职人员参加全国基层文化队伍远程网络培训时间每年不少于50课时

(续表)

保障条件部分	第一批	第二批	第三批	第四批
具体要求	4.6 利用网络、声讯、通信等现代信息技术建立公共文化服务平台和公共文化服务技术支撑系统，实现当地文化信息资源的共建共享	4.6 利用现代信息技术建立公共文化服务平台和公共文化服务技术支撑系统		

资料来源：南开课题组整理。

注：与前一批相比新增的内容用黑体字加粗。

指标演变情况分析：

（1）服务保障条件指标中一级指标体系的演变情况。第一批、第二批保障条件指标包括一级指标"公共文化服务组织支撑方面""资金、人才和技术保障措施落实方面"两大部分，第三批、第四批对其进行调整，去除了"公共文化服务组织支撑方面"及其二、三级指标，调整"资金、人才和技术保障措施落实方面"将其更新为"公共文化服务保障"。

（2）"建立管理体制和工作机制"相应的三级指标的演变情况。第二批二级指标"建立管理体制和工作机制"中新增三级指标"把公共文化服务内容纳入干部培训计划和当地党校、行政学院、干部学院教学体系""根据服务人口等制定公共文化设施建设规划，每千人占有公共文化服务设施面积达到本省（自治区、直辖市）的先进水平"及"制定并落实吸引社会力量参与公共文化服务体系建设的有关政策，民营文艺团体、民间文艺社团和农民自办文化初具规模"。

（3）二级指标"资金保障"及其三级指标的演变情况。对二级指标"资金保障"均有所更新，第二批侧重于"对公共文化投入的增幅高于经常性支出增幅，而且要设立农村文化建设专项资金"，第三批侧重于"按标准测算且落实公共文化必需的资金"，第四批侧重于"按照基本公共文化服务标准测算公共文化服务经费，并纳入本级预算，建立公共文化服务资金使用的监督和统计公告制度"。第三批开始将三级指标"人均文化事业费（按常住人口计算）高于本省平均水平"更新为"人均文化事业费（按常住人口计算）处于本省领先水平"。

(4)二级指标"人才保障"及其三级指标的演变情况。二级指标"人才保障"方面,第二批开始新增三级指标"城市社区设有公共文化服务岗位""每社区、村业余文艺团队不少于 3 支"及"县、乡、村、社区基层文化专兼职人员参加全国基层文化队伍远程网络培训时间每年不少于 100 课时"。

(5)第三批开始调整为的"公共文化服务保障"中不包含三级指标"技术保障"。

4. 东部示范区创建标准中其他指标发展脉络及演变过程

东部示范区创建标准中其他指标主要是除业务建设、服务效能及保障条件之外的指标,如创新公共文化服务体系建设体制机制,创新公共文化服务方式和手段,具体的文化部国家公共文化服务体系制度设计课题研究工作,涉及广播电视、新闻出版、体育等部门的工作内容,以及涉及工会、共青团、妇联等部门的工作内容均在此类。

指标演变情况分析:

(1)第二批、第三批、第四批均对三级指标"在公共文化服务体系建设进程中,积极探索实践,创新公共文化服务体系建设体制机制,创新公共文化服务方式和手段,并已取得显著成绩,在全省乃至全国产生较大影响,具有典型示范作用和推广价值"有细微更新,尤其是第四批更侧重"贯彻落实《公共文化服务保障法》"。

(2)第二批、第三批均对三级指标"结合具体实践,参与文化部国家公共文化服务体系制度设计课题研究工作,针对公共文化服务体系建设的共性问题,总结经验,并形成课题研究成果,为国家制定有关政策提供依据,为同类地区的发展提供借鉴。课题报告通过专家组验收"有细微更新,第四批次基础上新增了"开展公共文化服务的国际合作与交流,积极参与'一带一路''东亚文化之都''欢乐春节''文化睦邻'等文化交流活动"。

(3)第四批将三级指标"涉及广播电视、新闻出版、体育等部门的工作内容,按照部门要求达到相应标准"更新为"涉及新闻出版、广播电视、体育等部门的工作内容,按照国家基本公共文化服务指导标准、本省(自治区、直辖市)公共文化服务实施标准和部门有关要求,达到相应标准"。

9.2.3 中部示范区创建标准的发展脉络及演变过程

1. 中部示范区创建标准中业务建设指标发展脉络及演变过程

中部示范区创建标准中业务建设指标主要是以公共文化设施网络建设、公共文化机构数字化及数字文化设施建设、公共文化社会化建设及公共文化体制机制建设情况为中心来考察公共文化的业务建设情况，见表9-12。

表9-12 中部示范区四批创建标准中业务建设部分的内容变化情况

业务建设部分	第一批	第二批	第三批	第四批
	1 公共文化设施网络建设	1 公共文化设施网络建设	1 公共文化设施网络建设 3 公共文化服务与科技融合发展 4 公共文化服务社会化建设 5 公共文化服务体制机制建设	1 公共文化设施网络建设 3 公共文化服务与科技融合发展 4 公共文化服务社会化建设 5 公共文化服务体制机制建设
具体要求	1.1 图书馆、博物馆、文化馆（站）、影剧院等公共文化设施完善，布局合理，方便群众参加活动。实现市有图书馆、博物馆、文化馆等公共文化设施，县有图书馆、文化馆，乡镇（街道）有综合文化站，行政村（社区）建有文体活动文化室（文化广场）	1.1 图书馆、博物馆、文化馆（站）、影剧院等公共文化设施完善，布局合理，方便群众参加活动。实现市有文化馆、图书馆、博物馆、**影剧院**等公共文化设施，县有图书馆、文化馆，乡镇（街道）有综合文化站，行政村（社区）建有文体活动室（文化广场）	1.1 公共图书馆、文化馆（站）、博物馆、美术馆、剧院等公共文化设施完善，布局合理，**网络健全，符合国家相关建设标准，每千人占有公共文化服务设施面积达到本省（自治区、直辖市）的先进水平**。实现市有公共图书馆、文化馆、博物馆、美术馆、剧院、非遗展示馆等公共文化设施，县有公共图书馆、文化馆，乡镇（街道）有综合文化站，行政村（社区）建有基层综合文化服务中心（配套建有文化广场）	1.1 公共图书馆、文化馆（站）、博物馆等公共文化设施完善，布局合理，网络健全，符合国家相关建设标准，每千人占有公共文化服务设施面积达到本省（自治区、直辖市）的先进水平。实现市有公共图书馆、文化馆、博物馆等公共文化设施，县有公共图书馆、文化馆，乡镇（街道）有综合文化站，行政村（社区）建有基层综合文化服务中心（配套建有文化广场）

(续表)

业务建设部分	第一批	第二批	第三批	第四批
具体要求	1.2 图书馆建设。市、县两级图书馆达到部颁三级以上标准；公共图书馆人均占有藏书0.6册以上；市、县两级图书馆平均每册藏书年流通率0.7次以上；人均年增新书在0.03册次以上；人均到馆次数0.3次以上	1.2 图书馆建设。市、县两级图书馆达到部颁三级以上标准；公共图书馆人均占有藏书0.6册以上；市、县两级图书馆平均每册藏书年流通率0.7次以上；人均年增新书在0.03册次以上；人均到馆次数0.3次以上	1.2 公共图书馆建设。市、县两级公共图书馆达到部颁三级以上标准；人均占有藏书0.8册以上；平均每册藏书年流通率0.8次以上；**人均年增新书0.05册次以上；人均到馆0.4次以上**	1.2 公共图书馆建设。市、县两级公共图书馆达到部颁二级以上标准；人均占有藏书0.8册以上；平均每册藏书年流通率0.8次以上；人均年增新书0.05册次以上；人均到馆0.4次以上
	1.3 群艺馆、文化馆建设。市辖两级群艺馆、文化馆达到部颁三级以上标准，县文化馆达到部颁三级以上标准	1.3 群众艺术馆、文化馆建设。市、县两级群众艺术馆、文化馆达到部颁三级以上标准	1.3 文化馆（群众艺术馆）建设。市、县两级文化馆（群众艺术馆）达到部颁三级以上标准	1.3 文化馆（群众艺术馆）建设。市、县两级文化馆（群众艺术馆）达到部颁三级以上标准
	1.4 乡镇（街道）综合文化站建设。80%的乡镇建有单独设置的综合文化站，其设备配置、活动开展、人员配备、综合管理等达到发展改革委、文化部制定的《乡镇（街道）文化站建设标准》	1.4 乡镇（街道）综合文化站建设。80%的乡镇（街道）建有单独设置的综合文化站，其设备配置、活动开展、人员配备、综合管理等达到**文化部制定的《乡镇综合文化站管理办法》和国家发展改革委、文化部制定的《乡镇综合文化站建设标准》的要求**	1.4 乡镇（街道）综合文化站建设。乡镇（街道）建有独立设置的综合文化站，设施建设、设备配置、人员配备、**管理服务等达到国家发展改革委、住房和城乡建设部制定的《乡镇综合文化站建设标准》和文化部制定的《乡镇综合文化站管理办法》等文件的要求**	1.4 乡镇（街道）综合文化站建设。乡镇（街道）建有独立设置的综合文化站，设施建设、设备配置、人员配备、管理服务等达到国家发展改革委、住房和城乡建设部制定的《乡镇综合文化站建设标准》和文化部制定的《乡镇综合文化站管理办法》等文件的要求
	1.5 村（社区）文化活动室（文化广场）建设。80%的行政村（社区）建立面积不低于100平方米的文化活动室（中心），每个文化活动室都建成全国文化信息资源共享工程基层服务点。60%行政村建立农家书屋，藏书2000册以上	1.5 村（社区）文体活动室（文化广场）建设。80%的行政村（社区）建设面积不低于100平方米的文化活动室（中心），每个文化活动室都建成全国文化信息资源共享工程基层服务点。60%行政村建立农家书屋，藏书2000册以上	1.5 村（社区）基层综合文化服务中心（文化广场）建设。70%的村（社区）**依托社区综合服务设施，统筹建有集宣传文化、党员教育、科技普及、普法教育、体育健身等多功能于一体的基层综合文化服务中心**，建筑面积不低于200平方米，**配套建设群众文化活动广场**	1.5 村（社区）基层综合文化服务中心（文化广场）建设。70%的村（社区）依托社区综合服务设施，统筹建有集宣传文化、党员教育、科技普及、普法教育、体育健身等多功能于一体的基层综合文化服务中心，建筑面积不低于200平方米，配套建设群众文化活动广场

(续表)

业务建设部分	第一批	第二批	第三批	第四批
具体要求	1.6 公共电子阅览室（含文化信息资源共享工程支中心、基层服务点）建设。依托公共图书馆、文化馆站，市及所辖县建有标准配置的公共电子阅览室。80%的乡镇（街道）、社区建有标准配置的公共电子阅览室	1.6 公共电子阅览室（含文化信息资源共享工程支中心、基层服务点）建设。依托公共图书馆、文化馆站，市及所辖县建有标准配置的公共电子阅览室。80%的乡镇、街道、社区建有标准配置的公共电子阅览室	3.1 结合本地实施的"宽带中国""智慧城市"等国家重大信息工程建设，推进公共文化机构数字化建设	3.1 结合本地实施的"智慧城市"等国家重大信息工程建设，推进公共文化机构数字化建设
		2.9 依托全国文化信息资源共享工程和数字图书馆推广工程，市一级建设2个以上地方特色数字资源库。**市级图书馆可用数字资源不低于20TB，县级图书馆可用数字资源不低于3TB**。建立网上图书馆、网上博物馆、网上文化馆	3.2 市级公共图书馆建设3个以上地方特色数字资源库，市级文化馆建设2个、博物馆建设1个以上地方特色资源数据库。市级图书馆可用数字资源不低于25TB，县级图书馆可用数字资源不低于3TB	3.2 市级公共图书馆建设3个以上地方特色数字资源库，市级文化馆建设2个、博物馆建设1个以上地方特色资源数据库。市级公共图书馆**可提供服务**的数字资源不低于25TB，县级公共图书馆**可提供服务**的数字资源不低于3TB
			3.3 乡（镇）、村（社区）公共文化服务场所配备数字文化设施，具备数字文化服务能力，基层群众可以通过固定上网终端、网络电视、手机等多种方式使用文化共享工程数字服务产品，以及图书馆、文化馆、博物馆、美术馆等的数字服务资源	3.3 乡（镇）、村（社区）公共文化服务场所**实现无线网络全覆盖**，配备数字文化设施，具备数字文化服务能力，基层群众可以通过固定上网终端、网络电视、手机等多种方式使用文化共享工程数字服务产品，以及公共图书馆、文化馆、博物馆等的数字服务资源

(续表)

业务建设部分	第一批	第二批	第三批	第四批
具体要求			4.1 建立健全政府向社会力量购买公共文化服务机制。制定出台政府购买公共文化服务指导性意见和目录，将政府购买公共文化服务资金纳入本地财政预算，促进公共文化服务提供主体和提供方式多元化。制定鼓励和支持社会力量通过投资或捐助设施设备、兴办实体、资助项目、赞助活动、提供产品和服务等方式参与公共文化服务体系建设的相关政策	4.1 建立健全政府向社会力量购买公共文化服务机制。**贯彻落实国务院办公厅转发文化部等四部委《关于做好政府向社会力量购买公共文化服务工作的意见》，确定具体的购买项目和内容，并及时向社会公布**。将政府购买公共文化服务资金纳入本地财政预算，促进公共文化服务提供主体和提供方式多元化
				4.2 鼓励社会力量参与提供公共文化服务。鼓励和支持社会力量通过兴办实体、资助项目、赞助活动、提供设施、捐赠产品等方式参与提供公共文化服务
			4.2 发展文化志愿服务。结合本地实际，建立和完善文化志愿者注册招募、服务记录、管理评价和激励保障机制。创新服务内容、工作方式和活动载体，探索具有地方或行业特色的文化志愿服务模式	4.3 发展文化志愿服务。**政府有关部门对公共文化志愿服务给予必要的指导和支持**，建立管理评价、教育培训和激励保障机制。公共文化机构建立文化志愿者注册招募、服务记录、保障等机制，**组织开展文化志愿服务活动**
			4.3 培育和促进文化消费。出台培育和促进文化消费的相关政策，完善公益性演出补贴制度。通过票价补贴、剧场运营补贴等方式，支持艺术表演团体提供公益性演出。鼓励在商业演出和电影放映中安排低价场次或门票	4.4 培育和促进文化消费。**对接文化消费城市试点工作方案，促进文化消费**。完善公益性演出补贴制度。通过票价补贴、剧场运营补贴等方式，支持艺术表演团体提供公益性演出。鼓励在商业演出和电影放映中安排低价场次或门票。**贯彻落实文化部等四部委《关于推动文化文物单位文化创意产品开发的若干意见》，加大文化创意产品开发力度**

第九章 国家公共文化服务体系示范区（项目）标准的发展脉络及演化分析

（续表）

业务建设部分	第一批	第二批	第三批	第四批
具体要求			4.4 培育和发展文化类社会组织，实施群众文化团队扶持项目，形成群众文化团队建设运行长效机制，建立群众文化活动交流平台	4.5 培育和发展**公共文化服务领域**的社会组织。实施群众文化团队扶持项目，形成群众文化团队建设运行长效机制，建立群众文化活动交流平台，**推动公共文化服务社会化、专业化发展**
			5.3 以效能为导向，制定政府公共文化服务考核指标，作为考核评价本地县乡领导班子和领导干部政绩的重要内容，纳入科学发展考核体系。建立公共文化机构绩效考评制度，考评结果作为确定预算、收入分配与负责人奖惩的重要依据。对重大文化项目资金使用、实施效果、服务效能等实行监督和评估。研究制定公众满意度指标，建立群众评价和反馈机制，探索引进公共文化服务第三方评价机制	5.3 建立以效能为导向的多元化评价机制。把公共文化服务绩效考核结果纳入各级领导班子和党政领导干部绩效考核体系，**并加大分值比重**。建立公众参与的公共文化服务考核评价制度，将考核评价结果作为补贴或奖励考核对象的重要依据。建立公众参与的公共文化设施使用效能考核评价制度，**根据评价结果改进工作**。对重大文化项目资金使用、实施效果、服务效能等实行监督和评估。研究制定公众满意度指标，建立群众评价和反馈机制 引进第三方机构，对**公共文化服务的建设、管理、运行、效能进行独立评价**

资料来源：南开课题组整理。

注：①与前一批相比新增的内容用黑体字加粗；②将第三批和第四批的3.4调至保障部分；③将第三批和第四批的5.1和5.2调至保障部分。

指标演变情况分析：

（1）"公共文化设施网络建设方面"的二级指标有所调整。第一批、第二批中部示范区"公共文化设施网络建设方面"的二级指标分为"公共文化设施建设""公共图书馆建设""文化馆（群众艺术馆）建设""乡镇（街道）综合文化站建设""村（社区）基层综合文化服务中心（文化广场）建设""公共电子阅览室（含文化信息资源共享工程支中心、基层服务点）建设"；第三批、第四批中去除了二级指标"公共电子阅览室（含文化信息资源共享工程支中心、基层服务点）建设"。

（2）"公共文化设施"指标的三级指标演变情况。从第三批开始，"公共文化设施"指标的三级指标中增加了"符合国家相关建设标准和每千人占有公共文化服务设施面积达到本省（自治区、直辖市）的先进水平要求"；"行政村（社区）建有文体活动室（文化广场）"调整为"行政村（社区）建有基层综合文化服务中心（配套建有文化广场）"；去除了"方便群众参加活动"指标。

（3）"公共图书馆建设"指标的三级指标演变情况。从第三批开始，"公共图书馆人均占有藏书"从 0.6 册以上提高为 0.8 册以上；"市、县两级图书馆平均每册藏书年流通率"从 0.7 次以上提高为 0.8 次以上；"人均年增新书"从 0.03 册次以上提高为 0.05 册次以上；"人均到馆次数"从 0.3 次以上提高为 0.4 次以上。从第四批开始，"市、县两级图书馆达到部颁三级以上标准"更新为"市、县两级图书馆达到部颁二级以上标准"。

（4）"乡镇（街道）综合文化站建设"的三级指标演变情况。从第三批次开始，"80%的乡镇（街道）建有单独设置的综合文化站其设备配置、活动开展、人员配备、综合管理等达到发展改革委、文化部制定的《乡镇（街道）文化站建设标准》"更新为"乡镇（街道）建有独立设置的综合文化站，设施建设、设备配置、人员配备、管理服务等达到国家发展改革委、住房和城乡建设部制定的《乡镇综合文化站建设标准》和文化部制定的《乡镇综合文化站管理办法》等文件的要求"。

（5）"村（社区）基层综合文化服务中心（文化广场）建设"三级指标演变情况。从第三批次开始，"80%的行政村（社区）建设面积不低于 100 平方米的文化活动室（中心）"指标更新为"70%的村（社区）依托社区综合服务设施，统筹建有集宣传文化、党员教育、科技普及、普法教育、体育健身等多功能于一体的基层综合文化服务中心"；去除了"每个文化活动室都建成全国文化信息资源共享工程基层服务点"指标。第二批次新增60%行政村建立农家书屋，藏书2000册以上，但第三批、第四批去除了此指标。

（6）业务建设指标中，第三批、第四批指标体系有所调整，业务建设指标中新增"公共文化服务与科技融合发展""公共文化服务社会化建设""公共文化服务体制机制建设"三个一级指标及其相应的细化指标。

（7）"社会购买公共文化服务机制"的三级指标演变情况。第四批次对"社会购买公共文化服务机制"的三级指标"制定出台政府购买公共文化服务指导性意见和目录"更新为"贯彻落实国务院办公厅转发文化部等四部委《关于做好政府向社会力量购买公共文化服务工作的意见》，确定具体的购买项目和内容，并及时向社会公布"。去除了"制定鼓励和支持社会力量通过投资或捐助设施设备、兴办实体、资助项目、赞助活动、提供产品和服务等方式参与公共文化服务体系建设的相关政策指标"。

（8）第四批次增加了"社会力量参与提供公共文化服务"二级指标及相应的三级指标。

（9）"文化志愿服务"的三级指标演变情况。第四批次中将"文化志愿服务"的三级指标"结合本地实际，建立和完善文化志愿者注册招募、服务记录、管理评价和激励保障机制"更新为"公共文化机构建立文化志愿者注册招募、服务记录、保障等机制，组织开展文化志愿服务活动"；将"创新服务内容、工作方式和活动载体，探索具有地方或行业特色的文化志愿服务模式"更新为"政府有关部门对公共文化志愿服务给予必要的指导和支持，建立管理评价、教育培训和激励保障机制"。

（10）"培育和促进文化消费"的三级指标演变情况。第四批次中二级指标"培育和促进文化消费"中新增了三级指标"贯彻落实文化部等四部委《关于推动文化文物单位文化创意产品开发的若干意见》，加大文化创意产品开发力度"。

（11）"公共文化机构管理运行机制"的三级指标演变情况。第四批次中二级指标"公共文化机构管理运行机制"中新增了两项三级指标，分别为"建立公共文化设施资产统计报告制度"和"公共文化服务开展情况的年报制度及建立健全安全管理制度，开展公共文化设施及公众活动的安全评价"。

（12）"以效能为导向的评价机制"的三级指标演变情况。第四批次中二级指标"以效能为导向的评价机制"中新增了三级指标"建立公众参与的公共文化设施使用效能考核评价制度，根据评价结果改进工作"。将三级指标"探索引进公共文化服务第三方评价机制"更新为"引进第三方机构，对公共文化服务的建设、管理、运行、效能进行独立评价"。

2. 中部示范区创建标准中服务效能指标发展脉络及演变过程

中部示范区创建标准中服务效能指标发展脉络及演变过程见表9-13。

表9-13 中部示范区四批创建标准中服务效能部分的内容变化情况

服务效能部分	第一批	第二批	第三批	第四批
	2 公共文化服务供给方面	2 公共文化服务供给方面	2 公共文化服务供给	2 公共文化服务效能
具体要求	2.1 以统筹城乡发展，推动基本公共文化服务均等化为目标，公共文化服务面向基层、面向农村，实现重心下移、资源下移。积极组织城市文化部门和单位开展农村文化服务活动。农村和社区依托传统节日、重大庆典活动和民族民间文化资源，开展群众喜闻乐见、丰富多彩的文体活动，群众受众率和参与率达到本省（自治区、直辖市）的先进水平，人均参加文体活动的时间每周不少于5小时	2.1 以统筹城乡文化发展、推动基本公共文化服务均等化为目标，公共文化服务面向基层、面向农村，实现重心下移、资源下移、服务下移。农村公共文化服务总量明显增加。群众性文体活动的经常化、体系化程度明显提高。群众参与率达到本省（自治区、直辖市）的先进水平，人均参加文体活动的时间每周不少于5小时	2.1 实现基本公共文化服务标准化。根据《国家基本公共文化服务指导标准》和本省（自治区、直辖市）基本公共文化服务标准，制定与本地经济社会发展水平相适应、具有地域特色的基本公共文化服务实施标准，要高于本省（自治区、直辖市）平均水平，以县为基本单位推进落实标准，**实现基本公共文化服务标准化**	2.1 实现基本公共文化服务标准化。根据国家基本公共文化服务指导标准和本省（自治区、直辖市）基本公共文化服务实施标准，结合当地实际，制定、公布当地公共文化服务目录，并组织实施，标准要高于本省（自治区、直辖市）平均水平基本实现每个行政村每月看1场以上电影（其中院线上映不足两年的国产新片比例不低于1/3）、每年看4场以上戏剧或文艺演出
	2.6 基本实现每个行政村每月看1场以上电影、每年看3场以上戏剧或文艺演出，每年组织5次以上规模较大的群众文体活动	2.6 基本实现每个行政村每月看1场以上电影、每年看3场以上戏剧或文艺演出，每年组织5次以上规模较大的群众文体活动	2.7 基本实现每个行政村每月看1场以上电影、每年看4场以上戏剧或文艺演出	

(续表)

服务效能部分	第一批	第二批	第三批	第四批
具体要求		2.2 把农民工纳入城市公共文化服务体系。建立了政府主导、企业共建、社会参与的农民工文化工作机制，公益性文化事业单位形成了有特点的面向农民工的服务项目。有效整合和优化配置农民工文化资源，农民工文化活动常态化，广大农民工对公共文化服务的满意度明显提高	2.2 提升农村和贫困地区公共文化服务水平。优化公共文化资源配置，根据本地基本公共文化服务实施标准，明确城乡基层和贫困地区服务和资源缺口，按照精准扶贫的要求，集中实施相应的公共文化服务项目	2.2 提升农村和贫困地区公共文化服务水平。优化公共文化资源配置，根据本地公共文化服务目录，明确城乡基层和贫困地区服务和资源缺口，按照精准扶贫的要求，集中实施相应的公共文化服务项目
	2.2 弱势群体和特殊人群的基本文化服务权益得到有效保障。城市各类公共文化设施免费或优惠向农民工、老人、儿童和残疾人开放，设置方便残障人士以及老年人、少年儿童的活动区域和服务项目。市县两级图书馆设立盲人阅读区，配备设备和盲文读物。县级以上文化馆经常性组织针对上述特殊人群的各类文体活动，开展面向农民工的文化培训等	2.3 弱势群体和特殊人群的基本文化权益得到有效保障。公共文化服务设施设置方便残障人士以及老年人、少年儿童的活动区域和服务项目。市县两级图书馆配备设备和资源，开展面向盲人的服务。县级以上文化馆经常性组织针对上述特殊人群的各类文体活动和专题文化培训等	2.3 保障特殊群体公共文化服务。设有针对老年人、未成年人、残疾人、**农村留守妇女儿童**、生活困难群众的公共文化服务项目。将农民工文化建设纳入本地公共文化服务体系，以公共文化机构、社区和用工企业为实施主体，满足农民工群体**尤其是新生代农民工**的基本文化需求	2.3 保障特殊群体公共文化服务。设有针对老年人、未成年人、残疾人、**务工人员**、农村留守妇女儿童、生活困难群众的公共文化服务项目。将**务工人员**文化建设纳入本地公共文化服务体系，以公共文化机构、社区和用工企业为实施主体，满足**务工人员**群体的基本文化需求
	2.3 社会力量积极参与公共文化产品的生产和供给，引入竞争机制，面向市场，采取项目补贴、资助和政府招标采购等方式，通过集中配送、连锁服务等多种方式，有效解决公共文化产品供给问题，实现提供主体和提供方式多元化	2.4 社会力量积极参与公共文化产品的生产和供给，引入竞争机制，面向市场，采取政府采购、项目补贴、定向资助、贷款贴息、税收减免等政策措施鼓励各类文化企业参与公共文化服务，通过集中配送、连锁服务等多种方式，有效解决公共文化产品供给问题，实现政府主导下的供给主体和供给方式多元化	2.4 提升公共文化服务效能。制定各类公共文化设施运行管理规范和服务标准，规范公共文化机构服务项目和服务流程，提高服务水平。建立群众文化需求反馈机制，及时准确了解和掌握群众文化需求，制定公共文化服务提供目录，开展"菜单式""订单式"服务。开展馆际合作，推进本地公共文化机构互联互通，开展文化服务"一卡通"、公共文化巡展巡讲巡演等服务，实现区域文化共建共享	2.5 提升公共文化服务管理水平。建立健全各类公共文化设施管理制度和服务规范，完善公共文化机构服务项目和服务流程，提高服务水平。建立**公众文化需求的**征询反馈制度。开展"菜单式""订单式"服务。开展馆际合作，推进本地公共文化机构互联互通，实现区域文化共建共享

(续表)

服务效能部分	第一批	第二批	第三批	第四批
具体要求	2.4 图书馆、文化馆、博物馆实现免费开放。各级公共文化设施电子阅览室为社会公众提供免费上网服务时间每周不少于42小时 2.5 图书馆每周开放时间不少于56小时。文化馆（站）、博物馆每周开放时间不少于42小时 2.7 开展延伸服务。市、县图书馆建立总分馆制等多种模式的服务体系。市、县两级图书馆、文化馆配备1台以上流动服务车，具备开展公共文化流动服务的能力	2.5 美术馆、图书馆、文化馆（站）、博物馆实现免费开放，有基本公共文化服务内容目录并公示，形成2个以上品牌服务项目。图书馆每周开放时间不少于56小时。文化馆（站）、博物馆每周开放时间不少于42小时。加强科技馆、纪念馆、工人文化宫、青少年宫等公共文化服务设施和爱国主义教育示范基地建设并完善向社会免费开放服务，鼓励其他国有文化单位、教育机构等开展公益性文化活动，各类公共场所要为群众性文化活动提供便利 2.7 创新公共文化服务方式。市、县图书馆以总分馆等多种形式形成服务体系，实现通借通还。市、县两级图书馆、文化馆具有数字资源提供能力和远程服务能力。市、县两级图书馆、文化馆配备1台以上流动服务车，图书馆每年下基层的流动服务次数不低于30次，文化馆每年组织流动演出12场以上	2.5 公共图书馆、文化馆（站）、博物馆、美术馆免费开放符合国家政策要求。科技馆、工人文化宫、妇女儿童活动中心以及青少年校外活动场所有向社会免费开放的项目，提供基本公共文化服务 2.6 创新公共文化服务方式。市、县两级图书馆、文化馆各配备1台以上流动服务车。图书馆每年下基层的流动服务次数不低于40次，文化馆每年组织流动演出10场以上，流动展览8场以上。市、县图书馆以总分馆等多种形式形成服务体系，实现通借通还。市、县两级图书馆、文化馆具有数字资源提供能力和远程服务能力	2.4 公共图书馆、文化馆（站）、博物馆、美术馆、科技馆等《公共文化服务保障法》规定的公共文化设施免费或优惠向社会开放 2.6 创新公共文化服务方式。市、县两级图书馆、文化馆各配备1台以上流动服务车，或以社会化方式配备流动服务设施设备。图书馆每年下基层的流动服务次数不低于40次，文化馆每年组织流动演出10场以上，流动展览8场以上。市、县两级图书馆、文化馆具有数字资源提供能力和远程服务能力。县级文化馆、公共图书馆总分馆制建设。按照文化部等五部委《关于推进县级文化馆图书馆总分馆制建设的指导意见》要求，建成县级文化馆、公共图书馆总分馆服务体系

·第九章 国家公共文化服务体系示范区（项目）标准的发展脉络及演化分析·

（续表）

服务效能部分	第一批	第二批	第三批	第四批
具体要求	2.8 全国文化信息资源共享工程建设。基本形成资源丰富、技术先进、服务便捷、覆盖城乡的数字文化服务体系，县县有支中心、乡乡有基层服务点，实现"村村通"；100%的基层群众可以通过基层服务点，70%的行政村和城市社区居民可享受数字图书馆、数字文化馆、数字博物馆、数字美术馆的资源服务	2.8 全国文化信息资源共享工程建设。县县有支中心、乡乡有基层服务点，实现"村村通"；100%的基层群众可以通过多种方式使用文化信息资源及享受数字图书馆、数字文化馆、数字博物馆、数字美术馆等的资源服务，**实现扩大覆盖、消除盲点、提高标准、完善服务、改进管理的目标**		

资料来源：南开课题组整理。

注：①与前一批相比新增的内容用黑体字加粗；②将第二批的2.9调至业务建设部分。

指标演变情况分析：

（1）服务效能指标中二级指标体系的演变情况。从第三批次开始，去除了二级指标"把农民工纳入城市公共文化服务体系""弱势群体和特殊人群的基本文化服务权益得到有效保障""社会力量参与""全国文化信息资源共享工程建设"和"公共文化服务评估方面"。在第四批次，又去除了二级指标"免费开放"。

（2）二级指标"推动基本公共文化服务均等化"及其三级指标的演变情况。第三批次开始将该二级指标"推动基本公共文化服务均等化"更新为"实现基本公共文化服务标准化"，其相应的三级指标在后续每个批次均有所更新。

（3）二级指标"把农民工纳入城市公共文化服务体系"，在第二批次新增该二级指标及其三级指标，但第三批次开始去除了该二级指标。

（4）二级指标"弱势群体和特殊人群的基本文化服务权益得到有效保障"，有两个三级指标，在第二批次相应进行了更新，但是第三批次开始去除了该二级指标。

（5）二级指标"提升农村和贫困地区公共文化服务水平"和"保障特殊群体公共文化服务"及其相应的三级指标的演变情况。第三批开始新增了二级指标"提升农村和贫困地区公共文化服务水平"和"保障特殊群体公共文化服务"及其相应的三级指标，第四批次对三级指标"以公共文化机构、社区和用工企业为实施主体，满足农民工群体尤其是新生代农民工的基本文化需求"更新为"以公共文化机构、社区和用工企业为实施主体，满足务工人员群体的基本文化需求"。

（6）二级指标"社会力量参与"，设定了一个三级指标，在第二批次进行了更新，但是第三批次开始去除了该二级指标。

（7）"提升公共文化服务效能"及其相应的三级指标的演变情况。第三批次开始新增了二级指标"提升公共文化服务效能"及其相应的三级指标，第四批次将"建立群众文化需求反馈机制，及时准确了解和掌握群众文化需求，制定公共文化服务提供目录，开展'菜单式''订单式'服务"更新为"建立公众文化需求的征询反馈制度。开展'菜单式''订单式'服务"。

（8）"免费开放"相应三级指标的演变情况。第一批次的三级指标"图书馆、文化馆（站）、博物馆实现免费开放"在第二批次和第三批次进行了更新；第二批次开始去除了"免费上网服务时间每周不少于42小时"的相关指标；对于"图书馆、博物馆开放时间"从第三批次开始去除相关指标；第二批次新增"加强科技馆、纪念馆、工人文化宫、青少年宫等公共文化服务设施和爱国主义教育示范基地建设并完善向社会免费开放服务，鼓励其他国有文化单位、教育机构等开展公益性文化活动，各类公共场所要为群众性文化活动提供便利"，并在第三批次进行了更新；第三批次将"基本实现每个行政村每月看1场以上电影、每年看3场以上戏剧或文艺演出，每年组织5次以上规模较大的群众文体活动"更新为"基本实现每个行政村每月看1场以上电影、每年看5场以上戏剧或文艺演出"。第四批次去除了"免费开放"这个二级指标。

（9）"创新公共文化服务方式"相应的三级指标的演变情况。第二批次将

"市、县图书馆以总分馆等多种形式形成服务体系"更新为"市、县图书馆以总分馆等多种形式形成服务体系,实现通借通还",第四批次将此指标更新为"县级文化馆、公共图书馆总分馆制建设。按照文化部等五部委《关于推进县级文化馆图书馆总分馆制建设的指导意见》要求,建成县级文化馆、公共图书馆总分馆服务体系"。第二批次将"具备开展公共文化流动服务的能力"更新为"市、县两级图书馆、文化馆具有数字资源提供能力和远程服务能力"。第二批次新增三级指标"市、县两级图书馆、文化馆配备1台以上流动服务车,图书馆每年下基层的流动服务次数不低于30次",并在第三批次和第四批次均进行了更新。第二批次新增三级指标"文化馆每年组织流动演出12场以上",第三批次对此进行了更新。

(10)二级指标"全国文化信息资源共享工程建设"及其三级指标的演变过程,该二级指标下设两个三级指标,在第二批次均进行了更新,第三批次开始去除了该二级指标。

(11)二级指标"公共文化服务评估方面"及其三级指标的演变过程,该二级指标下设两个三级指标,在第二批次对其中一个指标进行了更新,第三批次开始去除了该二级指标。

3. 中部示范区创建标准中保障条件指标的发展脉络及演变过程

中部示范区创建标准中保障条件指标主要是以公共文化服务组织支撑方面,资金、人才和技术保障措施落实方面,公共文化服务保障方面为重点保障条件,来考察公共文化在政策组织、资金保障、人才保障及技术保障等方面的实际情况,见表9-14。

表9-14 中部示范区四批创建标准中保障条件部分的内容变化情况

保障条件部分	第一批	第二批	第三批	第四批
具体要求	3 公共文化服务组织支撑方面 4 资金、人才和技术保障措施落实方面	3 公共文化服务组织支撑方面 4 资金、人才和技术保障措施落实	6 公共文化服务保障	6 公共文化服务保障

(续表)

保障条件部分	第一批	第二批	第三批	第四批
具体要求	3.1 政府有建设公共文化服务体系的相关规划和政策，建立政府统一领导、相关部门分工负责、社会团体积极参与的管理体制和工作机制。以农村和基层为重点，制定统筹城乡文化发展的相关规划、政策、措施。建立政府与公共文化服务机构的专家咨询制度、公共文化服务机构运营的公众参与制度，形成政府宏观管理、行业协会参与、公共文化机构法人治理的管理模式，建立城市对农村的文化援助机制 3.2 切实按照国务院《公共文化体育设施条例》和文化部、国土资源部、建设部编制的《公共图书馆建设用地指标》《公共图书馆建设标准》《文化馆建设用地指标》《文化馆建设标准》《乡镇综合文化站建设标准》《城市社区体育设施建设用地指标》等标准，无偿划拨公共图书馆、文化馆（站）、博物馆、体育馆（场）等公益性文化设施建设用地公共文化设施门类齐全、布局合理、服务便捷	3.1 建立**党委统一领导、党政齐抓共管**、相关部门分工负责、社会力量积极参与的工作体制和工作格局，政府有公共文化服务体系建设相关规划和政策。以农村和基层为重点，制定统筹城乡文化发展的相关规划、政策、措施 3.2 建立政府与公共文化服务机构的专家咨询制度、公共文化服务机构运营的公众参与制度。**把公共文化服务内容纳入干部培训计划和当地党校、行政学院、干部学院教学体系** 3.3 切实按照国务院《公共文化体育设施条例》和文化部、国土资源部、建设部编制的《公共图书馆建设用地指标》《公共图书馆建设标准》《文化馆建设用地指标》《文化馆建设标准》《乡镇综合文化站建设标准》《城市社区体育设施建设用地指标》等标准，**根据服务人口等制定公共文化设施建设规划，每千人占有公共文化服务设施面积达到本省（自治区、直辖市）的先进水平**。无偿划拨公共图书馆、文化馆（站）、博物馆、体育馆（场）等公益性文化设施建设用地，公共文化设施门类齐全、布局合理、服务便捷	5.1 完善党委领导、政府管理、部门协同、权责明确、统筹推进的公共文化服务体系建设管理制度。建立由党政主要领导牵头、相关职能部门参与的公共文化服务体系建设协调机制，在规划编制、政策衔接、标准制定和实施等方面加强统筹、整体设计、协调推进。发挥本地基层党委政府作用，建立统一的基层公共文化服务平台，加强各类重大文化项目的统筹实施，实现共建共享，提升综合效益	5.1 完善党委领导、政府管理、部门协同、权责明确、统筹推进的公共文化服务体系建设**工作机制**。**加强对公共文化服务的统筹**。建立由党政主要领导牵头、相关职能部门参与的国家公共文化服务体系示范区建设的协调机制，加强对各类重大文化项目的统筹实施，提升综合效益

第九章 国家公共文化服务体系示范区（项目）标准的发展脉络及演化分析

（续表）

保障条件部分	第一批	第二批	第三批	第四批
具体要求	3.3 以示范区建设为平台，将分散在不同部门的公共文化服务资源和项目有效整合，实现基层公共文化服务资源的共建共享，形成综合、系统、运行有效的公共文化服务网络，体现便民惠民，提高整体服务能力，发挥综合效益	3.4 以示范区建设为平台，**统筹规划和建设基层公共文化服务设施，坚持项目建设和运行管理并重**，将分散在不同部门的公共文化服务资源和项目有效整合，实现基层公共文化服务资源的共建共享	3.4 统筹实施全国文化信息资源共享、数字图书馆博物馆建设、直播卫星广播电视公共服务、农村数字电影放映、数字农家书屋、城乡电子阅报屏建设等项目，构建标准统一、互联互通的公共数字文化服务平台，在基层实现共建共享	3.4 统筹实施公共数字文化工程、数字文化馆建设、数字博物馆建设、直播卫星广播电视公共服务、农村数字电影放映、数字农家书屋、城乡电子阅报屏建设等项目，构建标准统一、互联互通的公共数字文化服务平台，在基层实现共建共享
	3.4 加快推进公益性文化事业单位改革，形成责任明确、行为规范、富有效率、服务优良的管理体制和运行机制。制定并落实吸引社会力量参与公益文化事业建设有关政策，民营文艺团体、民间文艺社团和农民自办文化初具规模，成为政府公共文化服务的重要补充	3.5 加快推进公益性文化事业单位改革，**建立健全法人治理结构，健全决策、执行和监督机制，提高运行效率，确保公益目标实现，建立权责清晰、分类科学、机制灵活、监督有力的事业单位管理制度** 3.6 制定并落实吸引社会力量参与公共文化服务体系建设的有关政策，民营文艺团体、民间文艺社团和农民自办文化初具规模	5.2 坚持设施建设和运行管理并重，健全公共文化设施运行管理和服务标准体系，规范本地公共文化机构服务项目和服务流程，完善内部管理制度，提高服务水平。探索建立事业单位法人治理结构，推动公共图书馆、博物馆、文化馆、科技馆等组建理事会，吸纳有关方面代表、专业人士、各界群众参与管理，健全决策、执行和监督机制	5.2 **完善公共文化机构管理运行机制**。市级和有条件的县级公共图书馆、文化馆、博物馆等建立法人治理结构。建立公共文化设施资产统计报告制度和公共文化服务开展情况的年报制度。建立健全安全管理制度，开展公共文化设施及公众活动的安全评价
	4.1 公共文化服务体系建设纳入政府重要议事日程，纳入当地国民经济和社会发展总体规划，纳入对地方政府的考核指标体系，纳入政府目标管理责任制，纳入财政预算，纳入城乡建设整体规划 4.2 公共文化服务体系建设经费得到落实。建立完善公共文化经费投入机制，近三年财政文化体育与传媒支出不低于同级财政经常性收入的增长幅度，人均文化支出（按常住人口计算）高于本省平均水平	4.1 把**公共文化产品和服务项目、公益性文化活动纳入公共财政经常性支出预算**。公共财政对公共文化投入的增长幅度高于财政经常性支出增长幅度，**公共文化支出占财政支出的比例稳步提高**。设立农村文化建设专项资金。人均文化事业费（按常住人口计算）高于本省平均水平	6.1 **按照基本公共文化服务标准测算、落实当地常住人口享有基本公共文化服务所必需的资金**，保障公共文化服务体系建设和运行。公共财政文化事业费投入增长幅度高于财政经常性支出增长幅度，公共文化支出占财政支出的比例稳步提高。设立农村文化建设专项资金。人均文化事业费（按常住人口计算）处于本省领先水平	6.1 按照基本公共文化服务标准测算公共文化服务经费，并纳入本级预算，安排当地常住人口享有基本公共文化服务所需的资金。人均文化事业费（按常住人口计算）处于本省（自治区、直辖市）领先水平。**建立公共文化服务资金使用的监督和统计公告制度**

(续表)

保障条件部分	第一批	第二批	第三批	第四批
具体要求	4.3 乡镇（街道）综合文化站的人员编制3名以上，行政村和社区有至少1名财政补贴的文化管理员（文化指导员）	4.2 乡镇（街道）综合文化站的人员编制3名以上，行政村和社区有至少1名财政补贴的文化管理员（文化指导员）。城市社区设有公共文化服务岗位	6.2 乡镇（街道）综合文化站人员编制3名以上，**设立城乡基层公共文化服务岗位**，行政村和社区至少配置1名公共财政补贴的工作人员	6.2 乡镇（街道）综合文化站人员编制3名以上，设立城乡基层公共文化服务岗位，行政村和社区至少配置1名公共财政补贴的工作人员
	4.4 市级文化单位业务人员占职工总数不低于70%，县级文化事业单位业务人员占职工总数不低于80%	4.3 市级文化单位业务人员占职工总数不低于70%，县级文化事业单位业务人员占职工总数不低于80%	6.3 市级**公益性**文化事业单位业务人员占职工总数比例不低于70%，县级**公益性**文化事业单位业务人员占职工总数比例不低于80%	6.3 市级公益性文化事业单位业务人员占职工总数比例不低于70%，县级公益性文化事业单位业务人员占职工总数比例不低于80%
		4.4 加强业余文化骨干、文化志愿者队伍建设，每社区、村业余文艺团队不少于2支	6.4 加强业余文化骨干、文化志愿者队伍建设，每个社区、村业余文艺团队不少于2支	6.4 加强业余文化骨干、文化志愿者队伍建设，每个社区、村业余文艺团队不少于2支
	4.5 县级文化单位在职员工参加脱产培训时间每年不少于15天，乡镇（街道）、村、社区基层文化专兼职人员参加集中培训时间每年不少于5天	4.5 县级文化单位在职员工参加脱产培训时间每年不少于15天，乡镇（街道）、村、社区基层文化专兼职人员参加集中培训时间每年不少于5天。县、乡、村、社区基层文化专兼职人员参加全国基层文化队伍远程网络培训时间每年不少于80课时	6.5 把公共文化服务内容纳入干部培训计划和当地党校、行政学院、干部学院教学体系。县级公益性文化单位在职员工参加脱产培训时间每年不少于15天，乡镇（街道）、村（社区）基层文化专兼职人员参加集中培训时间每年不少于5天。县、乡、村基层文化专兼职人员参加全国基层文化队伍远程网络培训时间每年不少于50课时	6.5 把公共文化服务内容纳入干部培训计划和当地党校、行政学院、干部学院教学体系。县级公益性文化单位在职员工参加脱产培训时间每年不少于15天，乡镇（街道）、村（社区）基层文化专兼职人员参加集中培训时间每年不少于5天。县、乡、村基层文化专兼职人员参加全国基层文化队伍远程网络培训时间每年不少于50课时

第九章 国家公共文化服务体系示范区（项目）标准的发展脉络及演化分析

（续表）

保障条件部分	第一批	第二批	第三批	第四批
具体要求	4.6 利用网络、声讯、通讯等现代信息技术建立公共文化服务平台和公共文化服务技术支撑系统，实现当地文化信息资源的共建共享	4.6 利用现代信息技术建立公共文化服务平台和公共文化服务技术支撑系统		

资料来源：南开课题组整理。

注：与前一批相比新增的内容用黑体字加粗。

指标演变情况分析：

（1）保障条件指标中一级指标体系的演变情况。第一批保障条件指标包括一级指标"公共文化服务组织支撑方面""资金、人才和技术保障措施落实方面"两大部分，第二批开始对相关三级指标进行更新和调整，第三批次开始去除了"公共文化服务组织支撑方面"及其二、三级指标，调整"资金、人才和技术保障措施落实方面"将其更新为"公共文化服务保障"。

（2）一级指标"公共文化服务组织支撑方面"下设一个二级指标"建立管理体制和工作机制"，在此二级指标下设六个三级指标，第二批次对其中的四个三级指标进行了更新，并去除了一个三级指标，第三批次开始去除了该一级指标。

（3）"资金、人才和技术保障措施落实方面"下的二级指标"资金保障"，下设一个三级指标，从第二批次开始对其下设的三级指标均进行了更新。

（4）"资金、人才和技术保障措施落实方面"下的二级指标"人才保障"，第一批次下设四个三级指标，第二批次新增三个三级指标，第三批次对其中的二个三级指标进行了更新。

（5）"资金、人才和技术保障措施落实方面"下的二级指标"技术保障"，下设一个三级指标，第二批次对此三级指标进行了更新，第三批次开始去除了该二级指标。

（6）二级指标"人才保障"及其三级指标的演变情况。二级指标"人才保障"方面，第三批开始新增三级指标"设立城乡基层公共文化服务岗位""每个社区、村业余文艺团队不少于2支"和"县、乡、村基层文化专兼职人员参加全国基层文化队伍远程网络培训时间每年不少于50课时"。

（7）第三批开始"公共文化服务保障"中不包含三级指标"技术保障"。

4. 中部示范区创建标准中其他指标的发展脉络及演变过程

指标演变情况分析：

（1）从第二批次开始对三级指标"在公共文化服务体系建设进程中，积极探索实践，创新公共文化服务体系建设体制机制，创新公共文化服务方式和手段，并已取得显著成绩，在全省乃至全国产生较大影响，具有典型示范作用和推广价值"有细微更新，尤其是第四批更侧重"贯彻落实《公共文化服务保障法》上"。

（2）第二批次和第三批次均对三级指标"结合具体实践，参与文化部国家公共文化服务体系制度设计课题研究工作，针对公共文化服务体系建设的共性问题，总结经验，并形成课题研究成果，为国家制定有关政策提供依据，为同类地区的发展提供借鉴。课题报告通过专家组验收"有细微更新，第四批次在基础上新增了"开展公共文化服务的国际合作与交流，积极参与'一带一路''东亚文化之都''欢乐春节''文化睦邻'等文化交流活动"。

（3）第四批将三级指标"涉及广播电视、新闻出版、体育等部门的工作内容，按照部门要求达到相应标准"更新为"涉及新闻出版、广播电视、体育等部门的工作内容，按照国家基本公共文化服务指导标准、本省（自治区、直辖市）公共文化服务实施标准和部门有关要求，达到相应标准"。

（4）三级指标"涉及工会、共青团、妇联等部门的工作内容，达到中央关于公共文化服务体系建设的相关政策要求"在后续批次没有调整。

9.2.4 西部示范区创建标准的发展脉络及演变过程

全国西部公共文化示范区的发展变迁必定反映在全国公共文化示范区创建/验收标准指标体系的演化上。示范区创建标准第一批至第二批大部分没有变动，小的指标变化细微，从第三批开始发生了重大变化和调整，将第二批的公共文化服务组织支撑方面、资金、人才和技术保障措施落实方面、公共文化服务评估方面调整为公共文化服务与科技融合发展、公共文化服务社会化建设、公共文化服务体制机制建设三个部分，指标体系得到了扩展，业务建设指向更加细化。第四批创建标准在第三批标准上进行了微调,将公共文化服务供给方面部分调整为公共文化服务效能,更加凸显服务效能在西部公共文化建设和发展中的作用与导向。

下面从业务建设、服务效能、保障条件三个方面分析创建/验收标准的发展演化。

1. 西部示范区创建标准中业务建设指标演化

西部示范区创建标准中业务建设指标主要是以公共文化设施网络建设、公共文化机构数字化及数字文化设施建设、公共文化社会化建设及公共文化体制机制建设情况为中心,来考察公共文化的业务建设情况,见表9-15。

表9-15 西部示范区四批创建标准中业务建设部分的内容变化情况

业务建设部分	第一批	第二批	第三批	第四批
	1 公共文化设施网络建设	1 公共文化设施网络建设	1 公共文化设施网络建设 3 公共文化服务与科技融合发展 4 公共文化服务社会化建设 5 公共文化服务体制机制建设	1 公共文化设施网络建设 3 公共文化服务与科技融合发展 4 公共文化服务社会化建设 5 公共文化服务体制机制建设
具体要求	1.1 图书馆、博物馆、文化馆(站)、影剧院等公共文化设施网络体系初步形成,并建成与当地人口分布和地域条件相适应的流动文化设施网络,市、县两级图书馆、文化馆都具备流动文化服务能力,广大群众能够就近方便的享受公共文化服务	1.1 图书馆、博物馆、文化馆(站)、影剧院等公共文化设施网络体系初步形成,布局合理,方便群众参加活动。建成与当地人口分布和地域条件相适应的流动文化设施网络,市、县两级文化馆、图书馆具备一定的流动文化服务能力	1.1 公共图书馆、文化馆(站)、博物馆、美术馆、剧院等公共文化设施完善,布局合理,网络健全,符合国家相关建设标准,每千人占有公共文化服务设施面积达到省(自治区、直辖市)的先进水平。实现市有公共图书馆、文化馆、博物馆、美术馆、剧院、非遗展示馆等公共文化设施,县有公共图书馆、文化馆,乡镇(街道)有综合文化站,行政村(社区)建有基层综合文化服务中心(配套建有文化广场)	1.1 公共图书馆、文化馆(站)、博物馆等公共文化设施完善,布局合理,网络健全,符合国家相关建设标准,每千人占有公共文化服务设施面积达到本省(自治区、直辖市)的先进水平。实现市有公共图书馆、文化馆、博物馆等公共文化设施,县有公共图书馆、文化馆,乡镇(街道)有综合文化站,行政村(社区)建有基层综合文化服务中心(配套建有文化广场)

(续表)

业务建设部分	第一批	第二批	第三批	第四批
具体要求	1.2 图书馆建设。市、县两级图书馆80%达到部颁三级以上标准；公共图书馆人均占有藏书0.4册以上；市、县两级图书馆平均每册藏书年流通率0.5次以上；人均年增新书在0.02册次以上；人均到馆次数0.2次以上	1.2 图书馆建设。市、县两级图书馆80%达到部颁三级以上标准；公共图书馆人均占有藏书0.4册以上；市、县两级图书馆平均每册藏书年流通率0.5次以上；人均年增新书在0.02册次以上；人均到馆次数0.2次以上	1.2 公共图书馆建设。80%的市、县两级公共图书馆达到部颁三级以上标准；人均占有藏书0.6册以上；平均每册藏书年流通率0.6次以上；**人均年增新书0.04册次以上**；人均到馆0.4次以上	1.2 公共图书馆建设。80%的市、县两级公共图书馆达到部颁三级以上标准；人均占有藏书0.6册以上；平均每册藏书年流通率0.6次以上；人均年增新书0.04册次以上；人均到馆0.4次以上
	1.3 群艺馆、文化馆建设。市辖两级群艺馆、文化馆80%达到部颁三级以上标准，县文化馆达到部颁三级以上标准	1.3 群众艺术馆、文化馆建设。市、县两级群众艺术馆、文化馆80%达到部颁三级以上标准	1.3 文化馆（群众艺术馆）建设。80%的市、县两级文化馆（群众艺术馆）达到部颁三级以上标准	1.3 文化馆（群众艺术馆）建设。80%的市、县两级文化馆（群众艺术馆）达到部颁三级以上标准
	1.4 乡镇（街道）综合文化站建设。80%的乡镇建有单独设置的综合文化站，其设备配置、活动开展、人员配备、综合管理等达到发展改革委、文化部制定的《乡镇（街道）文化站建设标准》	1.4 乡镇（街道）综合文化站建设。80%的乡镇（街道）建有单独设置的综合文化站，其设备配置、活动开展、人员配备、综合管理等达到**文化部制定的《乡镇综合文化站管理办法》和国家发展改革委、文化部制定的《乡镇综合文化站建设标准》**的要求	1.4 乡镇（街道）综合文化站建设。乡镇（街道）建有独立设置的综合文化站，设施建设、设备配置、人员配备、**管理服务等达到国家发展改革委、住房和城乡建设部制定的《乡镇综合文化站建设标准》**和文化部制定的《乡镇综合文化站管理办法》等文件的要求	1.4 乡镇（街道）综合文化站建设。乡镇（街道）建有独立设置的综合文化站，设施建设、设备配置、人员配备、管理服务等达到国家发展改革委、住房和城乡建设部制定的《乡镇综合文化站建设标准》和文化部制定的《乡镇综合文化站管理办法》等文件的要求
	1.5 公共电子阅览室（含文化信息资源共享工程支中心、基层服务点）建设。依托公共图书馆、文化馆站，市及所辖县建有标准配置的公共电子阅览室。60%的乡镇（街道）、社区建有标准配置的公共电子阅览室	1.5 公共电子阅览室（含文化信息资源共享工程支中心、基层服务点）建设。依托公共图书馆、文化馆站，市及所辖县建有标准配置的公共电子阅览室。60%的乡镇、街道、社区建有标准配置的公共电子阅览室	1.5 村（社区）基层综合文化服务中心（文化广场）建设。60%的村（社区）依托社区综合服务设施，统筹建有集宣传文化、党员教育、科技普及、普法教育、体育健身等多功能于一体的基层综合文化服务中心，建筑面积不低于200平方米，**配套建设群众文化活动广场**	1.5 村（社区）基层综合文化服务中心（文化广场）建设。60%的村（社区）依托社区综合服务设施，统筹建有集宣传文化、党员教育、科技普及、普法教育、体育健身等多功能于一体的基层综合文化服务中心，建筑面积不低于200平方米，配套建设群众文化活动广场

(续表)

业务建设部分	第一批	第二批	第三批	第四批
具体要求			3.1 结合本地实施的"宽带中国""智慧城市"等国家重大信息工程建设，推进公共文化机构数字化建设	3.1 结合本地实施的"智慧城市"等国家重大信息工程建设，推进公共文化机构数字化建设
		2.7 依托全国文化信息资源共享工程和数字图书馆推广工程，市一级建设 1 个以上地方特色数字资源库。**市级图书馆可用数字资源不低于 10TB，县级图书馆可用数字资源不低于 2TB**。建立网上图书馆、网上博物馆、网上文化馆	3.2 市级公共图书馆建设 3 个以上地方特色数字资源库，市级文化馆建设 2 个、博物馆建设 1 个以上地方特色资源数据库。市级图书馆可用数字资源不低于 20TB，县级图书馆可用数字资源不低于 2TB	3.2 市级公共图书馆建设 3 个以上地方特色数字资源库，市级文化馆建设 2 个、博物馆建设 1 个以上地方特色资源数据库。市级公共图书馆**可提供服务**的数字资源不低于 20TB，县级公共图书馆**可提供服务**的数字资源不低于 2TB
			3.3 乡（镇）、村（社区）公共文化服务场所配备数字文化设施，具备数字文化服务能力，基层群众可以通过固定上网终端、网络电视、手机等多种方式使用文化共享工程数字服务产品，以及图书馆、文化馆、博物馆、美术馆等的数字服务资源	3.3 乡（镇）、村（社区）公共文化服务场所**实现无线网络全覆盖**，配备数字文化设施，具备数字文化服务能力，基层群众可以通过固定上网终端、网络电视、手机等多种方式使用文化共享工程数字服务产品，以及公共图书馆、文化馆、博物馆等的数字服务资源
			4.1 建立健全政府向社会力量购买公共文化服务机制。制定出台政府购买公共文化服务指导性意见和目录，将政府购买公共文化服务资金纳入本地财政预算，促进公共文化服务提供主体和提供方式多元化。制定鼓励和支持社会力量通过投资或捐助设施设备、兴办实体、资助项目、赞助活动、提供产品和服务等方式参与公共文化服务体系建设的相关政策	4.1 建立健全政府向社会力量购买公共文化服务机制。贯彻落实国务院办公厅转发文化部等四部委《关于做好政府向社会力量购买公共文化服务工作的意见》，确定具体的购买项目和内容，并及时向社会公布。将政府购买公共文化服务资金纳入本地财政预算，促进公共文化服务提供主体和提供方式多元化
				4.2 鼓励社会力量参与提供公共文化服务。鼓励和支持社会力量通过兴办实体、资助项目、赞助活动、提供设施、捐赠产品等方式参与提供公共文化服务

(续表)

业务建设部分	第一批	第二批	第三批	第四批
具体要求			4.2 发展文化志愿服务。结合本地实际，建立和完善文化志愿者注册招募、服务记录、管理评价和激励保障机制。创新服务内容、工作方式和活动载体，探索具有地方或行业特色的文化志愿服务模式	4.3 发展文化志愿服务。**政府有关部门对公共文化志愿服务给予必要的指导和支持**，建立管理评价、教育培训和激励保障机制。公共文化机构建立文化志愿者注册招募、服务记录、保障等机制，**组织开展文化志愿服务活动**
			4.3 培育和促进文化消费。出台培育和促进文化消费的相关政策，完善公益性演出补贴制度。通过票价补贴、剧场运营补贴等方式，支持艺术表演团体提供公益性演出。鼓励在商业演出和电影放映中安排低价场次或门票	4.4 培育和促进文化消费。**对接文化消费城市试点工作方案，促进文化消费**。完善公益性演出补贴制度。通过票价补贴、剧场运营补贴等方式，支持艺术表演团体提供公益性演出。鼓励在商业演出和电影放映中安排低价场次或门票。**贯彻落实文化部等四部委《关于推动文化文物单位文化创意产品开发的若干意见》，加大文化创意产品开发力度**
			4.4 培育和发展文化类社会组织，实施群众文化团队扶持项目，形成群众文化团队建设运行长效机制，建立群众文化活动交流平台	4.5 培育和发展公共文化服务领域的社会组织。实施群众文化团队扶持项目，形成群众文化团队建设运行长效机制，建立群众文化活动交流平台，**推动公共文化服务社会化、专业化发展**

(续表)

业务建设部分	第一批	第二批	第三批	第四批
具体要求			5.3 以效能为导向，制定政府公共文化服务考核指标，作为考核评价本地县乡领导班子和领导干部政绩的重要内容，纳入科学发展考核体系。建立公共文化机构绩效考评制度，考评结果作为确定预算、收入分配与负责人奖惩的重要依据。对重大文化项目资金使用、实施效果、服务效能等实行监督和评估。研究制定公众满意度指标，建立群众评价和反馈机制，探索引进公共文化服务第三方评价机制	5.3 建立以效能为导向的多元评价机制。把公共文化服务绩效考核结果纳入各级领导班子和党政领导干部绩效考核体系，**并加大分值比重**。建立公众参与的公共文化服务考核评价制度，将考核评价结果作为补贴或奖励考核对象的重要依据。建立公众参与的公共文化设施使用效能考核评价制度，**根据评价结果改进工作**。对重大文化项目资金使用、实施效果、服务效能等实行监督和评估。研究制定公众满意度指标，建立群众评价和反馈机制引进第三方机构，**对公共文化服务的建设、管理、运行、效能进行独立评价**

资料来源：南开课题组整理。

注：①与前一批相比新增的内容用黑体字加粗；②将第三批和第四批的3.4调至保障部分；③将第三批和第四批的5.1和5.2调至保障部分。

指标演变情况分析：

（1）"公共文化设施网络建设方面"的二级指标有所调整。第一批、第二批东部示范区"公共文化设施网络建设方面"的二级指标分为"公共文化设施建设""公共图书馆建设""文化馆（群众艺术馆）建设""乡镇（街道）综合文化站建设""村（社区）基层综合文化服务中心（文化广场）建设""公共电子阅览室（含文化信息资源共享工程支中心、基层服务点）建设"；第三批、第四批中去除了二级指标"公共电子阅览室（含文化信息资源共享工程支中心、基层服务点）建设"。

(2)"公共文化设施"指标的三级指标演变情况。从第三批开始,"公共文化设施"指标的三级指标中增加了"符合国家相关建设标准和每千人占有公共文化服务设施面积达到本省(自治区、直辖市)的先进水平要求";第四批次扩大了自治区、直辖市的省级行政区划分限定范围,增加对新疆生产建设兵团的公共文化设施面积要求。

(3)第三批次中人均年增新书从0.02册次以上提高为0.04册次以上。

(4)"乡镇(街道)综合文化站建设"的三级指标演变情况。从第二批次开始,"乡镇(街道)综合文化站建设"的三级指标中增加了"综合文化站达到文化部制定的《乡镇综合文化站管理办法》";将《乡镇(街道)文化站建设标准》更新为《乡镇综合文化站建设标准》。

(5)"村(社区)基层综合文化服务中心(文化广场)建设"三级指标演变情况。从第三批次开始,"村(社区)基层综合文化服务中心(文化广场)建设"指标的三级指标中"要求60%的村(社区)依托社区综合服务设施,统筹建有集宣传文化、党员教育、科技普及、普法教育、体育健身等多功能于一体的基层综合文化服务中心"。去除了"每个文化活动室都建成全国文化信息资源共享工程基层服务点指标。提升了村(社区)基层综合文化服务中心的功能性,更好的服务居民和村民"。

(6)业务建设指标中,第三批、第四批指标体系有所调整,业务建设指标中新增"公共文化服务与科技融合发展""公共文化服务社会化建设""公共文化服务体制机制建设"三个一级指标及其相应的细化指标。

(7)"社会购买公共文化服务机制"的三级指标演变情况。第四批次将"社会购买公共文化服务机制"的三级指标"制定出台政府购买公共文化服务指导性意见和目录"更新为"贯彻落实国务院办公厅转发文化部等四部委《关于做好政府向社会力量购买公共文化服务工作的意见》,确定具体的购买项目和内容,并及时向社会公布"。去除了"制定鼓励和支持社会力量通过投资或捐助设施设备、兴办实体、资助项目、赞助活动、提供产品和服务等方式参与公共文化服务体系建设的相关政策指标"。

(8)第四批次增加了"社会力量参与提供公共文化服务"二级指标及相应的三级指标。

(9)"文化志愿服务"的三级指标演变情况。第四批次中将"文化志愿服务"的三级指标"结合本地实际,建立和完善文化志愿者注册招募、服务记录、管理评价和激励保障机制"更新为"公共文化机构建立文化志愿者注册招募、服务记录、保障等机制,组织开展文化志愿服务活动";将"创新服务内容、工作方式和活动载体,探索具有地方或行业特色的文化志愿服务模式"更新为"政府有关部门对公共文化志愿服务给予必要的指导和支持,建立管理评价、教育培训和激励保障机制"。

(10)"培育和促进文化消费"的三级指标演变情况。第四批次中二级指标"培育和促进文化消费"中新增了三级指标"贯彻落实文化部等四部委《关于推动文化文物单位文化创意产品开发的若干意见》,加大文化创意产品开发力度。"

(11)"公共文化机构管理运行机制"的三级指标演变情况。第四批次中二级指标"公共文化机构管理运行机制"中新增了两项三级指标,分别为:"建立公共文化设施资产统计报告制度"和"公共文化服务开展情况的年报制度及建立健全安全管理制度,开展公共文化设施及公众活动的安全评价"。

(12)"以效能为导向的评价机制"的三级指标演变情况。第四批次中二级指标"以效能为导向的评价机制"中新增了三级指标"建立公众参与的公共文化设施使用效能考核评价制度,根据评价结果改进工作"。将三级指标"探索引进公共文化服务第三方评价机制"更新为"引进第三方机构,对公共文化服务的建设、管理、运行、效能进行独立评价"。

2. 西部示范区创建标准中服务效能指标的发展脉络及演变过程

西部示范区创建标准中服务效能指标主要是以基本公共文化服务的均等化标准、提升农村和贫困地区公共文化服务水平、保障特殊群体公共文化服务、社会力量参与、提升公共文化服务效能、免费开放及创新公共文化服务方式等方面,来考察西部示范区公共文化的服务效能效果情况,见表9-16。

表9-16 西部示范区四批创建标准中服务效能部分的内容变化情况

服务效能部分	第一批	第二批	第三批	第四批
具体要求	2 公共文化服务供给方面	2 公共文化服务供给方面	2 公共文化服务供给	2 公共文化服务效能

(续表)

服务效能部分	第一批	第二批	第三批	第四批
具体要求	2.1 以统筹城乡发展，推动基本公共文化服务均等化为目标，公共文化服务面向基层、面向农村，实现重心下移、资源下移。积极组织城市文化部门和单位开展农村文化服务活动。农村和社区依托传统节日、重大庆典活动和民族民间文化资源，开展群众喜闻乐见、丰富多彩的文体活动，群众受众率和参与率达到本省（自治区、直辖市）的先进水平，人均参加文体活动的时间每周不少于3小时	2.1 以统筹城乡文化发展、推动基本公共文化服务均等化为目标，公共文化服务面向基层、面向农村，实现重心下移、资源下移、服务下移。农村公共文化服务总量明显增加。群众性文体活动的经常化、体系化程度明显提高。群众参与率达到本省（自治区、直辖市）的先进水平，人均参加文体活动的时间每周不少于3小时	2.1 实现基本公共文化服务标准化。根据《国家基本公共文化服务指导标准》和本省（自治区、直辖市）基本公共文化服务标准，制定与本地经济社会发展水平相适应、具有地域特色的基本公共文化服务实施标准，要高于本省（自治区、直辖市）平均水平，以县为基本单位推进落实标准，实现基本公共文化服务标准化	2.1 实现基本公共文化服务标准化。根据国家基本公共文化服务指导标准和本省（自治区、直辖市）基本公共文化服务实施标准，结合当地实际，制定、公布当地公共文化服务目录，并组织实施，标准要高于本省（自治区、直辖市）平均水平 基本实现每个行政村每月看1场以上电影（其中院线上映不足两年的国产新片比例不低于1/3）、每年看3场以上戏剧或文艺演出
	2.5 基本实现每个行政村每月看1场以上电影、每年看2场以上戏剧或文艺演出，每年组织3次以上规模较大的群众文体活动	2.5 基本实现每个行政村每月看1场以上电影、每年看2场以上戏剧或文艺演出，每年组织3次以上规模较大的群众文体活动	2.7 基本实现每个行政村每月看1场以上电影、每年看3场以上戏剧或文艺演出	
			2.2 提升农村和贫困地区公共文化服务水平。优化公共文化资源配置，根据本地基本公共文化服务实施标准，明确城乡基层和贫困地区服务和资源缺口，按照精准扶贫的要求，集中实施相应的公共文化服务项目	2.2 提升农村和贫困地区公共文化服务水平。优化公共文化资源配置，根据本地公共文化服务目录，明确城乡基层和贫困地区服务和资源缺口，按照精准扶贫的要求，集中实施相应的公共文化服务项目

(续表)

服务效能部分	第一批	第二批	第三批	第四批
具体要求		2.2 弱势群体和特殊人群的基本文化权益得到有效保障。公共文化服务设施设置方便残障人士以及老年人、少年儿童的活动区域和服务项目。县级以上文化馆经常性组织针对上述特殊人群的各类文体活动和专题文化培训等	2.3 保障特殊群体公共文化服务。设有针对老年人、未成年人、残疾人、农民工、**农村留守妇女儿童、生活困难群众**的公共文化服务项目。将农民工文化建设纳入本地公共文化服务体系，以公共文化机构、社区和用工企业为实施主体，满足农民工群体**尤其是新生代农民工**的基本文化需求	2.3 保障特殊群体公共文化服务。设有针对老年人、未成年人、残疾人、**务工人员**、农村留守妇女儿童、生活困难群众的公共文化服务项目。将**务工人员**文化建设纳入本地公共文化服务体系，以公共文化机构、社区和用工企业为实施主体，满足务工人员群体的基本文化需求
	2.2 社会力量积极参与公共文化产品的生产和供给，引入竞争机制，面向市场，采取项目补贴、资助和政府招标采购等方式，通过集中配送、连锁服务等多种方式，有效解决公共文化产品供给问题，实现提供主体和提供方式多元化	2.3 社会力量积极参与公共文化产品的生产和供给，引入竞争机制，面向市场，采取政府采购、项目补贴、定向资助、贷款贴息、税收减免等**政策措施鼓励各类文化企业参与公共文化服务**，通过集中配送、连锁服务等多种方式，有效解决公共文化产品供给问题，实现政府主导下的供给主体和供给方式多元化	2.4 提升公共文化服务效能。制定各类公共文化设施运行管理规范和服务标准，规范公共文化机构服务项目和服务流程，提高服务水平。建立群众文化需求反馈机制，及时准确了解和掌握群众文化需求，制定公共文化服务提供目录，开展"菜单式""订单式"服务。开展馆际合作，**推进本地公共文化机构互联互通，开展文化服务"一卡通"、公共文化巡展巡讲巡演等服务，实现区域文化共建共享**	2.5 提升公共文化服务管理水平。建立健全各类公共文化设施管理制度和服务规范，完善公共文化机构服务项目和服务流程，提高服务水平。建立**公众**文化需求的征询反馈制度。开展"菜单式""订单式"服务。开展馆际合作，推进本地公共文化机构互联互通，实现区域文化共建共享

(续表)

服务效能部分	第一批	第二批	第三批	第四批
具体要求	2.3 图书馆、文化馆、博物馆实现免费开放。各级公共文化设施电子阅览室为社会公众提供免费上网服务时间每周不少于42小时 2.4 图书馆每周开放时间不少于56小时。文化馆（站）、博物馆每周开放时间不少于42小时	2.4 美术馆、图书馆、文化馆（站）、博物馆实现免费开放，有基本公共文化服务内容目录并公示。图书馆每周开放时间不少于56小时。文化馆（站）、博物馆每周开放时间不少于42小时。加强科技馆、纪念馆、工人文化宫、青少年宫等公共文化服务设施和爱国主义教育示范基地建设并完善向社会免费开放服务，鼓励其他国有文化单位、教育机构等开展公益性文化活动，各类公共场所要为群众性文化活动提供便利	2.5 公共图书馆、文化馆（站）、博物馆、美术馆免费开放符合国家政策要求。科技馆、工人文化宫、妇女儿童活动中心以及青少年校外活动场所有向社会免费开放的项目，提供基本公共文化服务 2.6 创新公共文化服务方式。市、县两级图书馆、文化馆各配备1台以上流动服务车。图书馆每年下基层的流动服务次数不低于30次，文化馆每年组织流动演出8场以上，流动展览6场以上。市、县图书馆以总分馆等多种形式形成服务体系，实现通借通还。市、县两级图书馆、文化馆具有数字资源提供能力和远程服务能力	2.4 公共图书馆、文化馆（站）、博物馆、美术馆、科技馆等《公共文化服务保障法》规定的公共文化设施免费或优惠向社会开放 2.6 创新公共文化服务方式。市、县两级图书馆、文化馆各配备1台以上流动服务车，**或以社会化方式配备流动服务设施设备**。图书馆每年下基层的流动服务次数不低于30次，文化馆每年组织流动演出8场以上，流动展览6场以上。市、县两级图书馆、文化馆具有数字资源提供能力和远程服务能力 **县级文化馆、公共图书馆总分馆制建设**。按照文化部等五部委《关于推进县级文化馆图书馆总分馆制建设的指导意见》要求，建成县级文化馆、公共图书馆总分馆服务体系

(续表)

服务效能部分	第一批	第二批	第三批	第四批
具体要求	2.6 全国文化信息资源共享工程建设。基本形成资源丰富、技术先进、服务便捷、覆盖城乡的数字文化服务体系，县县有支中心、乡乡有基层服务点，实现"村村通"；100%的基层群众可以通过基层服务点使用文化信息资源及享受数字图书馆、数字博物馆、数字美术馆的资源服务	2.6 全国文化信息资源共享工程建设。县县有支中心、乡乡有基层服务点，实现"村村通"；100%的基层群众可以通过多种方式使用文化信息资源及享受数字图书馆、数字文化馆、数字博物馆、数字美术馆等的资源服务，**实现扩大覆盖、消除盲点、提高标准、完善服务、改进管理的目标**		

资料来源：南开课题组整理。

注：①与前一批相比新增的内容用黑体字加粗；②将第二批的2.7调至业务建设部分。

指标演变情况分析：

（1）服务效能指标中一级指标体系的演变情况。从第四批次开始，将一级指标"公共服务供给"更新为"公共服务效能"。

（2）二级指标"推动基本公共文化服务均等化"及其三级指标的演变情况。第三批开始将二级指标"推动基本公共文化服务均等化"更新为"实现基本公共文化服务标准化"，其相应的三级指标第二批、第三批、第四批均有所更新。第四批次二级指标"实现基本公共文化服务标准化"中新增三级指标"基本实现每个行政村每月看1场以上电影（其中院线上映不足两年的国产新片比例不低于1/3）、每年看5场以上戏剧或文艺演出"。

（3）二级指标"把农民工纳入城市公共文化服务体系"及其三级指标的演变情况。第三批次新增二级指标"把农民工纳入城市公共文化服务体系"及相应的三级指标。

（4）"弱势群体和特殊人群的基本文化服务权益得到有效保障"及其三级指标的演变情况。第三批次开始去除了二级指标"弱势群体和特殊人群的基本文化服务权益得到有效保障"及其相应的三级指标。

（5）二级指标"提升农村和贫困地区公共文化服务水平"和"保障特殊

群体公共文化服务"及其相应的三级指标的演变情况。第三批开始新增了二级指标"提升农村和贫困地区公共文化服务水平"和"保障特殊群体公共文化服务"及其相应的三级指标，第四批次对三级指标"以公共文化机构、社区和用工企业为实施主体，满足农民工群体尤其是新生代农民工的基本文化需求"更新为"以公共文化机构、社区和用工企业为实施主体，满足务工人员群体的基本文化需求"。

（6）二级指标"社会力量参与"及其相应的三级指标的演变情况。第三批次开始去除了二级指标"社会力量参与"及其相应的三级指标。

（7）"提升公共文化服务效能"及其相应的三级指标的演变情况。第三批次开始新增了二级指标"提升公共文化服务效能"及其相应的三级指标。

（8）"免费开放"相应三级指标的演变情况。第三批次将三级指标"图书馆、文化馆（站）、博物馆实现免费开放"更新为"公共图书馆、文化馆（站）、博物馆、美术馆免费开放符合国家政策要求"，第四批次又将其更新为"公共图书馆、文化馆（站）、博物馆、美术馆、科技馆等《公共文化服务保障法》规定的公共文化设施免费或优惠向社会开放"。

（9）"创新公共文化服务方式"相应的三级指标的演变情况。第四批次二级指标"创新公共文化服务方式"中将三级指标"市、县图书馆以总分馆等多种形式形成服务体系，实现通借通还更新为县级文化馆、公共图书馆总分馆制建设。按照文化部等五部委《关于推进县级文化馆图书馆总分馆制建设的指导意见》要求，建成县级文化馆、公共图书馆总分馆服务体系"。第二批新增三级指标"市、县两级图书馆、文化馆具有数字资源提供能力和远程服务能力"。

（10）第三批开始去除了二级指标"全国文化信息资源共享工程建设""依托全国文化信息资源共享工程"和"国家数字图书馆工程、公共文化服务评估方面"及其相应的三级指标。

3. 西部示范区创建标准中保障条件指标的发展脉络及演变过程

西部示范区创建标准中保障条件指标主要是以公共文化服务组织支撑方面、资金、人才和技术保障措施落实方面、公共文化服务保障方面为重点保障条件，来考察公共文化在政策组织、资金保障、人才保障及技术保障等方面的实际情况，见表9-17。

表9-17 西部示范区四批创建标准中保障条件部分的内容变化情况

保障条件部分	第一批	第二批	第三批	第四批
	3 公共文化服务组织支撑方面 4 资金、人才和技术保障措施落实方面	3 公共文化服务组织支撑方面 4 资金、人才和技术保障措施落实	6 公共文化服务保障	6 公共文化服务保障
具体要求	3.1 政府有建设公共文化服务体系的相关规划和政策，建立政府统一领导、相关部门分工负责、社会团体积极参与的管理体制和工作机制。以农村和基层为重点，制定统筹城乡文化发展的相关规划、政策、措施。建立政府与公共文化服务机构的专家咨询制度、公共文化服务机构运营的公众参与制度，形成政府宏观管理、行业协会参与、公共文化机构法人治理的管理模式，建立城市对农村的文化援助机制	3.1 建立**党委统一领导、党政齐抓共管**、相关部门分工负责、社会力量积极参与的工作体制和工作格局，政府有公共文化服务体系建设相关规划和政策。以农村和基层为重点，制定统筹城乡文化发展的相关规划、政策、措施 3.2 建立政府与公共文化服务机构的专家咨询制度、公共文化服务机构运营的公众参与制度。**把公共文化服务内容纳入干部培训计划和当地党校、行政学院、干部学院教学体系**	5.1 完善党委领导、政府管理、部门协同、权责明确、统筹推进的公共文化服务体系建设管理制度。建立由党政主要领导牵头、相关职能部门参与的公共文化服务体系建设协调机制，在规划编制、政策衔接、标准制定和实施等方面加强统筹、整体设计、协调推进。发挥本地基层党委政府作用，建立统一的基层公共文化服务平台，加强各类重大文化项目的统筹实施，实现共建共享，提升综合效益	5.1 完善党委领导、政府管理、部门协同、权责明确、统筹推进的公共文化服务体系建设**工作机制。加强对公共文化服务的统筹**。建立由党政主要领导牵头、相关职能部门参与的国家公共文化服务体系示范区建设的协调机制，加强对各类重大文化项目的统筹实施，提升综合效益
	3.2 切实按照国务院《公共文化体育设施条例》和文化部、国土资源部、建设部编制的《公共图书馆建设用地指标》《公共图书馆建设标准》《文化馆建设用地指标》《文化馆建设标准》《乡镇综合文化站建设标准》《城市社区体育设施建设用地指标》等标准，无偿划拨公共图书馆、文化馆（站）、博物馆、体育馆（场）等公益性文化设施建设用地，公共文化设施门类齐全、布局合理、服务便捷	3.3 切实按照国务院《公共文化体育设施条例》和文化部、国土资源部、建设部编制的《公共图书馆建设用地指标》《公共图书馆建设标准》《文化馆建设用地指标》《文化馆建设标准》《乡镇综合文化站建设标准》《城市社区体育设施建设用地指标》等标准，**根据服务人口等制定公共文化设施建设规划，每千人占有公共文化服务设施面积达到本省（自治区、直辖市）的先进水平**。无偿划拨公共图书馆、文化馆（站）、博物馆、体育馆（场）等公益性文化设施建设用地，公共文化设施门类齐全、布局合理、服务便捷		

(续表)

保障条件部分	第一批	第二批	第三批	第四批
具体要求	3.3 以示范区建设为平台，将分散在不同部门的公共文化服务资源和项目有效整合，实现基层公共文化服务资源的共建共享，形成综合、系统、运行有效的公共文化服务网络，体现便民惠民，提高整体服务能力，发挥综合效益	3.4 以示范区建设为平台，**统筹规划和建设基层公共文化服务设施，坚持项目建设和运行管理并重**，将分散在不同部门的公共文化服务资源和项目有效整合，实现基层公共文化服务资源的共建共享	3.4 统筹实施全国文化信息资源共享、数字图书馆博物馆建设、直播卫星广播电视公共服务、农村数字电影放映、数字农家书屋、城乡电子阅报屏建设等项目，构建标准统一、互联互通的公共数字文化服务平台，在基层实现共建共享	3.4 统筹实施公共数字文化工程、数字文化馆建设、数字博物馆建设、直播卫星广播电视公共服务、农村数字电影放映、数字农家书屋、城乡电子阅报屏建设等项目，构建标准统一、互联互通的公共数字文化服务平台，在基层实现共建共享
	3.4 加快推进公益性文化事业单位改革，形成责任明确、行为规范、富有效率、服务优良的管理体制和运行机制。制定并落实吸引社会力量参与公益文化事业建设有关政策，民营文艺团体、民间文艺社团和农民自办文化初具规模，成为政府公共文化服务的重要补充	3.5 加快推进公益性文化事业单位改革，**建立健全法人治理结构，健全决策、执行和监督机制，提高运行效率，确保公益目标实现，建立权责清晰、分类科学、机制灵活、监管有力的事业单位管理制度** 3.6 制定并落实吸引社会力量参与公共文化服务体系建设的有关政策，民营文艺团体、民间文艺社团和农民自办文化初具规模	5.2 坚持设施建设和运行管理并重，健全公共文化设施运行管理和服务标准体系，规范本地公共文化机构服务项目和服务流程，完善内部管理制度，提高服务水平。探索建立事业单位法人治理结构，推动公共图书馆、博物馆、文化馆、科技馆等组建理事会，吸纳有关方面代表、专业人士、各界群众参与管理，健全决策、执行和监督机制	5.2 **完善公共文化机构管理运行机制**。市级和有条件的县级公共图书馆、文化馆、博物馆等建立法人治理结构。**建立公共文化设施资产统计报告制度和公共文化服务开展情况的年报制度。建立健全安全管理制度，开展公共文化设施及公众活动的安全评价**
	4.1 公共文化体系建设纳入政府重要议事日程，纳入当地国民经济和社会发展总体规划，纳入对地方政府的考核指标体系，纳入政府目标管理责任制，纳入财政预算，纳入城乡建设整体规划 4.2 公共文化服务体系建设经费得到落实。建立完善公共文化经费投入机制，近三年财政文化体育与传媒支出不低于同级财政经常性收入的增长幅度，人均文化支出（按常住人口计算）高于本省平均水平	4.1 把公共文化产品和服务项目、公益性文化活动纳入公共财政经常性支出预算。公共财政对公共文化投入的增长幅度高于财政经常性支出增长幅度，公共文化支出占财政支出的比例稳步提高。设立农村文化建设专项资金。人均文化事业费（按常住人口计算）高于本省平均水平	6.1 按照基本公共文化服务标准测算、落实当地常住人口享有基本公共文化服务所必需的资金，保障公共文化服务体系建设和运行。公共财政对公共文化事业投入增长幅度高于财政经常性支出增长幅度，公共文化支出占财政支出的比例稳步提高。设立农村文化建设专项资金。人均文化事业费（按常住人口计算）处于本省领先水平	6.1 按照基本公共文化服务标准测算公共文化服务经费，并纳入本级预算，安排当地常住人口享有基本公共文化服务所需的资金。人均文化事业费（按常住人口计算）处于本省（区、市）领先水平 建立公共文化服务资金使用的监督和统计公告制度

(续表)

保障条件部分	第一批	第二批	第三批	第四批
具体要求	4.3 乡镇（街道）综合文化站的人员编制3名以上，行政村和社区有至少1名财政补贴的文化管理员（文化指导员）。市级文化单位业务人员占职工总数不低于70%，县级文化事业单位业务人员占职工总数不低于80%	4.2 乡镇（街道）综合文化站的人员编制3名以上，行政村和社区有至少1名财政补贴的文化管理员（文化指导员）。**城市社区设有公共文化服务岗位**	6.2 乡镇（街道）综合文化站人员编制3名以上，**设立城乡基层公共文化服务岗位**，行政村和社区至少配置1名公共财政补贴的工作人员	6.2 乡镇（街道）综合文化站人员编制3名以上，设立城乡基层公共文化服务岗位，行政村和社区至少配置1名公共财政补贴的工作人员
		4.3 市级文化单位业务人员占职工总数不低于70%，县级文化事业单位业务人员占职工总数不低于80%	6.3 市级**公益性**文化事业单位业务人员占职工总数比例不低于70%，县级**公益性**文化事业单位业务人员占职工总数比例不低于80%	6.3 市级公益性文化事业单位业务人员占职工总数比例不低于70%，县级公益性文化事业单位业务人员占职工总数比例不低于80%
		4.4 加强业余文化骨干、文化志愿者队伍建设，每社区、村业余文艺团队不少于1支	6.4 加强业余文化骨干、文化志愿者队伍建设，每个社区、村业余文艺团队不少于1支	6.4 加强业余文化骨干、文化志愿者队伍建设，每个社区、村业余文艺团队不少于1支
	4.4 县级文化单位在职员工参加脱产培训时间每年不少于15天，乡镇街道、村、社区基层文化专兼职人员参加集中培训时间每年不少于5天	4.5 县级文化单位在职员工参加脱产培训时间每年不少于15天，乡镇街道、村、社区基层文化专兼职人员参加集中培训时间每年不少于5天。**县、乡、村、社区基层文化专兼职人员参加全国基层文化队伍远程网络培训时间每年不少于50课时**	6.5 把公共文化服务内容纳入干部培训计划和当地党校、行政学院、干部学院教学体系。县级公益性文化单位在职员工参加脱产培训时间每年不少于15天，乡镇（街道）、村（社区）基层文化专兼职人员参加集中培训时间每年不少于5天。县、乡、村基层文化专兼职人员参加全国基层文化队伍远程网络培训时间每年不少于50课时	6.5 把公共文化服务内容纳入干部培训计划和当地党校、行政学院、干部学院教学体系。县级公益性文化单位在职员工参加脱产培训时间每年不少于15天，乡镇（街道）、村（社区）基层文化专兼职人员参加集中培训时间每年不少于5天。县、乡、村基层文化专兼职人员参加全国基层文化队伍远程网络培训时间每年不少于50课时
	4.5 利用网络、声讯、通信等现代信息技术建立公共文化服务平台和公共文化服务技术支撑系统，实现当地文化信息资源的共建共享	4.6 利用现代信息技术建立公共文化服务平台和公共文化服务技术支撑系统		

资料来源：南开课题组整理。

注：与前一批相比新增的内容用黑体字加粗。

指标演变情况分析：

(1) 保障条件指标中一级指标体系的演变情况。第一批、第二批保障条件指标包括一级指标"公共文化服务组织支撑方面""资金、人才和技术保障措施落实方面"两大部分，第三批、第四批对其进行调整，去除了"公共文化服务组织支撑方面"及其二、三级指标，调整"资金、人才和技术保障措施落实方面"将其更新为"公共文化服务保障"。

(2) "建立管理体制和工作机制"相应的三级指标的演变情况第二批二级指标"建立管理体制和工作机制"中新增三级指标"把公共文化服务内容纳入干部培训计划和当地党校、行政学院、干部学院教学体系""根据服务人口等制定公共文化设施建设规划，每千人占有公共文化服务设施面积达到本省（自治区、直辖市）的先进水平"及"制定并落实吸引社会力量参与公共文化服务体系建设的有关政策，民营文艺团体、民间文艺社团和农民自办文化初具规模"。

(3) 二级指标"资金保障"及其三级指标的演变情况。对二级指标"资金保障"均有所更新，第二批侧重于"对公共文化投入的增幅高于经常性支出增幅，而且要设立农村文化建设专项资金"，第三批侧重于"按标准测算且落实公共文化必需的资金"，第四批侧重于"按照基本公共文化服务标准测算公共文化服务经费，并纳入本级预算，建立公共文化服务资金使用的监督和统计公告制度"。第三批开始将三级指标"人均文化事业费（按常住人口计算）高于本省平均水平"更新为"人均文化事业费（按常住人口计算）处于本省领先水平"。

(4) 二级指标"人才保障"及其三级指标的演变情况。二级指标"人才保障"方面，第三批开始新增三级指标"城市社区设有公共文化服务岗位""每社区、村业余文艺团队不少于1支"及"县、乡、村、社区基层文化专兼职人员参加全国基层文化队伍远程网络培训时间每年不少于50课时"。

(5) 第三批开始调整为的"公共文化服务保障"中不包含三级指标"技术保障"。

·第九章 国家公共文化服务体系示范区（项目）标准的发展脉络及演化分析·

4. 西部示范区创建标准中的其他指标的发展脉络及演变过程

指标演变情况分析：

（1）第二批、第三批、第四批均对三级指标"在公共文化服务体系建设进程中，积极探索实践，创新公共文化服务体系建设体制机制，创新公共文化服务方式和手段，并已取得显著成绩，在全省乃至全国产生较大影响，具有典型示范作用和推广价值"有细微更新，尤其是第四批更侧重"贯彻落实《公共文化服务保障法》上"。

（2）第二批、第三批均对三级指标"结合具体实践，参与文化部国家公共文化服务体系制度设计课题研究工作，针对公共文化服务体系建设的共性问题，总结经验，并形成课题研究成果，为国家制定有关政策提供依据，为同类地区的发展提供借鉴。课题报告通过专家组验收"有细微更新，第四批次在基础上新增了"开展公共文化服务的国际合作与交流，积极参与'一带一路''东亚文化之都''欢乐春节''文化睦邻'等文化交流活动"。

（3）第四批将三级指标"涉及广播电视、新闻出版、体育等部门的工作内容，按照部门要求达到相应标准"更新为"涉及新闻出版、广播电视、体育等部门的工作内容，按照国家基本公共文化服务指导标准、本省（自治区、直辖市）公共文化服务实施标准和部门有关要求，达到相应标准"。

9.3 国家公共文化服务体系示范项目创建标准指标发展脉络及演变过程

9.3.1 国家公共文化服务体系示范项目创建标准简介

创建示范项目的指导思想是培育一批具有创新性、带动性、导向性、科学性的公共文化服务体系示范项目，创建原则是：就公共文化服务体系的某一方面、某一构成要素进行探索，为完善公共文化服务体系的构成要素、组成方面提供实践示范和制度建设经验。申报的基本条件为：公共文化服务体系建设基础较好；在某一方面积极探索并取得显著成效，对推动全国公共文化服务体系建设工作产生较大影响；具有较强的典型性、示范性，形成较为成功的经验和做法。示范项目申报获批后依创建标准建设。这四批示范项目创建标准指标体系一致，突出创新性、导向性、带动性、科学性，这与示范项目创建目的是相同的。示范项目的创建标准与示范区的创建标准相比，并没有分东、中、西部地区，并且创建标准也没有分业务建设、服务效能、保障条件等二级指标，也没有就某方面细化到具体数量，只是创建方向的引领性指导性指标。其目的是倡导因地制宜，突出个性化、地域化、特色化，发挥典型性、带动性作用。

9.3.2 国家公共文化服务体系示范项目创建标准发展脉络及演变过程

全国公共文化服务体系示范项目创建标准指标发展脉络及演变过程见表9-18。

表9-18　全国公共文化服务体系示范项目创建标准指标发展脉络及演变过程（一）

序号	指标	第一批 指标说明	第二批 指标说明	第三批 指标说明	第四批 指标说明
1	综合	形成了较为完善的公共文化服务网络，投入稳定，设施完备，队伍健全，活动丰富，服务效果显著，具有较好的工作基础	同	更新：公共文化设施网络完善，经费投入稳定，队伍健全，活动丰富，服务效果显著，具有较好的工作基础	更新：公共文化设施网络完善，经费投入稳定，队伍健全，活动丰富，服务效果显著，具有良好的工作基础
2	创新性	在公共文化服务体系建设机制和体制、内容和形式、方法和手段等方面有所创新	同	更新：在公共文化服务体系建设体制和机制、内容和形式、方法和手段等方面有创新性成果	同
3	导向性	具有地方特色和较强的典型性，在全省（区、市）产生广泛影响，有较大的借鉴和推广应用价值	同	更新：符合现代公共文化服务体系发展趋势，在公共文化服务标准化、均等化、社会化、数字化发展的某些方面具有导向作用	同

· 第九章　国家公共文化服务体系示范区（项目）标准的发展脉络及演化分析 ·

（续表）

序号	指标	第一批 指标说明	第二批 指标说明	第三批 指标说明	第四批 指标说明
4	带动性	与实践紧密结合，创造了好的做法和经验，对公共文化服务体系建设起到了积极的带动作用	同	更新：地方特色鲜明，形成了好的做法和经验，典型性较强，在本省（自治区、直辖市）产生广泛影响，有较高的推广价值	同
5	科学性	结合具体实践，承担或参与文化部国家公共文化服务体系制度设计课题研究工作	同	更新：符合经济社会发展趋势，符合构建现代公共文化服务体系的要求，符合文化发展规律，形成了具有科学性和示范价值的制度成果	同

资料来源：南开课题组整理。

纵观示范项目这四批次的创建标准，不难发现这四批示范项目创建标准指标体系一致，在满足综合性要求前提下，突出创新性、导向性、带动性、科学性。综合性要求是创建示范项目应具备的基础条件，包括公共文化设施网络完善，经费投入稳定，队伍健全，活动丰富，服务效果显著，具有良好的工作基础。创新性主要指在公共文化服务体系建设体制和机制、内容和形式、方法和手段等方面有创新性成果。带动性主要指地方特色鲜明，形成了好的做法和经验，典型性较强，在本省（自治区、直辖市）产生广泛影响，有较高的推广价值。科学性主要指符合经济社会发展趋势，符合构建现代公共文化服务体系的要求，符合文化发展规律，形成了具有科学性和示范价值的制度成果。

第一批和第二批创建标准完全一样；第三批和第四批创建标准大体一致，只有在综合部分稍作表述性修改，但内涵一样。第三批创建标准与前两批相比更新了内容，增加符合时代需要的新要求，比如特别强调公共文化服务体系。这与 2015 年 1 月 14 日中共中央办公厅、国务院办公厅印发《关于加快构建现代公共文化服务体系的意见》有很大关系。2015 年 4 月 28 日，文化部开启第三批公共文化服务项目的申请工作，积极吸纳《关于加快构建现代公共文化服务体系的意见》指导意见。体现了创建工作紧随政策要求，与时俱进，起到以创建工作引领和促进公共文化服务体系建设的作用。

9.4 国家公共文化服务体系示范区（项目）验收标准指标发展脉络及演变过程

9.4.1 国家公共文化服务体系示范区（项目）验收标准概况

关于督导和验收工作，时任文化部社会文化司司长、现文化和旅游部党组成员于群表示，其目的主要是督促地方党委和政府推进工作。督导和验收以创建标准为依据，督导方式为听、查、看、问、访。听取地方政府创建工作汇报；核查示范区创建规划、制度设计研究方案、宣传工作方案等相关材料；分别到县区村镇去看，进行抽查访问；采取会议的方式，询问示范区创建规划落实、经营使用、制度设计工作推进情况；委托文化志愿者到地方进行文化满意度测评。他强调，要重视创建示范区的"过程管理"，对一个地区示范区创建工作的评价，其实是对整个过程的一个工作评价，涉及建立领导机制，建立联络制度，建立经费管理制度，建立督导检查制度，建立信息报道制度，建立信息宣传工作评分制度等。每个过程都要有分值，要投票、要公示①。

国家公共文化服务体系建设专家委员会主任、北京大学教授李国新认为，示范区创建城市之间进行区域联动目的是让各示范区学到东西，相互借鉴。意义在于让他们看到各自的文化差异，结合各自特点进行示范区创建，防止"千区一面"。

国家公共文化服务体系建设专家委员会委员、国家图书馆研究院常务副院长申晓娟认为，第一批示范区创建工作结束验收之后，很多示范区城市都不知道下一步的后续建设该如何开展，2015年9月至11月文化部牵头多地组织国

---

① 宝鸡市文化广电新闻出版局. 创建国家公共文化服务体系示范区（项目）负责人培训班在京举办 市群众艺术馆馆长徐林会代表市创建办赴京参加 [EB/OL]. [2018-09-03]. http://www.baoji.gov.cn/site/1/html/51/120/175186.htm.

·第九章 国家公共文化服务体系示范区（项目）标准的发展脉络及演化分析·

家公共文化服务体系示范区区域文化联动活动。这些联动活动让各地共同总结经验，在交流中相互借鉴和推广。只有将有价值的经验推广开来，才能真正凸显出示范区创建的意义。同时她认为，示范区创建并没有终点，各地要探索一种长效机制，使示范区创建工作得以有效地持续发展①。

冯守仁委员建议，要改变"上面千条线，下面一根针"的现状，就必须打破"条块分割、重复建设、资源分散"的建设方式，贯彻"统筹协调、共建共享、联合服务"的发展思路②。

截至2020年9月，国家公共文化服务体系示范区（项目）验收标准共计四批次。第一批次不分东、中、西部，第二批次分为东、中、西部，现将两个批次的项目验收标准以表格的形式呈现。

第一批国家公共文化服务体系示范区验收标准主要分为六大部分，涉及公共文化设施网络建设（项目数6，指标数14）、公共文化服务供给（项目数8，指标数29）、公共文化组织支撑（项目数4，指标数10）、资金、人才和技术保障（项目数6，指标数11）、公共文化服务评估（项目数2，指标数5）以及其他（项目数3，指标数7）六个大项。每个大项下设2—8个项目，每个项目包含5—29个指标。

第二批国家公共文化服务体系示范区验收标准在原有基础上进行了横向和纵向的细分。从横向上看，第二批国家公共文化服务体系示范区的验收标准细分为东、中、西部三套标准。从纵向上看，第二批国家公共文化服务体系示范区验收标准增加了"总体评价"部分，该部分下设项目3个，指标数为3个，该标准的其余结构与第一批标准相同。

从表9-19可知，第二批国家公共文化服务体系示范区验收标准中，东、中、西部的结构相同，分为七个部分，分别是总体评价，公共文化设施网络建设，公共文化服务供给，公共文化组织支撑，资金、人才和技术保障，公共文化服务评估以及其他。

---

① 中国文化报.2015国家公共文化服务体系示范区区域文化联动综述［EB/OL］.［2018-09-01］. http://www.sdwht.gov.cn/html/2016/jrjd_0105/27972.html.

② 柴如瑾. 现代公共文化服务体系建设难在哪儿？［EB/OL］.［2018-09-03］. https://mip.gmw.cn/bdmip/201609/24/11709488.html.

表 9-19 第二批国家公共文化服务体系示范区验收标准

类别		总体评价	公共文化设施网络建设	公共文化服务供给	公共文化组织支撑	资金、人才和技术保障	公共文化服务评估	其他
东部	项目数（个）	3	5	8	6	4	1	1
	指标数（个）	3	14	27	8	10	5	5
	分值（分）	90	210	300	95	180	100	25
中部	项目数（个）	3	5	8	6	4	1	1
	指标数（个）	3	14	27	8	10	5	5
	分值（分）	90	210	300	95	180	100	25
西部	项目数（个）	3	5	6	6	4	1	1
	指标数（个）	3	14	20	8	10	5	5
	分值（分）	90	210	300	95	180	100	25

资料来源：南开课题组整理。

从以上七个部分包含的项目数、指标数以及指标的具体分值来看，东部和中部基本一致，西部地区验收标准的第一、第二、第四、第五、第六、第七部分的项目数、指标数与分值与东部地区、中部地区基本保持一致。而第三部分"公共文化服务供给"的项目数、指标数与东部地区、中部地区有所不同，项目数、指标数均比上述两个地区少。

如表 9-20 所示，第一批至第四批国家公共文化服务体系示范项目验收标准的结构基本相同，共分为五个部分，即公共文化服务体系建设情况、项目创建、示范性、制度建设、创建过程管理。

表 9-20 第一批至第四批项目验收标准

序号	第一批验收标准	第二批验收标准	第三批验收标准	第四批验收标准	备注
1	公共文化服务体系建设情况	公共文化服务体系建设情况	公共文化服务体系建设情况	公共文化服务体系建设情况	形成了较为完善的公共文化服务网络，投入稳定，设施完备，队伍健全，活动丰富，服务效果显著
2	项目创建	项目创建	项目创建	项目创建	项目创建规划落实情况，项目实施成效显著，项目实施的群众满意度

(续表)

序号	第一批验收标准	第二批验收标准	第三批验收标准	第四批验收标准	备注
3	示范性	示范性	示范性	示范性	创新性、导向性、带动性、科学性
4	制度建设	制度建设	制度建设	制度建设	与项目相关的科研成果的评价，与项目相关的制度建设成果
5	创建过程管理	创建过程管理	创建过程管理	创建过程管理	建立领导机制，项目资金管理，项目督导检查，项目信息报送，项目宣传

资料来源：南开课题组整理。

9.4.2 国家公共文化服务体系示范区（项目）验收标准指标发展脉络及演变过程

截至2021年5月，国家公共文化服务体系示范区（项目）创建工作已连续开展了四批，已完成验收。验收阶段，国家公共文化服务体系示范区（项目）创建工作领导小组办公室委托第三方以示范区验收标准为依据，重点检查示范区创建城市公共文化服务体系建设整体情况。主要考察示范区创建城市贯彻落实示范区（项目）创建领导小组决策部署情况，是否建立领导机制、联络员制度、经费管理制度、督导检查制度、创建规划和制度设计监管机制、信息报送及宣传评分制度等。就国家公共文化服务体系示范区验收标准来看包括以下几部分。

第一部分，总体评价。第一批国家公共文化服务体系示范区验收标准中，总体评价置于原第六部分——其他方面。该部分除"总体评价"外，还包含了"涉及广播电视、新闻出版、体育等部门的工作内容"。在第二批验收标准中，"总体评价"被列为单独的第一部分，原第六部分变为第七部分，并保留了"广电、新闻出版及工、青、妇联"。从具体的内容上看，第一批"总体评价"指标着重于"示范区建设规划落实情况、规划中提出的公共文化服务体系建设中的主要问题和突出矛盾得到解决"等，而第二批"总体评价"则在第一批的基础上增加了"贯彻十八届三中全会精神和中共中央办公厅、国务院办公厅《关于加快构建现代公共文化服务体系的意见》"等内容。

第二部分，公共文化设施网络建设。第一批与第二批验收标准中，该部分的二级指标名称基本一致，内容略有不同。主要体现在第二批验收标准较之第一批，从内容上更加细化，分类更加科学，重视量化指标设计。例如，第一批验收标准中的二级指标"地、县两级公共文化服务设施建设"一项，包含"图书馆、博物馆、文化馆、影剧院等公共文化设施选址符合要求，方便群众参加活动"与"地、县两级公共文化服务设施设置率100%"两个三级指标，而在第二批验收标准中，去除了主观性较强的"图书馆、博物馆、文化馆、影剧院等公共文化设施选址符合要求，方便群众参加活动"一个，将原"图书馆建设"下的"市、县两级图书馆100%达到部颁二级以上标准""市县两级群众艺术馆、文化馆100%达到部颁二级以上标准"等可以直接量化的客观评判标准调整至该项中，使得二级指标的下位类项更为科学合理。

第三部分，公共文化服务供给。第一批验收标准中该部分的二级指标"弱势群体和特殊人群的基本文化服务"在第二批验收标准中，被细化为两个二级指标："把农民工的基本文化服务纳入公共文化服务体系""特殊群体基本公共文化服务"。第一批验收标准中的二级指标"全国文化信息资源共享工程建设"和"数字化服务"合并为"公共数字文化服务"。第二批验收标准体现了更为科学、合理的分类。

第四部分，公共文化组织支撑。第一批验收标准中的二级指标"规划和制度建设"在第二批验收标准中细化为"管理体制""工作机制""贯彻建设标准""资源整合""公益性文化事业单位改革""社会参与"等二级指标。从指标结构上看，将原有笼统的大项细分为各个具体的小项，更加细化，更加能体现与规划、管理以及贯彻标准等直接相关的内容。从内容上看，更加贴近具体的工作流程，并考虑了诸多新出现的情况，使得第二批评价标准更为科学、严谨。

第五部分，资金、人才和技术保障措施。第一批验收标准与第二批验收标准的二级指标基本一致，但内容和标准要求上有所不同。主要区别在于第一批验收标准的侧重点在于，强调下一年对公共文化服务体系示范区的人、财、物的投入要比上一年的有所增长，而第二批验收标准中，直接规定了人、财、物的投入的具体金额或比例，具有较强的可操作性。

第六部分，公共文化评估方面。第一批验收标准中，二级指标为"建立并实施公共文化服务绩效评估制度。形成政府、社会、服务群体共同参与的监督管理体系"。第二批验收标准简化为"建立并实施公共文化服务绩效评估制"。第二批验收标准的三级指标较之第一批更为简练,并包含了第一批标准中的所有三级指标的内容。

第七部分,其他方面。第一批验收标准的第七部分中的"总体评价"调整至第二批的第一部分,并单独成为一个部分。第二批验收标准保留的部分为"广电、新闻出版及工、青、妇联"。在第一部分已叙述,在此不再赘述。

就国家公共文化服务体系示范项目验收标准来看,从第一批与第二批验收标准的对比来说,各个部分的主要区别叙述如下:

第一部分,公共文化服务体系整体建设。第一批验收标准的该部分与第二批一致,未发生变化。因此,可以推测,从第一批项目验收到第二批项目验收期间,国家对公共文化服务体系建设的要求尚未发生变化,对"形成了较为完善的公共文化服务网络""投入稳定""设施完备""队伍健全""活动丰富""服务效果显著"的要求始终如一。该部分的标准较为成熟、稳定。

第二部分,项目创建。第一批验收标准中的第一个二级指标"项目创建规划落实情况"、第三个二级指标"项目实施的群众满意度"与第二批相同。而第二个二级指标"项目实施成效显著"的标准则发生了变化。第一批验收标准对该项"优秀"的定义为:"成效显著。受益面扩大了30%。"第二批则变化为:"成效显著。"第一批中"达标"的定义为"有成效。受益面扩大了10%",第二批则为"成效一般"。第一批中"未达标"的定义为:"成效一般。受益面扩大不到10%。"第二批则为"成效不明显。"由以上指标的解释变化可知,第二批较之第一批更为灵活,但是标准在提高。

第三部分,示范性。第一批验收标准的该部分与第二批该部分的内容、指标值相同。

第四部分,制度建设。第一批验收标准的该部分与第二批该部分的内容、指标值相同。

第五部分,创建过程管理。第一批验收标准的该部分与第二批该部分的内容、指标值相同。

2020年9月至12月,文化和旅游部、财政部开展第四批示范区(项目)验收工作,其验收标准与前几批验收标准相比有了较大变化,见表9-21。

表9-21 第四批项目验收标准

序号	指标	指标评定		指标说明
一	总体评价	140		
1	创建工作组织情况 领导重视 政策措施 创建经验 创建考核 学习宣传	优秀	48—60	以习近平新时代中国特色社会主义思想和党的十九大精神为指导,多次专题研究部署现代公共文化服务体系建设工作,有力推进示范区创建工作;下发相关政策性文件;创建专项经费充足并落实到位;纳入各级党委、政府科学发展绩效考核指标体系,与创建前相比权重明显提高;开展公共文化法律法规专题教育和宣传推广,党委中心组开展过学习,有面向社会公众的宣传推广,文化系统组织过专题培训
		达标	36—48	以习近平新时代中国特色社会主义思想和党的十九大精神为指导,专题研究部署现代公共文化服务体系建设工作,推进示范区创建工作;下发相关政策性文件;设立创建专项经验并落实到位;纳入各级党委、政府科学发展绩效考核指标体系并占一定比重;开展公共文化法律法规专题教育和宣传推广,有面向社会公众的宣传推广,文化系统组织过专题培训
		未达标	0—36	上述要求如有一项未落实即为不达标
2	创建规划落实情况	优秀	32—40	规划中提出的目标、任务100%落实
		达标	24—32	规划中提出的目标、任务80%以上落实
		未达标	0—24	规划中提出的目标、任务低于80%落实
3	公共文化服务创新	优秀	32—40	形成一批在公共文化体制机制、内容方式、服务效能、社会化发展、文旅融合、绩效评价等方面有创新性的做法和经验,特色鲜明;在全国范围内具有较强的推广价值和示范意义;以多种方式开展了宣传推广,并产生较大影响
		达标	24—32	形成一批在公共文化体制机制、内容方式、服务效能、社会化发展、文旅融合、绩效评价等方面有创新性的做法和经验;在本区域或本省范围内具有推广价值和示范意义
		未达标	0—24	创新不明显,影响和示范带动作用不够

第九章 国家公共文化服务体系示范区（项目）标准的发展脉络及演化分析

(续表)

序号	指标	指标评定		指标说明
二	公共文化设施网络建设	180		
4	市、县两级公共文化设施建设	90		
4-1	市、县设施建设 市有公共图书馆、文化馆、博物馆等公共文化设施；县有公共图书馆、文化馆	优秀	24—30	设置率达100%，100%建成并运行，千人面积超过本省平均水平20%以上
		达标	18—24	市级图文博三馆，县级图文两馆齐全，千人面积超过本省平均水平20%以内
		未达标	0—18	市级图文博三馆，县级图文两馆有缺项，千人面积未超过本省平均水平
4-2	市、县两级公共图书馆达标情况	优秀	24—30	东部：100%达到部颁二级馆以上标准 中部：100%达到部颁二级馆以上标准 西部：80%以上达到部颁三级馆以上标准
		达标	18—24	东部：80%以上达到部颁二级馆，其余全部达到部颁二级馆必备条件要求 中部：70%以上达到部颁二级馆，其余全部达到部颁三级馆必备条件要求 西部：60%以上达到部颁三级馆，其余有20%以上达到部颁三级馆必备条件要求
		未达标	0—18	未达到达标要求
4-3	市、县两级文化馆达标情况	优秀	24—30	东部：100%达到部颁二级馆以上标准 中部：100%达到部颁三级馆以上标准 西部：80%以上达到部颁二级馆以上标准
		达标	18—24	东部：80%以上达到部颁二级馆，其余全部达到部颁二级馆必备条件要求 中部：70%以上达到部颁三级馆，其余全部达到部颁三级馆必备条件要求 西部：60%以上达到部颁三级馆，其余有20%以上达到部颁三级馆必备条件要求
		未达标	0—18	未达到达标要求
5	图书馆建设五项指标	30		

(续表)

序号	指标	指标评定		指标说明
5-1	人均占有公共图书馆藏书	优秀	5—6	东部：≥1.2册；中部：≥1.0册；西部：≥0.8册
		达标	3—5	东部：≥1.0册；中部：≥0.8册；西部：≥0.6册
		未达标	0—3	未达到达标要求
5-2	市、县两级公共图书馆平均每册藏书年流通次数	优秀	5—6	东部：≥1.1次；中部：≥0.9次；西部：≥0.7次
		达标	3—5	东部：≥1.0次；中部：≥0.8次；西部：≥0.6次
		未达标	0—3	未达到达标要求
5-3	人均年增新书	优秀	5—6	东部：≥0.07册；中部：≥0.06册；西部：≥0.05册
		达标	3—5	东部：≥0.06册；中部：≥0.05册；西部：≥0.04册
		未达标	0—3	未达到达标要求
5-4	人均到馆次数	优秀	5—6	东部：≥0.6次；中部：≥0.5次；西部：≥0.5次
		达标	3—5	东部：≥0.5次；中部：≥0.4次；西部：≥0.4次
		未达标	0—3	未达到达标要求
5-5	图书馆可用数字资源 东部：市级不低于30TB，县级不低于4TB；中部：市级不低于25TB，县级不低于3TB；西部：市级不低于20TB，县级不低于2TB	优秀	5—6	市、县馆100%达标
		达标	3—5	市级馆达标，县级馆70%以上达标
		未达标	0—3	市级馆未达标或县级馆达标不到70%
6	乡镇（街道）综合文化站	30		
6-1	设置率	优秀	12—15	东部：设置率达100%，站舍面积达到500平方米，单独设置率达100% 中部、西部：设置率达100%，站舍面积达到300平方米，单独设置率达100%
		达标	9—12	设置率达100%，站舍面积300平方米，单独设置率达80%
		未达标	0—9	设置率不到100%，或其中有不足300平方米的站，或其中20%以上的站未单独设置

(续表)

序号	指标	指标评定		指标说明
6-2	功能完备率	优秀	12—15	用户设置完备率为100%，设备完备率为80%，室外活动场地完备率为80%
		达标	9—12	用户设置完备率为100%，设备完备率和室外活动场地完备率有一项未达标
		未达标	0—9	用户设置完备率不到100%，或设备完备率和室外活动场地完备率均未达标
7	村（社区）综合文化服务中心	优秀	24—30	东部：设置率≥90%，面积不低于200平方米，功能齐全 中部：设置率≥80%，面积不低于200平方米，功能齐全 西部：设置率≥70%，面积不低于200平方米，功能齐全
		达标	18—24	东部：设置率≥80%，面积不低于200平方米，功能齐全 中部：设置率≥70%，面积不低于200平方米，功能齐全 西部：设置率≥60%，面积不低于200平方米，功能齐全
		未达标	0—18	未达到达标要求
三	公共文化服务供给与效能	200		
8	公共文化服务标准化、均等化	60		
8-1	制定本地基本公共文化服务目录并组织实施	优秀	16—20	已经出台了本地基本公共文化服务目录，并全面落实
		达标	12—16	已经制定了本地基本公共文化服务目录，并基本落实
		未达标	0—12	出台了本地基本公共文化服务目录，但尚未落实
8-2	建立文化扶贫机制	优秀	16—20	机制完善，效果显著
		达标	12—16	机制比较完善，有一定效果
		未达标	0—12	尚未形成机制

(续表)

序号	指标	指标评定		指标说明
8-3	建立特殊群体服务工作机制，公共文化服务机构有面向特殊群体的服务区域或项目	优秀	16—20	特殊群体服务机制完善，效果显著，且公共文化机构100%有面向特殊群体的服务区域或项目
		达标	12—16	特殊群体服务机制比较完善，有一定效果，且公共文化机构80%有面向特殊群体的服务区域或项目
		未达标	0—12	尚未形成机制，或公共文化机构有面向特殊群体的服务区域或项目不到80%
9	提升公共文化机构服务水平	50		
9-1	制定公共文化设施运行、服务规范标准	优秀	16—20	公共文化设施建立了全面系统的标准规范
		达标	12—16	部分公共文化设施建立标准规范
		未达标	0—12	公共文化设施缺乏标准规范
9-2	建立群众文化需求反馈机制，提供"菜单式""订单式"服务	优秀	24—30	已经建成群众文化需求反馈机制，全域范围内开展了创新服务，效益显著
		达标	18—24	初步建成群众文化需求反馈机制，并初步开展了创新服务个别试点
		未达标	0—18	尚未建立，服务方式陈旧
10	免费或优惠开放	40		
10-1	100%公共图书馆、文化馆（站）、博物馆、美术馆免费或优惠开放，其他公共文化设施免费或优惠开放	优秀	12—15	文图博美100%免费开放，免费开放地方政府分担经费100%落实，服务人次逐年明显增加；其他公共文化设施有免费或优惠开放政策并实施，100%其他公共文化设施有免费服务项目
		达标	9—12	文图博美100%免费开放，免费开放地方政府分担经费基本落实，服务人次逐年增加；60%其他公共文化设施有免费服务项目，尚未制定政策
		未达标	0—9	文图博美未100%免费开放，免费开放地方政府分担经费落实率不足50%，40%以上的其他公共文化设施没有免费服务项目
10-2	有基本公共文化服务内容目录并公示	优秀	8—10	服务内容、服务时间、服务规则公示内容完备，位置醒目、更新及时
		达标	6—8	服务内容、服务时间、服务规则公示内容完备
		未达标	0—6	服务内容、服务时间、服务规则公示内容不完备

(续表)

序号	指标	指标评定		指标说明
10-3	文化馆、图书馆、博物馆每周服务时间达标	优秀	12—15	100%达标，并做到公休日正常开放和错时延时开放
		达标	9—12	100%达标，并做到公休日正常开放
		未达标	0—9	有开放时间不达标的馆、室，或公休日未正常开放
11	农村公共文化服务	20		
11-1	每个行政村每月1场电影	优秀	8—10	100%的村达标
		达标	6—8	80%的村达标
		未达标	0—6	20%以上的村没有达标
11-2	每个行政村每年观看戏剧或文艺演出（东部:5场；中部:4场；西部:3场）	优秀	8—10	100%的村达标
		达标	6—8	80%的村达标
		未达标	0—6	20%以上的村没有达标
12	流动服务	30		
12-1	市、县配置流动服务车并开展流动服务	优秀	8—10	100%配置（包括社会化方式配备），并有完善的运行保障措施
		达标	6—8	80%配置（包括社会化方式配备）
		未达标	0—6	未达到100%
12-2	公共图书馆每年下基层服务	优秀	8—10	东部：≥60次/馆；中部：≥50次/馆；西部：≥40次/馆
		达标	6—8	东部：≥50次/馆；中部：≥40次/馆；西部：≥30次/馆
		未达标	0—6	未达到达标要求
12-3	文化馆每年下基层服务	优秀	8—10	东部：流动演出15场/馆，流动展览12场/馆 中部：流动演出12场/馆，流动展览10场/馆 西部：流动演出10场/馆，流动展览8场/馆
		达标	6—8	东部：流动演出12场/馆，流动展览10场/馆 中部：流动演出10场/馆，流动展览8场/馆 西部：流动演出8场/馆，流动展览6场/馆
		未达标	0—6	未达到达标要求

(续表)

序号	指标	指标评定		指标说明
四	公共文化服务与科技融合发展	90		
13	公共文化机构数字化建设	30		
13-1	建立网上图书馆（市、县两级公共图书馆100%建有网站等数字化阅读服务平台）	优秀	8—10	100%建有网站等数字化阅读服务平台，市、县级馆服务功能均达标
		达标	6—8	100%建有网站等数字化阅读服务平台，市级馆和80%以上县级馆服务功能不少于5项
		未达标	0—6	未达到100%建有网站等数字化阅读服务平台，或市级馆和80%以上县级馆服务功能不足5项
13-2	建立网上博物馆（市级博物馆建有网站等数字化服务平台）	优秀	8—10	建有网站等数字化服务平台，服务功能不少于5项
		达标	6—8	建有网站等数字化服务平台，服务功能不少于4项
		未达标	0—6	未建有网站等数字化服务平台，或服务功能不足4项
13-3	建立网上文化馆（市、县两级文化馆建有网站等数字化服务平台）	优秀	8—10	100%建有网站等数字化服务平台，市、县级馆服务功能均达标
		达标	6—8	100%建有网站等数字化服务平台，地市馆和80%以上县级馆服务功能不少于5项
		未达标	0—6	未100%建有网站等数字化服务平台，或地市馆和80%以上县级馆服务功能不足5项
14	数字资源建设	30		
14-1	市级公共图书馆、市级文化馆、市级博物馆特色数字资源库数量	优秀	24—30	建成4个地方公共图书馆特色数字资源库，且建成3个地方文化馆特色数字资源库，且建成2个地方博物馆特色资源数据库
		达标	18—24	建成3个地方公共图书馆特色数字资源库，且建成2个地方文化馆特色数字资源库，且建成1个地方博物馆特色资源数据库
		未达标	0—18	不足3个地方公共图书馆特色数字资源库，或不足2个地方文化馆特色数字资源库，或尚未启动地方博物馆特色资源数据库
15	基层数字服务能力	30		

(续表)

序号	指标	指标评定		指标说明
15-1	乡镇（街道）综合文化站	优秀	12—15	无线网络全覆盖，数字服务项目健全
		达标	9—12	可以提供数字服务，以及公共图书馆、文化馆、博物馆等的数字资源
		未达标	0—9	数字服务能力较弱
15-2	村（社区）综合文化服务中心	优秀	12—15	无线网络全覆盖，数字服务项目健全
		达标	9—12	可以提供数字服务，以及公共图书馆、文化馆、博物馆等的数字资源
		未达标	0—9	数字服务能力较弱
五	公共文化服务社会化建设	90		
16	建立政府向社会力量购买公共文化服务机制	优秀	24—30	出台了指导性意见、目录，资金纳入财政预算，形成常态化政府购买服务机制，取得明显成效
		达标	18—24	出台了指导性意见、目录，开展了政府购买服务，成效初显
		未达标	0—18	出台了指导性意见、目录，尚未开展实质性政府购买服务，相关工作进展缓慢
17	文化志愿服务	优秀	24—30	建立了公共文化服务志愿者工作机制，有制度、有项目、有队伍、有成效
		达标	18—24	80%以上的文化馆（站）、公共图书馆、博物馆有文化志愿者制度、岗位和人员
		未达标	0—18	有文化志愿者制度、岗位和人员的文化馆（站）、图书馆、博物馆不到80%
18	培育和规范文化类社会组织	优秀	24—30	实施群众文化团队扶持项目，有扶持资金；形成群众文化团队建设运行长效机制；文化类社会组织常态化参与公共文化服务供给
		达标	18—24	有群众文化团队扶持资金；文化类社会组织初步参与公共文化服务供给，尚未形成常态化机制
		未达标	0—18	相关工作进展缓慢
六	公共文化服务改革创新和制度建设	190		

(续表)

序号	指标	指标评定		指标说明
19	公共文化服务体系建设协调机制	优秀	16—20	建立协调机制，管理制度完善，协调有力，公共文化项目在基层实现有效统筹
		达标	12—16	建立协调机制，管理制度较为完善，公共文化项目在基层能够统筹
		未达标	0—12	管理制度缺项较大，项目统筹不够
20	总分馆制建设	60		
20-1	县级图书馆建立总分馆制	优秀	24—30	已按照《公共图书馆法》和五部委文件（文公共发〔2016〕38号）要求建立总分馆制，所有县域范围内实现"通借通还"
		达标	18—24	初步建成总分馆制，在部分区域内实现"通借通还"
		未达标	0—18	建立总分馆制进展缓慢
20-2	县级文化馆建立总分馆制	优秀	24—30	已按照五部委文件（文公共发〔2016〕38号）要求建立总分馆制
		达标	18—24	初步建立，实现部分总分馆功能
		未达标	0—18	建立总分馆制进展缓慢
21	公共文化机构建立法人治理结构	优秀	24—30	落实中央宣传部等七部委《关于深入推进公共文化机构法人治理结构改革的实施方案》要求，完成公共文化机构法人治理结构试点工作
		达标	18—24	已经启动公共文化机构法人治理结构试点工作，取得初步成效
		未达标	0—18	试点工作进展缓慢
22	公共文化服务与旅游公共服务融合	优秀	24—30	出台公共文化服务与旅游公共服务融合发展的相关政策，实施了公共文化服务与旅游公共服务融合的具体项目，公共文化机构积极参与旅游公共服务
		达标	18—24	出台文化与旅游公共服务的相关政策，公共文化机构开始参与旅游公共服务
		未达标	0—18	未出台相关政策，文化与旅游公共服务融合尚未启动
23	年报制度	优秀	16—20	建立公共文化服务发展情况的年报制度；完成年报制作并面向社会公开
		达标	12—16	建立公共文化服务发展情况的年报制度；开始年报编制工作
		未达标	0—12	未建立年报制度

(续表)

序号	指标	指标评定		指标说明
24	绩效考核评价	优秀	24—30	公共文化机构和重大文化项目的绩效考评机制完善；引入公众参与的文化设施使用效能考核评价制度和公共文化服务考核评价制度；引入第三方评价机制
		达标	18—24	建立公共文化机构和重大文化项目的绩效考评机制；引入第三方评价机制
		未达标	0—18	考核指标不具体，没有形成考核机制
七	公共文化服务保障	90		
25	资金保障	优秀	24—30	按照国家指导标准、省级实施标准和当地基本公共文化服务目录测算经费，纳入预算、安排资金。建立公共文化服务资金使用的监督和统计公告制度，人均文化事业费（按常住人口计算）处于本省领先水平
		达标	18—24	落实基本公共文化服务财政资金；人均文化事业费（按常住人口计算）高于本省平均水平
		未达标	0—18	人均文化事业费（按常住人口计算）低于本省平均水平
26	乡镇（街道）综合文化站工作人员3名以上	优秀	12—15	人员编制达标，文化站做到专干专用
		达标	9—12	人员数量达标，文化站做到专干专用
		未达标	0—9	人员数量未达标或专干不专用
27	行政村和社区有至少1名财政补贴的文化管理员（文化指导员），城市社区设有公共文化服务岗位	优秀	8—10	配备率100%
		达标	6—8	配备率80%以上
		未达标	0—6	配备率不足50%
28	市、县公共文化机构业务人员占比	优秀	4—5	市级公共文化机构业务人员占职工总数比例高于70%，县级公共文化机构业务人员占职工总数比例高于80%
		达标	3—4	市级公共文化机构业务人员占职工总数比例高于60%，县级公共文化机构业务人员占职工总数比例高于70%
		未达标	0—3	指标未能实现

(续表)

序号	指标	指标评定		指标说明
29	人员培训	15		
29-1	市、县级公共图书馆、博物馆、文化馆在职员工参加脱产培训时间每年不少于15天	优秀	6—8	有培训计划,100%单位达标
		达标	4—6	有培训计划,70%单位达标
		未达标	0—4	未制订计划或达标未到70%
29-2	制订基层文化队伍培训计划,乡镇(街道)、村(社区)基层文化专兼职人员参加集中培训时间每年不少于5天;县、乡、村基层文化专兼职人员参加全国基层文化队伍远程网络培训	优秀	5—7	有培训计划,100%文化专兼职人员参加集中培训时间5天,且参加网络培训每年达到60课时
		达标	3—5	有培训计划,80%文化专兼职人员参加集中培训时间5天,且参加网络培训每年达到50课时
		未达标	0—3	未制订集中培训计划或达标未到80%,或参加网络培训没有达到50课时
30	建立群众业余文艺团队	优秀	12—15	每社区、村都有3支以上业余文艺团队
		达标	9—12	80%社区、村有3支业余文艺团队,其余不少于2支
		未达标	0—9	有3支业余文艺团队的社区、村不到80%,或存在没有业余文艺团队的社区、村
八	其他方面	20		
31	广电、新闻出版及其他部门	20		
31-1	广播电视"村村通"、农家书屋建设覆盖率,健身场地、设备和活动,涉及工会、共青团、妇联、科协、教育等部门的工作内容	优秀	16—20	广播电视"村村通"、农家书屋建设以及健身场地设备的覆盖率达100%,涉及工会、共青团、妇联、科协、教育等部门的工作内容达到相关政策要求,成绩突出
		达标	12—16	广播电视"村村通"、农家书屋建设以及健身场地设备的覆盖率达到本省要求指标,涉及工会、共青团、妇联、科协、教育等部门的工作内容达到相关政策要求,取得成绩
		未达标	0—12	广播电视"村村通"、农家书屋建设以及健身场地设备的覆盖率未达到本省要求指标,或涉及工会、共青团、妇联、科协、教育等部门的工作内容未达到相关政策要求

资料来源:南开课题组整理。

2023年4月，文化和旅游部、财政部开展了第三批、第四批国家公共文化服务体系示范区创新发展复核工作，复核包括四个环节：一是公共文化服务体系绩效评价，占30%权重；二是公共文化设施暗访和群众满意度测评，占25%权重；三是公共文化服务创新发展成果评审，占35%权重；四是过程管理评价，占10%权重。为此，国家公共文化服务体系示范区创新发展管理工作领导小组办公室制定了《国家公共文化服务体系示范区公共文化服务体系绩效评价指标》和《国家公共文化服务体系示范区创新发展过程评价指标》。

第十章 结论与展望

10.1 研究的主要结论

1. 对公共文化服务的学术研究前沿进行了全面系统的分析

学术研究的前沿分析有两条路线,一条基本的路线是将理论与实践结合的分析路线。公共文化服务标准化和均等化既是一个理论问题,也是一个实践问题。

从实践方面看。早在 2012 年,党的十八大报告就已提出扎实推进社会主义文化强国建设的要求,开启了文化强国建设中公共文化服务创新与发展之路。之后,2013 年党的十八届三中全会《中共中央关于全面深化改革若干重大问题的决定》,正式确立了现代公共文化服务体系的一个重要目标任务,即促进基本公共文化服务标准化、均等化。自 2015 年 1 月 14 日《关于加快构建现代公共文化服务体系的意见》发布起,国家加快了顶层制度设计,一方面,从文化立法上予以保障,《公共文化服务保障法》(2016 年 12 月 25 日发布)从法律上为人民群众的基本文化权益和精神文化需求提供了根本保障,明确了政府在公共文化服务标准化与均等化发展中的责任。另一方面,突出公共文化服务的"现代"特征,以及在标准化与均等化上强化"基本"保障。从理论方面看,学术研究有一个探索和进步的过程,从早期对概念的探讨、对于政策的解读,发展到对基本理论问题的思考。从借鉴公共管理、政策科学、管理科学中寻找理论依据,引入相关学科理论方法,发展到建构公共文化服务的理论体系，这一过程丰富了公共文化服务标准化与均等化的理论基石。我们的研究是建立在实践的发展和理论的基础之上，用理论成果对标实践中的问题，发现理论研究的不足，基于实践的要求，提出理论研究的方向，这样的理论与实践结合，从公共文化服务标准化和均等化研究方法论上，是一个超越。

另一条辅助的路线是国内与国外比较的分析路线。从国内的研究看，在公共文化服务的国家政策出台以前，早就开始了相关问题的研究，这些研究为政策出台提供了依据。2005年以后，研究呈现出阶段性跨越式增长现象。标准化研究主要集中于公共文化服务的指导性标准研究、公共文化服务标准化主体研究，文化行业标准研究，以及图书馆、文化馆等文化机构的业务技术标准研究。均等化研究集中于公共文化服务均等化的范畴、公共文化服务均等化评估，不平衡现象与区域均等化研究等。从国外的研究看，由于许多国家没有统一的公共文化服务机构，没有公共文化服务的概念体系，更没有与"公共文化服务标准化和均等化"直接相关的研究成果，因此，只能从公共服务的理论，以及公共文化的实际情况进行梳理。以往的社会科学理论研究，多从国外理论中寻求理论的源泉，将国外的理论作为一个重要的标准，导致在脱离国情的语境下无法应用或者偏离正确的研究轨道。本研究立足中国实际，运用辨证唯物主义的理论方法，客观看待国外的研究，不做简单的对应。研究发现，国外比较重视标准的实施，且重视社会力量的参与，在"数字鸿沟""信息不平等""文化政策"等方面做了比较深入的探索，解决社会问题的导向比较明确，这是值得借鉴的地方。但其显著的缺陷在于：没有统一综合的标准，且涉及公共文化服务标准化与均等化的研究明显不足，将公共服务的理论直接照搬和应用到公共文化机构的建设中，缺乏理论指导的针对性。

我们的研究正是按照这样一种客观的分析路线进行，两条路线汇为一体，解决了公共文化服务标准化和均等化的前沿研究基础问题。

2. 建构了公共文化服务标准化与均等化的理论体系框架

国外公共服务和文化的相关理论，有很多是以国外的国情为基础提出的思想模式和方法，显然不能适用于中国的国情。早期研究引入政治学、经济学理论来解释公共文化服务领域相关研究问题，如经济学的公共产品理论、福利经济理论、公共选择理论和政治学的新公共服务理论、新公共管理理论、普遍服务理论等，已经证明了这一点。因此，必须从中国国情出发，借鉴人类社会关于文化和社会发展的理论思想，建构具有中国特色的理论体系。

我们认为，公共文化服务标准化与均等化的理论问题，要从宏观和微观两个角度分别解决公共文化服务的整体实践指导，以及公共文化服务标准化与均等化的具体实践指导两个方面的问题。

宏观上的理论研究，主要解决公共文化服务的一般理论问题。公共文化服务是公共服务中一个重要领域，它与其他类型的公共服务有许多不同的特性，关系到人类文化和社会发展的根本问题。以前沿分析为基础，从公共性、社会性、文化性、服务性等多个层面研究我国的公共文化服务，选择适合我国国情的相关理论作为理论基础。运用经济学、财政学、政治学、公共管理学的理论方法，科学解释以人民为中心作为指导思想的公共文化服务的公共属性。运用社会学、政策科学、城市地理学等理论方法，科学解释打破二元结构，实现城乡一体化建设的公共文化服务的社会属性。结合图书馆学、博物馆学、文化学已有的理论研究成果，科学解释坚定文化自信的公共文化服务的文化属性。结合服务科学、管理科学等已有的理论研究成果，科学解释新的信息环境和信息技术影响下的公共文化服务的服务属性。

经过研究，以两个学科群即经济学、政治学、财政学；社会学、城市地理学、城乡规划学作为公共文化服务理论的学科基础，以文化传播理论和公共文化理论作为公共文化服务的基本理论。

微观上的理论研究，主要是公共文化服务标准化理论与均等化理论问题。本研究提出了公共文化梯度论、公共文化空间论和公共文化数智论。梯度论是从公共文化服务发展的实际出发，解释不同区域不同发展阶段发展公共文化的客观性和合理性，利用梯度差异、通过非均衡增长促进公共文化服务标准化与均等化水平的提升，为处于不同梯度位置上的地区的公共文化事业发展提供理论指导。空间论改变了公共文化服务中长期以来固化的"机构"概念，以空间的基本形式更好满足公民的基本文化需求，将物理空间和虚拟空间相结合，从空间标准化与空间均等化两个维度，提出公共文化空间密度划分、公共文化空间的多层级标准构建，探索效果均等的公共文化空间实施路径。数智论基于公共数字文化建设的实践，数智技术发展促进公共文化服务智慧化，分为数智标准化与数智均等化两大维度建构理论框架，以指导实践。

这些理论的提出既运用了已有的理论方法，又结合我国公共文化的发展情况，具有鲜明的中国特色，以中国理论解决中国问题。

这些理论不是孤立的，它们相互联系，相互配合，形成一个整体。在解决公共文化服务的地区差别和城乡差别过程中，除了要应用梯度论，分类分级解决突出矛盾外，也需要应用空间论，解决不同地区之间、城乡之间的空间标准化与均等化问题，还需要应用数智论，以先进的技术阶段和数智技术发展模式，解决比较复杂的公共文化领域中的历史条件制约和地理障碍等问题，如偏远地区、山区农村的标准化与均等化问题。

公共文化理论创新，有利于为国家制度设计提供科学的理论依据，为地方公共文化服务决策提供理论支撑，促进公共文化服务标准化与均等化的整体推进和公共文化服务高质量发展。

3. 通过案例研究获得新发现

在实地调研中，南开课题组用脚步丈量中国，通过实地案例坚固理论模型。南开课题组根据前期扎实的理论与数据支撑，选择国内公共文化服务标准化与均等化实践中有代表性或具有启发意义的案例，在考虑先进经验的同时，兼顾欠发达地区的具体实践。调研涉及我国东、中、西部地区，边疆民族地区，传统文化古城，棚户区改造城区等不同类型的调研地，通过多元化的案例选择来最大可能地获取我国公共文化服务实地数据。

研究团队充分考虑我国目前不同地区间经济文化发展水平存在的历史地理差异，调研涉及人均公共文化服务经费最丰裕的江苏、上海，基础条件较差的新疆、贵州、内蒙古等地，案例主题涉及新老城区发展、棚户区回迁居民文化服务需求、边疆少数民族公共文化服务等。对东、中、西部地区，特别是欠发达地区村镇进行深入的研究，找出促进我国公共文化服务标准化与均等化的经验、基础、保障以及对策。

标准化案例研究：浙江嘉兴、江苏无锡、广东广州、广东东莞四个东部发达地区的案例具有代表性和典型意义。研究发现嘉兴采用城乡一体化的公共文化服务协同机制，无锡以完善的地方标准带动基层公共文化服务，广州将标准化发展与特色化发展有机结合，东莞将文化标准化纳入城市建设整体发展，既充分抓住了经济与社会协调发展的机遇，又充分考虑了地方实际。这些案例，有力地支持并从实践上检验了我国公共文化的梯度论、空间论和数智论,这些地区虽为发达地区,也存在着一定意义的不平衡现象,通过分类细化、发展空间和技术应用,实现了公共文化设施的现代化和管理水平的大幅提升。信阳平桥属于中部地区,贵阳乌当、新疆克拉玛依属于西部地区,这三个案例有极大的差异性和地方特色。研究发现,当地结合实际情况,扬长避短,充分挖掘地方文化资源,在软件和服务的标准提高上做文章,形成了区域发展模式,取得了很好的经验,可资中西部其他地区借鉴。

均等化案例研究:研究选取国内在均等化方面获得突破、影响较大的三个发达地区案例:上海嘉定、江苏苏州和广东深圳。上海嘉定通过政府主导与社会化相结合,多元化发展,考核评估带动等途径,有效调动各方积极性,形成社区带动均等化机制。苏州统一布局,建设公共文体服务机构资源服务共建共享机制,是均等化建设成功的典范。深圳在均等化建设中,通过高水准建设,发挥技术作用,实现品牌引领,通过公共文化均等化,有力支持创新型城市的发展。考虑到中国地域的较大差异性,研究选择开封市、赤峰市、贵州瓮安县、新疆塔城作为中西部案例,除开封地处中原外,其他三个地区均涉及偏远山区,实现均等化的难度较大。研究发现,实现均等化是一个长期的过程,必须分阶段实施,而只有用梯度论的思想和方法,对不同地区不同对待,建立相对均等的概念,从缩短差距开始,从小区域的均等化发展到更大区域的均等化,最终实现整体的均等化。

4. 对示范区标准进行的专题研究促进示范区的可持续发展

以全国31个省、自治区、直辖市公共文化服务的前期调查研究为基础,对国家公共文化服务体系示范区(项目)创建及相关标准概况进行了系统研究,分析第一批至第四批国家公共文化示范区(项目)的统计数据及文本,梳理出国家公共文化服务体系示范区(项目)创建标准指标发展脉络,从其演变过程中获得发现。这也从另一个方面说明,梯度论体现了我国公共文化服务发展中的"因地制宜"和"分类指导"的基本原则,是具有指导意义的。示范区(项目)在创建之后,需要可持续发展,还必须应用空间论和数智论,建设高水平的示范区(项目),在公共文化服务高质量发展中继续发挥引领和示范作用。

10.2 研究的局限性与未来研究展望

本成果是柯平作为首席专家的国家重大项目研究的后续研究成果，重大项目研究时间长、规模大，存在着以往在一般项目上从未遇到过的困难，其中有两个难点，一个难点是因为国家重大项目分成五个子课题，五个大团队同时开展研究，子课题之间、团队之间如何有效地对接，如何将大规模团队研究的优势发挥出来，集中南开课题组成员的智慧，是一件比较困难的事情。本成果作为后续研究，充分利用前期研究积累的宝贵经验，加强交流，提升成果质量。"促进我国基本公共文化服务标准化与均等化研究"是国家战略中的重大命题，这一课题涉及面很广泛，从涉及的设施机构来说，就有图书馆、博物馆、文化馆（站）、美术馆、科技馆、纪念馆、体育场馆、工人文化宫、青少年宫、妇女儿童活动中心、老年人活动中心、乡镇（街道）和村（社区）基层综合性文化服务中心、农家（职工）书屋、公共阅报栏（屏）、广播电视播出传输覆盖设施、公共数字文化服务点等16类，从涉及的社会层面看，除了文化和旅游部门，还涉及教育、医疗、社会保障等许多行业，既与公共服务部门有着密切的关联，也与产业部门有一定的联系。特别是公共文化事业是国家的重要事业，政府是公共文化服务标准化与均等化最重要的主体，相关政策法律、信息传播等都需要深入研究。尽管本研究已考虑到了多主体因素，运用了多学科理论方法，对多种文化设施展开了研究，但由于课题的性质，要在一个项目中解决所有的问题，几乎不可能。这一难点也直接影响了研究的广度与深度。

具体来说，受上述两大难点的影响。本研究成果取得一些突破，但仍存在两个方面的局限性。

从理论研究方面来看，本研究致力于公共文化服务领域的理论创新，虽然考虑到了该项目多学科交叉研究的性质，同时注意建构适用于中国国情的公共文化理论，特别是要以理论指导实践为目的进行理论探索。但是，由于涉及的相关学科太多，还有一些学科理论方法没有得到很好的应用，如生态学已在信息领域得到应用，形成信息生态学的分支，在公共文化服务标准化与均等化研究中，还没有尝试应用生态学的理论方法。近年来，在图书情报界，关于信息素养的研究、信息行为的研究、健康信息学的研究有很多成果，这些研究成果也可以应用于公共文化领域。因此，本研究在理论研究方面，仍有较大的空间。

从实践研究方面来看，在公共文化领域，因为东、中、西部地区存在的区域差异，即使东部发达地区，也存在某些区域的欠发达现象，城市与农村的地域差异在一些地区已经缩小，但在许多地区，这种差异还非常多，加上公共文化服务群体对象存在的千差万别的现象，难以全面把握，这正是党的十九大、二十大所提出的不平衡、不充分的现象在公共文化领域的体现。虽然本研究通过实证研究，特别是案例研究，试图透视公共文化服务标准化与均等化中存在的不平衡和不充分现象，分析问题产生的根源，寻求最优化的解决方案。但是，由于样本数量的限制，未能揭示出实践中的所有问题，并发现更多需要解决的痛点，调研区域和时间仍然显得不足。各案例的调研也存在不均衡的现象，有的案例进行了多次反复调研，比较充分，有的案例仅有一次性调研，数据量不足。实践呼唤科学的理论指导，理论是致用的，必须将实践经验上升到理性认识，形成适应性强的理论。因此，本研究在实践研究方面，也存在一些遗憾与不足。

一个重大项目顺利结项，不代表课题研究的终结。特别是，公共文化服务标准化与均等化这样一个面向国家战略的课题，需要长时期的深入研究。基于上述对于研究局限的陈述，下一步研究可以针对上述问题，增加理论研究的维度，弥补理论上的不足，丰富理论体系；同时，增加调研的范围，特别是增加有代表的样本，解决实践上的痛点问题，提出具有战略意义和实际价值的对策。

未来的研究有很大发展空间，重点有以下三个方面。

1. 关于公共文化服务标准化与均等化转型升级的研究

公共文化服务进入高质量发展阶段。党的十九届五中全会提出我国已转向高质量发展阶段，文化和旅游部、国家发展改革委、财政部联合推出了《关于推动公共文化服务高质量发展的意见》（文旅公共发〔2021〕21号），我国公共文化事业全面进入一个新的阶段——公共文化服务高质量发展阶段。在新的形势下，公共文化服务标准化与均等化如何转型升级，适应高质量发展形势，是迫切需要研究的理论与实践问题。可以在本研究基础上，进一步探讨公共文化服务的基本标准向高标准发展的路径，探讨公共文化服务的区域相对均等向高质量均等化发展的路径；可以在现有案例基础上，寻找在公共文化服务标准化和均等化方面开始转型升级的案例，继续进行案例研究；可以结合目前图书馆转型以及其他文化机构转型升级的理论与实践，从整体上研究高质量发展背景下公共文化服务标准化与均等化转型升级问题，为推动全国公共文化服务的高质量发展作出理论贡献。

2. 关于实现文化强国的公共文化服务标准化与均等化战略研究

《中华人民共和国国民经济和社会发展第十四个五年规划和2035年远景目标纲要》提出了2035年建成文化强国的目标，公共文化服务标准化与均等化是实现这一战略目标的重要方面。要从文化强国的高度研究公共文化服务标准化发展战略和均等化发展战略，要在战略研究基础上通过理论创新推进公共文化服务体系建设和体制机制创新，推进公共文化服务运行机制创新，在鼓励社会力量参与公共文化服务供给和设施建设运营上取得突破。要将公共文化服务标准化与均等化战略与更好保障人民文化权益结合起来研究，为文化惠民工程提供理论指导，以理论创新指导城乡文化资源配置的优化，全力推进城乡公共文化服务体系一体化建设。要将公共文化服务标准化与均等化战略与深入推进全民阅读，建设"书香中国"结合起来，以理论指导公共文化机构和社会各界所从事的阅读推广工作。要将公共文化服务标准化与均等化战略与提升中华文化影响力结合起来，以理论创新推进中华文化传播推广和文明交流互鉴。

3. 关于公共文化服务标准化与均等化的智慧赋能研究

随着国家大数据战略的实施，人工智能等信息技术的快速发展，给公共文化服务新的发展机遇与挑战。未来可以从以下四个方面加强公共文化服务标准化与均等化的智慧赋能研究。一是研究智慧技术在公共文化服务标准化与均等化应用的可行性，研究智能设备在公共文化设施中的应用，进行技术研发和引进新技术评估。二是整合目前关于智慧图书馆、智慧文化馆、智慧博物馆等理论与实践的探索，将公共数字文化的研究发展到公共智慧文化的研究。三是以智慧赋能提升基层综合性文化服务中心功能，推进公共文化服务各基层点的整合,推进公共文化服务媒体的深度融合。四是研究公共文化服务的智慧赋能对于公民生活的影响,研究数字文化体验,线上线下融合的智慧文化服务,研究智慧文化服务圈,以智慧赋能理论研究促进全民数字技能的提升,构筑全民美好智慧生活的新图景。

主要参考文献

［1］Bartikowski B., Laroche M., Jamal A., et al. The Type-of-internet-access Digital Divide and the Well-being of Ethnic Minority and Majority Consumers: a Multi-country Investigation ［J］. Journal of Business Research, 2018（82）.

［2］Mulcahy, K. V. Public Culture, Cultural Identity, Cultural Policy: Comparative Perspectives ［M］. New York: Palgrave Macmillan, 2017.

［3］Storey, John. Cultural Theory and Popular Culture: An Introduction ［M］. Pearson Education Asia Limited, 2004.

［4］Tomasino A. P., Fedorowicz J., Williams C. B. Public Sector Shared Services Move Out of the "Back-Office": The Role of Public Policy and Mission Criticality ［J］. Acm Sigmis Database, 2017, 48（3）: 83 – 109.

［5］Wamuyu P. K. Bridging the Digital Divide Among Low Income Urban Communities. Leveraging Use of Community Technology Centers ［J］. Telematics & Informatics, 2017.

［6］Williams K., 韩圣龙等. 社群信息学: 理论与研究 ［M］. 北京: 国家图书馆出版社, 2012.

［7］曹爱军. 公共文化治理导论 ［M］. 北京: 中国经济出版社, 2019.

［8］曹树金, 刘慧云, 王雨. 我国公共文化服务政策演进（2009—2018）［J］. 图书馆论坛, 2019, 39（9）: 39 – 47.

［9］陈昌盛, 李承健, 江宇. 面向国家治理体系和治理能力现代化的财税改革框架研究 ［J］. 管理世界, 2019, 35（7）: 8 – 14, 77.

［10］陈立旭. 文化的力量——浙江社会发展的引擎 ［M］. 杭州: 浙江大

学出版社，2008.

[11] 陈威．公共文化服务体系研究 [M]．深圳：深圳报业集团出版社，2006.

[12] 陈瑶．公共文化服务：制度与模式 [M]．杭州：杭州大学出版社，2012.

[13] 陈嵘．"苏州之路"诠释公共文化服务的现代化道路：苏州市创建国家公共文化服务体系示范区的探索和实践 [M]．苏州：苏州大学出版社，2016.

[14] 程焕文．论《公共文化服务保障法》立法精神——国家和政府的公共文化服务责任解析 [J]．图书馆论坛，2017，37（6）：1－9.

[15] 崔运武．公共事业管理概论 [M]．第二版．北京：高等教育出版社，2006.

[16] 戴珩．公共文化服务体系200问 [M]．南京：南京师范大学出版社，2013.

[17] 戴言．制度建设与浙江公共文化服务 [M]．杭州：浙江大学出版社，2013.

[18] 冯佳．公共文化服务制度建设研究 [M]．北京：国家图书馆出版社，2015.

[19] 付文林，沈坤荣．均等化转移支付与地方财政支出结构 [J]．经济研究，2012，47（5）：45－57.

[20] 傅才武，陈庚．中国公共文化政策研究实验基地观察报告 [M]．北京：社会科学文献出版社，2019.

[21] 傅才武，彭雷霆．中国公共文化服务发展指数报告 [M]．北京：社会科学文献出版社，2019.

[22] 傅才武，岳楠．公共文化服务体系建设中财政增量投入的约束条件——以县级公共图书馆为中心的考察 [J]．中国图书馆学报，2018，44（4）：19－39.

[23] 甘藏春，田世宏．中华人民共和国标准化法释义 [M]．北京：中国法制出版社，2017.

[24] 高宣扬．流行文化社会学 [M]．第2版．北京：中国人民大学出版

社,2015.

[25] 广州图书馆. 国外公共图书馆多元文化服务政策与案例编译文集[M]. 广州:中山大学出版社,2019.

[26] 河南省公共文化研究中心. 河南省现代公共文化服务体系建设发展报告2016[M]. 北京:国家图书馆出版社,2017.

[27] 胡鞍钢,周绍杰. 新的全球贫富差距:日益扩大的"数字鸿沟"[J]. 中国社会科学,2002(3):34-48.

[28] 胡税根,陶铸钧. 中国公共文化服务的发展逻辑研究[J]. 华中师范大学学报(人文社会科学版),2018,57(5):80-87.

[29] 化柏林."数据、技术、应用"三位一体的公共文化服务智慧化[J]. 中国图书馆学报,2021,47(2):40-52.

[30] 黄茂钦. 基本公共服务均等化法治保障研究:基于"事实"与"规范"的展开[M]. 北京:法律出版社,2014.

[31] 黄威. 文化资本与公共文化论[M]. 北京:人民日报出版社,2019.

[32] 嘉兴市文化广电新闻出版局. 嘉兴市公共文化服务创新案例[M]. 北京:中国社会科学出版社,2016.

[33] 金胜勇,彭妍. 京津冀协同发展环境下河北省公共文化发展战略研究[M]. 北京:人民邮电出版社,2021.

[34] 金武刚. 公共文化服务体系中的图书馆创新发展研究[J]. 图书馆,2019(5):1-8.

[35] 金武刚. 偶然VS必然:公共文化服务研究的兴起与发展——兼论图书馆学人的贡献和崛起[J]. 图书馆论坛,2018,38(11):49-60.

[36] 金武刚. 稳中求进定目标 精准施策有实招——《"十四五"公共文化服务体系建设规划》的守正与创新[J]. 图书馆论坛,2021,41(8):7-11.

[37] 金武刚,李国新. 公共文化政策法规解读[M]. 北京:北京师范大学出版社,2014.

[38] 柯平,洪秋兰,孙情情. 公共文化服务体系中的图书馆与社会合作实证研究[J]. 图书情报工作,2009,53(17):8-12.

[39] 柯平,胡娟,刘旭青. 发展文化事业,完善公共文化服务体系 [J]. 图书情报知识,2018(5):10-19.

[40] 柯平,刘旭青,裘爽,等. 基本公共文化服务标准化的研究现状与问题 [J]. 情报资料工作,2018(3):6-10.

[41] 柯平,申晓娟. 文化行业标准化研究 [M]. 北京:国家图书馆出版社,2014.

[42] 柯平,朱明,何颖芳. 构建我国基本公共文化服务体系研究 [J]. 国家图书馆学刊,2015(2):25-26.

[43] 柯平. 促进我国基本公共文化服务标准化与均等化研究 [M]. 北京:国家图书馆出版社,2019.

[44] 孔进. 公共文化服务供给 [M]. 北京:中国社会科学出版社,2020.

[45] 李超平,杨剑. 文旅融合之"融合点"及公共文化服务的原则 [J]. 图书与情报,2020(4):74-78.

[46] 李春田. 标准化概论 [M]. 第六版. 北京:中国人民大学出版社,2014.

[47] 李广建,化柏林. 公共文化服务大数据研究的体系与内容 [J]. 图书馆论坛,2018,38(7):62-71.

[48] 李国新. 公共文化服务保障法律制度的完善与细化 [J]. 中国图书馆学报,2021,47(2):29-39.

[49] 李国新. 公共文化研究10年:回顾与前瞻 [J]. 图书馆建设,2019(5):4-5.

[50] 李国新,张皓珏,等. 国外公共文化服务概览 [M]. 北京:北京师范大学出版社,2021.

[51] 李国新. 文化馆发展十一讲 [M]. 北京:国家图书馆出版社,2020.

[52] 李宏,魏大威. 文化馆蓝皮书:新时代文化馆创新发展2017—2018 [M]. 北京:国家图书馆出版社,2019.

[53] 李佳,陈炼. 农村公共文化产品供给研究 [M]. 北京:人民出版社,2019.

［54］李具恒．广义梯度理论：区域经济协调发展的新视角［J］．社会科学研究，2004（6）：21－25．

［55］李少惠，张玉强．公共文化服务创新驱动机制研究——基于模糊集的定性比较分析［J］．国家图书馆学刊，2021，30（2）：22－33．

［56］联合国教科文组织．世界文化报告：文化、创新与市场（1998）［M］．关世杰，等译．北京：北京大学出版社，2000．

［57］林华，楚天舒．我国公共文化法律有效实施的思考——以《公共文化服务保障法》《公共图书馆法》为中心［J］．中国图书馆学报，2019，45（4）：12－28．

［58］刘炜，陈晨，张磊．5G与智慧图书馆建设［J］．中国图书馆学报，2019，45（5）：42－50．

［59］刘悦笛，等．公共文化服务的"嘉兴模式"［M］．北京：社会科学文献出版社，2012．

［60］刘自雄，闫玉刚．大众文化通论［M］．北京：中国广播电视出版社，2007．

［61］毛少莹，等．公共文化服务概论［M］．北京：北京师范大学出版社，2014．

［62］倪晓建，高莹，虞敏．公共图书馆总分馆资源整合模式研究［J］．图书馆，2014（6）：53－56，2．

［63］彭泽明．公共文化服务创新研究［M］．北京：人民出版社，2021．

［64］牛汝极，等．新疆文化的现代化转向［M］．兰州：兰州大学出版社，2012．

［65］彭泽明．中国公共文化百科全书［M］．重庆：重庆出版社，2015．

［66］邱均平，李小涛．公共文化服务标准体系的基本理论问题研究［J］．重庆大学学报（社会科学版），2015，21（5）：122－127．

［67］阮可．现代公共文化服务体系——理论与浙江实践［M］．杭州：浙江大学出版社，2014．

［68］阮可．公共文化服务协调机制研究——以浙江拱墅"三联模式"为样本［M］．杭州：浙江大学出版社，2015．

［69］阮可．公共文化服务标准化研究［M］．北京：中国社会科学出版

社，2018．

［70］申晓娟．图书馆业务工作相关标准规范概览［M］．北京：北京师范大学出版社，2019．

［71］孙立平．社会转型：发展社会学的新议题［J］．社会学研究，2005（1）：1－24，246．

［72］孙一钢．文化大数据应用规划［M］．北京：国家图书馆出版社，2018．

［73］苏峰．文化大数据2015［M］．北京：知识产权出版社，2016．

［74］涂斌．公共文化服务体系财政保障机制研究基于财政效率的视角［M］．北京：科学出版社，2021．

［75］王惠君．贫困地区公共文化服务创新发展："安康样板"研究［M］．广州：广东人民出版社，2020．

［76］王列生，郭全中，肖庆．国家公共文化服务体系论［M］．北京：文化艺术出版社，2009．

［77］王子舟．多视角下的空间：城市公共阅读空间演进的几个观念［J］．中国图书馆学报，2019，45（6）：24－33．

［78］王至元，曾新群．论中国工业布局的区位开发战略——兼评梯度理论［J］．经济研究，1988（1）：66－74．

［79］文化部公共文化司．2013中国公共文化发展报告——国家公共文化服务体系制度设计研究［M］．北京：北京师范大学出版社，2013．

［80］温来成．现代公共事业管理概论［M］．北京：清华大学出版社，2007．

［81］巫志南．社区公共文化服务［M］．北京：北京师范大学出版社，2012．

［82］肖希明，完颜邓邓．以数字化促进基本公共文化服务均等化的实践研究［J］．图书馆工作与研究，2016（8）：5－10．

［83］许炜，李卓卓，丁家友．基于GIS的公共图书馆总分馆城市空间分布和地理覆盖研究［J］．图书情报工作，2019，63（24）：17－24．

［84］姚建军，靳方华．天津公共文化服务发展报告：2019［M］．天津：天津社会科学院出版社，2019．

[85] 闫慧. 中国数字化社会阶层研究［M］. 北京：国家图书馆出版社，2010.

[86] 尹恒，杨龙见. 地方财政对本地居民偏好的回应性研究［J］. 中国社会科学，2014（5）：96－115，206.

[87] 荣跃明. 上海公共文化服务发展报告（2018）［M］. 上海：上海人民出版社，2018.

[88] 张久珍. 图书馆：培育全民数字素养的阵地［J］. 图书馆论坛，2021，41（12）：6－7.

[89] 张仙. 西部民族地区村民公共文化需求与供给研究［M］. 北京：中国社会科学出版社，2021.

[90] 张岩，王林. 深圳模式：深圳"图书馆之城"探索与创新［M］. 北京：中国社会科学出版社，2017.

[91] 郑建明，孙红蕾. 智慧公共文化服务发展战略［J］. 图书馆论坛，2020，40（9）：13－19.

附件：关于公共文化服务标准化和均等化的政策建议

弘扬优秀传统文化是发展中国特色社会主义文化的重要组成部分，同时也是发展我国文化事业、增强文化自信的必然要求。公共文化服务是社会治理的重要组成部分，重视公众参与公共文化服务评价是公众参与社会、国家文化治理的重要手段。鼓励企事业单位内部文化设施、民办文化机构面向社会开放，能为当前促进公共文化服务均等化提供一条可行路径。

国家的方针政策对地方公共文化服务体系建设提供了指导，但通过对全国各地方公共文化服务体系建设的现状分析，发现政策文件当中对于弘扬优秀传统文化、公众参与公共文化服务评价、鼓励其他文化机构的社会开放这三个方面的规定还相对较为薄弱，欠缺较为明确和体系化的具体政策。

因此，南开课题组在充分调研和理论研讨的基础上，结合我国现阶段公共文化服务体系建设的现状，以构建完善地方公共文化服务体系为切入点，充分尊重地方在构建完善公共文化服务体系中的实际情况和服务特色，分析了其建设背景和相关依据，并对其必要性和可行性进行了充分的分析，提出了关于构建完善地方公共文化服务体系中发展优秀传统文化、加强公众参与公共文化服务评价、鼓励其他文化机构向社会开放三个方面的建议。

附件一：关于弘扬优秀传统文化的政策建议

1. 背景及相关依据

传统文化是我们中华民族民族特质、风貌、思想文化和观念形态等的总体表征。构建现代公共文化服务体系过程中离不开对优秀传统文化的弘扬，传统文化的保护为现代公共文化服务体系提供了更加丰富的文化内涵。在构建完善地方公共文化服务体系中应深入挖掘现代公共文化服务体系的功能，处理好公共文化服务与弘扬中华优秀传统文化之间的关系，注重对优秀传统文化传承和保护。

（1）习近平总书记系列重要讲话中多次强调弘扬中华民族优秀传统文化

党的十八大以来，以习近平同志为核心的党中央高度重视中华优秀传统文化的传承发展，始终从中华民族最深沉精神追求的深度看待优秀传统文化，从国家战略资源的高度继承优秀传统文化，从推动中华民族现代化进程的角度创新发展优秀传统文化，使之成为实现"两个一百年"奋斗目标和中华民族伟大复兴中国梦的根本性力量。习近平总书记的系列重要论述，为传承和创新发展中华优秀传统文化指引了方向。

①党的十九大、二十大报告中关于弘扬优秀传统文化的相关论述

习近平总书记在2017年党的十九大报告中5次提到"传统文化"，2次提到"公共文化"，6次提到"文化自信"，指出加强党对意识形态工作的领导，党的理论创新全面推进，马克思主义在意识形态领域的指导地位更加鲜明，中国特色社会主义和中国梦深入人心，社会主义核心价值观和中华优秀传统文化广泛弘扬，群众性精神文明创建活动扎实开展。习近平总书记在2022年党的二十大报告中进一步强调，发展社会主义先进文化，弘扬革命文化，传承中华优秀传统文化，满足人民日益增长的精神文化需求。

培育和践行社会主义核心价值观，不断增强意识形态领域主导权和话语权，推动中华优秀传统文化创造性转化、创新性发展。中国特色社会主义文化，源自中华民族五千多年文明历史所孕育的中华优秀传统文化，熔铸于党领导人民在革命、建设、改革中创造的革命文化和社会主义先进文化，植根于中国特色社会主义伟大实践。深入挖掘中华优秀传统文化蕴含的思想观念、人文精神、道德规范，结合时代要求继承创新，让中华文化展现出永久魅力和时代风采。中国共产党从成立之日起，既是中国先进文化的积极引领者和践行者，又是中华优秀传统文化的忠实传承者和弘扬者。

②习近平总书记系列重要讲话中多处引经据典

古典名句，是中华文化长河中历经砥砺的智慧结晶，是传承中华民族优秀传统文化的经典载体。人民日报社编写的《习近平用典》一书中，分"敬民""为政""修身"等13个篇章对习近平总书记系列重要讲话中引用典故的情况作了整理和现实解读。以总书记引用率较高的"衙斋卧听萧萧竹，疑是民间疾苦声。些小吾曹州县吏，一枝一叶总关情"诗句为例，多次出现在《在参加兰考县委常委班子专题民主生活会时的讲话》《在河北省阜平县考察扶贫开发工作时的讲话》《心无百姓莫为"官"》（《之江新语》第26页）、《在检查节日市场供应和物价情况时的讲话》等处。在为政方面，以"政者，正也。其身正，不令而行；其身不正，虽令不从"为例，此句话引自《论语》，习近平总书记曾在《在中纪委第二次全体会议上的讲话》《领导干部要认认真真学习老老实实做人干干净净干事》《要用人格魅力管好自己》（《之江新语》第114页）等多个场合使用。由此可见，习近平总书记不只是弘扬优秀传统文化的呼吁者，更是弘扬优秀传统文化的直接实践者，这些古典名句的引用不仅生动传神，而且寓意深邃。

③习近平总书记系列重要讲话中指出优秀传统文化是中华民族的精神命脉

习近平总书记《在中央党校建校80周年庆祝大会暨2013年春季学期开学典礼上的讲话》（2013年3月1日）中谈道，"中国传统文化博大精深，学习和掌握其中的各种思想精华，对树立正确的世界观、人生观、价值观很有益处"。《在中共中央政治局第十三次集体学习时的讲话》（2014年2月24日）谈道，"培育和弘扬社会主义核心价值观必须立足中华优秀传统文化"，"博大精深的中华优秀传统文化是我们在世界文化激荡中站稳脚跟的根基"。《在北京大学师生座谈会上的讲话》（2014年5月4日）谈道，"中华优秀传统文化已经成为中华民族的基因，植根在中国人内心，潜移默化影响着中国人的思想方式和行为方式"。《在纪念孔子诞辰2565周年国际学术研讨会暨国际儒学联合会第五届会员大会开幕会上的讲话》（2014年9月24日）谈道，"优秀传统文化是一个国家、一个民族传承和发展的根本，如果丢掉了，就割断了精神命脉。我们要善于把弘扬优秀传统文化和发展现实文化有机统一起来，紧密结合起来，在继承中发展，在发展中继承"。

④习近平总书记系列重要讲话中强调国家治理体系和治理能力现代化必须立足于中华优秀传统文化

习近平总书记《在省部级主要领导干部学习贯彻十八届三中全会精神全面深化改革专题研讨班开班式上的讲话》（2014年2月17日）谈道，"推进国家治理体系和治理能力现代化……要加强对中华优秀传统文化的挖掘和阐发，努力实现中华传统美德的创造性转化、创新性发展，把跨越时空、超越国度、富有永恒魅力、具有当代价值的文化精神弘扬起来，把继承优秀传统文化又弘扬时代精神、立足本国又面向世界的当代中国文化创新成果传播出去"。《在巴黎联合国教科文组织总部的演讲》（2014年3月27日）中谈道，"实现中国梦，是物质文明和精神文明均衡发展、相互促进的结果。没有文明的继承和发展，没有文化的弘扬和繁荣，就没有中国梦的实现"。《在纪念孔子诞辰2565周年国际学术研讨会暨国际儒学联合会第五届会员大会开幕会上的讲话》（2014年9月24日）中谈道，"中国优秀传统文化的丰富哲学思想、人文精神、教化思想、道德理念等，可以为人们认识和改造世界提供有益启迪，可以为治国理政提供有益启示，也可以为道德建设提供有益启发"。《在中共中央政治局第十八次集体学习时的讲话》（2014年10月13日）中谈道，"一个国家的治理体系和治理能力是与这个国家的历史传承和文化传统密切相关的"，"要治理好今天的中国，需要对我国历史和传统文化有深入了解，也需要对我国古代治国理政的探索和智慧进行积极总结"。《在哲学社会科学工作座谈会上的讲话》（2016年5月17日）中谈道，"既向前看、准确判断中国特色社会主义发展趋势，又向后看、善于继承和弘扬中华优秀传统文化精华"。

⑤习近平总书记系列重要讲话中指出要推动中华文明创造性转化、创新性发展

习近平总书记《在全国宣传思想工作会议上的讲话》（2013年8月19日）谈道，"对我国传统文化，对国外的东西，要坚持古为今用、洋为中用，去粗取精、去伪存真，经过科学的扬弃后使之为我所用"。《在中共中央政治局第十三次集体学习时的讲话》（2014年2月24日）中谈道，"中华传统美德是中华文化精髓，蕴含着丰富的思想道德资源。不忘本来才能开辟未来，善于继承才能更好创新。对历史文化特别是先人传承下来的价值理念和道德规范，要坚

持古为今用、推陈出新，有鉴别地加以对待，有扬弃地予以继承，努力用中华民族创造的一切精神财富来以文化人、以文育人"。《在北京大学师生座谈会上的讲话》（2014年5月4日）中谈道，"我们提出的社会主义核心价值观，把涉及国家、社会、公民的价值要求融为一体，既体现了社会主义本质要求，继承了中华优秀传统文化，也吸收了世界文明有益成果，体现了时代精神"。《在中共中央政治局第十八次集体学习时的讲话》（2014年10月13日）中谈道，"中华传统文化源远流长、博大精深，中华民族形成和发展过程中产生的各种思想文化，记载了中华民族在长期奋斗中开展的精神活动、进行的理性思维、创造的文化成果，反映了中华民族的精神追求，其中最核心的内容已经成为中华民族最基本的文化基因"。《在文艺工作座谈会上的讲话》（2014年10月15日）中谈道，"中华优秀传统文化中很多思想理念和道德规范，不论过去还是现在，都有其永不褪色的价值。我们要结合新的时代条件传承和弘扬中华优秀传统文化，传承和弘扬中华美学精神"；"传承中华文化，绝不是简单复古，也不是盲目排外，而是古为今用、洋为中用，辩证取舍、推陈出新，摒弃消极因素，继承积极思想，'以古人之规矩，开自己之生面'，实现中华文化的创造性转化和创新性发展"。《在中国文联十大、中国作协九大开幕式上的讲话》（2016年11月30日）中谈道，"中华文化延续着我们国家和民族的精神血脉，既需要薪火相传、代代守护，也需要与时俱进、推陈出新"。

（2）法律及行政法规中对弘扬优秀传统文化的有关规定

①与传统文化相关的法律

我国文化领域的相关法律比较少，仅占全部法律的1.7%。同时文化领域相关的行政法规数量也比较少，与我国文化资源大国的发展现状不相适应。

目前，与传统文化相关的法律主要包括《文物保护法》《非物质文化遗产保护法》和《公共文化服务保障法》。

在自2017年3月1日起开始实施的《公共文化服务保障法》中，第一条和第二十七条有关于传承中华优秀文化的明确规定。第一条："为了加强公共文化服务体系建设，丰富人民群众精神文化生活，传承中华优秀传统文化，弘扬社会主义核心价值观，增强文化自信，促进中国特色社会主义文化繁荣发展，提高全民族文明素质，制定本法。"第二十七条："各级人民政府应当充分利用公共文化设施，促进优秀公共文化产品的提供和传播，支持开展全民阅读、全民普法、全民健身、全民科普和艺术普及、优秀传统文化传承活动。"

2011年2月25日第十一届全国人民代表大会常务委员会第十九次会议通过的《非物质文化遗产法》总则中指出，制定本法的目的之一就是为了继承和弘扬中华民族优秀传统文化，本法所称非物质文化遗产，是指各族人民世代相传并视为其文化遗产组成部分的各种传统文化表现形式，以及与传统文化表现形式相关的实物和场所。明确了非物质文化遗产的类型，要求开展非物质文化遗产的调查，建立国家级非物质文化遗产代表性项目名录，将体现中华民族优秀传统文化，具有重大历史、文学、艺术、科学价值的非物质文化遗产项目列入名录予以保护，同时加强非物质文化遗产的传承与传播。

2015年最新修正的《文物保护法》中指出，继承中华民族优秀的历史文化遗产，进行爱国主义和革命传统教育，建设社会主义精神文明和物质文明。具体内容包括对不可移动文物、考古发掘、馆藏文物、民间收藏文物、文物出境进境、法律责任、附则等方面的立法规定。

②与传统文化相关的行政法规

与传统文化相关的行政法规主要包括《传统工艺美术保护条例》《文物保护法实施条例》《公共文化体育设施条例》《历史文化名城名镇名村保护条例》《博物馆条例》等。《传统工艺美术保护条例》中共提出了对传统工艺美术品种和技艺实行保护、发展、提高的21条方针，旨在保护百年以上、历史悠久、技艺精湛、世代相传、有完整的工艺流程、采用天然原材料制作、具有鲜明的民族风格和地方特色、在国内外享有声誉的手工艺品种和技艺。《文物保护法实施条例》根据《文物保护法》制定，明确了《文物保护法》的实施细则。《公共文化体育设施条例》中没有涉及弘扬中华优秀传统文化的内容。《历史文化名城名镇名村保护条例》中指出，历史文化名城、名镇、名村的保护应当遵循科学规划、严格保护的原则，保持和延续其传统格局和历史风貌，维护历史文化遗产的真实性和完整性，继承和弘扬中华民族优秀传统文化，正确处理经济社会发展和历史文化遗产保护的关系；同时对历史文化名城、名镇、名村的申报与批准、保护规划、保护措施、法律责任等方面做出了具体的规定。《博物馆条例》中没有明确提出弘扬优秀传统文化，对博物馆的设立、变更与终止，博物馆管理，博物馆社会服务，法律责任等方面做出了规定。

(3) 政府出台的有关弘扬优秀传统文化的意见和政策

①公共文化服务体系建设中弘扬优秀传统文化

弘扬中华优秀传统文化是现代公共文化服务体系的重要使命，现代公共文化服务体系也需要从中华优秀传统文化当中汲取中华民族生生不息、发展壮大的丰厚滋养。

中共中央办公厅、国务院办公厅《关于加快构建现代公共文化服务体系的意见》指出以人民为中心，以社会主义核心价值观为引领，发展先进文化，创新传统文化，扶持通俗文化等基本原则；提出建立优秀传统文化传承和发展体系；加强戏曲等优秀文化艺术的普及推广工作；开展优秀文化遗产、高雅艺术进校园、进社区，推进送戏、送书、送电影下乡等项目和优秀出版物推荐活动；提高网络文化产品和服务供给能力，促进优秀传统文化瑰宝和当代文化精品网络传播。

《国务院办公厅关于推进基层综合性文化服务中心建设的指导意见》（2015年10月2日）指出，发挥基层综合性文化服务中心在宣传党的理论和路线方针政策、培育社会主义核心价值观、弘扬中华优秀传统文化等方面的重要作用；弘扬中华优秀传统文化，利用当地特色历史文化资源，加强非物质文化遗产传承保护和民间文化艺术之乡创建，开展非物质文化遗产展示、民族歌舞、传统体育比赛等民族民俗活动，打造基层特色文化品牌；引导和联系群众继承和弘扬中华优秀传统文化，自觉培育和践行社会主义核心价值观。

文化部《"十三五"时期全国公共图书馆事业发展规划》要求充分利用馆藏资源，传承和弘扬中华优秀传统文化，深入开展中华古籍和民国时期文献的普查与保护工作，推进传统文献典籍的整理推广和开发利用。《"十三五"时期公共数字文化建设规划》指出，加强地方特色公共数字文化资源建设，坚持弘扬和传承中华优秀传统文化，加强中国戏曲、书法、民歌等优秀传统文化资源建设；加强少数民族数字文化资源建设，鼓励各地建设民族风俗、民族艺术、民族手工艺、民族旅游等地方资源项目，丰富民族特色资源内容，增加少数民族双语资源建设数量。

文化和旅游部、国家发展改革委、财政部《关于推动公共文化服务高质量发展的意见》提出，着眼于乡村优秀传统文化的活化利用和创新发展，因地制宜建设文化礼堂、乡村戏台、文化广场、非遗传习场所等主题功能空间。

②非物质文化遗产保护与弘扬优秀传统文化

非物质文化遗产是我国传统文化的核心代表之一，抢救和保护非物质文化遗产是一项十分浩大且极其复杂的文化传承工程，国家历来也非常重视对非物质文化遗产的保护，并且已出台《非物质文化遗产法》。

在非遗保护法之外，国务院办公厅《关于加强我国非物质文化遗产保护工作的意见》（2005年3月26日）就进一步加强我国非物质文化遗产保护工作提出了重要指导意见，明确了非物质文化遗产的范围，提出建立名录体系，逐步形成有中国特色的非物质文化遗产保护制度；加强领导，落实责任，建立协调有效的工作机制等指导意见。《关于支持戏曲传承发展若干政策》（2015年7月11日）指出加强戏曲保护与传承、支持戏曲剧本创作、支持戏曲演出、改善戏曲生产条件、支持戏曲艺术表演团体发展、完善戏曲人才培养和保障机制、加大戏曲普及和宣传等一系列促进戏曲传承与发展的政策措施。《国务院办公厅关于转发文化部等部门〈中国传统工艺振兴计划〉的通知》（2017年3月12日）对我国传统工艺的振兴作出规划，明确了计划的总体目标和基本原则，提出建立国家传统工艺振兴目录、扩大非物质文化遗产传承人队伍、将传统工艺作为中国非物质文化遗产传承人群研修研习培训计划实施重点等主要任务。2021年5月25日，文化和旅游部非物质文化遗产司发布《"十四五"非物质文化遗产保护规划》。2021年8月12日，中共中央办公厅、国务院办公厅印发了《关于进一步加强非物质文化遗产保护工作的意见》。

③文化领域"十三五""十四五"规划中弘扬优秀传统文化

作为国民经济和社会发展五年规划纲要的重要组成部分，文化领域的发展也出现在历次五年规划纲要当中。在我国文化领域第十三个五年规划纲要中，弘扬优秀传统文化受到了充分的重视。

中共中央办公厅、国务院办公厅《国家"十三五"时期文化发展改革规划纲要》指出传承弘扬中华优秀传统文化，让中华优秀传统文化拥有更多的传承载体、传播渠道和传习人群，增强做中国人的骨气和底气。具体包括：加强中华优秀传统文化研究挖掘和创新发展、开展中华优秀传统文化普及、加强文化遗产保护、传承振兴民族民间文化、保护和发展传统工艺等内容，并设立文化遗产保护工程、中华文化传承工程专栏。中共中央办公厅、国务院办公厅《"十四五"文化发展规划》在"传承弘扬中华优秀传统文化和革命文化"中，提出要加强中华优秀传统文化和革命文化研究阐释，加强文物保护利用，加强非物质文化遗产保护传承，推进国家文化公园建设。

文化部《"十三五"时期文化产业发展规划》（2017年4月12日）指出努力实现中华优秀传统文化的创造性转化和创新性发展；加强对文化产品创作生产的引导，鼓励深入发掘中华优秀传统文化；推动文化创意产品开发，鼓励文化文物单位和社会力量深度合作，创作生产传承优秀传统文化、适应市场需要、满足现代消费需求的优秀文化创意产品；振兴传统工艺，立足优秀传统文化，结合现代生活需求，丰富传统工艺的题材和产品品种。《"十三五"时期繁荣群众文艺发展规划》（2017年5月4日）指出，立足于传承和弘扬中华优秀传统文化，古为今用，推陈出新，加强创造性转化和创新性发展；深入挖掘和提炼优秀传统文化中的有益思想和艺术价值，对优秀传统民间音乐、舞蹈、戏剧、曲艺作品等进行改编和艺术提升，并注入新的时代精神和创作元素。《"十三五"时期文化扶贫工作实施方案》（2017年5月25日）指出，提升贫困地区文化遗产保护利用水平，加强贫困地区文物保护力度，提高博物馆公共服务水平，提升非物质文化遗产保护利用水平，贯彻落实《中国传统工艺振兴计划》。《文化部"十三五"时期艺术创作规划》（2017年6月28日）指出以中华优秀传统文化为根脉，勇攀艺术高峰；传承和弘扬中华优秀传统文化，讲好中国故事，传播中国声音，塑造中国形象，弘扬中国精神，凝聚中国力量；传承和弘扬中华优秀传统文化，坚持在扬弃继承中大力推动中华优秀传统文化转化创新，激发中华优秀传统文化的时代活力，用中华优秀传统文化滋养艺术创作，将传统文化融入艺术创造之中。《"十三五"时期全国古籍保护工作规划》（2017年8月7日）中提出，利用古籍传承和弘扬中华优秀传统文化，深入挖掘古籍的深厚文化内涵、组织开展古籍宣传推广活动、加强古籍文化创意产品开发。开辟"中华优秀文化典籍推广工程"专栏，着眼于对中华优秀传统文化的创造性转化、创新性发展。

文化和旅游部《"十四五"文化和旅游发展规划》（2021年4月29日）

在"完善文化遗产保护传承利用体系"中提出完善文化遗产资源管理,加强考古发掘和文物保护利用,提高非物质文化遗产保护传承水平,加强古籍保护研究利用。《"十四五"文化产业发展规划》提出推动创作生产更多传承优秀传统文化、满足现代消费需求的文化创意产品。把传统文化与时尚元素、中国特色与世界潮流结合起来,努力提供更多适应青年文化消费需求、传递向善向上价值观念、体现中华文化精神的文化产品。

④近年来国务院政府工作报告中对弘扬优秀传统文化的表述

通过对近10年的政府工作报告分析发现,2010年、2015年、2016年、2017年、2018年、2021年、2022年共七次将传统文化写进《政府工作报告》中,而近两年的《政府工作报告》强调了非物质文化遗产传承和国家文化公园建设,充分证明党和国家对弘扬优秀传统文化的重视力度在逐渐加大。

2010年报告指出,继承和弘扬中华民族优秀传统文化,吸收和借鉴世界各国文明成果,建设中华民族共有精神家园。2015年报告指出,要践行社会主义核心价值观,弘扬中华优秀传统文化。繁荣发展哲学社会科学,发展文学艺术、新闻出版、广播影视、档案等事业,重视文物、非物质文化遗产保护。要坚持和完善民族区域自治制度,加大对欠发达的民族地区支持力度,扶持人口较少民族发展,推进兴边富民行动,保护和发展少数民族优秀传统文化及特色村镇,促进各民族交往交流交融。2016年报告指出,落实促进民族地区发展的差别化支持政策,保护和发展少数民族优秀传统文化及特色村镇,加大扶持人口较少民族发展力度,大力实施兴边富民行动,让全国各族人民共同迈向全面小康社会。2017年报告指出,加大对民族地区发展支持力度,深入实施兴边富民行动,保护和发展少数民族优秀传统文化,扶持人口较少民族发展,推动各族人民在全面建成小康社会进程中实现共同发展繁荣。2018年报告指出,要弘扬中华优秀传统文化,继承革命文化,发展社会主义先进文化,培育和践行社会主义核心价值观。2021年报告指出,传承弘扬中华优秀传统文化,加强文物保护利用和非物质文化遗产传承,建设国家文化公园。2022年报告指出,传承弘扬中华优秀传统文化,加强文物古籍保护利用和非物质文化遗产保护传承,推进国家文化公园建设。

通过对近历年《国务院政府工作报告》关于优秀传统文化内容的分析,

"保护和发展少数民族优秀传统文化"占据了很重要的一部分,这也充分反映了少数民族优秀传统文化在中华民族传统文化中的重要作用,保护和发展少数民族优秀传统文化是弘扬中华民族优秀传统文化的重要组成部分。

⑤党和国家出台的其他弘扬优秀传统文化的意见和措施

党的十八届三中全会通过的《中共中央关于全面深化改革若干重大问题的决定》(2013年11月12日)提出完善中华优秀传统文化教育,形成爱学习、爱劳动、爱祖国活动的有效形式和长效机制,增强学生社会责任感、创新精神、实践能力。《中共中央关于繁荣发展社会主义文艺的意见》(2015年10月3日)明确了文艺工作的指导思想和方针原则,以中国精神为灵魂,以中国梦为时代主题,以中华优秀传统文化为根脉。着重提出传承和弘扬中华优秀传统文化,提出了实施中华文化传承工程,通过国民教育、民间传承、礼仪规范、政策引导和舆论宣传、文艺创作等各个方面,传承中华文化基因。做好古籍整理、经典出版、义理阐释、社会普及工作。加强对中华诗词、音乐舞蹈、书法绘画、曲艺杂技和历史文化纪录片、动画片、出版物等的扶持。发展民族民间艺术,保护和发掘我国少数民族文艺成果及资源,保护和传承非物质文化遗产。实施地方戏曲振兴计划,做好京剧"像音像"工作,挖掘整理优秀传统剧目,推进数字化保存和传播。推进基层国有文艺院团排练演出场所建设,政府采购戏曲项目,提供公共文化服务,推进戏曲进校园。扶持中华文化基因校园传承工作,建设一批中华优秀传统文化教育基地。

中共中央办公厅、国务院办公厅《关于实施中华优秀传统文化传承发展工程的意见》(2017年1月25日)列出深入阐发文化精髓、贯穿国民教育始终、保护传承文化遗产、滋养文艺创作、融入生产生活、加大宣传教育力度、推动中外文化交流互鉴等几大重点任务。

中央文明委颁发2015年至2017年《全国文明城市测评体系》中将传统文化列入测评的范围,在"社会主义核心价值观建设"测评项目中,有关于"弘扬中华优秀传统文化"的测评内容,指出:做好非物质文化遗产传承工作,加强对历史文化名胜、文物古迹、传统古村落的保护。教育部印发的《完善中华优秀传统文化教育指导纲要》(2014年3月26日)指出了加强中华优秀传统文化教育的重要性和紧迫性,并且从分学段有序推进中华优秀传统文化教育、融入课程和教材体系、提升师资队伍水平、增强多元支撑等方面提出了在教育领域弘扬传统文化的指导意见。

《文化部"一带一路"文化发展行动计划（2016—2020年）》（2016年12月29日）提出，打造"一带一路"文化交流品牌，打造"欢乐春节""丝绸之路文化之旅"等重点交流品牌；遴选"丝绸之路文化使者"，推动中外文化经典作品互译和推广；加大"一带一路"文化遗产保护力度，鼓励地方和社会力量参与文化遗产领域的对外交流与合作。

2. 必要性与可行性分析

（1）弘扬优秀传统文化必要性分析

①繁荣发展中国特色社会主义文化的需要

中华优秀传统文化积淀着中华民族最深沉的精神追求，优秀传统文化是民族精神的核心、是民族的灵魂、是民族力量的源泉。古往今来，一个国家、一个民族的强盛总是以文化兴盛为支撑的，中华民族历经磨难仍巍然屹立于世界民族之林，中华文明历经五千年仍具有旺盛生命力，其重要原因就在于拥有博大精深的优秀传统文化。中华人民共和国成立后特别是改革开放以来，我们取得了举世瞩目的发展成就，走出了一条独具特色的中国道路，激发凝聚起伟大的中国精神，对当今人类社会发展进步和世界文明作出了新的贡献。今天，全面建成小康社会、实现中华民族伟大复兴，仍然离不开中华优秀传统文化的支撑。无论思想共识形成、精神力量汇聚，还是社会风尚引领、文化繁荣发展，都需要汲取传统文化的精华，通过激发全民族创造活力推动经济社会持续健康发展，不断增强我国的文化软实力和国际竞争力，繁荣发展中国特色社会主义先进文化。

②构建完善地方公共文化服务体系的需要

中华优秀传统文化是中华民族人文精神的根基，凝聚着中华民族普遍认同和广泛接受的道德规范、思想品格和价值取向，是中华民族生生不息、团结奋进的不竭动力，是社会主义核心价值观的重要源泉。继承发扬好中华优秀传统文化是现代公共文化服务体系建设的重要服务内容，现代公共文化体系建设不但有现代管理理念、新媒体技术，同时也具有文化传承发展的时代性，因而也是历史赋予我们文化工作者的历史责任。现代公共文化服务体系作为提高全民族文化素质,增强民族凝聚力,实现中华民族伟大复兴中国梦的精神动力和文化支撑,必须将弘扬中华优秀传统文化作为一项重要使命,建立中华优秀传统文化的传承和发展体系,从中华优秀传统文化当中汲取中华民族生生不息、发展壮大的丰厚滋养。将弘扬中华优秀传统文化融入地方公共文化服务体系建设之中,必须将弘扬优秀传统文化和发展现实文化有机统一、紧密结合,在继承中发展,在发展中继承。由于不同地区在传统文化上往往表现出其地方特色,优秀传统文化的弘扬也有利于构建地方特色的公共文化服务体系。

③地方特色文化的保护、传承与发展的需要

发展地方特色文化是弘扬优秀传统文化的重要抓手,地方优秀传统文化也是地方特色文化的独特体现,是凝结着地域性群众精神文化的结晶。在我国国民经济大发展的背景之下,需要文化的大繁荣,而文化的繁荣是由各地区特色文化组成的中华民族优秀文化的统一体。地方特色文化不只需要静态的保护,同时需要活态的传承和发展,要加强历史名城名镇、传统村落、非物质文化遗产等文化遗产的保护和利用,进一步加强民间文艺之乡的建设力度,积极培育基层特色文化品牌。加大扶持民间戏剧、曲艺、舞蹈、音乐、皮影等文艺活动和民俗节庆活动。充分发挥非物质文化遗产传承人的带动作用,引导、扶持民间技艺传承人创新传统文化表现形态、丰富传统文化载体,为地方特色文化注入活力。

④丰富文化产品内涵、拓展公共文化新空间的需要

现代公共文化产品不仅包括看电影、赏演出、听广播、阅读报刊等,其他非物质文化遗产为代表的优秀传统文化等内容也是广受人民群众欢迎的文化产品之一。无论是生产创作还是文化消费,传统文化都应是群众基本文化权益所应指向的对象。而现代公共文化服务体系建设,应注重对历史文化、民俗文化、本土文化的挖掘和传承,为群众提供多渠道、多层次的文化产品和服务。公共文化空间不能单纯理解为公共图书馆、博物馆等馆舍,一座充满历史底蕴并开放的城市亦是公共文化空间。习近平总书记在北京考察时指出,历史文化是城市的灵魂,要像爱惜自己的生命一样保护好城市历史文化遗产;传承历史文脉,处理好城市改造开发和历史文化遗产保护利用的关系,切实做到在保护中发展、在发展中保护。各地在旧城改造时,应避免大拆大建,本着修旧如旧的原则,将丰富的历史文化遗存转化为公共文化设施资源,如近代的工业遗址

可改建成为当地百姓休闲、娱乐、旅游的公共文化新空间。

(2) 弘扬优秀传统文化可行性分析

①党和国家高度重视，相关法律以及政策法规相继出台

从上述中对发展优秀传统文化的背景及相关依据的分析可见，党和国家非常重视弘扬优秀传统文化，出台了一系列法律及行政法规，这为地方弘扬优秀传统文化提供了政策和法律依据。同时，在地方公共文化服务体系建设过程中，地方政府也出台了一系列突出地方特色的公共文化服务发展政策和弘扬优秀传统文化的相关政策。例如，《公共文化服务保障法》《文物保护法》《中共中央关于繁荣发展社会主义文艺的意见》、中共中央办公厅和国务院办公厅《关于实施中华优秀传统文化传承发展工程的意见》、《国家"十三五"时期文化发展改革规划纲要》和《文化部"十三五"时期文化发展改革规划》《"十四五"文化发展规划》和《"十四五"文化和旅游发展规划》等都将弘扬优秀传统文化作为重要的内容。国家法律、法规和政策的出台为弘扬优秀传统文化提出了具体要求，同时也为弘扬优秀传统文化提供了发展的目标和发展方向。

②现代公共文化服务体系建设逐渐完善

近年来，政府对地方公共文化服务建设的财政投入力度逐渐加大，加强了公共文化基础设施建设，逐步建成了覆盖县、乡镇两级公共文化服务网络。各级政府逐步把地方公共文化支出纳入了当地经济社会发展的总体规划，积极调整财政支出结构，投入力度不断加大，结构逐渐趋于合理。目前已基本形成资源丰富、技术先进、服务便捷、覆盖基层的地方公共文化服务体系。地方公共文化服务体系建设的逐渐完善为弘扬中华民族传统文化提供了良好的历史机遇，可以将弘扬优秀传统文化纳入地方公共文化服务建设的体制中，将弘扬优秀传统文化作为衡量政府公共文化服务发展水平的重要因素。构建完善地方公共文化服务体系与弘扬优秀传统文化是相辅相成的推进关系，优秀传统文化的弘扬可以丰富地方公共文化服务体系、文化产品的内容，拓展公共文化服务发展的新空间，同时地方公共文化服务体系的逐渐完善也为弘扬优秀传统文化提供了保证。

③公共文化服务标准化与均等化的推进

在构建完善地方公共文化服务体系进程中，可以将弘扬优秀传统文化与公

共文化服务标准化与均等化充分结合。公共文化服务标准化是均等化的依托和工具，均等化的实现可以弥补公共文化服务的短板，同时均等化在促进公共文化服务整体水平提升的同时又催生建立新的标准化。可以明确弘扬优秀传统文化的相关标准，为弘扬优秀传统文化提供可以量化的指标，例如在下面的相关意见中提出了国家公共文化服务体系示范区（项目）创建标准中增加弘扬优秀传统文化的相关标准、地方基本公共文化服务实施标准中增加弘扬优秀传统文化的相关内容、鼓励地方出台非物质文化遗产保护地方标准、出台传统文化示范基地（项目）创建标准、打造传统文化示范基地（项目）等相关措施都体现了公共文化服务标准化的相关要求。明确弘扬优秀传统文化的相关标准为地方构建完善公共文化服务体系提供了机遇和平台，地方政府可以根据地方特点构建具有地方特色的弘扬优秀传统文化的相关标准。

3. 相关建议

（1）深度挖掘地方特色文化元素，打造区域公共文化服务品牌

①深度挖掘"历史文化名城（镇）""历史文化名人"等地方性素材

特色公共文化服务品牌的形成是地方公共文化服务建设成就的集中体现，特色品牌建设可以带动整个地区文化事业的发展和繁荣，实现用公共文化服务文化品牌推动传统文化传承与发展。作为有悠久历史的文明古国，我国各地区有丰富的"历史文化名城（镇）""历史文化名人"等素材，在构建完善地方现代公共文化服务体系中可以深度挖掘此类素材，以本地代表性的历史文化名城（镇）的历史发展、文物古迹、风土人情、人文传统为主要内容，深度挖掘历史文化名城（镇）的历史价值、文化价值，展示其当代发展活力。在"历史文化名人"方面，可以展示人物生平、个人成就、历史贡献，深入挖掘其思想精华的当代价值。"历史文化名城（镇）""历史文化名人"可以作为地区的一张文化名片，将其融入公共文化服务体系建设之中，充分继承和弘扬中华民族优秀传统文化。同时可以举办地方性文化艺术节，对本地区的历史典故、民俗节庆等进行深度挖掘，将地域性的非物质文化保护对接当地公共文化品牌塑造，让特色文化品牌深入民心、文化品牌建设形成体系，城乡文化氛围进一步活跃。

②出台创建"民间传统文化之乡"的相关政策

1987年文化部曾推出"中国民间文化艺术之乡"文化品牌项目,旨在丰富活跃基层群众文化生活、推动民间文化艺术的传承和发展。在弘扬优秀传统文化的大背景之下,为推动地方弘扬传统文化的积极性,让民间优秀传统文化得以继承和发扬,文化主管部门可以出台创建"民间传统文化之乡"的相关政策,在传统文化特色鲜明、具有广泛群众基础的乡镇、村,开展创建"民间传统文化之乡"的活动。"民间传统文化之乡"的评审命名可以更好地发挥民间传统文化在构建现代公共文化服务体系中的作用,推动社会主义新农村建设,充分发挥民间传统文化之乡对民族民间文化艺术的保护、继承、弘扬以及在文化建设中的重要作用。在地方公共文化服务体系建设中弘扬优秀传统文化与"中国民间传统文化之乡"有着天然的紧密联系,地方政府在推进公共文化服务进程中,可积极参与和申报"中国民间传统文化之乡"评审命名活动,广泛开展群众文化普及推广活动,带动基层群众文化发展。

③把握"丝绸之路文化带"发展的历史机遇

"一带一路"是国家级顶层战略,蕴含着优秀传统文化的传承与创新,弘扬中华优秀传统文化能为"一带一路"倡议的实施提供精神力量。"一带一路"在我国境内涉及沿线共计18个省、自治区、直辖市,以及大量的沿线城市。可以充分挖掘丝绸之路上的文化遗产,建设区域丝绸之路文化弘扬基地。文化部印发的《文化部"一带一路"文化发展行动计划(2016—2020年)》提出打造"一带一路"文化交流品牌,鼓励"一带一路"沿线传统文化的保护、传承发展,继续扩大本地区与"一带一路"相关的传统文化的影响力度。地方公共文化服务体系建设可与"一带一路"文化行动计划相联系,并积极参与到"一带一路"文化遗产领域的对外交流与合作,积极探索与沿线国家和地区开展同源共享的非物质文化遗产的联合保护、研究、人员培训、项目交流和联合申报,加大"一带一路"文化遗产保护力度。

(2)在地方公共文化服务标准化和均等化进程中弘扬优秀传统文化

①在国家公共文化服务体系示范区(项目)创建标准中增加弘扬优秀传统文化的相关标准

国家公共文化服务体系示范区是为构建基本完善的公共文化服务体系提供

实践示范和制度建设经验的地区，在结合当地实际、满足群众基本文化需求的基础上的一项战略性文化惠民项目。在 2017 年 8 月 10 日最新公布的《第四批国家公共文化服务体系示范区（项目）创建标准》中，示范区创建标准分为东部、中部和西部三套标准，包括公共文化设施网络建设、公共文化服务效能、公共文化服务与科技融合发展、公共文化服务社会化建设、公共文化服务体制机制建设、公共文化服务保障、其他等七个方面，但缺少直接与弘扬传统文化相关的内容标准。公共文化服务体系示范区（项目）的建设离不开中华优秀传统文化，弘扬中华优秀传统文化是现代公共文化服务体系发展的题中应有之义。因此，应该在国家公共文化服务体系示范区（项目）创建标准中增加弘扬优秀传统文化的相关标准。

②在地方基本公共文化服务实施标准中增加弘扬优秀传统文化的相关内容

《国家基本公共文化服务指导标准（2015—2020 年）》中指出，"各地应当根据国家指导标准以及本地制定的实施标准结合当地经济社会发展水平、文化特色和群众需求"。在国家标准出台之后，各地纷纷出台了适合本地的公共文化服务实施标准，以《山东省基本公共文化服务实施标准（2015—2020 年）》为例，在"服务项目与内容"中增加了"传承弘扬优秀传统文化"的内容，推进完善"图书馆+书院"模式，建立完善县及县以下历史文化展示体系。但这在不同地区出台的公共文化服务实施标准中只占很少一部分，大部分地区的实施标准中没有将弘扬优秀传统文化作为一个重要的参考指标。

在地方公共文化服务体系建设中，传统文化的种类表现出多样性和独特性，不同地区可以结合本地区文化特色和人民群众的需求，制定与本地区社会经济发展水平相适应的地方特色公共文化服务指导实施标准，将国家指导标准与本地区实施标准相衔接。立足中华优秀传统文化，突出地方文化特色，培育适合地方特色文化传承的文化土壤。因此，应该在地方公共文化服务实施标准中增加弘扬优秀传统文化的相关内容，建立具有地方传统文化特色的公共文化服务实施标准。

③出台传统文化示范基地（项目）创建标准，打造传统文化示范基地（项目）

弘扬传统文化不能只是宏观上的宣传与推广，同时也应该侧重具体标准的考量。在构建完善地方公共文化服务体系中，应结合当地实际，明确弘扬优秀传统文化的内容，把弘扬传统文化纳入各级党委政府绩效评估之中，通过示范基地（项目）创建，形成一批行之有效、具有推广价值的制度设计成果，成为地方公共文化服务体系的有力保障。在创建传统文化示范基地（项目）进程中，可参照国家公共文化服务体系示范区（项目），经过严格的申报、评审、公示等程序来创建传统文化示范基地（项目），明确传统文化示范基地（项目）创建资格，这样就明确了弘扬传统文化的相关标准。同时将其打造成一项战略性文化惠民项目，较好地满足人民群众的精神文化需求，使人民群众真正享受到创建带来的文化惠民成果。推动各地研究和解决地方公共文化服务体系建设中弘扬优秀传统文化面临的突出矛盾和问题，为同类地区弘扬优秀传统文化提供借鉴和示范，为国家制定相关政策提供科学依据和实践经验。

（3）加强基层传统文化普及，提升优秀传统文化的群众基础

①充分发挥乡镇（街道）综合文化站、村（社区）综合文化服务中心在非物质文化遗产保护中的职能

《乡镇综合文化站管理办法》中有关于搜集、整理非物质文化遗产，开展非物质文化遗产的普查、展示、宣传活动，指导传承人开展传习活动等内容。非物质文化遗产保护工作是乡镇综合文化站在弘扬优秀传统文化方面承担的主要工作，并且在近些年的公共文化服务体系建设和发展过程当中，乡镇综合文化站在非物质文化遗产保护方面也取得了一系列可喜的成绩。乡镇（街道）综合文化站在促进乡村特色文化的发展，做好文物的宣传保护工作方面作用十分明显。乡镇（街道）综合文化站、村（社区）综合文化服务中心是基层公共文化服务的主力军，在弘扬基层中华优秀传统文化方面也必将发挥主力军的作用。

国务院办公厅《关于推进基层综合性文化服务中心建设的指导意见》中有明确的关于基层综合性文化服务中心弘扬传统文化的内容，利用当地特色历史文化资源，加强非物质文化遗产传承保护和民间文化艺术之乡创建，开展非物质文化遗产展示、民族歌舞、传统体育比赛等民族民俗活动。基层人民群众对优秀传统文化有广泛的需求，地方公共文化服务体系建设和发展中应充分尊重基层人民群众的文化权利。

②拓宽乡镇（街道）综合文化站、村（社区）综合文化服务中心服务标准中弘扬优秀传统文化的内容

2016年8月29日发布的《乡镇综合文化站服务标准》中有关于"非物质文化遗产保护"服务范围的规定。但非物质文化遗产保护、文化遗产宣传教育不只是乡镇（街道）综合文化站单独的功能，它还可以承担起基层更广泛的弘扬优秀传统文化的重任，开展多种形式的传统文化教育。在《乡镇综合文化站服务标准》公布之后，很多地区公布了本地区乡镇综合文化站服务标准，应将弘扬优秀传统文化作为地方基层公共文化服务必不可少的组成部分。地方在制定乡镇综合文化站服务标准时，应结合当地工作实际，认真制定本地乡镇（街道）具体的公共文化服务规范标准，同时依据当地特色传统文化，创新公共文化服务方式，全面提升公共文化管理和服务水平。

③在县级文化馆、图书馆总分馆制建设中增加弘扬优秀传统文化的相关规定

2016年12月29日，文化部、国家新闻出版广电总局、国家体育总局、国家发展和改革委员会、财政部五部门印发《关于推进县级文化馆图书馆总分馆制建设的指导意见》（以下简称《意见》），提出着力推进县域公共文化资源共建共享和服务效能提升。《意见》中提出把总分馆制建设纳入现代公共文化服务体系、明确功能与运行机制、因地制宜推进总分馆制建设、创新服务方式和手段、引导社会力量参与总分馆制建设、进一步健全城乡基层公共文化设施网络等一系列推进基层公共文化服务发展的措施，但却没有明确提出在总分馆制建设中弘扬优秀传统文化的相关内容。

推进以县级文化馆、图书馆为中心的总分馆制建设可以有效地促进优质资源向基层倾斜和延伸，总分馆制建设可以深度深入基层，将公共文化服务渗入到基层大众的日常生活。弘扬优秀传统文化是图书馆和文化馆的基本职能之一，图书馆和文化馆可以充分利用自身的优势和资源，担当起基层弘扬优秀传统文化的主力军。

（4）加强地方中华传统文化教育与宣传，推动传统文化传承创新

①制定地方传统文化进校园行动规划

近年来，传统文化进校园成为弘扬传统文化的一个热点，全国各地在弘扬传统文化的大背景之下纷纷开展此项活动。如各地纷纷开展的"中华优秀传

统文化经典诵读""书法进校园""非遗进校园""戏曲进校园"等。但在此过程中也面临着一系列的问题,例如没有统一的课程标准,教学内容与教学方法的问题,以及传统文化教育师资培训等问题。如今,推动优秀传统文化进校园已成社会共识,关键是明确以什么方式进,明确教学时间、课程标准、教材选用、教师队伍、评价方式等相关规定。

2014年3月26日,教育部关于印发《完善中华优秀传统文化教育指导纲要》的通知,分析了加强中华优秀传统文化教育的重要性和紧迫性,指明了加强中华优秀传统文化教育的指导思想、基本原则和主要内容,并指出分学段有序推进中华优秀传统文化教育,但这只是指导学校传统文化教育的一个宏观方针,没有对传统文化进校园作出具体行动规划。因此,各地在弘扬传统文化的进程中,应制定适合本地特色的传统文化进校园行动规划,同时需要分学段有序推进中华优秀传统文化教育,制定小学低年级、小学高年级、初中、高中和大学不同阶段的传统文化进校园工作方案。

②打造地域传统文化研习基地

将地域传统文化研习基地纳入地方公共文化服务和设施体系是传统文化创新性发展的重要途径。优秀传统文化有多种载体,也因地域特色表现出多样性,有自然和文化遗产,也有民族传统节日等民俗风情。民族优秀的传统文化需要静态的保护,同时也需要动态的传承,从而实现传统文化的创新性发展和创造性转化。可以根据地方优秀传统文化弘扬的具体实际,建立传统文化、传统技艺等的"传习所",保证优秀传统文化的有效传承。例如,依托地方文化特色而建立的非物质文化遗产学习基地,培养非遗传承人;将社会力量创办的国学研习书院纳入国家公共文化服务体系示范区建设中;图书馆、文化馆等开设的国学大讲堂、国学培训班等公益活动等都是传统文化融入公共文化服务体系的有效方式。

地域性传统文化研习基地是保护和传承地域文化的工具和措施之一,为传统文化的发展搭建了一个交流和学习平台,它丰富了地方公共文化服务的内容,扩充了地方公共文化服务设施的种类,实现了地方公共文化服务体系建设与发展优秀传统文化的有机结合,有力地促进了传统文化的创新性发展。

③打造地方优秀传统文化节目栏目

充分发挥地方电视台、电台、报社等传统媒体的宣传作用,制定优秀传统文化节目、栏目策划方案。策划推出一批集创新性、故事性、前瞻性于一体，具有地方特色和全国影响力的原创优秀节目、栏目。把优秀传统文化的有益思想、艺术价值与时代特点相结合，打造一批底蕴深厚、涵育人心的优秀公益广告，在各类公共场所和媒体展陈播出。同时，做好优秀传统文化网络传播。深入把握新媒体传播规律和传统文化传承规律，做好优秀传统文化的网络传播。推动优秀传统文化"走出去"，积极参与国家文化外交活动。充分利用国家翻译工程、对外推广计划以及网络媒体等载体，开展各类文化艺术以及学术交流活动，积极向海外宣传推介展示地方戏曲、民乐、书法、国画等优秀传统文化艺术。依托新载体和新平台广泛深入宣传乡贤文化、村规校训、优秀家风、传统民俗等优秀传统文化，加大对新媒体相关内容制作生产的扶持和管理力度。

（5）尊重、继承和弘扬少数民族优秀传统文化，加强对少数民族文化遗产的挖掘和保护

①落实民族音乐、舞蹈、杂技扶持工程

少数民族在音乐、舞蹈、杂技等方面有着独特的民族艺术特色，是少数民族优秀传统文化的凝结和代表。"民族音乐、舞蹈、杂技扶持工程"作为《文化部"十三五"时期艺术创作规划》的重要工程内容之一，要求制定并实施民族音乐、舞蹈、杂技等传统项目创作计划和遴选指导制度，对重点和经典剧目进行复排。成立民族音乐、舞蹈、杂技等培训班和传习班，积极培养民族音乐、舞蹈、杂技等艺术人才。引导艺术家和艺术院团深入基层，打造民族艺术展示传播平台，学习和传承民间乐种和民族舞蹈，办好优秀民族歌剧展演、中国歌剧节等重大艺术活动。对民间乐种和民族舞蹈样式展开普查，抢救保护珍贵传统乐谱，建设民族音乐、舞蹈数据库。扶持重点音乐、舞蹈、杂技艺术院团，培养一批优秀民族艺术作品和传承人才。地方在构建完善公共文化服务体系过程中，要充分尊重少数民族的民族特色，让少数民族优秀传统文化在中华民族大家庭中大放异彩。

②出台关于传承和弘扬少数民族节庆活动的相关政策

少数民族节庆活动凝结着少数民族文化的精髓，在构建完善地方公共文化服务体系中应重视少数民族节庆活动在弘扬传统文化中的作用。在已有的中共中央办公厅和国务院办公厅印发的《节庆活动管理办法（试行）》及《节庆活

动管理办法实施细则》中，指明了节庆活动的审批权限、审批原则、审批程序、经费管理、领导干部出席、监督检查等方面的规定，但明确规定少数民族传统节日的节庆活动不适用本办法。中宣部、中央文明办、教育部、民政部、文化部出台的《关于运用传统节日弘扬民族文化的优秀传统的意见》中没有专门针对少数民族节庆活动的相关政策。在地方出台的少数民族传统节庆管理方面，以云南省为例，出台了《云南省少数民族传统节日放假规定》，但是只停留在对节庆活动的管理，而没有渗透到对民族节庆内容的传承和弘扬。

目前，各地欠缺出台关于少数民族节庆活动传承和弘扬的相关政策，因此国家包括地方都应重视对少数民族节庆活动的传承和弘扬，对少数民族传统节庆、文化活动加强指导和管理，鼓励举办具有民族特色的文化展演和体育活动，努力探索保护和传承少数民族优秀传统文化的有效途径。

③继续加强对具有浓郁传统文化特色的少数民族建筑、村寨的保护

2008年国务院出台的《历史文化名城名镇名村保护条例》对历史文化名城、名镇、名村的申报与批准、保护规划、保护措施、法律责任等方面做出了具体的规定。2012年12月5日，国家民委印发了《少数民族特色村寨保护与发展规划纲要（2011—2015年）》，明确了少数民族特色村寨保护与发展的主要任务。少数民族建筑、村寨等是少数民族传统文化的凝结，体现了中华文明多样性，是传承民族文化的有效载体，是少数民族和民族地区加快发展的重要资源。地方公共文化服务体系的构建可以和少数民族建筑、村寨的保护相结合，打造地域性、民族特色的少数民族传统文化弘扬基地，通过多角度展现少数民族传统文化特色。

④深度参与藏羌彝文化走廊专项规划

2014年3月3日文化部、财政部联合印发了《藏羌彝文化产业走廊总体规划》，这是我国第一个国家层面的区域文化产业发展专项规划。近年来，藏羌彝文化产业走廊相关地区各级政府充分发挥得天独厚的文化和自然资源优势，在特色文化产业发展、文化设施建设、文化生态保护等方面取得积极进展。规划中指出，保护和弘扬优秀传统文化，延续城市历史文脉，承载乡愁和文化记忆，建设特色文化城镇和乡村。各地方应把握住藏羌彝文化走廊的发展机遇，在推进藏羌彝文化走廊建设的同时，注重保护和弘扬传统文化，突出重

视挖掘民族特色，开发和培育各具特色的民族文化产业产品和品牌，打造藏羌彝文化旅游带，促进文化产业与民族文化传承保护、生态、旅游融合发展。因此，地方在构建完善现代公共文化服务体系进程之中可以充分利用藏羌彝文化走廊发展的历史机遇，将弘扬少数民族传统文化与其紧密结合，实现跨地域的合作发展战略。

（6）继续加强对非物质文化遗产的保护

①加快推进各地区《非物质文化遗产保护条例》的出台

目前，全国除北京、天津、青海、福建、湖南、海南、西藏和青海以外的大部分省份已经出台本地区的《非物质文化遗产保护条例》。同时，全国有非物质文化遗产鲜明特色的部分市县级地区也出台了本地区的《非物质文化遗产保护条例》，例如武汉、南京、苏州、洛阳、阿坝藏族羌族自治州、北川羌族自治县、玉屏侗族自治县、陵水黎族自治县等，但这也只是在全国所有地区中占有很小的一部分。区域性的非物质文化遗产保护条例在遵循国家非遗保护法律和政策的前提下，更加突出本地区的非物质文化遗产特色，可以更好地保护非物质文化遗产的多样性。区域性的非物质文化遗产保护条例是构建地方公共文化服务制度和管理体系的重要组成部分，必将在弘扬本地区及民族特色上发挥不可比拟的优势。

②鼓励地方出台非物质文化遗产保护地方标准

我国在非物质文化遗产领域的相关标准体系尚不完善，地方性的非物质文化遗产保护标准也处在起步阶段，在构建完善地方公共文化服务体系进程中应鼓励地方出台非物质文化遗产保护地方标准，地方标准的构建和发展可以促进国家非遗标准的逐渐完善。

2016年浙江省宁波市出台《非物质文化遗产"三位一体"传承基地建设规范》，这是全国首个由质量技术监督部门正式发布的非物质文化遗产保护地方标准。随后全国各地陆续出现了关于非遗保护的地方标准，但出台地方标准的地区还是占有很小的一个比例。以湖州市《非物质文化遗产保护与传承通用指南》地方标准为例，标准涉及蚕桑丝织技艺、湖笔制作技艺、湖剧、湖州琴书、湖州羽毛扇制作技艺等十分具有区域特点的非物质文化遗产保护项目。地方标准的出台为区域代表性的非物质文化遗产项目的保护创造了更加良好的平台和机遇，突出了地方非物质文化遗产保护的重点和特色，在弘扬中华民族优秀传统文化方面也发挥着不可替代的重要作用。

③落实地方戏曲振兴工程

加强地方戏曲的保护和传承、振兴地方戏曲艺术是公共文化服务体系建设的必备要素。戏曲方面的中国非物质文化遗产有两项，2001年和2010年通过联合国教科文组织审核的昆曲和京剧。其他中国民间有代表性的地方戏曲也都具有同昆曲和京剧类似的艺术表现形式，可以同样列入非物质文化遗产的保护范畴。目前，地方戏曲振兴工程已经纳入国民经济和社会发展"十三五"规划中，在落实地方戏曲振兴工程进程中应对地方戏曲进行剧种普查，明确保护名录。地方政府可以设立戏曲发展专项资金或基金，将符合条件的地方戏曲列入非物质文化遗产名录。实施戏曲剧本孵化计划和剧本扶持工程，鼓励优秀戏曲剧目创作。同时，展示地方戏曲发展成就，加强地方戏曲院团交流，进一步推动地方戏曲传承发展，开展"名家传戏——当代戏曲名家收徒传艺工程"，培育戏曲人才。开展基层院团戏曲会演等展演展示活动，组织京剧、豫剧、评剧、黄梅戏、越剧、昆剧艺术节等示范性戏曲活动。

④加快推进地方传统工艺振兴计划

2017年3月12日，国务院办公厅转发了文化部等部门《中国传统工艺振兴计划》，明确提出实施中国传统工艺振兴计划。在尊重优秀传统文化的基础上，振兴传统工艺、坚守工匠精神、激发传统工艺创造活力是传承和弘扬中华优秀传统文化的方式和手段。在构建完善现代公共文化服务体系中，地方政府应加快建立本地区的传统工艺振兴目录，出台地方《传统工艺振兴工作方案》，结合现代生活需求，立足中华民族优秀传统文化，丰富传统工艺的题材和产品品种，使传统工艺在现代生活中得到新的广泛应用。同时，地方政府应积极搭建传统工艺振兴平台，将传统工艺品的设计、生产与文化创意产品开发、文化旅游等有机结合。鼓励有条件的个人、单位注册产品商标，培育有民族或地方特色的传统工艺知名品牌。

(7) 利用古籍传承和弘扬中华优秀传统文化

①加快推进中华古籍保护立法

2017年1月25日，中共中央办公厅、国务院办公厅印发《关于实施中华优秀传统文化传承发展工程的意见》，提出实施国家古籍保护工程。2022年4月11日，中共中央办公厅、国务院办公厅印发《关于推进新时代古籍工作的意见》，强调在制定修订文化、教育、科技、卫生、语言文字、出版等领域相关法律法规时，注意体现繁荣发展古籍事业相关内容，鼓励有条件的地方出台加强古籍工作的地方性法规。

自2007年国家"中华古籍保护计划"实施以来，国家古籍保护工作逐步规范化，当下我国在古籍保护工作方面还存在认识不足、重视不够、法规不完善、机制不健全、专业人才匮乏、保护利用低效等问题，加快推动中华古籍保护立法显得尤为重要。保护好、传承好、利用好古籍资源，对于继承和发扬中华民族优秀传统文化，弘扬以爱国主义为核心的民族精神和以改革创新为核心的时代精神具有十分重大而深远的意义。中华古籍保护立法主要涉及规定工作机构及法律职责，规范古籍普查登记工作、古籍分级保护工作、古籍重点保护单位制度、古籍的保管与修复、古籍的展示与合理利用等，以及古籍公藏单位的法律责任等相关责任。目前在我国古籍保护领域急需出台相关法律法规，加快推动《中华人民共和国古籍保护法》的立法工作，加快制定《中华人民共和国古籍保护条例》显得尤为必要，同时在构建完善地方公共文化服务体系进程中也应该鼓励和支持地方出台古籍保护相关条例或办法。

②充分利用地方志、家谱等古籍资源

文化部《"十三五"时期全国古籍保护工作规划》中明确指出利用古籍传承和弘扬中华优秀传统文化，深入挖掘古籍的深厚文化内涵，组织开展古籍宣传推广活动，加强古籍文化创意产品开发。全国古籍整理出版规划领导小组《2021—2035年国家古籍工作规划》中提出了地方古籍文献整理、出版工程。

地方在构建完善公共文化服务体系中应重视利用古籍传承和弘扬中华优秀传统文化，制定和完善本地区古籍保护工作机制，充分挖掘地方志、家谱等地方文献中优秀传统文化资源，搜集整理本地区古籍总目。地方志、家谱等区域性古籍资源较为丰富的地方可以探索制定相应的法律法规，建立地方性的地方志、家谱保护中心、保护工作专家委员会等。

发展地方史志事业是弘扬中华优秀传统文化的一种有效形式，地方史志工作是重要的文化基础事业，必须把地方史志工作纳入公共文化服务体系建设中，加快方志馆、地情网站、数据库等基础设施建设，有效搭建公共文化服务平台。同时从人民群众的实际需求出发，充分发挥地方史志、家谱等在公共文化服务中的独特作用。

③继续推进少数民族历史文献保护和文化产品译制工作

根据国家民委、文化部《关于进一步加强少数民族古籍保护工作的实施意见》中对少数民族古籍保护的指导意见，在构建完善地方公共文化服务体系中应落实对少数民族古籍保护的要求。继续做好少数民族古籍的抢救、普查、登记、整理、翻译工作，加快优秀少数民族民间口传古籍传承人的抢救工作，建立完善少数民族古籍保护制度等，逐步实现少数民族古籍的科学管理和有效保护。重点整合译制蒙语、哈萨克语、维吾尔语、藏语、朝鲜语资源。在内蒙古自治区、新疆维吾尔自治区、青海省、西藏自治区、四川省、吉林省等建立少数民族古籍保护和语言资源建设中心。在文化共享工程国家中心组织协调下，开展相关少数民族传统文化数字资源的征集、整合、译制及服务工作，逐步丰富少数民族语言资源的种类，加强各民族文化交流特色项目建设，打造民族文化交流品牌。

(8) 构建完善地方公共文化服务体系中弘扬优秀传统文化的保障措施

①建立地区内部及地区间弘扬优秀传统文化统筹协调机制

弘扬传统文化是一项综合性的系统工作，往往会涉及文化、旅游、教育、广电、宣传等多个领域，因此在弘扬传统文化的实践当中应该运用大文化的视野，推进跨部门、跨领域、跨系统的交流与合作，努力突破体制障碍，创新制度设计。让本地区的不同部门都参与到弘扬优秀传统文化的大潮流当中，建立服务联动、部门联姻、文化联盟的合作方式，打破不同部门或个人所拥有的传统文化资源的边界，有效建立区域内统筹协调机制。

同时，还需要建立区域间弘扬传统文化的统筹协调机制，某些传统文化项目本身就是跨区域性的传统文化内容，例如少数民族传统文化内容可能涉及不同区域间的合作，这与少数民族的地域分布有关，这就可能需要地区间的交流与合作，因此建立区域间的统筹协调机制可以推动不同地区传统文化差异化、多样化发展，形成联动发展、相互协调、优势互补的科学布局体系。此外，还可以结合长江经济带发展、京津冀协同发展、"一带一路"倡议等区域发展战略，构建区域内和区域间的统筹协调机制。

②出台对社会力量参与弘扬优秀传统文化的相关管理措施

政府作为公共文化服务的参与主体，在构建地方公共文化服务体系中也就成为弘扬优秀传统文化的参与主体。目前，有大量的民间教育团体、公益组织等参与传统文化弘扬和教育，大批志愿者队伍也参与到弘扬优秀传统文化服务和管理当中，如书法、绘画、古琴等传统文化教育培训机构，传统文化公益讲座、公益国学班，以及与传统文化相关的社团及网站等，传承传统文化为社会力量参与现代公共文化服务体系建设提供了新路径。目前包括国家和地方对社会力量参与弘扬优秀传统文化方面还没有出台相应的法规和管理措施。地方政府可以出台相应的支持和规范措施，为社会力量参与弘扬优秀传统文化创造良好的社会环境和社会氛围。此外，还应加强对弘扬传统文化内容的管理，把握正确导向，坚持弘扬社会主义核心价值观，旗帜鲜明地表达我党的文艺立场、文艺方针，讴歌真善美，贬斥假恶丑，抵制庸俗低俗媚俗，营造积极健康、宽松和谐的传统文化生态环境。

③在地方公共文化服务评价机制中增加有关弘扬优秀传统文化的评价内容

公共文化服务体系有着鲜明的价值规定性和内在的功能要求，在该体系初步建成以后，其服务效能如何是该体系运行状况的"晴雨表"，对公共文化服务效能的评价成为一种客观需要。公共文化服务评价机制是确保公共文化服务体系良性运行的保障。在地方构建完善公共文化服务体系进程中会制定相应的服务评价机制，而弘扬优秀传统文化作为现代公共文化服务体系的重要组成部分，理应在评价机制中增加对弘扬优秀传统文化的相应评价。地方在制定有关弘扬优秀传统文化的评价时可以突出地方弘扬传统文化方面的特色，在借鉴公共文化服务其他领域的评价机制的基础上，制定传统文化领域的评价机制。在地方公共文化服务评价机制中增加有关弘扬优秀传统文化的评价指标是对公共文化服务评价机制的补充和完善，也必将促进地方现代公共文化服务体系的良性发展。

附件二：关于公众参与公共文化服务评价的政策建议

党的十九大报告指出，要推动文化事业和文化产业发展，深化文化体制改革，完善文化管理体制，加快构建把社会效益放在首位、社会效益和经济效益统一的机制体制。党的二十大报告强调繁荣发展文化事业和文化产业，健全现代公共文化服务体系，实施重大文化产业项目带动战略。

文化事业的社会效益，就是人民群众从文化事业的发展中感到幸福、满意。因此，与以往政府单方面向公众提供文化产品和服务，并以政府为主导进行评价不同，公众参与公共文化服务评价是新的历史时期的重要命题，是达到习近平总书记要求的文化事业的"社会效益放在首位"的重要检验指标，是深化文化体制改革、完善文化管理体制的重要组成部分。

习近平总书记在省部级主要领导干部学习贯彻党的十八届三中全会精神全面深化改革专题研讨班开班式上指出，"必须适应国家现代化总进程，提高党科学执政、民主执政、依法执政水平，提高国家机构履职能力，提高人民群众依法管理国家事务、经济社会文化事务、自身事务的能力"。习近平总书记的讲话特别强调要提高人民群众依法管理国家事务的能力，这就要求我们充分重视调动公众参与社会治理创新的积极性。

公共文化服务是社会治理的重要组成部分，公共文化服务的评价是公共文化服务的重要环节。因此，公众参与公共文化服务评价是公众参与社会、国家的文化治理的必要环节和重要手段。

1. 背景及相关依据

（1）法律依据

《公共文化服务保障法》第十五条提及公共文化设施的选址，应当征求公众意见，符合公共文化设施的功能和特点，有利于发挥其作用。第二十三条规定，各级人民政府应当建立有公众参与的公共文化设施使用效能考核评价制度，公共文化设施管理单位应当根据评价结果改进工作，提高服务质量。第五十六条规定，各级人民政府应当加强对公共文化服务工作的监督检查，建立反映公众文化需求的征询反馈制度和有公众参与的公共文化服务考核评价制度，并将考核评价结果作为确定补贴或者奖励的依据。

《公共图书馆法》第六条规定，国家鼓励公民、法人和其他组织依法向公共图书馆捐赠，并依法给予税收优惠。第二十三条规定，国家推动公共图书馆建立健全法人治理结构，吸收有关方面代表、专业人士和社会公众参与管理。第四十二条规定，公共图书馆应当改善服务条件、提高服务水平，定期公告服务开展情况，听取读者意见，建立投诉渠道，完善反馈机制，接受社会监督。

《非物质文化遗产法》第九条规定，国家鼓励和支持公民、法人和其他组织参与非物质文化遗产保护工作。第二十三条规定，国务院文化主管部门应当将拟列入国家级非物质文化遗产代表性项目名录的项目予以公示，征求公众意见。公示时间不得少于二十日。

（2）法规依据

《群众艺术馆文化馆管理办法》（文化部1992年颁布）未提及公众参与公共文化服务、公共文化服务评价。

《博物馆条例》（国务院2015年颁布）第十七条规定，博物馆应当完善法人治理结构，建立健全有关组织管理制度。

《国家级非物质文化遗产保护与管理暂行办法》（文化部2006年颁布）未提及公众参与公共文化服务、公共文化服务评价。

《中华人民共和国电影管理条例》（国务院2001年颁布）第十七条规定，国家鼓励企业、事业单位和其他社会组织以及个人以资助、投资的形式参与摄制电影片。具体办法由国务院广播电影电视行政部门制定。

（3）政策依据

《中共中央关于全面深化改革若干重大问题的决定》第四十条规定，构建现代公共文化服务体系。建立公共文化服务体系建设协调机制，统筹服务设施网络建设，促进公共文化服务标准化、均等化。建立群众评价和反馈机制，推动文化惠民项目与群众文化需求有效对接。整合基层宣传文化、党员教育、科学普及、体育健身等设施，建设综合性文化服务中心。明确不同文化事业单位功能定位，建立法人治理结构，完善绩效考核机制。推动公共图书馆、博物馆、文化馆、科技馆等组建理事会，吸纳有关方面代表、专业人士、各界群众参与管理。第四十一条规定，提高文化开放水平。坚持政府主导、企业主体、市场运作、社会参与，扩大对外文化交流，加强国际传播能力和对外话语体系建设，推动中华文化走向世界。理顺内宣外宣体制，支持重点媒体面向国内国际发展。培育外向型文化企业，支持文化企业到境外开拓市场。鼓励社会组织、中资机构等参与孔子学院和海外文化中心建设，承担人文交流项目。

《关于深入推进公共文化机构法人治理结构改革的实施方案》第四条规

定，创新服务内容和方式。结合深入推进公共文化机构法人治理结构改革，同步建立反映公众需求的征询反馈制度、有公众参与的考核评价制度，推动公共文化机构进一步改进服务方式和手段，激发文化创造活力。借助互联网等现代信息技术改造升级传统服务模式，开展"订单式"服务，实现供需对接，提升服务效能。

《关于加快构建现代公共文化服务体系的意见》第二条规定，基本原则是坚持社会参与。简政放权，减少行政审批项目，引入市场机制，激发各类社会主体参与公共文化服务的积极性，提供多样化的产品和服务，增强发展活力，积极培育和引导群众文化消费需求。第十条规定，鼓励和引导社会力量参与。进一步简政放权，减少行政审批项目，吸引社会资本投入公共文化领域。推动建立健全公开透明的社会捐赠管理制度。创新公共文化设施管理模式，有条件的地方可探索开展公共文化设施社会化运营试点，通过委托或招投标等方式吸引有实力的社会组织和企业参与公共文化设施的运营。第十三条规定，提升公共文化服务效能。建立群众文化需求反馈机制，及时准确了解和掌握群众文化需求，制定公共文化服务提供目录，开展"菜单式""订单式"服务。加强公共文化服务品牌建设，推动形成具有鲜明特色和社会影响力的服务项目。第二十条规定，加大公益性文化事业单位改革力度。创新运行机制，建立事业单位法人治理结构，推动公共图书馆、博物馆、文化馆、科技馆等组建理事会，吸纳有关方面代表、专业人士、各界群众参与管理，健全决策、执行和监督机制。完善年度报告和信息披露、公众监督等基本制度，加强规范管理。第二十一条规定，创新基层公共文化管理机制。发挥城乡基层群众性自治组织的作用，推动开展公共文化服务参与式管理，推广居民、村民评议等行之有效的做法，健全民意表达和监督机制，引导城市社区居民和农村村民参与公共文化服务项目规划、建设、管理和监督，维护群众的文化选择权、参与权和自主权。第二十二条规定，完善公共文化服务评价工作机制。以效能为导向，建立公共文化机构绩效考评制度，完善服务质量监测体系，研究制定公众满意度指标，建立群众评价和反馈机制。探索建立公共文化服务第三方评价机制，增强公共文化服务评价的客观性和科学性。

《国家基本公共文化服务指导标准（2015—2020年）》第四条规定，文化部、各省级文化行政部门会同有关部门建立对标准实施情况的动态监测机制和绩效评价机制，加强督促检查。积极引入社会第三方开展公众满意度测评，对公众满意度较差的要进行通报批评，对好的做法和经验及时总结、推广。

《全国文明城市测评体系》2011年版全国文明城市评选标准第三条规定，全国文明城市数据指标：群众对党政机关工作的满意度＞90％；行业风气满意度＞85％；市民对见义勇为行为的支持率≥90％；市民对捐献骨髓、器官及遗体行为的认同率≥50％；创建文明城市的知晓率＞90％；市民对创建工作的支持率＞80％。上述指标都提及了公众参与的相关内容。

《国家公共文化服务体系示范区（项目）》创建标准中，以东部地区为例，标准的第二十三条规定，以效能为导向，制定政府公共文化服务考核指标，作为考核评价本地县乡领导班子和领导干部政绩的重要内容，纳入科学发展考核体系。建立公共文化机构绩效考评制度，考评结果作为确定预算、收入分配与负责人奖惩的重要依据。对重大文化项目资金使用、实施效果、服务效能等实行监督和评估。研究制定公众满意度指标，建立群众评价和反馈机制，探索引进公共文化服务第三方评价机制。

《关于推动公共文化服务高质量发展的意见》提出进一步强化社会参与。鼓励利用多种方式，推动社会力量参与公共文化设施运营、活动项目打造、服务资源配送等。根据实际，稳步推进有条件的地市级以上公共图书馆、文化馆、博物馆、美术馆开展法人治理结构改革。稳妥推动基层文化设施社会化运营。

（4）地方出台的法规

江苏省无锡市：《无锡市公共文化服务评价标准》（ZDWJT 0082—2015）中，第四条规定，评价原则为政府主导，公共文化服务评价应体现政府作为公共文化服务的唯一责任主体原则。组织评价人员，根据评价指标情况，确定具有相关管理、工作经验，责任心强，具有协作精神的人员成立评价小组；需要组织专家评审的应确定专家组成。评价前可进行必要的培训，使评价人员明确职责和任务，熟悉评价工作要求，统一评价标准。评价方式为群众满意度测评。每年应至少进行一次群众满意度测评。满意度测评一般通过问卷调查进行。问卷调查应采取委托第三方机构随机调查、入户走访、电话访谈、网上调查和聘请社会监督员定期调查等方式实施。组织问卷调查时，调查样本应充分考虑不同阶层、不同年龄、不同地段服务对象比例（其中弱势群体比例不低于20%），发放问卷不少于200份，回收有效问卷不低于80%。

青海省西宁市：《西宁市人民政府办公厅关于印发西宁市公共文化服务促进办法等六项制度的通知》（宁政办〔2015〕193号）中，第一条规定，为了充分调动社会各方面的积极性，引导社会公众参与公共文化服务体系示范区建设，建立公益文化多元化投入机制，创新公共文化服务供给渠道，促进公共文化服务的繁荣发展，特制定本办法。第二条规定，本办法所指的公共文化服务机构，是指以政府部门为主、以保障公民的基本文化生活权利为目的，向公民提供公共文化产品与服务的公共文化企事业单位，包括图书馆、文化馆（群艺馆）、博物馆、纪念馆、美术馆、展览馆、影剧院、音乐厅、剧团、广播电视台等。本办法所指的公众参与，是指社会群众、社会组织、单位或个人作为主体，在其权利义务范围内，通过政府部门和公共文化服务机构之间的双向交流，有目的地参与决策、建设、管理与服务的过程。第三条规定，公共文化服务机构运营的公众参与，应遵循政府主导、社会参与、多元投入、协力发展的基本原则。第四条规定，公共文化服务机构运营的公众参与，可以在以下范围内进行：公共文化服务机构的运营规划、制度建设、网点布局、活动策划等决策参考，以及服务质量的监督。第五条规定，公共文化服务机构运营的公众参与，可以采用以下几种形式：公众意见调查、专家意见咨询、座谈会、论证会等公开征求公众意见。第七条规定，公共文化服务机构在重要工作或项目的规划决策上，应广泛听取社会公众的意见与建议，在运营的过程中，应接受公众的监督。公共文化服务机构必须在运营场馆设立意见箱和热线电话，在网站上设立专门信箱，以便公众通过电话、信函、传真、电子邮件等方式提供意见与建议。第八条规定，公共文化服务机构在收到公众意见之日起5个工作日内反馈处理办法。处理办法应包括解决的主要问题和措施等内容。第九条规定，公共文化服务机构还应开通多种渠道，搜集有关规划决策及接受监督的意见与建议。社会公众参与决策和监督的渠道包括意见调查、专家咨询、座谈会、论证会等形式。第十条规定，公共文化服务机构召开意见调查、专家咨询、座谈会、论证会等征求意见会议，应当在会议召开的5个工作日前，将举行会议的时间、地点和主要议题通知相关单位和个人，并同时通知上级领导机关派相关人员参加。

福建省厦门市：《厦门市公共文化服务机构运营的公众参与办法》中，第五条规定，公共文化服务机构运营的公众参与，可以采取以下几种形式：公众意见调查、专家意见咨询、座谈会、论证会、听证会等公开征求公众意见。

广东省云浮市：《云浮市促进公众参与公共文化服务机构运营办法》中规定，本办法所指的公众参与，是指社会群众、社会组织、单位或个人作为主体，在其权利义务范围内，通过政府部门和公共文化服务机构之间的双向交流，有计划地参与决策、建设、管理与服务的过程。第四条规定，公共文化服务机构运营的公众参与，适用以下范围：公共文化服务机构的运营规划、制度建设、网点布局、活动策划等决策参考，以及服务质量的监督。

河北省沧州市献县：《西城乡公共文化服务机构运营的公众参与办法》中，第四条规定，各种社会力量可以结合各自特点，自主选择参与公共文化服务的方式。政府重点对采用以下方式参与公共文化服务的社会组织、社会资本给予政策扶持。第五条规定，反馈评估。完善公共文化服务绩效专业化、社会化评估制度，稳步推行第三方评估，广泛征询社会各界的决策建议和反馈意见，吸引社会各界、特别是基层群众参与监督和评估。

2. 必要性与可行性分析

（1）必要性

①什么是公共文化服务评价

从公共管理学角度看，公共文化服务属于公共服务中的社会性公共服务，公共文化服务包含纯公共文化产品和准公共文化产品。公共文化服务指的是与公共文化产品服务相关的行为、制度或者实践活动，它主要由公共部门提供，准公共部门也可以提供。公共文化服务的出发点是满足社会成员的文化需求，以提升社会成员文化生活水平以及文化素养，它不但为人民群众带来精神文化领域的享受，同时也为社会的进步提供必不可少的条件。在我国体现为政府行政部门、公益性文化事业单位及其他相关文化经营单位提供的产品或服务的总和。公共文化服务是为满足社会的公共文化需求，向公众提供公共文化产品和服务行为及其相关制度与系统的总称，它涵盖广播电视、电影、出版、报刊、互联网、演出、博物馆、图书馆、档案馆和哲学社会科学研究等诸多文化领域。

基于上述概念，公共文化服务评价是指对"为满足社会的公共文化需求，由公共部门或准公共部门向公众提供公共文化产品和服务的行为过程、相关制度以及系统"的评价。

②什么是公众参与公共文化服务评价

公众参与从狭义的角度来分析，指的是公民积极参与代议制政治活动，如投票选举活动，即以公众参与的形式选举出代议制机构和相关人员。从广义上讲，公众参与不但包括参与政治活动，还包括参与公共事务管理。公共文化服务是公共管理的重要组成部分，公共文化服务评价是公共文化服务的重要环节，因此从广义上讲，公众参与公共文化服务被赋予了客观意义上的合法性。

基于上述概念，公众参与公共文化服务评价是指，在公共文化服务评价实践活动中，普通民众为主体参与、推动相关公共文化服务评价决策和公共文化服务评价活动实施的过程。该过程带有明显的计划性，政府和相关开发单位与社会公众进行沟通和交流，为公众参与决策过程提供机会，通过公众参与，政府与相关单位以及公民与公民之间的矛盾冲突能够在一定程度上减小。公众参与公共文化服务评价，是公众通过直接与政府或其他公共机构互动的方式决定公共文化服务评价的过程，强调的是决策者与受决策影响的利益相关人双向沟通和协商对话，应遵循"公开、互动、包容性、尊重民意"等基本原则。公众参与公共文化服务评价，有利于拥有共同利益的所有主体互相协调、共同参与管理的过程，它能充分发挥不同主体之间的参与管理能力，以便更好地解决当前面临的多元化、多层化以及国际化的问题。

③公众参与公共文化服务评价势在必行

通过上述分析可知，公众参与公共文化服务具有非常坚实的学理依据，是非常必要的。公众参与公共文化服务评价，是提升政府决策能力和服务水平的重要途径和方法，在我国公众参与基本公共服务的理论和实践尚处于初期阶段的现状下，公众参与公共文化服务势在必行，其必要性主要体现在以下四个方面：

第一，公众参与可提升政府的公信力。公众参与公共文化服务评价是体现政府提供公共文化服务中客观公正性的重要标志。客观公正性是使公众和政府都认可和接受参与结果的基础。公众观念意识的客观公正性是指公众在参与中要有独立的意识和理性的判断，不能存在从众心理、专门利己以及强烈的个人感情色彩。从政府官员角度强调客观公正性，就是要求政府官员充分尊重并承认公众参与的主体地位和合法权利，积极推进公众参与政策的制定，拓宽参与渠道。

第二，公众参与可提升公共文化服务的有效性。有效性对公众而言，需要寻找有效的参与途径。有效性还强调公众要具备一定的参与能力。现实中，公共服务需求在一定程度和范围内被政府垄断，民众的实际需求得不到足够重视。比如，受经济发展型政府的惯性思维以及绩效考核影响，有些地方政府将GDP作为最大的追求，"增长优先主义"下形成的是劳民伤财的"政绩工程"和"形象工程"，而对于民众的实际需求，则是采取视而不见、搪塞或者压制的态度。因此，公众参与公共文化服务评价，有利于政府在提供公共文化服务时，更实际、更契合公众的需求。

第三，公众参与可健全公共文化服务的长效性机制。公共文化服务需要是持续性的，因此公众持续性参与也是必须的。公众参与的持续性可决定公共文化服务的连贯性和长期性。良好的公众持续参与，需要制度和程序作保障。在这里，持续性动力来自制度和管理机制的创新，从以往的公众旁观到公众参与，就是这种创新。从我国具体制度来看，为实现人民当家作主的政治权利，我国已经建立起了一系列公众参与的保障制度，如人民代表大会制度、共产党领导下的多党合作和政治协商制度、社会协商对话制度、听证制度及舆论信访制度等，并取得了一些成效，相应地，公众参与公共文化服务评价也应该提上议程，成为健全公共文化服务长效机制的有力保障。

第四，公众参与可进一步保障公民的文化权。①知情权，通过公众参与，可畅通信息反馈，避免因信息不对称造成的供需不匹配。②话语权，通过公众参与，可进一步增加公众在公共文化服务过程中的影响力，提升话语权，完善文化评价监督体系。③选择权，公众参与可改善公共文化供给管理，使得公共文化服务更加适应市场化、多元化的公众需求。④成长权，公众参与可推进文化引领与融合，提升文化感召力和吸引力，夯实社会主义核心价值观，促进公众与政府双向成长。

（2）可行性

从目前来看，全国各地都在探索公众参与公共文化服务评价。通过调研，南开课题组发现，全国各地开展的尝试各具特色，虽然尚未成熟，但具备可行性。以下列举若干供参考：

江苏省江阴市：江阴出台《关于建立公共文化服务群众需求征集和评价反馈机制的通知》，为深入贯彻落实党的十八大和十八届三中、四中全会精神，加快构建现代公共文化服务体系，及时准确了解和掌握群众文化需求，推动文化惠民项目与群众文化需求有效对接，制定公共文化服务提供目录，开展"菜单式""订单式"服务。根据该市实际，现就建立公共文化服务群众需求征集和评价反馈机制提出以下实施意见。该市以"需求导向、问题导向、满意度导向"为原则，以构建现代公共文化服务体系为根本任务，深入实施"文化引领"战略，建立符合该市实际的公共文化服务群众需求征集和评价反馈机制，拓宽公众信息渠道，畅通需求表达途径，不断增强群众对公共文化服务的知晓度、参与度和满意度，有效满足人民群众日益增长的精神文化需求。建立起包含"需求征集—项目评审—预告供给—评价反馈"等可循环内容，以群众为主导的公共文化服务运行新机制，实现公共文化产品供给与需求的有效对接。市图书馆、文化馆、博物馆等承担公共文化服务职能的文化直属单位以及各镇、街道文化服务中心和村（社区）文化活动室建立多种形式的需求征集机制，一是走访了解；二是召开座谈会；三是发放调查表；四是开设服务专线；五是设置意见箱；六是开辟信息化互动平台。

山东省东营市：东营出台《东营市公共文化服务群众需求征集和评价反馈机制建设实施方案》，该方案规定，通过建立公共文化服务群众需求征集和评价反馈机制，进一步畅通群众文化需求和评价反馈渠道，该方案提出，要坚持"需求导向、问题导向、满意度导向"，建立符合该市实际的包括需求征集、项目评审、供给预告、评价反馈等主要内容的公共文化服务群众需求征集和评价反馈机制。一是建立健全群众文化需求征集机制。各级文化行政部门和各级各类公共文化服务机构要通过上门走访、召开座谈会、发放调查表、设置意见箱、开设服务专线、建立"文化东营"网络互动平台等线上与线下相结合的方式征集群众文化需求。二是建立健全公共文化服务项目评审机制。三是建立健全公共文化服务供给预告机制。四是建立健全群众反馈评价机制。各级文化行政部门和各级各类公共文化服务机构要根据群众的反馈意见衡量评价公共文化服务效果，通过常态评价、跟踪评价、总体评价等方式，征集群众对政府公共文化服务项目实施情况的意见，根据群众的反馈意见来衡量评价公共文化服务效果，安排部署公共文化服务工作，逐步实现考核模式由过去"自上而下政府主导"向今后"自下而上群众满意为主"的转变。该方案要求，各级文化行政部门和各级各类公共文化服务机构要高度重视，切实加强组织领导，抓紧建立健全各项制度机制，对各级各类公共文化服务供给主体征集到的需求信息和评价意见及时上传下达、互通共享，对各环节征集到的需求信息和评价意见及时梳理分类、吸收整改，同时做好文化需求反馈机制与公共文化服务协调机制、专家论证会、理事会制度等的结合，实现互相补充、共建共享。

浙江省杭州市下城区：通过"五个一"探索建立公共文化服务群众评价与反馈机制。一是建立一套公共文化服务动态跟踪制度。以《下城区群众文化活动手册》等为载体，建立起一套文化活动预告菜单模式，向辖区内的群众预告阶段性文化活动，提高群众知晓率和参与度。二是推行一套满意度调查体系。通过满意度电子评价系统、定期满意度问卷调查、网络满意度调查统计等方式，广泛征集群众对公共文化服务工作的意见，并与公共文化服务工作的质量和绩效考核实时对接。三是召开一次年度群众座谈会。辖区各街道文化站在年底召开一次群众座谈会，每个社区组织群众参加。四是依托一个公共文化服务互动平台。在文化社区网开辟公共文化活动预告专栏，将大型文化活动公告在文化社区网上，方便辖区百姓查询。五是组织一次五星级群众文艺团队汇报展演。

内蒙古鄂尔多斯市：康巴什新区探索建立公共文化服务群众评价与反馈机制。主要从以下方面进行探索：一是建立完善群众基本文化需求的反馈渠道，通过开设局长邮箱、门户网站讨论区、官方微博等平台，收集群众文化服务诉求，并由专人负责及时分析、反馈和评价，形成良好的双向沟通互动。二是广泛向群众征求意见，充分了解群众文化需求，选择公共文化产品供给的直接实践者和文化政策、文化项目的直接受益者，开展个别访谈，与代表、公众对话，了解政策或项目的可行性及预期效益等，让公众广泛参与决策。三是开展群众公共文化服务满意度调查，从公众的受益面、群众对文化产品的感受度、文化产品对提升公民素质程度等方面，综合反馈新区的公共文化服务绩效，并将此作为公共文化服务机构的业绩评价关键指标之一。

江西省赣州市：在公共文化服务体系建设实践中，制定和完善了一些具有针对性、操作性和实用性的公共文化服务工作制度，形成科学有效的长效管理机制。该市文化部门精心修订了文化方面制度共 88 项，如赣州市市级非物质文化遗产保护与管理暂行办法、赣州市农村文化建设专项资金管理实施细则等长效管理制度和工作机制。逐步建立政府与公共文化服务机构的专家咨询制度、公共文化服务机构运营的公众参与制度，初步形成了政府宏观管理、行业协会参与、公共文化机构法人治理的管理模式。

3. 政策建议

根据课题前期研究成果以及上述分析，结合各地实践经验，为进一步完善和丰富公众参与公共文化服务评价的制度建设，建议可从三个层次展开，即政府层面、机构层面、独立的社会第三方机构层面。

（1）全国人大、中央政府及地方政府层面

①完善法律中相关条例

全国人大、中央政府完善《公共文化服务保障法》《公共图书馆法》《非物质文化遗产法》中相关条例，增加《群众艺术馆文化馆管理办法》《博物馆条例》《国家级非物质文化遗产保护与管理暂行办法》《电影管理条例》中公共文化服务评价的具体条例。

《公共文化服务保障法》第二十三条、第五十六条分别提及建立公众参与公共文化设施使用效能、公众文化需求征询反馈和公众参与公共文化服务考核评价制度。但并未明确公众参与评价的是"全程参与公共文化服务的过程、相关制度以及系统"，只提及了部分参与流程和部分评价对象，且未具体规定如何建立，建立怎样的公众参与考核评价制度。因此，建议将"公众参与公共文化服务评价"单列为法条，明确该法条为"以公众为主体，全流程对政府或其他公共部门提供公共文化服务的过程、相关制度以及系统进行考核评价"。

《公共图书馆法》第六条、第二十三条分别提及国家鼓励公民、法人和其他组织向公共图书馆捐赠，境外自然人、法人和其他组织也可以通过捐赠方式参与境内公共图书馆建设；国家推动公共图书馆建立健全法人治理结构，吸收有关方面代表、专业人士和社会公众参与管理。上述法条只提及建立图书馆法人治理结构,吸收公众参与管理。从本质上讲,上述法条弹性较大,公众对图书馆的影响力并未因上述法条而增大。因此,建议第二十三条在原基础上丰富为"国家推动公共图书馆建立健全法人治理结构,吸收有关方面代表、专业人士和公众参与管理和评价"。

《非物质文化遗产法》第九条、第十四条、第二十三条分别提及国家鼓励和支持公民、法人和其他组织参与非物质文化遗产保护工作;公民、法人和其他组织可以依法进行非物质文化遗产调查;国务院文化主管部门应当将拟列入国家级非物质文化遗产代表性项目名录的项目予以公示,征求公众意见。该法提及的与公众参与相关的活动,多是停留在参与调查、征求意见层面,未提及公众参与对政府提供的非物质文化遗产的相关评价内容,无法体现公众对非物质文化遗产的影响力。非物质文化遗产是人民的文化遗产,人民满不满意,要看人民是哭还是笑。因此,应增设能体现人民对非物质文化遗产的评价的法条,而不仅是让人民参与调查和征求意见,应该增加公众对非物质文化遗产的影响力。因此,建议增加"公众参与对政府和其他公共部门提供非物质文化遗产相关服务的评价"法条,明确公众可全程参与(涉密除外)对政府或其他公共部门提供非物质文化遗产服务的过程、相关制度以及系统进行考核评价。

此外,《群众艺术馆文化馆管理办法》《博物馆条例》《国家级非物质文化遗产保护与管理暂行办法》《电影管理条例》中,未提及公众参与公共文化服务评价的条例,按照《中共中央关于全面深化改革若干重大问题的决定》中,关于"明确不同文化事业单位功能定位,建立法人治理结构,完善绩效考核机制。推动公共图书馆、博物馆、文化馆、科技馆等组建理事会,吸纳有关方面代表、专业人士、各界群众参与管理"的精神应当在相关执行管理办法中补充说明。

按照《关于深入推进公共文化机构法人治理结构改革的实施方案》中关于"结合深入推进公共文化机构法人治理结构改革,同步建立反映公众需求的征询反馈制度、有公众参与的考核评价制度"的精神,按照《关于加快构建现代公共文化服务体系的意见》中"建立群众文化需求反馈机制,及时准确了解和掌握群众文化需求""建立事业单位法人治理结构,推动公共图书馆、博物馆、文化馆、科技馆等组建理事会,吸纳有关方面代表、专业人士、各界群众参与管理,健全决策、执行和监督机制""发挥城乡基层群众性自治组织的作用,推动开展公共文化服务参与式管理,推广居民、村民评议等行之有效的做法,健全民意表达和监督机制""研究制定公众满意度指标,建立群众评价和反馈机制"的精神,建议在修订法律法规时,增设"公众参与公共文化服务评价"法条,明确该法条为"以公众为主体,全流程对政府或其他公共部门提供上述相关公共文化服务的过程、相关制度以及系统进行考核评价"。

②省级及下级政府制定相应的《公众参与公共文化服务评价办法》

明确公众参与公共文化服务评价的内涵和外延各地的实践中,常见的做法是将公众参与评价等同于"接受公众监督""建立反馈机制""社会公众参与决策和监督"(诸如意见调查、专家咨询、座谈会、论证会等形式),公众真正参与到的只是前期的决策和对服务结果的"监督"环节,对如何得出的服务结果、如何制定评价的标准以及评价的全流程参与甚少。因此,以往各地的做法可被看作公众"浅参与"。如何"真参与""深度参与",要真正实现"公众参与""公共文化服务评价",必须抓住几个要点:第一,参与的活动是评价;第二,参与的主体之一是公众;第三,评价的对象是"公共部门或准公共部门向公众提供公共文化产品和服务的行为过程、相关制度以及系统";第四,公众全程参与评价活动。

基于此,南开课题组建议,建立公众参与公共文化服务评价的深度参与机制:在条件允许的前提下,由各省级(含直辖市和自治区)人大或省级人民政府制定各省的《公众参与公共文化服务评价条例》法规或行政规定,该条例中应明确上述四个要点。在条件尚未成熟的前提下,地市级、县级政府可研究制定本地的《公众参与公共文化服务评价办法》行政规定,该办法中应明确上述四个要点。在上述两点都无法开展的前提下,各级文化主管部门,应制定相应的《公众参与公共文化服务评价实施方案》,该方案中应明确上述四个要点。

③在门户网站及政务公众号设立公共文化服务评价大数据平台入口

《公共文化服务保障法》第五十六条规定,各级人民政府应当加强对公共文化服务工作的监督检查,建立反映公众文化需求的征询反馈制度和有公众参与的公共文化服务考核评价制度。我们建议在各级人民政府门户网站设置固定的公众参与公共文化服务评价平台入口，并在政府的官方新媒体平台（如微博、微信客户端等）设置公众参与公共文化服务评价按钮。搜集公众评价公共文化服务的相关数据，以便改进公共文化服务的质量，提升服务水平。政府可利用先进的移动互联网技术，在广泛深入宣传、培训的基础上，开发适应新时代的公众评价公共文化服务的工具，例如采用移动终端，开发评价移动App，提高公众参与度，降低参与门槛和成本。

④设立公共参与奖励基金与文化服务评价积分兑换机制，以文化惠民卡的方式发放

中共中央办公厅、国务院办公厅印发的《关于加快构建现代公共文化服务体系的意见》中，第二条规定，基本原则是坚持社会参与。激发各类社会主体参与公共文化服务的积极性。第十条规定，鼓励和引导社会力量参与。第十三条规定，提升公共文化服务效能。建立群众文化需求反馈机制，及时准确了解和掌握群众文化需求。第二十条规定，加大公益性文化事业单位改革力度。建立事业单位法人治理结构，推动公共图书馆、博物馆、文化馆、科技馆等组建理事会，吸纳有关方面代表、专业人士、各界群众参与管理，健全决策、执行和监督机制。完善年度报告和信息披露、公众监督等基本制度，加强规范管理。第二十一条规定，创新基层公共文化管理机制。发挥城乡基层群众性自治组织的作用，推动开展公共文化服务参与式管理，推广居民、村民评议等行之有效的做法，健全民意表达和监督机制，引导城市社区居民和农村村民参与公共文化服务项目规划、建设、管理和监督，维护群众的文化选择权、参与权和自主权。第二十二条规定，完善公共文化服务评价工作机制。建立公共文化机构绩效考评制度，完善服务质量监测体系，研究制定公众满意度指标，建立群众评价和反馈机制。

中宣部、文化部等七个部门印发的《关于深入推进公共文化机构法人治理结构改革的实施方案》中，指导思想明确，要推动公共文化机构建立以理事会为主要形式的法人治理结构，吸纳有关方面代表、专业人士、各界群众参与管理，落实法人自主权，进一步提升管理水平和服务效能，增强活力，为人民群众提供更加优质高效的公共文化服务。基本原则是坚持公益，提升效能。

强化公共文化机构的公益属性，完善激励机制，充分调动各方面的积极性和创造性，加强统筹管理，提高综合效益。配套措施中强调，加强民主管理和社会参与。完善吸引社会力量参与公共文化机构法人治理结构建设的相关政策，鼓励有关方面代表、专业人士、各界群众按章程规定进入理事会，参与决策、管理、运营和监督。通过荣誉激励、评价考核等办法，充分调动理事履职的积极性。畅通监督渠道，发挥社会公众、媒体等力量的监督作用。

根据文件精神，要调动公众参与公共文化服务的评价，政府必须有切实可行的具体措施。我们建议，设立公众参与公共文化服务评价奖励基金和积分兑换制度。对于公众参与服务评价奖励基金，可由政府组织，社会捐赠、政府补贴等形式，对于长期坚持参与的公众，予以直接或间接的经济奖励。对于积分兑换制度，建立相应的兑换规则，在记录好公众参与的数据之后，可将积分兑换为相应的文化服务产品。上述两种方式都可以以惠民文化卡的方式，发放到参与公共文化服务评价的公众手中。文化惠民卡可由政府充值，参与公共文化评价的公众，通过相应的积分获得一定面值的惠民卡，再通过惠民卡的优惠购置文化服务产品，如电影票、话剧票、相声票等，促进公众更多地享受公共文化服务，进一步提升参与评价公共文化服务评价的积极性。

⑤将每年4月23日设立为"公共文化服务质量日"

2014年8月1日，国务院关于同意设立"扶贫日"的批复明确，从2014年起，将每年10月17日设立为"扶贫日"。"扶贫日"起源于每年的10月17日一直是"国际消贫日"，每年这一天，联合国都会选择一个国家作为主会场，开展不同的主题活动。从2007年至2013年连续七年，我国在"国际消贫日"与联合国驻华系统、联合国开发计划署联合主办减贫与发展高层论坛。各地也在同一天举办各种活动。

扶贫与文化在新时期都是我们党和政府关注的重点，正如"扶贫日"一样，联合国教科文组织1995年11月15日正式确定每年4月23日为"世界图书与版权日"。其设立目的是推动更多的人去阅读和写作，希望所有人都能尊重和感谢为人类文明做出过巨大贡献的文学、文化、科学、思想的大师们，保护知识产权。每年的这一天，世界一百多个国家都会举办各种各样的庆祝和图书宣传活动。世界读书日在我国图书馆界、新闻出版界已有多年历史，有一定的知晓人群，近年来从中央到地方，各地开展世界读书日的活动如火如荼，影响力不断扩大，我们建议国务院将每年的4月23日设置为"公共文化服务质量日"，将除图书馆、新闻出版之外的公共文化服务纳入范畴内，丰富宣传的内容，重点关注公共文化服务的质量，让公众都知晓、都参与到对公共文化服务的评价中来。

⑥将非公农村戏班、农村乐队、农村二人转团队等农村地区的组织纳入公共文化服务评价体系中

如果不能为广大农村群众提供优质的公共文化服务，我国的公共文化服务就谈不上合格。在我国广袤的农村中，长期以来存在各种原生的传统文化服务形式，例如东北的二人转戏班、天津的相声队、河北梆子队、陕西的秦腔队、浙江的越剧班、广东的粤剧班、云南贵州的山歌队等，都是长期流动于广大农村并服务农村公众的公共文化服务团体。这些团体为广大农村群众提供了接地气的公共文化服务产品，是不可忽视的。

中共中央办公厅、国务院办公厅印发《关于加快构建现代公共文化服务体系的意见》中，明确提出推进将公共文化服务纳入基层社区服务网格进行管理，培育城乡社区互助文化，营造社区和谐环境。要将上述团体纳入基层社区服务网格进行管理的基础，即是哪些进入网格，哪些不进入网格。人民群众喜闻乐见的，加以甄别之后，加以引导，以便更好地服务农村群众。因此，建议基层文化主管部门对非公农村文化团体实施引导和监督，建立跟踪评价制度，向广大农村群众宣传，实施"评价许可制"，即只有团体向主管部门承诺并根据主管部门的要求，向主管部门出具服务对象的质量评价结果（可采用在线评价）后，主管部门方可允许下一场演出。

⑦设立匿名举报与有奖举报信箱，实施公共文化服务问责制

设立匿名举报与有奖实名举报制度。从经济学的角度来说，之所以设立举报者制度，原因是举报人在博弈中处于弱势地位，通过举报表达诉求是其无奈之举，理应开放，可引导和疏导，不可彻底堵上大门。

举报制度可分为匿名和实名，举报人可根据自身的实际情况，选择匿名或实名举报方式。设立举报制度并非传统意义上的"告状""整人"，而是一个进步的法治社会的重要标志，弱者可在法律和制度的保护下，表达被侵害的利

益诉求，是社会进步的标志。因此，要做好举报人信息的保护工作。

同时，也要做好举报人的奖励激励机制。举报者所进行的公共文化服务问题举报是维护社会公共利益的行为，而举报行为要花费一定的精力、时间、钱财，并承受一定的风险，对其进行经济补偿是合理的。科学合理的奖励标准是有奖举报制度的基础。奖励标准应该以举报人承担风险的大小以及违法信息准确与否为基础，越是有价值的信息，举报者承受的风险越大，如果奖励金额过低，不利于激发知情者的举报热情。在制定相关法律时，对于奖金的下限应该予以明确的规定，而对于上限尽量不要做出规定，这样可以使举报者对奖金形成稳定的可预期性。在与公权机关进行信息交易时，公众出于对自身安全的考虑，会持比较谨慎的态度。因此，应该建立实名举报与匿名举报相配合的举报制度。

（2）公共文化服务提供机构层面

①公共文化机构开通用户快速评价通道

图书馆、文化馆、博物馆、乡镇综合文化站（农家书屋）、剧院、影院、纪念馆、美术馆、科技馆、工人文化宫、青少年宫、妇女儿童活动中心等，利用网站、智能手机App、现场终端等，开发用户快速评价通道。上述机构可利用先进的移动互联网技术，一方面，在广泛深入宣传、培训的基础上，开发适应新时代的公众评价公共文化服务的工具，例如采用移动终端，开发评价移动App、软件等，提高公众参与度，降低参与门槛和成本；另一方面，在机构场馆的显示终端上，设置可触摸式的评价界面，让公众随时随地参与公共文化服务评价。

②文化馆、影院设立流动评价终端

文化馆、影院服务公众的形式更多的是"走出去"，将自身的文化服务"送"到公众身旁。因此，上述场馆可采取开发移动评价软件的形式，在送戏、送电影下乡（街道）的过程中，让公众使用移动终端（智能手机）对提供的文化服务进行方便的评价。

③市民休闲娱乐广场设立广场服务评价岗亭

城市和农村的居民休闲广场，是我国公众茶余饭后的最大聚集地。各种与

"广场"有关的文化活动层出不穷，如广场舞、广场街舞、广场卡拉OK、广场旱冰等文化体育活动，都是在居民休闲广场上开展和发展起来的，亟须管理和评价。针对广场是开放式的、多数无服务人员的情况，广场管理机构可设置类似电话亭的服务岗亭，在岗亭内设置类似ATM机式的管理终端，公众可在该终端上进行需求申报、广场设施评价等。

④广播电视机构定期播放公众参与公共文化服务评价公益广告

广播电视机构应对自身虚拟服务的实际情况，定期、定时向公众播放公众参与公共文化服务评价的公益广告，告知广大民众，自身拥有评价公共文化服务的权利，也应在法律的框架下，实事求是地通过各种正规渠道对公共文化服务进行客观公正的评价。此外，一方面，可在机构的缴费场地，设置评价终端；另一方面，可在机构的门户网站、公众号中添加评价平台入口。

⑤合理制定参考评价指标体系，与时俱进定期更新评价指标

根据公众参与公共文化服务评价的概念和要点，我们建议，上述机构在开发公众参与公共文化服务评价的软件或App时，可参考下列指标框架体系，具体指标及指标值可根据不同机构的特征，在征求公众意见之后确定，根据公共文化服务的发展状况，与时俱进地定期更新。

附表1　公众参与公共文化服务评价指标框架

总目标指标	二级指标	三级指标
公众评价公共文化服务	政策制定评价	公众知晓度
		公众参与度
		公众影响力
		政策满意度
	服务过程评价	用户体验
		服务丰富度
		服务覆盖率
		服务时长
		服务态度
	服务效果评价	基础设施条件
		服务效果满意度

资料来源：南开课题组整理。

(3) 社会第三方层面

①成立公众参与公共文化服务评价促进委员会

设立公众参与公共文化服务评价促进委员会,该委员会由涉及公共文化服务各领域的成员组成,在法律的框架下,依法代表社会公平正义。该委员会的主要职责是促进公众参与公共文化服务评价,监督政府对评价结果进行信息公开,独立于政府和公众,保障公众参与监督,提升政府公信力。

一方面,委员会监督和督促政府通过互联网、传统媒体等定时向公众发布公共文化服务评价的反馈信息并通报服务评价低的相关机构和人员,使得公众及时了解本地公共文化服务的真实情况,减少信息不对称;另一方面,委员会需要对评价结果作出客观公正的判断,以免有失公允。此外,还可通过召开大量线上、线下的会议发布信息,协调公众和政府沟通,公众可以利用这种方式向政府提出与公共文化服务相关的问题或者解决问题的建议,委员会起桥梁的作用。

②成立公共文化服务评价审计委员会

公共文化服务评价审计委员会的主要职责是对公众参与公共文化服务评价的全流程进行合规审计。该委员会的组成,应该独立于公众参与公共文化服务评价促进委员会、政府以及参与评价的公众。该委员会可出具公众参与公共文化服务评价审计报告,对某一项或某地的公众参与公共文化服务评价进行审计,该审计报告需向公众参与公共文化服务评价促进委员会提交,作为公众参与公共文化服务评价促进委员会出具公众参与公共文化服务评价质量报告的重要参考。

③设立公众文化权益公益诉讼委员会

设立公众文化权益公益诉讼委员会。可挂靠在本地司法部门,该委员会可保障公众能够有效地参与公共文化服务评价,政府应鼓励合法的社会第三方机构人员,代表公众无法以个人的形式表达公共文化服务评价诉求时,提起公益诉讼。这也是对深化行政机构体制机制改革的大胆尝试,对于提升政府服务效能、公益诉讼的发展起到了一定的作用。如果公众对于公共文化服务提供者的决策有异议,还可以通过诉讼的方式,向法院提出诉讼请求,依法维护自身的文化权益。

上述三个委员会应该由全国人大制定相关法律，各级人大制定法规，依法设立，由国家予以保障。三个委员会的运行机制在制定相关法律法规时，由各级人大予以科学合理地规定。

附件三：关于鼓励其他文化机构向社会开放的政策建议

1. 政策背景

2003年，党的十六大报告第一次把政府职能归结为四个方面：经济调节、市场监管、社会管理和公共服务。同年，《公共文化体育设施条例》正式执行，第六条即是"国家鼓励企业、事业单位、社会团体和个人等社会力量举办公共文化体育设施。国家鼓励机关、学校等单位内部的文化体育设施向公众开放"。2005年10月，党的十六届五中全会《关于"十一五"规划的建议》第一次正式提出："加大政府对文化事业的投入，逐步形成覆盖全社会的比较完备的公共文化服务体系。"对此，2006年全国人大十届四次会议、2007年全国人大十届五次会议的《政府工作报告》中都有表述。

2007年，党的十七大报告将"覆盖全社会的公共文化服务体系基本建立"作为全面建设小康社会的目标要求之一。十七届六中全会进一步明确了满足人民基本文化需求是社会主义文化建设的基本任务。

2010年4月，我国公共文化服务体系建设开始进入制度层面。政府对文化的重视日益增强，在2012年党的十八大报告中，明确指出扎实推进社会主义文化强国建设。文化是一个国家综合实力的体现，是一个国家的"软实力"。推动文化建设，包括文化事业、文化产业、公共文化等的发展是利国利民的大计。2013年，习近平总书记在中共中央政治局第十二次集体学习时强调建设社会主义文化强国，着力提高国家文化软实力。此后，文化强国战略始终贯彻到我国政府的实践工作之中。2014年，文化部也将推进基本公共文化服务标准化、均等化作为工作重点，人民群众将更广泛享有免费或优惠的公共文化服务，基本公共文化服务将更能满足城乡居民的需求。2015年，中共中央办公厅、国务院办公厅印发了《关于加快构建现代公共文化服务体系的意见》强调各级党委领导、政府要牵头建立部门协同、权责明确、统筹推进的公共文化服务体系建设协调领导小组，充分发挥各部门职能作用和资源优势。随意见一同下发的《国家基本公共文化服务指导标准（2015—2020年）》明确提出"结合基层公共服务综合设施建设，整合闲置中小学校等资源，在村（社区）统筹建设综合文化服务中心，因地制宜配置文体器材"都为充分因地制宜利用各类文化设施服务公众提供了政策依据。2017年3月1日起正式实施的《公共文化服务保障法》第三十二条规定，国家鼓励和支持机关、学校、企业事业单位的文化体育设施向公众开放。

2017年，党的十九大报告将我国社会主要矛盾确定为人民日益增长的美好生活需要和不平衡不充分的发展之间的矛盾，主要矛盾的转变对公共文化服务设施提出了更高要求，尤其是要解决不平衡不充分问题。

2022年，党的二十大报告将文化强国和人民生活更加幸福美好，基本公共服务实现均等化作为到2035年我国发展的重要目标。要发展民族的、科学的、大众的社会主义文化，必须鼓励和支持各文化机构向社会开放，达到二十大提出的"满足人民日益增长的精神文化需求"的要求。

地方政策方面。北京市推进全国文化中心建设领导小组办公室《关于加快推进公共文化服务体系示范区建设的意见》（2017年9月）鼓励和引导党政机关、国有企事业单位和学校内部文化设施向公众免费或优惠开放；支持民办机构兴办图书馆、博物馆等公共文化事业。《湖北省全民阅读促进办法》（2015年3月发布）鼓励医院、宾馆、地铁、银行、公园、景区等公共场所和其他经营单位，提供全民阅读设施和服务，推动全民阅读服务多元化、社会化。《江苏省公共文化服务促进条例》（2016年3月实施）鼓励机关、学校、企业事业单位的文化设施向社会开放。《四川省人民代表大会常务委员会关于促进全民阅读的决定》（2016年4月实施）鼓励和支持学校图书馆（室）等单位及个人的阅读服务场所逐步向公众免费开放。鼓励和支持机关、企事业单位、专业组织、行业协会及社会团体等以多种形式参与推广全民阅读活动，发展专业阅读推广机构，向公众提供公益性阅读服务。同一时间实施的还有《吉林省全民阅读促进条例》（2017年12月正式施行）鼓励和支持有条件的学校图书馆在法定节假日和寒暑假向社会开放，并与公共图书馆联合开展阅读资源共享服务。地方通过相关条例文件，通过经费补贴等方式鼓励机关、企事业单位、专业组织、行业协会及社会团体等逐步向公众开放提供文化服务。《深圳经济特区全民阅读促进条例》也提出有鼓励机关、企事业单位、其他组织和个人设立图书室、阅览室、书刊架等公共阅读设施。烟台市在创建国家公共文化服务体系区过程中，提出《烟台市向社会力量购买公共文化服务实施办法》，配合下发有《烟台市孵化培育文化类社会组织实施办法》《烟台市公益文化项目推介机制实施办法》《烟台市"89000"公共文化服务平台运行管理办法》《烟台市文化志愿者管理办法》，打造"政府协调、社会参与、市场运作、群众受益"的模式，把文化资源整合成项目，面向社会推介，与社会和企业合作共同开展公共文化活动。

2. 必要性与可行性分析

人民群众对公共文化设施的需求日益增加。随着经济社会的快速发展和人民生活水平的不断提高，城乡居民公共意识不断增强，文化服务需求日趋旺盛，全民阅读上升为国家战略，公共文化活动蓬勃开展，公共文化设施应满足居民生活需求。

目前，我国公共文化设施仍不能满足人民群众快速增加的文化需求。主要表现为：一是结构欠合理，城乡之间、区域之间设施数量及质量水平存在较大差异，传统大中型文化场馆设施占比较高（如图书馆、文化馆等大型场馆），小型便民的群众性文化设施占比偏低（如便民文化服务站）；二是文化服务设施向社会宣传开放度不够、利用率不尽理想；三是社会力量调动不足，投资主体单一，民间文化机构参与比重低，企事业单位缺少文化设施运营管理人才，服务企事业单位员工已承担一定压力，更难以面向社会开放。

公共文化设施建设属于民生领域范畴，鼓励企事业单位内部文化设施、民办文化机构面向社会开放为解决上述三个问题提供了实现路径。国家及各地方在出台政策大力支持公共文化设施建设的同时，更是鼓励企事业单位内部文化设施、民办文化机构面向社会开放。如《公共文化服务保障法》《公共文化体育设施条例》等，并提出建设及运营公共文化事业的新思路。《关于在公共服务领域推广政府和社会资本合作模式指导意见的通知》鼓励采用政府和社会资本合作模式，吸引社会资本参与。在国家政策扶持下，提高民间机构在公共文化设施供给方面的作用，提升民办文化机构对公共文化服务体系的价值。

3. 政策建议

为贯彻党的十九大、二十大精神，提升我国公共文化设施供给水平，进一步满足人民日益增长的美好生活需要，提高公共文化服务均等化水平，据《公共文化服务保障法》《公共文化体育设施条例》及完善公共服务设施的相关政策要求，为公共文化设施建设及文化事业的发展提供支撑，提出本政策建议。

本建议所称企事业单位内部文化设施，是指企事业单位所属的，可用于开展文化活动的图书馆（室）、博物馆、纪念馆、美术馆、青少年文化活动场地、工区文化中心等的建筑物、场地和设备。所称民办文化机构是指专门从事文化工作具有法人资格，独立核算的企事业单位，包括从事艺术、图书馆、博物馆、文物保护、艺术教育、艺术研究、文化娱乐等及其他由社会力量举办的文化机构，包括文化类民办非企业单位（据文化部、民政部《文化类民办非企业单位登记审查管理暂行办法》），是指企业、事业单位、社会团体和其他社会力量以及公民个人利用非国有资产举办的，从事非营利性文化服务活动的社会组织。

（1）融入公共文化服务体系建设

加快构建现代公共文化服务体系，对于协调推进"四个全面"战略布局、建设社会主义文化强国、实现"两个一百年"奋斗目标和中华民族伟大复兴中国梦具有重大而深远的意义。《关于加快构建现代公共文化服务体系的意见》提出"鼓励党政机关、国有企事业单位和学校的各类文体设施向社会免费或优惠开放"，鼓励企事业单位、民办文化机构融入公共文化服务体系，可以从企事业单位内部文化设施、民办文化机构以多种形式融入公共文化机构为起点。进而解决此前高校体育设施面向社会开放、事业单位卫生间面向社会开放时遇到的责权利界定不清、人财物支持不足的问题。

①鼓励企事业单位内部文化设施作为公共文化服务机构分支机构开放

《文化部"十三五"时期文化产业发展规划》提出鼓励企业、机关、学校的文化设施通过合理方式面向社会开放。文化部《"十三五"时期全国公共图书馆事业发展规划》鼓励和支持公民、企事业单位、社会团体以及其他组织兴建、捐建或与政府部门合作建设公共图书馆，或者通过捐资、捐赠、捐建等方式参与公共图书馆建设、管理和服务，并将公益性图书服务纳入政府购买的指导性目录。

企事业单位开放其内部文化设施、民办文化机构面向社会开放都是实现提升公共服务效能的有效措施，将企事业单位、民办文化机构纳入公共文化服务体系示范区建设标准将推动示范区建设在高效的条件下更为节约，减少重复建设。如纳入到原有评估中对公共文化服务社会化建设、公共文化服务保障内容之中。

按照中央统筹、省政府负总责、市县政府具体落实的总体要求，加强对企事业单位内部文化设施和民办文化机构面向社会开放工作的组织领导。推动地方各级党委和政府把企事业单位及民办文化机构面向社会开放工作作为建设公共文化服务体系中的重要协调工作，纳入重要议事日程。在国家和各地公共文化服务体系建设协调机制的框架下，明确部门分工，加强统筹协调。建立完善党委和政府统一领导、文化部门组织协调、有关部门分工负责、社会力量积极参与的工作格局。

如鼓励企事业单位图书馆（室）作为公共图书馆分馆开放，以高校为例，节假日和寒暑假期间，可安排时间向周边公众免费开放。文化设施开放不但可以提高公共资源利用率，而且也有助于宣扬大学文化，也为大学生接触社会、参与社会服务提供机会。开放企事业休闲文化区作为文化馆分馆，设置企事业单位文化服务指导中心对企事业单位提供的文化服务进行综合评价与适当引导。

②纳入公共文化服务体系示范区建设标准

公共文化服务体系示范区建设取得显著成效，率先建成均衡发展、供给丰富、服务高效、保障有力的现代公共文化服务体系，纳入公共文化服务体系示范区建设标准代表着更大的引导作用与推广力度。2017年8月公布的《第四批国家公共文化服务体系示范区（项目）创建标准》更多是对传统公共文化服务单位的要求，如开展馆际合作，推进本地公共文化机构互联互通，开展文化服务"一卡通"、公共文化巡展、巡讲、巡演等服务，实现区域文化共建共享。虽也有要求"培育和发展文化类社会组织，实施群众文化团队扶持项目，形成群众文化团队建设运行长效机制，建立群众文化活动交流平台"，未曾提到企事业单位内部文化设施、民间文化机构面向社会公众开放的内容。

结合示范区创建标准引入多元主体提供公共文化服务，提升公共文化服务效能等方面的要求，建议将企事业单位内部文化设施、民间文化机构面向社会公众开放也纳入作为创建标准，并作为评估要件，如对示范区申报地区的企事业单位内部文化设施、民间文化机构开放机制、开放时间、开放程度提出要求等。

③设置专项经费提供财政税收补贴支持

《公共文化服务保障法》第四十七条规定"免费或者优惠开放的公共文化设施，按照国家规定享受补助"。第四十八条规定"国家鼓励社会资本依法投入公共文化服务，拓宽公共文化服务资金来源渠道"。第五十条规定"公民、法人和其他组织通过公益性社会团体或者县级以上人民政府及其部门，捐赠财产用于公共文化服务的，依法享受税收优惠。国家鼓励通过捐赠等方式设立公共文化服务基金，专门用于公共文化服务"。第五十三条规定"国家鼓励和支持公民、法人和其他组织依法成立公共文化服务领域的社会组织，推动公共文化服务社会化、专业化发展"。

中央和省级财政通过转移支付对企事业单位内部文化设施和民办文化机构面向社会开放项目资金予以补助，给予税收优惠等，并根据绩效考核结果实施奖励。地方各级政府将面向社会开放项目落实到预算管理，统筹利用现有资金渠道，按照规划目标集中调配资源，支持地方公共文化建设，加大转移支付资金对地方公共文化建设的支持力度。中央补助基层的公共文化服务体系建设专项资金，在确保专项任务完成和资金用途不变的前提下，可按规定由县级财政部门会同文化行政部门统筹使用，进一步加强对公共文化服务资金管理使用情况的监督和审计。

（2）融入地方发展规划与绩效考评体系

省级文化行政部门会同有关部门应对本省企事业单位文化设施、可提供服务资源、可提供服务人员队伍等基本情况开展专项调查，摸清可提供面向社会文化服务和资源内容，对照国家基本公共文化服务指导标准和地方实施标准，按照基本服务项目、硬件设施、人员配备等类别，列出企事业单位内部文化设施和民办文化机构面向社会开放对公共文化建设项目的对应增补清单。充分重视企事业单位内部文化设施和民办文化机构面向社会开放的价值，为文化行政部门制定公共文化服务建设实施方案提供参考，减少地方公共文化设施重复建设，明确工作措施，建立工作台账，以精准确定公共文化服务待加强重点解决事项和工作内容，形成可操作、可检查、可评估的工作计划、时间表和路线图，可通过前期规划、后期评价来具体落实建议要求。

①纳入地方发展规划

根据南开课题组开展的实地调研，15分钟可到达的公共文化服务点，30分钟可到达的大型公共文化服务设施更符合公众期待（含公共交通、自行车、步行）。建议以15分钟为服务半径，对新建社区进行规划要求，确保基层文化设施布局，完善公共文化设施网络体系，确保公共文化设施、全民健身设施与新建、改扩建住宅小区建设同步实施、同步验收，及时交付使用。

《公共文化服务保障法》要求：县级以上地方人民政府应当将公共文化设施建设纳入本级城乡规划，根据国家基本公共文化服务指导标准、省级基本公共文化服务实施标准，结合当地经济社会发展水平、人口状况、环境条件、文化特色，合理确定公共文化设施的种类、数量、规模以及布局，形成场馆服务、流动服务和数字服务相结合的公共文化设施网络。在地方规划中明确企事业单位内部文化设施、民办文化机构的种类、规模以及布局，鼓励和引导企事业单位文化设施、民办文化机构建设方便公众使用的入口，有利于基层文化设施布局，扩大服务覆盖范围，完善公共文化设施网络体系。

纳入地方发展规划不仅有利于社会开放政策的落实，也可以深入影响城乡规划、土地利用总体规划，传统公共文化场馆设施建设已纳入城乡规划、土地利用总体规划，预留建设空间。建议在高校、大型国有企事业单位建设规划中考虑将文化设施规划在易于社会公众进入的相对便利的位置，如规划建有公众使用入口等，并支持通过开展城乡建设用地增减挂钩试点，促进乡镇企业文化设施建设。鼓励新建企事业单位配套建设文化设施，支持已建成企事业单位改造现有内部文化设施、增加公共文化服务设施。将企事业单位内部文化设施、民办文化机构纳入基层公共文化设施建设工作机制，落实工作责任制，把各区域开放设施建设纳入区总体规划中，并纳入政府对各级主管领导的任期目标责任与年度考核。

②纳入地方政府绩效评价体系

《公共文化服务保障法》第四条规定:"县级以上人民政府应当将公共文化服务纳入本级国民经济和社会发展规划,按照公益性、基本性、均等性、便利性的要求,加强公共文化设施建设,完善公共文化服务体系,提高公共文化服务效能"。第五十六条规定:"各级人民政府应当加强对公共文化服务工作的监督检查,建立反映公众文化需求的征询反馈制度和有公众参与的公共文化服务考核评价制度,并将考核评价结果作为确定补贴或者奖励的依据"。

为了更好地加强公共文化服务体系建设,丰富人民群众精神文化生活需求,党政机关、国有企事业单位和学校等有诸多内部文化设施的单位共享其文化服务是提高公共文化服务的密度的有益尝试。无论是党政机关、国有企事业单位和学校内部文化设施对外开放,还是民办文化机构自筹经费开放都存在着一定的管理难题,如安全、卫生、潜在的风险管理等。为避免引发"公地问题",内部文化设施共享,及涉及公共资金支出、政策补贴工作,纳入地方政府绩效评价体系有利于落实管理与后续监管跟进。

将社会开放纳入公共服务绩效评估指标体系,定期开展第三方评估和社会满意度调查,对重点目标、重大项目的实施进度推进情况进行专项评估,形成包括媒体在内的多方监督机制。各级政府要把企事业单位内部文化设施和民办文化机构向社会开放落实情况作为政府督查督办事项,对开放进展、开放后服务质量和成效进行动态监测评估,将结果作为对下一级政府绩效考核的重要内容。地方文化主管部门要加强与发展改革、财政等部门的综合协调,共同完善企事业单位内部文化设施和民办文化机构向社会开放的体育文化设施过程中出现的新情况新问题,定期向本级政府和上级文化主管部门报告规划纲要实施情况。省级文化行政部门每年向文化部报告开放落实情况。文化部会同有关部门对规划纲要实施情况进行跟踪分析,适时开展中期评估和后期评估。

如将民办博物馆、民办图书馆等民办文化机构的开放情况,企事业单位内部文化设施的开放情况等纳入绩效评价。建立公众监督委员会等文化设施向社会开放监督机制,对开放工作的效率和质量进行监督管理。文化行政主管部门应建立文化设施信息服务平台,为公众提供开放服务信息,并通过广播、电视、报刊、互联网等途径公布辖区内常规公共文化场馆设施的同时发布企事业单位内部文化设施、民间文化机构开放名录，对开放设施的管理和使用情况进行监督检查。

(3) 出台机构开放标准、确立开放管理机制

党的十九大、二十大报告都强调坚定文化自信，推动社会主义文化繁荣昌盛。发展中国特色社会主义文化，就是以马克思主义为指导，坚守中华文化立场，立足当代中国现实，结合当今时代条件，发展面向现代化、面向世界、面向未来的，民族的科学的大众的社会主义文化，推动社会主义精神文明和物质文明协调发展。企事业单位内部文化设施与民办文化机构面向社会公众开放，不仅是物质文明的共享，更是精神文明的共同提升。《公共文化服务保障法》鼓励企事业单位内部文化设施、民办文化机构向社会开放。对有运行成本费用的文化设施，可以适当收取非营利性费用，或由同级财政予以补贴。如何开放、如何补贴，亟待具体的实施标准与管理机制来落实。

①制定企事业单位内部文化设施、民办文化机构开放标准

建立统一、可评估的文化设施开放标准，并由各级文化行政主管部门会同教育、商业行政主管部门统筹管理企事业单位内部文化设施、民办文化机构安全保障措施，各级文化行政主管部门应积极支持完善开放单位的文化设施，使其具备开放条件。

符合开放标准的企事业单位，应当向社会开放内部文化设施，开放条件具体指：文化设施相对独立；有保障设施及单位环境稳定、安全，维护正常工作、教学秩序，加强安全隐患排查的管理措施。企事业单位内部文化设施应主要满足单位工作与员工需求，如有必要单位内部员工使用企事业单位内部文化设施的开放时间应当与向社会开放的时段错开，如有时间调整，应及时公布。可参照本地区相关公共文化服务机构开放时间特点，具体开放时段由企事业根据实际情况确定，如超过单位原定工作时间，应给予补贴或税收优惠。

②确立企事业单位内部文化设施、民办文化机构开放管理制度

企事业单位内部文化设施面向社会开放是一项综合性的系统工作，涉及国有企业、事业单位、私企、外企、学校等多个领域；民办文化机构的开放更涉及市场机制与公益文化的创新合作，整合公共文化服务在资源、市场与社会效益，开拓适合地方文化需求的运营模式，可借鉴如山东烟台实施"院线演

出 + 公益演出 + 社会运营"三位一体的运营模式，天津的文惠卡项目等。政府加强基础设施建设，协调整合社会各方力量，为民间文化机构提供有效的激励与保障，激发民间结构的内生动力，使其健康成长。如举办民间文化艺术节、组织书展宣传民办书店等，使民办文化机构更多出现在政府工作计划中，为民间文化机构提供展示交流平台。

出台相应的《文化志愿者管理办法》，招募志愿者参与企事业单位文化设施、民办文化机构面向社会开放的服务过程，通过系统的志愿者管理培训加强一线服务能力。发挥文化志愿服务在构建现代公共文化服务体系中的积极作用，鼓励文化志愿服务广泛深入开展，引导推动企事业单位内部文化设施面向社会开放服务更为规范化、制度化，通过表彰、奖励等方式给予志愿者更高信心，引导社会公众参与、减轻事业单位及文化机构人员压力。

(4) 设立"社会开放日"制定机构"开放菜单"

对于暂未达到常规开放水平的企事业单位，倡导设立"社会开放日"，通过开放日实践探索开放模式，提升企事业单位组织文化的社会影响力。可结合地方特色文化节日、企事业单位文化宣传日，打造企事业单位文化设施"社会开放日"，制定"开放菜单"对企事业内部文化设施及其服务内容进行展示，打造特色企事业单位文化设施品牌，在面向社会开放的同时，向社会公众宣传企事业单位的组织文化及地方特色文化。

①鼓励企事业单位设立文化设施"社会开放日"

举办文化设施"社会开放日"，是加强企事业单位与社会联系的重要举措。通过文化设施展示、宣传企事业单位组织文化风采，有助于提升社会影响力。鼓励企事业单位选择特定节日举办"社会开放日"，如在"世界读书日"（4月23日）开放企业图书馆（室），结合世界读书日本身的多种宣传方式，更有利于社会公众到访参与。

试行"社会开放日"不仅有助于社会公众了解企事业单位文化设施提供情况，也有助于企事业单位检验自身文化设施服务承载力，有条件的企事业单位可逐步推广"社会开放周"，或在节假日及空闲时段采取分时段、局部、免费、非盈利性收费和财政补贴相结合等多种方式将内部文化设施向社会公众开放。可采取实体开放与网络开放相结合的形式进行，为长期社会开放常态化做准备。

②鼓励企事业单位公布"开放菜单"

鼓励企事业单位开放内部文化设施及可提供的文化服务"菜单",探索"订单式""点单式"服务方式,以公众需求为导向,结合企事业单位内部文化设施,满足公众文化需求。开放菜单除文化设施及服务外,鼓励免费、非营利性开放,对免费开放/收费开放的政策,企事业单位应在显著位置公布经价格行政主管部门核定的收费标准。向社会开放的文化设施,应公布开放时间、开放设施、开放服务内容等,一般每天开放时间不应少于2小时。公休日、法定节假日、寒暑假等公众文化需求高峰,每天开放时间不应少于4小时。

"开放菜单"不仅有利于企事业单位探索开放模式,更有利于建立健全社会公众需求反馈机制,科学设置"菜单",采取"订单式"服务方式,可以更好地实现供需有效对接,有助于错时开放,提高利用效率。也可充分发挥互联网等现代信息技术优势,完善政府公共文化信息平台建设,推进企事业单位内部文化设施与民办文化机构融入公共文化服务设施平台,进而实现如企事业单位图书馆与公共图书资源通借通还"一卡通"服务等。

(5) 以设施开放带动资源、服务开放

鼓励企事业单位、民办文化机构所提供的文化设施开放,不仅是器物设施的开放,更是以设施开放带动企事业单位、民办机构文化资源、服务进入公共文化服务体系。如协调民办图书馆与公共图书馆的借阅机制,在不能实现"一卡通"全覆盖前,可在企事业单位图书馆(室)设置相应的查询入口,提供分层服务,推进企事业单位、民办机构与公共图书馆、文化馆等传统公共服务机构间的协调配合。

①鼓励企事业单位、民办文化机构开放内部文化数字资源

相较于传统公共文化服务机构,企事业单位与民办文化机构文化设施可供使用场地面积更小,开放数字资源有助于减少服务压力。在保障信息安全的前提下,鼓励企事业单位、民办文化机构将内部文化数字资源向社会开放,如特色数据库、文化汇演、文化节、晚会、活动、演讲报道等文化资源,可选择到实地访问局域网获取相关资源,有条件的机构也可以将可开放的文化数字资源上传至机构网站,提供社会公众使用的同时,宣传企事业单位文化。

建立健全政府向社会力量购买公共文化服务机制不仅鼓励和引导党政机关、国有企事业单位和学校内部文化设施向公众免费或优惠开放，也鼓励社会力量参与公共文化建设，吸引社会组织和企业提供优质公共文化产品和服务，提升公共文化设施的专业化管理和运营水平。支持民办机构兴办图书馆、博物馆、美术馆、实体书店、公共阅读空间、点播影院等实体的同时，也鼓励民办文化机构开放其数字资源。数字资源开发有助于推动公共文化服务标准化、均等化，让广大人民群众共享文化发展红利。

②鼓励建设预约服务模式

为提高设施开放使用率，设置预约与临时到访两种服务模式，预约模式可以提供更多服务，引导鼓励公众提前预约，减轻企事业单位服务压力。同时提供周边开放服务单位信息与导航。采用微信、微博等宣传平台，及时更新开放时间，推送服务设施使用情况，建设分流网络，减少排队等待时间。

建议在企事业单位与民办文化机构承担范围内提供分层次的服务内容，如开放企事业单位的阅报室，提供报刊阅览服务，但更多报刊检索、查阅的服务推荐至图书馆，减轻非专门公共文化服务机构的服务压力，只需在企事业单位张贴图书馆相关服务介绍，或在提供网络服务的单位提供检索入口等，但更多查阅报刊的工作转移至图书馆，让更专业的机构接管更深层次的需求。在分层服务的同时，培育公共意识是企事业单位内部文化设施、民间文化机构更好地面向社会开放服务的基础。对于企事业单位、民办文化机构，文化设施的开放，不仅是器物、场所的开放，更是思想意识的开放，只有提高服务意识才能真正面向社会开放。对于公众而言，踏入企事业单位和民办机构使用文化设施，不仅要善于维护设施的良好运行，更应注重文明言行，保持好这些单位的正常工作和管理秩序。借助面向社会公众开放，不仅可以提高企事业单位的公共服务意识，更可以营造公民公共意识与素质提升前沿基地。

索 引

B

标准	Standard	43
文化标准	Cultural Standards	56
行业标准	Industry Standards	45,311
标准化	Standardization	43
国际公共文化标准	International Public Cultural Standards	56–59
公共文化服务标准化	Standardized of Public Cultural Services	44,156,247
公共文化服务标准化建设	Standardized Construction of Public Cultural Services	42
公共文化服务标准化试点地区	Pilot Area for Standardization of Public Cultural Services	234
基本公共文化服务标准化	Standardization of Basic Public Cultural Services	43
公共文化服务标准化体系	Standardization System of Public Cultural Services	46,48
公共文化服务标准体系	Standard System of Public Cultural Services	50,121
东莞市公共文化服务标准体系	Dongguan Public Cultural Service Standard System	240
无锡市公共文化服务标准体系	Wuxi Public Cultural Service Standard System	193
嘉定区公共文化服务标准体系	Jiading Public Cultural Service Standard System	338
标准化管理	Standardized Management	44
《中华人民共和国标准化法》	*Standardization Law of the People's Republic of China*	44

C

| 财政转移支付/转移支付 | Financial Transfer Payment/Transfer Payment | 96 |

场景理论	The Theory of Scenes	133
城市地理学	Urban Geography	101
城市空间理论	Urban Space Theory	101

D

地方标准	Local Standards	183
地方公共文化服务效能	Effectiveness of Local Public Cultural Services	193
地域公共文化服务标准化	Standardization of Regional Public Cultural Services	52
第三方评价/评估	Third-party Evaluation	180,214,496
动态监测机制	Dynamic Monitoring Mechanisms	609

F

| 《非物质文化遗产法》 | *Intangible Cultural Heritage Law* | 608,618 |
| 非物质文化遗产 | Intangible Cultural Heritage | 59,226 |

G

公共产品理论/公共物品理论	The Public Goods Theory	24,62,93
公共产品/公共物品	Public Goods	89,93
公共数字文化建设	Construction of Public Digital Culture	145
公共图书馆	Public Library	46
图书馆业务标准	Library Business Standards	47
图书馆标准化	Library Standardization	47,58,182
图书馆公共文化服务建设	Library Public Cultural Service Construction	407
公共服务供给	Public Service Supply	40
《公共图书馆法》	*The Public Library Law of the People's Republic of China*	112,607
公共图书馆评估	Public Library Assessment	109–113
公共文化	Public Culture	9,18
大众文化	Mass Culture	10
流行文化	Pop Culture	16

公共文化服务标准化与均等化的理论创新与案例研究

公共文化服务	Public Cultural Service	18
基本公共文化服务	Basic Public Cultural Services	2,21
服务品牌建设	Service Brand Building	262,609
公共文化服务财政保障	Financial Guarantee of Public Cultural Services	26,49
公共文化服务制度	Public Cultural Service System	23,44
政策建议	Policy Suggestion	580
公共文化服务建设主体	Main Body of Public Cultural Service Construction	27
《公共文化服务保障法》	The Public Cultural Service Guarantee Law of the People's Republic of China	20
公共文化服务保障标准	Public Cultural Service Guarantee Standard	49
公共文化服务均等化	Equalization of Public Cultural Services	60,318,393
基本公共文化服务均等化	Basic Public Cultural Services Equalization	60
公共文化服务均等化评估	Evaluation of Equalization of Public Cultural Services	63
农村公共文化服务均等化	Equalization of Rural Public Cultural Services	64
区域公共文化服务均等化	Equalization of Regional Public Cultural Services	65
群体公共文化服务均等化	Equalization of Group Public Cultural Services	67
公共文化服务均等化实现路径	Ways to Realize the Equalization of Public Cultural Services	67
公共文化空间论	Space Theory of Public Culture	128
公共文化空间	Public Cultural Sphere	130
文化空间	Cultural Sphere	129
公共空间	Public Sphere	130
公共文化精神空间	Public Cultural Spirit Sphere	133
空间实践	Space Practice	131
高密度空间	High Density Space	134
中密度空间	Medium Density Space	134
低密度空间	Low Density Space	134
空间正义性	Spatial Justice	136
空间可达性	Spatial Accessibility	137
公共文化梯度论	Gradient Theory of Public Culture	108
产业梯度推移理论/梯度理论	Industrial Gradient Transition Theory/Gradient Theory	109
梯度标准化	Gradient Standardization	119
梯度均等化	Gradient Equalization	122
梯度转移	Gradient Transfer	123
公共文化梯度战略	Gradient Strategy of Public Cultural	125

中文	English	页码
公共文化服务数智化	Intellectualization of Public Cultural Services	143
公共文化数字化	Digitalization of Public Cultural Services	145
公共文化智慧化	Wisdom of Public Cultural Services	145
数智标准化	Standardization of Digital Intelligence	148
数智均等化	Equalization of Digital Intelligence	149
公共文化服务评价	Evaluation of Public Cultural Services	50
公众参与公共文化服务评价	Evaluation of Public Participation in Cultural Services	606
促进委员会	Promotion Committee	625
地方公众参与公共文化服务评价	Local Public Participation in Cultural Services	614
江苏省江阴市	Jiangyin City, Jiangsu Province	615
山东省东营市	Dongying City, Shandong Province	615
浙江省杭州市下城区	Xiacheng District, Hangzhou City, Zhejiang Province	616
内蒙古鄂尔多斯市	Ordos, Inner Mongolia	616
江西省赣州市	Ganzhou City, Jiangxi Province	617
公共文化服务体系	Public Cultural Service System	2,20
现代公共文化服务体系	Modern Public Cultural Service System	21
公共文化政策	Public Cultural Policy	89
公共文化资源配置	Allocation of Public Cultural Resources	434
千米文化圈和时间文化圈	Kilometre Cultural Circle and Time Cultural Circle	156,385
公平/平等	Equity	88
公益性文化单位	Cultural Units for the Public Good	49
广东省东莞市	Dongguan City, Guangdong Province	230–246
广东省广州市	Guangzhou, Guangdong Province	206–229
黄埔区	Huangpu District	210
越秀区	Huangpu District	218
广东省深圳市	Shenzhen, Guangdong Province	377–392
贵州省贵阳市乌当区	Wudang District, Guiyang City, Guizhou Province	270–296
贵州省瓮安县	Weng'an County, Guizhou Province	440–456
国家公共文化服务体系示范区(项目)	National Public Cultural Service System Demonstration Area (Project)	473
示范区(项目)创建	Creation of Demonstration Area (Project)	474
创建原则	Creating Principles	475
创建类型	Create Type	475
创建周期	Create Cycle	475

创建标准	Create Standard	489
业务建设指标	Business Construction Indicators	491,509,527
服务效能指标	Service Performance Indicators	498,516,533
保障条件指标	Guarantee Condition Indicators	503,521,538
验收标准	Acceptance Standard	546
过程管理	Process Management	548
国家文化专网	National Culture Network	4

H

河南省开封市	Kaifeng City, Henan Province	393-413
河南省信阳市平桥区	Xinyang District, Xinyang City, Henan Province	247-270
"平桥模式"	Pingqiao Mode	254

J

基本公共文化服务均等化	Basic Public Cultural Services Equalization	60
绝对均等	Absolute Equality	410
相对均等	Relative Equality	123
效果均等	Effect Equality	139
底线均等	Bottom Line Equality	152
基层公共文化服务	Public Cultural Services at the Grass-Roots Level	51
农村公共文化服务	Rural Public Cultural Services	64
价值取向	Value Orientation	62
江苏省苏州市	Suzhou City, Jiangsu Province	344-377
江苏省无锡市	Wuxi City, Jiangsu Province	187-205

L

理事会制度	System of the Board of Trustees	267
两办文件	Documents of the Central Committee of the Communist Party of China and the State Council	2
流动服务	Mobile Cultural Services/ Mobile Services	137

| 流动空间 | Liquid Space | 133 |

N

| 内蒙古赤峰市 | Chifeng City, Inner Mongolia | 413-440 |
| 农村地区标准化实践 | Standardization Practice in Rural Areas | 178 |

Q

权利	Rights	89
文化权利	Cultural Rights	90
全民阅读促进条例	Regulations on Promoting Reading for All	627,628
群众满意度	Public Satisfaction	230
群体差异均等化	Equalization of Group Differences	154

R

| 软环境 | Soft Environment | 267 |

S

上海市嘉定区	Jiading District, Shanghai	318-343
社会传播功能	Social Communication Function	104
社会力量	Social Forces	36
社群信息学/社区信息学	Community Informatics	97
十分钟文化圈	Ten Minute Culture Circle	129,346
十里文化圈	Ten Mile Culture Circle	346
"数字鸿沟"/数字不平等	Digital Divide / Digital Inequality	98
数字公平	Digital Equity	99

T

| 特殊群体服务 | Services for Special Groups | 122 |

W

文化保护传承	Cultural Protection and Inheritance	226
文化传播理论	Cultural Communication Theory	103
文化馆评估	Assessment of Cultural Centres	109
文化行业标准化	Standardization of Cultural Industry	51
文化机构向社会开放	Cultural Institutions Open to the Public	626
文化强国	Cultural Power	1,571
文化事业经费	Funds for Cultural Undertakings	118
文旅融合	Cultural Tourism Integration	36
《文物保护法》	Law on the Protection of Cultural Rrelics	585

X

小型信息世界	Small Worlds	72
新公共服务理论	New Public Service Theory	87
新公共管理理论	New Public Management Theory	94
后新公共管理	Post-new Public Management Theory	41
新公共服务	New Public Services	87
新疆塔城地区	Tacheng District, Xinjiang Uygur Autonomous Region	456–472
新疆克拉玛依市	Karamay City, Xinjiang Uygur Autonomous Region	296–317
新兴城区	New District	200
信息政治经济学	Political Economy of Information	92
信息无障碍	Information Accessibility	76
信阳平桥/河南省信阳市平桥区	Xinyang Pingqiao	247
平桥模式	Pingqiao Mode	248

Z

浙江省嘉兴市	Jiaxing City, Zhejiang Province	156–186
嘉兴模式	Jiaxing Mode	183
正义	Justice	88

中部洼地	Central Depression	410
中华优秀传统文化	Chinese Excellent Traditional Culture	581
重大文化工程	Major Cultural Projects	153
重点领域和优先事项	Focus Areas and Priorities	85
专业化	Specialization	81
政策引导	Policy Guidance	340
政策建议	Policy Suggestion	580
总分馆	Main-branch Library	137,160,197
"最后一公里"	Last Kilometer	127

后 记

如果说国家社会科学重大项目是一个小型的学术文化工程,那么,项目首席专家就是工程总指挥,对于项目实施与完成特别是标志性成果的取得,负有十分重要的责任。

我主持国家社会科学基金重大项目"促进我国基本公共文化服务标准化与均等化研究"(项目编号:14ZDA050)从2014年7月中标立项至2018年12月获批结项,历时四年零五个月,工程浩大,任务艰巨,颇为不易。由五个子课题、80多人组成的南开课题组围绕公共文化服务标准化与均等化这一主题展开了扎实的研究。从全国性的调查到总结讨论,从专题分析到重大问题破解,建构理论,提出对策,这一过程是科学探索的艰苦过程,也是理论应用于实践并指导实践的过程。

只有经过厚重的积累,才有可能产生丰硕的成果。我主持完成的重大项目先后出版了《文化行业标准化研究》(国家图书馆出版社2016年版)、《我国基本公共文化服务标准化与均等化研究》(国家图书馆出版社2020年版)两部著作,陆续发表学术论文66篇,还产生了两篇博士学位论文:《我国基本公共文化服务均等化模式研究》(邹金汇)、《贫困地区公共文化服务标准化影响因素研究》(苏福)。这些成果,是以"知中国服务中国"的南开精神,用脚步丈量大地、深入实践探索、大胆创新的结果,是南开课题组集体创造、辛勤劳动的结晶。

本书是在项目最终研究报告中的理论与案例部分基础上重新整理完成的。全书共10章,各章撰写情况如下:

第一章"绪论"由柯平撰写。

第二章"公共文化服务研究概述"由柯平、袁珍珍撰写。

第三章"公共文化服务标准化与均等化研究现状与问题"由袁珍珍撰写。

第四章"公共文化服务理论创新"由柯平、邹金汇、刘旭青、彭亮、胡娟共同完成。其中4.1由邹金汇起草初稿,4.2由刘旭青起草初稿,4.3由彭亮起草初稿,4.4由胡娟起草初稿,柯平对本章进行修改补充。

第五章"公共文化服务标准化案例研究：东部"由南开课题组完成。其中5.1由王洁起草初稿,5.2由刘旭青起草初稿,5.3由张雅琪起草初稿,5.4由苏福起草初稿,最后由邹金汇、柯平修改完成。

第六章"公共文化服务标准化案例研究：中西部"由南开课题组完成。其中6.1由苏福起草初稿,6.2由张瑜祯、张颖、朱旭凯、胡娟起草初稿,6.3由张雅琪起草初稿,最后由刘旭青、柯平修改完成。

第七章"公共文化服务均等化案例研究：东部"由南开课题组完成。其中7.1由胡银霞起草初稿,袁珍珍、彭亮修改完成；7.2由邹金汇起草初稿,王洁修改完成；7.3由袁珍珍起草初稿,邹金汇修改完成。

第八章"公共文化服务均等化案例研究：中西部"由南开课题组完成。其中8.1由邹金汇起草初稿,张雅琪修改完成；8.2由张雅琪、刘旭青、吴素舫起草初稿,邹金汇修改完成；8.3由胡娟起草初稿,邹金汇修改完成；8.4由胡银霞起草初稿,袁珍珍、包鑫修改完成。

第九章"国家公共文化服务体系示范区（项目）标准的发展脉络及演化分析",由苏福撰写,柯平、邹金汇修改完成。

第十章"结论与展望"由柯平撰写。

全书由柯平、邹金汇、刘旭青负责统稿。在统稿过程中,杜艳爱、李金、邱永妍、聂吉冉、刘培旺、刘倩雯、张雨琪、罗芃君、牛文琴、商佳鑫参与了查找资料与数据整理工作。

国家社会科学重大项目虽然结项了,但相关研究并没有结束。本书虽然反映了南开课题组的最新研究成果,但仍然有一些问题未能完全解决。而且随着经济与社会环境的变化以及数智技术的变化,许多新的问题还将不断出现,需要我们始终站在学科前沿上,跟踪最新的政策以及实践,始终将学术研究写在祖国大地上,发现新问题并提出新的解决方案,切实服务于国家社会主义现代化建设。

在本书即将出版之际，要感谢国家社科规划办和南开大学给予项目研究的支持；感谢国家重大项目南开课题组全体成员所做的工作；感谢公共文化界的许多专家学者给予的指导以及各地文化机构在项目调查、访谈、资料等方面给予的大力支持；感谢中央编译出版社郗卫东社长和何蕾主任的直接关心并提供出版机会，以及责任编辑为本书付出的辛勤劳动。

我们热切期待更多的学者参与到公共文化服务研究中来，也特别期待着学术界和读者朋友们对本书的批评指正。

柯　平

2023 年 2 月 20 日于南开大学